中国财税工作实务

CHINA
FINANCE AND TAX
WORK PRACTICE

本书编委会　主编

下

经济日报出版社

全员齐心协力"营改增"工作顺利平衡运行

湖北省公安县国家税务局 李 平

全面推进"营改增"试点改革工作是国税部门必须打好的一场"攻坚战"。自李克强总理在政府工作报告中明确,5月1日起将全面实施"营改增",公安县国税局迅速行动起来,紧密结合上级部门工作部署,于3月19日启动"营改增"各项准备工作。经过全系统上下1个月的全力备战,5月1日零时4分,公安县三袁国税大酒店成功开出全县生活服务业第一份增值税专用发票,标志着县国税局"营改增"工作顺利平稳运行。

一、以入微"细心"确认户籍信息

3月18日,该局与县地税部门进行了户籍移交共计2072户,其中企业643户,起征点以上个体点182户,起征点以下个体户1247户。县国税局接收到地税部门移交的纳税人资料数据后,积极主动做好数据的接收、整理、补采及确认,及时办理税务登记和增值税一般纳税人登记。通过集中办公和"5+2"、"白+黑"模式,对地税移交的2072户营改增纳税人同步进行数据采集、数据录入和税控发行。截至4月30日,共确认1729户信息(农商行网点不需录入8户),其中企业322户(含一般纳税人48户),起征点以上个体户160户,起征点以下个体户1247户,失联户335户。在信息确认过程中,做到逐户实地核查,对信息有误或者失联户进行积极查找并及时反馈地税局。

二、以不懈"恒心"推进改革工作

1、全面动员,统一思想认识

该局在第一时间采取适当方式进行工作部署,传达全面推开"营改增"的精神和要求,动员国税干部认清形势、坚定信心,齐心协力,攻坚克难,吹响营改增"集结号"。成立全面推进"营改增"试点工作领导小组,由一把手负总责,发挥统筹协调作用。下设综合业务、征收管理、技术保障、纳税服务、测算分析、宣传报道六个工作小组,发挥联动配合作用。在全面推开改革试点的各个关键节点,召开专题会议,分析解决前一阶段出现的突出问题和主要矛盾,研究部署下一阶段重点工作内容,牢牢把握推进工作的大方向。

2、制定方案，完善工作机制

根据上级部署，结合公安县实际，制定《公安县全面推开营业税改征增值税改革试点工作实施方案》，统一时间节奏、统一工作流程、统一操作标准、统一质量控制，并根据六个工作小组职能分工，制定六个子方案以及应急预案，规划推进工作的路线图、时间表，任务分解到岗到人，时间安排到天到时，确保"营改增"有序推进，落实到位。

3、协调配合，形成工作合力

对内加强各科室各分局的组织协调，对外积极与地税、财政部门联系，协商推进事宜，形成工作合力，握紧拳头出击，坚决打赢"营改增"攻坚战。并与地税部门一道共同处理好发票管理、定额管理、欠税管理等事项的衔接与过渡。

4、强化宣传，营造工作氛围

为做好"营改增"宣传工作，及时转变税收宣传重点，该局将"营改增"宣传作为第25个税收宣传月的重要内容之一。一方面，将"营改增"有关问题作为热点税收政策解读内容编制与《全面推进营业税改征增值税试点工作手册》发放给有关部门及广大纳税人，对相关政策进行解读和宣传；另一方面，在国税局门户网站上开辟"营改增"工作专栏，在新闻报刊上发布公告，对"营改增"工作进行全面、系统、具有影响力的宣传报道，初步营造了良好的"营改增"社会舆论环境和工作氛围。

5、加强督办，确保任务进度

加强"营改增"工作督促督办，将"营改增"工作进度完成情况纳入年度目标考核。同时签订责任书，按关键时点定期考核，依据责任书内容，对做出突出成绩的单位和个人，按照公务员奖励办法给予嘉奖和记功；对造成纳税人5月1日未能顺利开票的，或出现重大负面舆论事件，处理不当的主要负责人和相关负责人就地免职，从严处理，确保推进工作取得实效，顺利实现5月1日开票，6月1日申报。每次督办会议都安排专人记录，及时发布进展情况及通报，目前已经发布6期会议纪要及5篇营改增动态。

三、以镂锵"决心"组织"零点行动"

按照市局统一安排，县国税局组织实施了"营改增"零点行动：

1、精密部署，细化责任

该局于4月30日上午10点召开专题会议，部署"营改增"零点行动各项工作，制定详细可行的实施方案，设立"营改增"零点行动指挥中心，由县局党组书记、局长李平亲自坐镇指挥；成立宣传报道组、开票管理组、技术保障组、后勤服务组等 4 个工作小组，明确工作职责，落实责任到人。

2、未雨绸缪，主动应对

提前对网络运行进行全方位安全检查，组织人员对整个流程进行模拟测试，充分考虑并逐项梳理各环节可能发生的各种情况，全面检查各系统客户端软件及相关设备运行情况，建立完善的应对预案，妥善处置突发紧急事项，确保"零点行动"顺利完成。

3、多方联动，强化衔接

此次行动涉及税政科、征管科、纳税服务科、收入核算科、信息中心、服务中心以及办公室等 7 个科室，共 32 人。县国税局的同志们在一个月无节假日的情况下，依旧发挥不懈怠、不畏难的精神，30 日晚 9 点准时集合并开赴三袁国际大酒店、明睿建设、明珠家居、县国税局办税服务厅等 4 个现场开票点。

4、水到渠成，圆满成功

经过一个月来的全力奋战和全局上下通力合作，0 时 4 分，三袁国际大酒店成功开出生活服务业第一张增值税专用发票和增值税普通发票，同时房地产业和建筑业也顺利开具发票。4 个现场开票点均在 10 分钟内顺利开票成功，"零点行动"取得了阶段性胜利。

四、以坚定"信心"继续攻坚克难

5 月，四个行业"营改增"纳税人将迎来第一个申报期，这是对国税部门工作的又一项重要考验。县国税局将密切关注"营改增"相关信息系统上线后的运行状况，认真做好税制转换后首期纳税申报和改革过程中的应急处理、监测分析和风险防范工作。

1、代开及时，发票供应到位

科学规划办税服务厅窗口设置，及时调整、增设代开窗口，增加窗口工作人员，保证纳税人发票领用和代开业务不受影响。

2、申报顺利，政策落实到位

认真落实"营改增"政策，重点关注政策咨询、纳税辅导、各类证明的开具等几项工作。保证 5 月份"营改增"纳税人的生产经营不受影响，保证 6 月 1 日能够顺利实现申报。

3、宣传覆盖，培训辅导到位

加大对后续"营改增"工作的宣传报道，让县委政府领导和广大纳税人及时了解工作进展情况；加强对窗口人员、税收管理员、代开发票企业的培训辅导，确保税务人员和纳税人熟练掌握发票代开的流程、资料和手续，做好纳税服务。

完善机制　强化管理
确保整个税制改革顺利进行

湖北省英山县国家税务局　吴世安

我局多方着力，提前谋划，从思想认识、组织保障、征管衔接、舆论氛围等方面积极做好"营改增"扩围工作，使税务干部做到"能辅导、会管理"，纳税人实现"懂政策、会申报、能开票"，为改革平稳顺利推进营造了有利环境。四大行业一般纳税人应申报79户，已申报79户，四大行业纳税人共计入库税款840.05万元，其中建筑业257.33万元，房地产业555.11万元，生活服务业7.93万元，保险业19.68万元。

（一）完善工作机制，强化组织领导

成立"营改增"扩围工作领导小组，初步拟定试点推行方案，局党组对"营改增"改革试点工作负主体责任，"一把手"履行好第一责任人职责，分管领导当好直接责任人，各职能部门主要负责人落实好相关职责，发挥好"营改增"工作领导小组统筹协调作用，加强县局各部门职能整合，积极主动做好与地税部门的数据接收、整理，做好"营改增"企业的调研和分析测算工作，制定扎实有效的应急措施，确保改革稳步推进，落地有声。

（二）加强沟通协调，明确责任分工

积极向党委政府汇报工作，加强与地税沟通联系，就全面"营改增"前期的各项准备工作进行深入探讨，凝聚共识。共同沟通信息交接工作相关事项，保证管户交换信息的正确性和实用性，对推行户数做到心中有数，按时完成工作任务。倒排工期、顺排工序，制定时间表、路线图，逐条分解任务到岗、落实责任到人，明确目标任务、重点工作和工作要求。完善工作机制，做好工作纪实，强化进度和质量管控。主要领导、分管领导靠前指挥，做到上下联动。

（三）狠抓税制改革，扎实有序推进

积极主动做好征管数据接收和整理工作，分行业、分纳税人类型开展测算，夯实征管数据基础；加强技术支持保障，做好税控器具及发票准备，为5月1日试点纳税人顺利开出发票做好保障；全力做好办税服务，加强办税服务厅人力资源配置，顺利实现有序申报；密切与地税部门合作，做好征管衔接及委托代征工作；提前做好应急预案，妥善处理应急情况。成立 20 人的核查工作小组，分别对市局下发的 1000 多户纳税人进行分类别核查，最终确定录入 300 多户。

（四）抓好宣传培训，强化统筹安排

以便民办税春风行动为契机，利用税企 QQ 群、电子显示屏、纳税人学堂、网络等，及时向试点纳税人发布最新的试点政策和通知公告，帮助纳税人了解和把握"营改增"相关税收政策。做到线上线下同时推进，抓好对内、对外培训，加强宣传报道，全程做好咨询辅导，正确引导社会舆论，营造良好的改革推进氛围。

1、政策宣传情况

充分利用地方主流媒体以及税务门户网站、微信微博等媒体平台，面向广大纳税人和社会公众以及国税干部全方位宣传解读"营改增"全面扩围后带来的利好以及各项办税操作指南，确保政策发布及时。

一是制作完成营改增宣传栏、宣传横幅，做好办公楼电子显示屏的滚动播放，对内对外进行宣传。

二是扎实做好内网营改增系列报道宣传，记录整理营改增影音、文字资料，及时报道营改增工作动态，已发布系列报道 20 多期。

三是积极与县电视台联系，将营改增专栏图文内容利用滚动字幕长期播放。

四是利用出租车、公共汽车、户外 LED 显示屏，就宣传广告、宣传标语、宣传片开展营改增全城宣传。

五是做好微博微信宣传，及时编发各类营改增政策文件和营改增动态信息，截至目前，已编发营改增专题信息 18 条。

2、业务辅导情况

一是对建筑、房地产纳税人及专班人员集中开展申报业务培训，其中对内开展纳税申报培训 5 次，培训的层次分精英班、骨干班以及普通班，培训近 200 人次，对纳税人开展纳税申报培训 3 次，培训人数近 500 人次，。

二是成立申报辅导小分队。县局抽调 10 名业务骨干组成申报辅导小分队，对重点企业（72 户一般纳税人）采取入户辅导（先进行纸质模拟申报，再进行网上申报），确保申报质量，对一般企业以入户调查专班负责辅导，同时在 6 月申报期内确保至少有 1 名辅导人员在大厅进行预审和申报辅导，技术部门（信息中心、航信公司）加强技术服务，申报期内随时待命，确保营改增纳税人首月申报顺利进行。

（五）完善应急预案，重视舆情监测

以畅通、安全、平稳为原则，分项梳理可能出现的紧急情况，着重围绕系统死机、群体聚集、诉求表达、秩序维护等方面情况，建立和完善应急处理预案。成立强有力的应急处置小组，组建业务巡回指导督导小组，妥善应对和处置可能出现的各种情况。密切关注舆情动态，确立专人负责，及时回应纳税人关切，认真处理纳税人诉求，全力控制负面舆情发酵，确保整个改革平稳顺利。

（六）严明工作纪律，严肃责任追究

将"营改增"改革试点工作全程纳入督办事项以及绩效考核，对工作落实不力、相互推诿导致改革工作落实不到位的，要严格追究问责；要深化"营改增"试点效应分析和评估，特别是要及时跟踪和解决试点过程中出现的新情况、新问题，并及时向上级部门汇报；做到全员参与，强化示范带动，密切关注纳税人动态，努力实现税企良性互动，税制平稳顺利转换。

打造五小建设升级版　创树基层建设新样板

湖北省武穴市国家税务局　王曙光

　　"五小"建设，关注小人物是根本，解决小问题是核心，重视小点子是关键，树立小典型是导向，创优小环境是目的，"五小"环环相扣、相辅相成，形成一个有机整体。活动开展以来，在省、市局精心指导下，我们始终把活动融入到工作、生活的各个方面，让干部参与有热度，对单位有认同感，对事业有获得感。

一、围绕"两力一位"，紧抓参与度，做实服务大平台

　　开展五小建设必须坚持以人为本，既要从为了干部出发，又要依靠干部，引导其积极参与，不断激发队伍活力、动力，让干部找回主人翁位置，回归到国税事业中心。

　　一是"三民"，让干部有存在感。开展"五小"建设活动，促使党组成员转换思想理念、转变工作作风，沉下身心"向下走"，放下书本"向实做"，以"平民、亲民、爱民"的情怀，贴近干部身边，走入干部心里。在落实"一管三包"制度的基础上，推行党组成员"5个1"工作法，即每月召开1次分局现场办公会、深入基层调研1天、为分局办1件实事、在办税服务厅值班1天、跟班服务1天。通过一线工作法，对基层和干部的情况做到了心中有数，主动去发现问题，及时化解矛盾，使干部切身感受到市局和局领导时刻在关心基层、关心干部。

　　二是"三减"，让干部有自由度。推行清单台账为基层减负。每月召开局务会，通过月度清单下达工作任务，对各单位负责人建立月度清单台账，各单位对干部也建立清单台账，基层分局月平均工作任务控制在10项以内，工作减量不减质，按期完成率在95%以上，干部有更多的时间做好岗位职责内的工作。实施数据联报为基层减事。整合业务科室资源和职能，按月发布风险分析报告，对基层日常管理工作中存在的风险点逐一排查，主动发现了5大类25项风险事项，通过开展涉税业务辅导季和日常重点执法督察，帮助基层和纳税人进行整改，干部从繁杂的税收风险中解脱出来。开展谈心交心为基层减压。开展常态化、机制化谈心交心活动，领导与干部平等对话，消除

了干部心中的积怨。分别组织了副主任科员、青年干部、办税服务厅人员等 8 次集中谈心谈话，党组成员与 150 人次进行了交心谈心。干部在交流中增强了对领导的信任。

三是"三请"，让干部有话语权。干部反映的意见建议、提出的点子，目标干部定，做法干部提，市局要做的就是论证可行性，组织落实。2015 年，我们共收集了 48 名干部反映的 98 项问题，10 名干部提出的 15 项点子。对需要通过完善制度的，由市局相关科室先行实地调研，听干部怎么说，再拟定初稿，广泛征求意见建议，试行三个月后再组织座谈会进行完善，正式实施。由于干部普遍参与了制度的征集、讨论、反馈，执行效果非常好。对干部提出可采用的点子，邀请其参与到方案的调研、起草、推行当中来。干部始终处于主动一方，其积极性、参与度极大地调动起来。

二、围绕"两报一票"，紧扣认可度，做强百姓大舞台

五小建设是否被认可，干部说了算，把舞台交给干部，让干部唱主角。通过采取公开函、专函、简报，注重时效时性、公开性，使干部知情权得到充分尊重。

一是简报全公开。五小建设涉及到公开的内容包括反映的问题、问题解决情况、提出的点子、点子应用、金点子、小典型评选方案、投票结果等 5 大类 13 项，只要是干部参与到的项目，按照环节进展情况，以简报方式在内部办公网实时公开，全程接受干部监督，干部从透明的信息中，可以看到市局的态度和诚意。同时，我们还不定期走访干部，请他们评价。2015 年，共编发简报 8 期，每期点击率超过 200 人次。

二是专报全回复。按照"两必须一集中"的要求，本单位内已解决的问题必须向市局反馈，未解决的问题必须向市局提交，向市局反映的问题必须由专人收集分类，所有的问题由市局集中回复。对能由科室承办解决的，规定在 2 个工作日内，以专函形式回复本人；对专题会议研究解决的，以公开函形式回复。2015 年的 98 项问题中，有 68 项是科室直接解决的，25 项是专题会议研究解决的，5 项是说明情况的，每项问题都进行了回复，其中，专函回复 65 项。

三是投票全参加。2015 年，每季度确定一个小典型主题，先由单位或个人推荐候选人，再经专题会议研究，群众意愿没有很好体现出来。2016 年，我们参照国家节日确定主题，分三轮投票，第一轮按 40% 比例全员投票产生提名人；第二轮由全员投票产生 5 名候选人，第三轮由参加局务会人员投票

确定 2 名小典型。三轮下来，所有干部都参加了投票，评选出的小典型更具有说服力。

三、围绕"两感一率"，紧盯满意度，做亮形象大展台

五小建设是基层建设、党建、文明创建、党风廉政建设的再生动力，是流淌在国税各项工作内的血液。要想提升干部、纳税人、社会各界的满意度，必须持续改进，不断丰富和完善。

一是文化凝聚认同感。在全系统征集、提炼了"敢拼善创、永在路上"的武穴国税精神，"规范高效、创新求变、务实清廉、和谐稳定"的武穴国税共同价值观。征集了 4 个分局、14 个科室的工作目标愿景、150 名干部的心语心愿。大力倡导"一局一品""一科一景"特色文化建设，把特色文化放在内网晒一晒、比一比、评一评，形成了你追我赶、力争上游的良好氛围。大家齐心协力一起干，不仅拿到与干部利益密切相关的荣誉，还得到上级局、地方党委政府充分肯定，既填充了"里子"，也争得了面子。

二是活动增强归宿感。2015 年，我们举办了两期"周末税校"拓展训练和文体周活动，在长沙税务干部学院举办中层干部能力素质提升培训班，组织青年干部参加"感受企业文化，体验一线生活""精准扶贫、有我参与"社会活动，举办了三期"道德讲堂"、四期主题演讲比赛、"四个规范"电视大奖赛，开展"家风、家训"征文活动，并根据干部个人喜好，组建了瑜伽、羽毛球等十四个业余兴趣小组。让干部在紧张的工作中缓解压力，放松身心，也在活动中找到了归宿感。

三是改进提升可视率。开展"五小"建设活动已有一年，我们的领导作风接地气了、干部精气神更足了、工作执行力提高了、干部对国税认可度增强了。在实施过程中，也存在五小建设与其他工作紧密度不强、问题解决及时性不够、纳税人未参与等。2016 年，我们遵照省、市局领导指示精神，全面修订完善了五小建设实施办法，运用"互联网＋""数字人事"、风险管理、绩效管理等思维，主动引进纳税人和社会各界共同参与，激活每个细胞，使"五小"建设成为推动国税事业发展的助燃剂，成为展示国税形象的大窗口。

主攻重点求突破　全力奋战营改增

湖北省通山县国家税务局　金绪阳　黄　欢

自 3 月 17 日全面营改增的号角吹响以来，我局按照省、市局的统一部署和安排，结合通山实际，紧紧围绕协调、宣传、培训、实战四个重点，上下一心，群策群力，确保了营改增各项工作的平稳推进。3 月份成功办理了与地税部门四大行业户籍交接 1940 户，完成信息核查及信息录入 1380 户，向 200 余户纳税户发行了税控装置，5 月 1 日凌晨成功开具四大行业增值税专用发票 6 张，6 月 1 日有 3 户营改增纳税户成功申报缴税。

一、指挥靠前，统筹谋划抓协调

全面营改增工作启动后，我局迅速成立由一把手挂帅，其他班子成员任副组长，相关科室及分局主要负责人为成员的营改增工作领导小组，下设综合业务、征收管理等 6 个工作专班，并分别明确了目标任务，制定了时间安排表，实行挂图作战，做到了一把手全过程指挥，分管领导亲自参与，各部门各司其责，密切配合，各项工作环环相扣，组织实施有条不紊。

为了确保营改增的平滑过渡，我们一方面将营改增相关政策以及对地方财政收入的影响等情况专门向县委县政府作了详细的书面汇报，得到党政领导的理解和支持，另一方面，我们严明了内部工作纪律，尤其强调基层税收管理员对纳税人要工作耐心细致，宣传口径一致，严禁发生任何摩擦；与地税部门等其他部门联系工作时，要放低姿态，保持谦逊；全局上下要一切以营改增为中心，一切服从营改增的需要，切实从人、财、物方面予以保障。截止 5 月底，已与地税、人行等部门召开协调会 5 次，与地税领导沟通协调 20 余次，解决具体问题 20 余个。

由于我们坚持全局一盘棋，全方位做好协调工作，取得了全线畅通的效果：一是与地方党委政府的沟通做到了有礼节，二是与地税部门沟通做到了无障碍，三是与纳税人的沟通做到了用真情。目前，营改增不仅是我县国、地税合作的重要链条，而且成为党政领导放在心上，抓在手中的一项重点工程。

二、舆论造势，丰富载体抓宣传

在整个营改增战役中，我局坚持主动发声，通过面、线、点三个维度的宣传，在全县范围内营造了浓厚的舆论氛围，助推了营改增工作的平稳推进。

围绕今年全国税收宣传月确定的"聚焦营改增试点，助力供给侧改革"这一主题，我局通过与地税部门通力合作，精心组织开展了"个十百千万"五大宣传活动，开办一个主题访谈节目，国、地税局长及相关业务科室负责人，就推行营改增的原因以及纳税人受到的影响等问题录制8期主题电视访谈；表彰"纳税十强企业"，在全县弘扬依法诚信纳税的好税风；百辆公交车巡回播放税法宣传片；千个税收宣传环保购物袋免费送，纳税人只需扫描环保袋上营改增二维码的标识即可进入营改增专栏，了解营改增最新政策；万条税收宣传短信唱响主旋律，编写内容精简、轻松活泼的短信发送给全县市民。据统计，访谈节目在通山电视台累计播放25期，公交车送税法覆盖全县所有公交路线，累计播放5万余次，向纳税人发放环保购物袋2000个，发送宣传短信7万余条。这五大活动，极大丰富了宣传载体，提高了社会各界对营改增工作的关注度和政策的了解度，形成了强大的舆论氛围和工作合力。

不仅如此，在营改增试点推开前后，局领导还多次带队，组织业务骨干深入营改增企业调研，询问企业对营改增工作的看法和建议，重点调研企业在纳税申报、发票领用等方面的需求以及在办税过程中存在的问题，及时掌握营改增企业税改后的办税动向。截止6月3日，已先后走访隐水洞旅游公司、中国财产保险通山分公司等20多家企业，对企业提出的难点问题进行了收集整理，并及时给予了书面回复，力求让营改增纳税人切实享受到税改"红利"，赢得了纳税人的广泛好评。

三、业务壮腰，内外结合抓培训

营改增对于征纳双方来说都是一项全新的业务，税务人和纳税人作为这场战役的两大主体，他们的业务素质如何是决定营改增战役成败的关键。为此，我们坚持"以人为本，精兵强税"的理念，通过强化内外培训，努力壮大营改增业务的腰杆。

对内，主要采取自我学习和集中培训相结合的方式，让全体税务人员尽快熟悉营改增的业务及政策，短短两个多月时间，我局举办税务干部政策培训5次，前后选派100余人次参加省市局组织的相关政策培训，各基层单位组织小范围政策培训 30 余次，营改增专班成员更是积极主动，自觉利用业余时间进行学习充电，全局上下形成了"人人都是宣讲员，个个都是业务能手"的良好氛围。

对外，我局更是加大业务培训的密度与力度，针对纳税人不同的行业、类别、级别，分期分批举办针对性强的政策培训会及座谈会。截止 6 月 3 日，已举办各类政策培训 10 期，参训 1500 余人次；纳税人座谈会 3 次，参会 100 余人次。此外，还通过纳税人微信群、QQ 群、纳税人之家等平台及时推送最新政策，并通过这些平台回复纳税人政策咨询 1000 余次，发放"营改增纳税人温馨提示"卡，设立营改增政策咨询专区，在县局大堂以图文并茂的方式展播政策解读动画等等。通过多样化的业务培训，确保纳税人能够懂政策、会操作，基本实现了"不遗漏有学习需求的营改增纳税户，不让一个纳税人的提问无解"的目标。

四、握指成拳，凝心聚力抓实战

营改增的关键在于实战，在于全系统各岗位人员团结协作，握指成拳，发挥出 1＋1＞2 的优势，整合成攻城拔寨的尖刀力量。

在这场营改增战役中，青年干部们勇挑重担，主动作为，夜以继日，发挥了生力军的作用。他们中有主动推迟婚期的，有怀孕 9 个多月的依然坚守岗位的，有一个月都没休过一天假的等等，稽查、绩效办的青年人也主动请缨，就连今年新录用的 6 位公务员虽未正式通知上班，但已主动提前跟班学习。全体青年干部在各小组中发挥着自己特有的优势，承担着数据录入、设备维护、政策推送等相关工作，并自发担任"营改增纳税人情绪疏导室"的心理疏导师。同时，他们还分别组建了营改增申报辅导团队和 24 小时政策咨询团，对纳税人进行手把手政策辅导，及时解答纳税人的疑难问题，为第二阶段的顺利申报打下了坚实基础。

中年业务骨干在这场战役中，充分发扬了舍小家为大家的奉献精神。因为没时间做饭，每天吃食堂成了新风尚；因为要加班，孩子跟在一旁默默写作业成了常事。他们任劳任怨，用自己丰富的实践经验，竭尽所能地做精工作方案，做实调查研究，做细应急预案，使各项工作不仅科学分解细化，积极稳妥推进，而且从增值税发票管理到申报征收以至涉税风险防控等各个环节都制定了突发事件的预防措施，确保了营改增的正常运转。

我们深知，全面推行营改增工作还只能算是初战告捷，下一步的任务依然艰巨，责任更加重大，全县国税干部必将继续保持越战越勇的干劲、拼劲和韧劲，坚定信念，克难求进，奋力夺取得营改增战役的全面胜利！

作者简介：

金绪阳，男，汉族，1972 年 6 月生，党员，1993 年 7 月参加工作。现任湖北省通山县国税局党组书记、局长。

自参加工作历任：咸宁地区税务局直属分局办事员，咸宁地区国家税务局直属分局科员，咸宁市国家税务局直属分局科员，咸宁市国家税务局直属分局管理科 副科长，咸宁市国家税务局法规科副科长，咸宁市国家税务局法规科 科长，咸宁市国家税务局办公室主任，通山县国家税务局党组书记、局长。

黄欢，女，汉族，1991 年 1 月生，现任湖北省通山县国税局办公室文秘。2015 年 6 月入选湖北省国家税务局第二批文秘人才库。

营改增对县域经济的影响及对策研究

湖北省巴东县国家税务局　汤运龙　王　勇

增值税概念最早由美国耶鲁大学教授亚当斯于 1917 年提出，目前，世界上有 150 多个国家征收增值税。我国于 1984 年经全国人大授权，国务院发文正式征收增值税。营业税改征增值税（以下简称营改增）是指以前缴纳营业税的应税项目改成缴纳增值税，增值税只对产品或者服务的增值部分纳税，减少了重复纳税的环节，是党中央、国务院，根据经济社会发展新形势，从深化改革的总体部署出发做出的重要决策，目的是加快财税体制改革、进一步减轻企业税负，调动各方积极性，促进服务业尤其是科技等高端服务业的发展，促进产业和消费升级、培育新动能、深化供给侧结构性改革。

2011 年，经国务院批准，财政部、国家税务总局联合下发《营业税改增值税试点方案》。从 2012 年 1 月 1 日起，在上海交通运输业和部分现代服务业开展营业税改征增值税试点。自 2012 年 8 月 1 日至 2012 年 12 月 31 日，国务院将扩大营改增试点至 8 省市；2013 年 8 月 1 日，营改增在全国推广试行；2014 年 1 月 1 日，铁路运输和邮政服务业纳入营业税改征增值税试点；2014 年 6 月 1 日电信业纳入营改增试点范围；2016 年 5 月 1 日起，全面推开营改增试点，将建筑业、房地产业、金融业、生活服务业全部纳入营改增试点，至此，营业税退出历史舞台，增值税制度将更加规范。这是自 1994 年分税制改革以来，财税体制的又一次深刻变革。

营改增是一项重大的制度创新，是税收体制改革的重要形式，不仅关系到我国经济社会发展方式的转变、创新驱动等重大战略，还与社会体制改革及社会经济转型密切相关，具有多层面的意义和效应。

通过对营改增政策实施的影响及出现的问题的研究和分析，提出相应的对策和建议，对平衡企业税负、调整经济结构、为地方财政寻找新支撑、优化纳税服务、深化供给侧结构性改革等都具有积极的意义。

一、营改增政策浅析

(一)概念

1、增值税

营改增之前的增值税是对销售货物或者提供加工、修理修配劳务以及进口货物商品的流转过程中产生的增值额作为计税依据征收的一种流转税。增值税是我国最主要、税源最大的税种之一,增值税税收收入占全国税收收入的60%。

从计税原理上说,增值税是对商品生产、流通、劳务服务中多个环节的新增价值或商品的附加值征收的一种流转税。实行价外税,也就是由消费者负担,有增值才征税没增值不征税。

实际上,商品的新增价值在生产和流通过程中很难准确计算,因此,当前我国的增值税实行了国际普遍采用的进项税抵扣方法。按照商品或劳务的销售额,依照规定税率计算出销项税额,用销项税额扣除购进该商品或劳务时所支付的税款,即进项税,计算出的差额部分就是应纳增值税,这种计算方法符合按增值部分计税的原则。

增值税计算方法:

应纳税额 = 销项税额 – 进项税额

2、营业税

营业税是对在中国境内提供应税劳务、转让无形资产或销售不动产的单位和个人,就其所取得的营业额征收的一种税。营业税的计税依据是营业额。营业税属于流转税制中的一个主要税种。

营业税计算方法:

应纳营业税税额 = 计税营业额 * 适用税率

营业额是指纳税人出售或者出租无形资产、提供应税劳务及销售不动产向对方收取的全部价款和价外费用。价外费用包括向对方收取的手续费、基金、集资费、代收款项及其他各种性质的价外收费。

3、营改增

营改增,简而言之,就是改变以往对服务征收营业税、对货物征收增值税的征收方式,将服务也纳入增值税的征管范围,而服务不再征收营业税。

营改增的最大特点是减少重复征税,可以促使社会形成更好的良性循环,有利于企业降低税负。营改增可以说是一种减税的政策。实施营改增,可以促进有效投资带动供给,以供给带动需求。对企业来讲,如果提高了盈利能力，就有可能进一步推进转型发展。每个个体企业的转型升级，无疑将实现产业乃至整个经济体的结构性改革，这也是推动结构性改革尤其是供给侧结构性改革和积极财政政策的重要内容。

"营改增"最大的变化，就是避免了营业税重复征税、不能抵扣、不能退税的弊端，实现了增值税"道道征税，层层抵扣"的目的，能有效降低企业税负。更重要的是，"营改增"改变了市场经济交往中的价格体系，把营业税的"价内税"变成了增值税的"价外税"，形成了增值税进项和销项的抵扣关系，将从深层次上影响到产业结构的调整及企业的内部架构。

（二）营改增运行步骤及现状

1、继续扩大试点行业范围，增值税抵扣链条日趋完整

2011 年，经国务院批准，财政部、国家税务总局联合下发了《营业税改征增值税试点方案》。2012 年 1 月 1 日，在上海开始实施交通运输业和部分现代服务业营改增试点。自 2012 年 8 月 1 日至年底，营改增试点范围扩大至北京、天津、江苏、安徽、浙江、福建、湖北、广东等 8 省市。交通运输业和部分现代服务业营改增自 2013 年 8 月 1 日起试点扩大到全国。自 2014 年 1 月 1 日起，在全国开展铁路运输和邮政业营改增试点；自 2014 年 6 月 1 日起，在全国开展电信业营改增试点。至此，营业税制中的交通运输业和邮电通信业两个税目涉及的所有业务都改征了增值税，试点行业已覆盖交通运输、邮政、电信业 3 个大行业，及研发和技术服务、信息技术服务、文化创意服务、物流辅助服务、有形动产租赁服务、鉴证咨询服务、广播影视服务 7 个现代服务业。随着试点行业范围的逐步扩大，增值税抵扣链条日趋完整，重复征税问题得到进一步缓解。

2、试点户数明显增加，产业链减税效果持续体现

根据税收征管数据，截至 2014 年底，全国营改增试点纳税人共计 410 万户，比 2013 年底的 270 万户增长 52%。2014 年全年有超过 95% 的试点纳税人因税制转换带来税负不同程度下降，减税 898 亿元；原增值税纳税人因进项税额抵扣增加，减税 1020 亿元，合计减税 1918 亿元，通过市场价格机制继续让产业链中生产、流通、服务等各个环节分享改革红利。

3、逐步完善试点办法，营改增政策体系更加成熟

针对试点中反映较为突出的问题，对试点办法进行了补充完善，包括明确对所有国际货代企业提供的国际货代服务免征增值税、补充完善国际运输服务适用增值税零税率政策、调整合资铁路运输企业汇总缴纳增值税事项，以及明确部分航空运输企业适用增值税汇总纳税办法等，使营改增试点政策

更加系统和完备。

4、积极研究全面推进改革方案，减税规模不断扩大

2016 年 5 月 1 日，建筑业、房地产业、金融业和生活服务业四大行业实行营改增，营改增试点全面推开。据统计，四大行业涉及 800 余万户企业，年营业税税额约 1.6 万亿元。营改增后，试点行业总体实现减税，2016 年 5 月 1 日全面推行营改增后，预计减税超过 5000 亿元。2016 年营改增全面扩围，巴东全县四大行业涉及纳税人 2686 户。按行业分，建筑业 75 户，房地产业 48 户，金融业 28 户，生活服务业 2535 户。按纳税情况分，一般纳税人 58 户，小规模企业 628 户，个体起征点以上 28 户，起征点以下 1689 户，临时报验户 283 户。

（三）营改增实施意义

"营改增"从试点改革到全面推广已逾 5 年。当前，我国正处于调整经济结构，以及完善税制的关键时刻，"营改增"改革具有多方面的积极意义。

1、有助于促进国民经济各行业的均衡发展

从税收负担看，由于增值税和营业税的征税范围具有明显的行业性，同时由于两者对税制要素的具体规定不同，造成行业间税负的实质性差别，而这种税负差别违背了税制的公平性原则。实行"营改增"改革，有助于实现各行业间的税负均衡。

2、有助于深化产业分工

从税收制度本身看，营业税是按照交易额征税，增值税实行"抵扣法"制度，两者制度差异大。营业税由于无法抵扣上一环节的进项税额，按收入全额缴纳营业税，而且还实际承担了外购固定资产价款等增值税进项税额，不利于专业化分工的推行。经济中专业化活动越多，营业税的重复征收频率就越高，由此将影响服务业企业的固定资产投资等行为，这种问题对于外购货物和固定资产占比较大的服务业企业，如物流业和交通运输业尤为明显。实行"营改增"，由于克服了重复征税问题，优化了增值税制度，有助于改变过去多数企业将原来应该独立经营的服务业企业被迫并入制造业企业中的现象。

3、有助于优化增值税制度，完善增值税抵扣链条

营业税的征税范围，如交通运输业，与制造业等第二产业密切相关，相互之间属于上下游产业，在未进行"营改增"的情况下，这些行业实行不同的货物劳务税制度。实行营业税的行业，无法纳入到增值税的抵扣链条当中，增值税纳税人无法进行购入劳务的进项税额抵扣，存在着抵扣链条被人为中断和重复征税问题。因此，将交通运输业等行业纳入到"营改增"改革，有助于解决抵扣链条中断的问题。

二、营改增实施影响

（一）营改增对企业的影响

1、对企业税负的影响

（1）对小规模纳税人税负的影响。营改增后，小规模纳税人税负的增减取决于增值税征收率与原适用营业税税率的比较。假设营改增前后企业的销售额为R，从表1来看，其税负下降，巴东县年应税营业额低于500万元以下的原营业税纳税人税负均低于营改增前，营改增后小规模纳税人税负水平下降。

表1　小规模纳税人营改增前后税负水平比较

行业	交通运输业	现代服务业
营改增前税率	3%	5%
营改增后征收率	3%	3%
营改增前应纳税额	R*3%	R*5%
营改增后应纳税额	R／（1+3%）*3%＝2.91%R	R／（1+3%）*3%＝2.91%R
营改增前后税额差	2.91%－3%R＝－0.09%R	2.91%－5%R＝－2.09%R
营改增前后税额变化率	－0.09%R/3%R＝－3%	－2.09%R/5%R＝－41.8%

表2　小规模纳税人税收增减情况（单位：万元）

行业	税收变化情况			
	增税户数	增税金额	减税户数	减税金额
交通运输业	－	－	343	152.63
研发和技术服务	－	－	46	90.12
信息技术服务	－	－	28	56.23
文化创意服务	－	－	51	123.88
物流辅助服务	－	－	302	257.21
有形动产租赁	－	－	208	159.75
鉴证咨询服务	－	－	62	96.7

（2）对一般纳税人税负的影响。营改增对试点企业一般纳税人的税负有两方面效应：第一种效应是实现进项抵扣、消除重复征税而带来的减税效应，称为"进项抵扣的减税效应"；第二种效应是增税效应，营改增后，试点企业适用的增值税税率比原营业税税率相比提高了，称为"税率提高的增税效应"。而营改增对试点企业税负的最终影响，取决于以上两大效应叠加后的净效应。企业税负变化从理论上存在两种结果：一是"税率提高的增税效应"超过"进项抵扣的减税效应"，此事，营改增会使企业税负增加；二是"进项抵扣的减税效应"超过"税率提高的增税效应"，营改增会减轻企业税负。

因此，影响试点企业营改增前后税负水平变化的主要因素：意识企业适用的增值税税率，增值税税率越高，企业税负增加越多；二是外购商品中可实现进项税抵扣的比重，在增值税抵扣链条不完整的情况下，可实现进项税抵扣的比重必然小于1，造成进项税抵扣不够充分，且该比率越低，外购商品价值中不能实现进项税抵扣的比重越大，企业税负就越重。

从巴东县实际情况来看，试点一般纳税人税收整体呈下降趋势，行业税负总体只减不增，其中物流辅助服务、文化创意服务和信息技术服务业受益明显，而交通运输业、鉴证咨询服务业、有形动产租赁业减税幅度较小。

表3　一般纳税人税收增减情况（单位：万元）

行业	税收变化情况				
	增税户数	增税金额	减税户数	减税金额	增减合计
交通运输业	18	65.32	124	156.88	91.56
研发和技术服务	–	–	12	24.02	24.02
信息技术服务	–	–	9	9.33	9.33
文化创意服务	–	–	33	26.23	26.23
物流辅助服务	–	–	46	56.87	56.87
有形动产租赁	–	–	98	109.22	109.22
鉴证咨询服务	–	–	30	15.39	15.39

（3）对下游增值税纳税人收益更大。营改增后，试点行业的下游增值税纳税人从试点企业购买的应税服务在计算增值税时可以抵扣，其中交通运输业应税服务抵扣比率由7%提高到11%；有形动产租赁应税服务从不能抵扣到抵扣17%；其他5个现代服务业应税服务由不能抵扣到抵扣6%，从而使下游增值税纳税人税负大幅降低。因此，营改增不仅有利于降低试点行业税负，

对下游企业发展的促进作用更加明显。

2、对纳税人财务管理的影响

（1）适用税率和计税基数变化。营改增前，营业税以营业额为计税基数计算缴纳营业税。营改增后，按相应的增值税税率和征收率计算应缴增值税。应缴增值税是按照销项税减进项税来计算的。增值税的计税基数无论是一般纳税人的销项税和进项税，还是小规模纳税人都按不含税价计算。

（2）对财务数据的影响。营改增前，"主营业务收入"反映含营业税的销售收入，营改增后"主营业务收入"反映的是不含增值税的销售收入，即使实际税负变化不大，净收益绝对额不受影响，企业利润率（利润、主营业务收入）也会上升。此外增值税不反应在损益表中，在账务处理上也与现行营业税不同，都会影响企业财务报表的数据结构。企业在进行核算分析、经营决策时需要重新审视其毛利润、净利润率等指标。

（3）对发票使用的影响。增值税专用发票相比营业税普通发票而言，管理与违法处罚力度更大，因为其直接影响到企业对外提供服务产生的销项税额和对方的进项税额，进而影响购销双方的应纳税额。我国《刑法》和《发票管理办法》对增值税专用发票的虚开、伪造、非法出售与违规使用等行为的处罚措施都做了专门规定。

（二）营改增对地方财政收入的影响

1、短期不利影响

（1）失去主体税种，减少地方财政收入。营业税是我国地方税体系中的重要税种，在地方财政收入中具有举足轻重的地位。据统计，营业税在巴东县一般预算收入中占比为30%，地方财政收入对营业税的依赖程度很高。营改增试点初期，增值税主要由国税征收，中央与地方按75%：25%比例划分收入，2016年5月1日后中央与地方按50%：50%比例划分收入。因此，营改增对地方政府的财政收入产生了一定的影响。营改增对公共预算收入的影响更为明显，2014年公共预算收入减少5382万元，比营改增前下降26.1%，2015年减少4180.96万元，比营改增前下降21.54%，2016年1～5月，减少2841万元，下降32.32%。2015年"四大行业"共入库营业税13022万元，其中建筑业6512万元，房地产业3483万元，金融业2115万元，生活服务业912万元。

（2）城建税等其他税费收入下降。营改增后试点行业的主营业务收入均以不含税价核算，将减少印花税、水利建设专项资金、文化建设事业费等收入；试点行业的企业所得税将归国税征收，影响地方财政收入；原增值税一般纳税人购进试点行业的服务将抵扣进项税金，实际缴纳的增值税会减少，城建税也会受到影响。2014 年营改增对全县财政收入影响约 5382 万元，2015 年约 4108.96 万元。

（3）加剧地区间财政竞争。增值税采用抵扣的方式，因此会出现消费地财政抵扣生产地税收，处于地方利益考虑，如果购买的商品或劳务时来自外地，则意味着征税是在外地而由本地抵扣，这样本地政府会倾向于鼓励企业尽可能采购本地商品或服务，从而导致地区间的增值税竞争。

（4）政策规定因营改增造成试点企业税负增加的，财政对增加部分给予补贴，财政补贴支出压力增大。

2、长期有利影响

（1）营改增在完善税制、消除重复征税、减轻企业负担、促进第三次产业融合等方面有积极的效应，也是涵养税源的重要途径和手段，可为未来财政收入的增长奠定基础。

（2）实施结构性减税，符合我国税制改革的大趋势。

（3）营改增通过促进服务业的大力发展，调整产业结构，减少财政收入随工业经济的波动性，增强了地方财政收入的稳定性。

（三）营改增对国地税的影响

1、对国税部门的影响

（1）国税部门收入任务骤增。随着营改增试点的逐步推进，国税部门的税收任务逐年增长，特别是公共预算收入任务。2014 年巴东县国税局公共预算收入任务为 9000 万元，2015 年为 9300 万元，2016 年为 10000 万元，呈逐年上涨趋势。

（2）国税干部工作量增大。营改增后国税部门征管范围不断扩大，原营业税纳税人都成为增值税纳税人，纳税户数激增，国税部门工作量加大，然而干部职工未有明显增加，国税干部压力随之增大。2016 年金融业、建筑业、房地产业、生活服务业四大行业营改增，巴东县地税移交国税 2686 户纳税人。

（3）管理难度加大。自 2012 年营改增试点以来，国税部门做了大量工作，有力的保证了营改增工作的稳步推进，但从实际情况来看，仍然存在一些问题，由于征管行业的变化和纳税人户数的增多，国税部门的管理难打不断增加，且税收执法风险增大，包括对虚开代开增值税专用发票、虚假抵扣税额、骗取退税等违法犯罪行为的控管。

（4）对地方财政税收贡献率上升，影响力上升。营改增后，国税部门税收收入大幅上涨，对地方财政的贡献率上升，在地方社会经济发展中的影响力不断增强。

2、对地税部门的影响

（1）地税收入明显减少。营业税作为地方税源的主体和支柱，一直起着举足轻重的作用，其收入的稳定性、管理的可控性、对相关税种的带动性、对地方财政收入的重要性，都是其他地方税种所无法比拟的，因此一旦改为增值税征收，地税收入将出现雪崩式下滑，并由此对地税部门带来一系列影响。2014年，巴东县地税营业税收入13719万元，2015年，营业税收入13022万元。

（2）主体税源的带动作用缺失。营改增后，地税部门行之有效的以票控税的手段将随之失去功效，纳税人尤其是零散户纳税人在国税取得增值税发票后将有可能有意无意地避开申报地方税费这一环节，相关的所得税、城建税等地税收入难以得到保证，主体税源的带动作用缺失，漏征漏管的风险增大。2014年，巴东县地税完成税收38490万元，其中营业税13719万元，占总收入的35.64%；2015年，巴东县地税完成收入39581万元，其中营业税13022万元；2016年5月1日，全面实施营改增后，预计巴东县地税收入将减少16950万元。

（3）地税机关影响力下降。营改增带来地税收入的大幅度下降，地税部门对地方财政的贡献将大幅度缩水，地方财政对地税的倚重程度、地方政府对地税的青睐程度将随之减弱。

三、营改增问题对策研究

（一）对企业而言

1、营改增后，工业平均税负水平有所下降，服务业税负部门略有上身，特别是交通运输业和旅游业等行业部分纳税人税负增加较为明显。积极争取地方政府出台财政补贴、简易征收等形式的过渡性政策，来有效地平衡相关企业的税负。

2、完善企业财务管理，尽可能的取得增值税专用发票，完善抵扣链条，从而降低企业税负。

（二）对地方政府而言

1、地方政府要充分利用经济税收杠杆，促进地方经济健康快速发展。营改增消除和减少了重复征税，有利于经济的发展，经济发展了税收总量就会增加。地方政府应加大招商引资力度，加快服务业发展，积极推动三次产业融合，做大做强地方经济，为地方财政收入的增加打下坚实的基础。

2、完善配套措施。营改增后，地方政府要制定相应的过渡性政策，完善配套措施，特别是对因营改增而税负增加的企业，应出台相应扶持政策，避免因税收政策调整，挫伤行业发展的积极性。

（三）对税务部门而言

1、加强营改增政策宣传和培训。营改增对企业具有多方面的影响，不仅是税负方面，更体现在对经营方式、企业转型等方面，税务部门要及时做好宣传、辅导和政策解读，帮助企业积极应对，切实维护纳税人的合法权益。

2、严格规范税收执法。加强税务干部队伍建设，提高法制意识、责任意识、廉政意识，做到依法行政、规范执法。

3、完善产业间的抵扣链条，扩大进项抵扣的范围。比如过路费、过桥费、过境费等。

4、坚持管防并重，提高税收遵从度。税收征管和纳税服务是税务机关的核心业务，税源专业化管理是风险导向的税源管理，税务部门要通过风险管理，提高纳税人的税收遵从度，特别是营改增后的交通运输业和现代服务业的涉税风险。

5、地税部门要积极开拓地方税源。营改增后地方财政收入减少，地税部门要大力发展地方经济，培植新的税源，尽量减少因改革导致的税收收入下降。同时对城建税和教育附加费进行改革，将其从流转税的附属税费改为独立税种，科学合理的确立计税依据，增强地税对地方税种的控管力度，促进地税收入质的增长。

优化纳税服务 健全工作机制
全力以赴做好营改增试点纳税服务工作

广西壮族自治区合浦县国家税务局 余致标 孙 琰 黄 广

自国务院决定从 2016 年 5 月 1 日起，在全国范围全面推开营业税改征增值税（以下简称营改增）改革试点以来，我局在自治区国税局、市国税局的统一部署和领导下，严格执行"营改增"实施步骤，全力以赴，优化服务，组织开展营改增试点各项工作。

一、基本情况

自营改增试点正式上线以来，整体运行平稳、紧凑、有序。我局通过增加办税服务厅人员，增加服务窗口，完善办税设施等服务措施应对办税压力，加大宣传力度，做好前期工作，进一步优化服务，顺利完成试点纳税人接收确认、税控设备发行、三方协议签约、税费种登记、票种核定、发票发售等工作，确保营改增试点工作的稳步推进。截止 5 月 25 日，5 月份我局发放宣传资料 5000 多份；接受纳税人咨询 3000 多人次；代开增值税专用发票 170 份，增值税普通发票 452 份；开具外出经营管理证明 72 份，外埠纳税人报验登记 47 户次，预缴增值税 83.11 万元；发售定额发票 699 本，增值税专用发票 3620 份，增值税普通发票 64016 份。

二、主要工作情况

2016 年 5 月 1 日，县国税局为试点纳税人代开出增值税专用发票和增值税普通发票，试点纳税人自行开出增值税专用发票和增值税普通发票，标志着合浦县营改增税制衔接转换的第一步已顺利完成。

自 3 月下旬以来，县国税局按照营改增的实施方案，主要抓好以下几方面的工作：

（一）精心组织，统一谋划

成立以党组书记、局长余致标为组长、各党组成员为副组长，相关业务股负责人为成员的"营改增"试点工作领导小组，负责组织、指导、协调、检查、监督全县国税系统"营改增"试点工作，研究解决实施中的重大问题。领导小组下设办公室、综合业务组、宣传报道组、征收管理组、测算分析组、技术保障组、服务培训组等7个工作小组，各小组按工作职责，组织开展"营改增"推行工作。

（二）建立健全工作制度

按上级局的工作部署，印发了《合浦县国家税务局全面推开营业税改征增值税工作实施方案》和《合浦县国家税务局"营改增"衔接期间值班及应急处置要求》，为确保全县国税系统全面推开"营改增"工作平稳、有序开展，以及试点工作中处理突发事件提供制度保障。

（三）广泛开展政策宣传

为顺利推开营改增工作，国家税务总局、区国税局、市国税局在各种媒体做了大量的政策宣传，县国税局结合本地的情况，也开展了相关的工作。一是出版税收宣传板报二期4板；二是委托邮政局印制海报550份，在全县各乡镇张贴；三是在合浦123网站上发贴宣传；四是结合全国第25个税法宣传月"聚焦营改增试点，助力供给侧改革"主题活动，加大"营改增"相关政策的宣传力度，并现场发放营改增宣传资料1500份；五是借助广西第四届"政务公开日"宣传"营改增"。在活动现场张贴"营改增"宣传海报，发放"营改增"手册，并就各项"营改增"基本知识、业务流程、税收优惠政策等内容接受纳税人现场咨询；六是制作"营改增"微视频，在广西国税12366微信公众号发布，引起网友大量转发，达到良好的效果。

（四）加大咨询辅导和培训力度

一是在办税服务厅设"营改增"咨询专窗1个，由各业务股室熟悉营改增业务负责人轮流值班，做好政策咨询、税收宣传工作；二是对于进厅办理涉税业务的纳税人采取主动辅导的方式，发放相关涉税资料，告知纳税人相关涉税知识；三是在办税服务厅窗口、资料柜和咨询台摆放各类办税指引和营改增宣传资料，供纳税人取阅；四是引导纳税人登录广西国税12366微信平台，扫描"二维码"一次性告知、"码"上知道营改增，帮助纳税人进一步了解营改增政策；五是结合联户进企及满意度调查工作，发放营改增宣传资料，上门辅导营改增纳税人。

组织各种"营改增"培训。一是通知所有试点纳税人，到广西国税网站上观看培训视频；二是在税控设备发行、三方协议签约时进行现场培训；三是利用国地税纳税人学堂在4月份举办了两期培训班，分一般纳税人和小规模纳税人两类，共组织近300户重点纳税人参加了培训，现场发放"营改增"

一袋通资料300多份；四是应县房地产行业协会的邀请，为房地产开发企业的相关人员讲解了房地产行业营改增的政策；五是对纳税人进行分类培训。5月19~31日，组织合浦各行业营改增纳税人参加市局举办的分类（房地产、建筑业、金融保险、住宿行业、餐饮业、不动产租赁）培训。

（五）完善"营改增"应急预案，落实领导值班制度

以畅通、安全、平稳的原则，完善优化办税服务厅应急处理预案，开展压力测试、应急演练，将责任分解落实到岗位、落实到人，灵活引导窗口流量，确保办税服务厅井然有序。落实领导值班制度。在办税服务厅设置领导值班岗1个，由局领导轮流值班，协调办税服务大厅事务，及时解决和处理有关问题，对突发事件进行第一时间处理。

（六）合理调配服务资源，适时引导

合理调配窗口设置，优化窗口人员配置，设立营改增纳税人绿色通道，提高现有办税服务资源的使用效率。从其他股室抽调人员，优先考虑从事过办税服务厅窗口工作的年轻干部，作为办税服务厅营改增工作人员储备，提前做好前台业务办税流程和系统操作的培训，随时补充前台窗口，防止因病假、事假导致窗口空位，避免"空窗期"，进一步提高大厅运转效率。严格落实一次性告知、首问责任制，实现涉税业务"一站式"办结。通过多种方式深化完善预约服务，引导纳税人实行错峰预约办税，合理疏导分流。

（七）多措施应对办税高峰

一是做好营改增前期相关工作。提前集中进行营改培增纳税人三方协议签约、税控设备发行、增值税一般纳税人资格登记、简易征收办法备案，优化流程，避免纳税人来回跑；提前进行发票领用，防止出现纳税人5月1日后集中到国税局领购发票现象，引起办税服务厅出现拥堵；二是加强导税力量，新招聘办税服务厅导税员8人，引导和辅导纳税人办理涉税业务。三是增加自助办税终端机3台，积极主动宣传、引导和辅导纳税人充分利用自助办税终端机，实现不用到窗口排队就可以直接领用增值税发票，节省纳税人办税时间。四是在纳税人自行申报的基础上，积极稳妥地引导纳税人实行网上申报和财税库银联网缴税，引导和辅导纳税人充分使用自助办税终端机；五是实行A、B级纳税人取消认证，小规模纳税人简并征期，实行按季申报，同城通办等方式合理分流纳税人，以缓解"营改增"期间业务量过多造成的服务窗口压力。

三、下一步工作

从 2016 年 6 月 1 日起，试点纳税人顺利办理增值税纳税申报，是"营改增"税制衔接转换的第二步完成的标志。为了完成这个目标，县国税局将着力抓好以下工作：

（一）进一步梳理细化和贯彻落实试点任务

围绕"确保 6 月 1 日纳税人顺利申报，确保所有行业税负只减不增"工作目标，对 5 月 3 日至 31 日各项工作再研究梳理、再部署安排、再贯彻落实，做到环环相扣，分步推进，确保改革平稳有序推进，顺利达成预期目标。

（二）优化纳税服务

一是腾空干部办公用房，增加纳税人自助办税区域，增购自助办税终端设备 2 台，指导纳税人通过自助办税设备办理纳税申报、发票认证、验旧及领用等业务，分流前台纳税人，解决纳税人排队等候时间长的问题；二是引导纳税人使用网上申报。有条件的纳税人可以通过互联网使用广西国税网上申报系统进行纳税申报，不需要到办税服务厅办理；三是估算 6 月份征期内到办税服务大厅办理户数，主动向纳税人发起错峰预约。

（三）继续抓好试点纳税人培训

组织试点一般纳税人再培训，拟采用座谈会或"点对点"的方式，辅导纳税人加强财务核算，调整经营模式，最大限度地获取增值税抵扣凭证，这是填报纳税申报表的基础，也是实现试点行业税负"只减不增"的保障。

四、存在问题及建议

（一）存在二手地转让定价问题

按照营改增政策规定，土地使用权转让由国税部门征收增值税；不动产转让由地税部门代征增值税，不动产转让涉及土地使用权一并转让的，也由地税部门一并征收增值税。国地税两个部门都对土地使用权转让有定价权，有可能出现定价的偏差，造成纳税的不公平。目前，总局及区局都没有相关的操作指导，给工作带来不便。

合浦目前采取过渡的办法：协调地税、国土等部门，制定统一的定价，尽量减少偏差，有利于社会的公平公正。

（二）一般纳税人土地转让税票开具问题

按照国土部门的规定，土地转让需要缴纳相关税费后才能办理过户。如果一般纳税人5月1日发生土地转让交易并开出的增值税发票，只能在6月份进行申报缴纳税款，税务机关无法在5月份为纳税人开出税票，造成纳税人5月份无法办理土地过户手续。还有申报缴纳的税款为纳税人整个5月份土地转让交易的汇总税款，无法为所有的土地受让方逐笔开出对应的税票，纳税人也无法办理土地过户手续。

（三）出租不动产的个体工商户认定问题

纳税人有税务登记，但经营范围没有出租不动产项目，当该纳税人发生出租房屋时，特别是出租的房屋与纳税人的经营地址不在同一地点时，该纳税人是认定为个体工商户还是其他个人？由国税征收还是地税代征？请区局明确。

（四）金三系统维护更新滞后，与营改增政策不同步

如增值税一般纳税人选择简易办法征收备案，金三系统中前期无"劳务派遣服务选择差额纳税的，按照简易计税方法5%的征收率计算缴纳增值税一般纳税人提供劳务派遣服务选择差额纳税的，按照简易计税方法依5%的征收率计算一般纳税人提供劳务派遣服务选择差额纳税的，按照简易计税方法依5%的征收率计算"选项。

作者简介：

余致标，男，汉族，党员，1970年5月生，本科学历，1992年7月参加工作。现任广西壮族自治区合浦县国家税务局党组书记、局长。

自参加工作历任北海市税务局稽查大队科员；北海市国税局所得税科科员；北海市国税局稽查分局副所长（科员）；北海市国税局稽查分局所长（副主任科员）；北海市国税局一分局所长（副主任科员）；北海市海城区国税局税源管理一股股长（副主任科员）；北海市铁山港区国家税务局副局长；北海市铁山港区国家税务局党组成员、副局长；北海市银海区国家税务局党组成员、副局长；北海市国家税务局征收管理科副科长（主持全面工作）；北海市国家税务局办公室主任；北海市铁山港区国家税务局党组书记、局长。2015年6月至今任广西壮族自治区北海市合浦县国家税务局党组书记、局长。

孙琰，男，汉族，党员，1979年9月生，本科学历，1999年7月参加工作。现任广西壮族自治区合浦县国家税务局党组成员、副局长。

自参加工作历任广西合浦县国税局计财股科员；合浦县国税局办公室科员；合浦县国税局计划征收股副股长（科员）；合浦县国家税务局办公室副主任（科员）；合浦县国税局公馆税务所所长（科员）；北海市国家税务局财务管理科副科长。2015年12至今任广西壮族自治区北海市合浦县国家税务局党组成员、副局长。

黄广，男，汉族，党员，1974年10月生，本科学历，1994年9月参加工作。现任广西壮族自治区合浦县国家税务局纳税服务股副股长。

浅析全面推开营业税改征增值税工作

广西壮族自治区罗城仫佬族自治县国家税务局

2016 年，国务院决定 5 月 1 日起，在全国范围全面推开营业税改征增值税（以下简称营改增）改革试点。为贯彻落实国务院这一重大部署，罗城县国税局克服人少事多、时间紧任务重等困难，举全局之力全面推开营改增各项工作，使营改增政策顺利落地。

一、全面推开营改增试点工作进展情况

（一）全面推开营改增试点工作成效

2016 年 5 月 1 日零点 6 分，广西罗城联胜房地产有限公司的会计在罗城县国税局干部指导下开出了首张增值税专用发票，标志着罗城县成功实现营业税与增值税这两种税制的转换。现已顺利办结试点纳税人纳税申报、增值税发票代开、税务登记、税（费）种认定、票种核定、存款账户账号报告等业务，各项工作运转正常。

（二）全面推开营改增试点工作方法

1. 建成联合办税服务厅，缓解营改增业务增长压力

今年 3 月底，罗城县国税局和地税局建成联合办税服务厅。改变过去联合办公以及简单进驻的方式，在联合办税服务厅内设立了 6 个国地税通办业务岗，通过"一岗双网"的方式实现了对国地税纳税申报、税款征收、税务登记等两家业务的"一窗通办"。另外，设置了国税发票专岗和地税发票专岗，专门负责各自的发票发售等业务。联合办税服务厅于 2016 年 3 月 28 日正式对外开放后，不仅节省了国地税近 30% 的人力，提高了 50% 的办税效率，极大缓解"营改增"后业务大量增长、而国税人员不变的压力。

2. 强化业务培训，提高税务人员综合素质

为全面提高工作人员的综合素质，进一步推进"营改增"工作，该局除积极派员参加上级局安排的培训、多与兄弟县局交流沟通外，以 3 月底建成的国地税联合办税服务厅为契机，与地税局针对国税法规、征管、税源、纳服部门 20 余人及地税 10 余人开展联合培训。一方面联合开展"营改增"业务培训，通过上级局视频培训、业务骨干授课等方式联合开展培训，掌握营

改增政策及相关征收管理业务。另一方面借助国地税办税服务厅人员同一地点办公优势，利用零散时间互讲互学，熟悉试点纳税人基本情况、纳入营改增行业日常管理办法和措施、发票管理难点等，同时采取跟班学习方式对地税通办岗工作人员进行营改增政策和上机操作培训，着力提升税务干部的营改增业务技能，提高工作效率，为做好"营改增"工作打下良好的基础。

3. 结合税收宣传月，深入开展营改增宣传培训

对外宣传方面，该局一是通过制作 8 期宣传展板、建立税企营改增 QQ 群、设置营改增培训及问答宣传资料领取点等纳税人乐于接受的方式深入开展"营改增"宣传，满足纳税人的知识需求。二是与邮政部门签订了税法宣传协议书，将营改增的重要意义、试点行业税负只减不增的制度设计等印制成 300 张精美宣传海报，张贴在全县 11 个乡镇社区、村屯尤其公路周边村屯的政讯通信息栏内，吸引广大群众关注，提升营改增社会影响力，并组织业务骨干打包整理营改增税收政策，印制成 7000 份图文并茂的宣传手册，随报刊杂志"点对点"投送到党政机关、企事业单位、学校、乡村，为营改增改革营造良好的舆论氛围。三是积极向自治区国税局、河池市国税局及广西电视台、《广西日报》等主流媒体提供相关稿件 56 篇，被省级媒体、自治区国税局、河池市国税局相关简报采用的共有 27 条，其中关于罗城县设立联合办税服务厅积极备战营改增的新闻被《广西新闻》采编并于 3 月 30 日晚专条播出，壮大了宣传声势，营造深厚氛围。

对外培训方面，通过采取面对面培训、通知纳税人进入广西国税网站观看视频、应企业要求到企业进行一对一培训、四名业务骨干分行业对试点纳税人进行集中培训等方式，对 675 户试点纳税人进行了培训，培训率达到 100%。

4. 大胆创新，获取委托地税双代新思路

联合地税部门业务骨干积极探索，结合联合办税服务厅实际提出了委托地税局代征税款和代开增值税发票岗位设置的新思路，即地税部门工作人员负责信息审核及初始数据录入，6 名国地税业务通办岗人员负责增值税发票开具及税款征收，并认真分析将专岗代征改为通办岗办理的工作风险与规避办法。目前，委托地税双代工作运行平稳。

5. 加班加点，打好营改增落地硬件软件基础

该局"一把手"带头，分管营改增工作的分管领导现场指挥，组织业务骨干以"五加二""白加黑"的工作模式，赶超进度，争取提前完成全面推开营改增各项业务准备工作。一是及时与地税部门沟通协调，在地税部门人

员的配合下逐户做好 675 户试点纳税人数据核对工作。二是与试点纳税人沟通，进行相关政策辅导，同时联合百旺公司完成 22 户营改增试点纳税人增值税发票管理新系统推行工作，并发放增值税普通发票 500 份。三是争分夺秒，完成 293 户试点纳税人税（费）种认定信息核对修正工作。四是强化技术支撑，购买了一台自助办税终端，新发放的计算机全部拨给大厅使用，完成了金三优化版等各大系统、自助办税终端的测试、升级、联调工作，信息中心主任驻守大厅及时解决各种硬件软件突发问题。五是反复模拟演练，联合办税服务厅对代开发票等 10 项主要业务进行反复测试。六是提前做好预约，通过"双向预约"方式预约 5 户试点纳税人办理不同类型真实业务。

二、税收管理中面临的问题

（一）"营改增"前增值税主要针对实物征税，可以实地查验以确定合同交易的真实性，而在服务业中许多子行业的经营是无形的，交易真实性的确定难度较大，导致征管难度加大。

（二）由于刚执行营改增，企业内部管理及核算水平存在不同差异，将会给税收征管增加一定难度。

（三）纳税人税法遵从度不高，部分纳税人税法观念不强，对"营改增"税收政策不够了解，政策执行不到位，自觉主动纳税意识淡薄，少数纳税人做假帐、帐外帐偷逃税款，税务机关管理难度加大。

三、税收管理的建议

（一）强化税源监控，严格发票代开

税收管理人员要深入企业了解情况，跟踪管理，及时掌握企业生产经营、销售结算等变动情况并制定相应管理措施，防止漏征漏管；控制代开发票范围，对大额代开、频繁代开等行为加强监控、严格审查，适时开展评估、稽查。

（二）加强队伍建设，提升责任意识

重视税收业务人员"营改增"业务培训，使其熟悉和掌握好相关的试点政策、管理规定及要求，提高管理队伍理解和落实试点政策的水平和能力，掌握工作主动权。加大业务运行监控及考核力度，对于玩忽职守、监控不力的要追究责任。进一步深化国地税合作，主动学习吸收和借鉴地税部门过往好的管理经验和方法，切实提高"营改增"试点税收征管和服务水平。注意

加强与行业相关的一些职能部门、行业协会的沟通，通过这些部门、单位去了解企业的基本运营情况，为今后实施更有效的税收管理提供思路、打好基础。

（三）切实提高纳税服务水平

针对营改增纳税人设置相对专职的咨询服务岗，选派业务骨干，为有需要的纳税人提供便利的纳税指引和纳税服务，为纳税人解决涉税业务办理中的疑难问题，及时正确指引试点纳税人办税，提供便捷、优质、高效的办税服务，让纳税人受惠于"营改增"政策的实施，更乐于接受"营改增"后的管理，努力创造税企业双赢的局面。

实事求是　夯实基础
全面推进税收工作快速发展

广西壮族自治区大化瑶族自治县国家税务局　谭忠政　唐　面

2016 年 1~6 月，大化瑶族自治县国家税务局在河池市国税局党组及县委、县人民政府的正确领导下，严格按照中央经济工作会议、全国税务工作会议和全区、全市以及全县的经济工作会议要求的总体部署，紧紧围绕既定的工作目标和思路，实事求是，不断夯实税收征管基础，全面推进和落实国务院关于税收工作的各项工作取得较好成效。

一、上半年取得的主要成绩

（一）税收收入再创新高

1~6 月份，我局组织税收收入 24388 万元，突破 2 亿元大关，完成县政府口径税收收入 23809 万元，同比增收 10355 万元，增长 76.70%，完成年度任务 70.65%。其中岩滩电厂累计发电量 41.15 亿度，同比增发 3.33 亿度；大化电厂 15.02 亿度，同比增发 0.95 亿度。两大电厂入库税款 12533.30 万元，同比增收 2190.30 万元，占全局总收入数的 51.39%。

（二）营改增工作平稳有序

自 3 月 18 日启动营改增以来，经大化县国税局认真贯彻落实市局、区局党组关于"营改增"工作决策和部署，针对试点税收政策、申报办法以及系统操作等业务开展培训，开展培训班 7 期，培训纳税人 531 户。大化县"营改增"试点工作步入正轨，工匠精神 5 月 1 日勇闯"开票关"，6 月 1 日成功实现申报纳税人。全县 531 户纳税人成功实现开票，并完成纳税申报。各行行业都成功实现开票 503 份，金额 1095 万元（含免税），征收税款：31.5 万元。现在正在为 7 月 1 日税收分析工作做准备，精准识别对纳税人身份界定，截止 6 月 30 日，共完成 531 户身份界定，申报培训纳税人 531 户，完成率 100%。

（三）国地税合作便民成效凸显

我局扎实落实国地税征管体制改革方案，积极落实《国家税务局　地方税务局合作规范2.0版》，深化国地税合作32项涉税事项，强化了与地税局联系。成立国地税合作办公室、联系会议制度。构建了"合作培训、合作征管、合作办税，合作稽查、合作信息共享"合作机制。通过联合共建办税服务厅，整合16个窗口服务资源，共派驻16办税服务人员16名，强化办税联合服务，拓展服务领域，解决当前存在的纳税人"多头跑"问题。自联合办税服务厅5月1日正式投入使用，服务功能不断完善，实现"进一道门，办两家税，三家都省事"合作效益。截止目前共办理纳税业务10000多笔，接待纳税人咨询2000多户次，发放国税宣传资料6000多份。

（四）税收优惠助力地方经济发展

我局认真贯彻落实一系列税制改革措施、结构性减税政策以及西部大开发税收优惠政策，充分发挥税收职能作用，促进全县资源节约型和环境友好型社会建设，推动全县城乡统筹和区域协调发展，为保障和改善民生提供财力保障，以税收手段支持我县新兴产业、技术产业、绿色经济、特色经济发展。助力保增长、调结构、促转型、惠民生。大力扶持小微企业发展，落实个体工商户增值税起征点的提高，兑现税收优惠，2016年1~6月县国税局累计减免退各项税收5500万元。

（五）"两学一做"开展有声有色

自"两学一做"专题教育启动以来，我局积极早部署、早落实、早动员组织干部职工积极参与"两学一做"专题学习活动。已经开展"两学一做"教育学习动员会、专题党课、专家视频辅导课、开展第一、二、三个专题讨论课，组织全局党员在线学习党章、习近平总书记讲话精神。全局61党员干部撰写学习心得体会61篇。并按照有关部署要求开展"学习党章、学习系列讲话"活动、手抄党章活动。继续抓紧"两学一做"学习教育与税收工作有机结合，积极开展党员示范岗、青年先锋岗等活动，依托"营改增"工作、"便民春风行动中"活动为重要实践载体和抓手，坚持"学与做"有机结合。

（六）党风廉政建设"两个责任"压的实

1~6月份我局持"从严治党、从严治队"的方针，以建设一支廉洁高效铁军队伍，把惩治和预防腐败体系建设和落实党风廉政建设责任制作为重要工作抓紧抓实。一是严格落实"主体责任和监督责任"。党组书记承担主体责任，纪检组长承担监督责任。严格落实党风廉政建设责任制，明确党政"一把手"纪检监督责任。明确责任目标制定、检查、考核和实施责任追究的第一责任人，反腐倡廉工作任务分解到人到岗，促使党风廉政建设和反腐败工作的顺利开展。二是规范党员干部自律行为，坚持"严管善待"的带队原则，以制度与自律相结合，坚持民主集中制，干部指导管理和自律管理。1~6月无领导干部配偶、子女违反廉洁自律有关规定的现象；无收受有关单位和个人的现金、有价证券的现象；无违规购买、乘坐小汽车的现象；无跑官要官、经商办企业、参与赌博等问题。

（七）精准扶贫工作扎实开展

我局积极主动服务地方大局，选派优秀年轻干部作为扶贫第一书记，61名分批次投入到精准扶贫工作当中，多次到驻点参与调研和劳动。1~6月帮扶共和水力村种植核桃300亩，组织全局干部精准扶贫识别工作组，进驻共和乡水力村，共识别518户，扶持水力村产业发展，种植养蚕850亩，养猪大户2户，生猪100头；养羊户3户，羊270头；养鸡大户2户，种鸡500只。县局共青团、妇委会、工会组织"春雷计划"活动，"微心愿"献爱心活动，捐助6800元。帮助挂点扶贫村共和乡水力村修建垃圾处理池2个，投入资金7000元；维修村部办公楼2000元；慰问挂点扶贫村困难户66户，赠送慰问品7000余元。

二、存在问题

当前税收工作上存在问题主要表现在：

（一）营改增工作存在问题

随着四大行业各有特点不同，行业情况复杂，营改增后征管难度倍增，由于管人力资源紧缺，对四大行业"营改增"纳税人需要细致管理，取得的培训效果不是很好。现在营改增正面临税负分析大考，面临季度申报、月申报、开票高峰的叠加困难。

（二）扶贫工作问题

扶贫工作是当前最重要的工作之一，我局面临着税制改革任务和扶贫工作叠加的双重压力，我局面临人员紧缺、工作量加大的现实困难。要继续加大投入，帮助扶贫村早日脱贫致富。

（三）党风廉政问题

随着社会思想多元化，干部思想也多元化，防腐败形势仍然严峻。

三、下一步工作计划

（一）进一步加强国地税合作，促进组织收入实现稳增长

及时做好组织收入工作，深化国地税合作，提示征管力度，采取信息对

接、人员合作、服务合作、管理交流等多形式对四大行业实现有效管理，给征收管理带来很大影响。

（二）继续加强营改增工作

继续大力强化纳税人培训工作，确保营改增纳税人了解新税制、受益新税制，遵从新税制；积极筹备发票发售工作，协调税控设备服务商发行增值税发票管理新系统，实现 7 月申报期顺利受理营改增纳税人的涉税申报工作，税收分析工作再上新台阶。

（三）继续抓好精准扶贫工作

继续按照要求开展精准扶贫工作，以崇高的责任感完成上级扶贫攻坚任务。

（四）继续抓好党风廉政建设

按照防腐败形势，抓好党风廉政教育，强化干部思想教育，确保系统风清气正。

（五）部署学习习近平总书记在建党 95 周年的讲话精神

多形式组织学习建党 95 周年讲话精神，学习领会会议精神，促进税收工作的提高。

（六）积极向县委政府对接，争取大力帮助支持

积极主动向县委政府汇报税收工作，主动汇报"营改增"工作、"扶贫工作"、"两学一做"存在问题。积极向县委政府的支持，解决征管经费的问题，人员紧缺的困难。

国地税共谋发展　着力打造合作示范区

四川省荣县国家税务局　王　勇　高宗惠

2016 年以来，四川省荣县国税局、荣县地税局牢牢把握深化国地税合作新形势，对照《国家税务局、地方税务局合作工作规范（2.0 版）》、《四川省国地税合作县级示范区建设方案》，县财政局、县国税局、县地税局共同制定了《四川省荣县国地税合作县级示范区建设方案》，成立了由荣县县委常委、常务副县长为组长的工作领导小组，小组下设综合协调组、纳税服务组、征管法制组、风险管理组、行政管理组具体负责 49 项合作内容，深度融合税法宣传、纳税服务、征收管理、税务稽查、信息共享、干部交流等工作，着力打造国地税合作县级示范区。

一、国地税合作工作开展情况

（一）优势互补、联合宣传，持续开展基础合作

今年 4 月份是第 25 个全国税收宣传月，县国、地税围绕"聚焦营改增试点，助力供给侧改革"主题，重点宣传共建联合办税服务厅、"营改增"等热点问题，联合开展 6 项具体活动，通过联合设立宣传点、印制环保袋，夯实传统宣传模式；开设税务广角，搭乘报刊宣传快车；依托纳税人学校，组织纳税人培训；"小窗口"对话，做客地方电视台；"一掌通"服务，打造便携式课堂；举办税法知识竞赛暨 2015 年度荣县纳税十强表彰大会，推动税企良性互动。进一步扩大"税法声音"，营造"学税法、用税法"的良好氛围，有效促进国、地税在更广领域、更深层次开展合作，推进国地税合作向纵深发展，各项宣传活动产生了良好的社会效果。

（二）流程再造，一窗通办，办税服务厅建设有序推进

按照二类办税服务厅的建设标准，荣县国、地税共同进驻县政府政务服务中心，共建"荣县办税服务厅"，并于 2016 年 5 月 3 日成功上线。服务厅面积约 400 余平方米，划分为咨询辅导区、办税服务区、综合服务办公区、自助办税区、等候休息区五大功能区。整合办税服务厅。统一规划设置、统一办税标识、统一服务标准、统一设施配置和使用，促进办税服务厅建设标准化、规范化、现代化；整合办税业务。深度融合税务登记、申报征收、综

合服务、导税辅导等涉税业务，2016 年 6 月 1 日办税模式从"一窗两人双机通办"模式向"一窗一人一机通办"转变，率先实行国地税涉税业务"一厅一窗一人一机，办两家事"的纳税服务新格局。

（三）模式革新、风险导向，联合开展税务稽查

秉持"还责于纳税人"的理念，围绕风险管理，组建风险管理中心，着力构建风险识别 – 风险等级分类 – 风险应对 – 绩效评估循环链条。6 月 20 日上午正式挂牌成立荣县国地税联合稽查办公室，6 月 28 日县地税局稽查局整体进驻国税局办公楼，与国税局稽查局合署办公，现已全面进入正常工作状态。联合稽查办公室下设选案组、检查组、审理组、执行组及案件审理委员会和税收违法案件举报中心，共同下达任务、联合实施检查、协同案件审理、协同案件执行。通过实行联合稽查，发挥国、地税稽查部门各自优势，整合稽查资源，形成工作合力，增强执法力度。

（四）联合征管、信息共享，切实提升税收征管质效

联合征管。相互委托代征工作，做实征管互助；协同开展定期定额户的定额核定工作，联合开展核定征收企业所得税及风险管理，联合开展企业所得税核定征收等工作，促进征收管理协同推进，努力实现国、地税企业所得税管理服务的优势互补，达到征管一个流程，执法一个尺子，服务一个标准，公平税收环境，降低税收管理和纳税成本，让纳税人有更多获得感。

信息共享。积极开展核心征管软件互访、数据共享工作，促进信息高度整合。顺应改革大潮，积极组织"营改增"纳税人资料传递和信息共享工作，同地税局加强联系协调，县局分两次接收地税传递管户 3142 户；双方累计共享定额信息 2085 条。

（五）人才互动，挂职"取经"，做国地合作探路者

一是互派班子成员挂职交流。按照《深化国税、地税征管体制改革方案》、《国家税务局 地方税务局合作工作规范（2.0 版）》及上级推进国地税深度合作示范区工作要求，今年 4 月份，县国、地税互派一名班子成员进行为期半年的挂职交流，进一步丰富干部经历，拓宽干部视野，实现人才互动、经验共享。

二是互派中层干部挂职交流。县国、地税局正积极谋划中层干部互派交流事宜，以共建联合办税服务厅为契机，县国、地税纳税服务科负责人互派任职，进一步提升纳税服务水平。

三是互派业务骨干助力"营改增"。自 3 月 24 日起，县地税局第六税务所派送两名管理经验丰富、业务熟悉的税务干部到县局协助"营改增"调查核实工作，确保了调查核实工作的质量。县国、地税局将挂职交流拓展至业务骨干，深化干部交流、人才互动，为深化国地税合作探新路。

二、创建工作存在的问题

荣县国地税合作县级示范区建设以共建办税服务厅为切入点，以点带面，串点成线，层层铺开，取得了显著成效。成绩来之不易，经验弥足珍贵。但在肯定成绩的同时，也要清醒的认识到我们存在的短板和问题。

一是工作负荷大。一方面为适应"一窗通办"工作模式，办税服务厅人员除了开展日常纳税服务工作外，还要利用晚上等业余时间通学国地税业务，工作压力增大，人员疲惫；另一方面干部职工要应对合作实践摸索中出现的各种现实问题，也耗费了大量的人力、脑力、精力。

二是面临纳税服务质量下滑风险。由于办税服务厅人员对国地税业务正处于熟悉阶段，试运行过程中难免会出现税收政策掌握不全面、操作不熟练的情况，存在办税服务效率、服务质量下降的风险。

三是遭遇法律障碍。执法主体、公章使用、文书出具等现实问题。

三、深度合作取得实效，共谋发展新愿景

2016年上半年，荣县国、地税积极贯彻《深化国税、地税征管体制改革方案》精神，围绕《合作规范2.0》四大类合作内容，不断巩固和深化国地税合作，荣县国、地税通过多次召开联席会议，因地制宜，扣除省局层面工作要点，制定了《荣县国家税务局 荣县地方税务局合作规范2.0推行方案》，在联合纳税服务、联合征收管理、信息共享、人才交流基础合作项目完成率达100%；完成3项创新合作项目，即联合开展干部挂职交流、联合开展干部培训、协同开展风险应对。国地税各项工作深度融合，切实减轻了纳税人负担，有效提升的纳税人满意度和获得感。

荣县国、地税在融合纳税服务、征收管理、信息共享、人才交流的基础上，围绕深化合作在做好"对接"、搞好"结合"、抓好"落地"上下功夫，努力达到"服务深度融合，执法适度整合，信息高度聚合"的工作格局，县国、地税将持续探索国地 合作创新项目，推进国地税合作纵向延伸，共谋持续发展新愿景。

一是加强制度建设。在建立联席会议制度、序时推进制度、文件会签制度、监督考核制度的基础上，围绕合作项目，进一步制定、完善联合稽查等

相关制度，确保标准统一、流程统一、考核统一、制度配套。

二是全面展开干部人事交流。进一步拓宽干部交流范围，在更广范围上互派中层干部、业务骨干挂职交流。

三是加快税务文化基地建设。进一步完善国地税合作文化建设目标和具体措施，共建税务文化展厅，联合打造有荣县特色的国地税合作文化产品。

作者简介：

王勇，男，汉族，1969 年 8 月生，党员，1992 年 7 月参加工作，本科学历。现任四川省荣县国家税务局党组书记、局长。

高宗惠，女，1989 年生，预备党员，本科学历。现任四川省荣县国家税务局办公室副主任。

夯实基础　加强管理
积极做好营改增宣传工作

四川省营山县国家税务局　罗洪兵　张海军　郝兆震

　　为营改增工作的顺利开展，营山国税夯实基础，打好前战，积极做好宣传工作。

　　一是宣传个性化，改变粗放型资料发放方式，对营改增宣传资料细化行业，对不同纳税人进行个性化宣传。二是宣传深入化，管理分局采取主动上门服务的方式，加强跟进管理，积极对新纳入"营改增"纳税人走访辅导，面对面开展"营改增"宣传工作。三是宣传信息化，利用微信公众号，QQ群等平台及时推送"营改增"最新动态，实行在线交流互动，为纳税人答疑解惑。通过以上措施，"营改增"宣传覆盖面基本达到100%。

　　在营山从事旅馆经营的纳税人夏先生表示"以前担心营改增后税率上涨为6%。听了国税的政策宣传，才明白税率和征收率不是一回事，我的税负肯定是要下降的，营改增真是一项为民谋福利的好政策！"

一、营山国地税联合推出"营改增修炼手册"宣传视频

　　"国地税，要手牵手，全国五一营改增"，伴随着优美欢快的旋律，国地税干部自编自导自演的"营改增修炼手册"宣传视频新鲜出炉。该视频紧扣营山国地税合作推进营改增主题，将营改增知识、便民春风行动计划等编辑成朗朗上口的歌词，搭配简洁优美舞蹈，由国地税干部职工联合表演传唱，录制动感欢快优美视频，在营山电视台、会展中心LED和国地税办税大厅循环展播，让纳税人在轻松动感、唯美欢快的歌舞氛围中潜移默化接受营改增税法宣传。

二、营山县局多管齐下决战决胜营改增

　　宣传培训，动员到位。通过各种会议层层传导压力，将全局工作重心和主要精力集中到营改增上来，通过"国税微课堂"组织职工特别是业务部门进行"营改增"业务辅导学习，在营山电视台播报《营改增公告》和《致全

国营改增纳税人的一封信》，自拍自导 5 个 100 秒营改增宣传视频，在电视台、会展中心 LED 和国地税办税大厅循环展播。通过各种形式，形成了全局上下凝心聚力、决战决胜营改增的战斗氛围。

挂图作战，进度到位。取消周末休息，每天下午五点，局领导、营改增小组成员单位负责人碰头，通报当天营改增一般纳税人认定情况和增值税发票升级版发行情况，重点关注税种认定、票种登记、定期定额核定、三方协议等指标，总结好的经验和做法，逐项分析存在的问题和难点，现场各部门群策群力集中处理，保证推进进度，并明确第二天工作进度和重点，落实到岗到人。

内外联动，服务到位。专管员切实履行"首问责任"，营改增纳税人初次来办理业务，专管员需及时提醒所需资料并全程陪同，不让纳税人跑"冤枉路"；与地税联合开展营改增税收政策培训，确保纳税人懂政策、会申报、能开票；开辟营改增绿色通道，确定 4 个营改增专办前台窗口；联系工行、建行、农行、农商行等金融机构，派员进驻办税服务厅，现场为营改增纳税人办理税库银三方协议。

想足困难，准备到位。考虑到营改增后，前台业务量激增等因素，在一楼规划设置办税服务二厅，新增 4 个窗口，专门为房地产、建安业纳税人提供涉税服务，缓解前台拥挤；近两年调出办税服务厅的大学生公务员为替补，与地税协商后增加 2 名地税派驻国税人员，保证前台人员充足；制定了涉及办税服务厅、发票使用等 7 个工作应急预案，防范全面推开营改增过程中可能出现的突发问题。

三、全市首张营改增纳税人税务登记证在营山打印

4 月 25 日上午 8 点 30 分，营山县百官商务酒店侯素华女士在营山县政务中心成功办理税务登记，成为全市首张营改增纳税人税务登记，标志着我局营改增试点扩围工作又迈出坚实一步。

为做好营改增试点扩围工作，营山县国税局克服时间紧、人手少、任务重、难度大等困难，开启"白加黑""五加二"的工作模式，精心组织，认真筹备，举全局之力如火如荼推进营改增试点各项准备工作。特别是近一个月以来，该局更是制定了详细的工作计划，全面调配人手，从各科室、分局抽调青年骨干组成"营改增"攻坚组，按照计划稳步推进、分步实施、上下一心、责任到人，加班加点做好营改增纳税人资格认定、税种认定、票种登记、发票发行等，为营改增试点顺利推进打下坚实基础。

四、营山县局全面备战"营改增"试点首个工作日

坚持值班。县局局领导、业务科室骨干和税源管理单位值班人员全部到办税服务厅值班导税，确保办税服务厅人员充实，引导纳税人有序办理业务。

制定预案。制定了办税服务厅应急预案、增值税发票使用应急预案等7个工作应急预案。按照统一指挥、分级负责，积极预防、快速反应、密切协作，注重实效的原则，分析整理日常工作中可能出现的各种突发情况。

开设二厅。按照全职能办税服务厅建设要求，建设完成国地税办税服务厅二厅，设置3个国税窗口和1个地税窗口，专门为房地产、建安业纳税人提供涉税服务，缓解前台拥挤。

服务到位。考虑到可能出现纳税人流量大，到正常下班时间依然有纳税人未办理完结业务的情况，坚持延时服务制度，延时为纳税人办理完业务，并免费为纳税人准备盒饭、泡面、矿泉水等。

上下一心　集思广益
稳步推进"营改增"全面走向正规

四川省蓬安县国家税务局　罗晓明

自 2016 年 3 月份全面推进"营改增"税制转换工作以来，我局高度重视，上下一心，在县局"营改增"工作领导小组的统筹安排下开启了"白加黑"、"五加二"工作模式，放弃周末休假，全局上下全力以赴打好营改增攻坚战。

一、组织机构

3 月 15 日，我局向县委、县政府汇报"营改增"相关工作，争取支持，并参加当地政府"营改增"领导小组工作。同时，国税局成立工作领导小组，抽调业务骨干组成"营改增"专项团队，专门负责营改增专项工作，并与地税局建立联席工作机制，研究制定改革衔接方案。

二、前期准备工作

1、制定计划：为保证"营改增"工作的顺利推行，3 月初，制定试点工作进度表，明确工作内容、完成时限、责任单位，并在税务内、外网启动"营改增"专栏。

2、制定全方位应急预案：包括培训和开票工作应急预案，办税服务厅、征管工作应急预案，同时为宣传"营改增"相关业务知识，制定一系列宣传方案。

3、前期公告发布：转发省局国地试点纳税人征管基础信息传递方案，对下发布工作推行方案及应急预案，发布本地区开展试点的公告、新闻通稿，以及印发一般纳税人资格登记、纳税人办事办税表证单书税控系统发行和安装等公告。

4、国地联动：与地税部门协调，在办税场所、办税窗口、办税人员上给予支持，国税、地税联合办税，互设窗口，互派人员，同时相互委托代征有关税收，给予纳税人最便捷的服务。

5、做好"硬件"保障：为迎接5月1日"营改增"全面到来，确保工作有序开展，4月份我局加强办税"硬件"建设，增辟办税区域，增设办税窗口，并根据工作需要，结合办税厅分类管理要求，增添办税设施设备，增加办税人员，目前办税服务厅国税办税窗口已达到8个，前台流动导税人员已达8人，国地税联合办税窗口2个；同时我局加大自助办税终端推行力度，做好系统维护和功能升级；在办税大厅设置"营改增"专门的咨询座席和导税台，金穗公司派驻相关人员进行税控设备技术支持；此外，为减轻5月1日后办税大厅人流压力，我局加大按季申报推行力度。

三、试点纳税人交接

3月15日，国税局已接受地税局移交营业税纳税人名单及相关数据，我局对接收到的纳税人进行逐户调查核实和确认试点纳税人信息数据，并将初步调查情况反馈给同级地税机关，地税局对我局移交的调查反馈情况进行补充完善信息，并传递给国税机关。3月15日至4月22日，地税局移交新增纳税人和恢复正常纳税人信息，我局对新增及恢复正常纳税人信息展开调查确认，并与地税机关进行确认。4月28日，我局确认有效并接管地税局移交"四大行业"纳税人共1235户，并将最终确认信息的纳税人制作了清册和清单。除此之外，我局也一并确认了试点纳税人申报方式、计税方式、增值税优惠政策资格，同时开展办税服务大厅压力评估、调查，做好试点纳税人出口退税和免抵指标的测算。

四、应用系统及数据准备

为全面迎接"营改增"，4月底，我局做好线路检测，保障实现两级骨干网络畅通；做好身份认证KEY盘发行的技术支持工作；完成试点纳税人电子征管信息接收、核实、登记、补录；登记试点纳税人票种核定信息、发票核定信息、税收优惠资格信息。

五、发票管理

组织金穗公司为新纳入试点的纳税人（起征点以上）发售增值税发票税控系统设备，我局为142户新纳入试点的纳税人发行增值税发票管理新系统，并组织金穗公司技术人员为纳税人安装税控系统开票软件。4月10日，我局测算完毕增值税专用发票和普通发票用量，完成有冠名发票使用需求的试点纳税人的需求统计；4月28日，我局为新纳入试点的纳税人进行发票票种核定，做好增值税专用发票最高开票限额，同时做好二手房交易发票开具准备工作。

六、系统内外培训

1、对内：制定"营改增"专项培训计划，分期分版块对"营改增"四大行业进行系统培训，包括相关政策培训，申报办法培训，信息系统操作培训。

2、对外：制定分期分批纳税人培训计划，开展"营改增"政策、申报办法、增值税涉税会计核算培训；组织金穗公司进行税控系统操作培训；对纳税人开展网上报税操作、申报操作培训。"营改增"工作开展以来，我局已完成纳税人培训1200人次。

七、"营改增"宣传工作

1、为加强政策宣传，我局利用广播电视发出《致营改增纳税人的一封信》，告知纳税人"营改增"办税重要时点，并利用4月"税收宣传月"契机，与地税联合开展多次税法宣传，向纳税人发放大量"营改增"政策资料。

2、通过"相如税苑（国税）"微信群、"蓬安国税纳税人之家"QQ群、"南充国税"微信公众号向纳税人进行政策宣传和解读。

3、根据工作进度通过各种传媒和平台跟进报道试点情况。除此之外，我局密切关注舆情，根据舆情适时做出调整，更好为纳税人服务。

八、后续保障工作

5月1日后，"营改增"全面到来，我局做好自我检查，保障发票的正常供应，做好发票代开工作，做好基础设施及应用系统的运行监控、信息安全等技术保障工作，并组织好金穗公司为纳税人服务。同时开展征管数据的统计、分析工作，开展改革效应及纳税人税负跟踪分析。多渠道收集纳税人需求，及时进行处理反馈。

九、"营改增"工作成效

5月1日0点0分，蓬安"营改增"试点纳税人，四川宏炜印象酒店有限公司成功开出蓬安县第一张"营改增"试点纳税人卷式发票，金额784元，

10：50 分办税大厅成功为蓬安县东华夜宴餐饮店代开增值税普通发票 1 份，标志着县局"营改增"工作上线成功。

十、6 月首个申报期

"营改增"全面开展至 6 月，我们迎来营改增首个申报期，全局上下做好充足准备迎接申报期的全面到来。为保障申报工作稳步推进，确保纳税人实实在在享受到税制改革的红利，我局首先召开营改增申报月工作安排部署专题会议，县局领导班子及各业务科室、管理分局负责人讨论了关于做好首个营改增申报月的工作方案，听取了各管理分局关于近期营改增工作情况的汇报，对症下药，集思广益，共同研究解决疑难杂症。其次，我局成立营改增专门的辅导团队师资和成员，辅导团队在 6 月申报期全程在办税大厅值班，集中解决纳税人在实际申报中遇到的问题，保证营改增首个申报期工作的顺利开展。截止 6 月 27 日，我局圆满渡过"营改增"首个申报期，"营改增"开票入库的增值税共计 544 万元，标志着"营改增"工作全面走向正规。

充分发挥国税职能
助推县域经济发展新常态

四川省高县国家税务局 冯 聪 甘国强 汪 凯

　　县域经济是国民经济的基础单元，发展县域经济是实现社会经济持续、快速、健康发展的客观要求，是全面建设小康社会、加快现代化建设步伐的现实需要。当前，我国经济进入了增长速度换挡期、结构调整阵痛期、前期刺激政策消化期"三期叠加"的新常态下，如何主动适应新常态、引领新常态从而推动县域经济新发展，成为当前迫切需要解决的问题。

　　税务部门作为组织财政收入和调控经济的重要职能部门，在全面建设小康社会、全面推进依法治国、全面深化改革战略推进中发挥着着重要作用。本文旨在通过回顾"十一五"以来高县国税局大力推进依法治税、积极组织税收收入为县域经济发展所作的贡献，重点分析新常态下县域经济发展现状和趋势，针对县域经济的特点和发展需要，探索如何充分发挥税收的职能作用，使税收成为促进县域经济迅速增长的重要杠杆，为加快县域经济又好又快发展作出新贡献。

一、"十一五"以来国税部门对县域经济发展的积极贡献

　　"十一五"以来，高县国税局在市国税局和县委、县政府的正确领导下，牢牢把握新时期税收工作宗旨和主题，坚持"为国聚财、为民收税"的宗旨，坚持以人为本、坚持依法治税，深化征管改革，加强队伍建设，强化精细化、科学化、专业化管理，积极发挥税收的各项职能，加强了组织税收收入的力度，壮大了县域经济，为高县经济社会发展和民生改善提供了财力保障；坚持依法行政，公平税负，为高县经济发展、构建和谐社会提供了公平、法制的税收环境；认真落实国家税收优惠政策，为涵养税源、藏富于民、招商引资做出了积极贡献，也有力的推动了高县经济又好又快发展。

　　（一）以组织收入为中心，国税收入快速增长

　　高县国税局主要负责辖区内 19 个乡镇的税收征收和管理工作，税源主要集中在福溪工业园、文江、庆符辖区，截止 2015 年 6 月，国税共辖纳税人

2401 户，其中一般纳税人 286 户，小规模纳税人 398 户，个体工商户 1717 户。自 2007 迈入亿元征收单位以来，高县国税收入就进入了增长的快车道，尤其是 2010～2012 年，年均增长在 35% 以上，入库税额连创历史新高，2006 年～2014 年累计组织入库税收 184064 万元，实现两税县级留存收入 29267 万元，为支持经济发展方式转变、实现经济平稳较快发展、服务和改善民生提供了有效的政策支持和可靠的财力保证。

高县国税 2006 年至 2014 年工商税收入库情况　　单位：万元

年度	入库税额	占同期	
		增减%	增减额
2006	9991	21.67	1908
2007	10220	2.29	229
2008	13824	35.26	3604
2009	14093	1.94	269
2010	20195	43.30	6102
2011	26052	29.00	5857
2012	36513	40.15	10461
2013	33176	-9.14	-3337
2014	20005	-39.70	-13171

高县国税 2006 年至 2014 年县级收入完成情况　　单位：万元

年度	入库税额	占同期		税收增速%
		增减%	增减额	
2006	1482	32.32	362	21.67
2007	1495	0.88	13	2.29
2008	2016	34.85	521	35.26
2009	2295	13.84	279	1.94
2010	3305	44.01	1010	43.30
2011	4183	26.57	878	29.00
2012	5391	28.88	1208	40.15
2013	5419	5.19	28	-9.14
2014	3681	-32.07	-1738	-39.70

（二）以转变方式为主线，切实提高税收收入结构与质量

在收入总量做大的同时，税收的收入结构和质量也得到了优化，主要呈现出以下几个特点：

一是税源结构更趋均衡。在 2008 年以前，高县国税收入以煤炭、化工等传统行业为主，这两个行业占国税收入的一半以上。2008 年以后，白酒行业的兴起和国税机关征管的强化，使得酒类税收入库税额不断增多，占比不断提升。随着经济社会发展，如今，我县经济发展更趋均衡，税源也已从煤炭、化工为主到以酒类食品为龙头，综合能源、化工轻纺竞次发展的格局，收入来源风险有所减弱，有利于税收的持续、稳定、健康增长。

二是税收收入和产业结构更为协调。"十一五"以来，随着工业强县战略的强力推进，高县产业特色逐显突出，产业比重由 2005 年的 32.1：42.2：25.7，调整为 2011 年的 19.0：61.2：19.8，实现了从"二一三"到"二三一"的历史性转变。2013 年，随着"营改增"的实施，第三产业也将迎来新一轮的发展，第三产业的国税收入贡献也将继续提高。

三是所得税比重提升，收入结构进一步优化。2006 年，增值税占税收总额的比重为 95.46%，2014 年，这一比重为 80.98%，下降了约 15 个百分点。与此同时，所得税比重明显提高。2006 年，企业所得税占税收总额的比重仅为 0.1%，入库税款 10 万元，此后比重逐年提高，呈现出稳定上升势头，2014 年企业所得税入库税款 3410 万元，收入占比 17.05%，反映出税收以流转税为主向流转税和所得税并重发展的趋势，说明了县域企业盈利能力的持续提升。

四是经济发展与税收增长相得益彰，宏观税负与税收弹性趋于稳定。经济与税收的关系，表现为一是总量关系，以税收占 GDP 的比重表示，即宏观税负；二是增长系数关系，以税收增长率与 GDP 增长率之比表示，即税收弹性系数。"十一五"以来我县小口径的宏观税负一直在 3.0 之间小幅波动。2009 年经济运行困难，国家和省出台了相关行业的减免税政策，导致当年的税收弹性系数较低，其余各年份的起伏不大，税收弹性系数基本处于合理的区间范围。

（三）认真落实各项减免税及税收优惠，切实培植税源

一是落实各项税收优惠政策，促进产业结构调整，经济发展方式转变。落实好增值税转型政策是结构性减税政策的重中之重，通过实施消费型增值税，鼓励企业投资的积极性，带动固定资产投资强劲增长。为进一步促进产业转型升级，国务院近期又出台了固定资产加速折旧政策。高县国税局开通

"绿色通道"，力促政策在县域落地扎根，真正造福于企、普惠于民。

二是全面落实结构性减税政策，为小微企业发展积蓄活力。小微经济是市场经济中重要活跃的细胞，是推动产业结构转型升级的生力军，在吸纳就业、改善民生、维护稳定、增强经济发展活力等方面发挥着不可替代的重要作用。小微经济发展得越好，居民收入差距就越小，人民群众生活质量和幸福感就越高。高县国税认真落实促进小微企业发展等增值税减免退税收优惠政策，为小微企业发展积蓄活力。以 2014 年为例，我局为 298 户企业小微企业减免税额 29.65 万元，减免税额占应纳税额的 11.91%；为 1472 户个体工商户减免税额 274.7 万元。在我县主要经济还不发达的情况下，小微企业占有相当的比重，而它们关系到本地经济是否发展起着重要的补充作用，小微企业增值税优惠政策的落实，有力地提高了小型微利企业的生存发展空间，适当地繁荣了经济市场与就业面，为我县经济环境的改善起到应有的作用。

三是积极落实出口退税优惠政策，促外向型经济发展。我局大力开展提醒式服务，提示企业按时申报，并针对性开展税收政策辅导，解答企业在出口申报中遇到的疑难问题，并主动加强与财政、国库等部门的联系，积极争取各方支持与配合，实现出口退税快速办理。"十一五"以来，我局共为农业、化工、机械等领域 7 家企业办理了 56 笔出口退税，涉及税款 2163 万元，有效缓解了企业资金压力，支持了出口企业做大做强，提升了国际市场竞争力，也促进了县域经济的外向型发展。

四是用好用活优惠政策，助力县域企业发展壮大。我局在执行国家优惠政策时，做到充分宣传、不打折扣、不搞变通，确保了纳税人应享受的税收优惠"应享尽享"。同时，充分运用西部大开发的优惠政策，审核了县域内重点税源企业中电福溪电厂、高县三鼎天然气有限责任公司、宜宾中电环境工程有限公司、高县农村信用合作联社的企业所得税优惠政策，为县域企业的发展壮大积蓄了力量。

二、新常态下县域经济发展的新展望

（一）我国未来经济发展面临的机遇和挑战

当前，国家经济正处于发展方式转变、发展动力转换的新形势、新时期，我国经济发展进入新常态，世界经济环境仍然比较复杂，我国经济发展既面临大有作为的重大战略机遇期，也面临诸多矛盾相互叠加的严峻挑战，主要体现在：

一是和平与发展的时代主题没有改变。合作与进步的世界潮流没有改变，

大的差距，发展中还存在着诸多深层次的矛盾和问题。目前主要体现在：一是经济总量规模偏小，三次产业不够协调，民营经济实力不强，现代服务业比重偏低，消费拉动相对较弱；二是受宏观经济下行影响，白酒、煤炭等支柱产业复苏十分艰难，传统产业转型升级难度很大，新兴产业培育乏力，新的经济增长点还未形成；三是受资金、土地等要素制约，重大项目储备不足，一些招商引资项目落地困难，一些在建项目推进缓慢，投资持续增长难度不小；四是骨干税源大幅减收，刚性支出明显增加，政府债务较为沉重，财政运行十分艰难。

三、新常态对县域经济发展的新要求

（一）增速的新常态要求县域经济更加注重质量和效率

增速的新常态，是指中国经济增速将在未来一段时间内，从过去10%左右的高速增长转为7%左右的中高速增长。这种形势下，要求县域经济发展：一是控制单一追求GDP增速和规模的冲动，注重经济规模、质量、效益的协调发展，从而更加注重经济发展成果的合理分配，更加注重经济与政治、文化、社会、生态文明之间的统筹协调。二是由依赖资源、能源消耗的增长，调整为主要依靠创新和投资双轮驱动的增长，通过制度创新调动社会投资的积极性和主动性，通过科技创新释放社会生产和消费的潜力。三是科学选择经济发展方式和路径，走集约、节约、绿色、低碳的发展道路，走最接地气、最适宜域情的发展路子，重点发展绿色经济、生态经济、民生经济。

（二）结构调整的新常态要求县域经济坚持现代化和特色化

结构调整的新常态，是指产业结构、需求结构和城乡结构等保持不断优化升级的长期动态平衡。这种形势下，要求县域经济发展：一是更加注重发展养老医疗、现代物流、电子商务等新兴先导型服务业，适应三次产业结构调整优化的新趋势，把握产业转型新节奏。二是要更加注重发展食品饮料加工、新材料、节能环保等高端成长型产业，把握工业内部结构优化调整的方向，适应工业产品市场的需求。三是更加注重扩大生态、文化、创新、低碳等新兴消费，大力发展绿色、时尚产品，适应需求结构变化趋势，赶上消费潮流。

（三）宏观政策的新常态要求县域保持发展政策的开放和连续

宏观政策的新常态，是指国家通常情况下采用区间调控、微刺激和精准发力的宏观政策，在较长时间内保持政策的连续性和稳定性。这种形势下，要求县域经济发展：一是主动与国家主体功能区规划、长江经济带、"一带一

路"、成渝经济区等区域发展战略相衔接，融入区域发展战略的背景下，积极开展城际合作，建立区域合作机制，共享区域资源、要素等，实现区域整体发展。二是与国家治理能力现代化要求、宏观调控的方向保持高度一致，注重思路、措施、政策的连续性、稳定性、精确性、专业性，保证县域经济健康持续发展。

（四）改革的新常态要求县域充分发挥市场主体的积极性和创造性

改革的新常态，是指在全面深化改革的格局中，将改革的思维、措施、精神融合到了工作的各个环节。这种形势下，要求县域经济发展：一是减少审批，放开管制，破除民营资本进入的限制，解决民营经济发展中的体制机制障碍，激发民营经济活力和创造力，实现大众创新、万众创业。二是加快转变政府职能，简政放权，提高底层经济社会发展活力，提升市场经济创造力；三是进一步加强和改进服务工作，树立民本和法治意识，掌握现代理念和技术，运用沟通、协调、互动、共建的方法，加强和改进县域经济工作。

四、助推我县经济发展新常态的对策与思考

作为国税部门，"为国聚财、为民收税"是我们的基本宗旨，对此，我们将以强烈的使命意识和责任意识、大局意识，自觉落实好省市县三级政府的工作要求，立足经济发展大局，狠抓组织收入，为地方经济发展提供财力保障。同时充分发挥税收调节经济的职能，认真落实、兑现各项税收优惠和各种减免税政策，从而扶持企业做大做强，促进企业的升级和发展，并积极、主动研究有利于地方经济发展、产业结构优化的举措，为地方党委、政府更好的应对形势建言献策，当好参谋和助手。具体说来就是要做好四篇文章。

（一）做好"组织收入"文章，为县域经济发展提供财力支撑

一是树立新常态下的税收收入观念。经济决定税收，当前宏观经济已经从高速增长转变到中高速增长的新阶段。在经济增速放缓的新常态下，财政增幅回落明显，财政收入增速已逐渐回归到与 GDP 增速基本同步。从县域经济发展来说，经过多年发展，县域 GDP 和财政收入形成一定规模，但是经济产业结构不尽合理、财源结构单一、创税能力不强、抗风险能力弱的问题没有得到根本性解决。加上政策性减收因素不断增加、结构性减税成为税收主旋律，以往财政收入高速增长、动辄几年翻番的光景很难再现。我们要破除以往的速度崇拜和增长焦虑，从不切实际的发展目标设置中解放出来，真正树立均衡化、可持续化的税收发展观。同时，当前财税体制改革正在如火如荼的推进，我们要从国家治理体系和治理能力现代化重要工作的角度认识税

收，深入挖掘税收的非收入职能作用，让税收成为推动县域经济实现现代化的重要利器

二是毫不动摇地坚持好组织收入原则。按照"依法征税，应收尽收，坚决不收'过头税'，坚决防止和制止越权减免税"的组织收入原则，对实现的税收千方百计做到应收尽收，不断提高征收入库率，努力促进收入规模的不断扩大。抓好重点税源行业，对重点税源实施监控，组建煤炭专业化管理团队，针对煤炭行情的发展变化，适时做出有效的应对策略。酒类作为我局的第一大税源，既要在政策允许的范围之内支持企业发展，又要做好税款的及时、足额入库。要坚持以往行之有效的日志式征管模式和领导班子集体管户，定期举办税政银企高层对话，就涉税事宜进行多维度沟通，帮助企业做好内控机制，防范税收风险。

三是加大收入分析力度，科学研判税源。对比税收计划，建立健全经常性的收入分析和预测制度，准确把握经济发展总体态势，科学判断税收增减趋势，深入分析收入变化的原因，及时掌握重大因素对收入增长的影响；深化地区税负、行业税负分析，实现精细征管；充分利用涉税信息交换平台，加强和工商、地税、金融、电力等部门的信息交换和共享，广泛采集涉税信息，在信息化链条中实现税源精细化预判；充分利用各类征管软件，对征管基础资料和涉税信息进行科学比对，提高对面广量大的一般单位管理的针对性和有效性，同时，要巩固和健全纳税评估、税收分析、综合治税信息比对等工作机制，落实措施，挖掘新的收入增长点，巩固税源基础。

四是进一步加强税源控管。经济决定税源，管理增加税收。税源管理实际上就是对税收源泉的监督与控制，通过控制源头，保证税收收入的总体规模。我们要从准确把握纳税人的生产经营规律、涉税信息变动规律入手，深入开展纳税评估，切实提高税源控管的质量和能力，切实加强对重点行业、重点环节的管理，加强征管，堵塞漏洞，确保税款应收尽收；强化税务稽查职能，进一步发挥税务稽查职能拳头作用，震慑不法分子，理顺纳税秩序，改善税收环境，提高检查工作质量和效率；突出以人为本，健全育人机制，提高税务干部整体素质。坚持依法治税，必须要与从严治队相结合，要全面加强干部队伍的思想道德建设和法制业务培训工作，在执法中坚持以法律准绳，以事实为依据，切实提高依法行政的自觉性，努力建设一支政治过硬、业务熟悉、作风优良、纪律严明的干部队伍。

（二）做好"经济杠杆"文章，引导做好产业结构调整和经济持续发展

一是加强园区建设，发挥园区的辐射、带动、引领作用。工业的附加值

高，牵动力大，对于增加税收、确保财政收入、拉动经济都有非常巨大的作用。我们要继续贯彻高县县委、县政府的"工业强县"战略，进一步抓好工业园区建设，大力培育大产业、大项目、大园区，促进资源要素向优势产业集中和优势产业向园区集中，提升优势产业与企业的集中化、链条化、集群化和园区化水平，创造和形成产业与企业的集聚效应。重点抓好福溪工业园区、贾村医药、新材料产业基地，为园区企业提供个性化、预约化、一站式的优势纳税服务，使企业的各种涉税需求得到最大程度的优化和方便，节约办税时间和成本，提高办税效率。

二是主动、积极地用足用活各项税收优惠政策，增强企业发展后劲。首先是做好政策引导服务，为符合政策的企业开辟税收减免"绿色通道"，在加强税收优惠政策宣传和辅导的同时，注重引导纳税人用足、用活、用好政策，进一步规范简化审批流程，不设门槛，不打折扣，不生偏离，确保各项税收政策及时执行到位。充分发挥税收在做大做强优势产业、改造提升传统产业、培育打造新型产业等方面的政策效应，为提升高县经济发展质量发挥职能作用。

三是发挥辅助决策作用，积极主动为经济发展献计献策。要全面了解经济发展的最新动态，主动参与政府的各项重点工作，当好政府的税收参谋。要围绕全县重点项目建设和现有行业税源，从"涵水养鱼"角度加大税收调研和分析深度，制定切实可行的培植税源的工作思路和措施，力争能形成一定的税收规模效益，巩固支柱型税源；要进一步优化经济发展环境，突出招商引资，壮大后续型税源。

（三）做好"依法行政"文章，为县域经济发展提供公平、法治的税收环境

十八届四中全会依法治国基本方略的提出，为打造法治的税收生态环境带来了新的机遇，提出了新要求，也把法治提升到了一个新的高度。贯彻好十八届四中全会精神、落实依法治国方略、提升依法治县水平，提供法治税收环境，从而助推县域经济发展。

一是提升依法治税意识和能力。坚持法治思维，加强法制教育，健全学法用法制度，把依法行政作为必修课程，建立党组会、局务会前学法和重大税收政策出台后全员学法机制，不断提高运用法制观念、法治思维和法治方式处理税收业务、政务、财务和事物的能力；同时，扩大税收宣传面，建立全程、全员、全域的县域综合协税、护税机制；坚守税法法定原则，以税负公平为目标，法治建设为保障，以法治思维助推县域经济跨越发展。

二是规范税收执法行为。推行税收执法权力清单制度和税务行政处罚权力清单制度，进一步简政放权。落实税收执法责任制，开展执法疑点数据核查，规范税务重大案件审理。抓好省局进户检查规程的落实，严格控制进户检查次数和时间，减轻纳税人负担。

三是提升税法遵从度。加强法律救济保障，注重运用调解、和谐方式解决纠纷。强化纳税服务投诉管理，探索利用信息化手段处理纳税人投诉，适时向社会主动公开信息，加快纳税人信用体系信息化建设步伐，将纳税人纳税信用与"诚信中国"建设有机融合，让诚信纳税者得到最大程度的便利，让失信者得到联合惩戒，处处受限、寸步难行。

（四）做好"税收服务"文章，为县域经济发展创造和谐税收服务环境

良好的法治环境和宽松的政策服务对投资者的吸引力勿庸置疑，而良好的税收服务环境同样是不可缺少的。我局将以"环境兴县"为契机，抓好"三个打造"，为广大纳税人提供方便快捷、优质高效的公共服务，树立国税部门的良好窗口形象，为改善县域经济发展的软环境作贡献。

一是打造全新的纳税服务理念和多元的服务内容。树立现代税收服务观，体现征纳双方法律地位的平等，尽力做到权利与义务相统一，服务与职责相一致，以新的服务理念来引导税收工作由满足征管需求为主向管理与服务并重的转变，全面推行税收服务向深层次发展。提高工作透明度，坚持办税公开制度，认真兑现服务承诺，实现"阳光操作"；要利用国税部门政策熟、财务通和信息灵的优势，积极帮助纳税人解决生产经营过程中遇到的实际困难。

二是打造创新、深度的税收宣传环境。按照简便、高效、快捷的原则，围绕纳税人关注的热点问题，针对不同纳税群体的需求，提供人性化、个性化的政策宣传和纳税咨询服务，帮助纳税人掌握税法知识和办税程序，提高依法诚信纳税意识。突破现有的"税收政策讲解"状态，将税收宣传放置于经济发展大环境，进一步加强对"走出去"企业的税收服务与管理工作，加强"对口宣传"，开办纳税人学校，帮助纳税人及时了解掌握最新税收法律和政策，对难点问题耐心细致地向纳税人讲解，以便纳税人正确贯彻执行。

三是打造便捷、多元化的办税服务环境。要做到税收服务前移，辅导纳税人依法核算、依法办税，维护和保障纳税人的合法权益。要积极落实"两个减负"，清理简并各类纳税报表资料，取消所有按规定应取消的收费项目，切实减轻纳税人负担，节约纳税人办税成本。完善办税服务厅服务功能，强化申报纳税"一窗式"管理，推行各类涉税事项"一站式"服务，为政策优惠和需要特殊照顾的纳税人开辟"绿色通道"。

作者简介：

冯聪，1983年11月生，硕士学位。现任四川省高县国家税务局党组书记、局长。

自参加工作任职：翠屏区李庄镇人民政府科员；借调翠屏区人民政府科员；翠屏区人民政府办公室文秘股副股长；宜宾市国家税务局办公室副主任；宜宾市国家税务局办公室副主任（主持工作）；宜宾市国家税务局政策法规科副科长（主持工作）；四川省高县国家税务局党组副书记、副局长（主持工作）；2015年6月至今任四川省高县国家税务局党组书记、局长。

奖惩情况：

宜宾市国家税务局优秀共产党员，宜宾市青年岗位能手，四川省国税系统岗位能手；《BP神经网络模型在税收风险分析及应用》获四川省国家税务局2012~2013年度全省国税系统优秀税收科研成果二等奖，宜宾市2013年度实际社科规划立项课题二等奖；参与课题《大企业税收管理的国际借鉴研究》论文，被中研会编入2014年度论文集。

深化国地税合作　共创最优税收环境

四川省巴中市恩阳区国家税务局　佘小林　吴　戈

一、统一思想，形成合作共识

我区国地税本着"始于纳税人需求，基于纳税人满意，终于纳税人遵从"的原则，不断加强沟通、协调和宣传，营造了良好的合作氛围。

（一）明确重点，狠抓落实

本着先易后难、以点带面、循序渐进的原则，我区国地税在去年深化相互合作沟通的基础上，进一步建立健全了会商机制、推进机制、考核机制和保障机制，巩固了已有成果，扩展了新的合作空间。双方根据国地税合作工作规范确立了2016年度合作重点，即综治平台共搭建、税源结构共分析、处罚裁量共标准、登记变更共办理、办税窗互同设立、委托代征互帮助、情报资源互交换和同巡查、同宣传、同评估、同定额、同检查等12个方面。3月18日，区国地税召开联席会议，围绕贯彻落实好2016年国地税合作规范及"营改增"工作，细化分解了《2016年国地税合作项目分解表》（恩区国税发[2016]19号），并就联合大厅办税服务、联合培训辅导、联合为企业提供个性化纳税服务、联合服务管理"走出去"企业、合作征收税款、联合开展税收分析及联合开展干部培训七大重点合作事项达成共识。

（二）宣传汇报，争取支持

一是联合印发《2016年税收宣传月活动实施方案》（恩区地税发[2016]24号），扎实开展好第25个全国税收宣传月活动，通过现场和传媒等多种形式向社会宣传合作办税的积极意义。二是先后开办两期纳税人学堂联合宣传培训会，将传统授课形式与互联网新媒体融合，紧扣税收热点，切实将国地税合作规范落到实处，有力助推了"营改增"改革试点在恩阳区的落地实施。三是主动向党委政府汇报争取支持。今年上半年，先后两次在政府常务会议上汇报讲解税收法规政策及"营改增"推进情况，赢得了地方党政主要领导的支持理解和各相关部门的大力配合。区人大、政府、政协主要领导先后做出重要批示，对此项工作给予了支持。

（三）领导重视，备受关注

在合作办税过程中，市局党组书记、局长徐勇等领导先后到国地税共建办税厅视察合作办税，徐勇局长还对该项工作给予了高度评价，表示共建办税厅有利于国地税合作共赢，有利于方便纳税人办税，有利于地方经济发展，恩阳区国地税共建办税厅走在全市前列，充分体现了国地税的深度合作，并鼓励大家再接再厉，争取取得新的突破。市局其他班子成员及区委政府相关领导也先后多次到现场指导，为合作办税工作加油鼓劲。

二、积极探索，推进合作深入

（一）联合共建办税服务厅

国地税共建办税服务厅，是我们深化合作的突破口与重要标志。一是组建了办税服务厅。联合共建办税服务厅 5 月 3 日正式上线，主阵地由原区地税局办税服务厅升级而来，共设有 6 个综合服务窗口和 1 个专用窗口。同时，制作了办税服务厅指示牌、服务指南，在触摸屏、LED 显示屏上联合公开公示税收政策，统一协调表证单书，添置了办税设施。二是健全了办税服务功能。结合办税服务厅标准化建设要求，统筹优化国地税网络环境，进一步完善了咨询服务、自助服务等 6 个功能区。对车购税等业务，仍由原区国税局办税服务厅窗口办理，同时负责办税高峰的人员分流，以减少纳税人等待时间。三是规范了办税制度。完善办税服务厅工作制度 10 余项，明确了办税服务厅管理负责人（恩区地税发〔2016〕42 号），对办税服务厅人员实行统一管理。在工作时间上，办税服务厅执行提前半小时上班、推后半小时下班、午间值班的工作制度；在服务时限上，开展岗位竞赛，实行限时办结制；在服务礼仪上，实行统一着装，倡导文明用语，提供导税咨询；在工作纪律上，实行指纹考勤，坚持轮班倒班制度；在工作质量上，统一对窗口人员实行绩效考核，提高了服务效率。

（二）共同改进服务举施

一是减并资料报送，减轻了纳税人负担。我局与地税局积极协商，对相同涉税资料实行一次合并填报，两家共享，并减并资料报送份数和期限，切实减轻纳税人负担。二是简化办税流程，提高了服务效率。对即办类事项，符合条件的当场办结；对审核审批类事项由前台受理、后台复核、内部传递、限时办结、窗口出件，确保了纳税人找税务机关申请办理涉税事项，统一由办税服务厅集中受理。三是开通"税银通"助力小微企业发展。携手国开村镇银行，确定符合本地实际的银税合作机制、建立健全信息共享机制、持续优化小微企业金融服务、提出税银合作框架，签订了支持小微企业发展合作协议，计划年内将服务范围拓展到 B 级纳税人中。四是疏通交流渠道，加强了征纳联系。建立国地税征纳信息交流 QQ 群和 MAS 短信服务平台，完善了国地税特邀监察员制度（恩区地税发［2016］25 号），聘请了特邀监察员（恩区地税发［2016］26 号），真诚收集群众对于税收工作的意见建议，为更好地开展税收工作营造有利的社会环境。

（三）共同实行管查互动

一是联合开展户籍清理比对。对于国地税共管户，按照管辖区域，共同指派税收管理员，同步开展清理比对。二是实行代开发票源泉控管。在国税窗口代开货物劳务发票征收增值税的同时，我们及时通知地税窗口征收附加税及个人所得税，避免了税收流失。三是联合开展进户稽查。建立了稽查情况通报制度，探索了相互代查机制，提高了稽查效率。上半年已对 1 户企业发起联合稽查。此外，我区国地税继续开展纳税信用等级评定，探索了税收管理员联合日常巡查，对进户事项进行统筹协商办理，提高了征管效能。

（四）共同做好税制改革衔接工作

加强联系沟通，共同做好建筑业和房地产业、生活服务业、金融保险业等行业营业税改征增值工作，重点加强与地税登记信息、核定信息、开票信息及其他涉税信息等的传递，通过涉税信息传递、比对，促进双方税收征管。上半年实际接收"营改增"管户 586 户，其中企业纳税人 150 户，个体工商户 436 户。共同开展其它涉及国地税相关税种转换和重大税收政策调整等税制改革工作，按照国家税制改革统一部署，共同实施分析测算、政策调研，确保国、地税在推动税制改革工作中的无缝对接、顺畅衔接、平稳有序。

三、稳步实施，合作成效初显

（一）提升了行政效能

一是节约了行政成本。开展合作办税前，我局原计划投资扩建办税服务厅，合作办税启动以后，地税局办税服务场所得到充分利用，我局投资预算相应节省。二是形成了工作合力。在税源管理上，由于国地税共同调配税收管理员，各自优势互补、工作经验共享，提高了工作质效；在税收稽查上，大家团结协作，互通有无，总体稽查水平得到了提高；在窗口服务上，办税服务厅人员比、学、赶、超，服务行为日益规范，工作效能得到提高。

（二）优化了纳税服务

国地税联合开展办税服务后，一是办税不用多头跑。二是资料不用多次报。纳税人提供的报表及涉税资料一次性报送到办税服务厅，国地共享数据资源。三是管查不用多方找。国地税找纳税人调查检查事项由"一个团队"完成，国地税重复进户的现象明显减少。

（三）改善了税收环境

合作办税以后，国税、地税一个窗口对外、一套标准服务、一个口径执法，树立了服务发展的税收新形象。同时，国地税交换征管信息，开展管查合作，既提高了税源管理水平，又提升了纳税人的税法遵从度。

完善国地税合作机制　提升服务合作水平

贵州省习水县国家税务局　何亚可　何雨桓

习水县国地税作为全市国地税合作示范区，自 2015 年 9 月启动国地税联合办税，双方坚持问题导向，以习水县政务服务大厅为平台，通过整合业务、优化办税流程，整合机构、优化服务方式，整合平台、优化办税环境的"三整三优"方式，以资源整合的"加法"和流程再造的"减法"换取综合效益的"乘法"，实现了合作的"四统一、三共建"，切实提升了服务和管理水平。

一、国地税合作具体做法

（一）融合办税服务四统一，服务合作提升水平

1. 共建融合办税厅，实现办税服务统一。在习水县政府的支持下，习水县国地税成立新的融合办税服务大厅，双方根据税收业务需求，统一规划功能区域和办税窗口，以"一人一屏双机双网双系统"为主要手段，实现国地税业务一窗办理；以信息共享为支撑，实行窗口人员"一岗双责"，对国地税税费、基金等同步征收，堵塞征管漏洞，最大限度地减少体制性税收流失。2016 年上半双方联合办理税务登记 1819 笔，联合采集了财务报表 12415 份。

2. 联合宣传培训，实现政策宣传统一。双方联合进行税收宣传，组建专家辅导团队，通过现场解答、深入企业等形式对纳税人进行税收辅导。以国税局纳税人学校为平台，实现国地税业务统一培训，真正达到"进一家门，受两家教育"。2016 年上半年以来，双方联合组织专题宣传 4 次，为 3 户大型企业提供长期性个性化服务，组织纳税人培训辅导 13 次，现场培训 15 次，培训人数达 1125 人。

3. 联合信息采集，实现资源共享统一。双方从 2014 年就信息采集方面开始紧密合作，建立了政府办牵头，国地税为主，各职能部门参与的治税平台，共同对第三方信息进行采集。2016 年双方联合综合治税的社会效应从全县 46 个单位和企业中提取了第三方信息 4125 条，共享涉税信息 1133 条，对 1568

户纳税人进行了定期定额核定，对 82 户纳税人进行了非正常户认定，对 10 户纳税人联合发布了欠税公告。

4. 联合纳税信用评价，实现等级评定统一。双方共同确定信用等级评定标准，对评定结果统一运用，实现纳税人差别化管理和服务。2016 年上半年联合评估 A 级纳税人 5 户，D 级纳税人 22 户。对信用等级评定为 A 级的纳税人，联合向上级局和当地政府推荐年度纳税先进；将有较大社会影响的涉税违法失信行为纳税人列入黑名单，作为国地税稽查管理重点，定期向社会公布并通报相关部门，营造依法纳税氛围，促进纳税遵从。

（二）实现税收管理三联合，有效堵塞征管漏洞

1. 联合建机制，互明责任分工。2016 年 3 月双方正式建立习水县国地税合作工作领导小组，制定了工作流程管理机制、问题解决机制和联合工作例会机制，做到工作有安排、有落实、有总结，同时国地税班子轮流巡查，互通情况，实现了合作从"松散型"到"紧密型"转变。

2. 联合谋应对，互助税收管理。一是利用平台效应，以综合治税平台为基础对煤炭、医药、建材三个行业联合开展税收专项整治工作，共查补入库税款 4322.31 万元，征收管理取得了重大突破；二是强化风险管控，互补双方征管优势，按季对共管户进户执法事项实行风险监控与管理，对共同取得的涉税信息开展联合分析比对，使纳税人税收风险点得以及时、全面地查找，有效地提升了税收风险管理的工作质量和效率；三是实行管理辅导，有针对性的选取体量规模大、产业链条长、税收占比高的房地产业的管理作为做好国地税合作的重头戏，上半年就该行业的日常管理问题连续召开了四次联席会议进行探讨，并联合上门为房地产企业实施纳税辅导工作，为实现统一征管开山劈路。

3. 联合作分析，提升工作效率。营改增试点后双方联合开展税收分析，制定了《习水县国地税联合税收分析合作制度》，积极构建县级税收收入预测体系，上半年已形成了国地税联合收入分析报告并呈报县委政府，得到了领导的认可和表扬。

二、合作成效体现

一是空间效应体现，国地税深度融合办税，实现了双方事项在同一空间的全方位联合，所有窗口通过"一人双机双系统"模式，真正达到"进一家门，办两家事"，切实方便了纳税人。二是规范效应体现，在服务环境、岗位设置、业务流程等方面做到了"一把尺子"、"一个标准"，对原本分散的前台业务进行深度融合，按照合作规范要求全部梳理与简化，有效解决了纳税服务在国地税间不均衡的问题。三是服务效应体现，推行"前台受理，内部流转，限时办结，窗口出件"的办税模式，把涉税审批事项、税法咨询等后台工作前移至办税大厅办理，使纳税人足不出厅即可办结全部涉税事项。四是管理效应体现，通过税源管理的三个联合，有效避免了国家税费的流失，在信息共享上，有效避免了漏征漏管户的发生，确保了国地税户籍管理的相对一致性，在联合开展纳税辅导方面，最大限度地减少体制性的税收流失。

三、推行过程中存在的问题

信息交流和共享存在多方面的制约，作为国地税合作的基础，信息的共享没有专门的信息交换平台，各县的合作开展情况、经验以及推进过程中遇到问题存在"不出县"的情况。大多数据信息传递停留在 U 盘、纸质、手工阶段，由于数据格式不一致的原因，不能及时进行比对，大量信息资源闲置，加上国地税征管机构及职能设置不对应，各职能部门间之间信息要经过专门部门传递，影响信息交换的效率。

四、下一步工作打算

一是完善考核激励机制，在重点工作安排上，尽量以联合发文形式统一国地税工作要求和工作步骤，为国地税合作提供制度和机制保障，同时为继续开展事项合作创造条件。二是统一业务规范，通过业务联办、委托代征、联合核定、联合稽查、风险评估等方式，建立国地税统一的业务工作标准、工作流程，为实行一体化执法和服务，实现管理的顺畅对接和业务的互融互通打下坚实基础。三是推进科学管税，切实整合信息服务资源，共建统一的内部工作平台和网上办税平台，加强工作交流协作，有效借力金税三期，实现各自数据信息资源互联互通，实现征收成本的最小化和服务效率的最大化。四是合理利用平台，以现有的国地税合作的办税大厅为基础，从行政管理、合署办公、档案联管为基点，利用政务大厅平台创新部门合作（工商、住建、国土），打造全省"精品"办税大厅，为全新的商事制度改革摸索一条新路。五是建立城乡办税体系，为解决服务纳税人"最后一公里"的问题，国地税以建立健全"城乡办税一体化"体系为重点，让纳税人不离开本乡本土就近办理涉税事和务。六是探索管理办法，以全面"营改增"为契机，联合探索对建筑业和房地产业的税收风险管理办法，力争实现上级领导"接得住、管得好、服务优"的工作标准。七是全面深入合作，由国地业务合作为主向全面合作深入，以党建工作、行政管理、干部交流等为切入点，力争做到国地税合作的省级示范区的排头兵。

合力推合作　合心奏和弦
打造国地税合作升级版

贵州省黔南布依族苗族自治州国家税务局　陈　斌　赵贵祥

2016 年以来，黔南州国税局、地税局在合作上主动作为、积极探索，推行"政府主导'一盘棋'，打造 4 个'共同体'，N 个事项再延伸"的"1 + 4 + N"深度合作模式，强化合作意识、完善合作机制、拓宽合作领域、激发合作效能，实现纳税人减负、税务提效、政府满意。

一、政府主导"一盘棋"，保障合作

国地税双方积极向地方党委政府汇报税制改革后面临的新情况新问题，提出合作规划及愿景目标，得到党委政府领导的高度重视，黔南州委常委、常务副州长罗桂荣要求全州各地政府破除国地税面临的场地、资金、体制障碍，将国地税合作作为财税工作的重要内容来统筹安排和强力推进，打造"国地一家亲、上下一条心、业务一条线"的国地税合作文化，构建国地税合作大格局，使税收执法更规范、纳税服务更高效、税务形象更优良。全州自上而下成立由政府领导任组长的国税地税合作工作领导小组，做到"一个中心"统一指挥，全州上下"一盘棋"。通过建立政府搭台、税务唱戏、国地同心、上下联动的工作指挥机制，为国地税合作开好局、谋新篇、提好速提供强有力的组织保障，营造了良好氛围，极大增强税收工作提质增效的动力与合力。

二、打造 4 个"共同体"，深化合作

通过"服务互融、征管互助、信息互享、经验互鉴"落实合作项目，细化合作事项，夯实合作基础，合力打造"便民办税、协作治税、信息管税、互惠兴税" 4 个"共同体"，切实做到系统上下"一条心"，国地横向"一家人"，推动合作"一股劲"。

一是服务互融，打造"便民办税共同体"。将服务互融作为合作的切入点，以办税服务厅为合作前沿阵地，推行"七统一"办税模式，实现服务一

个标准，疏通纳税人办税痛点、堵点、难点。

统一一厅建设。在各自 9 个办税厅互设窗口，在政务中心共建 13 个办税服务厅，共设 204 个综合服务窗口，采取"一人一窗一机双系统"办税模式，实现县域范围内国地税业务"同城通办、一窗全办"，单笔业务平均办理时间由 8 分钟缩短到 4 分钟。统一服务团队。共同建立 100 余人的后台咨询辅导团，双方办税厅负责人按月轮值"第一主任"，适用统一的管理办法和工作制度，14 人获评全省"纳税服务之星"。统一岗责体系。将办税厅作为集纳税人申请业务受理、政策咨询解答、涉税调查核实、申请审查审批为一体的综合职能部门，对前后台岗位、服务标准、业务受理、流转等 44 个合作项目进行梳理。统一咨询平台。共建 26 人的导税团队，全面负责纳税人政策咨询解答和办税辅导。统一学习培训。对内建立师带徒操作培训、交叉互助培训机制，营改增期间共交叉培训干部 868 人次；对外共建 11 个纳税人学堂，联合制定培训计划、整合培训项目、制作统一课件。统一管理前置。设置调查核实岗和审批岗，将税种核定等 15 类依申请事项前移办税厅，对 90 余项业务流程进行再造，精简流程 10 余个，压缩环节 20 余个。统一绩效考核。建立联合考评办法，对外聘人员采取人机结合的方式按月考核打分、兑现绩效，做到标准一致、结果互认。2016 年上半年全州有 4 个国地税办税厅分别荣获"巾帼文明岗"等称号。

二是征管互助，打造"协作治税共同体"。将征管互助作为合作的关键点，克服双方征管模式有差异、征管手段有区别、征管范围有界限的困难，推行"六联合"征管合作，统一尺度，提高征管协作效率。

登记联合办理。通过"一人一窗一机双系统"国地税业务通办平台，实现税务登记设立、变更、注销以及委托划缴税款协议登记开通等业务的一窗受理办结，2016 年上半年为 2.17 万户次纳税人提供税务登记事宜。税款联合征收。上半年简并纳税人申报纳税次数 37560 次，联合征收税款 80.4 亿元。风险联合应对。上半年共联合发布欠税公告 2 期、清缴 3 户、认定非正常户 723 户；联合确定风险管理合作重点行业、企业和项目，对 2 户大企业开展联合风险应对。纳税评估联合实施。共建州、县两级评估团队，对存在遵从风险疑点的同一纳税人按照"一次进户、联合评估、各自处理"的原则，联合开展纳税评估。上半年共评估纳税人 8 户，入库税款 57 万元。行业管理联合推进。县级国地税联合成立个体工商户定额管理工作组，对 5644 户纳税人开展定期定额联合核定工作，对 17 户纳税人联合开展核定征收企业所得税工作；协同管理建筑服务企业外出经营税收和房地产开发企业税收，上半年营改增新增行业完成税收 2.47 亿元，实现税制平稳转换。税收执法联合进户。统筹国地税局进户执法任务，实现统一进户、信息共享，上半年共统筹安排进户执法 92 户，对 3 户纳税人联合开展税务稽查，共为对方征收税款 479.16 万元。

三是信息互享，打造"信息管税共同体"。将信息互享作为合作的支撑点，打通双方信息通道，整合信息资源，提高数据交换速度和信息使用程度。

信息共查。相互赋予局领导、征管负责人等特定人员金税三期核心系统查询权限，明确一致的查询岗位、查询模块、查询范围。档案共管。共建税务综合档案室，统一档案管理办法，整合档案管理资源，提升档案检索使用价值。信用共评。对 4937 户纳税人联合开展信用评价，评定 67 户 A 级纳税人、729 户 D 级纳税人；联合开展"银税互动"，为 3 户小微企业提供 690 万元贷款。数据共析。利用"黔南州综合治税信息平台"，联合从全州 20 个部门采集第三方涉税信息，共享对方涉税信息 3.33 万条；建立联合税收分析工作团队，上半年全州共向党委政府报送联合税收分析报告 6 次，获得领导批示 6 次。疑点共破。按期对同类涉税信息实施比对分析，对 2234 户纳税人统一标准进行处罚。

四是经验互鉴，打造"互惠兴税共同体"。将经验互鉴作为合作的着力点，互相交流经验做法，宣传推广基层合作亮点与成效。

管理经验同交流。互派人员参加对方大型政策培训、现场会、观摩会，共建税务学会，2015 年以来完成立项课题 2 项，获省级奖项 2 次；互相分享和借鉴税种管理经验，国税、地税交流营改增行业税收管理经验 300 余次。教育培训同实施。上半年联合开展纳税人培训 109 次，培训 1.41 万人次，节约 29.34 万元。税收宣传同开展。建立常态化联合税收宣传格局，2016 年税收宣传月期间联合组织"快闪"表演、在线访谈等宣传项目，共建全州青少年税法普及基地，组织"税收连着你我他"征文，征集作品 425 篇；联合开展营改增知识竞赛和问卷调查，收到竞赛答题卡 1090 份，营改增调查问卷 1010 份。税收调查同组织。联合制定税收调查实施方案，对全州 986 户纳税人开展税收调查，54 次联合开展纳税人满意度调查。

三、N 个事项再延伸，升级合作

严格对照国地税合作工作规范（3.0 版）新增的 7 个合作事项、修订的 13 个合作事项要求，自主探索创新事项，将此作为合作延伸，逐步打造黔南国地税合作升级版。

一是共建个体管理分局。在福泉市共建全省第一个联合个体管理分局，合署办公，探索实施联合下户巡查清理、催报催缴、欠税管理、风险管理、行政处罚、共享第三方涉税信息等6类合作事项，完成餐饮、住宿两个行业20户个体工商户的典型调查，统一了2个定额核定要素、5个核定系数，完成了142户新开业户的调查核实和定额评定，联合巡查71户，对10户未按规定办理登记的纳税人实施处罚，得到总局征管科技发展司的充分肯定。

二是探索"文化共育"。共同打造税务文化品牌，齐心建好税务文化展示厅、税务职工书屋、干部书画展等文化载体，联合开展党风廉政警示教育活动，开办2期税务道德讲堂，做到"一家主讲、两家参加"。

三是开展党建共建。组织财税金融代表队参加地方"两学一做"知识竞赛；成立党员义务先锋队，联合开展党员志愿服务、微心愿和支部联学、联建、联创活动。2015年以来全州国地税共有8个单位、13人获州级以上党建工作表彰。

完善机制　加强监督
全面推进"营改增"工作顺利开展

贵州省三穗县国家税务局　姜学炳　李宜蓉

2016 年 1 月，国务院总理李克强主持召开了关于"营改增"的座谈会，决定"营改增"作为深化财税体制改革的重头戏。此后，"营改增"三个字开始频繁的出现在三穗县国家税务局每一名工作人员的身边，在这场没有硝烟的战争里，我局干部队伍凝聚力量，上下一心，全面推进，以最大的热情投入到"营改增"的"战场"，打了一场漂亮的胜仗!

在经历了"开好票"第一场战役和"报好税"第二场战役的两场战役后，截止 7 月 19 日，我县"营改增"共入库 759.91 万元，比去年同期增长 142.86%，增收 447.01 万元，样本企业、小规模纳税人、一般纳税人已全部完成税收申报。我局认真总结前两场战役的亮点和工作，为即将投入的第三场战役全面分析阶段打好更加坚实的基础，现回顾"营改增"的两场战役，我局赢得漂亮的主要原因有以下几点:

一、大后方组织给力，为"营改增"奠定基础之石

"营改增"工作开始之初，我局将它作为当前首要任务来抓，首先主动出击，积极的与地方党委政府汇报，并由政府牵头，联合地税局、宣传部、发改委、工信、商务局、财政局、住建局、市场监管局、人行三穗支行等单位组成了"营改增"工作领导小组，以此获取最大程度的支持。"营改增"工作领导小组责任分工，付乐欣县长任领导小组组长，龙青松常务副县长、姜学炳局长、周罡局长任领导小组副组长，下设办公室在我局，由姜学炳局长任办公室主任，领导工作小组的成立，牢牢的打下"营改增"有力推行的基石。

二、责任明确职责划分，接管我县四大行业

为了进一步强化各部门工作职责，合理分工，小组下设综合协调、征收管理、技术保障、纳税服务、宣传与舆情监控 5 个项目组，每组明确一名跟

班领导，组织业务骨干分别对数据核查阶段、数据录入阶段、以及数据交接阶段的重点工作进行专项辅导和业务协助，对工作中遇到的问题采取问题收集、专人汇总、及时上报、问题处理的流程管理，确保了各阶段的工作任务顺利完成。

在这次"营改增"工作中，我局接管我县四大行业户数，局党组高度重视，立即召开专题会议，主动和地税等部门沟通协调，明确专人负责数据提供，对下发数据进行认真的分类清理，按照行业、路段、重点企业进行数据分组，通过全局干部"白加黑"、"五＋二"的奋力拼搏，连轴运转，终于摸清我县四大行业情况：

（一）移交户数情况

本地四个行业"营改增"地税移交正常户数 930 户，（其中：企业 250 户，个体 680 户）；经过两批清分数据核实，我局实际核查情况为属于营改增户数 787 户（其中地税单管户 681 户、国地税共管户 35 户、不属于交接户数 71 户），不属于营改增户 143 户（其中报验户 44 户，注销户 18 户，查无下落户 71 户，其余为共管户 10 户）。

1. 建筑业：接收营改增纳税人 86 户，其中核实属营改增正常的 36 户，报验户 43 户，注销 2 户，查无下落 2 户，共管户 3 户；在核实属营改增纳税人中企业 33 户，个体 3 户。

2. 金融保险业：接收 12 户，核实 12 户；其中企业 12 户。

3. 房地产业：接收 42 户（其中房地产开发 33 户，物业管理 8 户，中介 1 户），经过核实，属于营改增户 37 户，注销户 4 户，共管户 1 户；在核实的 37 户中，房地产开发 29 户，物业管理 7 户，中介 1 户；核实 37 户中企业 37 户。

4. 其他服务业：接收地税信息 790 户（企业 100 户，个体 690 户），经核实，纳入营改增 702 户（其中企业 100 户）。

2015 年全年缴纳营业税 11002 万元，其中：建安行业 6343 万元，房地产业 3038 万元，金融保险 523 万元，生活性服务业 1098 万元。

（二）一般纳税人登记情况

经过调查统计，2015 地税营业收入超过 500 万元以上为 46 户（含报验户 15 户，项目已接近完工纳税人 4 户），经过核实评估，预计纳入一般纳税人管理为 21 户。其中：金融业 5 户，房地产业 8 户，建筑业 7 户，其他行业 1 户。

（三）增值税发票新系统推行情况

1. 地税发票评定总户数为 446 户（其中评定机打发票 130 户，定额发票

316 户）；使用发票总户数 336 户，其中：机打发票用 130 户（已上报推行税控装置），其他发票用户数 206 户。

2. 目前通过防伪税控系统发行 170 户，其中一般纳税人 20 户，小规模纳税人 150 户。营改增上级下达应推户为 62 户，占应推户 274.19%。

三、做好干部培训工作，前台业务评估测压

只有职税干深入认识"营改增"，才能有效的推进"营改增"的进度，我局第一时间对税源、征管、分局、大厅全体干部和派驻人员进行发票税控系统购盘、发行、抄报税等业务培训，经过 3～4 月的培训，完成纳税人及税务干部培训面达 100%。

此外，在搞好职税干培训的基础上，做好纳税人的"营改增"培训也是关键的一点，我局对纳税人采取分行业进行集中培训和上门入户指导方式，培训的内容既涵盖了"营改增"试点基本内容，又包含各行业重点注意事项，确保了各项工作顺利开展。为了让办税大厅能更好的在"营改增"中为纳税人服务，我局对办税厅的软硬件和业务量进行评估，并且利用国地税联合办税的有利条件，将业务延伸至地税窗口及人员，承担部分业务量，同时增设临时窗口，做好相关设备配备，以满足增长的业务需求，对现有的电脑运行情况进行全面检测，确保设备正常运行，同时明确 2～3 台备用电脑，并增加了 4 台 POS 机。

四、国地税通力合作，为"营改增"保驾护航

2016 年 5 月以来，按"厅同建、业同办、法同执、户同进、税同宣、知同学、数同享、人同管、绩同考、形同树"的州局国地税合作"十同"目标的要求，我局和地税完善县国地税两家合作机制，以办税服务厅为载体，实现了服务深度融合，为"营改增"保驾护航。

（一）摸清行业规律，把握征管重点

根据纳税人经营规模和核算特点，不断总结行业管理的方法和规律，把准管理瓶颈，强化管理针对性和实效性。重点抓好电力、木材、工程项目建材等行业专业化管理，逐步形成具有三穗经济税源特色的行业管理模式。

（二）整合资源，实行团队化管理，着力将县局打造成征管服务实体

保留机构和人员身份不变，建立"四个工作组"，全面推行"一线工作法"。"四个工作组"包括纳税评估组、重点税源管理组、工程项目与建材税

收清理组、个体定额调整与零散税收清收组。局班子成员各带一组，主动深入一线开展征管，做到领导在一线指挥、干部在一线工作、问题在一线解决、任务在一线落实，牢牢把握税收主动权。

（三）加强部门协作和信息共享，着力推进"综合治税"

我局主动向地方政府主要领导请示汇报，建立了由政府牵头，财政、公安、国土、建设、交通等部门组成的协税组织，定期传递涉税信息，召开联席会议，沟通处理涉税事项。目前，工程项目建材税收征管"综合治税"格局初步形成，征管质效较大提升。

（四）抓好纳税服务理念的灌输

要求干部要牢固树立"征纳双方法律地位平等"、"视纳税人为客户"、"税务机关都是服务机关，税务人员都是服务人员"理念，并转化为自觉行动。切实抓好首问责任、服务承诺、限时办结等制度规定的落实。

（五）着力提升纳税服务软实力

一是始终抓好干部业务能力培训；二是进一步简化办税流程，整合窗口功能，尽可能下放和前移各项审批事项，做到纳税人申请办理的涉税事宜统一受理，内部流转，限时办结，一窗出件；三是对纳税人资料不全不能一次办结的，以菜单方式书面一次性告知；四是不断拓展服务方式，积极推行多元化申报纳税，建立税企QQ群，利用"纳税人学堂"定期组织纳税人开展涉税知识培训。通过这些措施，提高服务的针对性和实效性。

"营改增"第三场战役即将打响，我局认真总结，合理调整，将重点做好以下几点工作：一是进一步完善机制，细化工作任务，明确工作目标、职责和完成时限，确保工作有效推进，做好行业税源分析，强化跟踪问效，加强督查督办，确保各项工作有序顺利进行；二是进一步抓好培训，对内，组织开展干部对四个行业经营特点、税收政策和征管业务等学习，确保办税厅工作人员都能进行综合业务办理，对外，组织纳税人对会计核算、纳税申报、发票使用管理等业务加强学习；三是继续加强与地税、财政、工商等部门协调合作，全力确保"营改增"第三场战役的工作平稳顺利推进，要继续深化国地税合作，打造示范联合办税服务厅，不断优化纳税服务，切实提高纳税人满意度。

"互联网+税务"让我们插上飞翔的翅膀

西藏自治区昂仁县国家税务局 石达扎西 张 军

时代随着人的智能的提升而向前发展，没有人的创新创造就没有现代社会的日新月异和巨大的科技成就。作为税务部门，不能单靠广大税务干部职工的努力和传统意义上的网络化来进行信息化时代的税收工作，因为这样的工作已经落后于"数字地球村"的发展步伐，势必使税收工作陷入重重危机。2015年，国务院推进"互联网+"行动的战略部署，国家税务总局紧跟时代新步伐，把握发展新机遇，在全国税务系统推动"互联网+税务"行动计划，以此提升税务系统工作效率和满足不断增长的互联网办税需求。因此，应用和推广"互联网+税务"的全新税收模式，让税务系统插上飞翔的翅膀势在必行。

鸟儿拥有了飞翔的翅膀就拥有了蔚蓝的天空，人们拥有了思考的大脑就拥有了浩瀚的时空，而税务部门一旦拥有了"互联网+税务"模式的助力就拥有了更加快捷便利的"为国聚财，为民收税"的能力。这对于税务部门及广大纳税人来说都是能够得到"三十二个赞"的创新性行动。试想，如果我们不去运用"互联网+税务"模式，而是一味地使用传统的征纳模式，不仅对于税务部门的干部职工在工作的量上有很大的制约，并且，相比较而言对于广大纳税人来说更是既浪费时间精力又浪费金钱物力。这样一个对税收征纳双方都没有益处的工作模式，我们难道还要一直使用下去，不进行变革吗？不能！我们一定要乘上新时代"互联网+税务"的快车道，利用他类似中国"陆地飞行器"——高速铁路的速度与激情，完成新时期税务系统"互联网+税务"模式的改革开放与进步提高，谋求新的征纳关系和便捷高效的税收水平，为我们每一个税务人插上飞翔的翅膀！

我们税务人的这双翅膀不仅是飞翔的高度的提升——办事效率的提高，同时也是飞翔的方向的多样化——发散式地发挥互联网特长，进行创新和再创新的尝试和摸索。有了"互联网+税务"模式这个巨大的翅膀起引领和导航作用，我们税务人就可以在税收征纳关系中处于更加方便纳税人的有利服务形象中。借助这双快速飞翔的翅膀为纳税人更加快捷有效率地办理各项业务和服务每一位纳税人，而不是使广大纳税人每次纳税时间都忙碌和消耗在自己和税务部门之间，这样的话，无论在税务部门实际办税时间还是效率上，都会大大地减少纳税人纳税时间和正常纳税以外不必要的开支。相信，如果在未来，我们全体税务部门都采用了这种"互联网＋税务"的模式，税务人的办事效率和纳税人心目中的形象会有一个非常大的质的飞跃。而且，借助这双飞翔的翅膀，我们在日常工作中的思维模式也会出现一个比较大的转变，先前我们在为纳税人办税过程中需要纳税人提供的许多资料，都可以通过"互联网＋税务"的优势进行征税事前审批和资料准备的创新，将纳税人所想所需所急的事，利用"互联网＋税务"这双翅膀的提领作用，减少办税事前准备和各种资料的纸质报送过程，让纳税人方便，把不方便留给"互联网＋税务"这双翅膀，因为这双翅膀在实际的飞翔中，只会更加快捷便利的服务广大纳税人，而不会使纳税人感受到无奈和烦恼。同时，广大税务人也在借助这双翅膀的时候享受到了它带来的巨大好处，比如，节省了办税时间、提高了征税管理能力、开拓了新时代办税创新方式方法，有了更多时间在下班后陪陪家人亲友、做做自己业余时间想做的事。如此好的模式，我们必定会加以利用，并且发扬光大。

有了"互联网＋税务"模式这双巨大的翅膀，我们全国税务系统也能够在工作中具体应用时，发挥这双翅膀的特长，扬其长而避其短，充分发挥"互联网＋"的想象空间。例如，在在线受理、申报缴税、便捷退税、自助申领、移动开票、电子发票、发票查验、发票摇奖、监督维权、信息公开、数据共享、信息定制、智能咨询、税务学堂、移动办公、涉税大数据、涉税云服务、应用拓展、沟通协作及社会认可等方面发挥这双翅膀方向性引导的新作用，引领我们"飞向"更加广阔、更加蔚蓝的"天空"。多年来，互联网在国家各个方面都显示出了它的优势，现在连社会的基本单元——家庭也都是必备互联网，因为只有这样才能与外界进行瞬间的信息交流和信息共享，使我们每个人都不会被时代抛在无法追赶上的未知地段。税务系统中的每一位干部职工更是应该懂得这是一个非常严重的问题，若是没有"活到老、学到老"的学习拼搏精神，就无法紧跟"互联网＋税务"模式这双翅膀的飞翔方向和速度，最终的结局只能有一个：被残忍淘汰出局。我想没有人愿意被"互联网＋税务"模式淘汰吧？那么，我们就要紧紧跟随这双翅膀的飞行方向，不能偏离了它所指引的轨道。税务系统内，有很多"互联网＋税务"模式的方向性路线，就如我们在传统的税务事项受理和申报过程中，充分利用"互联网＋税务"模式的便捷优越性特点，方便纳税人尽快纳税。同时，在涉及税收的许多领域内，这双巨大的翅膀也可以发挥它的作用，使我们税务系统的未来发展更加现代化和便捷化。

　　让我们插上"互联网＋税务"这双飞翔中的翅膀，用我们最大的热情和对税务工作最大的热爱，扎扎实实、兢兢业业地工作，自由自在地翱翔在辽阔浩瀚的"互联网＋税务"的天空！

为西藏税收事业添上浓墨重彩的一笔

西藏自治区谢通门县国家税务局 邓小刚 吴 鹏

2016 年 6 月 1 日上午十时许，是"营改增"推行后的首个申报期的第一天，随着办税服务厅打印机吱吱作响的声音，谢通门县国税局首张现代服务业增值税普通发票成功开出，对谢通门县卡嘎酒店管理有限责任公司成功开具了一张税款额度为 8183.72 元的完税证，标志着"营改增"工作在全县平稳运行，为了这一刻，该局 4 名在职干部在短短两个月的时间里，艰苦不怕吃苦，缺氧不缺精神，上下同心，克服前期种种困难，合力攻坚，以一丝不苟和精益求精的工匠精神，顺利完成 352 户营改增纳税人的税制转换，确保了首个申报日能够顺利实现申报。

一、攻坚克难，勇往前进

谢通门县位于西藏自治区日喀则市西北部、雅鲁藏布江北岸，辖 1 个镇、18 个乡，海拔 4 千米以上，高寒缺氧，气候干燥。谢通门县国税局涉及营改增的纳税人共 352 户，其中绝大部分为个体工商户、专业合作社和建筑施工队，这些纳税人大多文化程度不高，税法知晓度，遵从度不够，许多纳税人听不懂汉语，看不懂汉字，有些甚至连自己原该缴纳的是增值税还是营业税都搞不清楚，而且多数专业合作社和建筑施工队位于乡里，离县城最远的乡开车需要 3、4 个小时才能到，较近的乡也需要 20 分钟，给"营改增"宣传工作带来了诸多困难。对于人手本就短缺的谢通门县国税局来说，难以像其他省市一样抽调大量人力进行集中攻关，这绝对是一场"时间短、任务重、标准高"的鏖战。四名在职干部坚持"白加黑"、"五加二"的工作状态，日以继夜，加班加点，每天派出两名干部下户派发宣传手册，现场解读最新改革政策，但由于点多面广，人少户多的原因，加之征管基础薄弱，宣传进度一直跟不上，眼看 5 月 1 日即将到来，干部们都心急如焚。

二、多方支援，齐头并进

为了保证宣传工作保质保量如期完成，局领导决定召开税法宣讲大会，得到了日喀则市国税局、谢通门县政府和社会各界的大力支持和密切关注。

局领导第一时间与县长请示汇报，申请将县政府大礼堂作为税法宣讲大会的会场，县长马上做出批示，同时安排专业人员做好灯光音响等设备的调试工作，保证大会顺利进行。

谢通门县电视台特派出记者进行跟踪报道，同时采访了县国税局局长和纳税人代表，拍摄并剪辑相关新闻在黄金时段播出，保证覆盖面广，受众率高，影响深远。

2016年4月22日，谢通门县国税局邀请了352户营改增试点纳税人，在谢通门县人民政府大礼堂举办了税法知识宣讲大会，税务干部和纳税人进行了面对面，零距离的宣传与交流，取得了良好的效果。

一是由谢通门县国家税务局局长扎旺同志为在座的纳税人详细解读了营改增、小微企业税收优惠和基金减免等最新政策，提高了纳税人对税法内容的知晓度。二是开展了以营改增为主要内容有奖问答活动，在场的纳税人踊跃参与、积极回答，加深了纳税人对税收政策的印象分。三是该局向纳税人发放了调查问卷表，实发352张，收回352张，回收率达到100%，及时了解了纳税人服务的需求点。四是举行了在"依法诚信纳税，共建小康通门"横幅上的签名活动，300多名纳税人做出了公开承诺，提升了纳税人对税法执行的遵从度。

通过这次宣讲大会，完满完成了宣传层面的任务，进一步普及了税收政策，增强了纳税人的法治意识，为全面推开营改增工作奠定了坚实的基础。

市局营改增领导小组多次进行工作指导和业务支持，减轻基层工作负担，保证快速响应落实，加快问题解决进度，完成了"金三"系统、防伪税控系统和开票系统的升级，及时发放新的操作手册，很快就传来了各县局在预生产环境中测试开票成功的喜讯。

5月1日凌晨零时30分，该局成功开具了涉及营改增业务的一张增值税普通发票、一张增值税专用发票和自开了一张增值税普通发票。三张不同发票的成功开具标志着营改增"零点行动"宣告圆满收官，谢通门县国税局全面推开营改增工作已经做好周全准备。

三、大胆创新，发挥作用

继"营改增"全面推开后，资源税改革大幕于7月1日正式拉开。结合该局所辖矿产企业分布居多等特点，积极发挥税收的调节作用，为备战资源税改革和税源管理征收等入手练好"内功"，以促进企业集约利用生态资源，促进生态环境的保护。2015年，该局共组织资源税税收收入1287.45万元，占全年收入的 7.48%；2016 年上半年共组织资源税税收收入 427.09 万元，占半年收入的 6.84%，资源税的比重虽然较小，但是该局始终坚持抓大不放小的原则，力争资源税对整个税收收入的贡献率逐年增加。

一是争分夺秒、领悟政策。该局在收到最新的资源税改革政策的第一时间，组织干部全面掌握资源税改革精神，了解税收新政，通过统一组织学习等方式，全面提升在资源税相关政策、征收方式、税目税率等方面的业务水平，确保人人熟练掌握资源税政策运用，为工作的顺利推进提供坚强有力的组织保障。

二是多措并举、加强宣传。该局所辖资源税纳税人共有 18 家，通过特快专递寄政策、送政策上门。电话、微信等手段传政策，将资源税改革相关政策第一时间送到纳税人手中，让纳税人及时享受"改革的红利"。并通过开展走访调查，从提高纳税人的遵从度，营造改革氛围入手，第一时间给县政府主要领导汇报，得到了当地政府部门和企业的广泛支持。为确保在 8 月改革后第一个申报期申报工作有序开展，避免出现纳税人政策理解不透彻、申报表填写错误、负面舆情等情况，该局通过多种方式巩固资源税改革宣传成果，保证宣传工作"落地开花"。该局在组织干部学习的同时，编辑了《谢通门县国家税务局关于资源税改革有奖知识问答》问卷，对财务在异地的企业将问卷通过电子邮件的方式送到纳税人手中，要求纳税人及时作答、对前来办税的纳税人采取现场作答的方式、同时派出干部下户让纳税人现场作答，并根据纳税人答题情况相应发放奖品，对纳税人做错的题目进行了统计分析，通过电话方式为纳税人一一解答，得到了纳税人的一致好评。由于此次改革以铅锌矿为例税率由 3% 提高至 4%，从表面上看增加了企业的负担，为避免出现负面舆情，该局着重对资源税改革"清费立税、合理负担、适度分权、循序渐进"的四个原则进行宣传，消除了纳税人的顾虑。填制了标准的新版资源税申报表模板，张贴在办税服务厅较为醒目的位置，同时通过电子邮件发到纳税人手中，帮助纳税人理清表间逻辑关系，保证纳税人能够正确填写新版资源税申报表。

三是多方调研、精准测算。该局还深入调研强化数据分析，通过与县财政局、国土局等相关部门联动，选取"西藏宝翔矿业有限公司日喀则分公司"等具有代表性的资源税纳税户进行调研，从调查其资源开采量、开采价格、实际缴纳税额等数据着手，分析辖区内资源利用情况、资源税税源情况、企业的税费负担情况。通过深入调查摸底，做到对区域内资源分布状况、开发项目企业数量、经营地点等详细了解，为税源分析、税收预测算奠定了扎实基础。

四、总结经验、展望未来

"营改增"税负分析工作尚在继续，资源税改革如火如荼。既来之，则为之，谢通门县国税局将努力克服人手少，基础差，条件苦，任务重等困难，积极想办法，主动找差距，以绩效管理为抓手，"抓细、抓实、抓出成效"，从多个方面强化绩效管理工作，推动工作落实，促进工作创新，努力使各项工作迈上一个新台阶。

作者简介：

邓小刚，男，汉族，1984 年 10 月生。现任西藏自治区谢通门县国家税务局局长。

自参加工作历任吉隆县国家税务局任科员，日喀则市国家税务局任科长，2016 年 7 月至今任西藏自治区谢通门县国家税务局局长。

吴鹏，男，汉族，1991 年 11 月生，现在西藏自治区谢通门县国家税务局工作。

攻坚克难　全力奋进做好税务各项工作

西藏自治区岗巴县国家税务局　国　杰　郭创业

岗巴县位于我国西南边陲、西藏自治区南部、喜马拉雅山中段北麓，紧靠世界屋脊——珠穆朗玛峰，绵绵雪山环绕。与萨迦、亚东、白朗、定结诸县相邻，南与锡金雪山接壤。平均海拔 4700 米以上，年平均气温 1.5℃，在这样一个平均海拔高，气候相对恶劣的边境县里，1994 年成立了以为国聚财，为民收税为宗旨的一支国家税务局队伍，岗巴县国家税务局从成立到成熟经历了 20 年的摸爬滚打，创新探索，现已组建了平均年龄 30 岁，由 5 人搭班的规范严谨的税务部门。岗巴县本身属于农牧业为主的县，税源零星分散，征管难度大，经济发展主要靠投资拉动，税收增长亦主要依靠基础建设投资，每年的税收大体集中在建筑施工项目上，税源来源较为单一。

2016 年 5 月 1 日，全面推开营改增试点，将建筑业、房地产业、金融业、生活服务业纳入试点范围。"营改增"工作的开展，对该局造成了很大的冲击，税务操作程序的更新，新的政策的执行，纳税服务工作的加强，全部集中在 5、6 月份，这两个月里，岗巴县国家税务局的 5 名干部无一人请假，充分激发自己的潜能，全力奋战"营改增"工作。

迄今为止，该局已完成 417 户纳税户的税费种认定，身份界定，发票票种认定及 23 户增值税发票升级版推行工作，同时关于"营改增"税种转换政策的宣传工作，该局也全方位覆盖，达到 100% 的宣传效果。在应对以上工作时，该局专门成立了攻坚小组，由局长任第一负责人，其余为组员，面对其中任何的一项工作，该小组都会紧急召开小组会议，明确个人负责内容，完成后及时向第一负责人汇报，切实落实工作内容，确保工作时效性，保障规定时间内完成工作，切实保障纳税人了解并支持该局"营改增"工作推进。

在攻坚克难过程中，该局也时刻保持高度的警惕性，没有因为"营改增"重点工作而忽视日常的税收业务，该局在集中精力应对"营改增"工作过程中，特别将一名干部安排在纳税服务大厅，一方面积极处理纳税人的正常申报，发票发售等业务，另一方面也积极宣传"营改增"政策，引导纳税人舆论，防止出现不可控因素，5、6 月期间，该局辖区内舆论清明，未出现任何影响税务局形象的事情。

　　面对岗巴县域经济比较单一的现实，该局在"营改增"期间也有较为独特的措施应对。在5、6月期间，岗巴县国家税务局结合实际情况，共举办三次"营改增"建筑业纳税人的专门培训，期间主要讲解了纳税人代开发票的具体流程，同时对纳税人存在的问题积极解答，为建筑业纳税人提供最全最新最细的服务，保障他们可以在需要代开发票时能够简便的完成。同时对于政府采购等一些税源较散的纳税人，该局积极协调财政局等相关部门，要求发生在辖区内的税源尽可能缴纳到该局，保障税源不流失，也积极提高该县的财政收入，为该县的经济发展尽最大的一份力。

　　岗巴县国家税务局虽然仅有五名正式干部，但是在局内的工作过程中，一直严格要求，务求最好，不论是绩效管理工作，还是党建工作，亦或是纳税服务工作等，都严格按照上级领导部门的要求，尽善尽美，努力落实。

　　在绩效管理工作中，该局按照市局绩效办的既定安排，为使绩效管理理念不断深入人心，以培训促工作，以工作促培训，结合自身实际每个季度开展全员绩效培训，让全体干部对绩效管理理念有更深层次的理解，该局通过重视该项工作，同时设立符合自身实际的激励机制，鼓励全体干部认真热情的从事绩效管理工作，提高工作成效，最后是关注交流总结，每季度都开绩效管理会议，总结一季度的绩效管理工作得失，从得失中得到经验教训，为下一季度的绩效管理工作提供丰富的经验指导。

　　关于党建工作方面，该局领导干部一方面按照市局的工作要求，建立了标准化党建办公室，另一方面积极完善本局党建工作，时至今日，该局已成立了自己的党组，在党建工作方面取得了突破性进展，而对于近期的重点党建工作即"两学一做"工作，该局积极应对，每日下班后抽出半小时时间，学习党章党规，学习系列讲好，同时在日常工作中，相互监督，相互促进，相互帮助，争做合格党员，截止2016年7月22日星期五，该局已举办了两个月的"两学一做"学习活动，局内风气为之一清，工作氛围愈加浓厚。

　　而在纳税服务工作中，该局严格按照纳税服务规范的规定，建立了标准化纳税服务大厅，在大厅内设立了纳税人等候区、政务公开区、资料取阅区及取表填单区，大大方便了纳税人在纳税服务大厅的资料取用，同时对于大厅服务人员严格要求，从着装到说话的语气及方式都做了明文规定，在与纳税人交流时，多采用双语服务，同时要求语气亲和，多应用请、谢谢等敬语，使纳税人有如沐春风的感觉，从而提高纳税人的纳税服务满意度和遵从度。

　　在内部管理工作中，该局依照上级管理规定，制定了符合自身实际的管理工作制度，奖优罚劣，严格管理，在日常工作中，严格要求，对于不遵守管理条例的个人实行罚款及个人检讨等方式去促进其自行改正，保障局内的正常运行，同时积极组织一些提高干部身心愉悦度的活动，如每日早晨的早操，每周六及周日的共同娱乐，都大大加强了干部内部的联络，增强了干部之间的情感，使得整个岗巴县国家税务局有相亲相爱，想扶相持的干部关系。

对于干部的学习进步方面，岗巴县国家税务局不仅学习上级单位的先进经验，同时还建立自己的特色机制，该局有每周一讲活动，该活动不仅是局内干部轮流上课讲解税收及其他知识，同时还会在每月邀请县内的政府工作人员等讲解一些该局不太了解的知识，极大的提高了干部的见识。而对于积极考取三师证的干部，局内都大力支持，无论从书到时间，都会给参考人员一些优待，使参考人员无后顾之忧，能精力慢慢的面对三师考试。

岗巴县国家税务局是一个融洽、奋进的集体，不论是日常工作，还是局内生活，该局的全体干部都力争形成一个和谐的集体，虽然岗巴县的物理条件较差，但该局的干部在思想上、工作上、进步上都不会弱于任何集体，都有一颗为国聚财、为民收税的红心，作为一个基层的税务人，踏踏实实工作，清清白白做人，快快乐乐生活就是该局五名税务干部的终极目标。

浅谈双湖国税纳税服务工作现状

西藏自治区双湖县国家税务局　张小勇　张发君

在"转变政府职能"的大背景下，税务机关要更新服务理念、优化纳税服务、提高服务水平，着力构建服务型税收机关。因此如何优化纳税服务越显重要，纳税服务地位日益凸显，因此详细分析、思考当期双湖国税纳税服务工作的现状，对优化纳税服务工作具有重大而深远的意义。

一、纳税服务工作的现状

近几年来，双湖国税紧紧围绕新时期推进纳税服务工作的总体思路，紧跟时代步伐，"以纳税人为中心，始于纳税人需求，终于纳税人满意"为准则，优化内部纳税服务工作，合理配置纳税服务资源，不断实践与探索纳税服务工作：

（一）全局上下纳税服务理念逐步深入

税务人员思想观念大转变，摒弃过去旧的管理思想，形成以纳税人为中心，征纳双方法律地位平等的理念，逐步学会尊重纳税人、善待纳税人、理解纳税人，急纳税人之所急，想纳税人之所想。

1. 加强落实办税服务厅各项工作纪律

办税服务厅严明办税服务厅工作纪律，办税服务厅工作人员要严格遵守考勤和请假制度；注重仪容举止，做好岗前准备，按照接待规范有关要求为纳税人办税，上班时间不做与工作无关的事，窗口临时关闭时，摆放"暂停服务"标识牌。

2. 加强落实办税服务厅各项要求和相关制度的落实

认真落实首问责任制、办税公开制、限时办结制、一次性告知制、服务承诺制。认真实行导税服务、全程服务、预约服务、限时服务、延时服务、提醒服务等服务，及时准确解答和处理纳税人的问题和涉税事项，减轻纳税人的办税负担。

3. 加强办税服务厅值班制度

我局认真落实领导值班制度，值班领导坚守岗位，负责管理和维持办税服务厅的办税秩序，解答纳税人提出的各种问题，协调处理纳税人投诉、争议，并及时处理办税服务厅内的突发事件。

4. 加强办税服务厅应急管理

结合双湖工作实际，建立健全办税服务厅监督监控、突发事件应急处理机制，确保办税服务厅各项工作高效运转、安全运行。

5. 办税服务厅已安装实时监控管理系统的，加强监督工作人员的服务质量，方便解决纳税纠纷，预防和加强突发事件的发生和应急处理。

（二）开启便民办税春风行动

双湖国税按照区局部署开启"便民办税春风行动"，贯彻落实服务税户、服务基层、服务大局、打造优质便捷的服务体系，有效满足纳税人正当需求，显著减轻纳税人办税负担，充分保护纳税人合法权益，切实解决税收管理和纳税服务中存在的突出问题，着力打造职能科学、结构优化、廉洁高效、人民满意的"服务型"税务机关，树立双湖国税的良好形象。

1. 推行首问责任制

首问责任制是指首问责任人为纳税人办理或有效指引纳税人完成办理涉税事项的责任制度。在服务过程中做到礼貌待人、文明用语、主动热情，认真听取情况，详细了解纳税人需求，做到及时办理或有效指引。办税服务厅设置"首问责任登记簿"，登记的内容包括接待的时间、地点、接待人、纳税人名称、涉税事项、办理结果等，并定期归档备查。

2. 减轻纳税人办税负担

进一步梳理简化办税流程，下放审批权限，前移审批事项，各类涉税审批事项全面实现"窗口受理、内部流转、限时办结、窗口出件。"精简涉税资料，对纳税人办理涉税事项重复报送的各类资料全面清理并取消，规范涉税文书，减轻表单填写负担，简并涉税报表，推行免填单和预填单服务。

3. 落实全国税务机关纳税服务规范

《纳税服务规范》落实是"便民办税春风行动"长期化、制度化的体现，是提升税务部门效率和形象的重要手段。通过《纳税服务规范》统一纳税服务工作，有效解决服务纳税人"最后一公里"问题，提高纳税人满意度和税法遵从度。在执行顶层设计的规范、制度基础上因地制宜落实《纳税服务承诺制度》、《办税服务厅应急预案》等制度，标准统一、服务一把尺。

4. 纳税服务措施得到有效创新

伴随着"便民办税春风行动"、《全国税务机关纳税服务规范》的正式实施，不断创新服务方式、方法、手段。提供"一窗式"、"一站式"服务预约服务、延时服务、提醒服务、全程服务，取消A级纳税人增值税专用发票自行认证。

二、当前纳税服务存在的主要问题

（一）《全国税务机关纳税服务规范》学习、掌握落实不到位，落实存在一定的问题

目前或多或少存在《全国税务机关纳税服务规范》落实不到位点，存在对纳税服务规范的落实工作中缺乏进一步加强对规范升级内容的学习、落实，前台办税服务人员对各涉税事项的服务规范内容存在掌握不熟练，上级对纳税服务规范落实情况的监督、检查不到位和指导作用未发挥。特别是从 2015 年全地区纳税人满意度调查情况看，在落实《纳税服务规范》和便民办税春风行动，落实小微企业税收优惠政策宣传情况、小微企业税收优惠政策落实情况，营改增政策宣传、落实情况，取消多项进户执法项目情况、税控收款机信后服务情况、办税服务厅落实导税服务情况、税务局要求报送涉税资料简化情况审批透明度、审批及时性等等本指标分值最低。下一步必须全面、精细梳理《全国税务机关纳税服务规范》落实情况，从而全力推进纳税服务规范的扎实落地。

（二）纳税人权益保护工作不到位

开展全区 2016 年纳税人满意度调查工作，并根据调查结果进行年终纳税人满意度绩效指标的考评。深化纳税人学堂建设（包括纳税人网上学堂）建设，积极回应纳税人的学习诉求，根据纳税人的需求组织纳税人培训。认真执行《纳税服务投诉管理办法》，及时受理和解决纳税人服务投诉、涉税违法举报，认真做好投诉、举报的受理、承办、转办、督办、反馈、分析、回访、监督、抽查和改进。深入分析 2015 年满意度调查发现的问题与短板，围绕问题、紧盯短板、精板、精准发力，就进一步加强税收管理和服务，提升纳税人满意度提出意见，有效提升 2016 年纳税人满意度。

（三）办税服务厅标准化建设尚未完成

办税服务厅是税务机关为纳税人提供办税服务的主要场所，是税务机关税收征收管理过程的重要组成部分，是征纳双方沟通交流的重要桥梁和纽带，更是展现双湖国税形象的"主窗口"。

因双湖县局于去年才设为常设机构，以前只有我局一名干部驻守，税收收入一般情况下均有财政负责代扣，县域经济水平相对落后，个体工商户均为起征点以下，加之未开通税收征管系统，双湖县业务极少，但从去年年底起双湖县随着全区推行金三系统，才与全国接轨，因刚成立，双湖县国税局目前的办税大厅暂时设在了职工周转房进行办公，条件相对简陋，标准化办税服务厅尚未建成。

（四）地理环境恶劣

双湖县海拔 5000 米以上，地处偏远，交通不便，1.3 万人口，成为经济发展的主要瓶颈，信息化水平相对较低，基础设施极不完备，成为推进税收信息化征管的主要阻碍。

三、如何优化纳税服务工作

双湖国税采取了很多行之有效的纳税服务措施，如建设优良的办税环境、推行开办纳税人学堂，实施首问责任制、预约服务、提醒服务、延时服务等等。但按照当前形势和未来发展要求，必须持之以恒地不断拓宽思路，不断改进、创新和优化纳税服务措施。

（一）提升纳税服务体系关键在于外部经济环境的发展成果

经济不发展，导致的诸多结果，制约着我地税收事业的发展，因此首先还需大环境改变，才能带动其他行业的发展。

（二）要看思想上是如何看待纳税服务工作的

重视是一种表现，但思想深处的认知是根本，认识上去了才会重视，认识没上去说重视也是空话。从思想上重视，一方面，要认识纳税服务和税收征管的关系。纳税服务和税收征管相辅相成，是一驾马车的两个轮子，一个轮子动，一个轮子不动，这驾马车就会原地打转。纳税服务做深入了就是征管，征管工作做规范了就是纳税服务。另一方面，要正确认识纳税服务、税收征管与组织收入的关系。把纳税服务、税收征管做好了，组织收入工作就自然做好了，或者说纳税服务和税收征管做好了、做扎实了，也就推动了税收收入任务的完成。纳税服务工作的宗旨就是让纳税人愿意遵从税法，交明白税、交便捷税、交满意税、交诚信税。通过优质高效的纳税服务促使纳税人遵从税法，也会从根本上保障组织收入任务的顺利完成。

（三）提升办税服务水平

稳步推进办税服务厅规范化建设，实现服务人员行为规范、窗口服务规范、服务制度规范、办税环境规范、前台操作规范的服务模式。积极探索"同城通办"，完善软硬件设施，推进涉税事项前移，全面做好行政审批事项落实工作，推行"大一窗"服务模式，借鉴、推广的纳税服务创新措施和成功经验做法，进一步扩大免填单的范围，有效提高办税服务水平。加强办税服务厅人员职业道德教育，努力提升业务素质和技能水平，提高办税效率。

（四）切实落实纳税服务责任

纳税服务工作要真正落实到位，就必须明晰责任和落实责任。无论什么岗位，都应该负有责任。落实岗位责任。凡是和纳税人打交道的岗位都要明确界定岗位责任。重点是办税厅岗位、税收管理员岗位、税务稽查员岗位等。严格落实各项服务制度，全面落实办税便利制度。要采取积极有效措施，全面落实首问责任、限时办结、预约办税、延时服务以及导税服务、提醒服务等各项办税服务制度。按照辖区内纳税人的办税习惯和财务核算情况，有计划性地引导纳税人实行错峰预约办税，对预约前来的纳税人优先快速办理，切实提高办税效率。严格执行领导值班制度。办税服务厅负责人要承担起服务兜底责任，要通过科学安排，确保纳税人问题有人答、事项有人办、疑难有人解。持续扎实开展宣传培训工作　持续认真做好面向纳税人的宣传解读工作。充分利用各种媒介主动向纳税人宣传，力求做到宣传工作全覆盖。利用纳税人学堂、专题培训会等形式开展面对面培训辅导，也可通过办税服务厅、税务网站、官方微信等渠道加大宣传解读力度。待条件成熟，全面推行多元化办税　积极引导网上办税。积极稳妥地引导纳税人实行网上申报和财税库银联网缴税，同时，要认真落实好取消纳税信用 A 级纳税人增值税专用发票认证和符合条件的纳税人简并申报缴税次数工作，减少前来办税服务厅办理业务的纳税人数量，为营改增纳税人预留办税服务厅空间。

（五）加强纳税人维权意识

以纳税人的需求为导向，把纳税服务贯穿于税收工作的全过程。建立需求分析和征纳沟通机制。及时掌握纳税人需求，通过走访纳税人、开展咨询辅导等形式，拓宽征纳沟通渠道，减少信息不对称，增进双方理解和信任，实现征纳良性互动，引导纳税人以理性合法的形式表达利益诉求，及时疏导和化解征纳矛盾接受纳税人投诉、召开征纳双方面对面座谈会、问卷调查等方式进行检查，严格实行执法过错责任追究，形成事前、事中、事后相衔接的服务监督机制。

（六）优化管理服务、执法服务、维权服务

加强税务机关及税务人员通过依法加强税收管理，为组织税收收入服务，为依法纳税服务，税务机关和税务人员通过依法行政，严格执法，维护正常的税收法律秩序，服务于社会主义市场经济法律秩序，税务机关和税务人员通过采取有效的方式方法，保障纳税人和扣缴义务人各项税收权利的有效实现。拓宽服务方式及载体。从改善软、硬件入手，加强内部管理，提高执法水平和服务水平，在办公设施上体现方便纳税人的思路，将所有的服务窗口

以及有关管理层的受理涉税事宜的岗位都设置在办税服务大厅，

（七）持续做好营改增纳税服务工作

全面持续做好营改增纳税服务工作，采取有效措施有效减轻办税服务厅压力，对于营改增纳税人需要办理的设立登记、税种核定、一般纳税人登记、增值税发票管理新系统发行、税银协议维护等一次性业务确保前期工作的准确，科学评估现有办税服务资源的使用状况，充分挖掘现有潜力，通过合理调配窗口设置、添置自助设备、优化窗口人员配置等方式，努力提高现有办税服务资源的使用效率。为提高办税服务厅工作效率，各办税服务厅根据实际情况，适时设立营改增纳税人绿色通道。

锐意进取 开拓创新
坚定不移地推进察隅国税事业科学发展

西藏自治区察隅县国家税务局 拉 巴 杨 利

察隅县税务局牢记"为国聚财、为民收税"的神圣使命，全面贯彻党的十八届四中全会、全国税收工作会议及自治区局、市局税收工作会议精神，进一步解放思想，改革创新，提升站位，依法治税，从严带队，紧紧围绕依法"组织收入"这一中心工作，锐意进取，开拓创新，不断强化税收征管，规范税收执法，优化纳税服务，强化税源监管，加强党风廉政建设和机关党建，扎实开展党的"三严三实"专题教育活动，坚定不移地推进察隅国税事业科学发展，跨越发展，奋力完成全年各项工作任务，为推进察隅县税收提速发展做出新的贡献。

一、税收收入再创新高

我局紧紧围绕"组织收入"的目标任务，坚持依法组织收入，加强收入进度跟踪管理，提高税收收入计划执行力，认真分析税源，明晰税源结构，掌握各税种的增减变化情况，加强重点行业、重点税源税收监管，牢牢把握组织收入主动权。

在林芝市国税局党组和察隅县委县政府的正确领导下，积极与相关部分协调、强化征管，2015年度共组织各项税收收入3051万元（其中，中央级收入538.07万元，省级收入61.18万元，地市级收入3.02万元，区县级收入2412.89万元），同比增长8.5%，增收236.27万元。提前38天完成全年任务，并且全县税收收入首次突破3000万大关，2016年截止5月31日共组织各项税收2535万元，同比增收1214万元。

二、依法行政水平稳步提高

认真落实各项小微企业优惠政策，组织干部职工认真学习文件精神，做好纳税人的宣传和咨询工作，增强纳税人依法纳税意识。2015年度我局有享受各类优惠政策户624占全县注册户数680的91.76%，减免税收

240.05 万元。

完善执法责任制和执法过错追究制，把税收征、管、查相互交融、相互交叉为一体，实施监督和考核，严格落实问责追究。建立健全税收执法风险防范机制，认真查找执法风险点，规范税收执法行为，防范税收执法风险。避免纳税人涉税风险，共同营造良好的税收法治环境，提高纳税人税法遵从度。

三、征管力度不断加强

（一）加强征管基础建设

建立健全各项规章制度，完善税收征管。强化户籍管理、发票管理、申报管理、建筑业的管理。加强与财政，交通等部门的联系，拓宽从第三方获取建筑工程的建设进度及拨款进度等基本信息，努力实现涉税信息共享。进一步落实税收管理制度，细化税收管理工作职责，做到管户、巡查、宣传政策、纳税服务相结合，提高征管服务质量。

（二）完善税收票征管理制度

1、建立健全税务票证管理制度，规范税务票证管理资料，严格落实用票责任，对各种税收票证的领、用、存、缴销坚持对帐制度，按期进行盘点清理，按月对税收票证使用情况进行检查并通报。

2、加强日常管理，强化内部检查，加强日常检查，狠抓税收票证使用规范化，对各种税收票证的填写必须做到填写完整、清晰、计算准确、税率使用无误。

3、深入推进信息化管税。积极推进税库银横向联网系统，截止目前我局税库银横向联网系统验证纳税人 8 户，通过税库银横向联网系统申报 53 次，成功申报缴纳税款 56.56 万元。

（三）顺利完成"综合征管系统"和"金税三期税收管理系统"的过渡

1、按照区、市局金税三期上线的工作要求，我局结合自身的实际工作，成立"金税三期"领导小组，局长任组长，研究、部署、协调上线事项，制定上线工作措施、工作计划。

2、深化宣传，提高认识。针对金税三期程序复杂，工作要求高的特点，加大对内的宣传，培养干部职工的责任感和使命感，做实思想政治工作。对外利用办税大厅，涉税微信群，LED 电子显示屏，发布公告等方式广泛宣传"金税三期"的意义及作用积极营造良好的社会氛围。

3、加强对"金税三期"系统操作的学习。要求全体工作人员下载学习，"金税三期"系统操作并严格按"金税三期"领导小组制定学习计划。通过上级的精心指导行业我局全体同仁的共同努力下顺利完成了今年8月份的双轨运行和9月份的单轨运行，并于2015年9月1日成功的在"金税三期"系统中开具了第一张缴款书，第一张发票，标志着我县的"金税三期"系统正式上线运行。

四、纳税服务高效规范

（一）进一步落实全国纳税服务规范

为保证《纳税服务规范》落实到位，我局召开专题会议，传达学习关于落实《纳税服务规范》的指示。对《纳税服务规范》试行工作做了专门部署和安排并成立了以局长为组长的《纳税服务规范》工作领导小组，统筹组织落实运行工作，对各项规范的落实进行指导督办，制定后续考核管理措施，为《纳税服务规范》的具体落实进行把关。自《纳税服务规范》开展以来，办税流程明显简化，办税事宜更加高效，据统计办税时间缩短30%左右。

（二）组织开展好税法宣传月活动

为进一步宣传普及税收法律、法规，提高纳税人满意度，提升纳税人遵从度，营造良好税收法制环境，按照总局和区、市局关于进一步做好2015年税收宣传月活动的要求，我局高度重视，及时安排部署，精心组织实施，以"便民办税春风行动"为主题、结合党的群众路线教育实践活动和纳税服务工作，围绕税收热点、难点，创新税收宣传载体，采取多种行之有效的宣传形式，开展了2015年税收宣传月活动并充分利用办税大厅，通过纳税咨询服务窗口、电子显示屏、公告栏等形式，认真开展好面向纳税人的咨询服务、纳税辅导，及时宣传最新税收法律法规和政策，使日常宣传常态化。

（三）认真开展"便民办税春风行动"

按照区、市局"便民办税春风行动"要求，我局根据自身的实际，最大限度便利纳税人，最大限度规范税务人，提升纳税人的满意度和税法遵从度的工作要求，我局高度重视，成立了领导小组、制定工作实施方案，细化责任分工，周密部署、加大宣传、协调配合，确保了各项工作措施落实到位。活动开展以来：一是继续积极推行免填单服务。在发票领用、变更登记、停复业登记、注销登记、申报纳税、代开发票等业务中，始终坚持推行免填单服务，税务工作人员根据纳税人提交的申报资料打印出相关的申报表，纳税人核对无误后签字确认，此项举措进一步减轻了纳税人的负担，获得了纳税人的一致好评。二是严格实行首问责任制，明确首问责任人、办理程序、办理标准、岗位职责、处理方式、沟通协调、后台支撑和责任追究等内容，落实要求，切实防范"吃拿卡要报"等为税不廉行为的发生。

五、队伍素质显著提升

（一）加强政治业务学习

一是认真学习毛泽东思想邓小平理论、"三个代表"以及习近平同志系列重要讲话精神，用中国特色社会主义理论体系武装税务干部头脑，并指导实践，推动工作。加强思想政治工作，坚定政治方向。牢固树立"执法为民、聚财为国"的宗旨，不断提高全体人员的政治业务素质。二是在培训中，把加强党性教育、社会主义核心价值体系教育、公仆意识教育和道德品质教育与依法治税、税收征管、纳税服务等培训内容结合起来，突出反腐倡廉教育和职业道德教育，引导税务干部进一步增强政治意识、大局意识、责任意识、忧患意识，进一步加深了干部职工对习近平同志重要讲话原文的理解与把握，促进了干部职工对报告的思考和实践，为大家深入学习领会、认真贯彻落实党的方针政策指明了方向；三是在教育上，我们严格按照上级要求，制定了全年学习培训计划，安排部署了全年政治业务学习实施方案，每星期组织集中学习，要求各单位认真做好记录，掀起了学习的高潮，形成了全局人员主动学习的良好风气。

（二）加强干部队伍建设

一是加强领导班子能力建设、作风建设、民主集中制建设、保持党的纯洁性建设，坚持党管干部原则，坚持正确用人导向，认真落实班子建设各项规章制度，切实提高国税机关的执行力；二是加强教育培训，推动队伍素质全面发展，制定党组中心组学习计划、干部理论学习计划，进一步强化对干部职工的教育，督导干部职工充分利用网络进行自主学习，积极组织干部职工参加县里培训班，不断拓宽教育培训渠道。

（三）加强基础党组织建设

一是着力增强基层党组织的创造力、凝聚力、战斗力，着力完善加强基层党组织建设的体制机制三个重点，贯彻"抓落实、全覆盖、求实效、受欢迎"四项要求，切实抓紧抓好基层党组织建设各项工作；二是建立健全党建各项制度，抓好落实，开展好活动，努力使我局的党建工作不断提升；三是采取符合实际、简便易行的方式方法，组织引导党支部和全体党员立足岗位开展好"学雷锋"、"学焦裕禄"、"学文朝荣"等活动，形成学习先进、崇尚先进、争当先进的良好环境，营造良好的基层党组织建设活动的浓厚氛围。

六、行政管理水平不断加强

（一）政务管理

提高政务服务水平，建立健全机关工作规章制度，细化岗位职责，优化工作流程，严查工作纪律，加强协调配合。强化督查督办，杜绝推诿扯皮、工作庸、懒、散等不良作风。认真落实信访、舆情、应急管理三位一体工作机制。及早排查矛盾，妥善化解矛盾，保证税收工作正常开展。

（二）财务管理

1、加强税务经费的预算和执行管理。我县秉持认真抓好财务管理，强化经费预算的执行，严格执行财务审批制度，按照市局相关文件精神和要求，厉行节约，控制和降低行政运行成本，按照规定的标准支出各项费用，最大限度发挥资金使用效益。

2、完善固定资产管理。按照要求做好国有资产购置、产权登记、资产处置等工作，各项资产做到账表、账实相符。

3、强化后勤服务管理。按照区局，市局要求制定完善机关公务接待制度和公务车辆管理制度，在公务接待方面严格服从接待标准、严格限制陪同人数，尽可能节约经费；车辆维修报批制度和出车请示制度；在办公用品购置方面，一律实行比价采购；维修等费用支出，严格按照财经纪律和财务管理规定执行。

七、2016 年工作计划

（一）准确把握组织收入原则，严格执行相关税收，在依法行政的前提下应收尽收，确保组织收入质量。

（二）加强税收预测分析工作。继续抓好重点工程项目跟进管理，全面深入掌握工程的投资额、工程进度，拨款进度，税款征收入库等情况，及时组织税款入库，同时抓好零星税收的预测和分析。

（三）认真贯彻落实各项税收优惠政策。

（四）进一步加强纳税评估工作，强化分析监测，加强企业所得税核定征管工作，寻找新的税收增长点。

（五）积极主动向市局及县委政府汇报和报告，争取得到市局及县委政府及相关部门的大力帮助和支持，及时解决税收征管工作中存在的困难和问题。

我们坚信，在市局党组和县委政府的有力指导下，在全局干部职工的共同努力下，在广大纳税人的支持配合下，我们将为察隅县经济社会实现又好又快、更好更快发展，并为同步进入小康社会作出新的更大的贡献。

国地税合作跑出铜城办税"加速度"

甘肃省白银市白银区国家税务局　李发林

　　在铜城白银大地，纳税人一提起国地税合作优化服务的事儿，便会竖起大拇指：国地税精诚合作，携手营造税收软环境，使纳税人"进一家门，办成两家事"。

　　今年以来，白银区国、地税结合税务工作实际，因地制宜探索多领域的税收合作，携手演绎铜城大地的新税风，从"单独唱戏"走向"合作办税"，合心合力让合作项目生根开花，营造了多方和谐共赢发展的良好氛围。

一、纳税服务迈入"国地税＋"时代

　　合作，对于白银区国税和地税部门来说，早已不是一个新命题。自 2010 年 7 月，白银区国税局被甘肃省国税局确定为全省首批国地税协作试点单位以来，白银区国税局、地税局在联合办理税务登记、联合开展纳税申报等方面进行了有益尝试，使深化合作成为国地税转变职能、改进作风、优化服务、规范执法的生动实践。2016 年，为进一步深化国地税合作，拓宽纳税领域，白银区国地税通过整合双方联合办税业务范围和办税流程，将原来国地税由联合办理税务登记、联合代开发票拓宽到联合办理税务登记、申报征收、发票发售、发票代开、文书受理等业务事项，开启了便民办税新模式，让纳税人真正享受到"进一家门，办两家事"的便捷服务。

　　"以前国地税分开跑，资料不共享，国地税来回跑非常麻烦。"正在办税的白银三才商贸有限责任公司魏会计说，"联合办税后，过去一两天甚至更长时间才能办完的业务，现在不用一个小时就能办完"。

二、联合宣传辅导实现"一举两得"

　　"国地税联合举办纳税人学堂，变两家培训为一次培训，实现了税收宣传与政策辅导由分散作战、各自为政向整合资源、集中统筹转变，既省去问了国税又跑去咨询地税的麻烦，又现场解决了国、地税部门在政策执行中口径不一带来的困惑。"白银区国税局主管纳税服务的副局长曾发禄说。

　　为了让纳税人更全面、及时透彻地了解双方的税收政策，白银区国地税联合成立"纳税人学堂",双方本着"政策共享、课件共享、经验共享"的原则,联合进行纳税人培训需求调查,组建国地税纳税人学堂专家团队,编写纳税人学堂基础教材,联合制定管理办法及年度培训计划,共同实施辅导培训。与此同时,今年税收宣传月期间,双方还将把税法宣传与基层党建结合起来,共同成立税收志愿服务团队,围绕"聚焦营改增试点,助力供给侧改革"主题,联合开展税务志愿者上门服务活动,帮助营改增纳税人答疑解惑,提高税法宣传的精准度。

三、联合成立"纳税人维权中心"提升增值服务

依法治税、规范执法关系着数以千计纳税人的切身利益。"发票违章税法规定2000元以下罚款,但有时地税罚50元,有时国税罚500元……",不少纳税人吐槽以往税务执法自由裁量权大、同事不同罚等问题。为此,《国地税合作规范2.0版》对促进公平执法做出具体规定,要求国地税"执法一把尺子,处罚一个标准"。

联合成立纳税人权益保护组织,共同受理纳税人投诉、举报等涉及纳税人权益事项,共同协商、处理涉及双方的投诉事项,共同探讨改进纳税服务措施……前不久,白银区国地税纳税人联合维权中心正式挂牌,以后,白银区的纳税人遇到什么税务维权方面的事情,都可以到这里维权,

四、联合开展税法宣传让纳税人"有话好说"

2014年1月1日以后小型微利企业预缴企业所得税时如何享受优惠?核定征收方式缴纳企业所得税的可否享受小型微利企业税收优惠?小型微利企业享受优惠政策减免需要办理什么手续?……近日,在白银区国税局五楼会议室,由区国税局、区地税局联合主办的纳税人座谈会在这里举行,来自全区20多家企业法人或财务人员与税务骨干现场互动。本次活动与以往召开座谈会的形式不同。以前是税务部门"包桌",也就是说由税务部门安排会议内容,台上说什么台下就听什么,强调更多的是税务部门的工作业绩和形象宣传;而这次活动是由纳税人"点菜"为主,也就是说与会人员对税收政策有不懂或疑问,在现场提出来,由税务部门的业务骨干当场解答,尽可能满足纳税人对"大众创业"涉税政策的咨询和服务需求。

这是白银区国地税联合开展税收宣传,切实打造税收宣传新常态机制一次生动实践。今年以来,区国地税联合成立"税收宣传协调领导小组",共同

分析、沟通、协调重大税收宣传工作，联合编制宣传资料，利用网上办税平台、纳税人学堂、双方办税服务厅公告栏、电子显示屏、手机 APP 等形式共同推送税收宣传内容，将税收政策送到纳税人手中。

发挥长处，落在细处、干在实处，白银区国税局、地税局心往一处想，劲往一处使，合作亮点频现，取得了纳税人受益、税务人减负、地方政府满意的显著成效。"下一步，我们要继续加强与地税部门的协调配合，完善提升合作事项，对《规范》要求还未推广的事项要抓紧研究制订方案，力争尽快取得突破，让广大纳税人'进一家门，办两家事'，实实在在地感受到国地税合作工作成效"，白银区国税局局长方子红说。

加强管理 狠抓落实
创建和谐稳定市级卫生单位

甘肃省高台县国家税务局 魏爱军 张济民 王 梅

卫生单位建设是创建国家卫生城市的细胞工程，为了进一步推动爱国卫生运动的深入开展，我局在各级有关部门的关心指导下，加强组织领导，强化创建意识，采取得力措施，狠抓贯彻落实，纵深发展。现将本局创建卫生单位的工作情况总结如下：

一、加强组织领导，落实工作责任制

1. 加强组织领导，形成创建合力。县局把创建卫生单位列入工作日程，相互协调，紧密配合，人人参与，协同推进，坚持贴近实际、贴近生活、贴近群众。加强同县委、政府和县上相关部门的协调配合，主动汇报工作，积极争取指导和支持，形成内外结合、条块结合、整体推进的创建合力。

成立了"创建市级卫生单位"工作领导小组。由县局局长任组长，分管副局长任副组长，各股室负责人为成员。领导小组下设办公室，具体负责创建的日常工作。

2. 修订和完善了爱国卫生各项工作规章制度，建立了卫生管理工作的长效机制，确保创建工作有章可循、持之以恒，做到上下联动、齐抓共管，上行下效、令行禁止，使卫生管理工作制度化、规范化。

3. 强化措施，夯实责任。为了确保创建市级卫生单位工作顺利进行，实行局领导和单位负责人负责制，一级抓一级，层层抓落实，做到目标明确，责任落实，保证创建市级卫生单位工作有序推进，达到高标准、高质量地完成创建任务。

4. 创先评优，落实奖罚。严格考核，县局将创建工作列入绩效管理考核，严格检查，严格落实奖惩制度，做到"任务同步，目标同向，表彰同奖，失误同咎"，保证创建工作整体推进。加强督导检查，县局创建市级卫生单位领导小组办公室定期或不定期对股室创建工作进行检查评比，将创建市级卫生单位绩效与绩效考评挂钩，确保县局创建市级卫生单位工作深入开展，完成创建目标。

二、加强宣传，营造氛围

1. 组织全局干部职工认真学习开展创建国家卫生城市活动相关文件。

2. 狠抓健康教育，增强防病意识，强化县局工作人员的"大卫生观念"。

3. 在家属区专栏版张贴公告，内容有疾病预防、用药安全知识等。并发放各种有关宣传资料400余份。通过开展多种形式的宣传教育活动，改变了群众的不良卫生习惯和不良卫生行为，提高了参与爱国卫生工作的积极性。

三、切实开展环境综合治理"进机关"活动

按照"抓班子，带中层，抓中层，促基层"思路，改进工作方法，按照"细节上做深做细、范围上到边到底、形式上求新求活、内容上抓紧抓实"的要求，创建工作坚持立体式创建、整体性推进、全方位提高。着眼于实处，着手于实事，着力于实效，积极搞好办公楼内外环境卫生及设施，使净化、绿化、美化再上一个新台阶，确保创建活动达到预期目的，创造了和谐的国税工作环境。

1. 广泛开展"我为创建整洁优美的工作环境作贡献"主题活动，围绕"六化"（即净化、绿化、硬化、美化、亮化、秩序化）要求，进一步组织全局广大党员干部职工积极主动带头参与机关环境治理，实现"四不"：不得乱停乱放车辆（应统一画线规划固定的车辆停放点，有明显的车辆停放点标志，停放的机关车辆车身整洁，车头一律朝外，摆放整齐）；不得在门前窗外晾晒衣物，堆放杂物或种菜；不得乱搭乱建，乱拉乱挂，乱贴乱画；不随地吐痰、不乱丢纸屑、烟头、果皮，不得乱倒乱堆垃圾杂物。"六有"：有领导分工；有专人保洁；有管理制度；有"门前三包"责任书；有清扫保洁工具；有美化、绿化、亮化设施，"八无"：无破旧墙壁；无不合格广告标牌（含门牌、宣传牌等）；无乱贴乱画的"牛皮癣"；无污水乱流；无垃圾乱放；无蛛网、灰尘、烟蒂、纸屑、痰迹、树叶、塑料袋、瓜果皮壳等杂物；无杂草丛生；无裸露泥土地面的目标，切实改善机关面貌，营造良好的工作环境，不断提高工作效率，树立良好的内部秩序和外部形象。

2. 实施垃圾分类管理办法，在县局院内设置垃圾组合箱，每组设垃圾箱2个，一个收集可利用垃圾（包括金属制品、包装箱、塑料制品等）；一个收集其他废品（如：水果皮、纸屑等）。

3. 大力开展机关节能降耗活动。围绕机关节能降耗工作，大力提倡艰苦朴素、艰苦奋斗的优良传统，反对铺张浪费，身体力行节约。引导全局干部职工注重工作行为，节减办公、减少开支，严格做到节约每一滴水、每一张纸、每一度电，树立廉政高效的机关形象。

4. 倡导文明生活方式。引导全局干部职工讲文明新风、创优美环境，在单位做文明职工，在家庭做文明成员，在社区做文明居民。要求做好"三美、六不"活动：创工作环境美、居住环境美、家庭环境美；不随地吐痰、不乱扔垃圾、不乱倒污水、不乱贴乱画、不乱放养家禽宠物、不乱停乱放，养成文明、健康、有序的生活方式，自觉维护公共环境卫生。要求各部门负责人带头争做文明创建的倡导者、实践者和示范者。

5. 培树先进典型，发挥先锋引领带动。开展"传承好家风好家训"评比表彰，实现党风、税风、家风互促互进、相得益彰。举办"道德文化讲堂"，大力传诵严实楷模，以身边人讲身边事，达到以点带面促提高的效果。

6. 积极参与环保公益行动。引导全局干部职工扎实有效开展有利于治理生态环境等公益性和志愿者服务活动，发动全局干部职工积极参与单位和所在社区环境卫生整治的各项活动，积极参与开展的植树造林、绿化、美化环境、环境保护宣传等公益活动。扎实推进双联行动，组织干部驻村帮扶，开展理论宣讲，搞好健康知识宣传，参加义务劳动。

7. 积极参与城乡环境卫生清洁、公共秩序维护、生态环境保护，破除生活陋习，治理脏乱差，引导人们弘扬社会新风，爱护自然、保护生态，为推进"健康、和谐"的建设和提升城市形象等方面发挥了职能作用；每周五及各重大节日前，各责任部门认真开展了单位办公楼、宿舍区卫生的整治，彻底清除卫生死角，保证全局干部职工的工作、生活环境真正达到"亮、净、美"。

8. 我局以窗口单位为突破口，普及礼仪知识，倡导文明言行，推进文明短信、文明交通、文明餐桌、文明传播行动，教育干部职工从身边做起，从我做起，从点滴做起，告别不文明言行，全局干部职工举止端正、着装整齐，语言文明，执法规范。深入推进"便民办税春风行动"，全面推行《服务规范》，有效促进征管质效不断提升，纳税服务持续优化。

近年来，认真组织，精心安排，进一步美化了内部和外部环境，推动了爱国卫生运动的深入开展，营造了洁净优美、文明健康、积极进取、和谐稳定的工作环境，以新税风适应新常态，进一步树立了国税部门的良好形象，推动县局精神文明建设再上新台阶。

倾情营改增　共谱新税曲

甘肃省陇西县国家税务局　张一斌

全面实施营改增是推动供给侧结构性改革尤其是税制改革的重要内容，是近年来最大的减税举措，是继 1994 年税制改革后又一里程碑式的改革。国务院、财政部、税务总局、营改增纳税人、社会各界都对此项工作给予了高度的关注，国务院总理李克强也在不同的场合反复强调"要保证每个行业税负只减不增"，这既是李总理对于税务部门工作要求，更是对全体营改增纳税人的庄严的承诺。

一、杏花节传来了营改增的"吆喝声"

四月，对于税务系统来说是一个繁忙的月份，在这一个月里，营改增试点政策下发，国地税业务交接开始，于是，一场叫做"营改增"的税制改革浓墨重彩的登场，全系统都进入了前所未有的忙乱状态，陇西国税也不例外。

五月，对于税务系统将是个特殊的日子，在这个时候，营改增试点全面实施，各项工作也即将纳入正规。

二、国税局闯关拔塞夺得了最后的胜利

四月到五月，只有两个月的时间，在这短短的两个月里，要完成营改增纳税人，地税移交户数确认、税费种认定、三方协议签订、税控器具发放、发票领用等各项任务，省市局多次展开动员会议、培训、工作研讨会、督查督办，进行各类工作安排和部署，陇西国税作为基层单位也面临着巨大的压力。县局党组第一时间传达改革精神，调整工作思路，以紧张严肃的态度投入到营改增伟大税制改革当中，并以纳税人需求为基准，打造出了以下亮点。

（一）当机立断，用了一个举措解决了一个主要矛盾

办税大厅是税务机关的重要窗口，它的畅通与否，高效运转与否关系着整个税务局的先进程度，也关系着纳税人的切身利益。我局原旧楼办税服务厅面积狭小、设备落后、承压能力严重不足，又逢着营改增"疾步走来"，战鼓声声催人急，老户新户户数叠加，纳税人数量激增，在这样的形势下，我局党组敏锐的意识到了优化改进办税大厅的必要性和重要性，当机立断，决

定开拓第二办税场所，同时把旧办税大厅作为备用大厅，确保新旧大厅同时为"便民办税"目标的实现"出力"。

动作快，效率高，促使办税大厅的优化升级。按照先大厅后其他部门、先业务部门后行政部门、先搬一半两地统一办公的要求，利用周末短短两天的时间实现了旧办公楼的搬迁，按照五星级办税厅的标准配备了各项软硬件设施，叫号机、监控器、电子显示屏、查询机等都已配备，在最短的时间内使得办税大厅承压能力大幅提升，同时对于搬迁的情况在第一时间利用当地电视台和公众微信进行了公告，保证了新旧大厅的平稳过渡，不会影响到纳税人正常办理业务。

重预测，制定策，合理应对紧急情况。我局预估了营改增期间的可能发生的各项紧急情况，制定了开票、申报、舆情等在内的各项应急预案13条，在搬迁后的第一天就遇到了办税小高峰，压力测试成为了实战演练，应急预案成效立显，很快的化解了压力。同时，根据最大办税流量增设办税窗口和导税人员，联系服务商及时进驻帮助开展响应纳税辅导，购买2台大功率发电机以备不时之需，对全局电力、网络、后勤重新检修保障顺畅运行，在第一天后，在没有出现过纳税人过长时间等候、排队长龙等情况。

师带徒，深合作，国地税实现了联合办公。积极与地税部门联系沟通，以纳税服务高度融合为目标，共同制定了本年度合作计划，达到了高效、优质、快捷服务纳税人的目的，目前5个联合办税大厅都已投入运行，按照各自辖区合理分配软硬件设施进一步对纳税人进行了分流和引导，缓解了营改增期间的办税压力。

（二）稳中求新，启动了两个模式，防止了一个问题

增窗口，防拥堵，及时疏流引导。目前5个共建大厅已增设了10个窗口。我局别出心裁，分化窗口功能，并在各个窗口贴出了标签，注明受理业务的名称，方便纳税人快速寻找。并设置应急窗口，预防出现超常规办税流量情况，应对特殊情况，保证万无一失。

建团队，重帮扶，提供特色纳税咨询。按照大厅实际运行情况，建立了以纳税服务股为主体，基层工作经验丰富的局领导代班，监理10人团队纳税辅导咨询导税专门团队，将12366纳税服务热线提供的常用问题背熟并保存到手机中，随时为纳税人提供专业的解答，遇到个别暂时不能解答的问题归口到政策法规股和征收管理股介入，随时解答、了解、协调推行过程中遇到的各种问题。每天8点全市营改增视频会议后，专业团队各自将本日纳税人提出的问题汇总，查阅政策法规文件，统一答复答案在纳税人再次提出相关问题时及时解答，节约纳税人时间，真正急纳税人之所急，解纳税人之所忧。

借外力，促活力，提供菜单式服务。邀请航行、百旺等服务商参与辅导。对于辅导人员进行简单培训，使得纳税人在各个环节都有专业人员帮扶，保证税控系统畅通，减少纳税人的等待时间。

（三）灵活安排，打乱了一个建制，应对了一批业务

破陈规，出新意，整合随机调配人员。在工作中不断发现问题，分析原因，不断调整人员结构，制定各项办税分流措施，适应新情况、新常态。将全局人员分为税政征管统筹组和其他人员集中办公组，在两个大组基础上再次细分工作小组，分头开展纳税人户数确认等工作，结合具体工作情况由各分局和大厅随机抽取办公组人员去到所需的地方，进驻所需的岗位，随学随干。

集资源，全发力，寻求整体最佳效应。增加设置税控设备发行岗位，将全县数字证书集中到大厅开展工作，由信息中心负责现场指导，加快税控设备发行；建立营改增绿色通道、引导员制度，由局领导亲自协调，保证各窗口办税人员不排长队，不会拥堵；制作并摆放二维码、查询机，提供无线wifi，引导纳税人开展自主学习、自助办税。

加黑夜，加周末，开展延时亲情服务。及时贴出"营改增期间延长服务时间，服务时间为早上8点到晚上9点"的通知，全体职工积极响应苦干实干的号召：吃盒饭挤出时间干工作，牺牲午休时间干工作，利用闲谈时间干工作，咬紧牙关走好最后一公里。

（四）领导包片，现场督战，运用偏平化管理模式

细分责，作表率，督促工作纪律。安排了4月至5月1日营改增突击工作安排表和5月至7月长期工作值班表，局领导、各中层领导、党员、普通干部全部安排，建立领导代班、部门负责人做班、值班人员按时上岗的制度。

蹲大厅，入分局，靠前指挥行动。党组成员带分管股室深入分局进行政策辅导、业务帮扶，分头开展户数确认，全力支持分局工作，保证跟进进度，并临时补充岗位空缺，上岗就学、学会就用、用好就上，协助文峰、城关、首阳等分局完成了1685户营改增纳税人的移交工作。

（五）严管厚待，消除了一种顾虑，促进了一种活力

抓节点，勤汇报，踩着拍子开展工作。根据总局、省局、市局制定的时间节点结合本部门情况，制定了陇西县营改增工作任务分解表，进一步明确了各部门工作职责和工作时间节点，并采取逐级汇报工作、分时汇报工作的方式，层层反映，上下协同，随时检查进度，调整步伐，变换方式，以"更容易、更科学、更优质"的"三更原则"作为工作方式的选择依据，保证了按时保质完成工作。

消顾虑，激活力，落实了容错机制。落实容错机制，使得职工卸下负担投入工作，放开手脚施展本领，消除顾虑专心工作。有效破除了干部职工不敢为，不愿为的消极思想，提高了职工工作的主动性和积极性，增强了主人翁的责任感和归属感。

（六）精神无价，化用了一种力量，积累了一笔财富

在营改增期间涌现出了一批感动人物，激励着全体职工继续向前，有的人忍着病痛干工作，有的人舍弃家庭干工作，有的人通宵达旦干工作，有的人自愿帮别人干工作。这种精神是陇西国税的"软实力"，在无形中给营改增平添了几分色彩，在推动力工作的同时加深了同事之间的感情，使得工作环境更加和谐，内部更加团结，办事更加顺畅，工作开展更加流利。

浅议建筑业、房地产业营改增
税源变化及应对措施

甘肃省永靖县国家税务局　马效玉　慈　明

作为"营改增"改革的收官之作，建筑业、房地产业是此次改革的"重头戏"之一。分析建筑业、房地产业在"营改增"前后的税源变化情况，对于进一步推进"营改增"工作，规范企业纳税行为，加强企业财务管理，均具有十分重要的意义。本文在借鉴国内外专家学者研究"营改增"已有成果的基础上，仅对建筑业、房地产业相关纳税情况进行分析，从实际调研数据出发，探讨建筑业、房地产业"营改增"实施可能导致的税源管理漏洞及困难，特别是分析中小城市房地产业改征增值税后可能发生的税源变化。

一、建筑业、房地产业特点及主要风险

（一）建筑业

建筑业纳入增值税征税范围后，按照一般计税方法计算应交增值税，与其他增值税一般纳税人相比，目前建筑业存在以下主要特点及涉税风险：

1、建筑业财务核算不规范

建筑业的财务核算主要由工程项目部门按预算成本提供报账凭证，并非按照实际采购业务据实计账。这一做法对营业税直接依工程收入按适用税率计税影响不大。"营改增"后，工程成本及其原始凭证直接影响增值税税款计算，工程项目部门某些采购业务不能取得增值税专用发票将直接影响税款的抵扣，而工程项目部门为报账虚构购进业务取得扣税凭证将涉嫌偷逃增值税。

2、建筑业人工费用占比高

建筑业属于劳动密集型行业，人工费用占总成本的比例相对较高。经测算，建筑企业人工费用约占全部成本的30%。与其他行业相比，建筑业人工费用占营业收入的比例较高，建筑业工程收入中增值较多，"营改增"后税负可能上升较多。

3、建筑业采购市场不规范

建筑企业的多数大型设备，如挖掘机、吊机等是通过租赁得来，有的则

是由劳务工队带机作业，不少主材如砂石、砖等以及一些辅料，如铁丝、扣件等是向增值税小规模纳税人购买的，难以取得增值税专用发票，将导致建筑业"营改增"后税负增加。

（二）房地产业

房地产企业，既是房地产产品的生产者，又是房地产商品的经营者。其开发业务的运作，一般需经过土地或房产的获取、筹资、规划设计、开发、销售策划、预售销售、房屋完工验收交付使用、商品房的出租出借、商品房的自用、商品房的售后回租、项目成本清算及所得税计算环节。房地产开发企业的生产经营及其商品的特殊性决定了其财务核算的特殊性，其涉税管理难点主要有以下几个方面：

1、营业收入具有多样性

房地产开发企业的特点是对一定区域或地段进行总体规划，统一开发和建设，开发的内容具有综合性和多样性，一般包括土地转让收入、商品销售收入、预售收入、其他业务收入等，营业收入的形式具有多样性。

2、核算时间跨度长

滚动开发的项目较多，房地产开发的周期较长，少则 1~2 年，多则超过 5 年，使房地产成本费用核算的时间跨度很长，而且由于滚动开发的情况同一项目不同时期的成本也会发生较大的差异。

3、成本构成的核算难度大

房地产开发企业的生产成本主要是开发产品的成本，包括土地征用成本及拆迁补偿费、前期工程费、建筑安装工程费、基础设施建设费、公共配套设施费、开发间接费及其他开发费，这些成本具备不同的特征、涉及不同的专业领域，准确核算难度较大。

4、不同项目核算的差异较大

不同的房地产项目受地域、项目定位、开发规模、房屋用途等方面影响大，导致不同项目之间差异大，每个项目都或多或少有自己的特点。

5、利润分配形式也具有特殊性

房地产开发企业的投资主体具有广泛性，参与方式也具有特殊性，利润的分配形式也不尽相同，既有按现金分配的，也有按产品分配的，具有一定的隐蔽性。

（三）建筑业、房地产业之异同

房地产业及建筑安装业既有紧密联系又有很大不同。一是它们是不同的产业：房地产属于第三产业，建筑业属于第二产业。二是流动性差异大：房地产公司绝大多数为项目公司，依附在所开发的土地上。即开发一块土地成立一个项目法人公司，项目结束公司也就注销。而建筑公司由于有跨省经营、施工地点变化多，造成流动性大。三是承担的任务与人员结构不同：房地产公司的主要工作是办理房地产项目开发的各项手续，管理人员所占比例大，主要承担房产建造过程中的管理、协调与房产建成后的营销工作。建筑公司主要是承担对建设项目的工程作业，职工人数多，管理人员所占比例小。四是房地产公司的开发周期长，资金占用量大，自有资金少，借款多，开发手续繁，风险大，利润高，属于资金密集性企业。建筑公司竞争激烈，属于劳动力密集性企业。这两个行业的紧密联系的方面是房地产公司的开发项目一般都交给建筑公司进行施工。

二、"营改增"对建筑业、房地产业税源影响

1、对建筑业影响

营改增将可能在短期内对建筑公司盈利水平产生不利影响。一是劳动力成本不能抵扣增值税。二是进项和销项之间将出现税率错配。特别是，沙石和混凝土等仅适用3%的进项抵扣增值税率。三是项目所有方代替承包商采购原材料（常见做法）可能无法开具进项发票。四是收入和成本的确认时点或出现错配。

根据调查，建筑行业的周期长、账期也长，税改对企业的利润和现金流构成较大压力。现在很多房产、建筑业企业负责人主要关心的问题首先是税负变化，其次是过渡政策，最后才是增值税的税务风险。另外，建筑企业实行营改增最难办的是无法获取增值税专用发票，建筑企业税负增加后，只能将其转移给开发商。

2、对房地产行业影响

按照土地成本是否可以抵扣，将测算分成两大类，同时在每个大类下，又按照房企是否将建筑安装打包给上游建筑商以及上游建筑商是否将税负转嫁给房企拆分成几种情况。

一是如果土地成本不可抵扣，则会使得房企利润下滑，并且毛利率越低、土地成本占比越大的房企，利润下降幅度更大。二是如果土地成本可以抵扣进项税，且可抵扣税率越大，对房企经营业绩影响越有利，同时毛利率越低、土地成本占比越大利润增厚幅度越大。三是如果上游建筑商税负转嫁能力较弱，则房企将建筑安装打包给建筑商，对房企经营业绩越有利。四是如果上游建筑商税负转嫁能力较强，则房企延伸产业链，自行实施建筑安装，对经

营业绩更有利。

3、企业税负变化情况

营改增前，房地产企业适用的是 5% 的营业税税率，建筑业适用的是 3% 的营业税税率，包括营业税及附加、土地增值税、房产税、土地使用税、企业所得税、契税、印花税、个人所得税等综合计算得出房地产业的综合税负在 11% 左右，建筑业的综合税负在 3.4% 左右。

从征收方式上看，房地产公司、建筑公司一般都是实行查帐征收。

从企业所得税的汇算清缴上看，房地产公司既有年度清算又有项目清算，而建筑公司一般只有年度清算。

营改增后，房地产业、建筑业所涉及的建筑、销售不动产等业务适用增值税税率为 11%，增值税征收率为 3%，财政部和国家税务总局另有规定的除外。房地产开发企业中的一般纳税人销售自行开发的房地产老项目（《建筑工程施工许可证》注明的合同开工日期在 2016 年 4 月 30 日前的房地产项目）可以选择适用简易计税方法按照 5% 的征收率计税。跨县（市、区）经营的建筑安装业还有三个特殊情况：其一，一般纳税人跨县（市、区）提供建筑服务，适用一般计税方法计税的，以取得的全部价款和价外费用扣除支付的分包款后的余额，按照 2% 的预征率计算应预缴税款；其二，一般纳税人跨县（市、区）提供建筑服务，选择适用简易计税方法计税的，以取得的全部价款和价外费用扣除支付的分包款后的余额，按照 3% 的征收率计算应预缴税款；其三，小规模纳税人跨县（市、区）提供建筑服务，以取得的全部价款和价外费用扣除支付的分包款后的余额，按照 3% 的征收率计算应预缴税款。

三、建筑业、房地产业税源变化情况

1、建筑业

对于建筑业，目前现状是企业数量众多，行业的企业集中度不高。建筑行业营改增面临的主要问题，包括以下方面：跨期老合同的税务处理；营改增税负能否转嫁；营改增前购买的材料，在营改增后使用，能否进项抵扣；是否按照项目进度来确定增值税纳税时点等等。

当前，建筑业普遍认为，一旦实行 11% 的增值税税率，营改增后，由于不少支出（如水泥、石沙、砖等原料）难以取得增值税发票，比起之前的营业税可能上涨。除了原材料等支出外，建筑企业的另一项重大支出为劳务人工费，约占到总造价的 20%～30%，也可能无法获得发票进行进项抵扣。另外，企业的财会人员应当加强对分包方、其他供应商的管理，同时充分了解无法抵扣的增值税专用发票的几种类型。同时，与房地产行业企业类似的，建筑业企业也应当关注政策出台前的影响分析测算、供应商及客户梳理、培训等相关准备工作，提前应对。

2、房地产业

项目成本费用构成复杂，开发成本主要是土地成本、建筑安装成本、公共配套成本、房屋装修成本。举例来说：假定开发成本占收入的比例为60%，其中40%为土地成本，其余成本全部可以抵扣，则在目前正在讨论的税务处理下，房地产企业的增值税/营业税税负（按照应交税金比较）简单分析如图所示。

房地产企业图增值税/营业税税负计算示例图

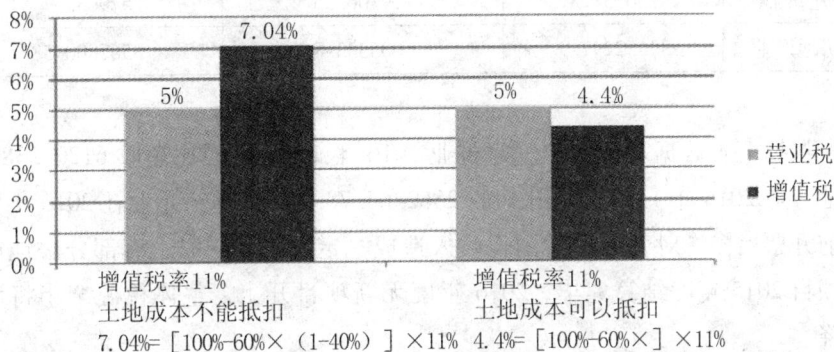

增值税率11%   增值税率11%
土地成本不能抵扣   土地成本可以抵扣
7.04%=［100%-60%×（1-40%）］×11%   4.4%=［100%-60%×］×11%

各房地产企业的实际税负，由于其业务模式、成本构成的不同，以及某些成本可能不能完全取得增值税专用发票进行进项抵扣等，也会产生不同程度的差异。

材料、劳务费等可能无法获得增值税发票或发票抵扣有限。许多原材料（如砖瓦、白灰、砂石、土方等），其供应商大多为个人、个体户、小规模纳税人等，没有或很难向企业开具增值税专用发票。另外，由于此类供应商个体体量较小，但数量众多，也增加了发票收集的难度。同时，部分房地产企业的项目遍布各地，项目采购、财务部门的相关人员水平参差不齐，也加大了发票收集管控的难度。

房地产业的显著特征是项目周期长，且成本与收入周期背离。这些可能导致营改增之后，房地产项目的销项税额与其进项税额产生时间上的不匹配。营改增后，一种可能是，如果房地产企业采用预售的方式，则可能在项目建造过程中，所有预售即已完成，所有销项税额均已发生并缴纳，之后发生的建造成本，其进项税额，没有销项税额可以抵扣，成为沉淀成本；另一种可能则是，项目在建造完成后，才开始销售，销售周期较长，或者项目最终用途为出租，则大额的建造成本产生的进项税金，需要根据销售或租赁周期，在很长时间内，才能被完全消化，从而影响现金流，增加项目的资金成本。

我们对辖区内具有代表性的 11 户房地产业一般纳税人及 5 户建筑业一般纳税人进行重点税源调查，调研 2015、2016 年生产经营、发票开具及领用缴销情况，针对企业人员情况、经营情况进行了详细了解。经调查汇总，企业缴纳营业税情况如下表：

企业类型	2015 年缴纳税款	2015 年 1－5 月缴纳税款	2016 年 1－5 月缴纳税款
建筑业	236731.3	119106.05	57903.67
房地产业	39652297.9	6005333.8	8567800.58

根据上表数据对比得出，建筑业 2016 年 1～5 月同比短收 61202.38 元；房地产业 2016 年 1～5 月同比短收 2562466.78 元，房地产企业在 2016 年营改增前开票增多，对营改增后国税收入造成一定影响，同时，有部分房地产企业项目 2015 年度结算完毕，2016 年度无新项目开工，整体税源全年将大幅下降。

四、进一步巩固税源，构建协作管控新机制的几点意见

1、建立集中管理模式，实现专业化管理

以行业管理为基础，成立建筑业房地产业征收管理组，实行定岗定人，专员管理，并按建设项目分类管理，户籍登记、纳税申报、发票管理统一由其管理，做到集中管理，统一征收。通过专业化行业管理，进一步简化了办事程序，规范了管理方式，节约了管理力量，为实现科学化、精细化管理打下了坚实的基础。

2、创新税源管理机制，实现科学化管理

针对建筑业、房地产业税源变化特点，努力探索新的管理机制，建筑业要形成"土地奠基、城建配合、国税开票、房管把关、审计收口"的管理机制，房地产业要形成"政府支持、部门协作、社会参与、司法保障、源头控管、信息共享、先税后证"的税收部门协作控管新机制，进一步规范建筑业、房地产业税收秩序，有效遏制税款流失的现状。

3、加强征管基础建设，实现精细化管理

一是管户精细化，根据税源状况及特点，对建筑业、房地产业进一步细化分类管理，具体划分为外埠施工企业、本地公司、委托代征户、外地开发户、本地开发户等，对不同企业实行有针对性的管理；二是征管精细化，对每一户，严格按照新的征管业务流程进行管理，即从登记、鉴定到申报，严格按要求进行管理；三是管理资料精细化，规范完善了一户式档案，统一了内容和模式，实行一户一盒，做到与征管相辅相成，为科学化、精细化管理打下了坚实的基础。

4、实施项目跟踪，实现一体化管理

实行项目登记，一项目一卡，分项目、分工程管理，在征管中，对建筑业、房地产业涉及的税，严格发票管理，实现以票控税。

5、加强税源监控，实现动态化管理

一是对纳税人建立分户、分项目税源监控台帐，对年纳税额在10万元的工程实行重点监控，领导分包，分局长负责，税管员巡查的三级监控体系；二是在全面掌握企业生产经营情况，财务状况等各类信息的基础上，积极开展税收分析，税管员每月月末对当月申报征收情况进行统计分析，认真查找管理中的薄弱环节和问题；三是积极开展纳税评估，我们遵循资料收集，案头评估，约谈举证，实地查验，评估处理等基本程序，对发现重大问题，认真查找原因；四是积极发挥稽查作用，适时开展专项检查，对财务账目存在疑点的项目工程，移交稽查部门进行稽查，把稽查作为税源管理的最后关口。通过动态监控、税收分析、纳税评估、税务稽查，实现四位一体的良性互动机制，有效促进了税源管理，提升了征管质量和效率。

6、加强部门协作，实现社会化管理

成立部门协作控税领导小组，建立联席会议制度，明确国土、房管、建设等相关部门协作护税责任，及信息传递办法，坚决落实先税后证、信息共享制度。主要协税责任是建筑工程开工前先到税务机关进行工程项目税务登记后，建设局才能发放建设工程开工许可证，在向税务机关结清税款后，建设单位才能办理工程竣工验收手续，房管部门、国土资源局，凭税务机关开具的税务发票，才能办理相关产权登记流转手续，通过部门协作控管，实现信息资源的共享，建立起覆盖面广的社会协税护税网络，形成政府依法管税、税务机关依法征税、纳税人依法纳税、社会各界协税的综合治税格局。

7、整合教育资源，推动纳税服务

进一步整合教育资源，有针对性的开展各类业务培训，不断增强税法宣传和纳税辅导的实效性、针对性，切实提升纳税人满意度和税法遵从度。同时，进一步完善办税服务厅建设，在巩固办税服务厅标准化建设成果的基础上，严格落实《纳税服务规范》，整合办税服务厅服务窗口，优化业务流程，实行限时服务、延时服务、预约服务等多种个性化服务，切实提升办税服务水平。

关于推进纳税信用体系建设的思考

新疆维吾尔自治区昌吉市国家税务局 金 莉 石 丽 陈晓娟

党的十八大报告多次提及"诚信"一词，明确提出要坚持走中国特色社会主义道路，深入开展道德领域突出问题专项教育和治理，加强政务诚信、商务诚信、社会诚信建设。

税收信用是社会信用体系的重要组成部分，在市场经济条件下，一个完善的税收体制，既要有税收法律体系的约束，也要在税收征纳行为中讲求信用。目前我国信用体系建设还相对落后，纳税信用的提高还有很大潜力，需要通过建立纳税信用体系，推动纳税人依法诚信纳税、征税人依法诚信征税。

一、纳税信用的定义

纳税人信用有广义和狭义之分，狭义的纳税人信用仅指纳税人对债务按期还本付息的能力和意愿；广义的纳税人信用是指纳税人遵守诺言和实践成约的行为，它表现出纳税人以诚实守信为基础的心理承诺和如期履行契约的能力，是纳税人基于长远利益与短期利益的比较，追求总体利益最大化的一种理性经济行为。

纳税人的纳税信用则是纳税人信用广义涵义中的一种情况。它指从税务登记、纳税申报、税款征收、发票管理、账簿管理、税务检查情况等多方面对纳税人纳税进行综合社会诚信的评价。

二、纳税信用缺失的表现

在构建纳税信用体系过程中，税务机关进行了有益的探索，初步建立以纳税信用等级管理为主要内容的纳税信用体系。但目前与社会主义市场经济相适应的纳税信用体系尚不完善，纳税信用缺失普遍存在。

（一）纳税信用缺失的表现

一是纳税人信用意识淡薄。不少纳税人信用意识淡薄，存在各种违反税法规定的行为，包括伪造、编造、隐匿、擅自销毁帐簿、记账凭证，多列支出或者不列少列收入，经税务机关通知申报而不申报或者进行虚假的纳税申报，不缴或者少缴应纳税款；长期不办理税务登记或者长期拖欠税款或者骗取税收优惠政策或者骗取出口退税；以暴力威胁等方式阻挠税务机关正常的执法或者设法逃避税务机关的检查和监督等。

二是部分征税部门信用缺失。在市场经济条件下，政府与纳税人之间存在着经济利益上的信用关系。当前部分政府部门存在的失信现象，不断地破坏着整体诚信状况。从征税信用方面看，税务机关违章办事、少数干部以税谋私甚至知法犯法情况时有发生，部分政府部门官员不作为、滥作为，凌驾于国家法律之上，故意刁难纳税人，千方百计寻租，甚至私自从事营利活动、干预税收执法等。

三是中介信用亟需规范。社会上某些中介机构如会计师事务所、审计师事务所、税务代理机构，面对市场竞争激烈的压力，有的唯利是图，打擦边球，帮企业隐瞒报税；有的甚至与税务机关内部人员勾结，造成国家税款流失。

可见，上述三方面的纳税信用的缺失，导致了税款流失的状况在现实生活中依然存在，在一定程度上扰乱了税收经济秩序，阻碍了社会信用体系构建的进程。因此，强化纳税人纳税信用观念，积极构建税收信用体系尤为重要。

三、纳税信用管理的现状及其产生的积极作用

（一）纳税信用管理的现状

2003 年国家税务总局颁布了《纳税信用等级评定管理试行办法》正式拉开了纳税信用等级评定的帷幕。纳税信用等级由国、地税联合评定，这个机制在激发纳税人依法诚信纳税意识、提高纳税人对税法的遵从度和办税能力、加强税收征管等方面发挥了积极作用。

2014 年，国家税务总局制定和发布《纳税信用管理办法（试行）》，新疆也制定了《纳税信用管理实施办法（实行）》，以褒扬诚信、惩戒失信，更好地服务于纳税人。

新推出的《纳税信用管理办法（试行）》及《评价指标和评价方式（试行）》调整了评价指标和定级分数，并将两年一评改为一年一评，增强了纳税信用评价指标的全面性、科学性和评定的及时性。新规涉及纳税信用评级的主要信息有 3 项：一是纳税人信用历史信息。二是税务内部信息包括经常性指标信息和非经常性指标信息。三是外部信息，由外部参考信息和外部评价信息组成。纳税人信用历史信息和外部参考信息仅记录不扣分。

以昌吉市国税局为例说明，2014 年之前纳税信用评价工作采用"依据办

法、参考标准、人工综合分析考评、国地税共同确定等级"的方式。2014 年之后，新的办法出台，使用新的评价指标和评价方式，采用人机结合的方式开展评价工作。截止 2014 年 12 月 31 日，昌吉市共有企业纳税人 3766 户，根据评价要求筛选后应参评纳税人共 1871 户，评价工作重点就集中在税务内部信息的采集和评价。税务内部信息评价指标一共 90 项，包括 61 项经常性指标和 29 项非经常性指标。其中 35 项指标是系统自动采集，60 项指标是手工采集和录入。昌吉市国税局对 1871 户参评纳税人的 60 项手工指标进行了信息采集、数据审核和系统录入工作，审核录入指标 1097 条。

表一：昌吉市国税局 2014 年度纳税信用评价指标采集情况汇总表

（手工采集录入）

序号	采集指标	涉及指标	采集数量	备注
1	纳税评估	4 个	52	
2	税务稽查	4 个	45	
3	违法违章	7 个	55	
4	涉税申报信息	4 个	945	
	合计	17	1097	

从《昌吉市国税局 2014 年度纳税信用评价指标采集情况汇总表》（表一）中可以看出，昌吉市国税局纳税人信用评价手工采集主要体现在涉税申报、纳税评估、税务稽查和发票信息等指标上。涉及指标最多的是违法违章类的，共有 7 个指标，主要体现在 030103 未按规定开具发票、030105 未按规定保管纸质发票并造成发票损毁遗失、040103 有非正常户记录的纳税人等指标上；采集数量最多的是涉税申报类的，共有 945 个，主要体现在 010101 指标未按规定期限纳税申报、010103 未按规定期限填报财务报表、010104 评价年度内非正常原因连续 3 个月或累计 6 个月零申报、负申报等指标上。纵观这些指标，进一步反映了纳税人的信用意识的淡薄和纳税信用的缺失。

（二）纳税信用管理产生的积极作用

2014 年，税务总局连续发布的《纳税信用管理办法（试行）》和《重大税收违法案件信息公布办法（试行）》两个公告（以下称为两个公告），旨在通过建立健全纳税信用等级评价体系和重大税收违法案件信息公开机制，对纳税人纳税信用进行排序，清分守信纳税人和失信纳税人。昌吉市国税局、地税局 2014 年度纳税信用级别评定工作最终产生 262 户 A 级纳税信用级别的纳税人，占参评企业的 22.17%，评价结果在办税服务厅公告栏和查询机进行了公示。昌吉市国税局对守信用纳税人给予实质性支持，如提供"绿色通道"服务，"VIP"服务，上门服务等，以"快、准、便"向 A 级纳税人向纳税人提供激励性的服务。同时对失信纳税人实施黑名单制度，在昌吉市国税局办税场所公开曝光违法违章信息和欠税信息、发票实行限量供应等。按照守信激励、失信惩戒的方式，对于推动纳税信用体系建设具有重要的促进作用，并对推进社会信用体系建设具有积极的示范效应。

第一，纳税信用管理是社会信用的关键所在。目前，全疆约有 57.41 万户纳税人，昌吉州约有 4.08 万户纳税人，对他们建立起纳税信用，不仅有利于保障税收收入，而且对建立公正、公平的市场环境具有重要的作用。纳税信用是反映企业会计制度是否健全、财务核算是否准确、纳税义务是否履行的晴雨表，可以直接或间接反映纳税人其他方面的信用状况。正因如此，纳税信用状况不仅成为市场主体之间履行契约的重要参考，而且成为金融、工商、海关、外汇等部门对纳税人授信的重要依据。

第二，纳税信用是纳税主体的无形资产。市场经济是竞争经济，纳税人在市场竞争中能否取胜，纳税信用无疑是一个重要因素，是纳税人优质的无形资产。一方面，无论是政府、企业还是个人，都愿意与守信纳税人打交道、做生意，有利于增强纳税人的盈利能力。另一方面，社会不愿意接受一个不讲诚信的纳税人，会给失信纳税人带来严重的负面影响甚至致命打击。纳税信用管理的实施，有利于守信纳税人维护和提升其优质无形资产，大幅提高失信纳税人的社会成本，切实形成褒扬诚信、惩戒失信的社会氛围。

第三，纳税信用管理是税收现代化的有力推手。推进税收现代化是税务系统实现中国梦的有效载体，涵盖税法、税制、服务、征管、信息和组织六大体系，其中税收征管和纳税服务是税务部门的核心业务。2014 年，全疆稽查部门查处税收违法案件 942 起，查补税款 10.94 亿元，同比增长 56.9%；占全疆国税收入的 1.11%；全年查处发票违法案件 516 起，查处非法发票8.63 万份，查补收入 1.31 亿元。向公安移送发票案件 29 起，联合办案 15起，捣毁窝点 9 个，打掉团伙 2 个，缴获作案机器 10 台，缴获各类虚假发票7.8 万份。由次可知，纳税信用状况还不够理想，税法遵从水平亟待提升。对纳税人无论是实施纳税信用管理还是"黑名单"制度，都需要税务机关全面准确适时地掌握纳税人的纳税遵从情况。对纳税人的纳税信用等级进行排序，为分类实施纳税服务奠定良好基础。

四、推进纳税信用体系建设的几点建议

从纳税信用管理新规的主要变化可以看出，纳税信用体系作为社会信用体系的重要组成部分，两者相辅相成，密不可分。笔者认为，在实施纳税信用管理及评价"新规"，完善纳税信用体系建设过程中必须紧紧依靠各级政府的大力支持和社会各界的积极参与，与社会信用体系建设齐抓并举，协调推进，才能避免孤军作战，事倍功半。

一是突出加强诚信教育与诚信文化建设，注重开展诚信主题活动。在各类教育和培训中要进一步充实诚信教育内容。大力开展信用宣传普及教育进机关、进企业、进学校、进社区、进家庭活动。充分发挥电视、广播、报纸、网络等媒体的宣传引导作用，结合道德模范评选和各行业诚信创建活动，树立社会诚信典范，使社会成员学有榜样、赶有目标，使诚实守信成为全社会的自觉追求。同时开展以诚信为主题的活动，营造诚信和谐的社会氛围。

二是突出纳税人诚信管理制度建设，注重开展纳税人诚信承诺活动。税务机关应加大诚信示范宣传和典型失信案件曝光力度，引导企业增强社会责任感，强化信用自律，改善信用环境。鼓励纳税人建立客户诚信评价，建立科学的信用管理流程，防范信用风险，提升企业综合竞争力。

三是突出加强重点人群职业信用建设，注重建立法人、律师、会计、注册会计师、注册税务师、审计师、评估师等人员信用记录，引导职业道德建设与行为规范。

四是突出加强税务领域信用分类管理，注重发挥信用评价差异对纳税人的奖惩作用。建立税收违法黑名单制度，推进纳税信用与其他社会信用联动管理，提升纳税人税法遵从度。

加强管理　提升技能
全力做好营改增后续管理工作

新疆维吾尔自治区伊宁市国家税务局

一、基本情况

（一）伊宁市基本情况

伊宁市建于 1952 年，是伊犁哈萨克自治州的首府城市。全市总面积 761 平方公里，现有总人口 56 万人，有维吾尔、汉、哈萨克、回、蒙古、锡伯、俄罗斯、乌兹别克等 43 个民族。2010 年被南方人物周刊评选为中国十座宜居中小城市之一，并先后荣获"中国优秀旅游城市"、"国家园林城市"、"国家级历史文化名城"称号。一季度，伊宁市实现生产总值 36.3 亿元，同比增长 7.1%。其中：一产增加值 1.1 亿元，同比下降 5.5%；二产增加值 4.4 亿元，同比增长 5.5%，其中工业增加值 3.8 亿元，同比增长 5.5%；三产增加值 30.8 万元，同比增长 7.9%。

（二）伊宁市国税局基本情况

伊宁市国税局成立于 1994 年，下设机构 14 个，其中内设机构 10 个，派出机构 4 个，含 3 个副科级税务分局。全局在职干部职工 157 人，其中公务员 151 人，党员 73 人，平均年龄 45.4 岁；汉族 78 人，少数民族 79 人，分别占总人数的 49%、51%；本科以上文化程度 81 人，大专文化程度 62 人，分别占总人数的 51%、39%。管辖各类纳税人 34804 户，其中企业 8946 户，个体工商户 25858 户。重点税源涉及的行业主要有食品制造、电力、房地产、卷烟批发、建材、啤酒制造、纺织业、成品油批发、煤炭等。

二、组织收入工作情况

（一）1 至 5 月税收完成情况

我局始终将组织收入作为税收工作的核心，严格落实组织收入原则，截止 5 月底，完成税收收入 44013 万元，同比增长 7.8%，增收 3197 万元。其中，增值税 19824 万元，同比增长 21.6%；企业所得税 11316 万元，同比下降 22.7%；消费税 6476 万元，同比增长 96.9%；车辆购置税 6397 万元，同比下降 2.8%。公共财政预算收入 12527 万元，同比增长 3.8%，增收 456 万元，其中，增值税 8000 万元，企业所得税 4527 万元。

（二）税收增减因素分析

有利因素：一是因营改增扩围及全部纳入地方级收入，促使公共财政预算收入增幅提升。实现营改增收入 4059 万元，同比增长 41.1%，增收 1182 万元。二是受卷烟批发环节税率由 5% 增长到 11% 的影响，同比增长 147.7%，增收 3520 万元。三是新建企业国投伊犁能源开发有限公司从 2015 年 4 月产生税收，2016 年 1 月至 5 月入库税款 3443 万元，同比增长 6.3 倍，增收 2974 万元。四是伊宁市商贸经济总体呈现稳定增长，好于预期态势，表现为限额以上批发零售稳增。商业增值税 7400 万元，同比增长 3.1%。不利因素：一是受经济大环境的影响，我辖区企业所得税重点税源户税收大幅下降，主要表现在安琪酵母（伊犁）有限公司减收 4458 万元、房地产业减收 1520 万元、新疆伊犁农村商业银行股份有限公司减收 811 万元。二是新建企业未投产或产量少，未能形成新的税收及后续税源企业固定资产投资和留抵税额较大，且享受"两免三减半"税收优惠，预计短期内无法实现税收收入。

（三）6 至 12 月税收形势预测

我局将继续狠抓组织收入工作，深入开展税收调研和税收分析，全面摸清辖区税源结构、分布及变化情况，准确分析税收的增长点、风险点和着力点，在堵漏增收上下功夫。6 至 12 月，预计实现税收收入 115087 万元，同比增长 1 倍，增收 57776 万元。预计实现公共财政预算收入 69073 万元，同比增长 3.6 倍，增收 54159 万元。

三、全面推开营改增试点工作情况

（一）全力打赢"开好票"第一战役

一是加强领导，建立协作配合机制。召开动员部署大会，传达上级局营改增工作动员会议精神，明确工作目标、内容、进度和要求。成立营改增工作领导小组，研究制定试点工作实施方案，进一步细化内部分工和工作衔接要求，逐条逐项将具体工作任务分解到岗、明确到人、落实到位。同时，第一时间向市政府汇报营改增工作的主要政策精神和影响测算情况，争取全力支持；与财政、地税部门密切协作，建立联席会议制度和联络员制度，明确各层面工作对接的渠道和方式，为改革顺利开展提供有力的组织保障。

二是广泛宣传，营造良好社会舆论氛围。此次试点改革，我局涉及四大行业纳税人7880户，税收收入51900万元；累计入户走访7880户次，发放宣传培训资料31428册；政策培训7880户次，覆盖面达到100%。提前正面宣传引导，3月中旬，在与地税部门联合举办的汇算清缴培训上，兼顾宣传营改增背景意义、相关政策，并特邀媒体记者全程参与报道。与地税部门互相设立营改增绿色窗口，指派业务骨干坐班，专门负责预约纳税人提前办理一次性业务，受理营改增方面政策咨询。开设营改增微信群，围绕营改增热点问题与试点纳税人进行探究交流，及时解答纳税人的各项诉求和业务咨询。推出双语服务，特邀民文翻译专业人士将营改增宣传选定素材翻译成维语、哈语，并通过市中心繁华路段LED屏、出租车LED屏、微信公众号等渠道进行滚动播放。利用周末、五一休息时间，组织全员力量对试点纳税人进行"地毯式"大走访，逐户发放《一封信》、《告知书》等宣传资料，宣讲政策要点和办理流程，现场示范演练和辅导纳税人开票，做到宣传不漏一户、不漏一人。

三是强化培训，提高业务知识和技能。分批、分行业组织开展3期12场次的营改增纳税人培训，联合技术服务单位集中讲解试点相关政策、业务办理流程和系统操作技能，确保纳税人"懂政策、能开票、会申报"。除按原计划参训的纳税人外，众多零散纳税人也慕名前来学习政策，使得培训现场爆满。为确保培训质量，同时充分保证纳税人需求，我局除在现场临时增加几十张椅子外，及时增开培训新场次，将部分纳税人结转至下一批参加培训。内部培训方面，积极参加上级局培训班和视频会议培训，组织所有人员以自学规定篇目、集中授课讲解等方式，熟练掌握营改增试点政策，并定期安排测试，落实奖惩制度，巩固学习成果。

四是周密部署，做好信息采集工作。加强数据统计分析，提前对试点纳税人发票用量、税控器具用量、代开发票数量等数据信息进行统计，为试点顺利扩围奠实基础。根据纳税人的规模、行业和所在片区，对接收的纳税人按照经营地址做好分类，并合理分配至各税源管理部门。抽调人员成立5个工作组集中负责采集和审核，通过电话核实、实地走访、集中采集等方式，逐户采集与核实试点纳税人的税务登记、税种鉴定、发票种类、税收优惠、税款缴纳等基础信息，并以一对一的方式辅导其填写各类表单资料，截止4月底，完成信息采集7880户，定期定额核定4915户。制定三级审核制度，即税源管理部门责任人负责初审，营改增办公室对重点企业、特殊事项进行二次审核，最后由专项督导组对上报信息采集结果按照15%的面进行抽查。做好对达到一般纳税人认定资格条件的纳税人的宣传工作，完成了173户达到一般纳税人标准的企业的批量登记工作。

（二）积极备战"报好税"第二战役

一是提供充足人力保障。通过招录公益性岗位、实施税收管理员换岗体验、动员新录用公务员及早到位等方式，为办税服务厅增配一线工作人员49名，使原先14个综合服务窗口增至33个。安排5名咨询员、4名导税员，确保每一位纳税人问题有人答、办税有人引、疑难有人解。抽调业务骨干成立办税服务预备队和申报应急小分队，随时补充办税一线，提前进行业务操作练习，确保召之即来、来之能用、用之胜岗。对各项工作的安排、人员的落实，由局领导分别进驻对口联系的办税服务厅全程进行督导检查。

二是练好内功提升能力。结合岗位大练兵活动，在参加总局、区局营改增培训的基础上，按照岗位类别成立若干辅导小组，班子成员和业务骨干担任师资，定期讲解营改增各阶段重难点知识，保证人人都能熟知营改增。推行科室"日学习"制度，将每日下班后两小时定为营改增学习时间，由科室负责人领学和解读营改增基础性文件，同时作交流讨论。实行"两大结对帮扶"制度，即中老干部与青年干部结对、少数民族干部与汉族干部帮扶，做到互帮互学、共同进步。实行"周度统考"，每周五举行一次营改增闭卷考试，偏重考查全员对应知应会基础知识的掌握程度，对统考不及格的参练人员进行补考直至过关，进一步检验和巩固学习效果。落实班子成员学习督查制度，采取现场抽查、随机询问等方式，检查培训纪律、学习笔记、学习效果等情况，达到以查促学、以改促进的目的。

三是精准开展辅导培训。紧扣四个行业所涉及的进项税抵扣、纳税申报、会计核算、"两表"填报等内容，先后举办营改增专题培训班3期13场次，集中培训纳税人3000余户次，全面覆盖了一般纳税人、达到起征点的小规模纳税人和部分未达起征点的小规模纳税人。开展"一对一"培训辅导和跟踪服务，入户了解纳税人开票软件、申报软件的安装使用情况，提供从政策解读到业务实操的完整辅导，并引导纳税人进行网上申报纳税。采用痕迹化管理模式，科室每天一碰头，领导小组每周一开会，解决营改增企业申报辅导相关问题，督导落实进度。对辅导宣传工作做好记录，对企业项目情况、发票开具情况进行记录，积极收集企业的涉税诉求，为实施后续税源管理打牢基础。

四是持续优化办税服务。开辟营改增办税服务厅，实行"一条龙"工作流程和"一站式"办结的服务模式，减轻办税服务厅压力。推出微信预约办税服务，纳税人通过微信公众号即可预约取号，同时还可在线实时查询办税服务厅排队等候数量，根据人流量信息避开办税高峰，合理安排办税时间，实现随到随办、随办随走。全面推行预审服务，对需要到服务厅办理纳税申报业务的试点纳税人实行预审辅导，确保纳税人得到有效、准确的办税支持。实行"四段服务"，将办税时间延伸至八小时以外，实施窗口分段延时不间断服务，即早晨提前服务、中午连续服务、下午延长服务、周末（节假日）照常服务，确保纳税人办税方便、随来随办。对纳税信用A级、有固定经营场所且纳税信用较高的纳税人，一次供给3个月发票用量，缓解办税服务厅窗口压力。积极推广网上申报、微信申报、发票查询系统认证增值税专用发票，让纳税人足不出户即可享受7×24小时全天候办税服务。推行"全州通办"服务，州直八县三市一区范围内的试点纳税人可在本局办税服务厅办理营改增涉税业务，打破地域和辖区限制，减少纳税人的办税成本。

五是精密做好技术安全保障。及时做好营改增涉及的综合征管、电子申报、税库银联网、电子缴税等系统调试工作，确保各信息系统用得上、用得稳、用得好。定期开展网络与设备巡检，加强网络与信息安全监控，落实值班制度，完善信息技术应急预案，防止发生网络中断、违规外联、病毒大规模爆发等现象，确保系统运行稳定。联系电力、质检、网监、工商等部门，针对电力中断、涉税舆情等潜在风险，打好应对主动仗。开展断电、断网、人员急剧增加等突发事件应急演练，提高应对处置能力。加大营改增负面舆情监测力度，每天对媒体和网络舆情开展监测分析，确保及时、准确、妥善发现处理各类舆情事件。局领导到办税服务厅值班，受理纳税人咨询、申请办理或投诉事项，协调处理纳税人的各种问题和矛盾。

六是坚持问题导向抓好落实。制订"确保纳税人如期申报"工作配档表，梳理科室任务事项，逐项明确工作目标、工作要求、完成时限、责任人员和分管领导。建立工作台账，每天调度、每日通报，完成的销号，进度慢的督办，确保不留死角、不留断档。实行问题日报制度，利用内外网QQ、微信公众号、对外公开电话、值班电话等渠道，畅通反映问题和建议的渠道。对工作中发现的问题和通过各方渠道收集到的问题，建立问题台账，逐项梳理整改，逐一对账销号，及时回复反馈。加强调度从严考核，局领导带队开展纳税人"确保纳税人如期申报"专项督导，督导情况纳入绩效管理专项考评指标，实施绩效考评和结果兑现，确保工作取得实效。

（三）扎实推进试点税负分析工作

打破原有科室设置、破解人员少的难题，抽调税政、征管、法规、纳服、税源等部门业务骨干，组建营改增效应分析团队，采取三轮会审的模式，制作台帐审核签字背书，实行"任务书""跟踪服务"责任制，确保2626户试点纳税人所属行业和对应征收品目的界定准确无误。精准分析样本企业税负，由局领导带队，选派精兵强将，实地走访24户样本企业，再次辅导申报填报流程和政策，重点解读税负测算分析表，确保申报数据准确无误。建立样本企业点对点联系制度，明确样本企业联系人，实施密切跟踪，逐户逐行业进行税负分析，做到对企业经营情况说得清、税负增减讲得明、变化原因摸得透、应对建议提得准。精准采集和统计分析试点纳税人的销售收入、税款缴纳、税负增减等系列数据指标，同时，密切关注税负上升企业动态，安排专人及时跟进辅导，帮助企业取得增值税专用发票和转换经营模式，确保应享尽享政策红利，避免引发涉税舆情。

四、"两学一做"学习教育活动开展情况

自"两学一做"学习教育开展以来，我局深入贯彻区局部署要求，牢固树立"围绕税收抓党建、抓好党建促税收"的工作理念，在"学"上用真功，在"做"上见真章，聚焦营改增"开好票、报好税、分析好、改进好、总结好"几场战役，充分发挥"指挥员、主力军、排头兵"作用。

（一）党组成员做表率，当好攻坚"指挥员"

站在讲政治、顾大局的高度，以"两学一做"学习教育为先导，同步开展"学讲话、学党章、明党纪"活动，将营改增内容列入学习"规定动作"。党组成员亲自带队，带头放弃夜晚、周末、节假日休息时间，落实"一日三巡"督促检查制度和大厅坐班制度，分析、解决营改增推进过程中不断出现的新问题，为营改增试点工作的每一场战役制定周密的作战计划，并全程陪伴干部加班加点，直至最后一名干部离开。开展"亮身份、亮职责、亮承诺"活动，公开承诺将要实现什么目标、达到什么质量标准、什么时间完成、未完成承担什么责任等内容，每半月向支部和干部交"成绩单"、晒"工作账"，接受群众监督和满意度测评。

（二）各支部主动作为，当好改革"主力军"

各党支部将"三会一课"开到改革第一线，在营改增中检验开展"两学一做"的深度，教育引导党员主动适应从严治党新常态，切实调动"学"的主动性和"做"的能动性。向全体党员发出"两学一做、担当奉献"倡议书，号召党员干部立足改革第一线。举办以"弘扬五·四精神投身营改增试点工作"为主题的青年座谈会，激励青年干部在急难险重任务中越要勇于担当、迎难而上和刻苦学习，调动青年干部参与试点改革的激情。跨部门组建

"党员突击队"和"青年干部突击队",合力攻坚政策、技术、服务、舆情等方面难题,为营改增顺利推进扫清"障碍"。

(三)党员冲锋在前,当好服务"排头兵"

党员干部在营改增中争当急先锋,带头学习营改增政策业务,带头加班加点,以实际行动践行"两学一做"。设置党员服务示范岗,成立"党员宣传队",深入一线运用图示、图解、视频等形式开展营改增政策解读,使纳税人易懂、易学。开展争创"党员先锋岗"活动,比谁不怕辛苦、务实肯干、勇于付出,比谁在困难环境中能够锻炼自我、彰显才干、实现价值。积极挖掘和宣传"落跑新娘"宣菲菲等先进事迹,弘扬"特别能吃苦、特别能战斗、特别能奉献"的精神。

五、深化党风廉政建设情况

(一)加强党建工作

将党建列入全局年度重要议事日程,纳入整体工作一起部署、检查、考核和总结,做到明确分工、责任到人、落实到位,实现一级抓一级、层层抓落实。

(二)坚持严规守纪导向

认真落实《准则》和《条例》规定,结合"纪律教育年"主题组织开展"六个一"活动。结合自身实际,重点加强对政治规矩和政治纪律遵守情况等四方面的监督检查,提高干部职工思想认识。

(三)坚持正风肃纪导向

通过组织廉政谈话、开展警示教育等形式,加强领导干部理念教育。结合自治区"三项治理"要求,密切关注"四风"新表现,紧盯节假期等重要节点,采取节前发信号、节中抓检查、节后严问责等措施,健全作风建设长效机制。

(四)坚持责任落实导向

从党组"不松手"、班子成员"不缩手"等方面入手,以问责倒逼任务落实,确保主体责任实施。把关乎纳税人切身利益和群众反映强烈的突出问题作为监督重点,加大案件查办力度,确保监督质量。

(五)坚持巡视监督导向

认真执行巡视工作条例,紧扣"六大纪律"和"四个着力",紧盯重点人、重点事和重点问题,开展自查自纠工作,抓好问题发现和整改,切实发挥巡视工作预防、惩处等作用。

营改增对塔城市财政收入的影响

新疆维吾尔自治区塔城市国家税务局

一、塔城市财政收入的基本情况

（一）塔城市财政局近两年税收收入情况

2015 年塔城市财政局税收收入 39，497 万元，占收入的 78.16%，其中塔城市国家税务局完成地方级预算收入 4，327 万元，同比增长 25.71%，增收 885 万元。

2016 年 1～7 月塔城市财政局税收收入 17，153 万元，占收入的 85.7%，其中塔城市国家税务局完成地方级预算收入 3，566 万元，同比增长 52.3%，增收 1，224 万元。

二、"营改增"政策情况概述

根据财政部　国家税务总局《关于全面推开营业税改征增值税试点通知》（财税［2016］36 号）的规定，在中华人民共和国境内销售服务、无形资产或者不动产的单位和个人，为增值税纳税人，应当按照规定缴纳增值税，不缴纳营业税。

我地区的"营改增"工作的试点工作经历了以下几个阶段：

2013 年 8 月 1 日起，全国范围内推开交通运输业与部分现代服务业"营改增"试点，新疆将与全国同步实行"营改增"试点工作（《财务部　国家税务总局关于在全国开展交通运输业和部分现代服务业营业税改征增值税试点税收政策的通知》（财税［2013］号））。

2014 年 1 月 1 日起，在全国范围内开展铁路运输和邮政业营改增试点（《财政部　国家税务总局关于将铁路运输和邮政业纳入营业税改征增值税试点的通知》（财税［2013］106 号））。

2016 年 5 月 1 日起，全面推行"营改增"，试点范围扩大到建筑业、房地产业、金融业、生活服务业，并将所有企业新增不动产所含增值税纳入抵扣范围，确保所有行业税负只减不增（财政部　国家税务总局《关于全面推开营业税改征增值税试点通知》（财税［2016］36 号））。

三、全面推开营改增税收入库情况

2016 年 5 月全面推开营改增试点以来，塔城市迎来了第一个四大行业按月申报纳税人的首个申报期和征收期（按季度申报纳税人的首个申报期为 2016 年 7 月）。

2015年四大行业营业税比例图

单位：万元

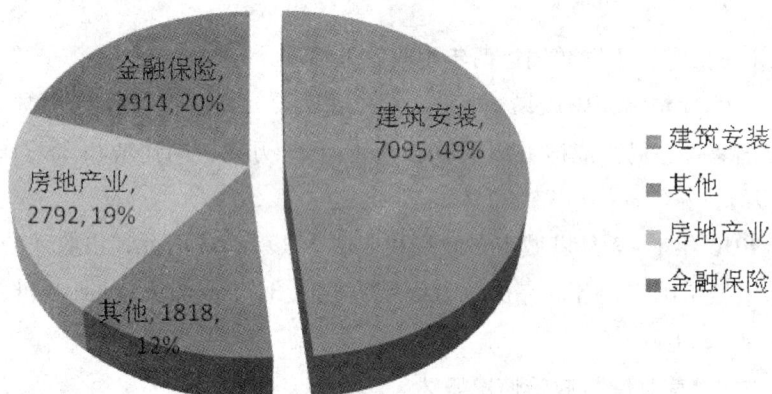

金融保险，2914, 20%
房地产业，2792, 19%
其他, 1818, 12%
建筑安装，7095, 49%

■ 建筑安装
■ 其他
■ 房地产业
■ 金融保险

2016年6-7月四大行业增值税比例图

单位：万元

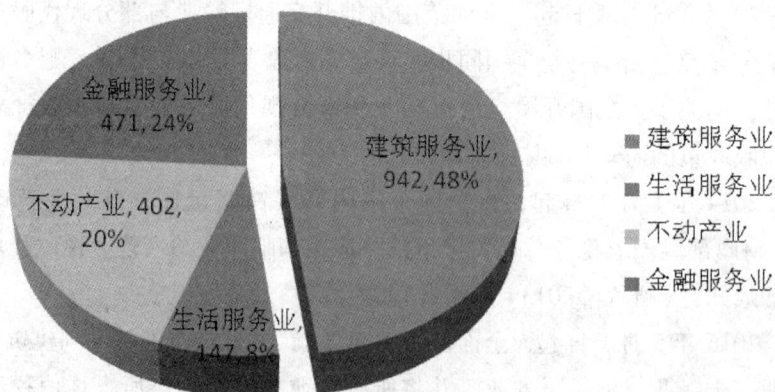

金融服务业，471, 24%
不动产业, 402, 20%
生活服务业，147, 8%
建筑服务业，942, 48%

■ 建筑服务业
■ 生活服务业
■ 不动产业
■ 金融服务业

分行业情况来看，建筑安装业、金融业、房地产业占比有所增加，生活服务业（原营业税该行业为其他行业）占比减少。

2016 年第二季度四大行业纳税人累计入库增值税 901 万元，其中建筑服务业 523 万元，金融服务业 83 万元，生活服务业 77 万元，销售不动产业 218 万元。

2016 年第二季度中的 4~5 月的四大行业仍然申报缴纳营业税，2016 年 6 月作为全面推开营改增试点后的第一个申报期，四大行业入库增值税 861 万元，与去年同期塔城市地税局同行业营业税入库情况相比（以下简称同比）增长 10.10%，增收 79 万元。其中建筑服务业入库 496 万元，同比增长 28.50%，增收 110 万元，金融服务业入库 83 万元，同比增长 1.22%，增收 1 万元，生活服务业入库 64 万元，同比减少 16.88%，减收 13 万元，销售不动产业入库 218 万元，同比减少 8.02%，减收 19 万元。

因企业规模这一年的变化及税款征收方式的变化影响，企业税款比重发生了变化。假设企业规模不变，则营改增后，建筑业、金融业比税款比重较大，将成为增值税新的主要税源。

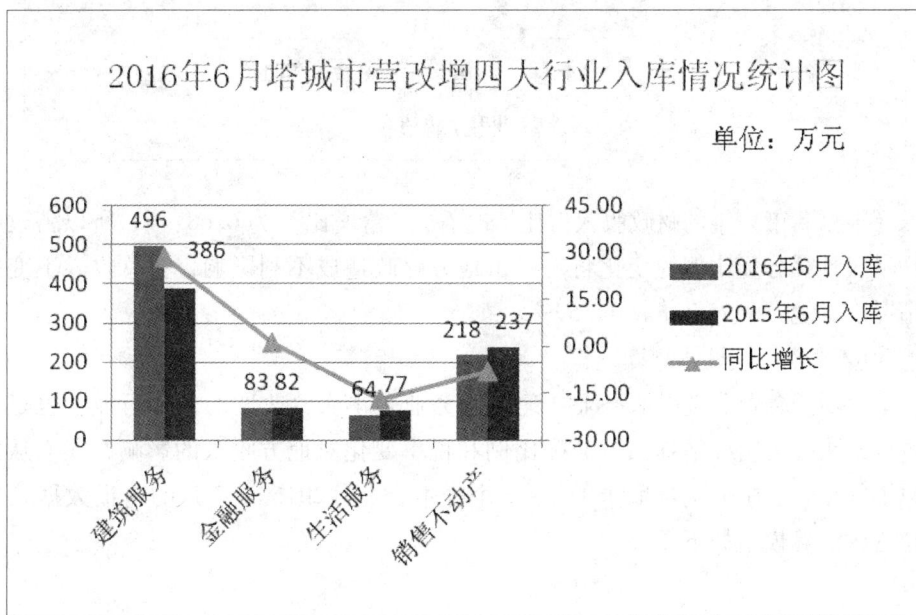

2016年6月塔城市营改增四大行业入库情况统计图

四、全面推开"营改增"对财政收入的影响测算

（1）预算分配比例变化对地方财政的初步测算

原国内增值税预算分配比例为中央75%区县25%，2016年5月1日，全面推开营改增后，增值税入库级次改为中央50%区县50%，在总税收收入规模（中央与地方合计）不变的情况下，当营改增前原增值税与营业税入库金额之比为2：1时，营改增前后，地方分成部分将维持不变。地方收入减收比随"营增比"（原营业税与原增值税比重）变化图像如下所示：随"营增比"增大，地方收入减收幅度越大。

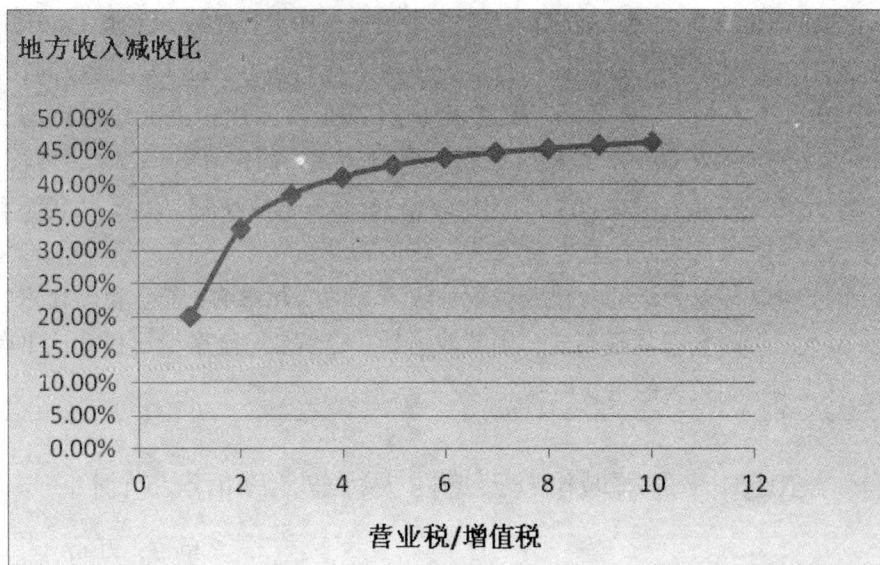

根据我市去年的财政收入占比情况看，"营增比"为6.68：1，所以营改增税收预算分配比例的变化将对我市地方财政造成不利影响，在总收入不变情况下，地方收入将减收44.59%。

（2）分行业具体测算

生活服务业、金融服务业、建筑服务业是本次营改增的主体行业，也是税源大头，为精确估算预算分配比例和税率变化对地方收入的影响，我们从以上三个行业中分别选取了的1~2个样本企业（2016年7月的申报数据），建立的测算模型如下图：

企业名称			塔城地区宁城宾馆有限责任公司	中国人民财产保险股份有限公司塔城地区分公司	泰康人寿保险股份有限公司塔城中心支公司	塔城市禹德水利水电工程有限公司
行业			现代服务业	金融服务业	金融服务业	建筑服务业
现行增值税下税负和分成对地方税收的影响测算模型	增值税税率或征收率		0.06	0.06	0.06	0.03
	营业税税率		0.05	0.05	0.05	0.03
	不含税销售额	1	1378003.26	14144520.50	207119.63	1465372.81
	销项（应纳）税额	2 = 1 × 增值税税率或征收率	83819.75	848671.23	12427.18	43961.18
	价税合计	3 = 1 + 2	1461823.01	14993191.73	219546.81	1509333.99
	服务、不动产和无形资产扣除项目本期实际扣除金额	4	0	0	0	0
	扣除后	含税销售额 5 = 3 - 4	1461823.01	14993191.73	219546.81	1509333.99
		销项（应纳）税额 6 = 5 ÷ (100% + 增值税税率或征收率) × 增值税税率或征收率	83819.75	848671.23	12427.18	43961.18
	增值税应纳税额（测算）	7	67083.43	828845.18	12427.18	43961.18
	增值税应纳税额属地方部分	8 = 7 * 0.5	33541.72	414422.59	6213.59	21980.59
	原营业税税制下服务、不动产和无形资产差额扣除项目	期初余额 9	0	0	0	0
		本期发生额 10	0	0	0	0
		本期应扣除金额 11 = 9 + 10	0	0	0	0
		本期实际扣除金额 12 (12≤3且12≤11)	0	0	0	0
		期末余额 13 = 11 - 12	0	0	0	0

应税营业额	14 = 3 – 12	1461823.01	14993191.73	219546.81	1509333.99
营业税应纳税额	15 = 14 × 营业税税率	73091.15	749659.59	10977.34	45280.02
营业税应纳税额属地方财政部分	16 = 15	73091.15	749659.59	10977.34	45280.02
地方分成收入增减情况	17 = 8 – 16	–39549.44	–335237.00	–4763.75	–23299.43
地方分成税收变化比例	18 = 17/16 * 100%	–54.11	–44.72	–43.40	–51.46

从具体分行业企业测算结果看来，生活服务业、金融服务业、建筑服务业的地方级财政收入平均下降48.42%，略低于50%的理论水平，是因为营改增初期，企业尚未适应新税制，导致税负略有上升。

五、2016塔城市地方级收入预测情况

营改增对全国东部发达省份长远来看是有力的，但是对我们塔城地区实际而言不利的影响很明显。营业税作为地方财政主要税种，其取消后，塔城市财政局2016年下半年将减收，预计全年完成地方级收入54067万元，同比下降10%。塔城市国家税务局2016年全年预计完成地方级税收收入3654万元，同比上升53%，增收1343万元。其中全面推开营改增四大行业预计入库4499万元。

六、应对营改增措施

（1）调整经济和产业结构，促进企业扩大规模

营业税改征增值税有利于消除双重征税，加之现行改征增值税的减负政策，利用增值税在调整产业结构中的作用，有利于促进企业扩大生产规模。

经过充分的政策研究和税负测算，我们发现产业结构越多样、税源结构越丰富、产业链条越长、营改增对地方财政的正向效应越显著。

（2）建立覆盖面广的社会协税护税网络，防止税款流失

充分借助政府部门信息，了解市场行情、政策变化等信息，充分调动多渠道监控，与工商、银行、以及住建、房管、土地、统计、公安等部门进行定期的资料交换和信息沟通，实现多渠道资源共享，建立起覆盖面广的社会协税护税网络，防止税款流失，以票控税，加强税源控管。

（3）加强重点税源企业的监控税收分析，挖潜增收

加强数据分析，密切关注，营改增后企业经营和经济运行中的问题、税收增减变动、税负变化以及税收管理中的薄弱环节、挖掘潜在的税收增长点。

（4）营造丰富税源结构，培植三产

简政放权、营造良好的引商环境加大招商引资力度丰富税源结构，着力发展放大旅游、餐饮、娱乐、房地产、物流和现代服务等第三产业，培植地方主体税源和新的经济税收增长动能。

第三篇
营改增理论研究与实践

第一章 营改增总述

第一节 营改增的税收基本理论

增值税营业税都是流转税，是营业税改征增值税这一税制转换涉及的两个主要税种，两者与商品经济活动有着密切的联系，对经济有调控作用。

一、营业税的基本理论

（一）什么是营业税

营业税是对我国境内提供应税劳务、转让无形资产或销售不动产的单位和个人，就其从事经营活动所取得的营业额征收的一种流转税。

（二）营业税的历史

我国营业税起源甚早，可以追溯到周代"关市之征"和"商贾虞衡"，之后的历朝历代都开征过类似的税种，如汉代的"算缗钱"，明代的"门摊"、"课铁"，清代的"铺间房税"和"牙当"等税，都属于营业税性质。欧洲中世纪政府对商户每年征收一定金额许可金以准许其营业，可以说是营业税的雏形，但许可金无论商户规模大小均无区别，这一点与营业税有本质区别。1791年法国改许可金为营业税，以营业额为计税依据进行课税，引起其他各国相继仿效。

我国较为正式的营业税制度出现在民国时期。1931年，时任民国政府制定营业税法，开征营业税。营业税征收对象主要有19个行业，包括工商、劳务、交通运输、金融保险等。新中国成立后，于1950年发布《工商业税暂行条例》，废止旧的营业税，规定凡在中国境内的工商营利事业，均应按营业额于营业行为所在地申报纳税。1958 年工商业税中的营业税部分并人工商统一税，1973 年工商统一税同其他几个税种又合并为工商税。虽然营业税不再作为独立的税种，但是按营业额课税的制度仍然存在。1984 年营业税又从工商税中分离出来，恢复成为独立税种。随着社会主义市场经济体制的建立和发展，原有的营业税征收制度在一定程度上已不能适应新形势的需要。1993 年12 月 13 日，国务院发布了《中华人民共和国营业税暂行条例》（第 136 号令），同年 12 月 25 日，财政部、国家税务总局发布了《中华人民共和国营业税暂行条例实施细则》（第 52 号令），自 1994 年 1 月 1 日起，对几乎所有劳务（除加工修理修配劳务以外）、转让无形资产或销售不动产征收营业税。

（三）营业税的特点

从我国的营业税实践来看，营业税主要具备以下特点：

（1）税源普遍，征收范围较广。凡是在我国境内提供应税劳务、转让无形资产或销售不动产的单位和个人，不论其经济性质、经营方式等情形如何，都要按照规定缴纳营业税。

（2）计算简便，税收成本较低。营业税以营业额为计税依据，营业额乘以适用税率就可以计算出应纳税额，便于纳税人掌握和遵守，税务机关征税也相对较为容易，从而使营业税的税收遵循成本和征管成本较小。

（3）税收收入比较稳定可靠。营业税是依据营业额计算征收的，纳税人一旦取得营业收入，不论成本高低、盈亏与否，均应按规定税率计征纳税，营业税额不受纳税人成本费用的影响，对于保证财政收入的稳定增长具有重要意义。

二、增值税的基本理论

（一）什么是增值税

增值税是对销售货物或提供加工、修理修配劳务及进口货物的单位和个人，就其实现的增值额征收的一种流转税。

对于增值税的理解，关键在于增值额。从理论上看，增值额是纳税人经济活动中新创造的价值，其计算方式有两种：加法和减法。从加法的角度来看，增值额相当于利润加上工资；从减法的角度来看，增值额相当于产出减去投入。其计算公式如下：

增值额 = 工资 + 利润 = 产出 − 投入

从宏观层面来看，增加值是各生产单位从总产出价值扣除其中所包含的货物劳务消耗价值之后的余额，代表该生产单位汇集各种生产要素在生产过程中新创造的价值。增加值可以分为总增加值和净增加值两种。总增加值是总产出扣除中间投入价值的余额；净增加值是要在总增加值基础上扣除固定资本消耗。国民经济各产业的总增加值之和，即为国内生产总值；国民经济各产业的净增加值之和，即为国内生产净值。

从微观层面来看，增值额可以看做是某一个生产经营个人或单位购销差价，即因提供货物或劳务而取得的收入（不包括该货物或劳务的购买者付出的增值税）与该货物或劳务外购成本（不包括为购进该货物或劳务付出的增值税）之间的差额。增值税以增值额为计税依据，实际上就是以购销的差额为税基来征收的，这个差额大体上相当于该生产经营单位在经济活动中创造的价值额。

（二）增值税的类型

根据对外购固定资产所含税额扣除方式的不同，增值税可以分为以下几种类型。

（1）生产型增值税。生产型增值税是指在征收增值税时，只能扣除属于非固定资产项目的那部分生产资料的税额，不允许扣除固定资产价值中所包含的税额。该类型增值税的征税范围在统计上相当于国民生产总值，因此将这种类型的增值税称为生产型增值税。

（2）收入型增值税。收入型增值税是指在征收增值税时，只允许扣除固定资产折旧部分所含的税款，未提折旧部分不得计入扣除项目。该类型增值税的征税范围在统计上相当于国民生产净值，因此将这种类型的增值税称为收入型增值税。

（3）消费型增值税。消费型增值税是指在征收增值税时，允许将固定资产价值所含的税款全部一次性扣除。这样，就整个社会而言，生产资料都排除在征税范围之外。由于其征税范围在统计上相当于国民收入中用于消费性支出的部分，因此将这种类型的增值税称为消费型增值税。

我国采用消费型增值税，可以将用于生产、经营的外购原材料、燃料、购置固定资产等物质和非物质资料价值所含增值税税款全部一次性扣除。

（三）增值税的特点

增值税以其税收中性、设计科学、计算简明而被称为"良税"。从世界各国的增值税实践来看，增值税主要具备以下特点：

（1）税收中性

税收中性是指税收不影响纳税人按市场取向做出的投资和消费决策，不产生税收之外的额外负担，目的在于使税收超额负担最小化。

根据亚当·斯密"看不见的手"理论，市场机制中个体的行为是有效率的，税收作为政府管理国民经济的一种手段，很难避免对市场机制效率构成损害，因而政府征税应尽量减少对经济个体行为的不正常干扰，即政府征税应对市场资源配置作用保持中性。

增值税避免了许多形式的销售税多阶段征税的特点，即消除了在流转的中间环节和最终消费环节对同样的投入重复征税。增值税不仅使企业在税负方面更为平等，而且可以促进企业提高经营和管理效率，同时更能促进经济的增长和保持国际收支的稳定。增值税的内在优势，与税收中性所要求的效率原则和普遍原则是不谋而合的。

（2）差额征税，避免重复征缴

增值税只就货物或劳务销售额中的增值部分征税，避免了征收的重复性。这是增值税最本质的特征，也是增值税区别于其他流转税的一个最显著的特征。这说明了增值税的征收，对任何缴纳增值税的人来说，只就本纳税人在生产经营过程中新创造的价值征税。但在各国实际运用中，由于各国税收政策的不同，增值税仍然带有一定的征税重复因素。随着征税范围和允许抵扣范围的扩大，征税的重复性就越来越小，或完全消除。

（3）税源广泛，连续征收

增值税具有征收的广泛性和连续性。这一特征具有流转税的基本特征，和其他流转税相类似，凡是纳入增值税征收范围的，只要流转过程产生了增值额就应征收，实行了普遍征收的原则。从征收面来看，增值税具有征收范围广、纳税人数量多、征收普遍的特征。从连续性来看，货物或劳务的生产、流通和消费是一个连续过程，增值税能对这一连续过程中的每一环节实行征税，使每一环节的增值部分紧密地联系在一起，形成完整的抵扣链条。

（4）征缴一致性、公平性

增值税的征收不因生产或流转环节的变化而影响税收负担，同一货物或劳务只要最后销售的价格相同，不受生产经营环节多少的影响，税收负担始终保持一致。增值税的这种特征，被称为"同一货物或劳务税负的一致性"。

三、营业税与增值税的差异分析

（一）纳税人

营业税规定，在中华人民共和国境内提供营业税暂行条例规定的劳务、转让无形资产或者销售不动产的单位和个人，为营业税的纳税义务人。

增值税规定，在中华人民共和国境内销售货物或者提供加工、修理修配劳务、进口货物以及提供交通运输业和部分现代服务业劳务的单位和个人，为增值税的纳税义务人。按销售额大小、会计核算水平，认定纳税人资格。

（二）税率

营业税税率主要从应税劳务的经营特点出发，按照不同行业设计，同一行业的税率基本相同，税率多样化，有利于相同行业税负公平。

增值税税率主要以税收对象的特点，按照不同的税收对象进行设计，根据国家对宏观经济的调控，分为多档税率，平衡各税收对象的税负。

（三）计税依据

营业税应税营业额为纳税人提供应税劳务、转让无形资产或者销售不动产收取的全部价款和价外费用。

增值税应税销售额为纳税人销售货物、提供应税劳务或应税服务，向购买方收取的全部价款和价外费用，但是不包括收取的销项税额。

（四）计税原理

营业税实行价内税，按营业收入全额计税，不得扣除相关的成本、费用和税金等。

增值税实行价外税，对货物生产、流通、劳务中多个环节的新增价值或货物的附加值征收的一种流转税，有增值才征税，没增值不征税。

（五）应纳税额的计算方式

营业税的应纳税额计算：将纳税人提供应税劳务、转让无形资产或销售不动产收取的全部价款和价外费用，作为营业税的计税营业额；应纳税额＝营业额×税率。

增值税的应纳税额计算：

1. 一般纳税人的应纳税额＝当期销项税额－当期进项税额。

2. 小规模纳税人的应纳税额＝含税销售额÷（1＋征收率）×征收率

3. 进口货物的应纳税额＝（关税完税价格＋关税＋消费税）×税率

（六）发票的领购、管理和使用

增值专用税发票与营业税发票领取地点是不同的，营业税发票在地方税务局领取，增值税发票在国家税务局领取。领用增值税专用发票必须先通过税务机关认定为一般纳税人，专用发票实行验旧供新和差额领购管理，即原领购的专用发票未使用完而再领购的，主管税务机关发售专用发票的份数不得超过核定的月（次）购票限量份数与未使用完的专用发票份数的差额。

"营改增"之前，实行营业税征收的各单位取得的发票由于不存在抵扣的问题，因此只要票据合理合法即可，与营业税金的缴纳不相关；"营改增"以后，增值税是凭票抵扣。取得防伪税控系统开具的增值税专用发票和货物运输发票后，必须自该发票开具之日起180日内进行认证，认证相符的增值税专用发票和货物运输发票才可在认证次月纳税申报期申报抵扣。因此进项税额能否抵扣，关键取决于是否取得了属于增值税抵扣范围的发票，否则不予抵扣，将造成企业增值税税负增加。

（七）征管机构

营业税规定，纳税人提供应税劳务和转让无形资产，应当向其机构所在地或者居住地的主管税务机关申报纳税；提供建筑业劳务，应当向应税劳务发生地的主管税务机关申报纳税；转让、出租土地使用权，应当向土地所在地的主管税务机关申报纳税；销售、出租不动产应向不动产所在地的主管税务机关申报纳税。

增值税规定，固定业户应当向其机构所在地或者居住地主管税务机关申报纳税。总机构和分支机构不在同一县（市）的，应当分别向各自所在地的主管税务机关申报纳税；经财政部和国家税务总局或者其授权的财政和税务机关批准，可以由总机构合并向总机构所在地的主管税务机关申报纳税。

四、营业税与增值税并存的弊端

我国现行的流转税制度中，营业税与增值税并存，与国际上对货物和劳务统一征收增值税的流转税制度相比，显得不尽合理。营业税与增值税并存主要有以下弊端：

（一）不利于社会专业化分工，不符合市场经济发展的根本要求。根据社会化大生产及市场经济发展的要求，社会生产分工应趋于专业化和精细化，以降低生产成本、提高生产效率。增值税和营业税并行，使得增值税的进项税额抵扣仅仅局限于适用增值税的货物和极少部分服务（交通业、批发零售业），从而导致大部分服务投入在税款扣除上的歧视性待遇，这种差异性待遇必然带来生产企业或者自行生产服务（服务内置），或者减少服务投入，不利于社会生产专业化和精细化分工。

（二）不利于现代服务业发展，不利于产业结构的升级和优化。中国目前已处于经济增长减速的转型发展期，以服务业为主的第三产业成为经济增长的主要源泉力量之一，产业结构的升级和优化已成为当前经济发展的重要任务。传统服务业以生活性服务业为主，服务对象主要是消费者，服务行业之间边界清晰，营业税与增值税并存导致的产业和税收矛盾并不突出。而现代服务业以生产性服务业为主，服务业与其他产业之间的边界越来越模糊，但现行税制仍要求明确区分产品和服务，分别征收增值税和营业税，同时不同服务业分别适用高税率和低税率，扭曲了不同服务的相对价格，严重制约了服务业的转型与发展。

（三）不利于货物和劳务的出口实行零税率，削弱了中国企业商品和劳务在国际市场上的竞争力。增值税在短短60年能够风靡全球，一个很重要的原因就是，增值税税制中的零税率法可以实现税负为零，因而被各国广泛运用于出口货物和劳务中。对外，有利于确保本国货物和劳务在国际市场上的价格优势；对内，有利于形成国际公平竞争的税收机制。因为"出口退税、进口征税"的机制可以确保来自不同国家和地区的货物和劳务面对相同的税负，即都按输入国的税制征税。换言之，增值税是一个与经济全球化趋势相适应的流转税税种。

第二节　国家增值税改革发展历程

我国的增值税税制体系已经有30多年的改革发展历史，并可以划分为引入实施（1979～1984年）、框架建立（1992～1994年）、转型改革（2004～2009年）、"营改增"（2011年至今）四个阶段。

一、引入实施

我国在引入增值税税制之前，对商品和劳务征收工商税。工商税是指对一切从事工商业经营的单位和个人，就其销售收入和经营业务收入征收的一种流转税。工商税性质类似于营业税，存在重复征税的弊端，税制过于简单且覆盖面窄（不覆盖批发环节），与当时实行社会主义有计划的商品经济的要求不相适应。

1979年，我国开始在全国广泛开展增值税调查研究，并先后在长沙、上海、柳州等城市，选择重复征税问题最为突出的机器机械和农业机具两个行业进行增值税的试点。1982年，财政部制定了《增值税暂行办法》决定将对上述两个行业以及电风扇、缝纫机、自行车三项产品在全国范围实行增值税。1984年前，在全国仍实行工商税的条件下，增值税从部分地区试点到全国分步试行。

1984 年，我国进行国营企业"利改税"第二步改革和工商税制改革，国务院颁布了《中华人民共和国增值税条例（草案）》，增值税正式成为我国税制体系中的一个独立税种，与产品税、营业税并行成为流转税的三大税种之一。增值税的征税范围扩大到 12 个税目，税率从 6% ~ 16% 不等；在计税方法上，分甲乙两类商品分别实行"扣额法"或者"扣税法"计算纳税；进口的应税产品，一律按照组成计税价格和适用税率直接计算应纳税额；国家鼓励出口的产品，可以免征增值税或者退还已经征收的增值税。

二、体系建立

1992 年初，邓小平的"南巡讲话"给我国经济发展与改革指明了方向，为了促进社会主义市场经济的健康发展，新一轮的税制改革呼之欲出。

1993 年 12 月 13 日，国务院颁布了《中华人民共和国增值税暂行条例》（第 136 号令），规定从 1994 年 1 月 1 日起，增值税征税范围扩大到所有货物和加工修理修配劳务，标志着我国的增值税体系框架的正式建立，从此我国对货物和加工修理修配劳务实行统一的生产型增值税。

1994 年的增值税改革除了扩大征税范围之外，还对税率和征收率、抵扣制度等内容进行了规定：对一般纳税人采用一般计税法，同时设置三档税率，包括基本税率 17%、对部分产品适用的低税率 13%、出口货物适用的零税率；对小规模纳税人采用简易征收法，同时设置 6% 和 4% 两档征收率；实行发票注明税额抵扣制度。

受当时的一些条件制约，与其他国家实行的增值税相比，1994 年的增值税改革在深度和广度上尚未完全到位。在深度上，主要是增值税进项税额抵扣不彻底，固定资产没有纳入抵扣范围，在增值税类型上仍属于生产型增值税，不利于鼓励企业设备投资和技术进步；在广度上，主要是增值税覆盖不全面，征税范围仅限于货物和加工修理修配劳务，对其他劳务、不动产销售等仍实行营业税制度，重复征税问题仍然存在，不利于打通抵扣链条和优化产业结构。

三、转型改革

增值税转型就是将生产型增值税转为消费型增值税，允许企业将外购原料、固定资产等所含税金扣除。

增值税转型从 2004 年在东北地区的部分行业开始试点，到 2009 年在全国范围铺开，转型改革用了5年时间。

(一) 试点阶段

2003年10月十六届三中全会通过的《中共中央关于完善社会主义市场经济体制若干问题的决定》首先提出"逐步推行增值税由生产型向消费型转变，在东北地区部分行业先行试点"。2004年下半年，我国增值税的转型改革试点正式开始启动，东北地区的八大行业率先进行了增值税转型改革的试点；从2007年5月开始，增值税转型改革试点范围逐渐扩大至其他地区。

(二) 全面展开

2008年11月5日，国务院第34次常务会议决定自2009年1月1日起在全国范围内实施增值税转型改革。将在全国所有地区、所有行业全面实施增值税转型改革。

2008年12月19日，财政部、国家税务总局联合下发《关于全国实施增值税转型改革若干问题的通知》（财税〔2008〕170号），规定：自2009年1月1日起，全国所有增值税一般纳税人新购进设备所含的进项税额可以计算抵扣；购进的应征消费税的小汽车、摩托车和游艇不得抵扣进项税；取消进口设备增值税免税政策和外商投资企业采购国产设备增值税退税政策；小规模纳税人征收率降为3%；将矿产品增值税税率从13%恢复到17%。

第三节 营改增概述

一、什么是"营改增"

"营改增"，全称是营业税改征增值税，即把现行征收营业税的行业和企业改为征收增值税，申报缴纳营业税的纳税人改为增值税的纳税人。"营改增"是继2009年全面实施增值税转型之后，增值税税收制度的又一重大改革，同时也是当前我国结构性减税政策的重要组成部分。看似仅仅涉及两个税种的转变，实际上是一项牵一发而动全身的重大改革，对财政体系、税收制度、税收征管模式以及企业经营管理等，都将产生重大影响。

二、"营改增"背景

2008年世界金融危机爆发，欧洲主权债务危机的持续恶化反映出这次金融危机的深远影响。近年来，全球贸易增速大减，各大经济体增长放缓。资源类大宗商品价格持续走低，一些大宗商品出口国甚至陷入了衰退的困境。

经过三十多年改革开放，我国经济高速增长，经济总量跃居世界第二位，步入中等收入国家行列。但受外需环境恶化、生产成本增加以及人民币升值等因素的影响，我国的出口优势已大不如前。大规模投资虽然可以在短期内刺激经济增长，但是带来房地产、重工业等产业的投资过度和产能过剩。消费层面也是喜忧参半，13亿中国人中只有3亿左右是中等收入水平人群，其消费又有相当比例转移到海外市场，造成服务贸易的逆差。在出口、投资和消费"三驾马车"动力不足的情况下，我国经济增长出现放缓的现象，2012年GDP增速为7.8%，2013年GDP增速为7.7%，2014年GDP增速为7.4%，2015年三季报显示，GDP增速季度值6年来首次"破7"，降为6.9%。

"十二五"时期（2011～2015年）是全面建成小康社会的关键时期，是深化改革开放、加速经济转型的攻坚时期。为推动生产力发展和经济结构优化，需建立与经济转型相配套的财税制度。为此，中央政府坚持稳中求进的总基调，坚决贯彻实施积极的财政政策，落实和完善结构性减税措施，推进财税改革重点发展。2010年10月，十七届五中全会通过的《中共中央关于制定国民经济和社会发展第十二个五年规划的建议》，明确提出"扩大增值税征收范围，相应调减营业税等税收"，实质上是将增值税改革作为国家财税体制改革的重要组成部分，以此来构建有利于经济转型发展的财税体制框架。2013年12月，十八届三中全会通过的《中共中央关于全面深化改革若干重大问题的决定》，提出"推进增值税改革，适当简化税率"，并将"营改增"作为增值税改革的重要内容，在全行业逐步进行推广。

三、"营改增"意义

"营改增"是继增值税转型之后我国流转税制度的又一次重大改革。1994年的财税体制改革，初步构建了适应社会主义市场经济体制的财税制度框架，并形成了增值税主要对货物征收、营业税主要对劳务及不动产征收、消费税对部分货物进行调节的流转税制度。这一制度在有效保障财政收入、促进社会经济发展等方面发挥了十分重要的作用。然而，1994年税制改革对流转税制度而言是过渡性的安排，随着社会生产力的进一步发展，这一制度逐渐表现出诸多不足之处，有必要进行深化改革。

（一）从税制完善性的角度看，增值税和营业税并行，破坏了增值税的抵扣链条，影响了增值税作用的发挥。增值税具有"中性"的优点（即在筹集政府收入的同时并不对经济主体施加"区别对待"的影响，因而客观上有利于引导和鼓励企业在公平竞争中做大做强），但是要充分发挥增值税的这种中性效应，前提之一就是增值税的税基应尽可能宽广，最好包含所有的货物和劳务。现行税制中增值税征税范围不全面，导致经济运行中增值税的抵扣链条被打断，中性效应便大打折扣。

（二）从产业发展和经济结构调整的角度来看，将我国大部分第三产业排除在增值税的征税范围之外，对服务业的发展造成了不利影响。这种影响主要表现在由于营业税是对营业额全额征税，且无法抵扣，不可避免地会使企业为避免重复征税而倾向于"小而全"、"大而全"模式，进而扭曲企业竞争中的生产和投资决策。比如，由于企业外购劳务所含营业税无法得到抵扣，企业更愿意自行提供所需劳务而非外购劳务，导致劳务生产内部化，不利于服务业的专业化细分和劳务外包的发展。同时，出口适用零税率是国际通行的做法，但由于我国服务业适用营业税，在出口时无法退税，导致劳务含税出口。与其他对服务业课征增值税的国家相比，我国的劳务出口因此易在国际竞争中处于劣势。

（三）从税收征管的角度看，两套税制并行造成了税收征管实践中的一些困境。随着多样化经营和新的经济样式不断出现，税收征管也面临着新的难题。比如，在现代市场经济中，货物和劳务捆绑销售的行为越来越多，形势越来越复杂，要准确划分货物和劳务各自的比例也越来越难，这给两税的划分标准提出了挑战。再如，随着互联网经济的发展，传统货物和劳务的界定逐渐模糊，因而适用增值税还是营业税的问题也就随之产生，造成对企业重复征税。

国际经验也表明，绝大多数实行增值税的国家，都是对货物和劳务共同征收增值税。在新形势下，逐步将增值税征税范围扩大至全部的货物和劳务，以增值税取代营业税，符合国际惯例，是深化我国税制改革的必然选择。

四、"营改增"进程

"营改增"是国家财税体制改革的一项重要内容。从2011年起，正式启动"营改增"工作，按照中央的部署，采用分步推进的方式完成"营改增"推广工作。具体而言，"营改增"进程可划分为以下三个阶段：

（一）第一阶段，在部分行业部分地区进行"营改增"试点。经国务院批准的《营业税改征增值税试点方案》以财税〔2011〕110号文正式公布，上海市率先在交通运输业和部分现代服务业进行试点。2012 年 7 月 31 日，财政部、国家税务总局联合下发通知，明确将交通运输业和部分现代服务业营业税改征增值税试点范围分批扩大至北京市、天津市、江苏省、浙江省（含宁波市）、安徽省、福建省（含厦门市）、湖北省、广东省（含深圳市）等 8 个省（直辖市）。

（二）第二阶段，选择部分行业在全国范围内进行试点。2013 年 4 月 10 日召开的国务院常务会议决定进一步扩大"营改增"试点，扩大范围从地区和行业两方面展开：一方面，从 2013 年 8 月 1 日起，将交通运输业和部分现代服务业"营改增"试点在全国范围内推开；另一方面，适当扩大现代服务业范围，将广播影视作品的制作、播映、发行纳入试点，择机将铁路运输和邮电通信等行业纳入"营改增"试点。2013 年 8 月 1 日财政部、国家税务总局联合发布《关于在全国开展交通运输业和部分现代服务业营业税改征增值税试点税收政策的通知》（财税〔2013〕37 号），标志着"营改增"地区性试点全部结束，推进方式由地区性试点向按行业逐步推进转变。

（三）第三阶段，在全国范围和所有行业内全面实现"营改增"，即取消营业税。从 2014 年开始，根据统筹设计、分步实施的原则，先行选择与生产流通联系紧密、征管基础条件较好的生产性服务业实施"营改增"试点，最终将所有行业纳入试点范围。2014 年 1 月 1 日，铁路运输和邮政业纳入试点范围。6 月 1 日，电信业纳入试点范围。目前财税部门正在积极研究未入围行业的"营改增"方案，根据工作规划，房地产业、建筑安装业、金融保险业和生活服务业四大行业将在 2016 年纳入"营改增"试点范围。由于这些行业自身的特点和在国民经济中所起到的重要作用，其"营改增"能否有序推进，并达到预期效果，是整个"营改增"税制改革能否最终取得成功的关键。

从已试点的行业来看，"营改增"对于减少企业的税收负担、消除重复征税、完善增值税征收链条等方面均有明显的促进作用。根据国家税务总局公布的数据，截至 2015 年 6 月底，全国纳入"营改增"试点的纳税人共计 509 万户，其中，一般纳税人 94 万户，占 18.47%，小规模纳税人 415 万户，占 81.53%。上半年，"营改增"共减税 1102 亿元，其中试点纳税人直接减税 600 亿元，原增值税一般纳税人因增加抵扣减税 502 亿元。从 2012 年实施"营改增"以来，已累计减税 4848 亿元。

第四节　待入围行业的共性与个性

一、待入围行业的共性特征

（一）经济地位重要

"营改增"待入围行业主要有金融保险业、房地产业、建筑安装业和生活服务业四大行业。根据表3-1的数据显示，这四大行业的年生产总值约占我国国民经济生产总值的五分之一，是我国国民经济支柱产业的重要组成部分。2010～2012年，四大行业的生产总值同比增长速度分别为19.04%、18.30%、12.04%，高于全行业生产总值同比增长速度约2个至3个百分点，这四大行业是中国经济增长的重要源泉力量。

表3-1　四大行业近年来的生产总值和增长速度　单位：万亿元、%

行业	生产总值				增长速度		
	2009年	2010年	2011年	2012年	2010年	2011年	2012年
总计	340902.80	401512.80	473104.00	519470.10	17.78	17.83	9.80
四大行业	65939.40	78492.10	92857.70	104037.90	19.04	18.30	12.04
其中：建筑业	22398.80	26661.00	31942.70	35491.30	19.03	19.81	11.11
生活服务业	7118.20	8068.50	9172.80	10464.20	13.35	13.69	14.08
金融业	17767.50	20980.60	24958.30	28722.70	18.08	18.96	15.08
房地产业	18654.90	22782.00	26783.90	29359.70	22.12	17.57	9.62
四大行业占比	19.34	19.55	19.63	20.03			

这四大行业的经济地位举足轻重，其稳定发展直接关系到国民经济能否健康、安全的运行。首先，四大行业与人民的生产生活活动息息相关，是国民经济发展的基本保证；其次，四大行业产业直接或间接地引导、关联很多相关产业的发展，是经济发展的重要纽带和驱动力量；再次，四大行业提供了大量就业岗位，同时是各级财政税收的重要来源，根据国家税务总局统计，四大行业涉及营业税税额约为1.6万亿元，约占营业税税收总额的67%。综上所述，目前尚未入围"营改增"的金融业、建筑安装业、房地产业、生活

服务业在我国国民经济中占有极其重要的经济地位，将其纳入"营改增"试点时，需要谨慎考虑税制转换对经济发展和上下游产业所造成的影响。

（二）客户覆盖面广

四大行业客户群具有客户量大、覆盖面广、客户类型复杂等特点。其客户群覆盖了国民经济中各行各业，其客户可能是政府机构、企业客户或自然人；其客户可能是增值税的一般纳税人，可能是增值税的小规模纳税人，也有可能是产品服务的最终消费者。随着社会、经济的发展，客户分布往往突破了地域的限制，广泛分布于世界各个角落。

（三）经济活动复杂

四大行业经济活动的种类、形式复杂。比如金融保险业包含银行业、保险业、证券业、信托业等多个行业，其业务种类、经营形式、核算方式千差万别，收入实现与确认方式也不尽相同。以银行业为例，常见收入包括利息收入、手续费及佣金收入、同业往来收入、人民银行往来收入、投资损益、汇兑损益，等等。各大类往往包括数十个科目，各科目往往又对应数十个能带来收入的不同交易行为。这就需要区分不同经济活动的种类与形式，准确地识别其税务信息。

（四）进项抵扣困难

四大行业由于其各自行业特点，普遍存在其主营成本难以获得进项税额抵扣的问题。如商业银行成本构成中主要是利息支出，显然不可能获得进项发票据以抵扣。又如建筑安装业大量材料如沙石、砖木料等一般由建筑企业在施工地就近采购，其上游供应商多为小规模纳税人，难以取得抵扣所用的增值税发票。同时，人力资源费用也是四大行业的成本费用中的重要组成部分，这一类费用难以取得可抵扣的进项。

（五）发票管理风险高

四大行业中，金融业、房地产业、建筑安装业由于其业务具有规模大、金额高、交易频繁的特点，其交易的种类与形式又多种多样，收入的确认方式又各有不同，其发票管理具有业务量大、金额高、管理复杂的特点。

而生活服务业的业务活动具有数量大、金额小、交易频繁的特征，且生活服务业企业管理水平参差不齐。对众多中小型生活服务业企业而言，如此大量频繁的票据流转规模，会存在较大的发票管理风险。

二、待入围行业的特殊性

由于金融保险业、房地产业、建筑安装业和生活服务业具有一定的行业特殊性，因而成为"营改增"过程中最难啃的"骨头"。这些领域的交易形式和利益构成相当复杂，改革方案设计应当谨慎对待。政策制定者应当针对各行业不同特点和情况，密切关注这些行业"营改增"对上下游产业和财政税收的潜在影响，确保改革平稳落地、有序推进，为经济转型再添动力。

（一）金融保险业

金融保险业是指经营金融产品的特殊行业，主要包括银行业、保险业、信托业和证券业，这些行业又有各自不同的业务特点。

金融保险业提供金融服务的方式多种多样，支付形式也各不相同，这就造成增值税计税依据在界定和计量上的困难。以银行业为例，从资产负债表的构成出发，银行业务可以分为三大类：资产业务、负债业务和中间业务。资产业务主要由贷款业务、投资业务、现金资产业务等构成。负债业务主要由存款业务、借款业务、同业业务等构成。中间业务是指不构成商业银行表内资产和负债，并形成银行非利息收入的业务，包括交易业务、代理业务、清算业务、结算业务、托管业务、银行卡业务、担保业务、承诺业务、理财业务等。此外，银行业收取的价款不仅包含本身的增值额，还有其他许多风险因素的影响，如利率风险、汇率风险、流动性风险、信用风险等。按照这种课税基础，无法准确衡量金融服务的增值额，银行业增值税征收范围和税基也就难以确定。

随着计算机及信息技术的高速发展，金融业为了应对激烈的竞争形势不断推出各种新的金融服务产品及其衍生产品，也不断地提高自身会计核算的信息化水平，普遍采用了业务数据集中到大型计算机进行集中核算与分析的做法，大大提高了会计核算的效率。由此得出，金融业属于信息化程度相对较高、内部控制制度较为完善的生产性服务部门，与其他现代服务业相比具有更加健全的会计核算体系作为技术支持，也更加具备纳入增值税网络化管理的内在动力和外在条件。

此外，待入围行业中金融保险业与房地产业、建筑安装业三者的关系非常紧密，金融业为房地产业和建筑安装业提供资金支持，同时又从这两个行业购置不动产和建筑安装劳务，应当把这三个行业同时纳入"营改增"试点范围，以减少"营改增"对这三个行业产生的时间性差异。

（二）房地产业

伴随着城市化进程的推进，房地产企业的土地使用权取得成本也节节攀升。随着房地产项目的地点不同，平均土地成本已占到房地产开发项目总成本的30%以上。对于一二线城市的地产项目而言，由于城市地块日益稀缺，该比例更可能高达项目总成本的40%~50%。同时，随着国家新型城镇化战略的提出和逐渐实施，未来的房地产项目涉及大量的旧改项目，当中涉及的拆迁成本也日益高涨，平均拆迁成本已占到总开发成本的10%以上，主要是按照国家规定向拆迁户支付的补偿金。

营业税税制下，房产销售适用5%的营业税税率，相关土地、拆迁支出不能扣除；"营改增"后，若房产销售的增值税税率为11%，升幅较大。在消费水平有限，下游消费者、企业难以承受房价或租金持续上涨的现实情况下，无法转嫁的增值税将最终成为房地产企业的税负，可能会对房地产业的利润水平产生较大影响。

（三）建筑安装业

建筑安装业是专门从事土木工程、房屋建设和设备安装以及工程勘察设计工作的生产部门，其产品是各种工厂、铁路、桥梁、管道、住宅等建筑物、构筑物和设施。建筑安装业属于第二产业，也是第二产业中唯一不征收增值税的行业。建筑安装业作为国家的重要产业，又处于社会再生产的中间环节，对于上下游产业链具有极强的纽带作用。

建筑企业为降低采购成本，一般由法人单位对物资、设备进行集中采购、统一调配的管理模式，以提高资源使用效率。由此造成集中采购、统一调配资源的进项税额集中在法人单位本部，销项税额分散在各项目部，若不以法人单位进行汇总纳税，将造成纳税主体的进项和销项税额严重不匹配，形成留抵税额较大，将影响大型建筑集团资源的统一配置，从而会造成社会资源的浪费，不利于发挥集团化管理优势。

项目部作为内部机构，以企业法人名义对外经营。如参照目前已入围行业的增值税汇总缴纳政策，增值税汇总范围企业应在项目所在地申请办理增值税一般纳税人资格，按提供建筑业应税收入的一定比例计算预缴增值税。同时项目部所取得的增值税进项税额应进行认证抵扣，月末对项目部应税收入、预征税额、进项税认证取得情况等分别归集汇总，向总公司传递，总公司申报时应先取得汇总范围成员企业申报数据，操作环节较多，管理难度加大。

（四）生活服务业

生活服务业包括旅店业、饮食业、娱乐业、旅游业等与民生密切相关的行业，生活服务业门类复杂，点多面广，以小微企业和个体工商户居多。生活服务业一方面解决人民群众的生活需求，另一方面解决大量的劳动就业。生活服务企业的会计核算和税务处理相对较为简单，且其提供的产品和服务通常是面向终端消费者，若采用简易征收法，同时允许一般纳税人的生活服务企业开具专用发票，能够在尽量保持抵扣链条完整的同时，降低税务机关的征管成本和纳税人的遵循成本，并有利于促进行业发展，便利民众生活。

若采用一般计税法，则应明确进项税额抵扣范围。以餐饮业为例，规模餐饮的成本率在 40% 左右，即食品、饮品原材料的采购量占到营业收入的 40%。餐饮企业食品原材料具有品类多、品种多、供应商分散且小型化的特点，据统计大概占到总成本 15% 的鲜鱼水菜等品种目前难以取得增值税发票，特别是现在鼓励的农餐对接，这类原料的采购多来源于农户，更增加了取得增值税专用发票的难度。餐饮企业的饮品类产品可以分为标准灌装产品以及茶水和鲜榨果汁。茶水和鲜榨果汁多采取外包方式，由第三方进场提供产品和服务，企业与其采取分成制，基本上采取费用列支的方式结算，更是无法取得增值税发票。因而有必要对较难取得进项税发票的原材料明确抵扣细则，以免纳税人因抵扣不充分而压缩其盈利空间。

三、待入围行业流转税征管现状

（一）金融保险业

从 1984 年起，我国对金融机构改征营业税和所得税。1994 年税制改革制定了《营业税暂行条例》及其实施细则，正式确立了当前实施的金融业营业税制度。征税范围包括贷款、融资租赁、金融商品转让、金融经纪和其他金融业务。税基为经营金融业务的计税营业额，税率为 5%。之后，根据经济金融形势需要对金融保险业税率又进行了多次调整。如从 1997 年起将金融、保险业的营业税税率提高到 8%；从 2001 年起，我国金融和保险企业营业税税率每年下调一个百分点，分三年从 8% 降低到 5%。2009 年 1 月 1 日起，我国实施了新修订的《营业税暂行条例》及《营业税暂行条例实施细则》。

1. 现行金融业营业税征收规定

我国金融业营业税的征收范围包括金融、保险两类，其中金融指经营货币资金融通活动的业务，包括贷款、融资租赁、金融商品转让、金融经纪业和其他金融业务；保险指将通过契约形式集中起来的资金，用于补偿被保险人的经济利益的业务。

（1）纳税人

金融保险业纳税人指：银行、信用合作社、证券公司、金融租赁公司、证券基金管理公司、财务公司、信托投资公司、证券投资基金、保险公司和其他经中国银监会、中国证监会、中国保监会批准成立且经营金融保险业务的机构。

（2）征税范围和营业额的确定

课税范围：我国金融机构营业税征收范围包括以下几类：一是贷款业务利息收入全额；二是融资租赁取得的全部价款和价外费用减去承租方实际成本后的余额；三是买卖金融商品的价差收入；四是银行业中间业务收取的手续费与佣金等；五是保险业务的全部保费收入。

不征税与免税范围，主要有：存款或购入金融商品行为，不征收营业税；对金融企业联行、金融企业与人民银行及同业之间的资金往来业务取得的利息收入免征营业税；对保险公司开办的一年期以上返还性人身保险产品取得的保费收入免征营业税。

（3）税率

金融保险业营业税税率为5%。

2. 金融业营业税征收状况

我国金融业营业税征收呈现以下特点：一是金融保险业营业税总额保持高速增长；二是金融保险业营业税总额在营业税总额占比中，对地方财政收入贡献举足轻重。如2014年金融业营业税3817亿元，较上年增长20.3%，占营业税总额的21.5%，是营业税各应税行业中增长速度最快的行业。

（二）房地产业

1. 现行房地产业营业税征收规定

（1）纳税人

在中华人民共和国境内提供《中华人民共和国营业税暂行条例》规定的劳务、转让无形资产或者销售不动产的单位和个人，为营业税的纳税人，应当依照本条例缴纳营业税。

（2）征税范围和营业额的确定

房地产交易活动应税行为包括销售不动产和转让土地使用权。销售不动产的征税范围包括销售建筑物或构筑物和销售其他土地附着物。转让土地使用权的行为按照转让无形资产的税目征税，但如果销售不动产时连同不动产所占土地的使用权一并转让的话，则比照销售不动产征税。

一般来说，销售不动产和转让土地使用权的计税依据为取得的全部价款和价外费用，适用税率为5%。但有一些例外情况，如销售或转让购进和抵债所得的不动产或土地使用权可差额征税；个人转让购买超过（含）5年的非普通住房也可差额征税，个人转让购买超过（含）5年的普通住房则可免征营业税。

随着我国房地产市场的发展，房地产营业税成了我国营业税中最为重要的一个部分。

（3）税率

表 3-2　房地产税率

涉税行为	税率
开发商转让不动产或土地使用权	5%×（销售价格—购买价格）
开发商预售住宅	5%×收入总额
公众转售住宅	5%×（销售价格—购买价格）
单位出租住宅	5%
个人出租住宅	3%，减按 1.5%

2. 房地产业营业税征收状况

2014 年房地产营业税为 5627 亿元，较上年增长 4%，占营业税总额的 31.6%，在营业税各应税行业中占比第一，是地方财政收入最重要的支柱。

（三）建筑安装业

1. 现行建筑安装业营业税征收规定

（1）纳税人

建筑业纳税义务人为在中华人民共和国境内建筑业应税劳务的单位和个人。

（2）征税范围和营业额的确定

《营业税暂行条例》规定，建筑业营业税的征收范围包括建筑、安装、修缮、装饰和其他工程作业。

建筑业营业税按照营业额全额征税，包括纳税人提供建筑与劳务收取的全部价款和价外费用。但为了避免重复征税，对建筑分包行为实行差额征税方法，即对纳税人将建筑工程分包给其他单位的以其取得的全部价款和价外费用扣除其支付给其他单位的分包款后的余额为营业额计征营业税。

（3）税率

按照工程收入的 3% 计算缴纳营业税。

2. 建筑安装业营业税征收状况

2014 年建筑安装业上缴营业税 4789 亿元，较上年增长 11%，占营业税总额的 26.9%，与房地产业相似，建筑安装业也是地方财政收入的重要支柱之一。

（四）生活服务业

生活服务业包括旅店业、饮食业、娱乐业、旅游业等与民生密切相关的行业，生活服务业门类复杂，点多面广，以小微企业和个体工商户居多。其现行会计核算和税务处理相对较为简单，不再一一赘述。

第二章 营改增
对商业银行税负及管理的影响

众所周知，包括金融、商业、社会、环境及法律在内的许多因素会影响商业决策。按照增值税税收制度的"税收中性"原则，增值税规则或政策不应导致企业在商业运营中需要去适应特定的法定形式。然而，商业银行"营改增"涉及两种流转税税制之间的转换，势必对商业银行经营管理行为产生一定的影响，本章从税负对比、改革及操作成本等不同角度对此进行论证和分析。

第一节 营改增税负对比测算

为了对比商业银行"营改增"前后税负的差异，我们通过 Thomson ONE 数据库选取了我国内地 A 股上市的所有 16 家银行 2013~2014 年的财务报表中的数据，以此作为基础，对上市商业银行"营改增"前后的流转税税负进行对比测算。

一、测算方法的确定

根据我国营业税和增值税的税收基本原理，以及所选上市公司财务报表的数据，我们按照以下步骤确定了测算参数。

（一）增值税税基和销项税额的确定

由于年报披露的数据不足以满足我们逐项判定是否均为增值税应税收入，基于税收政策延续性考虑和对增值税政策预期，营业税与增值税的征税范围相差较小，因此我们假定营业税和增值税的税基一致。目前在营业税体制下免征营业税的收入在改征增值税后假定继续免征增值税，按照营业税税额估算增值税税基。由于营业税为价内税而增值税为价外税，因此，按照增值税税率价税分离后的营业税税基即为增值税税基。增值税含税销售额和销项税额的计算过程如公式 3–1 和公式 3–2 所示。

$$增值税含税销售额 = \frac{营业税额}{营业税税率} \qquad\qquad (公式\ 3-1)$$

$$销项税额 = \frac{增值税含税销售额}{1+增值税税率} \times 增值税税率 \qquad (公式\ 3-2)$$

（二）税率的确定

目前，由于银行业"营改增"的政策还未出台，参考目前出台的"营改增"试点方案，我们以 6% 的税率（一般征税法）分析"营改增"对商业银行流转税税负的影响。

（三）进项税额的确定

由于"营改增"后的进项税额抵扣无法直接通过上市公司财务报告获得，因此尝试通过其他办法估算。其中，可行的办法是根据上市公司资料和行业投入产出表资料进行估算。

首先，计算可抵扣成本。筛选出可抵扣的成本/费用类项目，包括利息费用、手续费及佣金支出、营业支出以及部分新增固定资产。假设外购固定资产均用于应税收入所对应的部门，因此相关进项税额可全部抵扣。另外我们假定新增房屋建筑物的进项税额可以在 5 年内分期进行抵扣，机器设备、运输工具以及无形资产（软件）相关的进项税额可以当期一次性抵扣，飞行设备、船舶以及其他无形资产（土地使用权）的进项税额则不能抵扣。营业税金及附加、资产减值损失、设备折旧及职工薪酬项目均不可抵扣进项税，因此从总成本中将其剔除，采用公式 3–3 计算可抵扣成本。

可抵扣成本 = 营业支出 – 营业税金及附加 – 资产减值损失 – 设备折旧（调减后）– 职工薪酬 + 手续费佣金支出 + 本年新增固定资产 + 本年新增无形资产 　　　　　　　　　　　　　　　　　　　　　　　　(公式 3–3)

其次，按照投入产出表计算加权平均的进项税率。如表 3–3 所示，选取金融业为目标行业（列），则相应的每一行反映了金融业消耗各产品部门生产的货物或服务的价值量，进而计算各行业对金融业的中间投入占比；并按照我国增值税的相关规定，将每个投入行业进行该行业销项税率赋值，将销项税率与各行业投入占比相乘，进行价税分离得到各行业对金融业的分权重的进项税率，加计之后得到金融业加权平均进项税率。其计算过程如公式 3–4

所示。

$$加权平均进项税率 = \sum \frac{各行业对目标行业的中间投入占比 \times 各行业增值税税率}{1 + 各行业增值税税率}$$

（公式 3 - 4）

表 3 - 3　各行业对金融投入产出表（2010 年版）

单位：%、万元

各投入行业名称	各投入行业适用税率	各行业对金融业的中间投入值	各行业对金融业的中间投入占比	占比×税率/（1+税率）
食品制造及烟草加工业	17	902362.94	0.7981	0.001160
纺织业	17	46047.43	0.0407	0.000059
纺织服装鞋帽皮革羽绒及其制品业	17	848991.33	0.7509	0.001091
木材加工及家具制造业	17	241972.91	0.2140	0.000311
造纸印刷及文教体育用品制造业	17	6257402.35	5.5346	0.008042
石油加工、炼焦及核燃料加工业		2035928.80	1.8008	0.002616
化学工业	17	1091664.71	0.9665	0.001404
非金属矿物制品业	17	51724.73	0.0458	0.000066
金属制品业	17	291246.22	0.2576	0.000374
通用、专用设备制造业	17	1371437.32	1.2130	0.001763
交通运输设备制造业	17	937360.83	0.8291	0.001205
电气、机械及器材制造业	17	662114.72	0.5856	0.000851
通信设备、计算机及其他电子设备制造业	17	240933.02	0.2131	0.000310
仪器仪表及文化办公用机械制造业	17	1236559.66	1.0937	0.001589

各投入行业名称	各投入行业适用税率	各行业对金融业的中间投入值	各行业对金融业的中间投入占比	占比×税率/(1+税率)
工艺品及其他制造业（含废品废料）	17	335474.31	0.2967	0.000431
电力、热力的生产和供应业	17	3037254.97	2.6864	0.003903
燃气生产和供应业	13	16003.36	0.0142	0.000016
水的生产和供应业	13	152377.14	0.1348	0.000155
建筑业	11	466196.65	0.4123	0.000409
交通运输及仓储业	11	7992364.87	7.0692	0.007005
邮政业	6	1287313.52	1.2271	0.000695
信息传输、计算机服务和软件业	6	9191300.68	8.1296	0.004602
批发和零售贸易业	17	1366717.36	1.2088	0.001756
住宿和餐饮业	6	11888343.10	10.5151	0.005952
金融业	6	25911913.59	22.9188	0.012973
房地产业	11	10335579.69	9.1417	0.009059
租赁和商务服务业	6	19660147.57	17.3892	0,009843
研究与实验发展业	6	452258.35	0.4000	0.000226
综合技术服务业	6	223614.10	0.1978	0.000112
水利、环境和公共设施管理业	6	207173.67	0.1832	0.000104
居民服务和其他服务业	6	1253116.03	1.1084	0.000627
教育	6	627477.67	0.5550	0.000314
卫生、社会保障和社会福利业	6	223123.97	0.1974	0.000112
文化、体育和娱乐业	6	1930904.91	1.7079	0.000967
公共管理和社会组织	6	184089.17	0.1628	0.000092
中间投入合计		113059491.62	100.0000	0.080195
劳动者报酬		66609818.82		
生产税净额		25551609.42		

各投入行业名称	各投入行业适用税率	各行业对金融业的中间投入值	各行业对金融业的中间投入占比	占比×税率/（1+税率）
固定资产折旧		4919116.96		
营业盈余		112725788.72		
增加值合计		209806333.92		
总投入		322865825.54		

最后，各行分年度的可抵扣成本与金融业加权平均的进项税率相乘，可以得到各行的进项税额。其计算过程如公式3－5所示：

进项税额＝可抵扣成本×加权平均进项税率　　　　　（公式3－5）

（四）增值税应纳税额的确定

根据一般计税法下增值税的计算原理，增值税应纳税额的计算如公式3－6所示：

增值税额＝销项税额－进项税额　　　　　　　　　（公式3－6）

二、研究局限性

（一）部分收入项目，如债券利息收入、股权投资收益等在营业税下免税或者不征税，但增值税下政策尚未明确，不排除对这些收入征税的可能性。因此，研究假设中采用营业税税基作为增值税税基，销项税额的估算可能会存在偏差。

（二）在用营业税额计算增值税应纳税销售额时，我们假设营业税税率为5%，而由于商业银行业务涉及面广，可能涉及其他税率。例如农业银行为农户贷款、农村企业和农村各类组织贷款取得的利息收入减按3%的税率征收营业税。但此类业务一般占银行主营业务比例较小，因此在本测算中不考虑。

（三）在测算销项税额时，由于考虑到各银行定价模式不同，无法准确测算在未来金融服务业纳入"营改增"后对于产品定价的影响，因此假定销项税额完全不转移到银行的客户层面，也不考虑"营改增"对于产品定价的影响。若部分销项税额将转移到银行的客户层面，税负也会相对降低。

（四）在测算可抵扣进项税额时，综合增值税专用发票取得率和认证率后，我们假定增值税进项税额抵扣率为80%。根据实际情况，可取得的增值税专用发票以及相应的可抵扣进项税额可能会存在浮动。

（五）在测算可抵扣进项税额时，由于相关政策尚未明确，对于各类固定资产和无形资产所涉及的抵扣期以及折旧费用相应进项税额抵扣政策不明确，因此暂按假设进行测算。此外，商业银行的经营模式差异很大，部分新增固定（无形）资产分为自建或自行研发，因此，这一类业务不一定都能取得增值税专用发票进行抵扣，固定资产进项税的测算可能存在偏差。

（六）进项税额的估算方法是按照投入产出表和行业来进行统一估算，因此各银行从其他产业采购的比例的差异性并不影响各银行之间的横向对比。由于数据来源的限制，目前采用 2010 年版本投入产出表的基础数据分析各上市银行 2013 年和 2014 年的税负变动和净利润变化，可能对测算结果造成一定的偏差。

（七）对净利润的变动测算暂未考虑"营改增"改造和操作成本的影响，主要是各银行的情况差异较大，难以取得较为准确的预测数据。

三、测算结果分析

（一）税负变动分析

表 3 - 4 和表 3 - 5 分别列示了在"营改增"的背景下，各上市银行 2013 年度和 2014 年度流转税税负变动的情况。根据测算结果，除个别数据之外，相对于营业税税收制度，各上市银行的流转税税负在增值税税制下会有不同程度（1% ~ 10%）的下降。

从 2013 年的数据来看，各上市银行的增值税税负相对营业税税负下降了 2.01%，全国性股份制商业银行及城商行下降的比例大于大型银行（分别下降 2.82% 和 1.67%）；从 2014 年的数据来看，各上市银行的增值税税负相对营业税税负下降了 2.85%，大型银行下降的比例略微大于全国性股份制商业银行及城商行（分别下降 2.99% 和 2.54%）。

在选定 6% 的税率（一般征税法）为商业银行主营业务的基本税率、不扩大征税范围等基本假设下，"营改增"后，商业银行的流转税税负不会出现大幅上升的情况，甚至可能由于可抵扣进项税额的增加而出现较小幅度的下降，但各商业银行转税税负下降幅度并不一致，可能与自身的成本结构、业务特点等因素相关。

表 3－4　银行业"营改增"前后税负变动的测算结果（2013 年）

单位：百万元、%

银行名称	销项税额[1]	进项税额[2]	增值税额[3]	营业税额[4]	税负变动[5]
工商银行	37245.28	3274.35	33970.94	32900.00	3.26
中国银行	23696.60	3683.33	20013.28	20932.00	－4.39
建设银行	31723.38	3982.27	27741.11	28022.32	－1.00
农业银行	27356.60	4242.93	23113.67	24165.00	－4.35
交通银行	11835.85	2143.75	9692.10	10455.00	－7.30
大型银行（小计）	131857.72	17326.62	114531.10	116474.32	－1.67
浦发银行	6801.51	727.87	6073.63	6008.00	1.09
光大银行	5636.12	622.55	5013.57	4978.57	0.70
民生银行	7773.96	1379.82	6394.14	6867.00	－6.89
兴业银行	7648.30	791.66	6856.64	6756.00	1.49
北京银行	2223.40	325.55	1897.84	1964.00	－3.37
华夏银行	3258.11	507.84	2750.28	2878.00	－4.44
招商银行	8473.58	1341.41	7132.18	7485.00	－4.71
中信银行	7541.44	1081.72	6459.72	6661.61	－3.03
南京银行	838.87	101.15	737.72	741.00	－0.44
平安银行	4080.00	773.90	3306.10	3604.00	－8.27
宁波银行	780.00	140.69	639.31	689.00	－7.21
全国性股份制商业银行及城商行（小计）	55055.30	7794.17	47161.13	48632.18	－2.82
合计	186913.02	25120.79	161792.23	165106.50	－2.01

注：

1. 销项税额＝增值税下含税收入/（1＋增值税税率）×增值税税率；增值税税率假定为 6%。

2. 进项税税额＝（营业支出－不可抵扣成本）×进项税额抵扣率×中间投入占比×增值税税率/（1＋增值税税率）；增值税税率假定为 6%，进项税额抵扣率假定为 80%。

3. 增值税额＝销项税额－进项税额。

4. 营业税税额是根据年报披露的数据。

5. 税负变动＝（增值税税额－营业税税额）/营业税税额。

表 3 - 5　银行业"营改增"前后税负变动情况（2014 年）

单位：百万元、%

银行名称	销项税额[1]	进项税额[2]	增值税额[3]	营业税额[4]	税负变动[5]
工商银行	41307.17	5085.69	36221.48	36488.00	-0.73
中国银行	25795.47	3567.10	22228.37	22786.00	-2.45
建设银行	35028.64	4760.05	30268.59	30941.96	-2.18
农业银行	29038.87	5045.49	23993.38	25651.00	-6.46
交通银行	12708.68	2128.66	10580.02	11226.00	-5.75
大型银行（小计）	143878.83	20586.99	123291.84	127092.96	-2.99
浦发银行	8120.38	714.90	7405.48	7173.00	3.24
光大银行	6402.29	772.67	5629.62	5655.36	-0.46
民生银行	8775.85	1695.36	7080.49	7752，00	-8.66
兴业银行	8923.02	869.04	8053.97	7882.00	2.18
北京银行	2652.45	370.12	2282.34	2343.00	-2.59
华夏银行	3881.89	595.20	3286.69	3429.00	-4.15
招商银行	10227.17	1643.14	8584.03	9034.00	-4.98
中信银行	8890.84	1154.73	7736.10	7853.57	-1.50
南京银行	1243.02	121.90	1121.12	1098.00	2.11
平安银行	5508.68	994.99	4513.69	4866.00	-7.24
宁波银行	876.23	178.80	697.43	774.00	-9.89
全国性股份制商业银行及城商行（小计）	65501.81	9110.86	56390.95	57859.93	-2.54
合计	209380.63	29697.84	179682.79	184952.89	-2.85

注：

1. 销项税额 = 增值税下含税收入/（1 + 增值税税率）×增值税税率；增值税税率假定为 6%

2. 进项税税额 = （营业支出 - 不可抵扣成本）×进项税额抵扣率×中间投入占比×增值税税率/（1 + 增值税税率）；增值税税率假定为 6%，进项税额抵扣率假定为 80%

3. 增值税额 = 销项税额 - 进项税额

4. 营业税税额是根据年报披露的数据

5. 税负变动 = （增值税税额 - 营业税税额）/营业税税额

（二）净利润变动分析

表 3 -6 分别列示了在"营改增"的背景下，各上市银行 2013 年度和

2014 年度净利润变动的情况。根据测算结果，除个别数据之外，相对于营业税制度，各上市银行的净利润在增值税税收制度下会有所增加（1.5% 以内）。

从 2013 年的数据来看，各上市银行的增值税下净利润相对营业税下净利润提高了 0.10%，全国性股份制商业银行及城商行的净利润提高比率明显大于大型银行（分别提高 0.29% 和 0.03%）；从 2014 年的数据来看，各上市银行的增值税税负相对营业税税负提高了 0.20%，全国性股份制商业银行及城商行的净利润提高比率大于大型银行（分别提高 0.26% 和 0.18%）。需要指出的是，该测算结果暂未考虑"营改增"改造成本和操作成本的影响，倘若商业银行"营改增"改造成本和操作成本占当年净利润的 0.2% 或以上，则可能完全抵消"营改增"减税效应对净利润的提升作用。

"营改增"之前，商业银行营业收入包含营业税，"营改增"后，营业收入不再包含增值税，需将销项税额在增值税发票中分开列明，在未能转嫁项税额的情况下，银行业的营业收入金额会下降，下降的额度为增值税销项税额。营业支出方面，主要会带来两个变化：一是由于外购服务、不动产、设备等进项税额可以抵扣，带来营业支出的减少，减少的幅度与各行成本费用结构中可抵扣进项所占比例、供应商的定价策略和谈判议价能力有关；二是由于增值税是价外税，营业税金及附加会减少，减少的金额与过去缴纳的营业税金及附加大致相当。

总的来看，"营改增"的减税效应对商业银行净利润的提升作用很小，而其改造成本和操作成本可能会完全抵消甚至覆盖这一效果。

表 3 - 6　银行业"营改增"前后净利润变动情况

单位：百万元、%

银行名称	2013 年净利润（营业税）[1]	2013 年净利润（增值税）[2]	2013 年净利润变动率[3]	2014 年净利润（营业税）[1]	2014 年净利润（增值税）[2]	2014 年净利润变动率[3]
工商银行	253822.00	252592.04	- 0.48	264228.00	264149.10	- 0.03
中国银行	146414.00	146903.30	0.33	156281.00	156506.31	0.14
建设银行	212519.00	212404.33	- 0.05	225454.00	225429.37	- 0.01
农业银行	165780.00	166346.57	0.34	178939.00	180010.12	0.60
交通银行	60168.00	60711.60	0.90	63924.00	64334.86	0.64
大型银行（小计）	838703.00	838957.83	0.03	888826.00	890429.77	0.18

银行名称	2013 年净利润（营业税）[1]	2013 年净利润（增值税）[2]	2013 年净利润变动率[3]	2014 年净利润（营业税）[1]	2014 年净利润（增值税）[2]	2014 年净利润变动率[3]
浦发银行	40622.00	40522.29	−0.25	46679.00	46484.82	−0.42
光大银行	26390.00	26321.04	−0.26	28510.00	28463.31	−0.16
民生银行	41160.00	41493.97	0.81	43574.00	44084.13	1.17
兴业银行	39519.00	39438.05	−0.20	45166.00	44988.68	−0.39
北京银行	13435.00	13484.84	0.37	15593.00	15624.97	0.21
华夏银行	15485.00	15573.95	0.57	17795.00	17896.32	0.57
招商银行	48842.00	49068.58	0.46	51877.00	52176.81	0.58
中信银行	37863.00	37969.36	0.28	38990.00	39035.01	0.12
南京银行	4475.00	4471.54	−0.08	5567.00	5541.84	−0.45
平安银行	15231.00	15479.79	1.63	19802.00	20082.91	1.42
宁波银行	4847.00	4882.94	0.74	5611.00	5627.62	0.30
全国性股份制商业银行及城商行（小计）	287869.00	288706.36	0.29	319164.00	320006.41	0.26
合计	1126572	1127664.18	0.10	1207990	1210436.17	0.20

注：

1. 根据年报所披露的数据。

2. 我们考虑了"营改增"对于利润表内各项收入和支出的影响，并设定了假设，测算增值税下的净利润。

3. 净利润变动 =（增值税下的净利润 − 营业税下的净利润）/营业税下的净利润。

第二节　商业银行营改增税负变动影响因素研究

一、研究假设

营业税税制下，营业税额是纳税人营业税额的固定比例，不受成本费用的影响。而增值税税制下，一般纳税人的计税依据即增值额应等于产出减去投入。若一般纳税人的成本收入比越高，"营改增"之后流转税税负增加越少。由此，我们提出假设 a。

假设 a：商业银行的，成本收入比越高，"营改增"之后流转税税负增加越少。

"营改增"的一项重要改革目标是将生产型增值税转变为消费型增值税，在消费型增值税下，一般纳税人采购固定（无形）资产的进项税额应允许抵扣，以此鼓励纳税人加大固定资产的和无形资产的投入、更新力度。显然，若一般纳税人固定（无形）资产的投入力度越大，在增值税税制下，当期可以抵扣的进项税额也越多，增值税应纳税额也相应越小。由此，我们提出假设 b。

假设 b：商业银行的固定（无形）资产投入力度越大，"营改增"之后流转税税负增加越少。

二、研究设计

（一）样本及数据来源

为保证一致性和可比性，本节实证研究所用的样本与上一节一致，仍为我国内地 A 股上市的所有 16 家银行，所选取的各个变量数据来源于 Thomson ONE 数据库各上市银行 2013~2014 年的财务报表。为扩大样本容量，保证回归分析结果的可靠性，我们将这两年的数据进行了合并，最终的样本容量为 32 个。

（二）模型设定

我们采用二元线性回归模型来验证上述两个研究假设，其形式如下：

$$y = \beta_0 + \beta_1 X_1 + \beta_2 X_2 + \varepsilon \qquad (公式 3-7)$$

（三）变量说明

y 为被解释变量，即"营改增"之后流转税税负变动比率，具体计算公式为

$$y = \frac{增值税税负 - 营业税税负}{营业税税负} \times 100\% \qquad (公式 3-8)$$

公式 3-8 的分母为营业税税制下，商业银行承担的营业税税负，分子为增值税税制下，商业银行流转税税负相对营业税税制的增加额。

X_1 为验证假设 a 的解释变量，即商业银行的成本收入比，具体计算公式为

$$X_1 = \frac{业务及管理费}{营业收入} \times 100\% \qquad (公式3-9)$$

公式3-9的分母为商业银行当年的营业收入，分子为商业银行当年的业务及管理费（不包含利息支出等）。

X_2 为验证假设 b 的解释变量，即商业银行的固定（无形）资产的投入力度，具体计算公式为

$$X_2 = \frac{固定资产本产新增额 + 无形资产本年新增额}{固定资产上年的存量 + 无形资产上年的存量} \times 100\% \qquad (公式3-10)$$

公式3-10的分母为商业银行固定资产和无形资产上年的存量之和，分子为商业银行固定资产和无形资产本年新增额之和，这里的固定资产和无形资产的计量属性均为历史成本。

表3-7　研究变量定义及其描述

变量性质	变量名称	变量符号	变量描述
被解释变量	流转税税负变动比率	Y	税制转换下产生的流转税税负变动额与营业税税额的比值
解释变量	成本收入比	X_1	业务及管理费与营业支出的比值
	固定（无形）资产的投入力度	X_1	固定资产和无形资产当年新增额与上年存量的比值

三、实证结果分析

（一）描述性统计结果分析

表3-8列出了解释变量和被解释变量的描述性统计特征值（包括均值、中位数、标准差、最小值、最大值五项内容）。可以看出，各上市商业银行流转税税负变动各有差异，行业平均值为下降3.07个百分点，最大值为税负上升3.26%（工商银行，2013年），最小值为税负下降9.89%（宁波银行，2014年）。固定资产投入力度这一解释变量的跨度比较大，最小值仅为2.31%（浦发银行，2014年），最大值为44.43%（北京银行，2014年，该银行当年有大量在建工程转入固定资产）。

表 3 - 8　变量描述性统计

项目变量	均值	中位数	标准差	最小值	最大值
Y	- 0. 0307	- 0. 0320	0. 0367	- 0. 0989	0. 0326
X_1	0. 3815	0. 3043	0. 0436	0. 2312	0. 4077
X_2	0. 1592	0. 1314	0. 1016	0. 0231	0. 4443

　　为了避免模型设定存在较为严重的多重共线性问题，我们对解释变量成本收入比 X_1 和固定（无形）资产的投入力度 X_2 进行了 person 相关性检验，检验结果显示相伴概率 P 值为 0. 3175，远远高于 1% 的统计显著性水平，说明两者之间不存在显著的线性相关性，排除了多重共线性问题对模型估计结果的干扰。

（二）回归结果分析

　　表 3 - 9 列示了使用统计软件 STATA12.0 对样本数据进行二元线性回归的实证结果。从回归整体显著性的 F 统计量对应的 P 值来看，远远低于 1% 的统计显著性水平，拒绝了两个解释变量联合不显著的原假设，表明模型的整体显著性非常好。而且模型的调整拟合优度系数（$Adj - R^2$）为 0. 5548，表明该二元线性回归模型对样本观测值的拟合程度较高。

表 3 - 9　回归实证结果

项目变量	系数	t 值	P 值
常数项	0. 1818 * * *	5. 47	0
X_1	- 0. 6190 * * *	- 6. 04	0
X_2	- 0. 1370 * * *	- 3. 11	0. 004
$Adj - R^2$	0. 5548		
F 值	20. 32		
P 值	0		
样本数	32		

　　注：* * *，* *，* 分别表示回归系数在 1%，5%，10% 的统计性水平上显著。

　　从解释变量回归系数估计值来看，成本收入比 X_1 的回归系数为 - 0.6190，P 值远远低于 1% 的统计显著性水平，说明在其他条件既定的情况下，成本收入比 X_1 对流转税税负变动比率 Y 有显著的负相关影响，该回归结果支持假设 a。固定（无形）资产的投入力度 X_2 的回归系数为 - 0.3170，P 值远远低于 1% 的统计显著性水平，说明在其他条件既定的情况下，固定（无形）资产的投入力度 X_2 对流转税税负变动比率 Y 有显著的负相关影响，该回归结果支持假设 b。

（三）稳健性检验

为了检验实证结果的稳健性，我们还进行了以几项工作：首先，在模型中加入了一些控制变量，如资产收益率、资产负债率、年份哑变量、规模等，回归结果没有大的变化；其次，我们将研究期间扩大到 2012 年至 2015 年上半年，合并回归的结果显示两个解释变量仍然对被解释变量存在显著的负相关关系；最后，使用 robust test 来解决可能存在的异方差和序列自相关等问题，发现回归结果依然没有变化。

由于篇幅的限制，我们不对以上稳健性检验的结果一一进行汇报，但总体来说，该实证结果是较为稳健的。

四、研究结论及局限性

（一）研究结论

实证分析的结果支持了前文所提出的假设 a 和假设 b，即影响我国上市银行"营改增"过程中流转税税负变动的主要因素有两个：一是收入成本结构，研究发现成本收入比越高的上市银行，增值税税制下的流转税税负相对营业税税制下的流转税税负越低；二是固定资产和无形资产的投入更新力度，研究发现固定（无形）资产投入力度越大的上市银行，增值税税制下的流转税税负比营业税税制下的流转税税负越低。该研究结论不失一般性，可以推广运用到其他行业的"营改增"税负影响分析中。

（二）研究局限性

本节实证研究存在以下局限性：首先，该研究使用的被解释变量是上一节"营改增"税负对比测算的结果，故前文提到的计算这一指标方法的一些局限性仍然在本研究中存在，比如用营业税税基作为增值税税基，销项税额的估算可能会存在偏差；其次，由于我国 A 股上市银行数量有限，我们的研究样本仅有 16 家银行两年的数据（32 个样本），样本容量较少可能会产生一定的抽样误差；最后，回归模型使用的解释变量仅有 2 个，虽然已经达到了比较理想的拟合优度效果，但不排除仍存在一些重要影响因素的可能。

第三节 营改增改造及操作成本测算

一、"营改增"改造及操作成本示例及分析

由于增值税为价外税，不同于营业税，因此需改造的范围较广。为了测算"营改增"对于商业银行经营管理成本的影响，我们综合考虑了"营改增"改造的现实情况，对"营改增"改造成本以及增值税实施后的操作成本进行分析预测。表3-10至表3-13分别列示了某大型银行以及某中小银行的"营改增"改造及操作成本测算分析结果。

表3-10 某大型银行"营改增"改造成本测算

序号	成本大项	成本小项	数据来源或假设	总价
1	税控硬件、软件采购	税控设备（包括服务器、扫描仪、金税盘、USB Key等）	根据供应商所提供的报价。	45008000
2	"营改增"咨询费用	咨询费	根据服务供应商所提供的报价。	4000000
3	内部系统改造费用	系统改造成本测算（包括开发费用、硬件系统资源添增、后续工作开发费用、系统测试费用等）	按照银行的科研费用的一定比例来核算内部系统改造费用。	95000000
		团队工资（包括开发团队、"营改增"小组、业务部门）		4740000
		业务梳理所涉及的费用	涉及的费用是相关的业务部门以及科技部门人员的集中办公费用。参与人数为90位，主要成本包括机票、住宿以及工时成本等。	6801500

序号	成本大项	成本小项	数据来源或假设	总价
			小计	106541500
4	客户信息采集	涉及的工作包括联系客户、补录信息	主要的费用包括客户信息采集所需的工时成本。我们假定每个对公客户需要半小时进行信息采集，并根据平均的工资，计算银行里530万个对公客户所需的信息采集费用。	225250000
5	培训费用	相关的人员培训（包括应税事务管理人员培训费用、发票打印及验证人员的培训、系统改造后相关的用户培训）	主要的费用包括参与培训的人员误工费。参与培训的人员假定为所有改造系统的用户，涉及的人员近35万人。	134405880
			改造成本总计	515205380

表 3-11　某大型银行"营改增"操作成本测算　　　　单位：元

序号	成本	数据来源或假设	总价
1	发票打印成本（包括打印机耗材、快递费用）	假定所有的收入都开票，每张发票票额为10万元，并且80%的发票需通过快递交给客户。根据年营业收入估算发票打印量和快递费用。	79616117
2	维修及升级费（包括金税系统软件维修、内部系统维修及升级）	按照银行科研费用的一定比例来核算内部系统维修及升级费。	31500000

序号	成本	数据来源或假设	总价
3	操作人员成本（包括发票打印人员工资、发票验证人员工资、增值税管理人员工资）	假设每个营业网点安排一位发票打印人员。另外，假设每个一级以及二级分行安排一位发票验证人员和增值税管理人员。营业网点超过 15000 个，总共添加的岗位设置近 23 万人。	1735920000
		一年的操作成本（总计）	1847036117

表 3－12　某中小银行"营改增"改造成本测算　　　　单位：元

序号	成本大项	成本小项	数据来源或假设	总价
1	税控硬软件采购	税控设备（包括服务器、扫描仪、打印机、软件）	根据供应商所提供的报价。	2681000
2	"营改增"咨询费	咨询费	根据服务供应商所提供的报价。	3000000
3	系统改造费	增值税管理系统	根据系统供应商所提供的报价。	3800000
4	人工费用	"营改增"相关人员费用	主要的费用包括参与"营改增"的人员误工费。	6868000
	培训费用	人员培训	主要的费用包括参与培训的人员误工费。	98000
			改造成本（总计）	16447000

表 3－13　某中小银行"营改增"操作成本测算　　　　单位：元

序号	成本	数据来源或假设	总价
1	发票打印成本（包括打印机耗材、快递费用）	根据营业收入估算所需的发票打印量以及快递费用。	16430000
2	维修及升级费（包括金税系统软件维修、硬件软件维修）	根据系统供应商所提供的报价。	1040000

序号	成本	数据来源或假设	总价
3	操作人员成本（包括发票打印人员工资、发票验证人员工资、增值税管理人员工资）	估算各营业网点所需的发票打印人员、发票验证人员以及其他相关员工费用。营业网点大约150个。	27820000
		一年的操作成本（总计）	45290000

从成本结构来看，商业银行"营改增"改造成本主要包括以下五类：

1. 税控硬件、软件采购成本。包括从税务机关指定的税控服务供应商采购的税控服务器、金税盘、USB Key 等硬件设备等。

2. "营改增"咨询费。商业银行的"营改增"准备工作量巨大，仅仅依赖银行内部人员难以胜任，需要聘请咨询顾问、事务所等专业咨询机构，借助其提供的有偿咨询服务来完成此项系统工程。

3. 系统改造费用。目前商业银行的业务处理和会计核算高度依赖信息化和自动化，在增值税下，需要对原有的业务系统进行改造，以实现产品和业务收入的价税分离，同时需要开发新的增值税管理系统对核算、申报、统计分析等各项增值税应税事务进行管理。

4. 人工和培训费用。人工费用包括财会和业务人员、科技人员等相关人员的工资薪金等，培训费用包括应税事务管理人员培训费用、发票打印及验证人员的培训费用、系统改造后相关的用户培训费用等。

5. 其他费用。由于各商业银行的情况不太一样，"营改增"准备工作中还需要一些其他投入，例如增值税模式下需要了解开票对象是否为增值税一般纳税人，而某些商业银行现有的客户信息未能满足这一要求，则需要通过联系客户、鉴定税务登记证等方式进行信息补录。

在顺利实现"营改增"过渡之后，商业银行仍面临巨大的操作成本，主要包括以下三类：

1. 发票打印和管理成本，包括发票的采购、运存、保管，打印发票损耗的材料，邮寄发票的快递费用等；

2. 维修升级费，包括税控设备维修升级、金税系统软件维护、业务系统后期改造及维护等；

3. 岗位设置工薪支出，包括发票打印人员工资、发票验证人员工资、增值税管理人员工资。

从测算结果来看，这两家银行的成本测算主要差异在于前者的系统改造是由内部进行开发改造，因此改造成本包括内部的开发费用、开发中心团队费用等。后者则是利用外购的增值税系统，因此改造费用主要是系统购入的费用。此外，由于大型商业银行规模较大，分支机构较多，因此硬件、软件采购、发票打印、岗位设置各方面所需的费用都会比中小商业银行高，改造以及操作成本也相对更大。总的来看，两家商业银行的"营改增"改造及操作成本较大，可能会对其成本控制和经营绩效产生一定的影响，各商业银行应当根据自己的实际情况分项目估算"营改增"改造及操作成本，并采取适当的措施压降相关成本。

二、分析法局限性

1. 在测算改造操作成本时，我们假定银行将设置新的岗位，聘雇营业网点所需的发票打印人员、发票验证人员以及增值税管理人员。因此，示例中的岗位设置费用占操作成本的绝大部分。但实际上，银行有可能把发票打印及验证工作分配给现有的员工，或把发票打印工作外包。在这种情况下，所需的员工成本将明显降低，操作人员成本的估算可能会存在偏差。

2. 发票的打印成本主要包括打印纸质发票以及将发票快递给客户的费用。但是，若电子发票实施，银行能通过电子平台开票及验票。这将明显减少发票打印所需的成本以及人员费用，"营改增"所需的操作成本也会相对地降低。

3. 各商业银行所采用的系统改造方式不一致，某些银行选择内部开发，而其他银行可能选择购买增值税管理系统。因此，对于系统改造费用的测算，也可能会存在偏差。

第四节　营改增对商业银行财务管理的影响

一、对预算管理的影响

执行全面预算管理是现代企业管理制度的基本要求之一，是提高经营管理水平和企业竞争力的重要手段。就预算管理对象而言，可划分为机构维预算管理、部门维预算管理、产品维预算管理和客户维预算管理；就预算管理内容而言，可划分为经营预算管理、财务预算管理、资本预算管理等。"营改增"会导致企业计税方式的差异、会计核算的改变，等等，预算管理也会随之发生改变。

首先，"营改增"会对商业银行的收入成本体系造成影响，商业银行必须对这些影响有一定的预期并随之调整自己的预算。税负方面，相较 5% 的营业税税率，"营改增"后，银行业增值税税率预期为 6%，考虑进项抵扣因素，商业银行总体税负也将略有变化；在收入成本方面，"营改增"后，商业银行实现收入和列支费用时，必须区分收入、成本与税金，实现价、税分别核算，分离出税额之后的收入成本也将略有下降。

其次，预算管理是一个过程管理，包含预算决策、编制、执行、控制和考核。预算的决策、编制是以前期经营成效和当期经营目标为基础的，在此基础上细化形成预算的执行、控制和考核措施。"营改增"后，必然需要依照增值税模式对前期经营成果重新进行评价，在此基础上对当期经营目标重新确认，再据以细化出增值税模式下预算执行、控制和考核措施。比如预算管理中常见的指标额度控制就需要根据核算方式的改变加以调整。

二、对会计核算的影响

如前文所述，增值税基本要求是对收入和成本费用实现价税分离核算，这是"营改增"对会计核算最基本的要求和最直接的影响。由于需要实现价税分离核算，这就给商业银行传统会计核算带来一系列的变化。营业税属于价内税，商业银行向客户收取的利息、手续费等款项全额确认为营业收入，相应的营业税需另行计算，并确认为支出；而增值税属于价外税，向客户收取的含税销售额应拆分为不含税收入和增值税销项税额，向供应商支付的货款及服务款项也应拆分为不含税成本和增值税进项税额，进项税额和销项税额均通过"应交税费——应交增值税"科目，在资产负债表上进行核算，不计入损益。以成本费用为例，在营业税下，商业银行采购的商品、服务从资产或成本费用科目列支时，按全价列支，不需区分流转税。而在增值税下，采购商品、服务等各项支出中所包含的增值税，一般情况下是可以作为进项税额进行抵扣的，这就要求列支时准确核算不含税金额与增值税，对于不含税金额依照会计准则要求核算为成本、费用、固定资产和递延费用等科目中，而收入与之同理。税金计入"应交税费——应交增值税"科目，再根据发票认证状态和税法管理规定进行核算。

在税款核算上，增值税应纳税额核算也比营业税应纳税税额核算要复杂。营业税下，按应税收入直接计算应纳营业税金及附加，再按期缴纳即可。而增值税要求，进行收入确认时，同时记录销项税额；在成本费用列支时，同样单独记录进项税额。商业银行业务种类繁多，需要针对不同交易分别判断其相应的增值税处理规则，确定交易对应的增值税适用政策、系统参数的维护、纳税复核程序，进而与其对应的销售、采购关联，根据销售、采购的不同商品、服务适用不同税率进行核算。此外，根据税法规定，随着商品、服务用途状态出现一些特殊情况的变化，对其所对应销项、进项税额还涉及一系列增值税特殊处理的核算。

税法规定：纳税人提供适用不同税率或者征收率的应税服务，应当分别核算适用不同税率或者征收率的销售额；未分别核算的，从高适用税率。可见，税法对混业经营提出分账核算规范的严格要求。随着金融创新加速，商业银行产品出现种类多样化、边界模糊化的现象。"营改增"后，银行业若不能正确区分各类经营业务的性质，不能分别核算各类业务的收入，将被要求按高税率计缴税款。例如黄金租赁业务如何划分经营业务类型，对其税负水平和业务发展有着很大影响。

表 3 - 14   黄金租赁业务按不同性质的三种业务类型划分

划分标准	划分依据	适用税率
中间业务	从交易实质来看，黄金租赁业务并不占用银行自身资金，银行只为客户提供此项服务并收取一定手续费	6%
有形动产租赁业务	黄金符合有形动产的定义	17%
有形动产销售业务	若黄金的所有权和相关风险发生了转移，可被视同销售	17%

黄金租赁业务是一种客户向商业银行租入黄金，到期后归还黄金，并按期支付黄金租赁费的业务。通常黄金由商业银行从境外借入，通过金交所场内租借给客户，无法取得增值税专用发票。若黄金租赁业务按有形动产租赁或销售业务划分，则商业银行的黄金租赁收入适用17%的增值税税率，同时无可抵扣增值税进项税额，该项业务会因为增值税税负过重而无法开展。因此，"营改增"对会计核算提出了更为严格的要求，商业银行必须准确区分不同类型业务，并且分别进行会计核算，部分业务可能会因为划入较高的增值税适用税率的业务类型而遭遇发展限制。

三、对内部计价的影响

内部计价普遍存在于商业银行总分机构之间、各级分支机构之间以及各利润中心和成本中心之间。随着金融创新的加速和商业银行产品、机构、部门等多维度的发展，一些新兴金融产品和服务往往突破了时间、空间和机构的限制。一项金融服务供给的背后，包含着一系列的机构、部门的贡献与支持，如科技中心的软件开发、数据中心的数据处理、清算部门的资金结算、风险管理部门的风险管理控制等。这就要求商业银行在"营改增"之后适当调整内部计价，准确地将产品服务所实现的利润和所花费的成本通过内部计价按一定规则准确地核算到产品线上的各相关部门。

以客户持卡消费为例，分别涉及银行卡发卡行、银行卡结算组织、POS 消费终端发行 3 家机构，由此产生了客户消费的佣金在以上 3 家机构间分配的需求。同样在商业银行内部，也存在不同纳税主体之间商品、服务的供给关系，这就需要在内部计价时准确将相应税负核算到正确纳税主体。在营业税税制下，不同机构之间内部计价仅需做资金划转即可，但在增值税税制下，就需要考虑不同纳税主体之间的增值税问题，同时结合税务因素合理规划，避免由于内部计价原因，造成商业银行税负大幅增加。

解决方案一是取消商业银行内部计价时真实的资金划转，通过模拟还原将相应的利润、费用还原到对应机构。该方案优点在于税收管理上简单易行，减少了各级机构资金划转，但缺点也十分明显，不符合商业银行精细化管理要求，与商业银行现行运营模式差距较大，对业务系统改造程度较大。同时由于各级利润中心、成本中心之间不进行真实利润及支出的划转，极有可能出现利润中心有大量销项却缺少相应进项可抵，而成本中心则相反发生大量进项却因缺少销项而无法及时足额抵扣现象。

解决方案二是商业银行仍按现行方法进行内部计价及资金划转，涉及系统改造的地方为在内部计价时同时分别登记内部计价双方的增值税销项、进项登记簿，双方据以定期开立增值税专用发票，从而准确核算增值税税款。该方案的优点在于真实还原了商业银行各级分支机构的经营业绩，有利于精细化管理，符合商业银行现行管理模式，对业务系统冲击较小，在税收管理上也符合以票控税的管理原则；缺点在于必将造成商业银行内部机构相互间大量的发票开立、传递、认证业务，增加了税务管理难度与成本。

第五节 营改增对商业银行经营管理的影响

一、议价能力提升

"营改增"后，增值税抵扣链条的减税效应为银行提供了价格博弈的可能性，通过调整业务活动中的报价水平，税收收益可按照一定比例在银行与客户之间、银行与供应商之间分配，双方作为上下游企业通过价格博弈来消化增值税专用发票抵扣所带来的减税利益。

以中间业务为例，"营改增"后，如果客户是增值税一般纳税人，则其支付手续费中包含的增值税可以抵扣，实际融资成本会下降。在保持客户融资成本不变的情况下，银行可以获得更高的中间业务收入定价水平。但是，如果客户是增值税小规模纳税人或是非增值税纳税人，由于不能形成增值税链条，就不具有减税效应。

以采购管理为例，"营改增"后，小规模纳税人及大部分现代服务业纳税人的税负都有不同程度的下降，这为商业银行与供应商的合作提供了一定的议价空间。银行在经营活动中，选择货物和服务供应商时，可适当结合纳税人的税负变化情况选择合作对象，购买会展、广告、鉴证、咨询、技术等服务时，了解供应商税负下降程度，议定合作价格，压降采购成本。

二、固定资产投入和更新力度加大

"营改增"前，商业银行按营业收入全额征税，外购房地产、电子设备等发生进项税额不能抵扣，由于房地产业、建筑业等服务行业同样实行营业税税制，商业银行向这些行业购入的服务成本无法获取相应的进项税额发票，也不存在抵扣进项税额以降低固定资产购入成本的问题。"营改增"后，根据政策动向，房屋建筑物等不动产的进项税额可能允许分期进行抵扣，电子设备、交通工具以及其他固定资产的进项税额则可能允许当期一次性抵扣，这样商业银行采购固定资产的成本将会减少，有利于加速其固定资产的更新与改造。

在利润增速放缓、资产质量下滑的背景下，很多商业银行对于固定资产的更新升级畏首畏尾。"营改增"对于处于发展壮大时期，需要进行技术和设备革新的银行而言，无疑是"雪中送炭"。表 3 – 15 列示了某大型银行 2014 年全年新增各类固定资产 162 亿元，在供应商不提高定价和增值税全面放开抵扣机制的情况下，可为其带来接近 20 亿元的可抵扣进项税额，换言之，该银行固定资产投入和更新的成本降低了约 1/8。可以预计，"营改增"实施之后，商业银行对固定资产投入和更新的意愿会进一步增强，经营管理效率也会随之提高。

表 3 – 15　某大型银行 2014 年新增固定资产及进项税额测算

固定资产分类	全年新增	可能的适用税率	进项税额
房地产	724476.02	11	71794.92
电子设备	559472.96	17	81290.94
交通工具	5160.47	17	749.81
固定资产装修	52013.18	11	5154.46
其他固定资产	279033.32	17	40543.30
合计	1620155.95		199533.44

三、业务外包增多

目前，在信息服务、物流服务等行业，企业将部分辅助性、非核心业务外包出去已经是发展潮流。银行将此类业务外包，可以使银行集中有限资源发展核心竞争力，同时分散经营管理和技术开发中的风险。但在"营改增"之前，非核心业务如果由银行内部提供不需要缴纳营业税，如果由银行外部提供，则外包商需要缴纳营业税，外包业务税负大于内部提供税负，从而影响和制约了外包业务发展。"营改增"后，虽然提供外包商仍需要缴纳增值税，但银行可以从中获取增值税进项税额进行抵扣，此时外包业务税负和内部提供税负大致相等。因此，"营改增"消除了商业银行将辅助性、非核心业务进行外包的税收障碍，有利于推动银行业业务外包和专业分工的发展。

第三章　营改增行业影响分析

第一节　交通运输业营改增影响分析

一、交通运输业"营改增"整体分析

1. 交通运输业"营改增"简介

交通运输服务是指使用运输工具将货物或者旅客送达目的地，使其空间位置得到转移的业务活动，主要包括陆路运输服务、水路运输服务、航空运输服务、管道运输服务。相应的，交通运输业是指国民经济中专门从事运送货物和旅客的社会生产部门，包括铁路、公路、水运、航空、管道等运输部门。按照证监会行业分类指引来看，交通运输业除了包括以上五个子行业外，还包括交通运输辅助业和其他交通运输业这两个子行业。

交通运输业作为社会经济运行的基础性、服务性行业，是生产流通领域的必经环节。商品的流通，无论是从最初的生产环节，之后的中间批发环节，还是到最后的零售环节，都需要有运输业务的衔接。虽然在整个流通过程中，商品其本身价值并没有增加，但是在每个流通环节中，都会有人工、设备等费用的产生，从而商品的最终销售价格会因为流通过程中产生的费用而逐步增加。所以从增值税的征收原理来看，交通运输环节也会产生新的价值，如果对其征收营业税，会使得商品在流通的各个环节都存在重复征税的问题，增加了企业的税收负担，因此在流通环节的增加值也应该算是商品增加值，应该作为计算销项税时的依据。"营改增"之前虽然运输费用可以凭借运输发

票进行进项税的计算抵扣，但这也与增值税以票管税的税收征管原则有所违背，只有将交通运输业整体纳入到增值税的征收范围内，才能充分发挥增值税层层抵扣机制的效用。所以在"营改增"政策实施之初，2012年1月1日，交通运输业中的公路运输服务、水路运输服务、航空运输服务、管道运输服务就作为了本轮"营改增"的先导行业和重点行业，并且在2014年1月1日，交通运输业中的铁路运输行业也纳入了增值税的征收范围。

2. 交通运输业"营改增"的理论分析

（1）交通运输业税收历史

从新中国成立开始，交通运输业有了系统的征税办法，在这次"营改增"之前实质上主要征收营业税。首先是从1949年新中国成立开始，国家对交通运输业的流转额以及所得额两部分征税，但是交通运输业却主要按照商业进行征税。接着1958年国家调整了当时的税收制度，对一部分税种合并简化成了工商统一税，以满足当时经济的发展情况，随后税制进一步简化为工商税。但这二简化措施并没有对市场起到有效的调控职能，可以说这一简化措施是失败的。于是有了后来改革开放后工商税的分解，交通运输业开始了正式征收营业税的历程。这次税种的分解适应了改革开放后我国的经济状况，对市场也起到了应有的调控作用。1994年的税制改革对交通运输业征收营业税做出了详细的规定，并对其涉及的具体业务的处理方法也有了详细的阐述。这次对交通运输业由征收营业税改成征收增值税具有划时代的意义，打破了一直以来交通运输业征收营业税的历史局面。这次交通运输业的"营改增"是完善我国税收制度的一次大手笔，使我国交通运输业的税收制度向国际先进税收水平上又跨越了一步，考虑到这次前所未有的改革力度，我国需要不断完善各种配套政策，以使本次税收改革发挥其预期的效果。

（2）相关理论依据概述

此次交通运输业改征增值税是有着深刻的理论依据的，其中包括税收中性理论、税收宏观调控理论以及公平原则。税收中性理论：税收中性是指在不影响纳税人的各项生产经营项目的前提下，让企业就自己利用社会给社会增加负担的行为承担纳税义务。这一理论倡导的是平衡税收与资源合理配置的关系，换句话说就是既要收取税款使国家的财政支出有保障，又要考虑到微观纳税人的发展情况，不能妨碍市场的健康发展，使企业充分利用社会提供的资源，以免造成资源的浪费，从经济学角度来说就是使企业超额的纳税负担最小化。但是税收中性实际上只是一个相对概念，因为在现实生活中税收中性根本是不可能的，这只是一种理想的假设。税收是一个波及面广、利益延伸长的事项，征税这一活动是不可能不干扰市场的，我们要达到的也只是尽量无限接近中性。对于征收营业税的项目，由于只对最终产品征收税款，这会促使某些企业将业务垂直一体化，把大多数产品当做中间产品来逃避营业税。后来法国人想出了对增值额征税的办法，无论半成品在多少家企业之间转手都只对增值部分收税，至于同时完成多个加工环节的大企业，由于增值额高，所以税负高。而只能完成部分生产工序的小企业由于增值额低所以税负低。这使得上下游企业之间的垂直一体化失去了避税作用。由于增值税只对产品增加的价值征税，各个环节的产品增值额之和构成了整个产品链的增值总额，所以对于唯一的一件产品，增值额是不变的，那么其增值税额也不会变，这与产品所历经的环节数量没有任何关系。非增值因素是和产品的价值增加没有关系的成本、费用，营业税是对营业额全额征税的，这其中包括了成本这一非增值因素，企业不仅对增值部分还对非增值部分缴纳了税款，这就可以显示出增值税更加合理。改革之前的增值税所涉及的行业有限，交通运输业作为产业链中的一部分并没有被纳入增值税的征收范围，使得抵扣链条不完整，与税收中性理论相悖，而这次"营改增"的实施就是基于税收中性理论而进行的一次调整。税收宏观调控理论：税收是政府最为重要的调控工具之一。政府可以运用改变税收制度等手段直接调整纳税人的收入结构水平，进而平衡社会经济的整体发展。增加税收可以抑制需求，减少税收可以扩大需求。为了实现资源的优化配置，完善税收结构，政府应当减少税收对经济发展的制度干预，注重对税收效率的提高，更好地发挥市场在经济条件过程中的基础作用；然而根据多年经济发展的规律我们发现，市场这个经济杠杆也不是万能的，经济结构的调整和控制也同样需要政府这把无形的手在宏观层面进行调节和引导。在政府的宏观调控过程中税收一直都是各国主要依赖的有效调控手段，市场经济的调整和发展需要加强税收的影响和干预，通过出台一系列的税收政策改善外部投资环境，顺应政府的发展和规划需求，继而实现利益流向政策扶持的行业，或者利益背离政策打击的行业，从而优化产业结构，促进或阻碍相关产业发展。而此次"营改增"的实施体现了税收宏观调控的导向，交通运输业实行"营改增"代表了政府对该行业的政策性支持，目的是使交通运输这一基础性产业在我国能够取得健康持久的发展，并能拉动整个国内经济一同增长。公平原则：公平原则是指国家应根据纳税人的经济能力或纳税能力，平衡社会成员之间的税收负担，做到更加公平。当代经济学家认为在制定和实施税收制度的过程中，公平原则应当始终被认定为最核心的原则。原因有两个方面：第一，税收制度的正常运转离不开公平税收这一基本原则；第二，在维护社会稳定发展、避免因为经济崩溃引发的政治运动方面，通过税收调节社会资源的分配和收入的差距能够更好地解决以上问题。正是基于上述两个原因，在继威廉·佩蒂和亚当·斯密之后，越来越多的经济学家将"公平""平等"的原则作为税收工作的首要目标。由于交通运输业原来征收营业税，使得生产链中交通运输这一环节在增值税征收链条中缺失，产生重复征税，税收负担不能平等分配到各个生产销售环节中，企业间不能达到公平纳税。而作为道道征收的增值税，只对发生的增值额征税，这样就避免了重复征税的出现，达到了企业间税负公平的目的。放眼到整个经济市场，扩大增值税的征收范围，使得产业链中增值税的征收一环扣一环，就更加有利于消除重复征税，实现不同行业之间以及同行业的不同企业之间的纳税公平。

（3）交通运输业"营改增"的必要性

由以上相关税收理论的阐述我们可以看出，交通运输业营业税改征增值税是历史发展的必然趋势，改革前实行的税收制度，无疑阻碍了交通运输业的发展。交通运输业作为国家的基础命脉，承接着各行各业的多个环节，对于这一纽带产业实行"营改增"是十分必要的。

①完善我国财税制度的需要

交通运输业原来征收的营业税是由地方税务局来进行征收的，货运发票也是由地方税务局来开具的。我们都知道增值税专用发票是可以抵扣其进项税的，一环扣一环的增值税发票管理模式被公认为是目前最先进的。而之前的政策规定，对于一般纳税人，其在经营活动中产生的运费支付可以按运费的7%的抵扣率在计算增值税应纳税额时进行抵扣。这就使得货运发票混入了增值税的抵扣链条中，这不符合税收的逻辑性，可谓"名不正言不顺"。由于我国对于增值税实行的是以票管税，货运发票并不在金税工程的控制之中，这就给了纳税人一个虚开发票、偷税漏税的机会。此次交通运输业的"营改增"可以算是为运费的抵扣正名，运输费开具增值税专用发票，让其增值税的抵扣符合逻辑，使交易双方更加严肃对待运输费票面数字的准确性，让双方自觉遵守税收管理制度，从而令流转税的税收制度更加完善。

②企业设备与技术更新换代的需要

对交通运输业征收营业税事实上很大程度地抑制了各个基础产业的发展，而实行增值税可以解决征收营业税所带来的重复征税问题，降低企业设备投资的税收负担。企业可以在设备更新和技术改造方面投入更多的资金，让企业的资金链条更加充裕丰厚，增加企业投资方向，进一步拉动内部需求；同样，通过征收增值税还可以对企业向资金密集型和技术密集型的经济转型产生更加有效的作用，提高企业营业水平，增加企业收入，进一步刺激其他税费的增长。交通运输也是商品生产流通过程中一个不可或缺的环节，在增加商品价值上也发挥了它的作用，理应对商品的增值部分买单。然而，在我国之前的税费制度中，对交通运输行业征收的只是营业税，他们还不具有缴纳增值税的资格，也就享受不到增值税的一些优惠政策，包括一般进项税额和固定资产进项税额抵扣等。无法享受到增值税中的优惠政策，就没有办法吸引社会资金注入交通运输行业当中，交通运输行业的发展依旧寸步难行。交通运输业作为社会行业中的基础产业形式，企业的扩充和发展对于资本、技术、设备的要求极高，在我国原有的税费制度当中，对其征收营业税，企业在扩张过程中的各项进项税额不能抵扣，越积越多，企业的支出成本明显加大。与其他行业相比，交通运输业所负担的税收就越显不公平。单从这一点看也阻碍了交通运输企业自身以及来自外部的投资，限制了交通运输企业的技术改造和产品升级的发展。根据如上分析，我们应当有目的地针对交通运输业所具有的特点，放宽对一般购进物资和固定资产进项税额的抵扣标准，从而更好地加快行业自主创新的步伐。另外，我国近年来雾霾天气常常光顾，空气污染问题已是必须要解决的一项重大的问题，交通运输设备的尾气排放就是污染来源之一。众所周知，交通运输企业的运输设备日均使用时间很长，陈旧的运输设施必然会消耗更多的油量，排放更多的尾气，制造更大的污染。在原来税制不利的情况下，交通运输企业更新设备的动力不足，运输设备陈旧在我国是普遍现象。交通运输行业营业税改征增值税，有利于运输设备的更新和先进技术的引进，这样就可以为我国减少尾气排放、控制污染、保护环境做出一定的贡献。

③交通运输行业财务与管理规范的需要

由于营业税的征收较为简便，没有抵扣环节，因此交通运输企业在设立账簿时并不是那么规范。相对于营业税来说，征收增值税的企业建立的账簿体系更加完善一些。因为现行《中华人民共和国增值税暂行条例实施细则》中明确规定，"如果纳税人因为会计核算制度不符合要求，或者其提供的纳税资料不够准确的，则不允许实行抵扣政策，该纳税人应对其销售额全额缴税，而且禁止其使用增值税专用发票。"这就促使交通运输企业规范公司财务制度，按规定建立账簿，使企业有一套清晰明白的会计核算体系。正是因为增值税对企业会计核算的严格要求，使得一部分管理不规范的小型企业要么退出市场，要么完善自身管理，扩大自身规模，转变企业税收缴纳方式，适应增值税税费的改革和推广。我们有理由相信，随着增值税的普及和科学发展，交通运输业肯定会持续健康的发展。

④公共运输行业发展的需要

现在城市道路交通拥挤不只出现在一线二线城市，这种现象在全国范围内都十分普遍，因此当务之急就是大力发展公共交通运输，降低公交行业的运营成本，帮助公交行业做大做强，努力解决道路交通拥堵问题。这都需要国家出台相应的扶持政策，"营改增"便是一个不错的契机。"营改增"的实施解决了燃油以及新购车辆的抵扣问题，能为企业减轻不少税负，同时还能促使公交企业购置新型能源公交车，降低城市空气和噪音污染。

（4）交通运输业"营改增"的可行性

在市场经济如此发达的今天，人们的生活需求早已不是本地市场能够自给自足的了，我们吃的用的东西来自全国各地，甚至来自其他国家，单单是一件东西上的零部件都可能来自五湖四海。我国的火车站、汽车站、港口还有机场的客运货运吞吐量不可估量，交通运输渗透到生活中的每个角落。增值税是对货物的增值部分征收的税款，而货物在运输过程中，企业已经把运输费算入了商品的销售价格从而转嫁给了消费者，因此，交通运输过程作为生产制造业的辅助性的行业，也为商品的增值做出了贡献。可以说交通运输业具有征收增值税的理论基础。

此外，交通运输业的某些行业特点也适合征收增值税，比如其外购固定资产、外购物料以及外购劳务等数量较大且能够准确合理计量。这就为增值税进项税的抵扣创造了很好的条件。交通运输业涉及了很多外购事项，"营改增"之后，符合政策的外购货物就能作为进项税额进行抵扣了，这无疑会降低企业的税收负担，提高企业的竞争力。运输费用此前虽然没有征收增值税，但其仍然作为增值税抵扣项目进入了增值税的管理体系。尤其是现今的以票控税、信息管税，让增值税的征收管理变得准确而有效，金税工程的监督体系一直在完善，有效抑制了虚开发票、偷逃税款的现象。在此良好的税收征管环境下，将交通运输业并入增值税发票管理系统内也会更加便捷高效。

（5）交通运输业征收增值税的相关政策

"营改增"自实施以来，经历了 2012 年 1 月 1 日的上海试点阶段、2012年 8 月 1 日的新增 8 个省市试点阶段以及目前的全国范围内交通运输业和部分现代服务业的试点改革阶段，现在还在继续探索将"营改增"逐步推广至其他行业的方法。在这三年多的时间里，为了推进"营改增"的有效实施，国家在政策上做了专门的规定。以下重点针对交通运输业的税率、计税依据、征收范围还有发票类型等其他新增的或者变化的规定做一个简要的介绍。

①征收范围、计税依据及税率的比较

在 2012 年之前，我国的交通运输业作为营业税的一个税目是普遍征收营业税的，营业税对交通运输业的征收税率为 3%，其涉及的交通运输业的征税范围包括陆路、水路、航空、管道、装卸搬运五大类，在计算缴税额时是以全部价款收入再加上允许计入的价外费用为计税基础的。另外，联运的运输服务适用差额征税，其计税依据需要从收入中刨除支付给下一个运输环节的相关费用。应纳税额的计算公式如下：

应纳税额 = 营业税的应税营业额 × 3%

2012 年在上海地区试行"营改增"，国家出台了适用于试点地区的税收规定。这次改征增值税的交通运输行业的征收范围与之前的营业税相比少了装卸搬运这一大项，另外此次改革不包括陆路运输里的铁路运输这一项。此时的税率由原来的 3% 的营业税税率变为 3% 和 11% 两档增值税税率。一般纳税人适用 11% 的税率，小规模纳税人适用 3% 的征收率。在计算增值税的应纳税额时计税依据也是全部价款以及价外费用之和。另外，之前适用按差额征收营业税的试点纳税人，其计税依据是要在前者的基础上减除掉支付给其他企业的相关费用。这时的应纳税额的计算公式如下：

一般纳税人应纳税额 = 销项税额 – 进项税额

小规模纳税人应纳税额 = 增值税应税营业额 × 3%

2013 年 8 月 1 日"营改增"推广到全国，并且自 2014 年 1 月起将通过铁路运送货物或者旅客的铁路运输业务纳入"营改增"试点，从属于陆路运输税目，增值税税率 11%，从而使交通运输业完整地实现了"营改增"。另外，税率由原来的两档变成了三档，新增了零税率。应纳税额的计算方法不变。

②其他方面的变化

a. 发票类型的增加

此次"营改增"在原有的增值税专用发票类型的基础上增加了货物运输业增值税专用发票。

b. 一般纳税人资格的认定

试点纳税人的年应税服务销售额达到 500 万元，就应该申请认定为一般纳税人，其所适用的税率为 11%，反之则应该按照小规模纳税人来看待，征收 3% 的增值税。同时财政部和国家税务总局也可以根据具体实施情况对此标准做相应的调整。

c. 抵扣进项规定的变化

原本的增值税政策固定企业内部使用的涉及征收消费税的运输工具——摩托车、汽车、游艇，它们购进时的进项税额是禁止抵扣的，现在的政策放开了这一项目的抵扣。另外，增值税纳税人接受的客运服务是不得作为进项税额进行抵扣的。

d. 纳税期限的变化

此次"营改增"在原来的政策基础上增加了按季申报。但是这并不是一个通用条款，原来的按季申报只适用于小规模纳税人，现在的政策规定财政部和国家税务总局规定的可以按季申报的其他纳税人也可适用。

3. 交通运输业"营改增"的现状分析

交通运输业改征增值税前，纳税人是以其提供交通劳务所取得的全部收入为计税依据计算缴纳营业税，而在其提供交通劳务过程所发生的增值税应税货物或劳务所缴纳的增值税，则直接计入成本而不允许进行抵扣，因此导致了增值税和营业税的双重征税。而交通运输业正常的运营需要大量交通运输工具（如飞机、火车、轮船）等固定资产以及基础设施（如机场、场站、铁道、码头）等的支持，尤其在建设初期，其固定资产的投入比较高，且金额巨大，由于不能抵扣导致的重复课税额也会相对较大，影响了企业的税收负担。交通运输业"营改增"后，由于进项税的抵扣链条得以完善，不仅可以鼓励和促进企业更新设备和技术改造，提高运输质量和效率，对该行业企业的绩效与税负也会产生重大影响。

（1）"营改增"对交通运输企业税费的影响、

由于购进设备的进项税额可以抵免，交通运输业从营业税改征增值税，必然会造成企业现金流的变化。下面将从流转税费、城市维护建设税和教育费附加及所得税的变化情况分析"营改增"对企业的现金流产生的影响。

①转税费发生变化

流转税费主要包括营业税、增值税和消费税，由于交通运输企业一般不涉及消费税，故此处仅讨论营业税和增值税。营业税改征增值税之前，不涉及增值税销项税额的企业所购置货物或固定资产所缴纳的增值税进项税额不允许抵扣，也即相当于企业的现金流出。与此对应，营业税改征增值税之后，由于该部分金额允许抵扣，使得"营改增"后相对于"营改增"前的现金流是有所增加的。对于流转税费的变化，我们可以通过简单的假设更直观地反映出来。在营业税改征增值税前，多数交通运输业企业仅缴纳税率为 3% 的营业税，假设营业收入为 S，则营业税税额为 3%S；"营改增"转型后，假设所有营业收入均为含税率为 11% 的增值税收入，进项税额为 I，当 $I = 0.069\,1S$

时，流转税费税额保持不变，在其他条件保持不变的情况下，现金流保持不变；I < 0.069 1S 时，转型后的增值税税额大于转型前的营业税税额，现金流将减少；当 I > 0.069 1S 时，转型后的增值税税额小于转型前的营业税税额，现金流将增加。因此现金流的增加或者减少取决于抵扣项目的增值税进项抵扣额。

②城建税及教育费附加发生变化

城市维护建设税及教育费附加属于附加税，其税额是以营业税税额、增值税税额以及消费税税额的总和为计税依据，乘以规定的适用税率计算得到的。由于交通运输业一般不缴纳消费税，故城建税及教育费附加的计税基础实际为营业税税额和增值税税额的加总。由于城建税和教育费附加的税率基本保持不变，根据之前所述流转税费的变化，城建税和教育费附加也会产生相应变化，即当增值税税额大于营业税税额时，城建税和教育费附加的金额也会增加，导致现金流流出增加；而当增值税税额小于营业税税额时，城建税和教育费附加的金额也会相应降低，同时将导致现金流的减少。

③所得税发生变化

首先，由于营业税改征增值税之前，购置货物和固定资产所产生的增值税进项税额与增值税小规模纳税人相同，是与其他购置成本一同计入货物和固定资产成本的；而改为增值税之后，进项税额可以进行抵扣，因此计入成本的是货物和固定资产购买价扣除可抵扣进项税额之后的金额。在货物和固定资产的销售价格保持不变的情况下，"营改增"后的入账金额小于"营改增"前的入账金额。同时，根据入账原值每年计提的固定资产折旧额也拿下降。而每年折旧额的减少也会造成抵税作用降低，利润总额升高，进而导致所得税增加。

其次，假设企业的销售单价 P 及销量 Q 保持不变，则"营改增"转型前企业的销售收入为 PQ，而"营改增"转型后由于其售价内含有11%的增值税销项税额，因此实际的营业收入为 P ÷ (1 + 11%)，"营改增"转型后企业的实际营业收入将减少，在成本及其他条件不变的情况下，企业的利润也会降低，相应的所需缴纳的所得税将会降低。

最后，根据会计科目之间及利润表的钩稽关系，营业税是计入营业税金及附加科目，可以在所得税前扣除的，而增值税只计入应缴税费科目，不能在所得税前进行扣除。因此，"营改增"后，会造成企业在所得税前可以扣除的金额减少，进而增加所得税税额。

综合以上分析可以看出，所得税税额的变动是由每年购进的固定资产可抵扣额度、营业收入变动情况及"营改增"后增值税对比营业税的变动金额这三个方面的因素决定的。

（2）"营改增"对交通运输企业利润表项目的影响

①营业收入降低

"营改增"前，企业收到的货款即实际的销售货款，无需剔除作为价内税的营业税，因此，提供交通运输业劳务所实际取得的销售收入即是利润表中的营业收入额；"营改增"后，由于增值税是价税分离的是价外税，需要在商品或劳务销售额的基础上计算，不能计入商品或劳务的销售收入，企业实际收到的货款包含了提供交通运输业劳务的收入及增值税税款，因此，在销售总额中扣除所含增值税销项税税额后才是企业真正计入利润表的营业收入。如前在对"营改增"转型前后所得税税额的讨论中所阐述的，在短期内，由于交通运输业的基础性，市场对交通运输劳务的供给和需求不会出现较大变化，各项商品或劳务的价格都不会有太大波动，交通运输业企业对外提供交通运输业劳务的价格及业务量也是相对稳定的，也即企业的销售总额保持不变的情况下，"营改增"后，由于利润表中的营业收入需从销售额中扣除增值税额，因此理论上营业收入有所减少。

②营业成本降低

企业成本主要包括变动成本和固定成本。对于生产制造企业来说，变动成本主要是指随产品产量变化的直接人工、直接材料等成本，而对交通运输业来说，变动成本是指随着业务量的变化而变化的燃油电力费、人工成本等；而固定成本则是指在一定范围一定时期内，不随业务量变化而变动的房租、固定资产折旧等其他成本。在变动成本方面，"营改增"转型前，企业只征收营业税，计入变动成本的燃油电力费等没有相关抵扣，全额计入变动成本；假设金额为VC；"营改增"后，燃油电力费等变动成本可以进行抵扣，假设其抵扣额为I，则"营改增"后的变动成本为VC-I，即"营改增"后，变动成本降低。同样，在固定成本方面，"营改增"前，企业购入机器设备时的增值税进项税额不能抵扣，均作为购买成本计入到了机器设备的成本中以待后期摊销；而"营改增"转型后，企业购进机器设备的增值税进项税额允许抵扣，使得机器设备的入账原值不再包含增值税。转型后固定资产的折旧额降低，固定成本降低。在变动成本和固定成本同时下降的情况下，假设营业收入保持不变，则企业利润会有所上升。

③营业税金及附加的变动

在此营业税金及附加只考虑营业税、城建税及教育费附加，其他项目不作考虑。而营业税、增值税及城建税和教育费附加的变动情况可参见之前对流转税和城建税及教育费附加的分析。在企业征收营业税时，企业的营业税金及附加项目包括营业税、城建税及教育费附加，而"营改增"转型后，由于所缴纳的增值税并不计入营业税金及附加中，而城建税和教育费附加以增值税税额为计税基础。根据前述，假设增值税为 IS，营业税为 $3\% \times S$，城建税和教育费附加的综合税率为 C，则当 $(0.069\,1S - I) \times C > 0.03S$ 时，"营改增"后营业税金及附加大于转型前，反之，转型前大于转型后。营业税金及附加的变化会相应的引起利润的变化。

（3）"营改增"对交通运输业不同纳税人的税负影响

我国交通运输业税收政策对企业负税情况的前后对比：营业税改征增值税之前，主要税负为所得税、3% 的营业税和以营业税额为基础按照 7% 和 2% 计算的城市维护建设税和教育费附加。"营改增"后，企业负担的税种主要为所得税、增值税及在此基础上计算的城市维护建设税和教育费附加。

①营改增"对交通运输业小规模纳税人的税负影响

从"营改增"试点的实施效果来看，交通运输业中增值税小规模纳税人获益比例最大，其税负情况都有不同程度的下降，与国家的政策方向相符，较为有力地促进了小型微利企业的发展。下面将从理论角度，对交通运输业小规模纳税人在"营改增"后税负有所降低的原因进行说明。假设如下：a."营改增"前，小规模纳税人的营业税税率均为 3%，不存在任何税收优惠政策；b."营改增"后，小规模纳税人的增值税征收率为 3%；c."营改增"前后，销售收入总额不变，均为 S，即"营改增"后的销售收入是含税收入；d. 征收增值税后，增值税销项税额为 I。由于营业税是价内税，而增值税是价外税，不能直接对比其实际税率，故以营业税的实际税率为标准，计算征收增值税后的实际税率。则小规模纳税人"营改增"后实际税率降低 0.087%。

由上述分析可以看出，虽然"营改增"改革前后小规模纳税人缴纳的营业税和增值税税率（征收率）相同，即名义税率相同，但由于增值税是价外税的关系，实际税率却有微小差别，虽然仅仅降低了 0.087%，对于小规模纳税人来说已是不小的优惠，让交通运输业众多的小规模纳税人减轻了税收负担。此外，一些优惠政策的延续也使得小规模纳税人税负下降。例如，航空公司提供飞机播撒农药服务时按照相关规定可以免征增值税；注册在某些保税港的公司所从事的相关劳务服务根据规定可以实行增值税即征即退；同时，"营改增"前营业税享受市政府给予的相关优惠政策的，如先征后返、减免等，在"营改增"后可继续以增值税的先征后返等方式予以保障。以上这些改革过渡政策和财政扶持政策等都积极地贯彻落实了减税的目标，使小规模纳税人在"营改增"中获益良多。

②"营改增"对交通运输业一般纳税人的税负影响

对于交通运输业的一般纳税人来说，"营改增"试点带来的税负影响并不是完全一致的，改革初期超过四成的一般纳税人企业表示税负有所上升。但这是正常的现象，因为政策的影响并不是一蹴而就的，它需要相关配套措施的共同配合，长期的实践经验积累才能更好地发挥结构性减税的功效，也为合理调节产业布局作出贡献。下面将通过简单的计算表说明营业税转型增值税前后流转税税收负担率的变化情况。假设如下，转型前：a. 营业收入全部征收税率为3%的营业税；b. 营业税金及附加仅包括税率为3%的营业税、税率为7%的城市维护建设税及税率为3%的教育费附加。转型后：a. 营业收入全部为征收税率为11%的增值税的含税收入；b. 成本中可抵扣金额为购买存货和生产性固定资产及其他可取得增值税专用发票的可抵扣项目的含税金额，且可抵扣税率均为17%；c. 不考虑任何税收优惠或退税情况。

令转型前后的流转税税收负担率相等，可解得 $C \approx 0.477S$。即：当 $C > 0.477S$ 时，转型前流转税税收负担率大于转型后流转税税收负担率，即流转税税负下降；反之转型前流转税税收负担率小于转型后流转税税收负担率，即流转税税负上升。通过以上分析可以得出结论，在交通运输业取得的营业收入一定的情况下，成本中可抵扣金额占营业收入的比重是转型前后税负变化的关键。根据"营改增"后一般纳税人的税负现状可知，对于许多企业来说，"营改增"不但没有降低税负，反而有所增加，其原因主要可从以下几方面进行剖析：

a. 可抵扣项目存在抵扣时间差

交通运输行业是资本密集型行业，一般固定资产的购置金额较大，同时增值税进项税额也相对较大。由于进项税一般是在购进取得增值税专用发票时在当期进行抵扣，因此若当期购进固定资产金额较大，当期可抵扣金额也较大，导致当期应交增值税税额较少，税负会比较低；反之，则导致应纳税额大幅提高。

以船舶运输业为例，一艘船舶的购进成本约2.7亿元，假设一家船舶运输企业当年新增5艘同等船舶，按照17%的增值税进项税额抵扣税率估算，进项税额将达到2.3亿元左右。如此巨额的波动，短期内必然导致税负的不稳定，若多家企业同时购进如此巨额资产不仅会给财政收入带来压力，也会增加企业营运效益的不稳定性。

b. 可抵扣项目范围窄

对交通运输业来说，运输工具的购置及修理支出、电力燃料、路桥费及人员支出在日常的运营活动中所占的比重较大。然而根据现行的增值税进项税额抵扣制度规定，主要的抵扣项目是运输工具的购置、电力燃料及固资设备的常规保养等，过路费、过桥费等并不能抵扣。在可抵扣的项目中，如运输工具的购置，其进项税额的时间跨度较大，使企业在短期内实际可以抵扣的项目及金额较少，因此导致部分企业税负上升。

c. 发票难以取得

抵扣额少的另一个重要原因则是增值税专用发票的难以取得。增值税专用发票的申请与出具的要求及监管比较严格，增值税一般纳税人可以申请领购，而小规模纳税人只能申请税务机关代开。在交通运输行业中，由于企业主要依靠提供交通运输劳务进行经营，车辆在外行的时间较长，运输工具加油费和维修费用等成本较大，但其能够取得抵扣发票的金额却较少。探究其原因主要有以下两个方面：一方面是因为运输途中中小型修理厂和加油站较多，而这些厂家由于自身规模限制仍属于增值税小规模纳税人，自身没有开具增值税专用发票的资格；另一方面，增值税专用发票的开具手续较为烦琐，小规模纳税人需申请税务机关代开且开具方要确认收票方具有接收增值税专用发票的资格，如需携带企业税务登记证副本等证明，而一般情况下，司机不会随时都携带这些证件，也没有主动索要增值税专用发票的意识，导致企业能够取得的增值税专用发票数量较少。以上两方面的因素导致了企业可抵扣的进项税额减少，导致税收负担增加。因此，在实际操作中，营业税改增值税对交通运输业各类型企业的影响各不相同。如果企业是完成投资建设已经具有一定规模，不需要大量购进固定资产，而已经购置的多数固定资产的进项税不能进行抵扣，那么将原先只有3%的营业税税率大幅度提高到11%的增值税税率必然会使企业税负增加。但如果企业是新开办的，按照"营改增"税制转型后的规定，大量新购置的固定资产等可以直接计算进项税进行抵扣，则可以显著降低其营运成本，降低企业的税收负担。因此，技术先进、资本密度高的新兴航空运输业和铁路运输业企业，特别是高铁经营企业，在营业税改征增值税改革中获益较大。

综上所述，对于交通运输业企业来说，小规模纳税人的税收负担在"营改增"之后会有不同程度的下降；而对于一般纳税人来说，其税负的变化是不确定的，要根据企业的实际情况，判断其税负变化水平。

（4）"营改增"对交通运输业上下游企业的影响

交通运输业是具有强大产业关联效应的基础性产业。以交通运输业为核心，形成无数条的产业链，产生巨大的供给和需求，又会带动和刺激其他产业部门的扩张，推动产业技术进步。交通运输业的发展为上游的能源产业和机器制造业带来了巨大的需求，同时作为供给方也为其下游的分销和物流产业提供了充足的供给。交通运输业的营业税改征增值税，也必然将对上下游企业造成相应的影响。

①"营改增"对交通运输业上游企业影响

a. 遏制上游企业乱开发票的现象

根据我国增值税专用发票管理办法，只有增值税一般纳税人具有领购、开具增值税专用发票的资格；增值税小规模纳税人如需开具增值税专用发票，则应向主管税务机关申请代开。此外，购货方要取得增值税专用发票也需要相应的证明，需要向销货方提供购货方一般纳税人资格的证明，如企业的营业执照复印件等。而一旦开具增值税发票时出现错误，即便取得发票也不能进行抵扣，因此为减少麻烦，很多交通运输业企业的司机，不会积极主动开具增值税专用发票。此外，在"营改增"之前，由于交通运输企业在购进货物时的进项税额只能计入成本不能抵扣，导致在以往的贸易活动中不积极要求对方开具增值税专用发票。以上两种因素导致"营改增"前交通运输业上游的增值税一般纳税人企业反映的实际销售额可能不准确。比如乱开发票的现象在交通运输业上游企业中十分严重。在营业税改征增值税后，交通运输业缴纳增值税，因此取得的增值税专用发票可以进行抵扣，促使交通运输业企业会尽可能积极地索取增值税专用发票，一定程度上可以监督上游企业对增值税专用发票的管理，遏制上游企业乱开发票的现象。

b. 促使上游企业尽快完善财务制度，向增值税一般纳税人转变

由于增值税一般纳税人具有开具增值税专用发票的资格，而交通运输业一般纳税人企业只有取得增值税专用发票才能进行进项税额的抵扣，当货物价格一定或相差不大时，从降低税负的考虑，交通运输业企业会尽可能选择从增值税一般纳税人企业购进货物，而非小规模增值税纳税人企业。

此外，增值税一般纳税人企业的规模和效益都已发展一定阶段，对较小规模纳税人企业来说，经营管理、财务管理更加规范，所供应的商品质量等也会更具有可信性和保证性，从交通运输业企业考虑，通常也会倾向从增值税一般纳税人企业处购买货物。

基于以上两点考虑，"营改增"后，上游企业为保持自身的市场占有量和竞争实力，也会加快完善相关的财务制度、加强经营管理，促使企业向增值

税一般纳税人转变。

②"营改增"对交通运输业下游企业的影响

a. 促进下游企业专业化分工

由于增值税税款是链条式抵扣，实行道道征税，本环节缴纳的增值税销项税额减去上一环节缴纳的增值税进项税额才是本环节实际及应缴的增值税税额；并且增值税属于流转税，也即税负的转嫁性极强。因此，如果增值税链条出现断裂，即某道环节未缴纳增值税或少缴税时，下一道环节的增值税就不能实现完全抵扣。虽然"营改增"试点前对于缴纳增值税的企业外购的运输劳务，只要取得相应的运输费用结算单据，即可以运输费用计算单据上注明的运费金额按照7%的扣除率进行抵扣，但抵扣仍然不充分。这就导致许多企业因营业税的税收负担问题，宁愿自行提供所需的运输劳务，而非交由外部专门的运输企业提供。这种现象将不利于相关产业的专业化分工和服务外包的发展。而"营改增"之后，因为交通运输业企业成为增值税纳税人，其中一般纳税人可以开具相应的增值税专用发票，使得外包运输劳务不能抵扣进项税的问题得到解决，从而推进交通运输业下游企业积极购买外部企业提供的运输服务，而一些生产制造企业内部的运输劳务业务也会逐渐向外分离。"营改增"对促进下游服务业细化分工、专业化发展、创新效率提高等具有积极的促进作用。

b. 有利于下游企业产品价格下降

虽然短期来看，交通运输业增值税一般纳税人企业在"营改增"后税收负担趋向不确定，但长期来看，必然是减税。而交通运输业税收负担的降低也会相应的影响到下游企业和消费者的利益。由于交通运输业税收负担降低，其经营成本也随之降低，在市场竞争的环境下，使得劳务的销售价格也有可能降低，这样交通运输业下游企业购买劳务的成本也会相应得到降低；此外，"营改增"实施之后，交通运输业下游企业可以取得增值税专用发票进行抵扣，也变向降低了企业的经营成本。综合以上因素，在竞争的市场环境下，经营成本的降低为商品的销售价格提供了下行的可能，即下游企业和消费者也可因"营改增"而得到实惠。

4. 交通运输业"营改增"的实证分析

在"营改增"前，根据国家税务总局的规定，交通运输行业包括陆路运输、水路运输、航空运输、管道运输和装卸搬运5大类，其营业税税率均为3%。营业税营业收入全额进行计算征收，即营业税税额不受成本费用的影响。而"营改增"后增值税的计算涉及相关成本费用的进项税额抵扣，因此决定企业税收负担和净利润变动情况的是营业成本占营业收入的比重以及可抵扣金额在营业成本中的占比，而营业成本占营业收入的比重可转换为毛利率来表示。

（1）研究样本

交通运输业包括铁路运输业、公路运输业、水路运输业、航空运输业和管道运输业5类，由于管道运输业没有符合筛选条件的上市公司数据，所以不在本次分析范围内。在样本选择上，这里是按照证监会的行业分类标准，从上海证券交易所及深圳证券交易所披露的上市公司年报为基础，并辅助应用RESSET金融研究数据库进行研究。为保证研究结果质量，在选取样本时剔除ST股、利润总额为负以及划分为交通运输辅助业的公司共筛选出26家符合要求的交通运输业上市公司进行研究。其中铁路运输企业4家、公路运输企业8家、水路运输企业8家、航空运输企业6家，以这些企业的2011年的数据资料为依据。研究样本如表3-16所示。

表3-16 选取交通运输业上市公司样本

股票代码	股票简称	行业类别	股票代码	股票简称	行业类别
600125	铁龙物流	铁路运输业	600026	中海发展	水上运输业
601006	大秦铁路	铁路运输业	600896	中海海盛	水上运输业
600834	申通地铁	铁路运输业	600428	中远航运	水上运输业
601333	广深铁路	铁路运输业	600242	中昌海运	水上运输业
002357	富临运业	公路运输业	600798	宁波海运	水上运输业
002627	宜昌交运	公路运输业	002320	海峡股份	沿海运输业
600033	福建高速	公路运输业	600692	亚通股份	沿海运输业
600561	江西长运	公路运输业	601872	招商轮船	远洋运输业
601188	龙江交通	公路运输业	600270	外运发展	航空运输业
600326	西藏天路	公路运输业	601111	中国国航	航空运输业
600386	北巴传媒	公路运输业	600029	南方航空	航空运输业
601518	吉林高速	公路运输业	600115	东方航空	航空运输业
600221	海南航空	航空客货运输业	000099	中信海直	通用航空业

（2）"营改增"对交通运输业绩效影响的实证分析

①研究方法

反映企业利润状况的指标有很多，如利润总额、销售净利率、每股收益、净资产收益率等。鉴于相关财务数据的获取难度及测算分析的方便性，这里选取每股收益指标对"营改增"前后企业绩效的变化情况进行分析。

每股收益（简称 EPS），又称每股税后利润、每股盈余，是指税后利润与股本总数的比率。它是综合反映上市公司盈利能力的重要财务指标。通过同行业不同公司每股收益的对比，可以分析各公司的相对盈利能力；通过同一公司各时期每股收益的对比，可以分析该公司在不同时期盈利能力的变化情况。通过对"营改增"前后，上市公司每股收益的变化情况，可以得知"营改增"对于公司盈利能力的影响程度。

每股收益计算公式如下：

每股收益 = 税前利润 × （1 − 所得税税率）/ 发行在外的普通股股数

通过上述公式可以看出，每股收益反映的是普通股的获利水平，每股收益越高，一定程度上表示企业当期获利较多；反之，获利较少。由于测算数据来源于上市公司报表，而公司披露的所得税税率各不相同，有的公司仅执行 25% 的单一税率，而有的公司因下属子公司涉及高新技术企业等受国家扶持的企业，所得税给予一定的减免，存在 15%、20% 的所得税税率，不易计算"营改增"后准确的净利润。因此，为方便起见，假设：（1）样本公司执行的所得税税率均为 25%，不考虑任何税收优惠政策；（2）"营改增"前后各企业不发行新股，也不考虑优先股的存在。经过以上假设，对各个公司"营改增"前后每股收益变动的比较就转变为对税前利润变动的比较。在对每股收益进行测算以前，首先对以下指标进行假定：

a. "营改增"前后，销售收入及货物和固定资产的购买成本保持不变，即"营改增"后购买成本和销售收入中包含增值税。

b. 购进货物和固定资产及成本中可抵扣金额以 17% 的税率进行抵扣。

c. "营改增"前，全部营业收入按照 3% 的税率缴纳营业税；"营改增"之后，全部营业收入为含以 11% 的税率计算的增值税销项税额。

d. 假设所有公司涉及的税费仅包括：增值税、营业税、城建税、教育费附加和所得税。其中，城建税税率均为 7%，教育费附加税率均为 3%，所得税税率为 25%。

e. 变动成本按公司当期披露的应付职工薪酬金额计算；由于会计制度规定飞机、火车、轮船、机器、机械和其他生产设备的折旧年限为 10 年，因此固定成本按企业当期新增的机器设备和运输工具按 10 年平均折旧的金额进行计算。

②研究结果

根据上述公式推导通过 Eviews 软件测算"营改增"前后每股收益的变化情况，如表 3 − 17 所示。

表 3-17 "营改增"改革前后每股收益的变化情况

	改革前	改革后
样本数量	26	26
均值	0.372 08	0.336 72
均值95%置信区间下限	0.278 21	0.244 98
均值95%置信区间上限	0.462 93	0.412 19
5%截尾均值	0.332 35	0.295 72
中位数	0.302 55	0.242 94
方差	0.098	0.079
标准差	0.311 493	0.281 554
最小值	0.005	0.013
最大值	1.99	1.742
极差	1.985	1.729
偏度	3.332	3.075
峰度	15.929	13.516

通过上表可以看出,"营改增"转型前所选取样本公司的每股收益平均值为 0.372 08,转型后每股收益均值小于转型前,减少了 9.5%。转型前每股收益 95% 的置信区间是 [0.278 21,0.462 93],区间跨度较大。样本每股收益的最大值是 1.99,最小值是 0.005,极差为 1.985,标准差为 0.311 493,这些数据表明样本数据离散程度较高。以上数据的分析表明,营业税改征增值税对交通运输企业的每股收益影响重大,转型后每股收益将降低,也即企业的收益会变差。

(3)"营改增"对交通运输业税负影响的实证分析

①研究方法

从交通运输业上市公司出发,采用交通运输业上市公司近 2 年相关数据,运用 Excel 计算各个上市公司的一系列相关指标,假设前提:

a. 营业成本中可抵扣比例为 X;

b. 当年购置固定资产金额假设为现金流量表中购置固定资产、长期资产等的投资额的 10%;

c. 进项税额的抵扣比例均为 17%;

d. 假设"营改增"后营业收入全部征收税率为 11% 的增值税;

e. 假设不存在任何税收优惠及免、退税。

②研究结果

根据上述计算步骤，以各上市公司 2011 年的财务报表数据为基础，分别令 x 为 30%、50% 和 70%，得到的增值税及所得税税负变化如表 3-18 所示。

表 3-18　交通运输业"营改增"后税负测算表（以 2011 年数据为基础）

企业代码	增值税			所得税			
	x = 30%	x = 50%	x = 70%	税改前	x = 30%	x = 50%	x = 70%
C600026	6.14%	3.62%	1.10%	2.53%	3.20%	3.26%	3.33%
C600029	6.29%	3.88%	1.47%	3.42%	4.09%	4.15%	4.21%
C600033	8.46%	7.50%	6.53%	15.87%	16.48%	16.50%	16.53%
C600115	6;25%	3.82%	1.38%	3.20%	3.87%	3.93%	3.99%
C600125	6.72%	4.59%	2.46%	5.87%	6.52%	6.58%	6.63%
C600221	6.68%	4.52%	2.36%	5.62%	6.28%	6.33%	6.39%
C600242	6.81%	4.75%	2.69%	6.42%	7.07%	7.13%	7.18%
C600270	5.92%	3.26%	0.61%	1.30%	1.98%	2.05%	2.1.1%
C600326	6.33%	3.95%	1.56%	3.66%	4.32%	4.38%	4.44%
C600386	6.80%	4.72%	2.64%	6.31%	6.97%	7.02%	7.07%
C600428	5.80%	3.06%	0.32%	0.60%	1.28%	1.34%	1.41%
C600561	6.52%	4.27%	2.01%	4.76%	5.42%	5.47%	5.53%
C600692	5.91%	3.24%	0.58%	1.23%	1.91%	1.98%	2.05%
C600798	6.66%	4.50%	2.34%	5.56%	6.22%	6.27%	6.33%
C600834	6.10%	3.55%	1.01%	2.30%	2.97%	3.04%	3。10%
C600896	5.83%	3.10%	0.38%	0.75%	1.43%	1.50%	1.57%
C601006	7.35%	5.65%	3.94%	9.50%	10.14%	10.18%	10.23%
C601111	6.47%	4.17%	1.88%	4.44%	5.10%	5.16%	5.22%
C601188	8.37%	7.34%	6.31%	15.33%	15.95%	15.97%	16.00%
C601333	6.73%	4.60%	2.48%	5.92%	6.58%	6.63%	6.68%
C601518	7.64%	6.13%	4.61%	11.16%	11.79%	11.83%	11.87%
C601872	5.87%	3.18%	0.49%	1.03%	1.71%	1.77%	1.84%
C000099	6.95%	4.97%	2.99%	7.17%	7.82%	7.87%	7.92%
C002320	7.15%	5.31%	3.46%	8.33%	8.98%	9.02%	9.07%
C002357	8.00%	6.73%	5.46%	13.24%	13.87%	13.90%	13.93%
C000267	7.00%	5.05%	3.11%	7.46%	8.11%	8.16%	8.20%
均值	6.72%	4.59%	2.47%	5.88%	6.54%	6.59%	6.65%

　　在假设"营改增"前各企业营业税税率均为3%，且主营业务收入全部征收营业税的情况下，营业税的税负为3%。根据表3－18中增值税税负的测算结果可知，营业税改征增值税后，若成本中可抵扣进项税的金额在主营业务成本中达到50%以上时，增值税的税负率才有可能低于"营改增"前的营业税税负率；反之，当成本中可抵扣进项税的金额在主营业务成本中占比小于50%时，如 x = 30%时，增值税税负率的均值为6.72%，高于营业税税负率。并且，随着成本中可抵扣金额的加大，增值税税负率下降的幅度也越明显，在可抵扣比重由30%上升到70%时，增值税平均税负率下降了4.25%。因此，若想在"营改增"后保持交通运输业一般纳税人流转税税负率的降低或不变，只能尽可能地提高成本中可抵扣进项税的项目金额。与"营改增"后增值税的税负率变化不同，所得税税负率呈明显的上升趋势，且成本中可抵扣进项税项目的金额比重越大，所得税税负率越高。由表3－18可知，在"营改增"前，企业的所得税平均税负率为5.88%，而"营改增"后，当成本中可抵扣比例达到30%时，所得税税负率已上升为6.54%。但与增值税税负率随成本中可抵扣比重变化幅度较为明显的情况不同，即使该比重由30%增加到70%，所得税平均税负率也仅增长了0.11%，说明所得税税负对成本中可抵扣金额的变化不敏感。对比完"营改增"前后增值税税负及所得税税负的变化情况后，再来研究改革前后企业从表3－18中可以得到的信息是，"营改增"改革前，上市公司的综合平均税负率为8.88%，而"营改增"后上市公司的综合平均税负率上升幅度较大，如当成本中可抵税比重达到30%时，上市公司的综合平均税负率为13.26%，提高了4.38个百分点。并且，成本中可抵税比重对上市公司的综合税负的影响较为明显，随着该比重的上升，公司的综合税负率下降明显，如当该比重从30%升高到50%时，企业所得税的综合平均税率下降了2.07个百分点。由此可见，成本中可抵税金额的多少对企业所得税税收负担影响重大。

　　通过以上基于交通运输业上市公司实际数据的分析测算，初步得到了"营改增"对交通运输业企业绩效和税负的影响情况。总体来说，"营改增"将会使企业的每股收益下降，也即税前利润下降；而税负的变化则取决于各企业营业成本中可以抵扣进项税额项目金额的多少，可抵扣比重越高，企业的综合税负会越低，反之，综合税负越高。为更好地贯彻结构性减税政策，促进产业优化，以交通运输业的变化带动上下游企业产生联动效应，在以后的"营改增"改革中应更注重成本中可抵扣额给企业带来的影响，以便更好地掌握企业税负变化情况并完善相关配套措施。

二、铁路运输业"营改增"影响分析

1. 我国铁路运输业财税发展历程

（1）我国铁路运输业发展脉络

自 1876 年中国土地上出现第一条营业铁路——吴淞铁路以来，中国的铁路发展先后经历了五个发展阶段，即开创时期（1876～1893）、缓慢发展时期（1894～1948）、抢修及恢复时期（1949～1952）、骨架网络基本形成时期（1953～1978）以及改革开放以后的新发展时期（1979 年至今）。从 1997 年起中国的铁路经历了六次大提速。最近一次提速是 2007 年 4 月 18 日，包括纵向四干线及兰新、沪昆、胶济、广深等 18 条线路的大面积提速；其中 257 对动车组分批次开行，其速度目标值、技术含量、提速规模和范围均超过前五次提速。第六次提速后，我国形成了铁路客运三大系列并行的客运体系，并拓展了铁路货运的三大优势。铁路客运形成了以动车组列车、直达和夕发朝至列车、传统普通旅客列车三系列并行的多层次客运服务体系；而货运增加了"五定"班列的运行线，提高了大宗货物直达列车的覆盖率，并优化了行李邮件、行李包裹的开行方案。当前铁路建设以进一步贴近市场、满足多层次的市场需求为切入点，以整体性、综合性和前瞻性为要求，加强铁路建设，提升铁路运输能力，并提高铁路在城市交通中的地位与作用。我国铁路按照经营管理权的不同主要分为国家铁路、地方铁路和合资铁路，作为补充还包括供大中企业内部使用的专用铁路和铁路专用线，以及供城市郊区区间通勤的区域铁路。在 2013 年 3 月以前，铁道部按照"铁道部—铁路局—站段"的三级管理体制对铁路运营进行管理。2012 年初，我国铁路总营业里程已达 93 249.64 公里，其中国家铁路营业里程为 66 050 公里，国家铁路电气化里程 34 330.44 公里；2011 年国家铁路运输总收入已达到 5 035.8 亿元。

在 2013 年 3 月以前，我国铁路部门的组织结构中的十八个下属地方铁路局（集团）包括：哈尔滨铁路局、沈阳铁路局、北京铁路局、太原铁路局、呼和浩特铁路局、郑州铁路局、武汉铁路局、济南铁路局、上海铁路局、广州铁路（集团）公司、青藏铁路公司、南宁铁路局、南昌铁路局、兰州铁路局、昆明铁路局、西安铁路局、成都铁路局和乌鲁木齐铁路局。而 2013 年 3 月，国务院发布《国务院机构改革和职能转变方案》以后，铁道部被正式拆分为国家铁路局和中国铁路总公司，其中，国家铁路局承担行政职责，并入交通运输部进行管理；中国铁路总公司承担企业职责，负责铁路运输、铁路建设及客货运营等。这一决定将探讨多年的铁路"政企分离"正式纳入改革日程。

(2) 当前铁路运输业的财政税收政策

我国目前对铁路运输实行的流转税为营业税，按照交通运输业3%的税率征收。铁路运输业对于纳税人有特别规定，其中中央铁路运营业务的纳税人为铁道部，合资铁路运营业务的纳税人为合资铁路公司，地方铁路运营业务的纳税人为地方铁路管理机构。此外，我国还设立了铁路建设基金，即从铁路货物运输费用中按照一定比例提取部分资金专款专用。2007年1月1日起，对铁路建设基金实际缴纳的营业税，由财政部按增加国家基本建设投资如数返还铁道部，返还税款将全部用于铁路建设。在2012年以前，铁路运输企业的营业税由铁道部集中缴纳，归人中央收入。而2012年发布的财预〔2012〕383号文件中，为了理顺铁路运输企业税收收入划分，以加强税收收入管理，从2012年1月1日起，将铁道部集中缴纳的铁路运输企业营业税、城市维护建设税、教育费附加由中央收入调整为地方收入；集中缴纳的铁路运输企业所得税由中央和地方按照60∶40分享。由此，我国重新规范了铁路运输业税收中央和地方的收入分配，加强了地方政府的财力，以便更好地进行铁路建设。自改革开放以来，为了支持我国铁路建设，政府曾经发布多个财政税务文件对铁路运输业不同部门、地域和项目实行减税、免税等形式的税式支出。笔者整理了我国从1994年税制改革至今对铁路运输业的所有税收优惠的政策文件。我国曾在不同范围、不同时期针对不同项目对铁路运输业进行了税收政策的扶持，足以见得我国在政策上对于铁路运输业的重视程度。这些税收优惠政策某些已经失效废止，某些还在沿用。税收优惠在为铁路运输企业减轻税负的同时，也反映了国家对铁路建设的大力支持。

2. 国外对铁路运输业的财政税收政策

由于铁路兼具必需品、公共性和正向外部性特征，大多数国家政府都对铁路运输进行了税收和财政支持。对于铁路运输业，通常使用基本税率或者低税率，尚无国家实行高税率征纳。同时，对铁路运输业实行消费型增值税也已经是国际上通行的做法。

(1) 税式支出

对铁路运输业实行低税率的国家：西班牙在最低档4%、中档8%和普通税率18%之间，对交通运输业实行中档8%的税率，而对铁路客运再降低两个百分点，按6%的低税率征税；德国对50km距离以内的短途城市客运按照标准税率的一半征收；法国对旅客运输增值税实行5.5%的低税率，低远于法国增值税标准税率19.6%；英国铁路企业按税法规定纳税，但由于政府对铁路的扶持政策，目前实际税收费用为零。

采用减免税收优惠政策的国家：美国 2007 年通过的《货运铁路基础设施扩能法》，对旨在扩充铁路运输能力的，用于新线、联运设施、货运站场、机车以及其他铁路基础设施的投资，实行 25% 的投资税收抵免，并对铁路客运基本实行全面免税政策；日本对铁路公司实行部分减免的税收优惠政策，以减免占国税比重较大的法人税为主；瑞典对国家铁路免征所得税；印度对铁路免征营业税及所得税；埃及将包括铁路运输业在内的客运月艮务纳入增值税的免税范围。

（2）财政扶持

日本铁路于 1987 年进行民营化改革，为了鼓励私营企业及外资企业投资以刺激铁路建设发展，同时，公益性质的铁路建设项目仍主要由中央或地方政府进行投资。大都市铁路建设和改造一般由中央及地方政府按比例投资为主，地方铁路建设项目由当地政府投资为主。日本政府对铁路运输企业曾采取补贴、减免税和贴息等扶持政策，每年都会提供大量的资金补贴以支持铁路的发展。近年来，这些资金主要用于建设新干线、发展城市铁路、研制新型列车及加强铁路安全等。

德国自 1994 年铁路改革后，国家开始对联邦各铁路的投资提供支持。对于列入计划的联邦铁路基础设施，由国家提供建设补贴和无息贷款。按照德国《乡镇公共交通筹资法（GVFG）》规定，铁路每年能够从规定的财政援助和地方化资金中得到约 10 亿欧元的投资资金。从 2000 年起，为支持德国铁路股份公司（DBAG）的现代化改造，政府每年向德国铁路公司额外提供 20 至 25 亿欧元的财政拨款，且除了具有效益回报的铁路基础设施建设项目之外，其他项目均为政府投资或由政府提供无息贷款。法国政府认为铁路运输业是具有公用事业性质的产业，且铁路运输在环境、安全和能源方面体现出诸多优越性。于是，自 1997 年法国铁路改革后，路网建设投资责任从国营铁路公司（SNCF）中分离出来，由国有铁路网公司（RFF）全权负责，并于 2005 年成立了运输基础设施建设融资机构（AFITF）对铁路建设进行支持。在路网建设中，RFF 根据项目收益决定投资额度，不足部分由政府及其他受益者补足；而 AFITF 则把从公路交通及其特许权中取得的部分收入，转用于投资批准的铁路建设项目。英国经历了较为曲折的投资政策改革过程。1996 年路网公司上市进行融资之后，政府退出对铁路建设的直接投资。然而政府退出导致了路网状况的恶化，因为仅有的民间投资远不足以支撑铁路建设的发展。于是，在 1999 年后，政府再次直接投资铁路，并在运输部发布的

《2000～2010 年交通运输十年规划》中，为铁路建设计划了 633 亿英镑的投资，占交通运输业十年总投资计划的 35%。这 633 亿英镑分别通过政府、路网公司、车辆和运营企业等部门投入到铁路运营。

3. 铁路运输业"营改增"的理论与制度

（1）铁路运输业"营改增"的必要性

①铁路运输业"营改增"的理论意义

a. 铁路运输业的特点。首先，铁路运输业所提供的产品（或者称服务）是位移，与其他物质生产部门不同，铁路运输业提供的服务是旅客或货物在空间上的改变。铁路运输业所出售的"位移"，不是笼统的、抽象的位移，而是有具体条件规定的场所变动。位移的主体是既定的旅客或者货物，位移的客体是某条线路上的既定两站点之间的场所变动。购买这种产品的"契约"便是相应的客票或运单。根据马克思政治经济学的阐述，商品中包含了劳动者的具体劳动和抽象劳动，是使用价值和价值的统一体。对于运输劳动，其中的具体劳动只是改变了劳动对象的空间位置，可以算作物理属性的改变；而抽象劳动所创造的新价值，主要表现为商品经过运输之后的交换价值增加。其次，铁路运输业流通过程在先，生产和消费同时进行。一般的物质生产过程是生产在先，产出的商品经过流通过程然后进行消费。而铁路运输业是流通过程在先，生产者和购买者达成契约后，生产和消费过程同时进行。运输服务只是改变劳动对象的空间位置，而并不生产有形产品，所以不能像一般商品一样进行储存和调拨。最后，铁路运输业具有资本密集型和自然垄断的特征。不管是站台、线路设备和路网的铺设，还是房屋等其他建筑物的构建，都需要大量的资金投入。铁路运输业的资本有机构成比一般产业高很多，具有资本密集型特征。并且铁路还具有自然垄断的特征，存在规模经济效应和范围经济效应。规模经济效应是在相当的规模限度内，随着生产规模的扩大，产品或服务的每一单位平均成本下降，从而使得报酬递增；范围经济效应是指，当企业追加新的产品或服务进行联合生产，要比单独生产或提供服务的成本低。由此可见，铁路运输业的服务能够产生增值额，且增值额的来源是旅客和货物在空间上的位移；另外，铁路运输业初始固定资产投入较大，资本有机构成较高，对其实行消费型增值税较营业税更为合理。

b. 铁路运输业"营改增"的理论依据。"营改增"的主要理论依据包括税收中性、流转税制理论和税收宏观调控理论。税收中性在 17 世纪末由英国著名经济学家亚当·斯密提出。税收中性是针对税收的超额负担提出的一个概念，一般包含以下两种含义：第一，国家征税使社会所付出的代价以税款为限，尽可能不给纳税人或社会带来其他的额外损失或负担；第二，国家征税应避免对市场经济正常运行的干扰，特别是不能使税收成为超越市场机制而成为资源配置的决定因素。税收中性原则的实践意义在于尽量减少税收对市场经济正常运行的干扰，在市场对资源配置起基础作用的前提下，有效地发挥税收的调节作用，使市场机制和税收机制达到最优结合。完善的增值税具有良好的中性特征，增值税通过连续的进项税额抵扣环节，有效避免了重复征税，最终仅仅是以增值额为计税依据。然而目前我国增值税征收范围较小，破坏了增值税的抵扣链条，没有较好地体现增值税的中性特征，对我国经济运行也造成了一定的干扰和扭曲。交通运输业是流通环节的必要组成部分，是社会生产周期顺利完成的重要环节，应当加入成为增值税链条中的一部分。铁路运输业作为交通运输业的骨干，具有成本低、运量大等内陆运输优势，尽快对铁路运输业进行"营改增"，能够促进增值税链条的完善，减少不完善的增值税税制对经济的干扰，恢复增值税的税收中性特征。流转税是对流转额的课税，流转税制理论阐述了这一类税收的性质及特点。流转额是在生产、分配、交换和消费的社会再生产过程的不断周转和循环中形成的。增值税产生的原因即改革传统流转税存在的重复征税弊端，通过逐链抵扣以达到消除重复征税的目的。增值税在理论上的征税对象是商品价值 C + V + M 中的 V + M，即劳动者新创造的价值部分。增值税实行普遍征收和道道征收的原则，只要发生增值额就会对其进行征税，但是由于抵扣制度的存在，不会出现重复征税，减轻了纳税人的负担。增值税对商品的课税是商品价格的一个组成部分，税务部门通过调节税率，可以有效调节生产与消费。如进一步配合产业政策，则可以对产业结构的层次进行调整，以实现国家对产业结构的布局。若对铁路运输业实行增值税，则增值税的征税对象是铁路运输车辆为旅客和货物提供位移服务所带来的价值增值，增值税成为商品价格——票价或运单的一个组成部分。对增值税税率的调节能够影响铁路运输的商品价格，进而影响其供需状况，最后对铁路运输产业的发展产生影响。税收宏观调控理论，是指国家运用税收分配手段，直接调节纳税人的收入，间接影响纳税人的行为，进而引起社会经济活动的变化，以实现国家的宏观调控目标的理论。税收调控理论认为，税收不仅仅是政府财政收入的主要来源，而且是贯彻政府经济社会决策、实施有效的宏观经济调控的重要手段。作为财政政策的一个重要部分，税收与产业政策之间有着密切的联系。税收通过利益转移，促使企业生产经营活动与国家产业政策目标接轨。我国目前正值产业结构的调整时期，正在加快发展第三产业，并迫切需要发展基础产业。交通运输业既是第三产业，又是基础产业，是亟需发展的重中之重。对交通运输业税收调节能够影响第三产业的发展。铁路运输业营业税改增值税能够有效减少企业税负，同时，对铁路运输业实行适当的税收优惠也能良好地体现我国的产业政策。

②铁路运输业"营改增"的现实意义

我国于1979年引入增值税，最初仅在襄樊、上海、柳州等城市的5类货物试行；1984年国务院发布增值税条例草案，在全国范围内对机器机械、汽车、钢材等12类货物征收增值税；1994年税制改革，将增值税征税范围扩大到所有货物和加工修理修配劳务，而对其他劳务、无形资产和不动产销售征收营业税；2009年，为了鼓励投资，促进技术进步，在地区试点的基础上，全面实施增值税转型改革，将机器设备等固定资产纳入增值税抵扣范围；2012年1月1日，上海作为首个试点城市正式启动"营改增"，开始了我国增值税最大的一次全面扩围，逐步将增值税扩大到各个行业，完全替代营业税。

首先，对我国的税制改革来讲，铁路运输业营业税改增值税可以说是我国增值税扩围从推出到顺利完成的一个关键点。对铁路运输业实行低税率的消费型增值税早已是国际上通行的做法，而在首先进行改革的试点行业和地区中，铁路运输业暂时被排除在试点范围之外。从当前情况来看，已经是时候将铁路运输业也纳入改革范围之内。其原因主要有以下几点：

第一，铁路运输行业目前征收营业税，对服务购买单位还无法开具增值税专用发票，导致下游企业无法抵扣进项税额，增值税抵扣运行机制被阻断；改征增值税后，铁路运输行业对下游企业开具增值税专用发票，使之成为增值税链条中的一环，将有利于增值税税制的完善。

第二，铁路运输企业中，固定资产等资本有机构成较高，最能体现消费型增值税在消除重复征税、实现公平税负等方面的优势，能为我国全面完成增值税扩围改革积累重要经验。

第三，在实行营业税的条件下，铁路运输业按照其服务的不同分为运输业单位、运输辅助单位以及非运输单位，并进一步按照服务内容征收营业税和增值税。铁路运输业改征增值税后，铁路运输业的所有企业统一征收增值税，不管从纳税会计核算上还是企业会计管理上都达到统一。

第四，对铁路运输业实行消费型增值税将对经济发展起到及时的推动作用。

自2008年全球金融危机之后，国内外经济环境的变化对我国经济发展在中期构成了较大的下行压力。近几年来，我国经济增长速度放缓，出口锐减，国内消费速度增长放慢，多种产业投资回落，社会就业压力较大。然而从长期来看，城镇化和工业化尚未完成，仍将继续推动投资进而拉动经济增长；技术进步、劳动力和资金的丰富储备以及巨大的消费潜力，都是我国经济重新踏上迅速发展道路的潜在动力。铁路运输业在城镇化和工业化道路中，由于其基础性、公共性、外部性和产业带动性，一直是我国经济建设的重点产业。从1999年至2008年十年期间，国家铁路运输应缴税金与实现利润的比值均大于100%，2008年已经出现了104亿元的亏损，而在2008年以后的国家铁路利润数据未对外公布。巨大的营业税税负已经成为制约铁路运输企业盈利的一个非常重要的外部成本。铁路作为国民经济的基础行业，借助其"点多、面广、线长"的运输优势，对合理配置资源、促进地区经济发展起着基础性作用。在2011年全国货物周转量中，铁路运输占到了31.0%；在全国旅客周转量中，铁路运输占到了18.5%。当前，我国铁路正在加速建设发展当中，投资范围巨大，已经承担了大笔的银行债务。通过增值税改革能够减少重复征税、刺激投资，在减少铁路运输业税收负担的同时增强铁路运输行业竞争力，最终推动国民经济的发展。

（2）铁路运输业"营改增"的可行性

首先，从国际上实际操作的情况来看，大多数国家实行的是包括交通运输业在内的全面的增值税。而在对运输业实行增值税的国家中，除了少数几个原实行计划经济的东欧国家之外，均采用的是消费型增值税。同时，许多国家都在不同程度上对铁路运输业实行了低率、税收返还等税收优惠政策。充分的国际先例已经证实了铁路运输业实行增值税的可行性及优越性。其次，铁路运输业是商品生产流通过程中一个不可或缺的重要环节，具有增值额。商品经过生产过程之后，通过运输过程进入流通消费。铁路运输业作为运输业的骨干行业，在中、长距离，大运量的运输当中发挥了相当的运输优势。铁路在为旅客、货物提供空间上的位移服务的同时，也为旅客、货物创造了价值增值，这一增值通过隐性效益或者显性价格的方式体现。从这一角度讲，铁路运输业也是物质生产部门，具有增值额，可以对其增值额征收增值税。最后，根据现行《中华人民共和国增值税暂行条例》第八条第二款第（四）项的规定，纳税人购进或者销售货物以及在生产经营过程中支付运输费用的，应按照运输费用结算单据上注明的运输费用金额和7%的扣除率计算进项税额。同时，在我国增值税的法律规定中，为了减轻运输费用占比较大的增值税纳税人的税收负担，将运输费用支出凭证纳入了增值税扣税凭证管理。将铁路运输费用支出纳入增值税进项税额抵扣范畴，运输费用支出凭证纳入增值税扣税凭证管理，这本身就认可了铁路运输业具备征收增值税的条件。

（3）铁路运输业实行增值税的税率设计

①方案设计的基本前提和思路

a. 由于生产型增值税向消费型增值税的改革已于 2009 年全面推行，因此，本文中增值税均指消费型增值税，即允许纳税人在计算增值税税额时，从商品和劳务销售额中扣除当期购进的固定资产所对应的已支付增值税税额。企业的资本投入不再算入产品增加值。

b. 方案设计的原则为"改征后总体税负不增加或略有下降"，即铁路运输企业改革后的税负率与现行缴纳 3% 营业税的税负率相等。其中税负除了改革前的营业税和改革后的增值税以外，还包括企业需承担的企业所得税、城市维护建设税和教育费附加。与营业税不同，增值税是价外税，不能在所得税前扣除，会影响企业所得税的应纳税所得额，进而影响企业所得税税额；改革后铁路运输企业由缴纳增值税代替营业税，作为城建税和教育费附加计征依据的流转税总额会有所增减，也会影响其金额。因此，企业所得税、城市维护建设税和教育费附加作为增值税改革的税负联动项目被考虑在内。

c. 研究选取的样本为沪深上市企业中"铁路运输业"行业分类中的所有企业，包括大秦铁路（601006）、广深铁路（601333）、申通地铁（600834）和铁龙物流（600125）。铁路运输业上市企业仅此四家，均属于行业内具有代表性的企业。笔者认为以这四家铁路运输上市企业的财务报表数据为样本，一方面可以获得更加详尽的数据，一方面也能够得出一个具有行业代表性的结论。下面将结合样本公司 2009 年至 2011 年三年的年度合并财务报表数据，对铁路运输业实行增值税的税率、特定抵扣项目及可能带来改善作用的财政政策进行测算和研究。

②路运输业增值税适用税率测算

目前营业税改增值税试点期间，税率在现行增值税 17% 标准税率和 13% 低税率基础上，新增 11% 和 6% 两档低税率，并对于交通运输业适用 11% 税率。然而铁路运输业是否也适用 11% 的税率？改征后是否会给铁路运输业企业增加税收负担？什么样的增值税税率适合铁路运输业？这些都是下面即将进行研究的内容。在对适用税率进行测算之前，首先对一些项目口径及测算方法进行说明：

a. 为了加强结果的准确性，增值税中可抵扣进项的固定资产为当年新增固定资产中，扣除自建项目的部分，如房屋及建筑物、路基、桥梁、隧道、道口、涵和其他桥隧建筑物等线路资产。税收负担率为应缴税费与主营业务收入的比率。

b. 关于外购货物、劳务金额的测算，由于企业对外公布的财务报表里通常无法找到关于外购货物、劳务的对应项目，在以往的文献研究中都是参照邵瑞庆、巫珊玲、劳知雷于 2002 年发表的《交通运输业实行增值税的可行性分析》一文中，通过 61 家交通运输企业回复的调查表计算出的比率数据。然而，该文采纳的数据资料距今过于久远，且行业划分较为粗略，现决定不予采纳。同时，在本书选取的四家铁路上市公司当中，仅有大秦铁路（601006）公布了企业外购货物及劳务的财务数据，而大秦铁路的效益、规模、运量均位居铁路运输业类上市公司之首，被称为"铁路运输第一股"，笔者认为其具有充分的代表性，因此选取大秦铁路的外购货物、劳务占主营业收入的比例数据作为行业比率的参考。其中，外购货物、劳务为财务报表附注中"营业成本"分列所对应的外购劳务、电力、燃料和材料、供热及供暖等购进项目。

c. 由于铁路运输企业的营业税计缴标准有 3% 和 5% 两档，而根据大秦铁路 2009~2011 年的财务报表，征一档的营业税的计税营业收入约占总营业收入的 10%，因此，营业税税率一律按 3.2% 计算。企业所得税税率按照 25%，城市维护建设税税率按照 7%，教育费附加计征比率按照 3% 来计征；由于增值税在通常情况下为凭票抵扣，所以购进的劳务、电力、燃料和材料等均按上游企业开具的票据注明的税率抵扣，而劳务、电力、燃料和材料适用税率在通常情况下为 17%，所以外购劳务、货物及新增固定资产均按 17% 的税率抵扣进项税额。同时，为了加强结果的准确性，少量的供热、供暖费用也将计算在内，并按照 13% 的进项税额进行抵扣。

d. 由于年报利润表中的主营业务收入还包含了非营业税计税收入的其他收入，加上在税收实际缴纳过程中还存在诸多调整事项，所以用主营业务收入作为营业税计税收入尚不准确。

综上所述，在目前改革试点阶段，若对铁路运输企业按照现行试点交通运输业 11% 的增值税税率征税，将导致铁路运输企业的总体税负增加约 3.15%；现行状态下，若对铁路运输企业按照约 7% 的增值税税率改征增值税，则能够在保证国家税收收入不变的同时，不加重铁路运输企业的税收负担。建议在铁路运输业纳入增值税扩围试点初期，采用 7% 的增值税税率，然后随着增值税征税范围的扩大以及配套政策的完善，逐步提升至一个统一的税率。

（4）铁路运输业实行增值税的进项抵扣项目

　　下面以最具代表性的大秦铁路为例，来分析一下铁路运输企业主要的成本构成，以对铁路运输行业增值税的进项抵扣项目进行探讨。在营业成本的构成当中，占比最大的前四项成本依次为人员费用，电力、燃料及材料，客货运输服务费和折旧，并显著超过其他成本。若对铁路运输业实行增值税，则其中可以产生进项税额的成本项目仅有电力、燃料及材料、外购劳务及供热供暖费，约占总成本的24%。其中，铁路为本系统或本单位的大修及检修支出不缴纳营业税同时免征增值税（财税〔2001〕54号）；客货运输服务费包括机车牵引费、线路使用费和电力接触网使用费，均不征收营业税（国税发〔2002〕44号）。除去以上税收优惠项目，仍有占总成本52%的项目无法产生可抵扣的进项税额。较大比重的成本项目无法产生可抵扣的进项税额，经过分析，其主要原因可分为过渡性因素和制度性因素。

　　①渡性因素

　　过渡性因素是指营业税向增值税的改革还在过渡之中，增值税尚未推及至全国全行业，完整的抵扣链条还未形成，一些服务性项目还不能开具增值税专用发票进行抵扣。截至2013年年初，纳入增值税改革试点的仅有11个省（直辖市、计划单列市），除铁路运输业以外的交通运输业及六个部分现代服务业。有预计增值税扩围最快能在"十二五"末期完成。若改革完成，在全行业实行增值税后，一些原来不能纳入增值税进项抵扣的项目将纳入进项抵扣。在此例中，原本按照"服务业"和"邮电通信业"征收营业税的机车租用费、货车使用费、土地房屋租赁费、房屋维修费、通信服务费等改征增值税后均可获得增值税专用发票，并纳入进项税额抵扣，可产生进项税额的成本比率将由原来的24%左右提高到34%左右，即提高到原来的1.4倍。在之前的计算中，用以计算的大秦铁路的外购货物、劳务仅仅包括了财务报表中公布的外购劳务、材料、电力及燃料等内容，实际运营中的外购项目还可能包括办公用品、水费等，因此目前实际运营，除了固定资产以外的外购货物、劳务的成本比率应该略高于14.5%。在"营改增"的过渡期结束，营业税完全被增值税所替代以后，这个比率还将进一步增加。

　　②制度性因素

　　制度性因素是指我国现行的税制制度还不能完全适应经济发展的要求，在过渡期呈现出的一些问题，在改革后需要进一步调整和完善。2009年，我国由生产型增值税转型为消费型增值税，从此企业外购固定资产允许纳入进项税额进行抵扣。然而在铁路运输业的固定资产构成中，即使实行增值税，也有相当一部分是不能纳入进项抵扣的，如房屋及建筑物，路基、桥梁、隧道、涵、道口、车站、通信信号设施等线路资产。在"网运分离"之前，这类固定资产均无法通过外购来获得，都是企业购入材料进行自建。而我国《增值税暂行条例》第十条规定，当纳税人购进的货物或接受的应税劳务不是用于增值税应税项目，而是用于非应税项目、免税项目或用于集体福利、个人消费等情况时，其支付的进项税就不能从销项税额中抵扣。由于这类自建属于将购入材料用于增值税非应税项目，均要求在当期做进项税额转出，则这类成本自始至终都不能抵扣进项税额。在铁路运输行业的营业成本中，存量固定资产的折旧占了较大的比率。鉴于铁路运输业的行业性质，相当一部分固定资产诸如站台、轨道、隧道等在短时期内不可能更换更新，而其每年产生的大量折旧也不能产生可抵扣的进项税额，在一定程度上加重了企业的负担。总的来说，铁路运输企业虽然资本的有机构成较高，但实际可产生进项税额的资本非常有限。根据以上问题，建议就存量固定资产根据具体情况，允许将每年计提的折旧额中包含的进项税额核定为可抵扣进项税额。由此，不仅可以将存量固定资产纳入抵扣范围，还可以消除自建固定资产不能抵扣所带来的税负增加问题，以进一步实现增值税的中性特征。

4. 铁路运输业改征增值税的配套财税政策

（1）针对铁路运输企业的配套政策

截至2013年年初，我国"营改增"试点已经扩大至12个省市。从目前增值税扩围改革的试点情况来看，大部分行业在改革后税负减少，少数行业税负有所增加。交通运输业、物流业均为典型的税负增加行业。经过研究发现，导致改革后税负增加的原因主要有以下几个方面：

第一，进项税额抵扣不足。造成进项税额抵扣不足的原因可以分为周期性抵扣不足和结构性抵扣不足。周期性抵扣不足是指部分企业由于生产经营周期的影响，在不同年度购进的固定资产、货物和劳务金额相差很大，尤其是固定资产的购进数额，而导致的具有周期性的进项税额不足；若纳税人通常在某一段时期内集中进行固定资产的更新和更换，那么这种周期性将会加剧。结构性抵扣不足是指企业的资产构成决定了企业在长期以来可抵扣的进项税额的多少，资本有机构成比重较低的企业比资本有机构成较高韵企业更可能产生税负的增加。对于铁路运输企业，造成进项税额抵扣不足的主要原因是周期性原因，铁路某些大型固定资产通常十几年甚至几十年才更新一次。进项税额抵扣不足是导致改革后税负增加的一个重要原因。

第二，增值税覆盖不全面，抵扣链条不完善。由于增值税改革刚刚铺开，很多地区和行业尚未进入增值税征收体系；不能开具增值税专用发票供购货方抵扣。例如公路运输企业，其成本中的路桥费和燃油费占了相当的比重，而目前在全国范围内大多数收费站和加油站还不能开具增值税发票，由此导致进项不能抵扣，企业税负上升。受此因素影响较大的还有物流业、水路运输业等。增值税覆盖不全面是造成改革后税负增加的一个较为普遍的原因。

第三，原有营业税税收优惠的取消。虽然中央目前明确指出，国家给予试点行业的原营业税优惠政策可以延续，但对于通过改革能够解决重复征税问题的，予以取消。然而这一做法本身存在着一定的问题：首先，增值税与营业税税收优惠的标准和内容不同，营业税的税收优惠难以简单地进行延续，需要进行充分的研究和逐条替换；其次，增值税与营业税完全属于两套不同的征纳体系，增值税的税率也高于营业税，增值税比营业税更加难以进行合理规避；最后，根据《交通运输业和部分现代服务业营业税改征增值税试点过渡政策的规定》，文件中列举的行为可以享受增值税税收优惠政策，尚未列举的就不能享受到优惠政策，这也在一定程度上导致了某些企业的税负不能得到减轻。

鉴于以上三种主要原因，在铁路运输业的"营改增"过程中，应该有配套的财税政策来保证改革的顺利完成。若要对交通运输业实行统一的11%的增值税税率，则更需要过渡政策来减轻铁路运输企业的税收负担。配套的财税政策旨在消赊改革过渡期企业税负增量，保障改革后企业的长远利益，并加强我国税收征纳管理。

①财政补贴

财政补贴是一种无偿的转移性支出，适用于一定时期、特定范围内的扶持和调节，具有可控性、灵活性和时效性等特征。对于"营改增"的过渡时期，财政补贴无疑是一种直观而且迅速的调节方式，因此在试点地区被普遍采纳，在各省市出台的改革文件中均涉及"过渡性财政扶持政策"。对于目前部分行业税负增加的情况，试点、的部分省市已经出台了具体的补贴方案，如广州、厦门、上海等，其他省市也做出了原则性的规定，并在具体补贴方案的设计和讨论当中。其中苏州市对试点中税负上升额较大的88户交通运输业企业，按照一定幅度预拨财政补贴资金1 000万元；广东省财政安排10亿元，广东各市也相应安排专项资金（广州市已明确安排5亿元），对月平均税负增加1万元以上的试点纳税人给予补贴；而厦门和上海出台的补贴方案均表示，企业在一定期限内税负升高累计超过3万元，可向财政部门提出预拨财政扶持资金的申请，财政部门审核确定后，按企业累计升高税负的70%预拨给企业。各个省市在清算时间上的安排也有所不同，例如，上海于2012年

2月公布的方案为按月跟踪分析、按季审核预拨、按年据实清算；而厦门除了进行年度清算外，还新增了"政策期满后统一清算"这一流程，即当"营改增"在全国全面实施、该过渡财政扶持政策执行期满后再进行一次清算。对于铁路运输业营业税改增值税可能带来的税负增加，在文中上一段已经进行了测算。借鉴目前各地已有的补贴方案，对于铁路运输业应该如何补贴，下面将对其进行研究。由于增值税小规模纳税人的认定标准为"从事货物生产或者提供应税劳务的纳税人，以及以从事货物生产或者提供应税劳务为主，并兼营货物批发或者零售的纳税人，年应征增值税销售额在50万元及以下"。

　　首先，应该怎样对铁路运输业设计补贴政策？按上述内容，改征11%的增值税后，按照平均增量估计到2013年全国铁路运输业年税负总体增量约为130亿元左右。由于铁路运输业的特殊性，按行业出台的补贴政策比分地区实施不同补贴方案更为合理，也更加易于管理。目前试点地区尚未将铁路运输业纳入试点，这也为铁路运输行业统一补贴政策提供了条件。在2013年3月，铁道部拆分为国家铁路局和中国铁路总公司以后，补贴的发放对象更为明晰。中国铁路总公司为母公司，以下属各个子公司为单位发放补贴；对于跨省合营的铁路，则按照控股比例来分配补贴份额。其次，对铁路运输企业的税负增加，是实行全额补贴，还是税负增量超过一定范围才予补贴？笔者认为，税负增量超过一定范围予以补贴的方式，能够排除特殊情况带来的税负波动，减少补贴成本，提高补助效率，还能在一定程度上防止骗补的发生，这也是目前各省份过渡性财政补贴政策中通用的做法。铁路运输业有自然垄断特征，铁路运输公司的年主营业务收入通常都在亿元以上，而目前广东省的"月平均税负增加1万元以上的试点纳税人给予补贴"，或是厦门、上海的"一定期限内税负升高累计超过3万元的试点纳税人可申请补贴"，对于铁路运输业来说，税负增加补贴的起点都太低。同时，对企业税负增量若按照额度来衡量，规模较大企业的税负增量更易达到要求额度，因此相较于规模较小的企业，规模较大企业更易从中得利。如此一来，便没有体现公平原则。铁路运输企业平均规模较大，而不同的铁路运输企业之间的规模差距也较大。所以笔者认为，用税负增加率来衡量铁路运输企业的税负增量更为恰当。对铁路运输业的补贴按照一定期限内税负率升高超过某一比率，对超过数额实行全额或者一定比例的补贴，应该是比较适用于该行业的一种补贴形式。最后，对于补贴的清算方式，可以沿用上海"按月跟踪分析、按季审核预拨"的形式，并采用年度清算和政策期满后统一清算相结合的方式。年度清算之后对于符合要求的企业进行补贴，并在政策期满后对政策期间的总体税负增量进行测算，多退少补。这样可以将各月份以及政策期各年期间税负的大幅增减予以平均，特别是对于存在明显固定资产更换周期性的运输行业，同时能够有效防止企业有意识的短期税负操作行为。

②税收优惠

税收优惠也是目前增值税扩围中我国使用的过渡政策之一。按照《财政部国家税务总局关于在北京等8省市开展交通运输业和部分现代服务业营业税改征增值税试点的通知》规定，交通运输业和部分现代服务业营业税改征增值税后，按照市政府规定给予试点行业的原营业税优惠政策，包括营业税减免和税收先征后返。政府可按照原规定的营业税优惠内容、优惠程度、优惠期限等，通过增值税先征后返作为过渡政策。先征后返又称"先征后退"，是指对按税法规定缴纳的税款，由税务机关征收入库后，再由税务机关或财政部门按规定的程序给予部分或全部退还已纳税款的一种税收优惠。

在铁路运输业增值税改革中，税收减免和先征后返可以作为减轻企业过渡时期税负的方法。税收减免可以用于原先就享受营业税减免优惠的路段，作为优惠政策的延续；在实际操作中，更加惯常和普遍使用的是先征后返。与即征即退相比，先征后返具有严格的退税程序和管理规定，可以在减轻企业税负的同时，有效减少不必要的税收流失。先征后返一般是按照比例进行返还，在过渡时期，对铁路运输业可以参考国税函〔1995〕135号中"先征后返、五年过渡、逐年递减"的返还政策。在"营改增"期间制定适合于铁路运输业的返还税率，然后随着增值税制度的逐步完善，分级次逐年减小返还比率。比较起财政补贴，"先征后返""逐年递减"的税收优惠政策更加易于操作和管理，可以有效减少政府的成本。

③积极推进铁路运输业组织结构的重组

长期以来，我国铁路管理体制一直存在着"网运不分""政企不分"的问题，铁道部及下属铁路分局掌管着一切与铁路有关的事项，包括铺设铁道线路，管理管辖范围内的机车车辆、客货运业务和按业务或区域设置的站段，以及铁路的客货运输生产。"网运不分"是阻碍我国铁路发展的一个"门槛"，造成了诸多问题。例如，整个铁路系统生产成本较高，经营效率持续低下，定价权限高度集中，运价水平偏低，运价结构单一，不能反映运输市场的供求关系等。在增值税扩围向铁路运输行业迈进时期，"网运不分"也成为铁路运输企业税负增加的一个重要因素，其突出的问题就是提高了企业成本。下面就几个典型的成本提高进行阐述。一是人员成本。在铁路运输企业营业成本构成里，占比最大的一部分是人员费用。这类费用不仅占成本较大，而且完全无法产生可抵扣的增值税进项税额。在网运合一的管理体制中，人力资源签约成本要比从路网分离出来专业化企业高得多。例如，一个客运人员，为了在以行车、货运为主的网运合一系统里得到更多晋升机会，还要学习行车、货运知识。如此一来不仅削弱了专业化程度，降低效率，还提高了人员费用。我国铁路还曾自己开办过许多中专学校、大专院校和职工学校，便是从另一个侧面体现了这种较高的人员成本。二是产权成本。是指"网运不分"所造成"政企不分"的垄断经营，缺乏市场性所带来的委托代理成本、讨价还价成本、保证成本及寻租成本等。由于产权的不可交易性和垄断性，加上铁路的外部性特征，"搭便车"和寻租现象普遍存在，一些公益性、政策性的运输也会无偿挤占正常运输线路，造成效率低下。三是组织成本。由于没有建立现代公司制度，企业内部业务繁杂、组织结构复杂、人数众多，因此信息处理难度加大，管理成本较高。这将提高获取信息成本，也从另一个方面提高了人员成本。网运分离是将铁路的基础设施建设与管理运营分开，基础设施建设由国家来完成，客货运输的管理运营允许民营资本进入，两者独立或相对独立地实行生产管理与组织、财务核算、投资建设和发展规划。必要的时候，还将"客货分离"以进一步提高专业化程度。2013 年 3 月，国务院子第十二届全国人民代表大会第一次会议期间，发布了《国务院机构改革和职能转变方案》。方案决定，将中华人民共和国铁道部拆分为国家铁路局和中国铁路总公司。中国铁路总公司已经正式挂牌成立，国家铁路局由交通运输部进行管理。这标志着中国铁路运输"政企分开""网运分离"的改革被正式开启。网运分离之后，铁路运输的市场性将得到加强，各方面成本得到降低，效率得到提高。从税收方面来看，政企分离不仅有利于税收征管，扭亏为盈之后的铁路运输企业也将带来税收收入。在铁路运输业即将纳入增值税扩围范围之际，推进铁路运输业组织结构的重组也会促进改革的顺利过渡。

（2）针对政府税收管理的配套政策

①财政体制改革

在 2012 年 9 月发布的财预〔2012〕383 号文件中，财政部对铁路运输企业税收收入划分进行了调整。在关于中央与地方收入划分调整中，将铁道部集中缴纳的铁路运输企业营业税、城市维护建设税、教育费附加由中央收入调整为地方收入，铁道部集中缴纳的铁路运输企业所得税由中央与地方按照 60：40 的比例实行分享；跨省合资铁路企业缴纳的营业税、城市维护建设税、教育费附加为地方收入，企业所得税由中央与地方按照 60：40 的比例实行分享。

在该政策文件中，由中央下放给地方的税收收入包括铁路运输业的营业税、城市维护建设税、教育费附加以及40%的企业所得税。那么推算得知，预计2013年该政策将会从中央划分约300亿元的税收作为地方收入。

中央划归地方约300亿元的税收收入对于地方来说其实是一个非常小的数目，占地方税收总收入的比率还不到百分之一。虽然该政策所要表明的意义深远，但在当前的状况下无法起到明显的改善作用。营业税在地方税收收入中占有30%以上的比重，在地方财政总收入中也占有26%左右的比重，是地方政府重要的收入来源。若要将铁路运输业纳入增值税范围，则根据扩围"试点期间税收归属不变"的原则，该部分改征的增值税仍为地方收入。在试点期度过以后，若按我国现行的分税制财政体制，增值税作为中央和地方共享税，收入在中央和地方政府之间按75：25的比例进行分享。这意味着将要把地方政府大约25%的税收收入都划归中央。这将很大程度上缩小地方政府的税收自主权，影响地方政府的财力。对于承担了较多公共支出的地方政府来说，也将进一步导致财权和事权的不对称。地方政府的利益若受到损害，则不利于改革的顺利进行，也不利于地方长期发展建设。因此，势必对财政体制进行调整，重新处理好中央和地方税收收入的分配问题。按照"改征后总体税负不增加或略有下降"的原则，在增值税全面替代营业税之后，假设政府所收到的增值税金额和改征前的营业税相当，以2011年为例，对不同增值税分成比例所带来的地方税收收入增减进行一个测算。若要使得改征后地方税收收入不变，则增值税地方分成比例应达到51%。由于营业税改为增值税后，消除了重复征税，会使得大部分企业税负减小。因此在实际上营业税改为增值税后可带来的税收收入将会减小，地方分成比例应该略高于51%。综合改革对企业所得税及其他附加税的影响，合理的增值税地方分成比例应该在50%～60%。只有当增值税分成比例达到这一数值时，才不会造成地方税收收入的减小。除了以上进行分配比例调整之外，还可以辅助对地方的转移支付、税收返还以及财政补贴等较为灵活的财政政策，针对不同时期、不同省份需要设定适宜的支付、返还或补贴的范围及力度。同时，也可适当加开一些新的地方税种，如环境税、房产税等，扩大税源，对地方收入的减小进行弥补。

②税务机构改革

随着增值税的扩围改革试点进程的推进，一个新的话题也逐渐被推出，就是有关国税、地税的合并问题。自1994年进行分税制改革之后，我国开始实行中央政府与地方政府两级分税制，将税务系统分为国家税务和地方税务两套系统。并按照"财力和事权相一致"的原则，依照税种实现分权、分税、分管的"三分"税制。分税制的现实含义在于中央与地方财政自收自支、自求平衡，在当时的体制环境下对我国的经济发展起到了重要的促进作用。然而在分税制施行了二十年之时，随着"营改增"试点范围的逐步扩大，其弊端也逐渐显现出来。首先是分税制对征管效率的影响，这一问题具体表现在以下几个方面：一是行政效率的降低。由于目前分设国税、地税两套系统，系统之间的信息共享、信息传递就不如一套系统内部共享传递那样及时有效，特别表现在税务检查上面。国税或者地税分开检查分属各自管理的流转税和所得税，不利于检查的全面性，也很难保证检验结论的真实准确，需要进行多方核实，因此降低了行政效率。二是征税成本的提升。两套类似的税务机制的设立，造成了人员、办公场所、交通工具等的重复设置，导致行政资源的浪费；庞杂的税务系统所带来一定程度的冗员、冗官现象，也不利于税务机构的运行，在处理涉及双方利益的事项时，双方的谈判成本和交易成本过大。三是社会纳税成本的增加。对于大多数纳税人而言，需要同时接受来自两套税务系统的管理，从税务登记、纳税申报到税款缴纳、税务检查，都需要分别到国税、地税办理不同管理流程的手续，给纳税人造成了极大的不便，这也提高了整个社会的纳税成本。在已经实施试点的省、直辖市和单列市中，"营改增"衔接的最大问题便是国税和地税的衔接不畅。其次是地方税务系统存在的必要性问题。营业税是地方政府的主力税种，随着增值税改革的完成，地方税务系统一个大的税种消失，原本的业务将逐步萎缩。而分税制的主要目的是为了保障中央财政收入，避免中央的财政收入受制于地方。现在地方的税源大幅缩小，且两套税务系统之间因争夺税源而出现的部分违规操作现象，也使得国家税收蒙受损失。地税系统并入国税系统并不是简单的分税制前的复位，而是要适时重新建立科学有效、与国际接轨且适合于中国国情的新型税务机构。国税与地税合并有节省资源、降低成本、加强信息交流、提高征纳效率等诸多益处。国税和地税合并是一个大的趋势，同时也需要等到条件和时机成熟。建议在增值税扩围改革完成以后，适时将国税和地税两套机构进行整合，建立中央对地方的垂直管理机制。在对合并之后的内部结构进行重组时，各级政府、各个部门可以按照事权划分财权，建立更适宜于一套系统的部门机构和人员配置，同时完善新系统下的税务监管机制，建立高效的税务信息系统。对于合并后的人员安置问题，则可以将多出的人员进行培训，优化转型之后用以扩充税务监督、税法、税收信息化及改革调研等部门队伍，全面提升我国税务人员的综合素质，同时提高我国税务系统的效率水平。

③合提高征管效率

随着我国税收制度理论和实践探索的深入，增值税的征税管理也随之得到改善：税务系统内部管理结构逐渐趋于合理，征管业务流程逐步规范，纳税人的纳税意识也在一定程度上有所提高。然而，目前增值税的征管效率仍有较大的提升空间。当增值税扩围改革进一步将增值税的征税范围扩大至全行业和全国地区，税收的征管效率将在税收管理中变得尤为重要。提高增值税的征管效率对于降低税务机关征税成本，促进国家税收管理，乃至促进国民经济发展都会产生深远的影响。我国税收成本较高，相比发达国家还有相当大的差距。我国东部地区税收成本率为4%～5%，西部欠发达地区税收成本甚至高达10%左右。而很多国家税收成本率都在1%左右，如英国为1.76%，加拿大为1.60%，日本为1.13%，澳大利亚为1.07%，新加坡为0.95%，美国仅为0.60%。同时，区域分布失衡、税费结构不合理、信息化水平偏低等方面存在问题。由此，提出以下具体建议：

a. 进一步完善税收征管体制。税收征管体制与征管效率有着密切的联系。目前，相较于国税，我国地方税的税种多且零散、税基较窄，不易于管理，且各个地区之间税收征管的难易程度存在差别。相同的人员和设施配置不适于各地区复杂的征纳环境，例如在欠发达地区，设施和人员等费用无法通过税收收入来稀释，则将会导致征管成本率的提高。同时，地方政府的财力和事权并不匹配，税收制度的设置和税基较大的税收收入集中在中央，而地方建设等诸多支出事项却在地方。"一级政府、一级财政、一级机构"的多层级管理体制，也造成了部分行政资源的浪费，例如在某些实际不需要设置全能局的地区也按照模式进行了整套设置。分税制在一定程度上带来了基建投入、人员设置、征纳流程的重复性劳动。因此，建议根据各地税源分布的实际情况，合理布局税收征管资源设施，加强支出与当地财力的匹配性，精简征管机构，减少机构层次；适时开展国税、地税的合并研究，探索一种新型的、更适宜中国当前税制的税务系统结构；同时强化税源监控和纳税评估，加强监督，保证已有税源的稳固。

b. 调整税费结构。地方财政为了解决各地税源、经济状况与统一税法不匹配的问题，采用的其中一种方法就是增加行政事业性收费。由于行政事业性收费的设置不受税法的严格限制，因此成为地方政府进行自我调节的一种重要方式，也因此在某些欠发达地区出现了"费挤税"的现象。在一个合理的财政体制下，应该是以税收为主，收费为辅，收费的主要目的应该是为了执行和保障特定的政策，而并非组织收入，甚至成为收入的重要来源。过多的行政事业性收费将会侵蚀税基、扰乱财政秩序、影响经济稳定。因此，应该引起足够重视，充分关注这一现象。应通过扩大税种、税基或设置地方新税种的方法，积极促进"费改税"，取消不合理的收费现象。进一步规范政策性收费，并将经营性收费逐渐移除。最终让税费各归其位，重新建立以税收收入为主，费用收入为辅，税费收入并存的合理收入机制。

c. 加强税收信息化建设。通常情况下，一个国家税收征管信息化程度越高，其征管成本消耗越少，征管效率越高。较高的税收信息化程度还会缩小税收组织的规模，扁平化税务机构，达到集约化的组织目标。随着科技的进步，要充分将科技成果应用于经济建设，充分发挥计算机的优势，将税收征管过程纳入信息系统中进行高效管理。要使我国税收征管系统达到较高的信息化程度，首先需要按照我国税收征管制度和要求构建一个完整统一、稳定有效的计算机信息化平台，从税务登记到税务稽查，将整个征税过程纳入自动化管理，并随着实践经验的积累不断进行系统优化；其次，要使系统内所有税收征管人员具备计算机信息化知识，懂得如何熟练使用信息化平台进行税收管理，这就需要加大对征管人员的培训力度；最后，特别需要在信息化平台中建立纳税申报的监管体制，及时进行纳税评估，监控纳税人的纳税行为，对于不及时、不按量履行纳税义务的纳税人，由系统进行警示和纠正。

d. 全面优化税收征纳人员队伍。税收征纳人员是我国税务系统中的一大重要组成部分。适度、精简且高素质的人员队伍对于我国税收征管效率将会起到很大的推进作用。对此，具体的建议如下：一是依照各地方实际税源状况，设立匹配的人员配置，即整合某些冗余机构，压缩编制和人员；二是优化系统内部的组织结构，减少间接税收人员，增加科研调研、税务监督、税务稽查、信息化等专业人员比例，对整合机构后的冗余人员进行培训升级，然后分配到这些部门；三是引进综合型管理人才及高级专业人才，扩大高学历、高素质人才的比率，以建立内部的自主学习机制，感染和带动整体人员综合能力的上升；四是要建立以工作能力为导向，工作效率和实绩为评价标准的纳税人员考核机制，奖惩结合，保持税收征管队伍的积极性。

三、公路运输业"营改增"影响分析

1. 公路运输业的现状

（1）公路运输业的行业特点、发展现状及问题

公路运输业指的是依靠车辆等运输工具实现人或者物的位置移动，从事

公路客运、货运经营的行业，并且在交通运输行业中占据重要地位。第一，从公路运输业的成本结构来看，公路运输业具有资本密集型的特点，过路桥费、燃油费在成本结构中占比较高，固定资产、设备等投资占比高，主要包括客货运场站基础设施的建设以及运输工具的购置，这些都需要投入大量的资金。目前我国的收费公路较多，收费标准高，对于公路运输业而言，过路桥费在成本结构中占比较高，尤其是特殊货物运输的过路桥费往往要比普通货物运输的费用高几倍。由于成品油的价格呈现上涨趋势，汽车的运量相对较小，燃油费在成本结构中占比高，因此公路运输业的运输成本较高。此外，货运采购支出呈现间断性的特点，货物运输的固定资产采购不像企业购置存货一样有规律可循，每年固定资产的投资差异较大，货物运输所需要的货运车辆投资价值较高，使用年限较长，企业购置货运车辆呈现间断性的特点。第二，从公路运输业的行业进入壁垒来看，从事公路客运经营的企业必须持有"运输经营许可证""班线经营许可证"，经营许可证不得随意转让或者出租，并且取得班线经营许可证主要依赖运输企业的综合实力。自《道路旅客运输班线经营权招标投标办法》实施以来，统一采用招投标的方式来配置客运班线经营权，综合考察企业的经营规模、运力结构、运营管理水平、企业的信誉等多方面因素，因此存在行业进入壁垒。近年来，随着高速公路建设等基础设施体系的健全，公路运输业获得了快速发展。公路客运成为居民日常短途出行的方式之一，公路货运由于自身的灵活、便捷特性不仅发展成为独立的运输体系，而且成为港口、车站等集散物资的重要手段。公路运输业的快速发展首先体现在固定资产投资上，2007～2013年公路建设投资额总体呈现增长趋势，并且在固定资产投资总额中占比高达70%以上；其次体现在公路里程上，1991～2012年公路通车里程逐年增加，公路运输的基础设施建设日益完善；最后体现在运力增长上，一方面运输量增加，公路旅客运输总量及货物运输总量呈现增长态势，另一方面，运输车辆增加，公路营运汽车数量也呈现增长趋势，公路运输业的各项指标总体趋势是增长的，从年平均增长率来看，客运量年均增长4.5%，货运量年均增长5%，营运汽车数量总体上是增长的，截至2012年，货运车辆平均吨位数为6.43吨，与上年相比提高0.28吨/辆，客运车辆平均客位数为24.99位，与上年相比提高0.25位。

目前公路运输、航空运输、铁路运输等多种运输方式竞相发展，这给公路运输业带来较大的压力。一方面高速铁路、动车等铁路运输方式增加了出行的快捷，在中短途运输中也具有一定的优势，给公路运输业造成巨大的冲击。另一方面，燃油费在公路运输业的成本结构中占比较高，成品油的价格上涨增加了公路运输业的经营成本，同时，私家车数量的增加改变了人们短途出行的交通方式，在一定程度上对公路运输业的发展造成不利影响。公路运输在发展过程中也存在着一些问题，经营主体较多、分散且经营规模较小，公路运输业规模化经营程度较低，竞争能力和抵抗风险的能力弱，经营行为不规范，缺乏有效的行业规范与监管。

（2）公路运输业的经营模式

①公车公营

公车公营是指依法取得客货运线路经营权的公路运输企业自行购买车辆从事客货运业务，车辆归属于企业，企业统一经营。在公车公营的模式下，车辆的名义所有权和实际所有权都属于企业自身，车辆的购置费及运营费用均由企业自身承担，同时车辆的经营权也归属于企业，因此企业收益形式为全部运营收入。

②挂靠经营

在公路运输行业，只有具备独立的经营资质，即取得线路经营权，才可以经营客货运输业务。因此，一些拥有经营车辆的车主或者个体户将车辆挂靠给具备经营资质的公路运输企业名下。在挂靠经营模式下，挂靠者需要独立承担运输车辆的购置费以及运营期间的费用，并且挂靠者需要被挂靠企业缴纳一定的挂靠费用，车辆的实际所有权、经营权属于挂靠者，因此企业的收益形式为挂靠费用。

③挂靠经营产生的原因与存在的问题

挂靠经营模式的存在有多方面的原因。一是政策的推动，改革开放的深化及沿海经济的开放吸引了大批劳动力向南流动，从而引发大量的客运流量。而公路运输企业由于缺乏充足的资金购置车辆，产生运力不足的问题。为了缓解运力不足的问题，公路运输业市场推行开放政策，个体、私营车辆应运而生。但是由于缺乏运输资质，大都选择挂靠具备经营资质的运输企业，被挂靠企业从增加自身经营规模的角度考虑，也开始选择挂靠经营，此后挂靠经营模式得到推广。二是从运营成本及现金流的角度考虑，对于被挂靠者而言企业自行购买车辆所发生的车辆购置费以及由此产生的人工费、燃油费、过路桥费、修理费都会增加企业的营运成本，而采用挂靠经营的方式，被挂靠者可以赚取挂靠费用，对于企业的经营成本及现金流都不会产生负担，因此为了缓解资金压力及降低营运成本，公路运输企业往往会选择挂靠经营模式。三是公路运输行业的经营主体规模小而分散，目前从事公路运输的个体户占比高，规模化经营的公路运输企业较少，集约化的发展程度较低，因此大量的个体户或者私营车主选择挂靠经营。尽管挂靠经营模式能够实现运输企业的规模化经营，但是仍然存在一些问题。由于被挂靠企业为车辆的名义所有者，往往存在责任不明晰的问题，对于公路运输业的发展产生不良影响。另外，它的存在引起公路运输市场的无序竞争，在一定程度上阻碍了公路运输企业集约化、规模化的发展。

（3）公路运输业的营业税弊端

不论是从税负公平与税收征管的角度，还是从促进企业转型与产业调整的角度，将公路运输业纳入营业税的征税范围都是存在弊端的。

①存在重复征税问题

在营业税制下，公路运输业按照营业额全额缴纳营业税，企业外购的货物与劳务所包含的增值税都无法实现进项税抵扣，因此存在重复征税的弊端，一方面加重纳税人的税负，另一方面违背了税负公平的原则。

②存在虚开货运发票的问题

在营业税制下，提供货物运输服务的企业可以开具货运发票，因此企业往往利用各种漏洞虚开货运发票，包括利用税收征管的漏洞虚开发票。货运发票作为一种普通发票，由地税部门管理，具备开具货运发票资质的企业向地税部门领购货运发票，接受运输服务的企业取得货运发票后按照注明的运输费用和7%的抵扣率进行进项税的抵扣，并且货运发票的认证抵扣工作由国税来完成。由于货运发票韵种类繁多，没有统一的规格，国税与地税之间的信息是无法共享的，无法核对货运业务的真实性，货运发票的认证抵扣工作可能存在一些漏洞，因此，助长了货运发票的虚开。

此外，货运企业往往利用挂靠经营模式虚开货运发票。目前很多个体经营车辆选择挂靠具备开具货运发票资质的运输企业，可以使用运输企业开具的货运发票，个体经营者为了拓宽自身的业务量，往往设法为自己的客户多开具货运发票，从而为客户企业多列支运输费用提供了便利，因此很难反映运输业务和运费的真实性，而且很多货运是通过现金形式结算的，税务部门在审核发票抵扣时难以取得认证运费真实性的凭据。企业利用虚开货运发票多列支费用以逃避缴纳税款。按照《增值税暂行条例》，接受运输服务的企业在取得货运发票后可以按照发票注明的运输费用金额和7%的抵扣率作进项税的抵扣，同时运费可以作为费用在税前列支。企业往往利用虚开货运发票的手段增加税前费用列支，掩盖不合理支出，比如企业超标的业务招待费、不合理的职工福利费等，以达到逃避缴纳税款的目的。

目前货运发票存在较多漏洞，助长了虚开货运发票的风气。货运发票的种类较多，没有统一的规格，防伪水平较低或者没有防伪标识，作进项税抵扣时没有统一规定的联次。当前地方财力存在差异，财力匮乏的地区迫于完成地方税收任务的压力，加之货运普通发票归属于地方税务部门管理，往往会利用虚开货运发票来实现引税，主要是采用财政补贴的方式，一方面，增加了税务部门的执法风险，另一方面由于对货运发票监管不严格，很多纳税人往往会强化虚开货运发票的动机。

（4）公路运输业营改增现状

从公路运输业试点的情况来看，"营改增"对公路运输业的税负、企业的管理及产业协同都产生了影响。从税负角度看，小规模纳税人名义税负下降了 0.09 个百分点，一般纳税人名义税负上升了 6.91 个百分点，实际税负是有增有减的。公路运输业可抵扣进项税的项目包括燃油费、修理费、轮胎费等，在试点之后发生购置行为的企业可以获得较多的进项税抵扣，税负会有下降；若企业在试点之后没有购置行为，并且理论上可抵扣的进项税实际没有得到充分抵扣时，则会出现税负上升的问题。公路运输业的"营改增"通过影响企业的税负进而对企业的经营、行业规范及产业协同都带来影响。"营改增"后公路运输业纳入增值税制，企业健全自身的会计核算及财务管理，公路运输行业加强行业监管，规范行业秩序，特别是货运市场，此外公路运输业与生产制造业紧密联系，"营改增"为生产制造业带来税收利益，有利于第二、三产业共同发展，同时带动专业化分工。

2. "营改增"后公路运输业的税负测算分析——以 X 交运集团为例

（1）公路运输业"营改增"的相关政策

①在纳税人资质方面，应税服务的年应征增值税销售额（以下称应税服务年销售额）超过财政部和国家税务总局规定标准的纳税人为一般纳税人，未超过规定标准的纳税人为小规模纳税人，其中规定的应税服务年销售额为 500 万元。

②在税率方面，一般纳税人提供交通运输服务适用 11% 的税率，小规模纳税人适用 2% 的税率。

③在计税方法方面，试点纳税人中的一般纳税人提供的公共交通运输服务，可以选择按照简易计税方法计算缴纳增值税。公共交通运输服务，包括轮客渡、公交客运、轨道交通（含地铁、城市轻轨）、出租车、长途客运、班车。其中，班车，是指按固定路线、固定时间运营并在固定站点停靠的运送旅客的陆路运输。

④简易征收的办法一经选择，36 个月内不得变更。

⑤在发票方面，从事货物运输的一般纳税人可以开具货物运输业增值税专用发票，接受旅客运输服务的进项税不得从销项税抵扣。

（2）X 交运集团简介及税负测算假定

X 交运集团主要经营业务为客货运、旅游、维修等服务，共拥有 2 000 多辆运营车辆，经营范围涉及公路客货运输、大型货物起重运输、危化品运输、车辆维修、旅游等多个行业，缴纳增值税、营业税、城建税及教育费附加。其中公路运输、旅游业为主营业务，占据 70% 比重，而且以客运为主，占公路运输的 90%。X 交运集团的主要收入是客货运收入，占总收入的 60%，缴纳 3% 的营业税。客运业务采用自营与挂靠相结合的运营方式，而且挂靠占据 2/3 的比重，目前集团共有 2 000 多辆车，其中挂靠经营 700 多辆，占比 1/3。

①X 交运集团的经营范围较为广泛，除了客运、货运之外还有很多其他的业务，由于此次研究对象是"营改增"对公路运输业的影响，只有客运、货运业务属于"营改增"的公路运输业范围，因此税负测算仅仅考虑客运、货运两项业务。并且，营业税的计算按照营业额全额，不考虑联运或者分运，同时税负测算仅考虑营业税，忽略城建税及教育费附加。

②对于公路运输行业而言，车辆作为主要的固定资产，并且更新周期长，在各年间固定资产的购置金额差异较大，在时间序列上，"营改增"后企业业务年间的税负可能存在较大的差异，因此假定 2010 年开始实施"营改增"（实际为 2012 年），便于反映在连续 3 年的时间序列上企业的税负波动情况。

（3）税负测算及比较分析

①税负测算方法及税负平衡点

X 交运集团的"营改增"税负测算采用流转税变动的绝对额、增值税税负率两个指标，其中增值税税负率＝应缴纳增值税/营业收入＝〔营业收入/（1＋11%）×11% － 可抵扣的进项税额〕/营业收入，同时测算理论增值税税额、税负率与实际增值税税额、税负率，并且进行比对分析。

仅从税率变动直观来看，"营改增"后公路运输企业（一般纳税人）的税负是上升的，名义税率由 3% 上升至 11%，换算为不含税销售额的实际税率为 9.91%，因此"营改增"后公路运输行业的实际税率上升了 6.91 个百分点，然而对于小规模纳税人而言，税负则是减轻的，不含税销售额的实际税率为 2.91%，下降了 0.09 个百分点。对于一般纳税人而言，假设含税收入为 I，可抵扣进项税额为 A，由于公路运输业的可抵扣成本主要是外购材料成本及燃油费等，因此可抵扣项目的成本为 A/17%，"营改增"之前应缴纳的营业税＝I×3%，"营改增"后应缴纳的增值税＝I/（1＋11%）×11% － A，若保持税不变，则上述两式相等，得出 A/I = 6.91%，A/17% I = 40.65%，即可抵扣进项税额占含税收入的比重为 6.91%，可抵扣项目的成本占含税收入的比重为 40.65%。因此，对于公路运输业（一般纳税人）只有当可抵扣进项税额占含税收入的比重达到 6.91%，可抵扣的成本占含税收入的比重达到 40.65% 时，税改前后的税收负担保持不变，即为税负平衡点。

②客运业务税负测算及分析

由于目前 X 交运集团的客运业务采用公车公营和挂靠经营相结合的方式，挂靠车辆在运营期间所发生的一切费用均由挂靠者来承担，并且挂靠者独立进行会计核算，X 交运集团无法获取增值税专用发票，因此"营改增"后 X 交运集团的税负可能会出现上升。由于货运业务不采用挂靠经营的方式，本文对客运业务单独进行税负测算，比较两种经营模式、两种计税方法（公车公营与挂靠经营结合，全部改为公车公营，一般计税与简易计税方法）下的税负水平，找到适合的客运经营模式与计税方法。

③货运业务税负测算及分析

货物运输的主要成本涵盖劳动力成本、路桥费、折旧费、燃油费、轮胎费、保险费等，其中仅仅是燃油费、修理费、轮胎费可以进行抵扣，对于人工成本、路桥费、折旧费、保险费均无法实现抵扣。2010 及 2012 年流转税绝对额与税负率出现明显上升，而 2011 年流转税绝对额及税负率水平是明显下降的，原因在于货运车辆购置金额的差异性。由于货运车辆的使用年限较长，企业每年购置货运车辆金额的差异较大，2011 年购置金额高达 1 979 万元，比其他年份好几倍，因此 2011 年可以实现更多的进项税抵扣，从而导致了各年间的税负波动较大，可以发现这样的规律，当新增货运车辆的金额较高时，税负呈现下降趋势，反之，税负上升。此外，实际税负高于理论税负水平。

④X 交运集团营改增税负测算小结

X 交运集团流转税税额变动及税负变动呈现以下特点：

第一，按照目前公车公营与挂靠经营模式，"营改增"后 X 交运集团近三年的增值税绝对额、税负都是明显上升的，实际税负平均变动 2.7 个百分点，即使是在目前的政策下选择简易计征方式，税负也是略微上升的，显然这种经营模式对于 X 交运集团是不利的。

第二，在目前的经营模式下，"营改增"后 X 交运集团的各年间税负变动存在较大的差异，主要原因在于货运车辆购置金额的差异性较大，2011 年货运车辆购置金额较大，可以获得较多的进项税抵扣，其余两年货运车辆购置金额较小，对于缓解税负的上升发挥的影响较小。

第三，在目前的经营模式下，结合来看，"营改增"后客运业务、货运业务的税负是逐年上升的（2011 年除外），通过调整业务结构对于缓解企业税负的上升的效果并不会明显，而且容易出现税负波动不均衡的现象，原因在于客运车辆购置金额较为平均，货运车辆的购置金额各年间的差异较大，有的年份基本不存在购置行为，有的年份则出现大量购置。因此有必要从改变经营模式入手。

第四，假定改变目前的经营模式，全部采用公车公营模式，"营改增" X 交运集团的税负将会大幅度下降，并且出现留抵的税额，相比而言按照一般计征比简易计征减税效果更为明显。通过上述分析可以做出如下结论，"营改增"后，公路运输企业既可以选择简易计征方式，也可以选择改变经营模式。"营改增"初期，由于可抵扣项目不足以及挂靠经营方式，公路运输业不可避免地出现税负上升的问题。因此，企业仅从降低税负的角度考虑，可以选择简易计征方式，也可以考虑改变经营模式，采用公车公营的模式。从完善企业经营管理、实现转型角度考虑，企业应当选择转变经营模式。首先，简易计征方式不需要作进项税抵扣，会计核算无异于营业税核算，尽管能够降低会计核算压力，但是不利于企业的成本管控与会计体系健全。其次，公车公营模式下，车辆购置金额完全由企业自身承担，在"营改增"初期可能会给企业的现金流及资金融通方面造成一定压力，但是税负下降可以缓解一部分现金流。最后，从企业转型的长远角度考虑，转变经营模式，尽快实现实体化经营是发展趋势。对于税改初期，企业应当权衡二者所带来现金流的变动，可以从改变公车公营与挂靠经营的比例入手，逐步实现全部公车公营化。"营改增"对于公路运输业而言，更重要的是通过税制改革调整企业经营管理模式，而不是着眼于税负的变动。

（4）公路运输业"营改增"税负变动的制约因素

①税率

在营业税制下，公路运输业提供运输服务适用 3% 的税率，而"营改增"后适用 11% 的税率（一般纳税人），名义税率显著提高，换算为不含税销售额的实际税率为 9.91%，因此，"营改增"之后实际税率上升了 6.91 个百分点，税率的提高直接引起税收负担的上升。

②可抵扣项目

对于 X 交运集团而言，可抵扣的成本包括燃油费、修理费、轮胎费，可抵扣项目的成本占营业收入的比重仅为 30% 左右。一方面在于理论上可以抵扣的项目没有得到充分抵扣，主要包括外购轮胎费、燃油费、修理费，车辆在运输过程中难免出现故障，特别是在长途运输过程中偶然性的修理支出，规模较小的修理厂无法开具增值税专用发票，同时所有运输线路无法确保集中加油，沿线的加油站或者无法开具增值税专用发票，或者需要提供各种证件开具发票，另一方面可抵扣的项目较少，占比较高的成本所包含的进项税均无法实现抵扣。在 X 交运集团的成本结构中占比较高的成本包括人工成本、路桥费、折旧摊销费、保险费，由于金融保险行业、高速公路尚未纳入增值税范围之内，导致路桥费、保险费完全无法抵扣，同时在按照目前非完全消费型规定，增值税折旧摊销费也无法抵扣，此外，人工成本也是无法抵扣的。因此对于公路运输业而言，可抵扣项目大体分为新增车辆、燃油费、维修费以及外购材料费等，占比在 1/3 左右。按照前面测算的税负平衡点，为了保证"营改增"后税负不变，可抵扣项目的成本占营业收入的比重至少要达到 40.65%。因此，可抵扣项目不足是公路运输业税负波动的重要因素。X 交运集团的固定资产多为车辆等运输工具，客运车辆的更新年限为 6 年，更新权在交通厅道路局，企业每年购置的客运车辆平均为 6 000 万元，客运车辆购置金额较为平均，"营改增"后允许当期购进的可移动固定资产的进项税抵扣，因此客运车辆的购置会使企业税负在各年间波动。然而对于货运车辆，多为大件运输工具，使用年限长、金额高，企业购置货运车辆呈现出一次性、间断性的特点，因此税负波动会受到购置车辆金额及时限因素的影响。货运车辆在各年间的购置金额存在较大的差异，因此货运业务各年间的税负出现不均衡、波动的特点，X 交运集团 2011 年出现税负大幅度下降，其余两年税负明显上升；而且，税负的变动与新购置的车辆金额负相关。因此，货运车辆购置金额及购置时限成为税负波动的重要因素。车辆购置的间断性、不确定性使得其抵扣存在不可预期性。企业为了确保各年间税负的均衡及降低税负，应当尽量选择在"营改增"后购置车辆，实现进项税的抵扣。作为交通运输业，X 交运集团的固定资产主要体现在运输车辆上，企业的规模及运力都是依靠运输工具来实现的，因此较为成熟的运输企业往往在前期增加车辆投资，产生了存量固定资产，然而在目前的"营改增"政策下，只允许在试点改革之后购置的设备抵扣进项税，存量固定资产不能进行抵扣。因此对于公路运输业而言，车辆等可移动固定资产较多，固定资产的使用年限较长，特别是货运，固定资产购置成本较高的特点更为突出。此外，公路运输企业的发展阶段与规模不尽相同，对于较为成熟的大型公路运输集团，不可避免地存在存量固定资产。目前我国采用的是不完全的消费型增值税，机器设备等可移动的固定资产允许当期进行抵扣，其他不动产以及存量固定资产在当期不允许抵扣。因此，固定资产成为影响公路运输业税负波动的一个重要因素。

③经营模式

X 交运集团的客运业务采用公车公营与挂靠经营相结合的模式，而且挂靠经营占比2/3，正如上文的税负测算所示，在公车公营与挂靠经营相结合的模式下，X 交运集团在"营改增"后存在税收负担上升的问题。公路运输业普遍存在两种经营模式即公车公营与挂靠经营。在挂靠经营的模式下，企业与挂靠者签订合同，挂靠者向企业缴纳一定的挂靠费用，挂靠者自行出资购置车辆，车辆的实际所有权归属于挂靠者，车辆运营期间的诸如燃油费、修理费、路桥费等一切成本费用均由挂靠者自己承担。挂靠者单独进行会计核算，被挂靠企业的会计核算只反映挂靠的营业收入，对于可抵扣的进项税企业均无法获取增值税专用票，因此在挂靠经营的模式下，"营改增"后诸如燃油费、修理费、新增车辆购置等可抵扣成本均由挂靠者来承担，企业自身无法取得这些专用发票，也无法实现进项税的抵扣。经营模式是公路运输业税负波动的一个重要因素。

3. 公路运输业"营改增"对企业转型的影响及面临的问题

(1) 公路运输业"营改增"对企业经营的影响

①企业定价机制调整

"营改增"之后，从事货物运输的公路运输企业（一般纳税人）可以向接受货物运输服务的生产制造企业开具增值税专用发票，接受货物运输服务的企业若为一般纳税人，取得增值税专用发票后可按照11%的比例抵扣进项税，相比在营业税制下抵扣7%的进项税，下游企业可以多抵扣2.91个百分点的进项税（假设货物运输企业的营业收入为I，"营改增"前其下游企业可以抵扣的进项税为$I \times 7\%$，"营改增"后下游企业可以抵扣的进项税为$I/(1+11\%) \times 11\% = I \times 9.91\%$，"营改增"后下游生产制造企业接受货物运输服务时可以多抵扣2.91个百分点）。因此，对于下游生产制造型企业而言是获利的，税负有所减轻，即改在交通运输业，利在工商业，这使得公路运输企业在定价协商中处于优势地位。然而由于增值税是价外税，税负是可以转嫁的，这种由于增加进项税额的抵扣而产生的减税效应可能会通过公路运输业调整定价机制与下游企业的谈判协商被消化。此外公路运输企业需要制定合理的定价机制，如果提价幅度不适当，不仅会失去原有的客户，处于货运市场的劣势地位，而且也会增加下游企业的税收负担，不利于第二产业的发展。从稳定下游客户群、协调二三产业链的税负考虑，公路运输企业要与下游客户达成友好的定价谈判，在不加重下游客户税收负担的条件下，通过适当的提价一方面可以减轻"营改增"带来的税负上升，另一方面可以增加企业的现金流量，从而协调二三产业，共同享受税改带来的减税利益。因此有必要估算公路运输企业提高运价的理论值，保证不加重下游客户的税收负担。提价幅度计算如下：下游客户多负担的运输服务价格＝多抵扣的进项税＋少缴纳的流转税附加＋少缴纳的企业所得税。

②业务领域拓展

"营改增"之后，公路运输企业（一般纳税人）提供货物运输时可以向对方开具增值税专用发票，下游企业可以按照11%的抵扣率进行抵扣，与营业税相比进项税的抵扣增加了2.91个百分点。公路运输企业的下游客户主要是生产制造型企业，从减轻税负和改善下游企业经营的角度来看，很多生产制造型企业倾向于将企业内部的运输部门外包出去，选择运输企业为本企业提供运输服务，一方面可以获得进项税抵扣，另一方面可以将更多的资源用于企业的主营业务。公路运输企业可以因此获得较多的客户群体，拓展业务领域，同时公路运输企业与下游企业谈判时具有议价能力的优势，可以通过适度的价格让步维持稳定的客户渠道，为企业的货物运输业务提供稳固的保障。

③日常经营管理规范

在对X交运集团进行税负测算时可以发现燃油费、轮胎费、修理费都是可以抵扣的进项税成本，但是实际可抵扣的进项税额远低于理论数额，这是企业税负上升的一个因素。因此企业应当规范日常的经营管理，确保外购的货物或者劳务均可以获取增值税专用发票，使得可以抵扣的进项税得到充分抵扣，"营改增"税制改革对于公路运输业在供应商的选择、日常采购、加油、修理修配、设备投资等方面提出了较高的要求。

在供应商的选择方面，企业应当加强与规模化的供应商（一般纳税人）合作，一方面可以开具增值税专用发票，可以实现外购货物的进项税抵扣，另一方面企业的经营管理规范，所供应的产品质量有保障。同时为了确保购货渠道的稳定，应当做好定点采购的工作．在加油方面，企业应当尽量集中加油，注重与中石油、中石化的长期合作。此外为了获取增值税专用发票，一般需要提供诸多证件，包括企业营业执照复印件、税务登记复印件、一般纳税人资格认定书复印件，程序较为烦琐，车辆驾驶员往往不主动索取专用发票，而且在长途运输过程中存在部分加油站无法开具增值税专用发票，可以抵扣的燃油费得不到充分抵扣，因此公路运输企业应当在运输线路所经过的地区统一购置加油卡，为驾驶员配置加油卡，保障大部分的燃油费实现充分抵扣。但是预购加油卡需要占用企业的资金，应当权衡税负的变动及现金流的减少。在修理修配方面，小规模纳税人运输企业可以选择定价较低的私人修理厂，规模较大的一般纳税人运输企业尽量选择具有一般纳税人资格的大型修理厂进行定点维修。但是大型修理厂定价相对较高，企业也应当做好修理成本与实际税负成本的权衡，逐渐形成长期合作的定点维修商，运输企业与定点维修商形成长期合作关系后，可以获得价格优惠。公路运输业的修理支出是经常发生的，运输企业也可以选择自己成立专门的修理公司，确保修理支出能够实现进项税的抵扣。由于长途运输业务分布范围较广，运输途中难免会发生故障，而途经的修理厂往往无法开具专用发票，因此运输企业应当注重定期检查维修运输车辆，尽量避免运输途中故障的发生。在设备投资方面，一方面考虑"营改增"的时机，另一方面考虑企业的发展阶段与固定资产更新周期。固定资产投资所包含的进项税的抵扣是企业的税负变动的重要因素，在"营改增"后企业若新增大量的固定资产等，可以实现较多的进项税抵扣，从而减轻企业的税负。对于处于发展初期的企业，需要通过大量的固定资产更新来扩展企业的发展规模，固定资产的更新周期较短，固定资产投资呈现多次性的特点，"营改增"后企业各年间的税负波动较小，对于处于成熟阶段的企业而言，企业的固定资产投资较少，固定资产的更新周期较长，设备投资呈现一次性、间断性的特点，"营改增"后企业各年间的税负不均衡。对于公路运输业而言，客运车辆的更新周期较短，货运车辆的使用年限较长，特别是特殊货物运输工具，投资价值较高。企业应当提前做好设备投资计划，合理调整客货运的比重，以保障企业各年间的税负相对较为均衡。

④企业经营模式转变

公车公营、挂靠经营是公路运输业通常采用的经营模式。在公车公营模式下，企业拥有车辆的实际所有权，车辆运营期间的费用均由企业承担，诸如燃油费、修理费等均可以实现进项税的抵扣。相比而言，在挂靠经营模式下，车辆实际所有权归属于挂靠者，挂靠者向企业缴纳一定的费用，车辆运营期间的一切费用均由挂靠者自行承担。因此，"营改增"后挂靠经营部分无法实现进项税的抵扣，客运业务按照挂靠经营与公车公营相结合的模式测算税负，税负率上升幅度较大。在"营改增"税制改革之后，对于公路运输业应当探索适合自身的经营模式，一方面考虑减轻税负，另一方面考虑保障企业正常运营所需的现金流。此外，也是出于规避税务风险的考虑，在挂靠经营的模式下往往会存在被认定为虚开货运发票的风险。从"营改增"税制改革来看，在挂靠经营模式下企业由于无法实现进项税额抵扣，因此这种经营模式与增值税制是不相适应的，公车公营将成为公路运输业经营模式改革的主要方向。公车公营模式能够增加企业规模，促进大而强地发展，强化了运输业组织化程度，车辆所有权归属于企业，有利于企业注重经营质量发展策略，规范运输行业的竞争秩序，增强企业的竞争力。公车公营经营模式一般包括以下三种形式：第一种即企业全额出资购置车辆，对车辆拥有绝对所有权和控制权，全部由企业经营，经营风险由企业自己承担；第二种即企业与其他的经营主体共同出资购置车辆，企业的出资比例高于其他经营主体，拥有相对所有权和控制权，企业负责经营，二者共担经营风险；第三种即企业与其他经营主体共同出资购置车辆，并且成立专门的运输公司。在"营改增"初期，企业采用第一种形式，车辆完全由企业自行购置，可能会影响企业正常经营活动的现金流量。相比而言，另外两种形式对企业的现金流量影响较小，但是会存在一部分运营成本无法实现进项税抵扣，进而影响了企业的税负。因此，企业应当根据自身经营的实际情况探索适合自身的公车公营实现形式。

（2）公路运输业"营改增"对企业财务管理的影响

①健全增值税会计核算，加强成本管控

与营业税制不同的是"营改增"后公路运输业适用于增值税会计核算模式，应纳增值税额的核算流程较为烦琐，这就要求公路运输企业健全会计核算体系，注重成本管控。毕竟在营业税制下，无需进项税的抵扣，会计核算简便易操作；而在增值税下，增值税的账务处理流程、增值税报税系统、税款的抵扣缴纳等程序需要健全的会计核算来支撑。通过设置增值税核算账簿，一方面要明确可抵扣进项税的项目及成本，明确可抵扣项目能否取得增值税专用发票，另一方面要做好专用发票的认证抵扣工作，保证进项税额可抵扣。同时增值税核算流程较为烦琐，会计核算的工作量相对较大。此外企业作为受票方，增值税制对于抵扣凭证的要求极为严格，如果可抵扣的进项税没有得到充分抵扣或者丧失抵扣机会将会加重企业的经济负担。与营业税相比，"营改增"后无疑是增加了企业的纳税成本与运营成本，公路运输业一方面作为开票方，需要购置税控机，打印纸质发票，增值税一系列的账务处理流程都会增加企业的运营成本。在"营改增"全面推开之后，考虑到最低成本原则及简便征管，可以考虑推行电子发票，另一方面作为受票方，纳税申报、税款抵扣等流程都会增加企业的纳税成本。因此，企业应当抓住"营改增"

的机会，注重改善企业的管理，特别要加强成本管控。

②利用税收筹划的方式降低税负

对于"营改增"后可能出现税负上升的公路运输企业而言，充分利用"营改增"，采用合理的税收筹划手段，可以缓解税负的上升。对于公路运输业而言，主要依靠车辆等运输工具来提供客货运服务，"营改增"为公路运输业的投资带来机遇，企业可以通过购置车辆设备来增加进项税的抵扣，这成为企业合理税收筹划的有效手段。目前只允许在税改后购置设备进行进项税的抵扣，因此企业在考虑自身发展阶段的前提下，应当尽量在税改后购置车辆、设备等，增加进项税的抵扣，促进车辆设备的更新换代，增强企业自身的竞争力与经营规模。由于企业在有些情况下无法取得专用发票，因此可以利用纳税人资质单独成立子公司（小规模纳税人），对于母公司所发生的业务，如果可以获取专用发票则归属于母公司，对于无法取得专用发票的业务则归属于子公司，以此来降低税负。然而这种税收筹划方式往往造成不良后果，特别是一些大型的企业集团，在税改初期，往往面临较大的税收负担，为了利用小规模纳税人资质降低税负，都会选择对企业进行拆分，尽管可以降低税负，但是存在较大的弊端，一方面公路运输市场经营主体呈现小型化，不利于规模化、大型企业集团发展，另一方面增加了经营风险。

③规范发票的管理

公路运输业既是开票方又是受票方，一方面要保证进项税额的充分抵扣，另一方面要规范发票的管理，尽量避免税收风险。对于公路运输业而言，可抵扣进项税的项目占比较低，主要是燃油费、修理费、轮胎费等；因此，企业作为受票方应当尽可能取得规范的专用发票，确保可抵扣项目得到充分抵扣。但是由于公路运输企业对增值税专用发票不熟悉，在使用上往往存在以下问题：企业未能取得规范的专用发票；由于增值税专用发票存在有效的认证时限，即便是取得了规范的专用发票，也会存在没有按照规定时限认证的问题，导致了应抵未抵。在"营改增"后企业应当在取得增值税专用发票方面做好充分的准备工作，对于取得的专用发票要确认其规范性，运用发票代码辨别真伪，保证发票填写要素的齐全、正确，价款与税款分开填列，减少日后发票认证的困难，减少抵扣税款机会的流失。按照目前"营改增"政策，从事货物运输的企业（一般纳税人）可以向对方开具货物运输业增值税专用发票，作为开票方企业应当做好发票的领购、开具工作，不得虚开货运发票，减少企业的税收风险。做到真实、完整、及时开具发票，由于认证抵扣的时限性，开票方应当及时将抵扣联交付受票方。

（3）公路运输业"营改增"对产业链条构建的影响

公路运输业与生产、分配、消费环节密切联系，与生产制造业的业务往来较为频繁，"营改增"税制改革对公路运输业的税负及企业的经营产生直接影响，同时为下游产业带来了溢出效益。下游多为生产制造型企业，一方面下游企业可以实现较多的进项税抵扣，税负明显下降；另一方面促进生产制造业主辅业分离，将企业内部的运输服务部门分离出来，通过寻求专业化协作，促进生产制造型企业的转型与专业化分工，促进产业的融合，产业链条的延伸。

（4）公路运输业"营改增"面临的问题

①客运发票的抵扣问题

目前，"营改增"政策规定纳税人接受旅客运输服务项目所包含的进项税不得从销项税额中抵扣。这项规定一方面是出于保证国家税收收入的考虑，税务机关在认证专用发票时无法明确划分接受旅客运输服务的是个人还是企业；另一方面，也是为了照顾提供旅客运输服务的企业的操作简便性，由于客运业务量较大，如果开具客运增值税专用发票无疑是增加了运输企业的工作负担与经营成本。但是，客运发票不得作为抵扣进项税的凭证，使得"营改增"完善税制的意义大打折扣。目前接受客运服务不得抵扣进项税的规定给下游企业带来极大的不便，同时生产性经营企业接受旅客运输服务，由于无法抵扣进项税，仍然存在重复征税的问题，因此需要探讨合适的方法实现客运发票的抵扣，从而完善增值税抵扣制。

②固定资产的抵扣问题

从目前"营改增"政策来看，企业在"营改增"以前购置设备所包含的进项税额不允许抵扣，而且设备折旧及不动产均无法实现抵扣。然而这种政策容易造成企业各年间的税负不均衡、波动较大，若公路运输企业在试点后由于没有购置固定资产的行为，而存量固定资产无法实现进项税抵扣，同时企业的厂房等也是无法抵扣的，将会导致企业税负的上升；反之，企业若能够利用好"营改增"政策，通过购置固定资产可以实现进项税抵扣，但是购置金额的大小不一也会造成税负不均，购置金额过大可能会出现留抵税额的情形。同时这种政策对于不同类型的公路运输业带来不公平的竞争环境，企业购置固定资产是与企业的发展阶段、投资计划及固定资产更新周期密切相关的。可移动固定资产的抵扣办法造成试点企业税负不均的问题，一方面企业在各年间的税负波动较大，影响企业的现金流量及企业的正常经营；另一方面对于整个公路运输业而言存在不公平的税收环境，不利于公平竞争，另外国家的税收也会受到影响。因此应当适时出台固定资产抵扣的方法，为纳税主体提供公平的税收环境。

③挂靠经营的问题

在现行"营改增"政策下，挂靠经营存在纳税主体确认的问题。按照"营改增"试点实施办法规定，挂靠者以被挂靠者的名义对外经营并且由被挂靠者承担法律责任，被挂靠者是纳税人，否则，以挂靠者为纳税人。但是在实际中，存在一部分挂靠者往往以自己的名义对外经营，应当被确认为纳税人，由于挂靠者没有办理税务登记，或者税收征管的漏洞，这部分挂靠经营处于税收监管的盲区。挂靠经营的税务风险较大，由于运输业存在虚开发票的问题，"营改增"后被挂靠者需要挂靠者代开货物运输专用发票，但是在挂靠经营模式下，被挂靠者无法进行挂靠者的业务核算，因此不能确认实际业务的真实性，在税务部门的监管下，存在较大的税务风险，可能被认定为虚开发票行为。

4. 完善公路运输业"营改增"的建议

从当前公路运输业"营改增"的实际情况来看，"营改增"后公路运输业的税负变动主要在于可抵扣进项税的项目不足，因此，完善公路运输业"营改增"的政策建议更应当着眼于当前我国税制的完善。只有通过完善税制，理顺公路运输业"营改增"，才能解决目前存在的问题，从而引导公路运输企业不断规范自身经营。

（1）扩大"营改增"的行业范围

对于公路运输业而言，过路过桥费占比较高，特别是特殊货物运输的过路过桥费，一般要比旅客运输、普通货物运输的费用高好几倍，保险费也占据一定的比重。目前"营改增"范围不包括高速公路、金融保险业，过路过桥费、保险费无法实现进行税额抵扣，导致公路运输业税负的上升。因此应当逐步扩大"营改增"的行业范围，适时将高速公路、金融保险纳入增值税，延伸增值税抵扣链条。

（2）探索可移动固定资产抵扣方法

目前可移动固定资产的抵扣方法容易导致试点企业税负在各期的波动，因此从均衡试点企业各年间税负和稳定国家税收的角度都有必要探索可移动固定资产的抵扣方法，由于目前"营改增"政策只允许抵扣试点之后购置的固定资产，因此，需要区分试点之后购置固定资产的抵扣方法与试点之前购置的存量固定资产抵扣方法。对于试点之前购置的存量固定资产而言，抵扣方法应当与固定资产每年计提的折旧费相结合。固定资产每年计提折旧，计入当期损益，实现税前扣除，并且企业各年间的折旧费用没有较大的波动，因此理论上可以参照所得税前扣除的方法允许企业抵扣当期固定资产的折旧部分。但是增值税制下进项税抵扣需要规范的发票认证，而计提折旧费用无法获取有效的发票，实际操作难度较大，因此可以设计一种特殊的票据，可以将固定资产的进项税按照税法规定的固定资产的折旧年限进行划分，分期抵扣进项税额。对于新增可移动固定资产的抵扣应当按照购置金额的大小来划分不同的抵扣方法，若购置金额较小，允许全额抵扣；若购置金额较大，考虑按照折旧年限或者行业统一规定的期限来抵扣进项税，对于购置金额大小的界限需要相关部门进行整个交通运输行业的税负测算来确定。

（3）实现增值税转型

我国现行的增值税制度主要是以第二产业的生产性企业为征税对象，抵扣项目主要是机器设备等可移动固定资产以及外购的原材料等物耗，而不动产是无法抵扣的。从成本结构上看，"营改增"涉及的行业与生产性企业差异较大，可抵扣的项目不多，出现税负上升的现象，试点省份的应对措施主要是利用财政扶持来解决，但这只是暂时的。为了实现"营改增"行业的税负相对公平，在推进"营改增"的进程中，也应当探索增值税的转型思路，逐步向完全的消费型增值税过渡，消除税负不均衡问题。在公路运输业的成本结构中，过路过桥费占比高达30%，通过实现增值税转型，将高速公路收费纳入增值税范围，进而可以实现进项税的抵扣。

（4）探索客运发票抵扣制度

按照目前"营改增"方案，接受旅客运输服务项目的进项税额不得从销项税额中抵扣，这给公路运输企业的下游企业带来很多不便，国家税务部门应当探索客运发票的抵扣制度。目前，公路运输企业开具的客运车票由地方税务局负责统一管理，套印地方税务局发票监制章，属于普通发票，因此按照客运车票的金额计算可抵扣的进项税额，比较容易衔接，可操作性较强，但是下游企业办理税务登记、认证为一般纳税人资格等程序较为复杂。客运作为公路运输企业的主营业务，每天发生大量的客运业务，需要开具大量的专用发票，一方面增加了运输企业的运营成本和工作负担，另一方面增加了税收征管成本。此外，接受客运服务存在一个"公私不分"的问题，税务机关在对发票进行认定时无法很明确地区分是个人消费还是公司消费，容易造成国家税款的流失。因此从税收简便原则、最低成本原则、保证税收来看，不适宜直接将客运发票纳入增值税专用发票中，按照客运车票的金额计算抵扣进项税额。建议对客运发票仍保持普通发票的性质，对企业接受的旅客运输服务，参照企业所得税法中关于业务招待费的扣除方法计算。

四、交通运输业"营改增"相关建议

交通运输业改征增值税的目的是实现结构性减税，促进交通运输业的进一步发展。根据前述的分析，交通运输业实施"营改增"改革试点以来，行业的整体税负率有所下降，但是个别企业在税种转换阶段税负出现了上升。因此交通运输企业必须积极应对"营改增"对企业带来的效益和风险，把握国家税制改革的契机，积极探索应对策略，实现企业的跨越发展；同时，政府部门也要根据试点企业所反映的问题进行深入细致的研究，出台更利于企业发展的政策。

1. 交通运输企业"营改增"的应对措施

（1）区分不同类型业务模块的会计核算

①区分不同税率增值税应税项目的会计核算

"营改增"的试点方案对交通运输业设置了11%和6%两档税率，交通运输服务适用11%的高税率，包括陆路、水路、航空、管道运输服务；物流辅助服务适用6%的低税率，包括航空服务、货物运输代理服务、港口码头服务、货运客运场站服务、打捞救助服务、代理报关服务、仓储服务和装卸搬运服务。所以交通运输企业应科学划分业务板块，细分业务类型，对于可以划分为物流辅助服务按照6%征收增值税的项目，不能因为业务划分不准确等原因而按照11%的税率进行计算缴纳。同时做好盈亏平衡点测算，在合理测算不同业务类型成本结构的基础上，根据各种业务适用的税率标准，合理划分业务板块，按主业、辅业分别进行细化分析，以期降低所适用销项税率的综合水平，从而降低企业税收负担。

②区分增值税应税项目和营业税应税项目的会计核算

虽然交通运输业现已在增值税的征收范畴，但是对于许多交通运输企业来说，往往还有经营其他营业税的应税项目，也就是税法中所界定的兼营或者混合销售的行为。《交通运输业和部分现代服务业营业税改征增值税试点实施办法》中规定，纳税人兼营营业税应税项目的，应当分别核算增值税应税服务的销售额和营业税应税项目的营业额，未分别核算的，由主管税务机关核定应税服务的销售额；纳税人兼营免税、减税应税项目，应当分别核算免税、减税项目的销售额，未分别核算的，不得享受免税、减税的优惠。除此之外，企业外购商品或者劳务用于非增值税应税项目的，其支付价款所包含的进项税不能作为销项税的减项进行抵扣，所以企业如果把营业税应税项目作为增值税应税项目进行核算，一方面使原应按照3%或5%税率征收营业税的项目要按照11%或者6%的税率计算销项税，直接造成税负的增加；另一方面，还会使得营业成本中包含的进项税额不肯抵扣，间接导致企业税负增加。由此可见，从实行增值税开始，交通运输行业就应加强增值税应税项目与营业税应税项目以及应税项目和免税项目的会计核算，避免由于会计核算的不合规，而给企业带来不必要的损失。

（2）加强可抵扣进项税的成本项目管理

通过分析可知，进项税抵扣不足是有些交通运输业税负短暂增加的重要原因。那么企业就应该重视和加强可抵扣进项成本的管理，提高进项税抵扣数量和质量。所谓数量是指增加进项税金额，而质量则是指不能片面的以增加可抵扣数额为目的进而影响企业的长远发展，也就是说应根据企业实际发展要求来确定营业成本结构，以企业的持续发展为决策指引。

①科学确定技术设备更新及固定资产投资节奏

我国现行的增值税类型是消费型增值税。与之前的生产型增值税不同，消费型增值税允许企业抵扣购入固定资产支付价款中所包含的进项税，这种增值税的转型有利于鼓励企业积极进行固定资产等先进技术设备的更新，所以对于固定资产所占金额比例相对较高的交通运输业来说，实行增值税也会对交通运输业的技术设备更新起促进作用。但是正是因为交通运输企业固定资产，如汽车、飞机、船舶等固定资产占比较高，且金额较大，交通运输企业的技术设备更新才更应该谨慎而不能盲目，要充分考虑企业的需求、人才的配置、市场的状况等，处理好技术设备更新与增值税抵扣之间的关系，一方面可以作为销项税的减项降低税负，另一方面也会避免造成不必要的投资浪费。

②完善并严格执行增值税专用发票的开具、取得及管理工作

将增值税的抵扣链条延伸到交通运输业，一方面要求企业在和上游企业进行增值税业务来往时，注重增值税专用发票的取得；另一方面，在和下游企业进行增值税业务往来时，也应该规范增值税专用发票的开具，不得虚开发票，这样只能使销项税增加，使企业税负加重。燃油、维修、汽车配件等成本项目是交通运输企业主要的进项税来源，其增值税发票的数量和金额巨大，但是往往由于其发生地分散，工作人员不具有索要增值税发票的意识，这使可抵扣的增值税专用发票难以实时取得，使交通运输企业不能做到进项税应抵尽抵，所以无论是在运输企业本身的统计核算工作，还是在燃油购买、车辆维修和配件购买等运营流程中，纳税企业应重视增值税专用发票的取得

与管理，让企业能够及时足额地进行进项税额抵扣工作；另外，在对外开具增值税专用发票时，也应当制定严格的流程，从而完善发票开具管理以及相关配套政策。

③注重加强财务人员及其他有关员工的财税知识培训

增值税的会计核算程序比营业税的会计核算程序要复杂，这就对会计核算人员提出了更高的要求。所以企业应紧随政策变化，及时让企业财税人员了解最新的政策要求，熟练掌握增值税的会计核算特殊处理，比如不可抵扣的成本项目和增值税视同销售行为的会计核算，这些细节部分是容易被记错或者忽略的内容；还要注重增值税的核算方法、申报流程以及防伪税控系统的培训。就增值税的会计核算方法来说，与核算营业税时只需设置"应缴税费——应缴营业税"会计科目不同，增值税的会计核算科目除了要设置一级科目"应缴税费——应缴增值税"以外，还要在此科目下设置多个二级科目，主要包括销项税额、进项税额、进项税额转出、未缴税金、已缴税金等科目。除了财务人员的培训外，也应该重视其他非财务人员的培训，比如销售人员，要培养其准确开具增值税发票的能力；而对于购买人员及运输司机则应提高其索要增值税发票的意识。

（3）小规模纳税人健全会计核算

对于小规模纳税人来说，虽然其税负不会像有些交通运输业一般纳税人那样出现短暂的上升，但是从交通运输业小规模纳税企业其本身的发展来讲，由于其一般不能开具增值税专用发票，使得下游企业不能取得进项税的抵扣凭证，而纳入增值税范围的交通运输业一般纳税人可以开具增值税专用发票，这可能会造成小规模纳税人原有客户向一般纳税人方向转移，使其生产经营存在业务量下降的风险。"营改增"试点方案规定，小规模纳税人在提供应税服务时，若劳务接受方需要取得增值税专用发票，小规模纳税人可以向主管税务机关申请代开增值税专用发票，但是要求小规模纳税人能够提供准确的税务资料。所以，小规模纳税人应积极加强会计核算工作，做到会计核算健全，能够提供准确的税务资料。

2. 政府部门完善交通运输业"营改增"规定和制度

（1）完善交通运输业"营改增"相关规定

①适当降低交通运输业适用税率并设置差别税率

根据分析，对于交通运输业的小规模纳税人而言，其在"营改增"过程中所获得的收益较多，其适用的税率已没有降低的必要；但是对于交通运输业一般纳税人而言，尤其是公路运输业和港口业，有些企业的税负增加较多，所以可以通过合理的测算，适当降低交通运输业一般纳税人的适用税率。从世界各国来看；增值税的税率一般分为较低、标准；较高三个档次，对于交通运输业的适用税率，各国普遍使用的是较低或标准的增值税率，甚至部分国家对出口环节的交通运输服务和公共运输服务实行的是零税率的增值税率。所以对于交通运输业的适用税率，可以在分析交通运输业成本项目结构和测算现有已经试点的交通运输业一般纳税人的税负变化的基础上，确定合理的交通运输业适用税率。除了上述所说的适当降低交通运输业增值税的适用税率以外，也可以参考国外的经验设置差别税率，针对交通运输业各个子行业的具体情况有选择地设置差别税率，比如对公共交通领域征收低税率或零税率，以促进我国公共交通的发展。制定出合理的税率后，保证税率的可实施性也尤为重要。对此财政部门应该出台规范划分及统一各业务类型适用税率的指导意见，交通运输部门也应配合财务部门出台相应的行业指导意见，明确各种业务类型适用的税率标准，这样就可以避免交通运输企业，尤其是涉及多个服务项目税率的企业在选择适用税率时出现随意性，保证了各地区不同交通运输业务适用税率的贯彻实施。

②交通运输业存量资产和项目成本允许进项抵扣

在当前交通运输业营业税改征增值税试点中，许多成本项目不能或者无法进行进项税抵扣是当前一些交通运输企业一般纳税人出现税负上升的一个主要因素。比如，在交通运输业的运经营成本中，保险费、路桥费、自有职工薪酬、房屋租金等是成本项目的重要组成部分，但根据"营改增"规定这些成本项目不能进行进项税抵扣。又比如，对于税改前交通运输企业已经购置的存量资产，根据交通运输业可抵扣项目中外购机械设备的抵扣规定，税改后新购进的机械设备可以全额抵扣进项税，但是税改前购进则不能抵扣进项税，使得成本项目与进项税抵扣不能配比。另外，对于企业可以进行进项税抵扣的一些成本项目，比如燃油费用和修理费用等，又由于在实务中难以取得增值税专用发票而同样无法进行进项税的抵扣。所以上述这些项成本项目不允许进行进项抵扣是一些交通运输业一般纳税人出现税负上升的一个重要因素。为了降低交通运输企业的税负，可以允许交通运输企业将不能和无法抵扣的成本项目纳入进项税可抵扣的范围。一方面，对于企业支付给企业员工的职工薪酬、过路过桥费、保险费等，可以允许企业依照单据或者实际发生费用按固定的比例进行进项税的计算抵扣；对于交通运输企业在日常经营过程中相对比较固定的费用项目，比如说燃油费和修理费等，也可以根据行业平均支出比例测算应抵减收入的比率，直接将这些费用支出按相应的比例计算后作为销项税额的减项，计算可以进行进项税抵扣的数额。另一方面，对于交通运输企业税改前购置的存量资产，本着税改的核心思想，对税改前购进的机械设备也应该按照一定的方法进行进项税的抵扣，比如对于存量机器设备和运输工具，可以根据具体情况，允许交通运输企业从每年计提的折旧额中核定其所包含的进项税额进行抵扣。通过这些进项税抵扣范围的扩大，不仅照顾到交通运输业全天候、全国范围运营，不易取得增值税发票，销项与进项税抵扣不配比的实际情况，还可以简化增值税的税收征管工作。

（2）出台交通运输业"营改增"配套制度

①出台并实施营业税改征增值税试点过渡性财政扶持政策

在本轮营业税改征增值税试点改革中，交通运输各企业所承担的税负有涨有跌，对于增加税负的交通运输企业，政府可以考虑给予适当的补贴，以弥补其在改革过程中所发生的亏损，帮助其顺利度过税种转换阶段，推进该项税制改革的贯彻实施。如上海市政府针对税负不降反升的企业出台了配套的过渡性财政扶持政策，设立了"营改增"试点财政扶持资金，按照新税制规定缴纳的增值税比按照老税制规定计算的营业税确实有所增加的试点企业为扶持的对象，按照企业据实申请、财政分类扶持、资金及时预拨的方式实施过渡性财政扶持政策。所以可以借鉴上海市在推行"营改增"过程中施行的过渡性财政扶持政策，帮助在转换税种阶段出现税负上升的企业更好地进行从营业税向增值税的过渡，有利于"营改增"在交通运输业的顺利推进和实施。

②进一步扩大增值税的试点行业，完善并延伸增值税抵扣链条

2012年1月1日，"营改增"试点改革在上海市首先展开，经过三年多的时间，"营改增"的试点范围也在不断扩大。因为增值税的层层抵扣机制是其保持税收中性的关键，只有增值税抵扣链条全面打通，才能更好地发挥增值税税收中性的最大效用。正是由于交通运输业上下产业的增值税抵扣链尚未完全打通，才使得交通运输业中的一部分成本项目不能进行进项税抵扣，造成一些交通运输企业税负上升。所以应该继续坚持十一届全国人大四次会议确立的"十二五"期间继续扩大增值税征收范围、相应调减营业税征收范围的税制改革目标，在充分调研和可行性分析的基础上继续扩大增值税的征收范围，对于接下来可以考虑纳入"营改增"试点范围的行业包括有建筑业、电信业等，也可以考虑先把占交通运输企业成本较大的过路过桥费等纳入增值税抵扣链条中，逐步完成增值税的扩围改革。

③建立"营改增"咨询服务平台，加强增值税宣传引导。增值税本身是一个优良的税种，但由于其计税方式相对特殊，税则规范相对烦琐，加之原

属于营业税范畴的交通运输企业对增值税的计税和核算方式不够熟悉，使得很多企业对于"营改增"的相关政策还不够了解，有些规定还没有完全领悟，这就需要建立并开通针对该政策的咨询服务平台，以便试点企业在遇到难题时可以找到咨询点，及时解决困惑。同时有关税务部门也要加强税收政策的宣传解读，应该开设税务知识公共课程或是开设网络课程，要求企业财税人员定期参与培训，使企业财税人员业务能力及职业道德水平达标，从而利用网络、媒体等多种方式培养纳税人的纳税意识，提高纳税人的业务水平和专业素质。另外也应引导企业积极进行纳税筹划，制定适应国家税收政策的企业发展战略，进行合理合法的税收筹划工作，做到合理节税和合法纳税。

第二节　金融业营改增影响分析

一、我国金融业"营改增"的可行性及难点分析

1. 我国金融业营业税制的发展历程及实施现状

（1）我国金融业营业税制的发展历程

我国金融业营业税制的发展历程大致可分为初步探索、初步形成、成熟和"营改增"四个阶段（见表3-19）。

表3-19　我国金融业营业税制发展阶段

第一阶段：初步探索阶段	1949—1983年	工商业税暂行条例	金融企业以银行为主，银行业和保险业按营业总收益额计算征收营业税。后来银行业改为按照存放款利息差额征收营业税
第二阶段：初步形成阶段	1984—1994年	《中华人民共和国营业税条例（草案）》《中华人民共和国营业税暂行条例》	1984年10月1日，在我国境内从事金融保险业务的单位按5%法定税率缴纳营业税。1994年1月1日，金融保险业征税范围由14个减少到9个，并增加了一些税收优惠政策

第三阶段：成熟阶段	1995—2009 年	《关于调整金融保险业税收政策有关问题的通知》《中华人民共和国营业税暂行条例》《中华人民共和国营业税暂行条例实施细则》	1995 年 1 月 1 日起，金融机构往来业务暂不征收营业税；金融机构外汇转贷业务差额征收营业税。1997 年 2 月 19 日起，金融保险业营业税税率提高至 8%。2001 年 1 月 1 日起，将金融保险业营业税税率分三年从 8% 降低至 5%，每年下调 1%
第四阶段："营改增"阶段	2010 年至今	"营改增"的相关文件	2012 年 1 月 1 日，对上海的交通运输业及部分服务业进行"营改增"试点

（2）我国金融业营业税制实施现状

目前，我国金融业营业税具体征税业务分为贷款、融资租赁、金融商品转让、金融经纪、其他金融业务以及保险。具体征收办法归纳如下（见表 3 - 20）。

表 3 - 20　金融业营业税具体征收办法

征收办法	具体规定
征税范围	有偿提供资金，赚取利息。如：贷款、贴现、融资租赁
	买卖金融商品，赚取买卖差价。如：外汇、有价证券、非货物期货买卖
	金融服务，赚取手续费。如：金融经纪业务和其他金融业务中的结算业务
计税依据	收入全额。包括：贷款利息收入、金融经纪业务手续费收入、保险费
	利差。如：转贷外汇业务
	进销差价。包括：金融商品买卖业务、融资租赁
税率	5%
应纳税额	应纳营业税税额 = 营业额 × 营业税税率

2. 我国金融业营业税制的弊端

从当前我国金融业发展面临的困难来看，我国金融业税制的弊端主要表现在金融业税制改革的指导思想和营业税制度两个方面。而金融业营业税制不合理是我国现行金融业税制最主要的问题。对于金融税改的指导思想问题，我国将金融行业视为高盈利行业，设定了比较高的税率，对金融业课以重税。

多年的税制改革进程中，金融业的改革一直未启动。

对于金融业营业税制不合理的问题，其弊端主要体现在以下几个方面：

（1）税负偏重

同国际上大多数国家及国内其他行业相比，我国金融业实际税负偏重。综合考虑营业税、城市维护建设税、教育费附加、印花税，金融业流转税综合税率超过 5.5%（5% + 5% × 7% + 5% × 3% + 0.05% ÷ 贷款利率 × 100% > 5.5%），国内交通运输、建筑安装等行业的综合税率为 3.3%，国际上大部分国家对金融业不征或免征间接税。

（2）重复征税

大多数情况下，我国的金融企业不仅不能抵扣金融服务投入所含的进项税额，还要按营业额全额缴纳营业税，产生了重复征税的问题。

（3）税负失衡

其一，目前金融业营业税规定，金融机构的往来利息收入、各种有价证券的利息收入等不征收营业税及其附加，但贷款利息收入却要征收，使得利息收入之间存在着税负差异。其二，转贷业务和一般贷款的税基是不同的，税负也存在差异。外汇转贷业务，可按借贷利息差额征收营业税；但一般贷款按贷款全部利息收入征税，不得扣除利息支出，使其营业税税负高于转贷业务的营业税税负。

3. 金融业"营改增"的可行性

鉴于金融企业现行营业税制弊端，过高的征收率和过宽的税基已经不适应当前经济发展需求，阻碍了金融业的发展。因此，金融业"营改增"势在必行。对金融业"营改增"可行性分析主要从当前的税改经验和现实需求等方面来进行。

（1）税改经验

当前，我国"营改增"有了一定的实践经验。由于营业税的计税依据不受企业成本费用的影响。而增值税以收入为依据计算销项税额，并以成本费用为依据计算抵扣进项税额，因此增值税的征收与企业的收入水平和成本费用水平相关。交通运输业和现代服务业特点不同，"营改增"方案也有所不同。将交通运输业纳入试点范围，主要是由于运输发票在之前已经纳入增值税管理系统，具有"营改增"的基础。交通运输业是一个资金密集型行业，固定成本比例较高，税率虽由 3% 提高到 11%，但由于固定资产的进项税额准予抵扣，因此税负可能会下降。将现代服务业纳入试点范围，可以解决重复征税问题，促进行业发展。税率虽由 5% 提高到 6%，但它实际上有效地降低了纳税企业的纳税支出和成本。

（2）现实需求

增值税在我国有三十多年的征收历史，征税范围从机械行业到除征收营业税以外的所有行业，表现出来的优越性与可行性让其不断扩围。但由于增值税的征收范围与税收机关的征管水平紧密相关，我国仍然对一些行业包括金融业征收营业税。而世界上大部分国家都对金融业全面征收增值税。因此，为了与国际接轨，我国需用增值税取代营业税。金融业是资本和技术密集型行业，继续征收营业税会降低我国金融业的竞争力。目前，我国的税收征管能力不断增强，增值税发票抵扣的网络监测能力不断提高，金融业的信息化程度高，内部控制完善，具备将其纳入增值税发票联网系统的外在条件和内在动力。

4. 金融业"营改增"的困境

金融业征收增值税是一个国际性难题，虽然大部分国家都对其征收增值税，但基本上都实施免税政策。可见我国金融业"营改增"在技术和制度两个层面存在着现实困境。

（1）技术性困境

①增值额难以确定。第一，隐性服务的增值额难以准确计量。金融业务主要分为隐性业务和显性业务。隐性业务是金融业征收增值税一大困境，隐性业务的费用隐藏在金融差价中。由于这些收入不仅包含业务本身的增加额，还受到通货膨胀和违约风险的影响，因此这些金融差价并不是金融服务所产生的增值额。第二，金融业务的多样性导致增值额很难确定。

②金融业务错综复杂，形式多样，不仅有诸如金融、保险和证券的传统业务，还有金融衍生产品等金融创新业务，更加剧了金融业增值额确定的难度，税率难以统一。第一，金融业涵盖众多行业，实行分业经营，每种行业都有自己的特性，对所有行业执行统一税率是不适合的。但税率层次过多又会造成重复征税和税收抵扣链条断裂，影响增值税的税收中性。第二，税率是衡量税负的重要标尺。所以，税率对纳税行业的未来发展与宏观规划有重要的影响，如何确定我国金融业增值税税率是一大技术性难题。

③增值税发票抵扣系统难以执行。在抵扣型增值税下，要同时确定销项税额和进项税额，才能计算出税法上的增值额，增值税凭票抵扣。例如银行为了保证抵扣链的通畅，其存贷业务需分别确定存款人和借款人获得的中介服务的价值，才能开具增值税发票。因此，银行需将该服务产生的增值额分为与存款人交易和与借款人交易产生的增值额，然而这样区分十分困难，

并将导致银行无法向当事人开具增值税发票，也无法抵扣自身的进项税额。

（2）制度性困境

①分税体制的制约。第一，我国实行分税，依税种划分为中央和地方财政收入。我国现行增值税分税体制会造成财力分配不均。如果实施"营改增"，必须调整现行的税收制度，但财政管理体系的调整是非常敏感和棘手的，涉及面广、难度很大。第二，金融业是营业税的一个重要来源，而营业税是地方财政收入中的较大税种。若改征则会冲击地方税收体系，降低地方财政收入，加大中央与地方税收利益矛盾。因此，如何将地方财政收入损失降低到最小是本次"营改增"关键问题。

②征管范围的制约。国税与地税存在职能差异，"营改增"后；金融业等原征收营业税的企业将由国家税务机构进行统一监管，尤其在改革初期，发票管理等制度不完善，工作人员对新纳税人管理经验不成熟，会大大增加国家税务机构管理人员的工作强度，导致金融业"营改增"行进艰难。

二、我国金融业增值税征收模式设计

面临以上困境，我国金融业"营改增"将如何进行呢？目前欧盟各国、澳大利亚、新加坡；新西兰、加拿大等大部分国家都将金融业务纳入增值税征收范围，可见，国外在金融业征收增值税方面已经有了一些较为成熟的经验。

1. 国际上金融业实施增值税的经验借鉴

（1）欧盟模式

欧盟模式为基本免税法。欧盟第6号增值税指令将金融业务分为显性业务和隐性业务。政府根据不同性质和类别的业务，分别采用不同的处理方法，即对显性收费业务依标准税率课征增值税，对隐性收费业务免税，对出口金融业务实行零税率。

①对显性收费业务课税

显性收费业务，是指中间业务等直接收费的非主营金融业务。在基本免税法下，按照标准税率对显性收费业务征收增值税。

②对隐性收费业务免税

隐性收费业务，是指金融中介业务和间接收费业务等主营金融业务。免税是指纳税人不缴纳增值税应税项目的销项税额，不得抵扣上一环节的进项税额，不能创造下一环节可抵扣的进项税额。欧盟对主营金融服务免税，享受免税政策的金融业务无法抵扣上一环节支出进项税额。由于隐性金融服务的价值和增值额很难准确计量，对金融业务课征增值税可能会对其资本流动和周转造成阻碍。因此，基本免税法对隐性业务实施不可抵扣的免税政策。

③对出口金融业务零税率

目前，为了鼓励出口，提高出口产品的国际竞争力，大多数国家都对出口金融业务实行零税率。零税率，是指按照税率为零计算并申报销项税额，并可以抵扣上一环节购入进项税额，因此零税率商品和服务税负为零。

④对欧盟模式的评析

基本免税法避免了确定隐性业务价值这一难点，节约了税收征管成本和纳税人的奉行成本，并简化了程序。但基本免税法中断了增值税的抵扣链条，导致下一环节购进免税金融服务的纳税主体重复课税，造成纳税主体税负不公平，市场价值扭曲。同时对显性业务和隐性业务分别实行征税和免税，因而必须计算应税服务应分摊的可抵扣进项税额的比例，加重了提供应税服务和免税服务的奉行成本。

（2）加拿大和新西兰模式

①零税率法

为了克服直接对隐性金融业务征税的困难，避免因划分免税服务和应税服务导致的重复课税问题，加拿大和新西兰对金融业实行零税率法。零税率法将全部金融服务纳入征收范围，在免税的基础上，允许抵扣全部进项税额。

②对加拿大和新西兰模式的评价

零税率法彻底解决了重复征税问题，提高了金融业的竞争力，在一定程度上降低了税收征管部门的征管成本和执行成本。但是零税率法对大部分金融业务实施零税率，造成国家财政收入巨大的损失。并且，零税率法下的金融业务价格不含税，非金融业务价格含税，在参与市场竞争时导致两者不公平待遇，产生替代效应，进而扭曲金融业务和其他非金融业务的价格。最后，有时候很难准确区分出隐性收费业务，若对显性收费业务征税而对隐性收费业务实行零税率，导致纳税人转移收入以追求零税率优惠。

（3）澳大利亚和新加坡模式

澳大利亚和新加坡模式是进项税额比例扣抵法。他们在借鉴欧盟免税法的基础上，对显性金融业务仍以标准税率征收增值税，在较大范围内对隐性金融业务免税，并允许一定比例的进项税额抵扣。进项税额的抵扣采用免税服务区分抵扣法和固定比例抵扣法。

①免税服务区分抵扣法

免税服务区分抵扣法是新加坡政府为了减少免税引起的重复征税问题而

提出的。该法对大部分金融业务免税，并将其区分为提供给纳税人和其他人的免税业务。前者实际上为零税率，可抵扣相应的进项税额，该法有效地减轻了重复征税。

②固定比例抵扣法

固定比例抵扣法对大部分隐性业务免税，允许购进免税服务的纳税人按固定比例抵扣进项税额。澳大利亚所有金融机构按25%的比例对免税金融服务进项税额进行抵扣；而新加坡依据金融机构类型按42%～96%的比例抵扣进项税额。由于不同类型的金融机构应税项目和免税项目不同，对其适用同一退补率可能导致课税不合理和不公平，因此新加坡的做法比澳大利亚更加合理。

③澳大利亚和新西兰模式的评析

澳大利亚和新加坡模式使金融税收政策更加合理，简化了税务征管工作，减轻了重复课税。固定比例进项税额抵扣法按统一抵扣比例，省去了进项税额在不同服务之间分摊的工作。较之免税服务区分抵扣法，其税收征管更为简便和高效。但是该法仍然存在一定程度的重复课税。

（4）澳大利亚和新西兰模式的可借鉴性

一个合理的征税模式必须符合税收中性原则，具有一定的可行性，并且不会阻碍整个金融系统的有序发展。因此，通过对三种模式进行比较分析，最终选择借鉴澳大利亚和新加坡模式下的进项税额部分抵扣法，主要基于以下几点原因：

第一，分析国际上三种模式利弊，我们可以看出：免税法下，免税项目进项税额不能抵扣，中断增值税抵扣链条，导致重复征税，税负不公，不符合税收中性原则；零税率法允许免税项目进项税额全部抵扣，彻底地解决了重复征税问题。但该方法大大减少了政府财政收入，导致市场服务价格扭曲，若目前在中国实行，将不能满足国家财政收入，并对我国分税体制造成较大的冲击，影响我国金融业的有序发展，不具有可行性；进项税额按比例抵扣法下，免税项目可抵扣部分进项税额，减轻了重复征税，对财政收入的影响也没有零税率法下的大，是目前较为可行的方案。并且我国的大部分学者，如任小燕、李瑞波、程南楠等都认为现阶段我国可以借鉴澳大利亚和新西兰模式对金融业征收增值税。

第二，目前对金融业实施增值税的国家中，免税法应用最广泛，但免税法存在着严重的重复征税问题，因此对免税法进行修正十分必要。欧盟也多次提出对免税法进行改良，改良只是将免税法的范围缩小，这些问题仍然没有解决，还会促使金融机构捆绑销售免税与应税产品。但在基本免税法基础上修正的澳大利亚和新西兰模式下的允许进项税额抵扣法，则可缓解金融业重复征税问题，降低征管难度。由于不同类型的金融机构应税范围不同，新加坡允许不同金融机构按不同比例抵扣进项税额的方法更加合理。

第三，我国经济与金融业未来发展趋势为混业经营模式。虽然澳大利亚和新加坡征收模式具有一定的优越性及可行性，但也不能盲目照搬澳大利亚、新加坡的征收模式。因此，应在结合我国金融业的实际情况和借鉴澳大利亚和新西兰模式之间寻求最佳平衡点。

2. 基于澳大利亚和新西兰模式的我国金融业增值税征收模式设计

基于澳大利亚和新西兰模式制定我国金融业增值税征收模式，需要把握三个关键点：

第一，划分金融业务类型，进而明确增值税一般应税项目、免税项目、零税率项目和非应税项目。对显性业务按一般方法和法定税率征税，准予抵扣相关进项税额；对隐性业务采用可抵扣的免税政策，规定不同的金融业务按照不同的比例抵扣进项税额；对出口金融业务实行零税率。

第二，根据进项税额可抵扣项目与进项税额不可抵扣项目的比例测算免税项目进项税额抵扣率；

第三，综合考虑金融业增值率与所得税的影响，估算金融业增值税税率。

（1）征税范围的界定

要确定征税范围，首先要明确应税项目和非应税项目。应税项目即纳入增值税征收范围的项目，它一般分为三大类：一般应税项目、免税项目和零税率项目。澳大利亚和新西兰模式下，一般应税项目按照法定税率征收增值税，允许抵扣全部进项税额。免税项目没有销项税额，并允许按比例抵扣进项税额。零税率项目没有销项税额，并可抵扣全部进项税额。非应税项目是不纳入增值税征收范围的项目。所以应根据金融业务的特点，将它们划分为不同的类型，分别纳入一般应税项目、免税项目、零税率项目和非应税项目。

①一般应税项目　金融业务中的显性收费业务是增值额直接体现在价款中的业务，如安全保管业务、咨询业务、融资租赁业务、金融经纪业务等，其增值税课税基础容易确定，可以纳入发票抵扣制增值税的税基，建议将其纳入一般应税项目，按法定税率征收增值税。

②免税项目　金融业务中的隐性收费业务是增值额隐含在包括通货膨胀补偿、违约风险补偿等多种因素的价款中的业务，它们构成金融部门的主营业务，如贷款业务、外汇转贷业务等，其服务价值无法明确计算，增值税课

税基础难以确定，存在着征管技术困难，建议将这些业务纳入免税项目，按一定比例抵扣进项税额。

③零税率项目　为了提高金融业的国际竞争力，一般对出口金融业务实行零税率。由于金融业实施营业税制时，金融机构往来业务等享有税收优惠，不对其征收营业税，因此"营改增"后，为了减轻对这些业务的影响，建议将这些业务纳入零税率项目。

④非应税项目　我国目前实行消费型增值税，消费型增值税规定不对投资行为和没有发生流转环节的业务征税，如金融商品转让业务等，为了不违背消费型增值税的基本征收原则，建议将这些业务纳入非应税项目，不对其征收增值税。

（2）免税项目进项税额抵扣比例的测算

金融机构中，有些项目的进项税额可以抵扣，而有些项目的进项税额不能抵扣。一般来说，免税项目的进项税额是不可以抵扣的，但澳大利亚和新西兰模式的一大特色就是对基本免税法进行改进，允许免税项目按照固定比例抵扣部分进项税额，那这个抵扣比例到底是多少呢？要计算这个抵扣比例，首先得划分金融业的业务类型，明确哪些业务的进项税额可以抵扣，哪些业务的进项税额不能抵扣。一般应税项目按标准税率征收增值税，可以抵扣进项税额。免税项目销项税额为零，不得抵扣进项税额。按照上述我国金融业划分的征税范围，可以看出，直接收费业务进项税额可以抵扣，隐性收费业务进项税额不得抵扣。然后，在明确业务类型的基础上，我们需计算出进项税额可抵扣项目在所有业务项目中的比重，这就是可抵扣比例，计算公式为：

抵扣比例＝进项税额可抵扣项目的年营业额÷（进项税额可抵扣项目的年营业额＋进项税额不可抵扣项目的年营业额）

上述公式中，"进项税额可抵扣项目年营业额"对应一般应税项目的年营业收入，如咨询业务、保管箱业务等中间业务收入，这些业务以收取手续费为目的，因此，营业收入通常计入"手续费收入"科目。"进项税额不可抵项目年营业额"对应免税项目的年营业收入，如贷款业务，它的营业收入通常计入"贷款利息收入"科目，根据该公式，结合金融业务报表数据，就可以计算出免税项目进项税额可抵扣比例。我国金融业主要分为银行业、证券业和保险业三大类，由于每种金融机构的一般应税项目和免税项目不同，建议我国银行业、证券业和保险业按各自的金融业务类型确定各自的免税项目进项税额抵扣比例。

（3）增值税标准税率的设计

"营改增"的指导思想是降低总体税负，基本消除重复征税，促进行业发展。税率是计算税额的基本依据，也是衡量税负的一把重要标尺，税率的设计与税负紧密相关。"营改增"前，金融业征收营业税，营业税额计入利润表中的"营业税金及附加"科目，可作为所得税的抵减项目。"营改增"后增值税不影响利润表，不可作为所得税的抵减项目，导致所得税的计税基础发生数额上的改变。可见，"营改增"不仅导致流转税发生变化，也对所得税有较大的影响，因此在设计税率时要考虑所得税负这一重要因素。由于金融业的特殊性，大部分金融业务特别是隐性金融业务的增值税进项税额很难确定，那应该如何解决这一难点呢？不妨回归增值税的征收实质，增值税是以增值额作为征收对象的，如果引入行业增值率这一因素，同样可以计算出增值额，因为增加值为营业收入与增值率的乘积，这样就解决了确定隐性金融业务进项税额这一难点。通常行业增值率可根据投入产出表中的指标数据计算。投入产出表中的"总投入"是指一定时期内部门生产活动总投入，既包括新增价值，也包括被消耗的货物、服务价值及固定资产转移价值。"中间投入"指部门在生产或提供劳务及服务的过程中，消耗和使用的所有非固定资产货物及服务的价值。"增加值"指部门在生产或提供劳务及服务的过程中，创造的新增价值和固定资产转移价值。根据这三个指标的定义，可得出金融行业增值率的计算公式，即：

金融部门总投入 = 金融部门中间投入 + 金融部门增加值

金融部门增值率 = 金融部门增加值 ÷ 金融部门总投入

综上可知，需引入行业增值率这一因素，综合考虑所得税的影响，结合"营改增"的理念，根据税改后总体税负不增加且有所减少的原则，对增值税率进行测算，测算公式为：

税改后营业额 × 增值率 × 增值税税率 + 税改后所得税 ≤ 税改前营业额 × 营业税税率 + 税改前所得税

3. 我国金融业实施增值税的现实路径探讨

由于金融业实施增值税在税收征管上十分困难，即使很多国家将金融业纳入增值税系统，也对其进行区别对待。根据税制改革的原则和实际情况，我国可采取"一步到位、分步实施、特殊处理"的增值税扩围方式。第一步，先按目前国家出台的金融业"营改增"指导思想对金融业采取简易征收办法；第二步，待时机成熟时，借鉴国外金融业增值税的征收经验，向目前国际通行做法过渡；第三步，随着我国税收征管水平的提高，最终实现对金融业全面征收增值税。

（1）增值税简易征收办法

虽然金融业尚未展开"营改增"试点，但试点方案中已提到，金融保险业原则上适用增值税简易征收办法，类似增值税小规模纳税人或营业税的做法。

①简易征收办法概述

简易征收办法，是指按照不含税销售额和征收率计算增值税额的简易办法，不得抵扣进项税额。简易征收办法应纳增值税计算公式如下：

应纳增值税 = 销售额 × 征收率

销售额 = 含税销售额 ÷ （1 + 征收率）

②简易征收办法下的税负测算

那么，金融企业"营改增"简易征收办法对其行业的税负影响如何？是否能达到减轻税负的作用？这是业界普遍关注的问题，探讨"营改增"对金融企业税负的影响十分必要。

a. 税负测算

以某证券公司为例，具体测算"营改增"后企业的实际税负。假定某证券公司原为营业税一般纳税人（适用税率为5%），现为增值税一般纳税人（适用征收率为3%），暂不考虑城市维护建设税及教育费附加等其他流转税，所得税税率为25%，采用简易征收办法计税，发生以下经济业务（部分业务）：取得利息收入100 000元，各项手续费收入760 000元；发生手续费支出400 000元，其他业务支出85 000元。首先测算流转税税负。"营改增"前，该公司确认的营业收入为860 000元。其中利息收入100 000元，手续费收入760 000元。由于这两项收入按营业额全额纳税，因此，应缴营业税 = （100 000 + 760 000）× 5% = 43 000元。"营改增"后，营业收入应换算成不含税收入，该公司确认的营业收入为834 951元。其中利息收入 = 100 000 ÷ （1 + 3%）= 97 087元，手续费收入 = 760 000 ÷ （1 + 3%）= 737 864元。应缴增值税 = （97 087 + 737 864）× 3% = 25 049元。采用简易征收办法后，企业流转税税负降低17 951元，降幅约为42%。

然后测算所得税税负。"营改增"不仅带来企业流转税的变化，也会带来企业利润的变化，进而影响企业所得税费用的变化。因此，对企业实际税负进行测算，应综合考虑所得税税负。"营改增"前，该公司的营业支出为528 000元。其中手续费支出为400 000元，其他业务支出为85 000元，营业税金及附加为43 000元。利润总额 = 860 000 - 528 000 = 332 000元。所得税费用 = 332 000 × 25% = 83 000元。"营改增"后，该公司的营业支出为485 000

元。其中手续费支出为 400 000 元，其他业务支出为 85 000 元。利润总额 = 834 951 - 485 000 = 349 951 元。所得税费用 = 349 951 × 25% = 87 488 元。采用简易征收办法后，企业所得税税负增加 4 488 元，增幅约为 5.4%。流转税的减少和所得税的增加，两相抵扣后总体税负降低 13 463 元，降幅约为 11%。

b. 税负分析

若只考虑流转税，"营改增"前，金融企业按含税收入额及 5% 的税率征收营业税。"营改增"后，金融企业按不含税收入额及 3% 的征收率征收增值税。企业确认的营业收入的减少及税率的下降导致金融企业流转税税负降低。"营改增"前，企业缴纳的营业税记入"营业税金及附加"，属于营业支出项目，可以在企业所得税前全额扣除。而"营改增"后，企业缴纳的增值税不计入营业支出，不影响营业支出项目，故利润总额增加，企业应缴纳所得税额随之增加。通过上述税负测算、分析，我们发现实施简易征收办法后金融企业流转税税负大幅下降，所得税税负略有上升，流转税下降幅度大于所得税的上升幅度，两相抵扣后，企业总体税负下降。

③ 易征收办法下税负临界点测算

简易征收办法下税率应该为多少才能保证金融企业税负不增加呢？下面具体测算这个税负临界点。综合考虑城市维护建设税、教育费附加、印花税等，现行金融业营业税的实际税率为 5.5%，所得税税率为 25%。设税改后的征收率为 $t\%$，计税收入为 1 个单位，所得税的抵减支出为 F。令税改前后的总体税负相等，则可得出方程式：$(1 \times 5.5\%) + (1 - 9 - 1 \times 5.5\%) \times 25\% = [t\% \div (1 + t\%)] + [1 \div (1 + t\%) - F] \times 25\%$

如方程式左式，"$1 \times 5.5\%$"为营业税税负，由于营业税对所得税有减税效应，计算所得税时可将"$1 \times 5.5\%$"的营业税金及附加作为抵扣项，"（1 - F - 1 × 5.5%）× 25%"为所得税税负。所以，方程式左式为"营改增"前的总体税负。如方程式右式，增值税属于价外税，将收入 1 换算成不含税收入，为"$1 \div (1 + t\%)$"，故"$t\% \div (1 + t\%)$"为增值税税负，增值税不得作为所得税的抵减项目，故"$[1 \div (1 + t\%) - F] \times 25\%$"为所得税税负。所以，方程式右式为"营改增"后的总体税负。将方程式化简得出方程式：

$5.5\% + (1 - 5.5\%) \times 25\% = [t\% \div (1 + t\%)] + [1 \div (1 + t\%)] \times 25\%$

解得 $t\% = 5.82\%$，即简易征收办法下的税负临界点为 5.82%。未来金融业实行"营改增"征收率若高于 5.82%，总体税负增加；若低于 5.82%，总体税负降低。按照"营改增"试点行业"总体税负不增加或略有下降"的要求，建议未来金融业"营改增"后的征收率设置应低于 5.82%，尽量使金融业总体税负有所降低，以促进金融业在新的历史进程中健康持续发展。

④简易征收办法的评价

简易征收办法实际上是一种税收优惠，它解决了我国两税并存引起的税收问题，对财政收入的影响不大，在征管上可操作性较强，企业税负也随之降低。

（2）增值税征收模式在我国的运用——以商业银行为例

①银行业的课税意义

银行业可以改善我国资本配置效率，促进国民经济健康发展，是金融市场的一个重要组成部分，因此，对银行业课征增值税具有重要意义。

第一，金融税制对银行业发展具有宏观调控作用。银行业居于我国金融体系中的主导地位，是货币资本流通的总闸门和总枢纽，具有金融核心作用。并且银行业是市场经济体制下最重要的风险预警和防范机制，是合理配置资源和保障宏观市场经济平稳高效运行的主要调节手段。因此，银行业的正常经营和发展，直接影响社会经济的顺利发展。明斯基在"金融脆弱性"理论中指出，商业银行的内在特性使其必然要经历周期性危机和破产浪潮，从而造成经济危机。并且市场经济中的信息不对称、不完全竞争和外部性会导致低效甚至是无效资源配置等市场失灵问题，银行业需要政府宏观调控来保证其安全、稳健地运行。而税收是政府宏观调控的重要手段，通过各种税收政策来调节市场中货币资金的供求关系，鼓励或抑制行业的发展。因此，金融税收制度是影响银行业发展的重要政策变量。

第二，对银行业课税能够保障国家经济安全。银行业的税收贡献较大，它的经营状况会直接影响一国的财政收入。银行业的安全和稳定，与国家的稳定和繁荣直接相关。因此，我们应该完善税收政策，为银行业创造良好的外部环境，建立一套安全、稳定的金融保险体系。

因此，本节基于以上两点理由，以商业银行为例具体运用澳新模式下我国金融业增值税征收制度的设计。

②商业银行征税范围的界定

商业银行的业务主要有五大类。第一类为以赚取手续费为目的的一般服务类业务，即显性收费业务，包括结算与清算业务、顾问与咨询业务、代理业务等中间业务。第二类为以赚取买卖差价为目的的具有货物买卖性质类的业务，包括销售自己使用过的固定资产、金银业务等。第三类为以赚取中介服务费用为目的的金融中介类业务，即隐性收入业务，包括贷款业务。第四类为具有投融资性质的业务，包括金融商品转让业务、金融商品业务、回购业务等。第五类为出口金融业务等其他业务。本节根据设计的金融业的征收范围，结合商业银行的具体业务类型和特点，划分商业银行的征税范围。

a. 一般应税项目（一般服务类业务、具有货物买卖性质类业务）

中间业务主要以赚取手续费为目的。中间业务收取的费用计入"手续费及佣金收入"科目，支出计入"手续费及佣金支出"科目，若对该业务征收增值税，销项税额和进项税额容易确定。因此，作为一种显性收费的金融服务，应将中间业务纳入增值税应税范围，按一般计税方式征收增值税。具有货物买卖性质的业务，例如金银业务中的实物交割业务、销售自己使用过的固定资产及具有货物买卖性质的其他业务等，在货物流转过程中，银行形成了价值增值，其相关收入一般计入"其他业务收入"等科目，相关支出一般计入"其他业务支出"等科目，销项税额和进项税额容易确定。因此，应将这类业务视同一般货物买卖纳入增值税应税范围，按一般计税方式征收增值税。

b. 免税项目（金融中介类业务）

贷款是一种隐性业务，它是银行按一定的利率和必须返还等条件出借资金的信用活动。银行以此取得贷款利息收入，增加银行资源。贷款业务按实际利率计算利息收入，反映在"利息收入"科目中，存款业务按实际利率计算利息支出，反映在"利息支出"科目中，两个科目的汇总轧差金额计入"利息净收入"科目。由于无法对每笔贷款的利息净收入进行区分，很难将其纳入增值税发票抵扣系统，应将贷款业务纳入增值税应税范围，对其免税。

c. 零税率项目（出口金融业务等其他业务）

将出口金融业务纳入增值税应税范围，适用零税率。金融机构往来业务，其收入主要是往来利息收入、存贷款利差补贴收入等。根据规定，金融机构之间以及金融机构与中央银行之间的资金拆借和占用所得利息收入不征收营业税。由于该类业务不具有投资性质，同时为了避免"营改增"对该类业务造成较大的冲击，因此将其纳入增值税应税范围，实施零税率。

d. 非应税项目（具有投融资性质类业务）

金融商品转让，是指转让外汇、有价证券或非货物期货所有权的行为。对于商业银行而言，该业务实质上是一种投资行为，由于消费型增值税不对投资行为征税，且从国际上来看，一些国家尚未对其开征增值税，应将金融商品转让纳入增值税非应税项目。购买金融商品,是指商业银行为赚取投资收益而持有金融商品的行为。从增值税的实质来看,因为该行为没有发生流转,应纳入增值税非应税项目。回购业务,包括买入返售(正回购)和卖出回购(逆回购),是指金融机构之间根据协议约定买入金融资产,在未来某一特定日期再按固定价格将其回售给对方的行为。它是融资的重要渠道,应将其纳入增值税非应税项目。商业银行免税项目进项税额抵扣比例的测算适合我国商业银行免税服务的进项税额抵扣比例为多少呢?这里沿用上文所述的征税范围及抵扣比例测算公式,以四大国有商业银行公布的 2012 年年报为样本数据,统计四大银行营业收入数据,测算我国商业银行的免税项目进项税额抵扣比例。"贷款利息收入"主要用于核算银行贷款利息收入,贷款为免税项目,其进项税额不可抵扣;"手续费及佣金收入"主要用于核算中间业务收取的手续费及佣金,中间业务基本上为一般应税项目,其进项税额可以抵扣;"其他业务收入"主要用于核算具有货物买卖性质业务的营业收入,具有货物买卖性质的业务为一般应税项目,其进项税额可以抵扣。即进项税额可抵扣项目年营业收入为"手续费及佣金收入"和"其他业务收入",金额为 3 659 + 386 = 4 045 亿元;进项税额不可抵扣项目年营业收入为"贷款利息收入",金额为 17 219 亿元,则免税项目进项税额的抵扣率约为 4 015 ÷(4 045 + 17 219)= 19%。

第三节 电信业营改增影响分析

一、电信业"营改增"概述

为顺应上海交通运输业和部分现代服务业的 2012 年的"营改增",中国电信上海分公司将研发技术、技能鉴定、设备租赁(研究院)、号百广告业纳入申请试点范围,并于 2012 年 1 月 1 日起正式改征增值税,虽然企业试点的业务范围很小,对企业的影响有限,但对电信企业的经营思想和管理模式的影响却是全面和深刻的。此后,不仅上海电信,整个中国电信,甚至全国通信行业却展开了通信行业"营改增"的研究和测算,考虑应对措施,迈出配合和应对国家税务改革的步伐。到 2012 年底,随"营改增"扩围到全国十省市,中国电信下属的北京、江苏、安徽、福建、广东等分公司也把涉及现代服务业的部分业务划转，参与了各地的"营改增"试点。从各方面的信息来看，全国范围的行业"营改增"在 2013 年取得突破，专家认为建筑安装行业和邮电通信行业最有可能率先实施行业整体扩围，特别是后者，由于经营集中度高，实施"营改增"的税务管理比较起来最容易，优先纳入全国范围行业试点顺理成章。然而，对通信行业的三家基础运营商来讲，"营改增"的影响远不止税务机关管理调整那么容易和简单。一方面，通信运营商们的经营体系分布全国，层级复杂，各省的组织制度、软硬件运行、计费方式、业务模式、财税人员资质等诸多因素都未有能力以适应增值税环境，其内部适应性调整不亚于一次行业重组或 IPO 的工作量。另外通信的投资高峰期已过，现行政策下，今后不可能较充分抵扣已成既成事实，部分物流、交通运输行业实施"营改增"后的税负出现了"不降反升"的现象，无疑成为通信行业的前车之鉴。各通信企业敏感地启动"营改增"的研究，共同利益下，三家基础电信企业还专门成立"营改增"联合工作小组，建立联合工作机制、责任分工，共同向工信部、国资委、财政部、税务总局等政府主管部门汇报沟通，反馈营业税改征增值税的政策诉求，以求争取有利于行业发展的税收环境。

二、电信业营业税征收现状分析

随着电信业的高速发展，电信行业不断推出新业务，但对这些新业务国家税收政策在计税收入、成本费用列支等方面没有及时出台，与之相应的税收政策也没能予以明确和规范，税收征管手段也相对滞后。

1. 电信业营业税收入及税负水平分析

（1）电信业营业税收入分析

根据现行的营业税暂行条例，电信业执行 3% 的营业税税率。理论上讲，随着电信业业务收入的快速增长，营业税收入也应有所增长。但现实情况表明，电信业营业税收入没能随着电信业务收入的快速增长而增长。

（2）电信业营业税负水平分析

电信业营业税负在很大程度上来讲与其所适用的税率有很大的关系。1994 年我国实施了工商税制改革以来，新出台的营业税暂行条例规定，现行的营业税税率有 3%，5%，5%~20% 等不同档次，电信业税率在营业税的 9 个税目中执行最低税率 3%，比金融业、服务业、销售不动产等行业的税率低 2%，与娱乐业 5%~20% 的税率更是相差更多。当时，我国的电信业刚刚起步，在基础设施、术创新方面投入很大。国家为了支持电信业的发展，对其在税收上有政策上的倾斜。电信业营业税按最低税率3%执行是符合当时产业政策和国情的，税收的职能作用得到了充分体现，对电信业的发展起到了巨大的推动和促进作用。与全国宏观税负水平相比，电信业的税负水平是比较低的。

2. 电信业营业税征收范围及项目规定分析

（1）电信业征税项目日益复杂，确认难度较大

目前我国实行的营业税，以国务院2008年11月5日修订颁布的《中华人民共和国营业税暂行条例》和财政部2008年12月15日颁布的《中华人民共和国营业税暂行条例实施细则》为基本法规，并从2009年1月1日起实行。当时国家税务总局编写的《营业税法规解析》中解释道"电信是指用各种电传设备传输电信号来传递信息的业务，包括：电报、电话、电传、电话机安装、电信物品销售及其他电信业务。"但随着我国电信业务日益繁多复杂，新业务层出不穷，如移动支付、移动银行、位置计费、移动追踪费等。营业税按全额征收的方式已经不再适用。电信行业所涉及的业务已超出营业税的范围，例如有形动产租赁已纳入增值税范围，而电信行业务中电信设备出租业务仍然按营业税征收，显然不符合行业税负公平的原则。再者电信行业本身需要巨额的设备投资，2012年我国电信业固定资产投资3 613.8亿元，占当年电信业务收入的33.58%，由于电信业仍征收营业税，电信企业购进的固定资产进项税额不能够抵扣，造成的增值税链条断裂，不利于上游企业的发展。

（2）电信营销模式更新较快，营业税制度难以应对

随着电信业营销模式不断创新对现行营业税形成了挑战，例如，预存话费赠送手机的业务，中国移动有限公司内地子公司开展的以业务销售附带赠送实物业务（包括赠送用户SIM卡、手机或有价物品等实物），属于电信单位提供电信业劳务的同时赠送实物的行为，按照现行相关税政策规定，不征收增值税，其进项税额不得予以抵扣；其附带赠送实物的行为是电信单位无偿赠与他人实物的行为，不属于营业税征收范围，不征收营业税。这就为电信商偷税漏税行为创造子条件。再如，对预存话费赠送话费问题，电信公司在经营中，赠送出的这部分话费是否应征收营业税，在税收政策上还不明确。

3. 电信业营业税计税规定规范程度分析

电信业营业税计税规定规范性问题主要体现在以下方面：一是电信业营业税发票使用不规范，影响财务管理和税收征管。首先电信企业网内、网间结算没有使用发票，也没有按月下发确认收入的相关文件。再者电信企业开

具营业税发票，由于不能抵扣使得一大部分客户都不需要税务发票。从而电信运营商的业务收入金额远远大于其开具发票金额，这就造成电信企业的逃税避税行为。二是现行的营业税关于电信业运营商关于赠送实物的行为的免税规定极易造成逃税避税行为。根据《关于中国电信集团公司和中国电信股份有限公司所属子公司业务销售附带赠送行为征收流转税问题的通知》（国税函〔2007〕414号）规定，中国电信子公司开展的以业务销售附带赠送实物业务属于电信单位提供电信业劳务的同时赠送实物的行为，按照现行流转税政策规定，不征收增值税，其进项税额不得予以抵扣；其附带赠送实物的行为是电信单位无偿赠与他人实物的行为，不属于营业税征收范围，不征收营业税。此项规定看似简单，极易给电信运营商避税的机会。

三、电信业"营改增"的理论分析

电信业作为现代服务业之一，在服务国民经济、改善人民生活起着不可替代的作用。电信业具有范围经济性、规模经济性的行业特征。电信业改征增值税有其必要性和可行性。

1. 电信业特征及其概况

（1）电信业概念及其特征

电信业是指利用光电系统或者有线、无线的电磁系统，传送、发射或者接收语音、文字、数据、图像以及其他任何形式信息的活动的行业。根据2011年《国民经济行业分类》（GB/T4754—2011），电信业属于I类，其中包括固定电信服务、移动电信服务、其他电信服务三类。电信行业作为我国基础性、先导性、战略性行业，具备以下几个特征：

①规模经济性：电信业的规模经济性就是指通信网络在提供产品和服务时所依赖的网络系统具有规模经济性。网络运营业具备用来提供产品和服务的网络设施，构成巨大的固定成本，因此，随着通信业务量的增加，平均成本不断下降。

②范围经济性：电信业的范围经济性指电信企业当同时生产两种产品的费用低于分别生产每种产品所需成本的总和时，称为电信业存在范围经济性。电信业的产品具有较强的关联性，如市话服务、长话服务、电信产品。因此，电信企业在生产多种产品时，使得比单独生产多种产品成本降低。

（2）电信行业的发展历程

1993年以前，中国电信业属于中国邮电部。邮电部一方面负责国家电信政策的制定和监督执行，另一方面负责电信业投资和经营。这个时期的电信业管制和运营统一，属于完全垄断。1994 年中国联通公司成立，政企分离初步实现，开始引入竞争，打破了邮电部对国内电信市场的独家垄断，标志着中国电信业开始步入市场化进程。1998 年信息产业部成立，将邮政和电信正式分离经营，并将中国电信进行企业化市场运作。1999 年 2 月，信息产业部组建了中国移动通信、中国电信、中国卫星通信三家公司，铁道部成立中国铁通通信公司。2001 年成立了新的中国电信和中国网通，形成了中国移动、中国联通、中国卫通、中国铁通、中国电信、中国网通六家基础电信企业格局，进入垄断竞争时期。2008 年 5 月，工业和信息化部启动电信业新的一轮改革。新一轮的重组方案为：中国联通的 CDMA 网与 GSM 网被拆分，前者并入中国电信，组建为新电信，后者吸纳中国网通成立新联通，铁通则并入中国移动成为其全资子公司，中国卫通的基础电信业务将并入中国电信。2008 年 10 月 15 日，新联通正式成立，网通退出历史舞台。2009 年中国移动收购中国铁通，形成中国移动、中国联通、中国电信三大寡头垄断竞争的格局。

（3）电信业的发展状况

近年来，我国电信行业飞速发展。从电信行业业务总量来看，由 2008 年的 7 552 亿元到 2012 年的 12 985 亿元，增长 11.1%。根据国家统计局公布的数据显示，电信业务总量近五年都以高于 GDP 的增长速度在增长。从电信业业务收入来看，电信业业务收入 2012 年突破万亿元，占当年 GDP 的 2.28%。电信业务收入从 2008 年的 8 139.9 亿元到 2012 年的 10 762.9 亿元，增速迅猛。然而，由于种种原因，电信业固定资产投资却在逐年减少。2008 年固定资产投资额达到 2 953.7 亿元，较上年增长 26.1%；2012 年投资额仅为 3 613.8 亿元，较上年增长仅为 8.5%；2010 年甚至为负增长。

2. 电信业"营改增"的必要性

电信业作为现代服务业，从其征收营业税的现状和将其纳入增值税范围的重要性来看，电信业"营改增"有其必要性。

（1）电信业"营改增"有利于税收公平

税收公平原则是税收原则中最重要的原则之一。目前学术界对税收公平有两种观点：一是"受益说"，二是"负担能力说"。"负担能力说"是指具有相同纳税能力的纳税人应该缴纳相同的税额；"受益说"所指的税收公平有横向公平和纵向公平之分，横向公平是指凡是得到政府相同的利益者缴纳相同的税收，纵向公平是指凡是得到政府不同的利益者缴纳不同的税收。增值税是以商品（含应税劳务）在流转过程中产生的增值额作为计税依据，在一定程度上考虑了纳税人实际的获利能力，相对于传统的流转税，具有二定的公平性。而营业税是以提供应税劳务的营业额作为计税依据。劳务项目不征收增值税而征收营业税，对于营业税应税行业而言，存在经济学意义上的不公平。比如对于小商品批发与小型餐饮服务业，同为第三产业，赚取等量营业额，但因分别属于增值税与营业税征收范围，流转税负截然不同，随之附征的城建税和教育附加费又加剧了这种不平等。电信业所服务的范围较广，所涉及的行业较多，由营业税改征增值税，一定程度上有利于贯彻税收公平的原则。电信业的特征之一就是波及范围广，产业关联性强，电信业与其他行业融合是我国现阶段电信业主要趋势之一。目前，广播影视行业、互联网企业（属于研发与技术服务业）已经在全国各地区纳入"营改增"的范围。而电信业现仍未纳入"营改增"，其经营活动仍开具营业税发票，以至于下游很多增值税纳税人因购进电信产品或业务不能够做进项税抵扣，不利于下游产业的发展。再者，电信业购进的上游增值税纳税人的产品与服务，所负担的增值税进项税额不能够抵扣，所以，电信业会凭借强大的经济实力去并购上游企业，这样不利于生产分工的细化。因此，电信业的"营改增"可以完善增值税抵扣链条，促进电信行业与相关行业的税负均衡。

（2）电信业"营改增"有利于强化税收中性

税收中性是指政府对纳税人的征税，尽量减少由征税所带来的额外负担。增值税是针对增值额征税的税种，具有环环相扣、税率档次很少的特点。因此，不会成为影响资源配置和纳税人生产活动的主要因素，从而具有税收中性的特征。增值税税收中性功能的发挥，在一定程度上依赖于其征税范围的大小，其征税范围越大，税收中性功能发挥得越明显。因此，电信业"营改增"有利于国民经济各行业在经济交易中的税款抵扣链条更加顺畅。从而减少纳税人的额外负担，防止对资源配置产生扭曲效应。

（3）电信业"营改增"有利于促进电信业和相关产业的发展

由于增值税的进项税额能够抵扣，所以，电信业改征增值税后，电信企业所购进的机器设备的进项税额能够予以抵扣，一定程度上减少了企业负担。再者，有利于电信企业更新设备，促进服务水平的提高，促进电信业的发展。"营改增"是推进现代服务业大发展的重要途径。通过营业税改征增值税，不仅有助于解决重复征税问题，减轻税收负担，优化税制结构；也有利于促进产业分工和现代服务业发展，推动经济发展方式转变与经济结构调整。通过试点地区与试点行业的情况分析，"营改增"一定程度上促进了试点地区相关产业的发展，仅以上海市2012年产业发展情况为例，按可比价格计算，2012年GDP实现20 101.33亿元，比上年增长7.5%。2012年上海市第三产业增加值占上海市生产总值的比重首次达到 60%，比上年提高 2 个百分点。上海市"营改增"试点促进了第三产业的发展，推动了产业结构的调整。

3. 电信业"营改增"的可行性

从国内来看，试点行业"营改增"已经从试点地区推向全国范围，这为电信业推行"营改增"提供了有利的国内环境。相关行业改征增值税的实践，为电信业提供了有益经验。从国际背景上来看，不少国家早已对电信业征收增值税，有许多成功的经验和启示。我国电信业进行"营改增"已具备可行性。

（1）我国试点行业"营改增"的实践为电信业提供了有益经验

2012 年 1 月 1 日起，上海交通运输业和部分现代服务业开展营业税改征增值税试点，由此，货物劳务税收制度的改革拉开序幕。自 2012 年 8 月 1 日起至年底，国务院将扩大"营改增"试点至 10 省市。截至 2013 年 8 月 1 日，"营改增"范围已推广到全国试行。至此"营改增"已经试行两年，相关的政策也日益完善，财政部、国家税务总局出具相关政策文件，集中解决"营改增"所遇到的相关问题。再者，交通运输业和部分现代服务业"营改增"的实施为电信行业提供行业背景，与电信行业密切相关的行业，如互联网企业、广播影视行业等都实行了"营改增"，一方面为电信行业"营改增"提供经验借鉴，另一方面扩大电信行业改征增值税后进项税额的基数，一定程度上为电信行业扫除了障碍。

（2）发达国家电信行业征收增值税的有益借鉴

许多发达国家一开始就将电信业纳入增值税的征收范围，比如欧盟相关国家，电信业实施增值税不仅在很大程度上解决了相关国家的重复征税问题，而且促进了相关国家电信业的发展。纵观欧盟国家电信业征收增值税的发展历程，给予我国电信业"营改增"的启示有以下几个方面：

第一，给予电信商纳税选择权。欧盟决定给予小企业运营商纳税选择权，小电信运营商年营业额若低于 200 万欧元，既可以选择在开具发票时纳税也可以在收到款项时纳税。这将避免企业在还没有收到款项时就要纳税的情况，有利于改善企业的现金流。

第二，对跨境电信业缴纳增值税进行一站式管理。欧盟于 2012 年针对跨境电信业务出台新的增值税法令，规定跨境电信服务的纳税地点由纳税人居住地变为消费者居住地。一站式管理一方面将有效简化增值税的纳税环节，另一方面避免各国之间因争夺税源而造成的恶性竞争。

第三，将邮政与通信业分开，区别对待。欧盟在 20 世纪 90 年代对邮政和电信的利润作了测评，发现传统的邮政服务业利润水平远远不及发展迅速的电信业利润水平。而邮政服务有很大一部分是免税的，将邮政和电信作为一个税目进行征税，易造成税收征管的混乱。邮政与电信分开，区别对待，很大程度上解决了这一问题。

（3）现代税收征管系统为电信业"营改增"提供技术上的支持

现代税收征管信息系统，简称 CTAIS，是一套高平台税收征管主体系统，一方面它几乎涵盖了包括增值税管理在内的国税系统的全面业务；另一方面它能够兼顾对地税业务的管理。其主要特点是：在广域网上运行，具有存储大量基础和数据资料的功能，最重要的是它不仅对税收征管监管严密，而且实现了信息共享。电信业涉及税务、工商、电商、互联网企业、银行等多个部门的行业，这就需要缜密严格的税收征管系统，CTAIS 覆盖税收征管业务流程中的所有主要工作环节，严格遵循国家税务总局发布的税收征管业务规程并同步更新，可与外围的税务服务软件无缝衔接，并实现了税务机关与银行、国库等外部机构的协同工作，能为电信业改征增值税解决技术上的难题。

四、电信业"营改增"思路与制度设计

1. 电信业"营改增"的原则

基于电信业的特殊性，电信业"营改增"应当遵循以下几个原则：公平性原则、谨慎性原则、整体性原则。

（1）公平性原则。电信业"营改增"相关税收政策应公平对待各个电信运营商，不能针对某个电信运营商出台特殊的歧视政策。要营造公平竞争、公平税负的环境。

（2）谨慎性原则。电信业"营改增"初期应当作好风险评估，平稳过渡。避免政策出现较大失误与游动，以免对电信业造成巨大的损失。

（3）整体性原则。由于电信业务的移动性较强、关联性较强、跨地区跨期消费的特殊性，不应当在某个地区搞试点，应该全国一次性开展。"营改增"涉及工商、税务、国资委、工信部等部门，要使各部门密切配合、有效衔接，积极做好每一环节工作，确保工作协调、统筹兼顾。

2. 电信业"营改增"的制度设计

（1）电信业增值税纳税人的规定

电信行业增值税纳税人是指凡从事电信劳务并向对方收取货币、货物或其他经济利益的单位和企业，包括外商投资企业，为电信业增值税的纳税义务人，具体包括中国电信、中国网通、中国移动、中国联通、中国铁通及中国卫星通信集团公司在我国各地设立的各分支机构以及外商电信行业等。根据现行的增值税纳税人的分类,主要分为增值税一般纳税人和小规模纳税人。小规模纳税人认定标准的上限应该逐年下调,逐步扩大电信业增值税一般纳税人的范围,这样有利于保证增值税抵扣链条的完整性,也有利减轻中小企业的税收负担,促进我国经济发展和就业稳定。

(2)电信业增值税纳税范围的确定

电信业增值税纳税范围主要包括用各种电传设备传输电信号来传递信息的业务。其征税范围包括:通信业务、电信物品销售及其他电信业务等。具体收入项目包括通信业务收入、电信物品销售收入、其他电信业务收入。其中通信业务收入包括固定通信业务收入、移动电信业务收入、无线寻呼业务收入、数据通信业务收入、移动互联网(CMNET)固定业务收入;电信物品销售收入,是指在提供电信劳务的同时附带销售专用和通用电信物品(包括电报纸、电报签收簿、电话号码簿、电话机、移动电话机、无线寻呼机、手机识别卡、电信器材材料及其他电信终端设备等)的业务收入;其他电信业务收入,是指上述业务以外的其他电信业务收入。

(3)电信业增值税税率的设计

现行增值税税率分为四档,分别为17%、13%、11%、6%,小规模纳税人实行3%的征收率。目前,电信业改征增值税试行的税率主要有三种方案选择:全部收入按6%征收,全部收入按11%征收,语音业务收入及增值业务收入分别适用于11%和6%。德勤税务及商务咨询部曹菲对中国移动、中国电信、中国联通等三大电信运营商就此进行过测算,得出11%的税率可能会对其利润带来影响。企业所受影响主要取决于电信行业目前的利润水平和改征增值税后的实际税负率(即销项税额减去进项税额)。但全部收入按6%征收,不仅造成税款流失,而且也起不到"营改增"既定的效果。若语音业务收入及增值业务收入按11%和6%征收,一方面带来企业核算的困难,另一方面,不利于税款的征收。另外,鉴于税制简化和方便税收征管的要求,不宜为电信业单独设定税率。三大电信商作为高增加值行业,过去长期适用于3%的营业税低税率,甚至享受差额征税等优惠政策。其实,电信业增值税率应该按照11%征收增值税,虽然税负有可能增加,但随着"营改增"范围的进一步扩大,电信业可取的进项税额随之增大,税负逐渐递减。若对电信业实行11%的税率,考虑电信企业的税负变化,通过以下公式可以计算得知:假设含税收入为A,能够取得增值税进项价税合计为B,营业税税率为3%,增值税税率为11%,假如抵扣进项税增值税税率为17%。在不考虑所得税、城建税及其他附加税费的情况下，测算电信企业两税种的税负情况：

营业税额为：A／（1＋3%）×3%

增值税额为：A／（1＋11%）×11%－B／（1＋17%）×17%

计算两者的税负平衡点：A／（1＋3%）×3%＝A／（1＋11%）×11%－B／（1＋17%）×17%

得出 B/A＝48.2%。可以看出，若可抵扣进项税额 B 与收入 A 之比大于 48.2% 时，改征增值税会使电信业税负下降；当可抵扣进项税额 B 与收入 A 之比小于 48.2% 时，改征增值税会使电信行业税负上升。所以，电信行业"营改增"后电信运营商的税负跟可抵扣项目有极大的关系。电信商的成本主要包括运营成本和资本开支，中国联通资本开支较高，2012 年占比达到 40% 以上，所以能够取得的进项税额较大。中国移动、中国电信资本占比都在 20% 左右，虽然可取的进项税额较小，但随着 4G 网络的大规模建设，未来几年的资本开支仍然较大。在"营改增"试点后，随着运营商有大规模的资产投入，将会出现大量的进项税抵扣，有利于降低公司的税负。总之，电信业采用 11% 的增值税率不会使电信企业的税负大幅增加。

（4）电信业增值税纳税地点的确定

电信业税收征管的首要问题是纳税地点，由于电信行业消费者具有移动性强的特点，所以造成运营商之间、地区之间的网间结算困难，这就使得增值税征管面临极大的困难。

针对消费者移动性较强的问题，我们可以借鉴欧盟对电信业增值税的征管方法——"一站式方针"（One Stop Shop Guidelines）。"一站式方针"是欧盟于 2012 年修订的《增值税实施条例》中提出的，条例决定从 2015 年 1 月 1 日起，电信业运营商在任何情况下，向欧盟成员国境内的消费者提供电信服务的纳税地点将为消费者的所在国，并且都将适用该消费者所在国的税率。欧盟国家电信运营商都以消费者所在地缴纳增值税，有利于克服电信消费品的移动性强等特点所带来的弊端，缓解税收征管的困难。鉴于此，我国电信行业"营改增"改革可以采取以消费者所在地为纳税地点，为税收征管工作提供便利。电信行业税收征管难问题的根本的解决措施之一是建立信息共享系统平台，实现银行、政府、运营商、税务局、工商局、质检、电业局、保险、法院等相关部门信息共享的关系。善于利用第三者涉税信息，编织严密的社会各界参与的协税护税网络。

（5）其他税收要素的确定

其他税收要素的确定可在现行的增值税暂行条例、细则和营业税暂行条例、细则相关规定的基础上，具体规定电信行业增值税的纳税环节、纳税期限等方面内容。在税收优惠方面，可以制定"零税率""免税"等优惠政策。如对出口的电信业务采用零税率，这样一方面有利于国内电信业实施走出去战略，进军海外市场；另一方面还可以带动其他产品和劳务的出口。对电信业购进的大型通信设备，如特定的信号发射塔、网络结算系统等实行免税政策，不仅可以刺激电信企业更新通信设备，提高电信行业的运行效率，为顾客提供更加优质的通信服务，而且也将避免电信企业在购入大型固定资产当期其进项税额抵扣不尽的现象。

五、"营改增"对电信企业的影响分析

1. "营改增"对电信企业税收环境的影响

前面阐述了增值税的计税原理和特点，以及中国财税政策的改革方向，电信企业脱离营业税阵营，加入增值税阵营如箭在弦上之势，财税学术界舆论方向也一致。那么"营改增"对电信企业产生哪些影响呢？通过企业对整个产业链、上下游又会产生什么影响？我们先梳理一下电信行业税收环境的变化。

（1）对纳税层级的影响

根据《交通运输业和部分现代服务业营业税改征增值税试点有关事项的规定》（财税〔2011〕111号印发），固定业户应当向其机构所在地或者居住地主管税务机关申报纳税，不在同一县（市）的总机构和分支机构，应当分别向各自所在地的主管税务机关申报纳税。经财政部和国家税务总局或者其授权的财政和税务机关批准，可以由总机构合并向总机构所在地的主管税务机关申报纳税。所以纳税层级理论上是可选择的因素，不同的选择将改变电信分支机构与当地税务机关的现行关系。电信企业站在平衡整个集团的整体税负考虑，为达到销项税额与进项税额匹配，集团向国家财税部门申请汇总计算纳税是最佳选择，但基于发票领用、发票认证在当地税局办理，可能采取预缴的方式在分公司申报增值税，再由集团总公司汇总计算申报的方法。例如现行的省级公司统一采购，再移送货物至地市分公司销售，该进项虽然可抵扣，但正常情况下移送时需按视同销售处理，并开具等额的专用发票给下级分公司进行抵扣，对分支机构较多的电信企业来说，众多票据往来无疑增加大量内耗。如实现省级汇总或集团汇总申报增值税，则省公司与地市公司的货物移送不需要视同销售处理，对保证企业管理效率有现实意义。

（2）对税种适用的影响

"营改增"的过程不是理论上的单开关模式，首先，地税主管的营业税过渡到国税主管的增值税，电信企业作为备受重视的税源之一，与两个税务机关之间围绕税种关系的沟通，甚至涉及地方财政部门和政府的范畴，必然成为电信企业过渡"营改增"的一项重要工作。其次，营业税的延伸政策及增值税形成局部叠交的情况，要求企业作精细化的管理，例如"2012年11月1日前签订的'有形动产租赁'合同，可享受在合同期限结束前缴纳营业税的政策"，类似的优惠条件和政策必须依靠企业提供可确认的信息凭证，电信企业管理工作需要有能力适应税种变化导致税务政策复杂化的阶段性变化。

（3）对税规适用的影响

增值税下的一些规定与营业税环境差异大，处置不当会直接影响经营成果，特别是关于"兼营与混合销售""赠送视同销售"方面。按增值税相关规定，兼营或混合销售必须准确细分核算。纳税人兼营非增值税应税项目的，应分别核算货物或者应税劳务的销售额和非增值税应税项目的营业额，纳税人兼营不同税率的货物或者应税劳务，如果未分别核算销售额的，则从高适用税率。销售电信业务如果既涉及货物又涉及非增值税应税劳务，可视为混合销售，税法规定混合销售应根据纳税人的属性全额缴纳增值税或营业税。增值税下视同销售的规定使电信企业原来的业务模式产生额外的税负，例如赠送电信服务和赠送实物等有可能视同销售，增加税负，该情况下，能否取得进项抵扣发票的管理成为关键。"营改增"后，对客户的让利行为将面临风险，处理不当容易突破盈亏平衡点。与视同销售相反，折扣销售规定可以在销项税前剔减，公司有哪些业务发展和运营管理模式将被视同销售，哪些又能视同折扣销售，需要电信企业彻底梳理和适应相关规定的变化。

（4）与其他行业关系的影响

按国家财税改革规划，如果顺利，"十二五"结束时营业税将全面过渡到增值税。至2012年末，因为各行业的"营改增"时间不一致，包括邮电通信、建筑、金融、文化体育、娱乐、销售不动产等，在此期间，两种不同税制的企业陆续调整税种，不仅对当事人有各种适应要求，甚至行政管理和企业制度都有适应性变化。因此彼此间经济事项也不可避免受到影响，既涉及双方操作细节，也涉及经济利益的分配，这种环境变化造成的企业间关系变化虽然可知大概，纳税人资质、税率、发票、抵扣等不同引起的操作细节差异及准确时点往往实际变化后才可知，至于哪些对象何时变化，或多或少、陆续地影响企业间经营管理的稳定性，电信企业需要有准备和有能力适应这段较长时期的行业关系变化。

（5）对税务机关支撑的影响

营业税条件下，各类企业面向应税操作的相对简易，纳税计算清缴环节少，税务重点关注税源，所以税额贡献大的企业比贡献小的企业更容易获得重视而获得更多支撑服务。向增值税转变，特别是过渡期间，进入试点的税改个体数量可观，税务机关首先要顾及面上的支撑，以保证试点的成功。相对地，规模企业制度完善且自主资源和应对能力强，税务机关在无暇之际更希望规模企业在参与试点过程中更多地自力更生，以至税额决定资源倾斜方式悄然向个体数量决定资源支撑转变。认识到这一变化，电信企业一方面需要自觉投入资源研究政策影响及调整经营细节，另一方面积极沟通税务机关反映问题，争取政策明朗而及早准备应对，避免被动等待税务机关的质疑或通知要求。

（6）对纳税人资格的影响

《中华人民共和国增值税暂行条例》将增值税的纳税人按其经营规模大小以及会计核算是否健全作为条件，划分为一般纳税人和小规模纳税人。生产货物或者提供应税劳务的纳税人，以及以生产货物或者提供应税劳务为主（即纳税人的货物生产或者提供应税劳务的年销售额占应税销售额的比重在50%以上）并兼营货物批发或者零售的纳税人，年应税销售额超过50万的纳税人；从事货物批发或者零售经营，年应税销售额超过80万元的纳税人为一般纳税人。在规定销售额以下的为小规模纳税人。增值税下纳税人资格对企业的最主要影响是税率（含计算方式）和发票适用。一般纳税人可以开具和接收增值税专用发票，计税原则是进销抵扣、差额纳税，税务征管要求较为复杂。小规模纳税人只能开具普通发票，不能进销抵扣，计税原理与营业税相似。针对上海试点，国家税务总局公告（2011年第65号）对有关增值税一般纳税人资格认定为"试点纳税人应税服务年销售额超过500万元的"。以年销售额参考，电信企业的主要分支机构普遍满足一般纳税人条件，即使年销售额未达标准，按《中华人民共和国增值税暂行条例》规定，"已办理税务登记，年应纳增值税销售额未达到前项规定的定量标准的小规模企业，会计核算健全，能够按照会计制度和税务机关的要求准确核算销项税额、进项税额和应纳税额的，可以向主管国家税务机关申请办理增值税一般纳税人认定手续"。电信企业"营改增"后转变为增值税一般纳税人基本可以确定，但与前向和后向客户的资质关系变化如何既是未清晰，也可能是变量（随时也会参与试点），可以想象，这种不稳定的行业环境在未来一段时期内都会对电信企业造成困扰。

2. "营改增"对电信企业内部经营的影响

(1) 对经营成果的影响

①收入下降。《营业税改征增值税试点方案》(财税〔2011〕110号)中规定:"交通运输业、建筑业、邮电通信业、现代服务业、文化体育业、销售不动产和转让无形资产,原则上适用增值税一般计税方法;金融保险业和生活性服务业,原则上适用增值税简易计税方法。"也就是说电信企业"营改增"对业务收入的定义和计算将发生较大改变,营业税属于价内税,销售额100%作为业务收入,而增值税属于价外税,即对原销售额需要价税分离,"销售额/(100%+适用增值税税率)×100%"部分作为销项收入归属企业,其余作为增值税进项。举个简单例子,如某营业税纳税人销售100元则按100元确认收入,"营改增"后,若增值税税率是6%,则只能确认收入94.34元,计算公式为100/(100%+6%)×100%,另5.66元是销项税金,原来100元营业收入中的一部分将转变为销项税额,价外税计算方式导致收入出现下降,亦可当作收入计算口径改变。如果企业定价不能进行调整,由缴纳营业税变为缴纳增值税将导致企业的收入下降。经粗略估算,电信企业收入同比可能下降9%~10%。

②成本下降。一般纳税人,享有进项税可以在销项税中抵扣的权利,抵扣额的多少直接影响税费成本。增值税作为流转税,举个例子,B企业100元买进A企业的原材料或产品,经加工生产120元卖给C企业,类似地,C企业再150元卖给D……沿着产品增值传递的过程,国家都会在各企业销售环节收取增值税(销项税减去进项税),一直到消费者售价升至200元,其中170.9元是D企业销项收入,另29.1元是增值税(等于各企业实缴增值税总和),也就是说最终消费者承担了所有的增值税。

③税负提高、利润下滑。作为增值税一般纳税人,可以享受进项税额抵扣销项税额的权利,如水电费、网元租赁、运费、终端业务成本、网间结算支出等。但也并非所有成本费用都可抵扣,人员成本等是不允许抵扣的。举个例子,营业税时纳税人确认成本77元,其中46元人工成本等不得抵扣费用占60%,另31元成本(占比40%)理论上可抵扣;但在营业税和增值税并存,以及不同纳税税率企业的复杂交易条件下,理论上可抵扣在"以票控税"后,能取得相当抵扣税率或增值税专用发票的比例实际上不可能100%,如只能40%的话,总的成本费用实际参与抵扣的比例(100%-60%)×40%=16%,所以"营改增"后的成本即使得以抵扣,但不一定就能抵消价税分离造成的收入减少额。关于电信企业增值税的主体税率,业内预测为11%,

与原来的3%营业税比较，税率增幅大，而可抵扣的成本费用占比不高，取得专票的环境也不成熟，按改征增值税后将影响电信企业的收入和成本的水平，收入降幅不可避免地大于成本降幅时，结果必然是税负提高、利润下滑。当然，对于分支机构较广的电信企业，不同分公司间的税负、成本及获得抵扣能力是有差异的，必然也影响到利润等经营指标。为方便快捷地了解增值税对不同收入、不同利润水平的区域产生的影响，笔者构建一个简易数据模型，以提供参考影响水平和幅度的量化工具。模型通过输入营业税下原"税率""收入"利润率"，以及预期"增值税税率"四个简单数据，可以在二维速查表中选择想了解的指标，包括"利润率%、税负率%、成本变化±、税负率变化±、利润率变化±"五项相对值指标和"利润额、抵扣后成本、总税费"三项绝对值指标（相关指标可调整模型实现增减），然后能在二维速查表中观察到对应不同"成本费用可抵扣比例"和不同"专票取得比例"的指标水平。假设营业税税率为3%，年收入水平100亿元，利润率15%，转增值税税率为11%，成本费用可抵扣比例在30%～40%，预计可取得增值税专用发票比例在40%～50%，二维速查表选择"利润率%"参数，则可以观察到结果利润率区间在11.1%～11.6%。

（2）对经营管理的影响

从企业经营管理的五个职能来看，包括战略、决策、开发、财务和社会关系职能都会受"营改增"大范围的影响。

①影响企业的战略。战略职能作为企业经营管理活动的基础职能，关乎企业发展的整体方向，一般确定的战略都会维持一定的稳定性，提供企业连贯发展的内部环境，但不排除对外部环境变化保持战略敏感度，以避免重大挫折。"营改增"是财务改革的方向和总目标，最终营业税企业都会过渡到增值税，上下游产业链的税负得到合理分担，会促进产业专业化分工加强，企业相互合作依赖度加强，电信企业需要基于这种条件考虑产业趋势和资源的调整分布，以提升资源效率和经济效益，当初的电信企业提出向综合信息服务运营商转型，以及近期抛出的"去电信化"体现这种思想。"营改增"对通信行业内各运营商的现行经营成果影响是有差别的，这种差别间接影响未来的市场竞争力平衡，悄然改变市场竞争格局。运营商们多是上市公司身份，竞争力转弱将面临资本市场压力，股价表现和资本市场承诺反过来约束企业的战略取向。通信行业的核心和潜在竞争都异常激烈，各种环境因素变化快，在这样的环境下，企业求长期的生存，就必须高瞻远瞩、审时度势，选择合适的战略立足点来争取相对稳定和有利的时间、空间和政策，支撑企业发展。

②影响企业的决策。经营管理职能的中心是决策，在企业战略定位明确后，决策更多是战术层面的选择，"营改增"对经营决策的影响相对于战略定位会更加显性和直接。"营改增"的时间、地点、行业范围既然直接影响参与其中的企业的经济事宜和经济成果，电信企业就不得不慎重考虑不同决策带来的优劣与成败问题，对内包括软硬件如何准备去过渡到增值税环境，人员、组织、流程、制度如何增减调整；对外如何掌握和管理上下游合作方的纳税资质和税务信息等。方方面面带来的经营管理决策量比起正常经营条件下会迅速增多，特别是因为行业税改细则未明确和公布，大量决策凝滞等候。决策正确，企业可以扬长避短，在竞争经营环境中逐步积累优势；决策失误，有可能将使企业陷于各种困境。因此，在"营改增"这个特殊改革面前，电信企业管理层要保持高度警惕和及时跟进，充分论证和谨慎决策，切不敢掉以轻心，懒散对待。

③影响企业的开发。经营管理中的开发职能重点在于产品、市场、技术以及能力的开发。电信企业传统是依靠基础接入能力结合市场需求考虑产品方向，再延伸到技术和资源组织能力的开发。由于增值税作为价外税的特殊性与营业税对原设计流程不相容，最主要的影响是业务源头实现价税分离的要求，面对税负增加，不同的产品在税负影响能否前移（转嫁下游消费环节）或后移（转嫁上游供应环节），还是由电信企业吸纳？价税分离等规定已经直接改变产品设计和技术设计环节，反推市场需求和上游供应是否接受新的规则或改良的产品，使原先相对稳定和各方接受的价值链重新磨合适应和平衡，这对电信企业设计职能产生的影响，是显性却难以把握的，应对的关键在于完善必要的信息收集反馈和策略调节机制，灵活适应不确定性影响。

④影响企业的财务职能，主要是筹措资金、运用资金进行增值的过程。"营改增"最直接影响电信企业的经济成果，即资金增值的结果受影响，反过来也必然影响运用资金的策略和方向，包括资金筹措的需求；电信企业经营管理的战略、决策和开发职能都需要以财务职能作为支撑基础，并通过财务事前、事中、事后分析做出判断和作出价值取向。

⑤影响企业的社会关系。社会关系职能是协调企业同它赖以存在的社会经济系统的诸多环节，电信企业的公共关系包括：与资本市场的关系、与供应商的关系、与竞争对手的关系、与顾客的关系、与税务机关的关系。税制变化将通过影响电信企业利益结构进而调整各种经济关系，如价值链中各经济主体税负和利润的重新分配。另外，营业税由地方税务局征收，是地方财政的主要来源之一，而增值税由国家税务局负责征收，其收入的75%为中央

财政所有，25% 为地方所有，如果维持原规则，税源的转移和分配使电信企业与国税、地税机关甚至区域间的关系都需进行调整；否则，也将要改变国税与地税的分配规则，也间接调整电信企业与税务机关的关系。

（3）对生产运营的影响

"营改增"对企业经营成果和经营管理职能的影响，自然而然传递到生产运营体系构成实质而普遍的影响，包括运营模式、发票管理、生产流程、财务处理、系统支撑。

①运营模式不一样。增值税下业务管理需要精细，要依据相关税规调优业务模式，如原对客户的各种赠送优惠，有赠送实物、积分、电信业务等不同模式，有些能认可为折扣销售作税前扣减，有些会视同销售计征增值税；又如 ICT 等业务软硬件收入和服务收入的税负差别很大；套餐公允也有可能要求区分不同税率的业务，这些还须等待通信行业试点政策和细则的进一步明确，但业务运营模式相对于营业税肯定有较大调整。在前后向客户管理上也需要细分，例如后向合作类客户增加了的准入资质的选择环节，供应商、社会代理代办渠道、分成合作方等，不同试点地区也会有差别，除了价廉还须考虑质优，并且要配备相关处理规范和标准。前向消费类政企客户亦分类管理，政府机关和事业单位不需要增值税专用发票进行抵扣，营业税纳税人也不需要专用发票，但如果参与"营改增"需求可能有变化，增值税一般纳税人则要做好专票需求的沟通，以确保专票准时安全到达目标客户。

②发票的使用和管理不一样。增值税下，电信企业发票的使用和管理将面临比营业税更加严格的要求，增值税是唯一涉及国家刑法的税种，特别是增值税专用发票的购买、保管条件、使用、获得、认证等都有明确的规定，产生一系列的运作成本，企业各级财务机构需要增加专门发票管理人员，以及增加发票认证等相应工作环节和职能。而试点的一般纳税人必须有适当的场所和专用人员使用增值税防伪税控系统，专用设备为金税盘和报税盘，试点企业应当使用金税盘开具发票，使用报税盘领购发票、抄报税。目前省内国税部门管理的发票票种就超过 20 种，"营改增"试点纳税人可按行业分类情况选择相应发票，如现代服务业增值税一般纳税人可使用省内的增值税专用发票和增值税普通发票两种，而现代服务业小规模纳税人则使用通用机打发票、通用手工发票或通用定额发票三种。电信除了要增值税专用发票和普通发票，在营业税下使用的定额发票和通用机打发票，包括冠名发票仍然有实际性需求，若向国家财税部门或省级国税机关申请获得批准，则增值税后的发票种类更丰富，结合各级机构及网点的使用，发票的验旧供新流程要求、

作废处理要求、冲红处理、遗失处理、获得验真及认证等要求，使发票管理工作量大增。组织机构和人员配备、包括岗位职能的设置、操作流程和规章制度、财税知识培训等，需要做好应对工作。

③各专业生产流程不一样。对于前端业务生产流程，一是要符合销项的价税分离，另外就是对不同纳税资质都提供的发票选择，这些变化主要体现在 IT 支撑及对客户的解释和甄别。后端业务主要涉及的是采购和合作业务，采购作业流程的调整需要根据供应商提供进项抵扣及价格水平，暂时研究倾向于选择能提供对应进项抵扣的相对大型的增值税一般纳税人，当然价格和质量也是采购的重要参考，这就要求在其采购流程中嵌入供应商纳税资质及相关影响进项抵扣的信息管理环节。业务合作流程也碰到同样的问题，特别是工信部在 2012 年 6 月发布《工业和信息化部关于鼓励和引导民间资本进一步进入电信业的实施意见》和 2013 年 1 月发布《移动通信转售业务试点方案》（征求意见稿）后，电信企业面向民营企业的合作机会大大增加，对于合作收入的增值税处置，直接关乎进项抵扣能否实现的问题，这对合作成本及双方承担的责权利，特别是税费义务有较大影响，电信企业选择合作方难免要考虑上下游增值税抵扣环节的完整，或以此调整合作的谈判条件。

④财务操作不一样。"营改增"作为一项宏观面的财税改革，试点企业的财务操作理所当然地成为变革的核心，不过对信息系统庞大的电信企业来说，远不止调整财务操作这么简单，影响的是整套财务管理和运营体系，除了财务组织机构及人员的适应性设置，对体系影响较大的还有汇总纳税的层级、认证模式选择。根据《试点有关事项的规定》，"固定业户应当向其机构所在地或者居住地主管税务机关申报纳税。不在同一县（市）的总机构和分支机构，应分别向各自所在地的主管税务机关申报纳税。由总机构合并向总机构所在地的主管税务机关申报纳税的，须经财政部和国家税务总局或者其授权的财政和税务机关批准"。电信企业作为央企，为平衡企业整体的税负水平，减少内部操作损耗，达到销项税额与进项税额尽可能匹配，电信集团公司很可能会向国家财税部门申请汇总计税纳税，但基于发票领用、发票认证的方便性考虑，则应该在当地地税局办理，解决两者冲突，可能采取预缴的方式在各地分公司申报增值税，再由集团公司汇总计算申报，如果采用以上模式，各级分支机构的操作流程将同步调整。认证模式选择方面，可申请省级机构认证或地市级机构认证，财务处理流程则相应调整。如果选择并批准省级机构作为认证主体，各级业务部门取得增值税专用发票后，将抵扣联统一邮寄或送至省级分公司的票据集中处理单位，由税务会计完成网上认证。如果认

证主体为地市级机构，则各地市及下级业务部门取得的增值税专用发票的抵扣联集中邮寄或送至地市分公司（或区县分公司）办理认证手续（具体为地市还是区县须根据最终确定的汇总纳税层级确定）。此外，"营改增"还会导致会计核算的变化，首先是会计科目的设置和账务处理，例如营业税会计核算在应缴税费科目下只设一个二级科目"应缴税费—应缴营业税"，应缴营业税科目下，借贷方的发生额和期末余额，直接体现出纳税人应缴、已缴、未缴营业税的状态；增值税可能需结合多个二级三级科目记录纳税人增值税应缴、实缴、欠缴、留抵等状态。

⑤系统支撑不一样。准确认识电信企业内系统支撑的复杂性非常重要，由于各系统与各专业操作流程不是"对称/对应关系"，而是交叉穿插，甚至按需跳跃回绕，一个系统/平台服务多个业务流程，不同的业务流程可使用一个或多个系统/平台。一般系统开发或改造虽然不算易事，但总的来说都是按功能需求线性推进，既有逻辑关系又有时间顺序，需求方和设计开发方分清合作界面。"营改增"对普遍实现信息化的电信企业系统的影响难以用复杂来形容。对系统有什么样的改造需要，要通过财税政策变化推敲到业务操作变化，再由业务操作变化推敲出不同系统功能需求，还须协同各系统改造的相互影响和运行效率。理论描述比较简单，但影响目前仍处于信息不对称阶段，部分财税政策还未明朗，即使部分政策细节已出台，也不能保证长时期稳定，毕竟是试点，所以哪些系统参与改造，时序如何安排，如何科学和弹性设计以便系统适应日后政策调整。这些都是未知数。

3. "营改增"对电信企业的隐性影响

税改的调整牵涉整个经营管理和生产流程，从原来稳定的体系过渡到新环境，在较长的一段时期内，适应性不可能达到100%，原运作效率就会降低，部分影响相对更为隐蔽、更难估计。

（1）隐性内耗的增大。一方面系统按价税分离、区分税率、抵扣认证等要求改造后，生产链和信息链加长，生产环节增多，系统计算时间增多；另一方面销项、进项、供应商和政企客户信息量增多占据更多通信管道和保存空间，设备损耗加快，更新提前；人员对操作改变的不熟悉、对客户的解释口径不一致可能导致工作效率降低、服务水平波动，甚至引发投诉和争议；每一种应对都会或多或少耗费资源，造成内耗增大，但整体影响不易估计或有效评估。

（2）市场博弈的变动。关于针对政策的各种量化测算，都是处于封闭模型和静态推理条件下的，而实际市场是开放和博弈的。例如采购预案中基于税链抵扣需要提出的优先"选择一般纳税人"的原则，避开对小规模纳税人的机会均等话题，仅从效益性价比考虑，实际上不一定是一般纳税人更优，两者选择除了采购质量（包括物品质量、供货时间），还会有一个效益平衡点，如果平衡点以上是选择一般纳税人成本支出更低，平衡点以下则是选择小规模纳税人成本支出更低，后者因为税负较小而可能提供价廉物美的商品，对电信企业来说又可以省下票据认证、处理、保管等过程的人力成本。同样；因为增值税为价外税，如果供应商刚参与"营改增"，供货定价不变则对方收入也将减少，由此，货物或劳务供应商也可能采以加价的方式应对电信方的采购，电信企业税改后的采购需要增加税负效益的测算工具来辅助决策，类似的决策同样影响原营业税下的对外经济事项。

（3）隐性成本加大。IT改造和新增平台系统，不仅需要直接投资，同时需要增加开发维护和管理的人工或人员的投入，税务岗位的增设需要同步配备各种人力资源，为支撑"营改增"的准备工作，投入大量研究和培训的人、财、物、时间成本。还有税收管理隐性成本加大，由于增值税税法体系与营业税税法体系在计税原理、计税依据、税率、核算、纳税申报、征管模式、发票开具等方面均有重大变化，且更加严格，责任、时耗、工作量等间接导致税收管理成本变大。类似的隐性影响在实践中会不断地显现，同样有待企业解决。

六、"营改增"对电信业财务方面的影响

1. 三大通信运营商

（1）中国联通

中国联合网络通信集团有限公司主要经营固定通信业务，移动通信业务，国内、国际通信设施服务业务，卫星国际专线业务、数据通信业务、网络接入业务和各类电信增值业务，与通信信息业务相关的系统集成业务等。2009年1月6日，原中国联合通信有限公司与原中国网络通信集团公司重组合并，新公司更名为中国联合网络通信集团有限公司。

（2）中国电信

中国电信集团公司（简称"中国电信"）成立于2000年5月17日，是我国特大型国有通信企业。中国电信作为中国主体电信企业和最大的基础网络运营商，拥有世界第一大固定电话网络，覆盖全国城乡，通达世界各地，成员单位包括遍布全国的31个省级企业，在全国范围内经营电信业务。2011年3月31日，中国电信天翼移动用户破亿成为全球最大CDMA网络运营商。中

国电信集团公司旗下有两大上市公司——中国电信股份有限公司和中国通信服务股份有限公司。

（3）中国移动

中国移动通信集团公司（简称"中国移动"），于 2000 年 4 月 20 日成立，是一家基于 GSM 和 TD – SCDMA 制式网络的移动通信运营商。中国移动通信集团公司是根据国家关于电信体制改革的部署和要求，在原中国电信移动通信资产总体剥离的基础上组建的国有骨干企业，2000 年 5 月 16 日正式挂牌。中国移动通信集团公司全资拥有中国移动（香港）集团有限公司，由其控股的中国移动有限公司（简称"上市公司"）在国内 31 个省（自治区、直辖市）和香港特别行政区设立全资子公司，并在香港和纽约上市。

（4）历史关系

历史上中国政府通过剥离、整合、重组等方法，将原有的六大运营系统，最终合并为三大运营商，在各自的主营业务中，涵盖有线通信、无线通信，希望三大企业之间建立合理的竞争模式，共同发展壮大。最终中国移动合并铁通，合并后由中国移动主导；中国联通合并中国网通，合并后由联通主导；中国电信收购联通 CDMA 网络，卫通公司卫星业务并入一家国有航天产业集团，地面业务整合至中国电信，人员随着业务走。重组合并后形成中国移动、中国联通、中国电信三大全国性全业务运营商。

（5）部分名词解释

存费送费——是运营商针对某一特定的服务渠道开展的一种特有的市场促销手段，以电子渠道居多。"存费送费"是指用户预存一定金额的话费，运营商赠送用户一定金额的话费，赠送话费的金额相对用户来说比较具备诱惑力，而用户预存的话费也将会在后期返还给用户。存费送费相对于普通的促销手段来说，一方面给予用户的优惠力度比较大，比较受到用户的关注；另一方面也能刺激用户消费，提高运营商的某个特定渠道的市场份额，提升运营商的品牌知名度。它的由来是在交费送费的基础上延伸开来的。在初期的运营商的渠道促销活动中，用户交纳一定金额的话费，即时到账，运营商也会给用户赠送一定的话费，这个赠送的话费额度相对较少，对用户的诱惑力也相对较小。为了提高用户的在该渠道的交费积极性，运营商大大提高赠送话费的金额，刺激用户交费，相对的，运营商要求用户交纳话费的额度增大，且不能即时消费，而是留在以后的某个时期返还，即预存话费。返还费用形式分为：一次性返还和分期返还。一次性返还是用户预存一定金额的话费，运营商赠送用户话费，而用户预存的话费在某个特定时间一次性返还给用户。

分期返还是用户预存一定金额的话费，运营商赠送用户话费，而用户预存的话费在某个特定时间段分期返还给用户。存的越多返的越多。

购机送费，又称0元购机——在3G移动互联网时代，使用信用担保进行通信消费是一种趋势，通过建立运营商补贴、银行担保、消费者受益的互惠互利关系，大大降低入网门槛，使消费者得到最大的实惠和便利。运营商致力于打造3G移动互联网通信消费的新模式，推出了0元购机业务，带来了全新的消费理念，开创了通信行业领域通信消费的新模式。这一新模式的创立，使传统的手机销售模式和手机补贴模式受到了挑战。0元购机业务是运营商基于通信业务与国内银行信用体系发展的情况，以银行担保与电信企业结算系统为支撑，通过与手机零售价等额的银行存款担保，用户可以免费领取3G智能手机。0元购机就是充话费送手机，客户办理0元购机业务，只需以手机入网销售价格等额存款作为担保，选择机型对应的3G套餐在网2年或3年，即可获得3G智能手机（iPhone5、联想、小米手机、诺基亚Lumia系列等数款3G明星智能手机），真正实现了让利用户、补贴用户、服务用户。合约机是指"存费送机"和"购机送费"所得到的智能手机。合约机比裸机有很多好处。市面上裸机的货源不好保证，而合约机一定是行货，而且签约之后很长一段时间不用交或很少交话费，其实折合下来，用户花在手机本身上的钱就比较少了。

手机终端——是一种手机无线网络接收端的简称，包含发射器（手机），接收器（网络服务器）。具体说手机终端也就是电视手机，即将电视机的功能集成到手机中，通过手机收播电视信号。处理图像、音乐、视频流等多媒体，并利用无线通信网络和互联网相结合提供IPTV、网页浏览、电视会议等多种媒体服务。作为我国的电信运营商，为了占据市场份额，增加竞争实力，往往与多个手机生产厂家以及二、三级代理商合作，推出话费、宽带网络结合手机终端一起销售的模式，成为互利互赢的战略伙伴。智能手机（Smart Phone）是指像个人电脑一样，具有独立的操作系统，可以由用户自行安装软件、游戏、导航等第三方服务商提供的程序，通过此类程序来不断对手机的功能进行扩充，并可以通过移动通信网络来实现无线网络接入的这样一类手机的总称。智能手机涉及的范围已经遍布全世界，因为智能手机具有"优秀的操作系统、可自由安装各类软件、完全大屏的全触屏式操作感"这三大特性，所以完全终结了前几年的键盘式手机。其中苹果、三星、诺基亚、黑莓这四大品牌在全世界最广为皆知，而中国的联想、华为、小米、步步高、中兴、酷派、魅族、OPPO、金立、天语十大品牌在国内备受关注。在科技迅速发展的今天，智能手机的更新换代很快，随时存在着跌价的巨大风险，而业内的存货周转率一般不应大于 18 天。

捆绑销售——是共生营销的一种形式，是指两个或两个以上的品牌或公司在促销过程中进行合作，从而扩大它们的影响力，它作为一种跨行业和跨品牌的新型营销方式，开始被越来越多的企业重视和运用。不是所有企业的产品和服务都能随意地"捆绑"在一起。捆绑销售要想达到"1 + 1 > 2"的效果取决于两种商品的协调和相互促进，而不存在难以协调的矛盾。捆绑销售的成功还依赖于正确捆绑策略的制定。捆绑销售的形式主要有以下几种：优惠购买，消费者购买甲产品时，可以用比市场上优惠的价格购买到乙产品；统一价出售，产品甲和产品乙不单独标价，按照捆绑后的统一价出售；统一包装出售，产品甲和产品乙放在同一包装里出售。在电信业中存在购手机，捆绑低价销售即将退出市场的其他手机，或是捆绑销售电池、充电器、手机壳等副产品的营销形式。

2. "营改增"影响电信业企业的两个决定因素

第一个因素—增值税率，因为电信企业开始试点"营改增"政策，因此其增值税的多少以及运营商可以抵扣的成本比例都会直接影响电信企业的市场经营。现阶段，电信的运营使用的营业税税率是 3%，将实际的销售金额作为计税的依据。在实施"营改增"之后，事先存储话费送的手机、礼物与以积分换取的商品等都加入到了视同销售的范围之内，因此计算税费的时候这些活动也会包含在收税范围之内。"营改增"的试点方案刚开始只有 17% 和 13% 两种税率，后来又添加了 11% 和 6% 两种。电信企业的"营改增"根据基础性与增值性两种电信业务分别设定税率的可能性更高，语音是最简单的基础业务，根据 11% 设定税率，但信息服务与网络服务等，则根据 6% 设定税率。这样，电信企业最终形成的有效增值税率大概会控制在 8% ~9%。

第二个因素——可抵扣成本比例，这项指标是由成本结构、相关行业税改进度、资本输出、运营商与供应商管理等方面决定的。第一，人工成本完全不能抵扣；第二，短时间也许仅是部分非人工的运营成本（包含维护成本、销售、宣传成本与重点采买资金等）能够抵扣。

试点方案是否成功关键在于如何确定电信企业的增值税税率，方案形成并投入实施以后，对三大电信运营商（中国移动、中国电信、中国联通）的经营效益、市场营销、税务管理等的影响将逐渐显现。

3. "营改增"对电信业企业影响导致的结果

（1）运营商的收入与利润可能会下降

电信企业在展开"营改增"运行方式之后，因为增值税存在价税分离的现象，因此运营的利润减少了。根据机构的估算，不可以用提升价格的方式让税务的负担转移，运营商如今收入中的一成将会成为销项税，直接形成收入指标的降低。若是使用11%的税率，收入的指标就会下降9.8%。中国移动根据11%的税率做出了估算，预估这一改革措施将会使得主导营业业务的利润降低至少9%。如果增值税中的有效税率达到了6%～11%，三大运营单位（中国移动、中国电信、中国联通）在税前的利润影响方面有较大的差异。应该说，中国电信受到的影响是最严重的；中国移动相对来说有更多的利润规模，因此税前利润的影响比较小；中国联通也许影响还会是正面的。比如，若是增值税的有效税率控制在8%～9%，中国电信税前的利润就会降低5%～12%，中国移动税前的利润只会降低1%左右，但中国联通的利润甚至会上涨5%～14%。

（2）运营成本中可抵扣项目少，将增加税负

在运营商的成本结构中，可以抵扣的项目很少，能够获得增值税专用发票的项目更少，因此在实施了"营改增"之后运营商承担了更多的税务负担。在运营商的基础成本结构中，固定与人工的成本比较多。因为前期有了大量人力、物力资源的投资，固定的成本里面比例较高的是折旧摊销的费用，由于存储资产不能抵扣进项税，因此这项成本根本不能形成进项税；人工成本中，不仅有企业正式员工的劳务薪水，还有部分项目外包到了其他企业，也需要支付酬劳，劳务外包并未纳入"营改增"的试点范围，因此难以产生进项税。在销售的费用里面，许多合作方都只是小规模的纳税人，能够获取专用增值税发票的极少，可以抵扣的进项税更低。这些都是造成运营成本可抵扣项目比例低的原因，还会导致税务基础高，进一步增加税务负担。对于三大运营企业而言，因为存在一定的改制问题后遗症，即前面提到的六家合并为三家，所以这三大运营商，电信、移动、联通都有属于自身的独特特点。中国移动折旧费用与销售费用占据了运营成本的一半，人工成本相对来说更加稳定，三项成本共计将近六成。在增值税的背景下，能够抵扣的项目极少，必定会给企业带来沉重的税费负担。中国电信折旧费用与摊销费用每年都在减少，然而销售与一般的管理型费用却在不断提升，它的人工成本也是三大运营商中最高的，三项成本共计近六成。在增值税的背景下，能够抵扣的项目也非常少，企业的税费负担十分繁重。中国联通折旧费用与摊销费用每年也都在减少，销售的成本不断上升，人工成本同样占据了不小的比例，三项成本合计也将近六成。在中国联通的销售成本里面，定制终端占据了很大的

一部分，能够抵扣的项目较多，因此"营改增"会减轻中国联通的税费负担。综上所述，三大运营商，除中国联通因为定制机较多，影响较少外，其他两家均存在税负上升的问题，所以作为企业一方面合理避税，另一方面在竞争中扩大市场，另外两大运营商均有采用定制机，捆绑销售的可能。

（3）投资对企业税负将明显增长

根据当前的增值税所规定的，企业采买的固定资产，如果在政策允许从销项税额中抵扣的项目之内，就能够根据有效凭证进行抵扣。比如，中国移动，在大规模地建设了 4G 技术之后，最近几年的资本输出都很高，在试点"营改增"以后，公司依然会投入许多的资产到这项技术中，因此会形成许多的进项税抵扣，让公司的税费负担减轻了不少。然而，公司一旦完整建立了 4G 技术，投资活动终止，开始展开收益，那么公司就会形成许多的销项税费，难以找到相应的进项税来抵扣，企业的税费负担又会增加许多。"营改增"后，以前购入的固定资产的折旧不允许计算抵扣进项税，但是当期新购入的传输网设备、支撑网设备、无线及接入设备等（不含软件）、动力空调设备（非房屋的配套设备）、工程物资转入或直发计入在建工程形成动产的材料和设备等的进项税额可以抵扣，而房屋及建筑物和其他设备的进项税额仍然不能抵扣，税率为 17%。这样，新购入设备可以抵扣 17% 的进项税，设备价值将降低 14.5%（这里只考虑设备初始购置价值，不考虑后续支出）。以此，在设备使用期内折旧额也会减少相同比例。中国联通的资本输出在收入比例中是最高的，达到了四成，中国移动与中国电信都只有四分之一左右。资本输出如果很高，企业当期的增值税抵扣项目就会增加，可以帮助企业减轻近期的税费负担。然而，大规模投资计划终止以后，抵扣的项目就会大幅度减少，折旧的成本也会开始上升，企业税费负担会增加许多。所以对于刚刚来临的 4G 时代，各个运营企业都面临着巨大的固定资产投资，因为有着"营改增"税制上的某些利好，企业都需要考虑好，是一次性大额投资迅速占领市场而带来未来税负上升的选择，还是逐步稳健投资，铺设 4G 网络，逐渐占领市场，可以降低税负的选择，这在不久的将来我们将能够通过三大运营商的财务报表有所了解，总之鱼与熊掌不可兼得。

（4）现有销售模式将增加税负

税改前，征收营业税以运营商应税营业收入为计税依据。"营改增"后，税金由原来的价内税转变为价外税，以不含税营业收入为计税依据。增值税具有转嫁性，产品周转环节税通过价格转嫁至消费者，但基于通信收费关乎民生的特点及当前通信行业的激烈竞争形势，政府定价部门与运营商几乎不可能上调通信收费标准。因此，假定改革前后营业收入水平不变，则通信运营商收入构成大致包括：语音业务收入、数据业务收入、网内网间结算收入、出租电路网元收入以及其他收入。通信企业的成本一般包括：网内及网间结算支出、折旧及摊销、人工成本、维修费、动力费、经营租赁费、促销客服费、广告宣传费、社会渠道酬金等。运营商通信设施的折旧及摊销、社会渠道酬金等占整个支出的比重较大，约占总成本的40%，目前尚不能抵扣。比如酬金支出，虽然规模较大，由于目前社会渠道尚未纳入"营改增"试点中，即使今后纳入，由于存在大量规模较小的代办点，仍很难获取进项抵扣专用发票。网间结算支出、维修费、基站动力费、促销客服费、广告宣传费均已加入了这次税制改革的范畴之内，在"营改增"计划实施以后都能够获取增值税的专用发票，也就是说增值税的进项税能够得到合理的抵扣。营业税背景下形成的成本是价税的合计数，因此必须将价税分割开，一些是营业的成本，一些是进项的税费，改征增值税以后能够根据获取的增值税专用发票中的进项税额来抵扣销项税额，在一定程度上会降低运营上输出的成本。为了让更多的客户群体的需求得到满足，运营商会推广许多的套餐销售方案，比如事先存储话费赠送手机，购买手机并入网就会赠送话费等，根据当前营业税的标准，以上捆绑业务是营业税中的混合销售，都根据3%的税率缴纳税费。在实施"营改增"以后，在销售手机的时候，使用的税率是17%；话费销售部分，使用的税率是6%或11%。因此运营商的税务负担更加繁重了。再举个例子，以积分换取话费这种情况在原先的营业税背景下，根据实际获取的营业收入来缴纳税费，这种方式并没有产生实际的经济收益，因此不需缴纳营业税费。然而实施"营改增"方案之后，遵循视同销售的原则，尽管并未获取实际的经济收益，但服务或货品仍然发生了转移，因此属于增值税的范畴。"营改增"计划的实施让公司在税务管理上承担了许多的压力，比起之前的营业税，增值税的管理更加严密，监管也十分严格，增值税在税费计算、政策扶持与发票管理上都十分复杂，因此公司在税务管理方面需要投入更多的成本。此外，企业难以在短时间内适应新的申报表与防伪税控系统的使用。所以，"营改增"实施以后企业的会计处理与经营管理等方面都会受到负面的影响。电信行业的特点在于投资的规模较大，下游的客户较多，运营遍及全网全程，国家财税主管部门倾向于将电信行业尽早纳入"营改增"行业试点范围。增值税与营业税虽同为流转税，但是从税种的征收原理到税收征收的执行，都存在显著差异，主要体现在以下几个方面。

①计税原理差异：增值税实行价外税，基本避免了重复征税；而营业税

实行价内税，存在重复纳税。

②计税基础差异：增值税的计税基础为营业额减去销项税，进项税以票控税，取得的增值税专用发票可用于抵税；而营业税是以营业额作为计税基础。

③适用的税率差异：增值税适用的税率较高；营业税适用的税率较低。

④发票开具差异：增值税发票分为增值税专用发票和增值税普通发票两种；营业税则不区分。增值税与营业税以上的差异导致"营改增"将直接影响运营商的收入、成本、利润和整体税负。

第四节　物流业营改增影响分析

一、物流行业的发展概述

1. 我国物流行业发展现状及特点

（1）我国物流行业发展现状

2001年8月1日正式实施的《中华人民共和国国家标准物流术语》中，对最早源于美国的"物流"一词进行了定义：物流是从供应地向接收地的实体流动过程，根据实际需要，将运输、储存、装卸、搬运、包装、流通加工、配送、信息处理等基本功能实施有机结合，欧洲、美国、日本随着世界现代物流行业在近几年的稳步增长，俨然成为了全球范围内的重要物流基地。物流行业也被业界称为"第三利润源"，被媒体称为"21世纪最大的行业"，被老百姓称为"金饭碗"。物流行业是融合运输业、仓储业、货代业和信息业等的复合型服务产业。从区域分析，东部沿海地区物流行业增速放缓，主要原因是受到外需萎缩的影响较大，而以内需为主的中西部地区，则随着产业结构的调整，仍使物流行业保持着较快的增长速度。从行业分析，汽车、家电等电子产品的物流，随着国家扩大内需政策的推动，在近几年得到高速增长；其他如基础设施建设、灾后重建、农产品、食品、日用消费品以及与此相关的城市配送、仓储中转、货运快递等物流都保持了快速稳定的发展势头。物流行业随着国民经济的快速稳定发展和制度环境的日趋完善，其规模也会继续快速扩张，且市场秩序和环境条件将进一步优化；随着经济结构和产业布局调整相适应，物流行业的集中程度将不断提高；随着物流市场的不断扩大，物流行业的内部分工将更加细致；随着各级政府陆续出台的相关配套政策，我国物流行业发展的外部环境将越来越好。国家"十一五"和"十二五"两个五年规划纲要都要求"大力发展现代物流行业"。2009年3月，发布了《物流行业调整和振兴规划》（国发［2009］8）。2011年，随着我国工业企业的物流整合速度加快，商贸企业的物流整合趋势也越加明显，并在《商贸物流发展专项规划》中提到，规划于2015年初步建立一套绿色环保、协调配套、高效通畅的现代商贸物流服务体系，使其与商贸服务业发展相适应。随着"十二五"期间中国经济继续保持平稳较快地发展，物流行业将面临重大发展机遇，零售业物流、农村物流等有非常好的投资前景。《关于促进物流行业健康发展政策措施的意见》［2011］38号文（以下简称"国九条"）明确要求"切实减轻物流企业税收负担"。"营改增"试点工作，也是落实"国九条"的一项具体措施，引起了物流企业的普遍关注。

（2）我国物流行业特点

①物流行业是一种复合型产业

物流行业是物流资源产业化形成的一种复合型或聚合型产业，物流资源有运输、仓储、装卸、搬运、包装、流通加工、配送、信息平台等，其中运输又包括铁路、公路、水运、航空、管道等。这些物流资源的产业化就形成了运输业、仓储业、装卸业、包装业、加工配送业、物流信息业等。将这些分散在制造业、农业、流通业等多个领域的产业化资源加以整合，就能起到"1＋1＞2"的功效，成为一种新的物流服务业。

②物流行业是生产性服务业

生产性服务业是指为第一、二、三产业的实物生产和服务生产提供服务的产业。我们可以把生产区分为农业生产、工业生产和服务业生产，农业生产产出农产品，工业生产产出工业品，而服务业生产产出服务产品。无论是农业生产、工业生产和服务业生产，都需要外购服务作为生产要素投入到企业的生产过程，这些外购服务就构成服务性生产资料。国际上一般把50%以上产品用于生产的服务部门称为生产性服务业，50%以上产品用于消费的服务部门称为消费性服务业。在发达国家，生产性服务业占整个服务业的比重超过60%，其发展速度也明显快于消费性服务业，特别是金融、物流、运输、商务服务发展最快。

2. "营改增"对物流行业的影响

营业税改征增值税对企业的影响主要取决于适用税率、毛利率及营业成本中可抵扣项占比等因素。税制改革后适用税率低、毛利率较低、可抵扣项目占比较大的企业受益最大。从长远看，物流行业属于受益较大的企业范畴，但由于此次税制改革前人的、占成本较大的固定资产无法抵扣，从短期状况看，物流企业在税改后，税负明显增加。

(1)"营改增"对物流行业业态的影响

①促进高端物流行业态的出现，物流行业集中化、规范化、专业化发展。"营改增"前物流费不能抵扣增值税进项税额，很多网络供应商（如京东商城、当当、凡客诚品等）都将物流作为自己业务的一部分。如京东商城，对超过一定金额的商品都免费送货，从税收的角度来看，其产品售价包括送货费用，同理其送货成本也包含在营业成本中，作为电子商务，其为经营发生的成本而取得的增值税发票是可以抵扣的。"营改增"后，电子商务更倾向于将物流行业务外包给专业的物流公司，一是其支付的物流费用可以按11%的税率抵扣增值税，二是作为物流企业，其发生的上述原来只能在电子商务中才抵扣的运输设备购置税等，在"营改增"后也可以在物流行业作为抵扣的一部分。未来的发展趋势将是业务分散的物流企业被集中化、专业化、规范化的物流企业取代。

②促进物流信息集成企业的发展。据专家预测，"营改增"后，必定会带动第四方物流的发展，第四方物流作为物流供应链的集成商，可以承接企业的物流业务，再将其中的低端运输部分外包出去，自己专注于解决方案的设计。如百事物流，其结合互联网、信息技术和传统物流服务，通过完整系统的合作伙伴认证管理体系，专业的供应链解决方案设计，先进的信息技术和公司自行研发的综合营运平台 GeniMax 系统，为国内外企业提供综合供应链设计和物流服务。

③刺激低端物流行业务加大投入，提高技术含量。"营改增"后，因投入的运输设备、电子设备、信息系统，包括开发的专用网络平台费用都是可以抵扣的，刺激低端的物流行业加大投入，提高自身的业务能力与技术水平。

(2)"营改增"对物流行业纳税申报的影响

①纳税申报机关的变化。对于物流行业的财务人员已经适应了地税机关申报，改征增值税后，需要向当地国税机关申报纳税，对于税务部门的变化需要一个适应的过程。

②纳税申报流程的变化。"营改增"后，一般纳税人和小规模纳税人在增值税纳税申报时，需要按照增值税抄报税的相关要求，用IC卡向主管税务机关抄报当月的开票信息，主管税务机关将对纳税人申报的销项税额数据和IC卡抄报数据进行对比。

③纳税申报表的变化。"营改增"后，一般纳税人在进行纳税申报时，需要按照增值税的相关要求和填表说明填写《增值税纳税申报表》以及与申报表相配套的附列资料一、附列资料二、附列资料三和《固定资产进项税额抵扣情况表》。小规模纳税人需按照增值税的相关要求和填表说明填写《增值税纳税申报表》和附列资料。

（3）"营改增"对物流行业税负的影响

①改革初期物流行业税负情况

对于此次"营改增"在全国范围推广，有分析师预计，短期盈利方面，对物流行业会有小幅负面影响；而从中长期来看，将降低社会物流成本并提升物流行业盈利能力，参照全国推广前各试点的情况，物流企业的盈利过程将是先苦后甜。据2012年3月中国物流与采购联合会对上海65家大型物流企业的调查结果显示，2009年至2011年年均营业税实际税负率为1.3%，其中货物运输企业平均税负率为1.88%。在实行"营改增"试点后，货物运输企业实际增值税税负率达到4.2%。参与试点的上海21家物流企业中，67%的试点企业所缴纳的增值税比以往缴纳的营业税都有一定程度的增加，平均增加税负5万元，个别大型物流企业的税负增加了100万元。就具体的物流企业而言，上海佳吉快运有限公司2012年1月至2月营业税实际税负率为1.63%，改革后增值税实际税负率为4.71%，上升189%；上海德邦物流有限公司1月份实际税负比原缴纳营业税时的税负上升约3.4%，增幅超过1倍多；上海中远物流公司1月份"营改增"后实际税负率增加215%。

②改革初期税负增加原因分析

a. 新购置的车辆有限，原来的车辆进项税额无法获得抵扣，可以抵扣的进项税额少。物流的交通运输业务主要投入是车辆，如果纳入改革试点的企业大部分车辆是在改革之前购置的，就会在改革初期出现抵扣进项税额较小，销项税额相对较大的情况。

b. 由于试点地区有限，无法从非试点地区取得进项发票。

c. 增值税税率11%，较以前增加了8%，而可抵扣额不足以弥补增加的税负。

d. 汽油与维修费用无法取得增值税专用发票。

e. 差额抵扣联仅限运费用一项。

f. 占公路运输成本较高的过路过桥费用无法获得抵扣。

③长期来看税负下降趋势明显

从长期看，"营改增"对以空运和海运为主的物流企业减税效果较为明显，以公路运输为主的物流企业，税负略有下降。由于物流行业在此次税改中主要涉及交通运输业与物流辅助服务两大子税目，下面就这两大子税目逐一分析。

a. 交通运输业

物流企业的交通运输业务在"营改增"前按营业额的 3% 征收营业税，税改后按 11% 征收增值税，增值税进项税额可以抵扣。

b. 物流辅助服务业务

物流辅助服务是本次"营改增"新增的一个重要税目，主要是为了区别物流企业中的运输业务而设立的，对物流企业收入项目的细化，有利于平衡税负。根据《财政部国家税务总局关于在上海市开展交通运输业和部分现代服务业营业税改征增值税试点的通知》（财税〔2011〕111 号）所附的《应税服务范围注释》规定："物流辅助服务，包括航空服务、港口码头服务、货运客运场站服务、打捞求助服务、货物运输代理服务、代理报关服务、仓储服务和装卸搬运服务。"从物流辅助服务的范围来看，其成本主要为人工成本，另有仓储成本、打捞工具租赁或折旧费等。

二、国外物流业税收政策的经验借鉴

1. 国外物流业税收政策基本情况

目前，我国税收政策在支持物流业发展方面还不完善，甚至有些政策还阻碍了物流业发展。因此，在学习和借鉴国外物流业税收政策先进经验的基础上，进一步完善我国物流业税收政策就有着重要的意义。

（1）美国物流业税收政策

美国为了大力推动物流业的发展，制定出台了一系列的税收支持政策，这些政策对物流业的发展影响巨大，主要采取减免税、费用扣除、投资抵免、加速折旧等措施，实行普遍非专项补贴税收优惠，使物流业研发设备加速折旧，最短的折旧年限为 3 年，在这一过程中，物流业获得了巨额补贴，从而推动了物流业的发展。凡在特殊地区、经济落后地区经营并雇佣当地居民的物流企业，可以享受美国政府规定的"申请工资抵免、债券融资免税"等投资优惠，作为对公司投资的鼓励。在美国华盛顿州，仓储业销售使用税的免税政策是对物流企业购进设备比较典型的优惠措施。对购进的建造材料、相关服务和设备实行先征后退的优惠政策，对符合条件的退还已纳税款。

（2）新加坡物流业税收政策

结合国际上的先进做法，笔者归纳了新加坡促进物流企业的不断发展的税收政策如下：首先新加坡是从政策层面解决法规障碍，普遍规定物流企业的低税率，相比之下我国目前虽然实施了营业税改征增值税，企业可以凭借发票抵扣进项负担，但物流企业的税负还是相对偏重，应积极采取措施，合理建立数据库，采集企业税负变化样本，尽可能的设置低税率。其次，新加坡大力鼓励国家开放针对物流业的优惠税收政策，如采取免税、税额补贴等方式，尤其是为鼓励企业物流外包服务，采用了缩减税基的方法来减少企业缴纳的税额；对国际物流业的发展，也一律采用零税率的方法，增加其物流企业的国际竞争力。新加坡政府对审核批准的第三方物流公司给予了明确的条件，必须是以从事运输、货运代理、仓储为主的且在新加坡设立的物流服务公司；组织货源、包装和再包装、挑拣整理、集成安装、贴签、拼箱或拆箱、存货的控制与管理等增值物流服务是海外委托人配送货物时必须提供的。出口货物供应和提供给其他经核准的第三方物流公司、保税仓库以及经核准的大宗出口企业的货物供应总数，可适用零税率，但不得低于其货物供应总量的50%；使用电子存储管理系统管理配送货物是必需的。此外，还必须规范流程、层层报批。

（3）法国物流业税收政策

法国政府的优惠政策是根据物流企业的投资规模和就业数量来制定的。笔者认为可归纳如下：一是在计算方法上，法国进行了创新，放弃了一般税额计征的方法，采用成本叠加的指导思路，开发出能自动进行税额累加计算的配套软件，极大地减轻了企业和税局的纳税及监管工作量。二是对国际物流业的发展，法国政府也进行了较大的改革，成立专门的机构为大型跨国物流企业的物流环节提供特殊支持，主动承担企业跨境业务的纳税核算，给予跨境服务产品"即征即退"的税收优惠，同时为鼓励物流人才引进，还专门出台了有关物流从业人员跨境免征个税的税收优惠措施。在个人所得税方面，对物流中心的境外职员的个人所得税给予一定优惠，可以降低物流企业成本，促进物流业更好地发展。

2. 国外物流业税收政策经验对我国完善物流业"营改增"政策的启示

税收在实现经济结构调整和经济发展方式转变等方面的作用是无可替代的，是国家宏观调控的重要工具。目前，我国除了大力发展物流业之外，应该通过分析国外物流业税收政策，学习和借鉴国外宝贵经验，改变税收政策仅仅是对税制缺陷弥补的初级阶段，在减少对物流业发展税收限制的基础上，制定税收激励政策，发挥税收在促进物流业发展中的调控作用。

（1）货物和劳务税政策对我国的启示

国外主要做法是将物流业作为整体税目实行统一税率征收增值税。保加利亚、捷克等国对物流劳务都按标准税率征收增值税，对产品和服务相关的运输服务，实行零税率。相对而盲，我国对物流业征收营业税，由于营业税存在重复征税的缺陷，而增值税克服了这种缺陷，国外的征收方法值得我们借鉴。我国制定税收政策时应当参照各国普遍实行的零税率，以此来扩大本国商品、劳务的出口规模，促进物流业的发展。另外，也可以借鉴新加坡等国的做法，对物流业实行专门的货物与劳务税收减免政策，进一步促进我国物流业的产业升级和结构调整。

（2）所得税政策对我国的启示

所得税是我国重要税种之一，税收地位较高。采取合理的所得税税制，将在一定程度上对物流业产生影响。如法国政府为引进物流高端人才，不惜对此类人员采取免征个税的措施，表面上减少了政府部门的税收收入，但实际能促进物流业的发展壮大，因而增加企业所得税，丰富了税局的收入。韩国则采用的是较为简便的物流企业所得税减免政策，对拥有规模化的物流企业统一采取免征企业所得税，但限额三年。马来西亚对物流企业的免税政策相比之下较为复杂，但也具备可操作性，将企业所得税的免税规模以年限划分，并规定了间接的抵扣方法：如企业发展初期规定可将所得税税基减免30%的优惠措施，并能进行固定资产等设备的进项抵扣。然而，目前，我国基本没有对物流业制定专门的所得税税收优惠政策，只是在城镇土地使用税和房产税方面有一定的优惠。因此，我国应积极借鉴国外做法，在所得税方面制定和出台相应的优惠政策，以促进我国物流业更好的发展，使我国成为国际物流中心。

三、物流业发展与中国经济相关性分析

1. 物流业概述

通常人们认为所谓物流就是相关物资资源从供应商向需求者的转移，涉及运输业、仓储业、配送业等各行业相关的活动。美国物流管理协会对物流的定义是（1985 年）："物流就是为了应对各种类型的要求将各种资源其中包括天然资源以及工业制成品进行空间位置的有效移动及仓储的计划、控制以及实施的全过程。"1992 年，美国物流管理协会（CLM）对物流定义进行了修订，将 1985 年定义中的"自然资源、中间库存、最终产品"修改成为"产品和服务"。这实际上大大扩展了物流业的内涵并且延伸了物流业的范围：同时包括了生产型物流，也包括了服务辅助型的相关物流。

（1）物流的定义

在我国刚刚改革开放时，物流是一个相对陌生的概念，我们简单地认为物流就是交通货物运输，这种观点是很不全面的。在 20 世纪 70 年代末，我们从日本引入这一概念。1979 年 6 月，在日本举行的第三届国际物流会议上，中国物资经济学会派代表团参加，第一次接触到了完整的物流业术语，与会专家尝试把先进的概念引入国内。此后国内学者，开始对物流业进行研究和定义，较有代表性的物流定义有：

王之泰教授在 1995 年出版《现代物流学》一书当中，把物流定义为："按用户（商品的采购方、需求消费方、下一道生产工序、货主等）要求，将物的实体（产成品、待销货物、原材料、半成品、零配件等）从供给方向需求方转移物质资源的过程。这个过程就涉及交通、仓储保管、搬运装卸、货物拣选、货物处置、辅助、消息处理、流通加工等许多活动。"1996 年，吴清一教授在《物流学》这本书中，将物流定义为："指物资实物从供给者向需求者的移动，这种移动既要通过搬运或运输来解决空间位置的相对位移，又要通过仓储保管来调节双方在时间和步骤方面的差异。"2001 年 4 月，由国内知名的物流机构联合一些国内高校，组织多位专家、学者编写了我国第一部有关物流的标准术语，即《中华人民共和国国家标准——物流术语》，该术语不仅吸收国内对物流业的研究成果，而且也包含了当前世界其他国家的研究成果，该标准术语将物流定义为："把商品资源从销售方向需求方空间位置的有效移动的过程。为了满足实际需要，把交通、仓储保管、搬运装卸、货物拣选、货物处置、辅助、消息处理、流通加工等基本功能有机整合。"通过以上比较分析，作者觉得该标准术语对物流的概念定义较为合理，首先，物流的概念涵盖了企业间的相互作用，这就为日后物流业的特殊地位以及供应链管理思想做了理论上的铺垫。其次，该概念同时要求要把物流业放到一个更加复杂环境中加以考虑，要把握好整个产业链上所有企业的健康发展，不要仅仅局限于物流企业自身，同时要考虑使供应链管理体系的正常运转的总成本最低，而且要努力去降低某项物流作业的具体成本。这个定义通盘考虑了供应链管理体系，强调"物流是供应链管理体系的一个组成成分"。

（2）物流业在我国产生与发展

从建国时期至 1978 年的 30 年间，我国恢复了国民经济发展，在这个国民经济快速恢复时期和"文化大革命"期间，一直实行的是高度集中的计划经济体制。在这种计划经济体制下的特有管理模式，虽然能够使政府比较容易掌控当时社会物资资源的供应，把资源调配到合适的生产部门从而起到调配资源余缺的效果，保持社会相对稳定地物资供给。但是，这种管理方式最终却导致了不按市场规律办事，效率低下，市场对资源配置起不到基础性作用，而生产环节、流通环节、销售环节、消费环节等相互分离，物资资源周转速度异常缓慢。可以这样说，这个时期没有严格意义上的物流活动。十一届三中全会后，我国迎来了改革开放的大好时机。经济建设的进步速度明显加快，企业经营自主权逐渐放开，政府不能过深干预企业，政企有一定程度的分开，市场中也出现了多种经济成分并存的局面，商品流通体制发生了重大的变化，物资分配方式也在变化。1978 年，前国家物资总局协同的原国家计委、财政部等相关部门对日本物流业进行了调研并撰写了相关报告，首次将物流相关理论引入国内。我国第一个物流学术研究团体在 1984 年 8 月成立，这就是当时的中国物流研究会。1989 年 4 月，在北京成功举办了"第八届国际物流会议"，首批物流专业书籍开始出版发行，如《物流手册》《物流学及其应用》等，物流概念和物流理论在全国开始兴起。因此，这一阶段，就是中国物流萌芽、引入和传播的时期。实行社会主义市场经济体制在党的十四大被明确提出。在这一时期，物流业在我国虽然取得了巨大的进步，但和其他发达国家相比，我国物流业仍处于刚刚起步的阶段：库存产品过多、智能化机械化程度较低、处理信息能力较弱、经过物流专业培训的人员很少、企业物流管理能力不强，而且几乎不存在严格意义上的第三方物流。据相关人士统计，在 2001 年中国的制造业中，物流企业自己承担 36% 的原材料供应，还有 46% 是供应商供应，第三方物流企业承担剩下的 18% 原材料供应。物流企业承担产品销售的，只有 16.1% 彻底由第三方物流企业承担，而日本和美国同时期，完全由第三方物流企业承担的其产品销售的相关物流比例分别是 80%、57%。因此从物流管理成本来看，欧美发达国家物流总成本只相当于 GDP 的 10% 左右，而我国竟然高达 16.7%。我国在 2001 年 11 月 10 日宣布加入世界贸易组织 WTO，按照当时签署的协议我国必须按照要求在加入世贸组织后的五年内，逐步放开对外资限制，在适当时机允许其进入物流业。衡量一国经济运行整体效率的通常是用全社会物流总费用占 GDP 的比重从 2007 年以来，我国的物流业发展迅速，物流企业进入了发展快车道，这些快速发展一方面依赖于良好的宏观经济环境；另一方面，还得益于电子商务对物流业的巨大推动效应。根据货币基金组织（IMF）的预测，整个物流企业的总体费用也在不断上升，它与 GDP 比值也略有提高。与 2009 年相比，2010 年我国社会物流总费用下降 0.3%，占 GDP 的比率约为 17.8 个百分点，物流业运转和管理能力有所提高。但和欧美发达国家相比，我国的比例仍然是非常高的，近些年的美国社会物流总体费用和 GDP 的比重一般是 9% 左右。这不仅反映了和发达国家相比，我国物流相关服务仍然存在技术水平落后、物流管理能力较低、运行费用较高的问题。同时也反映出和我国总体经济高速发展的时期相比，物流行业发展状况和经济总体水平很不相称，需要迫切改善。中国的物流和发达国家的物流产业相比较，尚处于发展初期，具体特点有：

①近年来对于专业化物流服务的需求已初步形成，但是物流的重点业务范畴仍然是企业业务相关的物流活动，并且一些企业开始重视物流活动对自身发展的影响，而这些认识是随着买方市场逐步形成的。削减物流企业成本，企业物流供应链优化升级，这些都是国内物流企业努力的方向和需要实现的目标，这些都表明我国企业还处于比较低的物流发展水平。实现供应链管理流程再造和物流产业园改造升级，降低物流业营运成本和提高效率成为当务之急。就在此时，还出现了具有专业化特点的物流服务需求，并且有着较快的发展势头。其一，随着进一步对外开放，有更多的跨国企业在中国从事制造活动、服务经营活动等，在这些过程中对物流的供应链管理以及高效专业化的物流需求，是拉动我国物流业高速高效发展的重要引擎；其二是网络市场扩大了对专业化物流领域的需求。

②开始涌现了许多专业化的物流企业，近年来同样也形成了多样化物流服务的需求，受此影响，物流企业如雨后春笋般发展，这些物流企业可以分成几类：一是西方发达国家物流企业。一方面，随着我国的改革开放不断地深化，外国跨国公司纷纷在中国设立子公司，这些公司自然希望采用惯用的物流服务模式，而海外知名物流公司正好能够满足这些要求。另一方面，为满足中国企业逐渐扩大的对专业化物流服务的需求，但是这部分专业化物流，本国物流企业由于专业化能力不足而无法提供，只有依靠外国的物流先进技术。二是更具专业化特点的物流企业。这些物流企业从事非常专业化的物流服务、多元化的服务模式、加强供应链的整体协调以便在竞争中占据一定的市场份额，这些都成为我国物流业发展不可或缺的力量。三是传统企业转变形成的物流企业。这些企业多由运输、仓储及贸易批发等构成，并且它们依靠和原先有着物流业务合作的企业、仓储配送、营业网点等方面的优势不断开阔市场，转变企业自身发展的职能，不断向现代化的物流企业迈进。

（3）物流业在国内外发展现状

最近，我国物流企业快速发展壮大，如此迅猛的发展与中国经济快速崛起、创新能力不断提高、逐步建立和完善社会主义市场经济体制、社会分工继续深化以及全球经济一体化等有着密切的关系。由于国内市场对物流需求庞大，再加之完善上层建筑所释放出的巨大改革热情，在各部门以及政府的鼓励下，各种投资主体开始纷纷涌入物流行业，各种生产资源开始流入物流行业，这些都是新兴市场成长的关键因素。从 2007 年以来，不仅国家鼓励加快物流业发展，而且电子商务的兴起也对物流业产生了巨大地推动效应，因此整个物流企业的总体费用也在不断上升，它与 GDP 比值也不断提高。例如 2007 年该行业的总体费用大致为 45 046 亿人民币，和同期相比，增长幅度大约为 18.2 个百分点，较 2006 年来说，增长幅度提高了 4.7 个百分点。受国际原油价格推高，以及物流企业从业人员的基本工资的上涨等因素的影响，全国物流业总体费用继续上升，用该值除以国内生产总值（简称：GDP）得出的比率，由 2006 年的 18.3 个百分点上升到 2007 年的 18.4 个百分点，上升幅度大约为 0.1 个百分点。2007 年，我国境内物流业继续高速发展，据估计整个行业的增加的价值大约为 1.698 1 万亿人民币，与同期相比增长了 20.3 个百分点，占中国总体服务业增加值的 17.6 个百分点，比 2006 年提升了 0.5 个百分点，占国内生产总值的 6.9%，比 2006 年上升 0.2 个百分点，由此可见中国物流业对国民经济增长以及第三产业发展做出了巨大的贡献。虽然 2008 年我国经历了重大的自然灾害和外部经济环境的恶化，但是我国物流业仍然取得了较快发展，并且展示出平稳发展的趋势。物流业在社会生产性服务业的重要性正在不断加强，现已成为整个国家经济的主导行业，在整个国家经济快速发展中有着不可替代的作用。从物流投资建设上看，我国物流业在 2008 年时固定资产投资总额为 1.8 万亿，其中，从物流业的功能上来划分，交通运输业就占据了 1.3 万亿，占整个物流业投资的四分之三。然后我们把视角放在企业的整体规模上，根据我国物流业相关的汇总调查统计数据（2008 年）来看，中国物流规模前 50 名的企业，主营业务收入总和为 4 178 亿元，同比增幅 35%，在规模排名第五十名的企业，它的年收入大致为 7.4 亿，与同期相比上涨了 19 个百分点。2008 年中国物流行业的总体费用为 5.5 万亿，物流总费用占国内生产总值的比重为 18.1 个百分点。物流业在我国已经迈入黄金发展期，物流的固定资产以及基础设施投资不断扩大，企业已经逐步向正规化发展，一些物流管理知识得到企业认可与好评。例如：供应链管理、零库存理念、仓储配送与信息化管理等，我国物流行业市场有着广阔的空间。国外知名物流企业涌入国内，在中国投资建设，这给中国物流业带来先进的管理技术，提高了我国物流企业的市场活力和竞争力。同时，电脑信息技术和移动通信技术已经在物流业务中广泛运用，例如，京东运用银联

POS 机刷卡技术，这已和普通超市刷卡机有所不同，因为手持终端采用移动技术。再比如，条码技术的广泛使用以提高企业控件技术。因此，企业物流已成为第三产业活动的核心，随着电子商务的发展，对于一些有特点的专业化物流产生了需求，这些物流满足了商户以及消费者的需求，而且我们对于物流的需求也呈现多样化趋势。反观发达国家，根据产业生命周期理论，美国物流业目前处于发展期，正在向成熟期转型，其物流业资本投资比例较高。根据资本边际报酬递减规律，相对于发展中国家而言，其产业年增长率相对较低。在消费电子、销售业、IT 业、服务业中的咨询业等行业，美国物流的优势是相当明显的，据估计美国在该行业有着巨大的市场份额。物流行业总费用逐年提高，从 1982 年至 2003 年，物流总费用分别为 4740 亿美元和 9 360 亿美元，平均年增长率为 3.29 个百分点。美国的物流总成本占国内生产总值的比重下降，这说明什么呢？这说明，美国物流行业中人力以及原材料成本占该行业中的产业增加值的比重是不断下降的，从 1982 年到 2003 年，该比率从 14.5 个百分点一直降到 8.5 个百分点。但是 2003 年到 2007 年间，美国的物流总体费用有不断提高的态势，2007 年该比值高达 10.1 个百分点，这主要是因为美国的经济未来不景气加之国际原油价格的上升和市场需求萎缩等诸多因素的影响。

2. 物流业与经济的关联性分析

（1）物流业对国民经济发展的贡献

众所周知，物流业被称为第三利润源，所以它的快速发展不仅拉动了物流业自身崛起，更加重要的是它也为其他行业的快速发展提供了便利。所以，本小节初步介绍投入产出法，用该法来测算物流业对经济发展究竟贡献多少？由于较难收集数据，在此只介绍其方法。投入产出法的创始人是美国经济学家瓦西里·里昂惕夫。他在经济学界有个非常有名的函数称作"里昂惕夫函数"。投入产出法的初步运用出现在作者 1936 年发表的一篇学术论文中。投入产出分析法是研究经济部门各个行业间（第一产业间、第二产业间、第三产业间，又可以在每个产业间划分出具体的行业）表现为投入和产出这种紧密联系的经济计量法。投入产出法的中的投入是指在生产半成品和产成品过程中投入的一切物质资源和人力资源，用生产函数可以大致表示为 $Y = F(K, L)$，K 代表生产投入的相关资本和原材料，那么 L 代表劳动力，F 代表技术生产能力。任何行业要想从事生产活动，必须要投入一定的资源（包括物质资源和人力资源）。而 Y 代表产出，是在生产活动中生产出产品的总量及其对产出进行分配使用。而且，我们从生产关系的角度来看，当上游企业生产的产品被下游企业用作生产投入品，可以预见，这种生产投入的产品是另一些行业的产出，从而形成行业间的生产关系纽带。商品市场中，经济部门各个行业间投入与产出的这种紧密的联系表现为商品与商品间的交换关系，即作为占用或使用资源者、作为购买商品者、作为商品销售者等之间的相互关系。投入产出分析法又被称为部门联系平衡法，这种方法是上文中所述的生产关系纽带所表现出的部门间的联系而逐渐走向理论上的成熟。近些年来该方法运用范围广阔，小到某个具体企业或公司的生产营销活动，大到国家行业之间甚至是国家之间经济活动关系。投入分析表分为两种类型：第一种是有形物质的投入分析表，第二种是无形投入分析表（例如价值型投入分析表），这两种类型表所使用的计量单位是不同的，第一种表按照传统的实际变量来衡量，即利用产品单位作为计量单位。第二种表采用名义变量来衡量，即利用产出的价值作为分析对象。因此，价值型投入分析表的优势在于用货币作为计量单位，记录生产各个环节的产品价值（中间类型产品价值、最终产品的生产价值、产品附加值等）时很方便。

（2）物流业与经济发展的关联性分析

物流业究竟能为国家经济做出多大的贡献，或者说物流业对国民经济的发展能够产生多大的影响？我们不妨利用有关的统计学知识来说明，约定货物周转量是解释变量，因为如果物流业货物周转量大，表明物流业发展水平越高。以国内生产总值 GDP 为被解释变量，表示中国经济发展状况。从物流业对我国经济的贡献以及和国内生产总值的关系来看，发展物流业对国家经济健康持续稳定发展来说不可或缺。加大物流业发展，还可以扩大就业，解决就业问题。这是因为按照宏观经济理论，当产出增加时，生产过程中各种生产要素的需求增加。因此，物流业的发展意义重大，值得注意的是在中国"营改增"当中，物流业不可避免地参与其中，而它对国家经济发展又如此重要，可见，"营改增"对物流业乃至国民经济都有着重大的影响。

四、物流业税收负担的分析

1. 物流行业在实行"营改增"前的税收负担

增值税的税收收入高达税收总收入的30%，然而营业税比重尽管呈现不断上升的态势，但是我们很明确地看出，上升幅度很小，一直维持在14%左右，甚至是所得税的比重都已经超过了营业税，可见营业税在国家的总体税收中的重要性是不断降低的。在这些税种当中，物流企业缴纳的主要税种是营业税和企业所得税，按照物流业协会对北京市的物流企业进行调研统计发现，企业所得税占到企业缴纳总税额20%左右，营业税占企业缴纳总税额的60%～70%。根据税法知识，营业税的征税范围涵盖提供应税劳务、转让无形资产和销售不动产这三个方面。提供应税劳务在以下几个行业：交通运输业、金融保险业、建筑业、服务业、邮电通信业。物流企业主要缴纳的营业税是根据提供应税劳务不同来划分的，目前主要包括交通运输业和服务业，物流企业缴纳的营业税主要按照提供应税劳务的营业额和相应的税率计算（应纳营业税税额＝营业额×税率）。根据2003年至2007年国有企业上交的税金以及各个行业主营业务收入，计算出全国各个行业的税收负担水平。选取国有企业的数据主要有两点考虑，首先是，国有企业数据较容易收集；其次，国有企业上缴的税金能够更好地代表全国平均水平。行业税收负担率＝该行业上缴税金总额/该行业主营业务收入总额。物流业中最重要也是实现其最基本的职能的是交通运输业，他们的宏观税收负担率大大低于全国总体税负。我们在把它按照传统的计算税收负担率的方法进行校正分析，交通运输业和仓储业的税收负担率处于全国的中下等水平。可以看到，把行业的利润率考虑进去的话，目前物流行业整体税负偏高，这主要是由于该行业税负水平相对于它们的利润率水平来说是非常高的，因为交通运输业和仓储业的资产利润率水平低于社会平均理论水平。此外，众所周知，中国物流业近年面临过路过桥费、罚款费、汽柴油价格高涨，导致物流行业成本较高。由于我国物流业较西方发达国家相比处于起步发展阶段，该阶段企业无法通过学习曲线来降低成本，这主要是由于物流企业缺乏相关的物流活动经验，无法像西方发达国家那样，通过提供大规模的物流服务活动，来降低成本，我国无法达到新的学习曲线上。以上原因导致交通运输业和仓储业实际税负率相对于其他行业偏高。如果这种状况长期持续，物流业内部竞争激烈，那么低或者负的利润率必然导致一些企业退出该领域，并且该行业的投资也将会大幅度下降，从而物流行业的经济增长将会下降。我们说物流业是第三利润源，那么它所引发的连锁反应将会对其他行业造成重大的冲击。因此只有政府对它实行合理的减税，适当降低税负，才能有效地帮助物流业成长。

2. 试点地区物流业税收负担——以交通运输业为例

增值税属于价外税，不得从应纳税额中扣除，但是营业税在计算企业所得税时是可以从应纳税额当中扣除的，因此我们要想了解目前营业税的实际税负率水平就要把所得税的影响排除在外。我们以25%所得税率的相关企业为例，现在交通运输业可比的营业税税负率为3%×（1－25%）／（1－3%）×100%＝2.32%，而根据相关统计得知我国社会增值税下的平均税负率大约为 4.2%，因此可以接受的实际税负率水平区间为 2.32% ~ 4.2%。如果税负率水平过低会给国家财政收入带来负面影响，从而削弱了政府履行其财政政策职能的物质基础。如果税负率大大超过这个水平，就会引发企业税收负担加重，从而对物流企业的发展造成不利影响，从长远来说影响国民经济的健康发展。增值税拥有一定的优势，比如税收中性特征、道道征收、环环抵扣、税不重征等，如果把税率分成太多的档次，那么各个行业就会出现税负有高有低，打破了行业间税负平衡，与税收中性的特征相互矛盾。所以，我们要把交通运输业的增值税税率在现行的几档税率中进行选择，不再增加该税率档次。我国的增值税税率（针对一般纳税人）主要有三种税率，分别为出口退税（零税率）、13%、17%。本节我们主要采用 13% 和 17% 两档税率进行计算，同时又增加了一档 10% 的税率，目的是便于比较，通过这些计算了解交通运输业所面临的实际税负。

我们在试算中采用下面几个重要公式：

应缴增值税税额 = 增值税销项税额 - 增值税进项税额

实际税负率 = 应缴税额 ÷ 年均销售收入额

进项税额 = 外购商品和劳务金额 ÷（1 + 抵扣率）× 抵扣率

销项税额 = 平均营业收入额 ÷（1 + 名义税率）× 名义税率

交通运输业在我国征收营业税和增值税的主要区别是，增值税纳税人的销项税额是以销售收入为基础计算的，进项税额可以抵扣一部分销项税，所以交通运输业的增值税纳税人的税收负担率不仅和他们的收入状况有关，还和生产成本中允许进项税抵扣的成本事项有关。交通运输业改征增值税后企业所负担的税负水平取决于增值税纳税人允许抵扣的项目占总成本、收入的比重。如果该比重高，抵扣金额就越大，那么企业的税负水平就会降低。交通运输企业外购的劳务主要包括修理修配劳务、加工、港口搬运装卸费、向外采购的运输劳务等。外购的货物大致包括燃料、轮胎、导航通信器材、修理修配材料和低值易耗品等。

下面的计算主要依据各家上市公司的财务年度报告，可抵扣的新增固定资产主要包括新添置的交通工具、搬运设备及与生产活动相关的机械等，把这些固定资产项目的加总。但是由于财务报告中反映不出企业外购劳务的具体相关信息，因此我们无法辨别究竟有多少数额的外购劳务可以抵扣，就只能采用现有的研究成果。我们参照了巫珊玲、邵瑞庆、劳知雷的《交通运输业实行增值税的可行性分析》论文，在该文中他们计算了外购商品的劳务占年均的营业收入比例，水路运输、公路运输和航空运输的比例分别为

29.82%、24.13%、29.58%。交通运输业如果从营业税改征消费型的增值税后，并全行业实施 17% 的增值税率，实际税负率将会是 6.38 个百分点，税负超过了 2.32%～4.2% 的合理范围，因此税负率过高；那么如果按照 13% 的增值税税率，则整个行业的实际税负有可能达到 3.35 个百分点，正好落在理想的税负率的合理范围内，是比较好的税率；如果实施 10% 的增值税税率，实际税负达到 0.94 个百分点，很明显实际税负过低，不利于国家财政收入并且对其他行业来说是有失偏颇的。如果实施 13% 的增值税税率，交通运输业当中公路运输、航空运输和水路运输的实际税负率都在合理范围内，它们税负率分别为 3.31%、3.49%、2.38%。从这些税负率可以看出，公路运输和航空运输的实际税负水平都非常接近，水路运输的实际税负率较前两者略低一点，为 2.38%。因此，最优税率为 13% 的增值税税率。

五、我国物流业"营改增"存在的问题

1. 我国物流业"营改增"主要问题

上海于 2012 年 1 月 1 日正式启动"营改增"，物流业被明确地纳入了本次营业税改征增值税的范围，本次试点有两个明确的指导性文件，分别是财政部、国家税务总局印发的财税〔2011〕110 号文《关于印发营业税改征增值税试点方案的通知》（下文我们把这个文件称之为《试点方案》）和财税〔2011〕111 号文《关于在上海市开展交通运输业和部分现代服务业营业税改征增值税试点的通知》。物流业按照上文的术语定义，即它的主体功能是把交通运输、仓储配送等基本功能配上现代化的管理技术所创造出的大型综合服务业。党中央、国务院高度重视物流业的发展，分别在"十一五"规划和"十二五"规划中涉及，两个文件都一致要求"集中精力发展现代物流行业"。2011 年 8 月，国务院发布了新的文件《关于促进物流业健康发展政策措施的意见》（国办发〔2011〕38 号文），简称"国九条"。2009 年 3 月，国务院发布《物流业调整和振兴规划》（国发〔2009〕8 号文）。两个文件发出明确信号，要求"切实减轻物流企业税收负担"。因此，营业税改征增值税，也是落实国办发〔2011〕38 号文的一项实实在在的举措，物流行业对这次"营改增"也给予了高度的关注。经研究，这次试点地区的"营改增"有着明确的方向，而且试点地区出台了多项指导文件。按照《关于印发营业税改征增值税试点方案的通知》第一次将"物流辅助服务"纳入了应税的服务范围，并安排了 6% 的税率；对于解决物流业重复纳税和税负率过高等一系列问题，有了明确的指导方案，体现了促进物流业健康发展的指导思想，符合国

家产业政策的扶持方向。试点政策的目标就是使原有物流业纳税人通过"营改增"有更多的可以抵扣的进项税额，从而使整体税负有所下降。比如在被税务机关认定为物流企业的小规模纳税人，在试点地区它的税率就发生了变化，由先前的含税税率3%或5%统一变为不含税税率，为3%。这种税率的调整使中小型物流企业的税负降低，有利于它们健康发展。但是上海试点的情况也反映出在此次"营改增"过程中存在不少问题，这些问题集中在以下几个方面：

（1）我国物流业运输环节中的问题

从一些企业的具体试点情况看，物流企业的从事货物运输代理、装卸搬运等我们称之为"物流辅助服务"，它们的整体税负率和之前相比略微降低，部分企业有微弱的上升趋势，不过这些企业可以通过内部流程再造以及供应链式的集约化管理来消化这部分增加的小成本。交通运输服务从原来3%的营业税上调为11%的增值税，整个调整幅度较大。但是就目前的现状而言，由于运输货物等服务是物流业最普遍也是最基本的服务，且由于只是全国部分城市试点，取得可抵扣项目是较少的，进项税的抵扣不足必然导致试点后企业税负率上升。

我们不妨做简单计算，假设某交通运输企业，它每年的营业收入为1 900万元（忽略收入不含税的差异），发生的营业成本为1 600万元，在改革以前交通运输业缴纳3%的营业税，"营改增"后缴纳11%的增值税。试算缴纳营业税：应纳营业税 = 1 900 × 3% = 57万元，应缴所得税：（1 900 - 1 600 - 57）× 25% = 60.75万元，那么一共缴纳的税收合计为57 + 60.75 = 117.75万元。如果改为缴纳增值税：我们首先假设，忽略每年营业收入中的价外税，发生的营业成本中有60%是可以进项税抵扣的，那么应纳增值税额：1 900 × 11% - 1 600 × 60% × 17% = 45.8万元，应缴所得税 = （1 900 - 1 600）× 25% = 75万元，则一共缴纳的税收合计45.8 + 75 = 120.8万元。我们从这个简单的例子可以看出，虽然营业税改征增值税后单从税种间比较我们可以得出：企业所缴纳的增值税相对于营业税来说是下降的，但是从企业总体税负的角度来看，企业的总体税负并没有在"营改增"后有所降低。实际情况也往往如此，上海佳吉快运有限公司1月至2月在"营改增"前营业税的实际负担率为1.63%，"营改增"后实际负担率上升到4.71%，增加了189%；上海中远物流公司"营改增"后实际负担率升高215%；上海德邦物流有限公司一月份的税负率比"营改增"前缴纳的营业税上升约3.4%，增幅达一倍多。我们仅考虑了部分物流企业一月份的情况，可能不具有普遍性，不过这和我们之前预算推测的情况基本一致。根据研究，2011年3月份65家物流企业2008年至2010年这三年年均营业税的税收负担率为1.3%，我们关心的物流主体——交通运输业的税收负担率为1.88%左右。在实行营业税改征增值税后，我们假设运输公司取得的所有增值税进项税的发票全部在税务局审核通过，那么进项税全部可以用来抵扣销项税，结果是运输公司的实际税收负担率上升到4.2个百分点，增加幅度为123%。目前这种现状主要由两个原因造成：一是对交通运输业务所设定的增值税税率较高；二是由于试点并未在全面普及因而可以取得的进项税额较低。营业税改增值税后，运输企业可以合理取得的抵扣项目大致为购置燃油和运输工具以及修理费中含有的进项税额。对于运输企业来说，虽然运输工具的购买成本较高，但是这些工具使用的年限是很长的，举个例子，船舶的使用年限可以达到20年左右，大型物流公司在企业存续期间很少一次大批量的购置固定运输资产（企业成立初期除外），因而在一段时间内可以合理抵扣的固定资产中所包含的进项税较少。在实际的物流运输过程中，燃料和修理修配的费用，这些可以合理抵扣的进项税额占总成本的比重是非常低的，据估算不足40%。我们即使假设物流企业可以合理合法的取得所有增值税专用发票并通过认证进行进项税额的抵扣，企业的实际税负也会明显增加。值得注意的是，企业经营过程中无法抵扣的项目也很多，例如路桥费、人力成本、房屋租金等，这些无法抵扣的项目也是导致企业税负增加的原因。物流行业内部竞争比较激烈，行业平均利润率较低，大概只有3%上下。这么高的税负率无疑会进一步压低企业的利润，从长远来看不利于行业的健康发展。那么从单方面来看，由于成本上升，必然导致运输价格上升，从而导致一篮子的货物价格上升，CPI上升。为此上海市对政策作了补充完善，于2012年初出台了沪财税［2012］5号文《关于实施营业税改征增值税试点过渡性财政扶持政策的通知》，对试点过程中由于实行改征增值税导致税负增加的企业（原本这些企业缴纳营业税）采取了过渡性财政扶持政策，这说明了部分物流企业没有达到试点方案的初衷，导致税负增加的现实。但是放眼长远，这种过渡性的财政扶持政策不是解决问题的良方，只是缓解了问题，我们必须从根本上解决问题。

（2）我国物流业仓储环节中的问题

物流辅助服务如仓储、货物运输代理服务在营业税改征增值税前征收5%的营业税，而在"营改增"后实行6%的增值税税率。按照财税［2011］111号文，物流辅助服务属于第三产业归类于现代部分服务业类。那么物流辅助服务同时也涵盖了仓储和装卸搬运，按照我国的《应税服务范围注释》，只要是利用仓库和货场等有形空间有偿为客户保管货物的称为仓储服务。因此仓储服务主要涉及的经营范围是两大类：一是仓储服务，二是装卸搬运服务。物流辅助服务明确地涵盖了这两项，全部纳入到"营改增"的试点范围中。最新文件也对物流辅助服务下了明确的定义，根据财税［2013］37号《财政部国家税务总局关于在全国开展交通运输业和部分现代服务业营业税改征增值税试点税收政策的通知》中，物流辅助服务包含了丰富的内容，除了仓储服务和装卸搬运服务外，还包括港口、航空、货运站以及代理报关等服务。在实施营业税改征增值税后仓储业的税负是怎么变化的，我们要看一下"营改增"对企业的最直接的影响，也就是税率是如何变化的。那么在营业税改征增值税前，仓储业主要涉及两块业务：一是仓储服务，二是装卸搬运服务；第一项的税率为5%，第二项税率为3%，因此综合税负率区间为4%～4.5%。营业税改征增值税后，从试点情况来看，物流业中的物流辅助服务的增值税税率为6%，不考虑抵扣等因素，单从表面的税率分析，仓储业的整体税负率可能会有所提高。如果考虑到增值税可以抵扣等因素，这点比营业税好，因为营业税是不能抵扣的，那么这些抵扣主要涉及相关商品和劳务以及固定资产采购环节取得的增值税进项税发票，因此仓储企业的税负高低关键因素就取决于能够取得进项税额的大小。如果企业能够取得较多的增值税进项税并且通过税务机关认证后，那么企业整体税负就会降低，反之企业的整体税负就会提高。张钰辉、王军《进项税抵扣额度对仓储企业税负影响最大》的文章指出，2013年早些时候国内某知名大型物流企业选取了某大型公司的7家下属仓储分公司作为统计样本，对这7家仓储企业营业税改征增值税前后的整体税负做了比较分析；，着重对这些仓储企业的进项税额的实际抵扣运用情况进行统计分析。根据统计分析的结果，在这7家样本仓储企业营业税改征增值税前缴纳的营业税额为2278.15万元，营业税改征增值税后应缴纳的增值税额为1963.90万元。

(3) 我国物流业各个环节问题的总结

有一些"营改增"后的企业税负上升这主要有以下几个原因：

第一，普遍来说，企业可以取得可供抵扣的进项税额较少。这可能与企业的生产成本构成和所处的经营周期有关。第二，企业很难取得符合规定的增值税进项税专用发票，这可能是由于试点范围较少，而物流企业的经营主要是劳动密集型，不易取得增值税进项税发票。目前，我国的营业税的现行税收制度把物流企业涉及的业务分为两个税目，一个是交通运输业，另一个是服务业，而且物流业务每个环节税率是不同的。例如运输、搬运、装卸和配送、仓储、代理，它们的税率就各不相同，交通运输业税率为3%，服务业税率为5%。除了税率不一致外，税目、发票都不一致，这些都是多年的顽疾，也是妨碍物流业健康发展的重要因素。为了解决这些问题，2011年8月，国务院办公厅印发了国办发〔2011〕38号文《关于促进物流业健康发展政策措施的意见》中明确指出："尽快解决配送、仓储和货运代理等环节与运输环节营业税税率不统一的问题。"而财税〔2011〕110号文依旧对物流业设置了两类应税服务项目，它们分别为交通运输服务和物流辅助服务，分别设置了11%和6%的增值税税率。如果能够把企业所有的物流资源进行合理的整合，使企业运作更加的一体化，形成整条生产链的集约化管理，实现供应链的发展模式，实现一条龙的企业服务，这是现代物流企业管理所期望达到的理想目标，也是客户对物流企业发展的殷切希望。在实际工作中，我们很难区分交通运输服务和物流辅助服务，因为在工作中各项物流活动是相互联系的，整体化运行，因此这种划分很难满足现代物流业的发展需要，也人为地增加了税收征管工作的难度。生产制造业相关的企业和物流运输企业在业务类型和客户类别上都有很大的不同，有些物流企业由于业务零散，开票的金额较小，但是开票的次数较多、数额较大。例如，货物运输代理和代理报关以及仓储和装卸搬运服务。再举个具体的例子，中国外运华东有限公司，由于业务量非常大，每月单是对外开出的发票都有上万张，获取的发票就更多了。物流相关企业在发票的购买、开具以及相关信息的核对方面有着非常大的工作量。这么繁重的工作量，不仅仅给企业带来了巨大的成本压力，也给税务机关的发票征管带来较大的压力。鉴于上述问题，也有一些专家和研究机构提出采用增值税定额专用发票。这些发票应该针对物流企业的特点来设计，比如应该针对物流企业经营较分散，开具的发票金额较少，开具的频率较高来设计。这些增值税定额专用发票最好采用撕本的形式，并且在金税工程中适当采用大数据处理来解决这类定额发票的抵扣问题。同时另一些学者也指出，他们认可应该针对物流业的特点来设计增值税专用发票，但是他们提出，定额发票金额大小缺乏灵活性，物流行业应该根据其特点采用物流业专用的机打发票，在交通运输业以及在物流辅助服务都应该采用物流行业的机打增值税专用发票，把整个物流链条用的发票进行统一化管理。

第五节 建筑业营改增影响分析

一、我国建筑业及"营改增"现状分析

1. 我国建筑业发展现状分析

我国建筑行业从新中国成立至今发展快速，其发展一直在国民经济中发挥着极其重要的作用，是我国国民经济的支柱性产业之一，与钢铁工业、汽车工业等被列为经济三大支柱产业；是劳动密集型部门，是吸纳就业的重要行业；是我国国民经济的重要物质生产部门；对关联产业抑或国民经济的发展有巨大的带动力；促进我国的城镇化和工业化进程。随着我国经济和社会的迅猛发展，建筑业也取得了骄人的成绩，得到了持续快速的发展。

（1）建筑业规模持续稳步扩大，总产值屡创新高

近年来，在我国高效稳健的宏观调控和总体布局下，国民经济继续保持了稳中有进的良好的发展态势，建筑行业的生产和经营规模持续稳步扩大，建筑业总产值屡创新高。据国家统计局的年度数据显示：2012 年，全国建筑业总产值达至 137 217.86 亿元，是 2011 年 116 463.32 亿元的 1.17 倍，是 2010 年 96 031.13 的 1.4 倍。2010 年到 2012 年全国建筑业总产值的增速从 25% 下降到 17.82%，呈放缓态势，这主要是受到国内外经济环境的影响。2013 年，多国社会动荡不安，全球经济进入了长期波动且低速增长的时期。伴随着我国固定资产投资的减少，建筑业发展速度放缓，但随着我国民生工程的建设如中西部交通设施改进、棚户区改造和新型城镇化的推进，我国建筑业将继续保持增长的态势，但增速放缓，最终走向合理、相对平缓的发展态势。建筑业企业单位数与从业人员数增多，吸纳农村剩余劳动力。据国家统计局的年度数据显示：2012 年，建筑业企业单位数达到 75 280 个，是 2011 年 72 280 个的 1.04 倍，增长幅度达 4.15%。建筑企业从业人数达 4 267.24 万人，占全社会总就业人数 76704 万人的 5.56%。建筑业是最富有吸纳农村剩余劳动力的行业，目前吸纳近 4 000 万人，占全行业职工总数的 80% 左右，占农村剩余劳动力进城务工总数的近 1/3。

（2）建筑业是国民经济的支柱性产业，推动经济持续稳步发展

建筑业的发展一直在国民经济中发挥着极其重要的作用，是我国国民经

济的支柱性产业。近年来，面对错综复杂的国内外形势，在国家强有力的宏观调控和总体布局下，我国统筹稳增长、调结构、促改革的创新宏观调控方式，使得国民经济继续保持了稳中有进的良好的发展态势，GDP达519 470亿元，增速7.8%；与此同时，全年全国建筑业总产值达到137 217.86亿元，实现增加值35 459亿元，增速9.3%，高出GDP1.5%。建筑业的发展促进了人们生活方式的转变，如西气东输、西电东送、南水北调、棚户区改造等工程极大地改善了人们的居住环境，推进了我国新型城镇化进程，带动了水、电力、水泥等相关行业的发展，推动了国民经济的快速增长。根据国家统计局统计数据显示，2012年我国建筑行业总产值137 217.86亿元，拉动GDP0.6%的增长，贡献率达8.03%，有力地支持了国民经济稳步增长，支柱地位进一步巩固。

2. 建筑业现行税制

在我国建筑行业虽然被划为第二产业，但由于其主要以劳务输出为主，故现行建筑业采用营业税制度体系，以《营业税暂行条例》和《营业税暂行条例实施细则》为基础，以财政部和国家税务总局的规划性文件为补充，具体征收管理按照《中华人民共和国税收征收管理法》和《中华人民共和国税收征收管理法实施细则》及相关规定执行。其中在《营业税暂行条例》中对建筑业有如下的规定："采用3%的营业税税率；纳税义务发生时间为收讫营业收入款项或者取得索取营业收入款项凭据的当天；应向应税劳务发生地主管税务机关申报纳税等"。

3. 建筑业"营改增"的必要性及可行性分析

尽管在2013年年初，建筑业内就流传了"营改增"可能会在2013年年中试行的消息，但建筑业却未被纳入2013年"营改增"扩大行业试点范围内。究其原因主要是因为，通过2012年年初住建部下属的中国建设会计学会的调研发现，建筑业进行"营改增"，在理论和实际测算方面存在差异，理论中十分理想化的税收环境和实际操作中建筑行业复杂多变的环境相矛盾。此外，建筑业"营改增"改革涉及面广、影响范围大，减税规模和力度大，实际减税远远要大于理论测算，对我国财政收入及财税体制的冲击比较大，使得试点改革工作推迟。

（1）建筑企业"营改增"的必要性

我国现行建筑业采用的是营业税税收制度体系，主要存在着以下问题：

①重复征税问题凸显，税收负担严重

在营业税制度体系下，全额计征营业税额。建筑企业在购买建筑材料和施工机械设备时，进项税额无法进行抵扣，增值税抵扣链条不完整，导致了建筑业吸收了大量其他行业转嫁过来的税负，无疑会对成本中的建筑材料和机器设备产生重复征税的问题，增加了建筑企业的成本，加重企业负担。倘若建筑行业"营改增"，有利于消除建筑行业重复征税问题，消除建筑企业服务之间、产品和服务之间的双重征税，依据增值税"税收中性"的特性，最终将一部分增值税转嫁给下游企业和消费者，减轻建筑企业税负，促进其转型升级。

②建筑业内部营业税税负有失公平

对于建筑业企业而言，安装、装饰、修缮劳务虽然同加工、修理修配劳务性质相似，但前者属于增值税应税范畴，而后者属于营业税应税范畴。这使得二者遵循不同的税法规定计算税额，导致税负差距悬殊。

首先，建筑业混合销售的税收政策导致征税存在税负不公。随着我国经济社会的发展，建筑业的经营活动从主要以劳务输出为主到现在的生产经营的成果既涉及货物又涉及劳务，可以说是货物和劳务的混合体。在混合销售的情况下，同样的销售行为税负却不同：自产货物可以抵扣而货物销售却不行。

其次，不同建筑业劳务的税收政策导致征税存在税负不公。从《营业税暂行条例》的税法规定中不难推断出建筑业劳务中的装饰劳务具有特殊性。在实际的经济活动过程中，建筑企业提供劳务的范围很难按照税法的规定加以界定，是全额计征还是净额征收，税负的不公容易造成建筑企业通过人为操作来达到偷税、漏税的目的。建筑行业大量的混合销售和兼营问题，增加了流转税制的复杂性，给企业征纳造成了一定的麻烦。通过营业税改征增值税的改革，可以更好的倡导增值税"税收中性"的特点，有利于统筹协调好建筑企业货物和劳务领域的税收负担，更好地发挥市场对资源配置的基础性作用，减轻企业税负，减少不公，优化税收环境，这将有利于建筑企业的长远发展，促进其转型升级。

此外，现行的出口营业税免征政策相比增值税出口退税政策力度较小，增值税比营业税在进出口方面优惠政策更多，对出口商品一般适用零税率。因此，和营业税相比，增值税更有利于建筑业企业走出去，实现国际化、全球化，提升其国际竞争能力。因此，从建筑业自身层面而言，实行扩大增值税征收范围改革，对建筑业进行"营改增"改革，有利于消除建筑业目前由于增值税和营业税并存引起的重复征税的问题，减轻建筑企业税负；有利于统筹协调好建筑企业货物销售和劳务输出领域的税收负担，降低建筑企业内部税负不公；有利于促进建筑企业国际化、全球化，提升其国家竞争力，是行业自身发展的要求。对建筑业进行"营改增"改革，可以更好地促进建筑企业的转型发展，发挥好支柱作用，带动国民经济的腾飞。在这种情况下，建筑企业缴纳增值税还是缴纳营业税很难界定。

③税收征管成本高，征收效率低

目前我国实行的是增值税与营业税并行的税收制度，而这两大税种在征税范围的界定上可能会存在交叉问题。如前文所述，现如今的建筑业可以说是货物和劳务的混合体，既提供建筑安装劳务又销售建筑材料。建筑业的生产经营活动中存在着大量的混合销售和兼营问题，尽管在现行的税制中税法对其有明确的规定和范围界定，但由于社会经济活动的复杂多样，建筑业其自身规模较大和业务构成复杂，在实际的税收征管过程中有时很难做到区分和定位。并且，经济运行过程中，业务种类千变万化，税法及相关细则很难做到实时更新，给税收的征管带来很大的困难。

在现行税制中，营业税属于地方税种，由地方税务局负责征收；而增值税抵扣的进项税额是由国税系统来进行审核和管理，进口环节由海关代征，这就存在跨系统操作的问题。由于建筑行业的特殊性，施工承建的工程项目分布比较散，跨地区混合销售和兼营行为比较普遍，经常需要当地或异地的国地税机关之间、地税机关之间进行沟通与协作，使得税收征管成本增高，降低税收征管效率。通过营业税改征增值税的改革，统一了解税法制度，可以很好地解决建筑业企业中混合销售行为税基难以定性、兼营行为税基难以定量的问题，从而提高税收征管效率，降低税收征纳成本。

此外，我国目前正处于宏观经济结构调整和经济发展方式转变的关键时期，2009年进行了增值税转型改革，从2010年开始实行扩大增值税征收范围改革，已经陆续对交通运输业和部分现代服务业、电信业进行了"营改增"改革，并且金融业"营改增"试点方案也有望在2015年底推出，对建筑业进行"营改增"改革大势所趋、势在必行。建筑业作为第二产业中唯一征收营业税的行业，作为国民经济的支柱性产业之一，只有实现了建筑业的"营改增"，才能更好地走好李克强总理所明确的营改增"五步曲"，才能继续推进税制改革，才能促进深化经济体制改革的目标。当前全球经济进入了长期波动且低速增长的时期，而我国经济遇到了瓶颈，处于宏观经济结构调整、体制改革的关键时期，经济发展速度放缓，建筑业"营改增"后，房屋建筑物的抵扣成为可能，涉及面广，影响范围大，无论减税规模还是力度都比较大，调整居民和企业在国民收入中的比例，刺激经济增长，对减少收入差距、扩大内需、调整产业结构、促进经济转型都是一剂良方。因此，从国家层面而言，实行扩大增值税征收范围改革，将建筑业纳入"营改增"改革工作范围，有利于降低建筑业税收征管成本，提高其征税的效率；有利于实现营改增"五步曲"，推进财税体制和经济体制的深化改革，完善我国税收制度；有利于刺激我国经济增长，促进我国经济结构和发展方式的转变。

（2）建筑企业"营改增"的可行性

①国内和国际经济环境的变化为改革提供了契机

纵观 2014 年全球经济的发展，欧洲经济全年温和衰退，欧债危机仍然是影响资本市场的主要因素；在金融危机周期因素的主导下，美国劳动力市场和房地产继续保持疲软，美国经济仍是全球金融危机的根源；我国经济遇到了瓶颈，正处于宏观经济结构调整、体制改革的关键时期。总体而言，2014年多国动荡不安，全球经济进入了长期波动且低速增长的时期，这对严重依赖经济周期循环的建筑行业来说，既带来了机遇同时也面临了挑战。党的十八大提出，继续深化经济体制改革，促进企业转型发展。随着我国城镇化、市场化、工业化的深入发展，基础设施建设日益完善，经济结构转型加快，市场潜在的需求仍然巨大。在深化经济体制、财税体制改革的大环境下及"营改增"发展的大背景下，建筑业的改革发展显得尤为重要。

②国际经验为改革提供了借鉴

目前，已有 153 个国家和地区实行增值税制度，是 1992 年的 2 倍，其中 90 个对货物和劳务全面征收增值税。欧盟国家增值税征收的范围几乎已经扩展到了经济发展的各个领域。所以，我国进行增值税扩围改革，营业税转型改革已经迫在眉睫了，需要根据我国的实际国情来确定其征收范围，制定适合我国建筑产业发展的税收政策。

③"营改增"试点工作为改革提供了经验

统筹规划，分步实施：第一阶段改革在部分地区进行试点；第二阶段改革在全国范围内进行；第三阶段在全国范围内进一步深化和完善改革。试点地区的选择，既要有代表性，又要有差异性，充分考虑试点地区的经济发展水平和管理基础条件，平稳运行。协调联动，精细操作：首先是"改税"，其次是"清费"，最后是"稳价"。在改革实施过程中，注重协同性，坚持精细化操作，认真细化试点工作方案，切实加强技术保障，扎实有序推进试点工作。为了促进服务业发展、调整经济结构、加快经济转型发展、坚定不移深化财税体制改革，温家宝等多位国家领导人多次作出重要指示，主持召开专题座谈会议，研究部署"营改增"工作，李克强总理做出了营改增"五步曲"指示。国务院、财政部和国家税务总局等国家部门高度重视，既专门制定和下发了有关"营改增"试点方案政策及相关配套文件（财税［2013］37号、财税［2012］84号、财税［2013］9号文件），部门领导又多次深入各试点省市进行实地调研活动，保障"营改增"试点工作的顺利开展。试点以来，初步形成了党委领导、政府推动、财税牵头、部门协作和企业广泛参与的改革工作格局。

二、建筑业"营改增"对社会经济的影响及难点解析

1. 建筑业"营改增"对社会经济的影响

（1）完善我的增值税税制

增值税是以在生产经营活动中新创造的价值为征税对象的一种税。我国税制改革的主要是增值税改革，而增值税改革的目的是统一我国的流转税制度，完善增值税税制，实行完全的增值税法。纵观我国增值税发展的历程和"营改增"改革的过程，2009年以前，允许劳动对象进行增值税进项税额的抵扣；2009年，我国改革增值税制度，由生产型增值税转变为消费型增值税，允许劳动资料中的机器设备参与抵扣，但对房屋建筑物不允许抵扣，征收营业税。交通运输业和部分现代服务业以及电信业的"营改增"改革都未触及到我国增值税税制改革的关键——对房屋建筑物予以抵扣。所以，建筑业"营改增"改革是改革的关键点。只有将建筑业纳入"营改增"后，房屋建筑物的抵扣才变得顺理成章，才能进一步完善我国的增值税税制，推进我国税制改革。要走好营改增"五步曲"，必须对建筑业进行"营改增"改革。

（2）促进我国经济的发展

近年来，我国的建筑行业保持了良好的发展态势，生产和经营规模稳步扩大，以2012年为例，其总产值达到137 217.86亿元，拉动GDP0.6%的增长，贡献率达8.03%，有力地支持了国民经济的稳步增长，是我国经济的支柱性产业。2014年6月1日，我国正式将电信业纳入"营改增"改革的范围，后续纳入改革的还包括建筑业、房地产业、金融业和生活服务业等行业。建筑业"营改增"涉及面广，影响范围大，减税力度大，可谓是牵一发而动全身。根据目前我国的税法规定，生产投资的机器设备可以抵扣，但房屋建筑物不能参与抵扣。建筑业纳入"营改增"后，房屋建筑物的抵扣就变得顺理成章了。不仅制造业的厂房能抵扣，物流业的仓库、服务业的商铺也都可以抵扣，减税规模会相当大。参照2009年增值税转型改革即对固定资产中的机器设备允许进行增值税的进项税额抵扣，共减轻企业税负约1 233亿元，因此

允许抵扣固定资产中的房屋建筑物减税力度会比较大。

2. 建筑业"营改增"的难点

(1) 影响我国财政收入

一方面，建筑业"营改增"影响全国的财政收入。建筑业纳入"营改增"后，房屋建筑物的抵扣就变得顺理成章了，完善了我国的增值税税制，加大了我国财政收入中增值税收入的比重，涉及面广，影响大，减税规模和力度都比较大，实际减税远远要大于理论测算，可能会对我国的财政收入造成冲击。建筑企业购置材料和机械设备等允许在取得发票的基础上抵扣进项税额，促进企业的更新换代。倘若购置的材料和机械设备等金额大，其抵扣波动比较大，会对上商业和进出口贸易收入造成影响。此外，建筑业"营改增"后，房屋建筑物的抵扣成为可能。一般而言，房屋建筑物的价值比较高，造成购入时增值税进项税额太大，按照现行的增值税税制，企业当年缴纳的增值税额可能就会骤降甚至不交，影响当年的财政收入，可能会对当年的经济发展产生负面影响。另一方面，建筑业"营改增"影响地方的财政收入。我国现行税制结构中包括 18 个税种，从 2012 的税收收入占比来看，营业税作为地方第一大税种，收入 15 542.91 亿元，占 2012 年地方税收收入比重达 32.84%，占全国税收收入的 15.7%。2012 年，建筑业缴纳的营业税额为 4 190.48 亿元，占地方全部营业税收入的比重达 26.96%。尽管根据目前"营改增"的试点方案，营业税改征的增值税全部留归地方，但这只是过渡性的政策。建筑业"营改增"势必会影响地方财政收入。建筑企业实行"营改增"改革，作为结构性减税，虽然有增有减，但总体减税；减税规模和力度都比较大。当"营改增"的政策性减税、经济下行的经济性减税和税收波动大于经济波动的制度性减税三大因素交汇时，容易引起系统性减税风险，考验着地方财政的承受力。

(2) 影响中央和地方利益分配

现行我国采用的是以增值税为主体、营业税和消费税为补充的流转税分税体系。增值税作为中央地方共享税，中央与地方按 3∶1 的比例分享收入，由国家税务局征管；营业税属于地方税种，归地方政府支配。"营改增"打破了中央与地方财税分配关系的既有平衡。建筑业实行"营改增"后，会给地方税体系造成冲击，影响地方财政收入，造成地方主体税种收入的减少，引起地方政府公共服务能力的降低，短期内加剧地方政府财权和事权不相匹配的矛盾。但根据目前"营改增"的试点方案，"1 + 6 行业"营业税改征的增值税全部留归地方，增值税不再是中央地方共享税。建筑业的生产经营活动往往是跨行业的，这容易造成有些增值税是中央地方共享税，而有些增值税归地方，通过人为操作可能侵蚀中央财税收入。

（3）影响我国税收征管

首先，由于增值税由国家税务局征收，建筑业实行"营改增"后，在改革的前期可能因为对建筑业业务流程的不熟悉造成税收征管混乱等问题。其次，建筑业本身复杂的环境，施工的工程项目分布比较散，施工范围遍布全国各地，劳务发生地和机构所在地并不在同一个地区，具有较大的流动性。以劳务发生地作为纳税地点既不方便，且成本较高。如果选择建筑企业机构所在地作为纳税地点，又无法准确获取施工进度等相关信息，对于一些流动作业或者小规模纳税企业甚至没有机构所在地，对其的监管和税款的征纳就更加困难了。并且，建筑业成本核算比较复杂，财务核算不规范。此外，建筑业实行"营改增"后，使得增值税户管大幅度增加，其发票的管理、征税系统的调整难度加大，征管成本上升，增加税务管理风险。并且，现行的营业税分行业管理模式已相对成熟完善，地税的征管质量和效率已得到极大提升，"营改增"必然涉及国税和地税机构融合和管理体制的重大调整，牵一发而动全身。

（4）税率问题

根据财税部门印发的关于《营业税改征增值税试点方案》的规定，"关于税率在现行增值税17%标准税率和13%低税率基础上，新增11%和6%两档低税率。建筑业适用11%的税率"。但在2012年初住建部与中国会计学会就"建筑业'营改增'税负变化情况"的调研中指出：对建筑业按11%的税率征收增值税，税负不变或者略有减轻只是理论测算。

首先，根据财政部和国家税务总局印发的《部分货物适用增值税低税率和简易办法征收增值税政策的通知》的规定："一般纳税人销售自产的下列货物，可选择按照简易办法依照6%征收率计算缴纳增值税：

①建筑用和生产建筑材料所用的砂、土、石料；

②以自己采掘的砂、土、石料或其他矿物连续生产的砖、瓦、石灰（不含黏土实心砖、瓦）；

③自来水；

④商品混凝土（仅限于以水泥为原料生产的水泥混凝土）"。对于以上货物，当施工企业购入时进项税率为6%，"营改增"后，销项税率为11%，反而增加了企业的纳税成本。其次，建筑企业"甲供料"现象、联营合作及层层分包现象比较普遍，当建筑企业主要以劳务输出为主时，购置原材料和固

定资产的比例较小，能够抵扣的进项税额少，即使按照 6% 计征，增值税销项税也增加了 2.83%（$1/1.03 \times 0.06 - 0.03$）的企业税负。建筑行业的环境复杂多变。在实际的操作过程中，建筑企业很多时候并不能获取到增值税专用发票。这除了企业自身原因外，与我国税收环境和税收征管有着密切的关系，理论上按照 11% 测算的增值税根本不可能全部转嫁给下游企业和最终消费者，可能会造成企业税负增加。

三、"营改增" 对建筑业的影响及问题分析

建筑业实行"营改增"虽然很早就提上了议事日程，但并未纳入 2013 年改革范围内，得到试点运行。建筑业作为支持国民经济稳定健康持续发展的支柱性产业，在我国宏观经济结构调整和深化财税体制改革的大环境和"营改增"的大背景下，建筑业实行"营改增"既是势在必行，是大势所趋，又是迫在眉睫。对建筑业进行"营改增"，是牵一发而动全身。所以，了解营业税改征增值税后会对建筑行业造成什么样的问题，产生什么样的影响以及带来怎么样的挑战，很有意义，也很有必要。只有认清这些，才能够使得建筑企业更好地去应对可能来临的"营改增"，做好准备工作。

1. "营改增" 对建筑企业财务的影响

（1）样本选取

①由于上市公司年报经过注册会计师和注册审计师的审计，资料数据相对可靠，本文研究所需的财务会计信息容易获取，并进行准确的计算，所以本文选取建筑企业上市公司作为其研究对象；

②本文选取的参考数据来自于 2012 年 20 家建筑业上市公司财务年报，来源于上海证券交易所（www.sse.com.cn）、深圳证券交易所（www.szse.cn）、中国股票市场交易数据库（CSMAR）和中国证券报（www.cs.com.cn）等相关网站。

③本文提取财务年报中的营业额、营业成本、应交营业税额、固定资产增加额、应付职工薪酬、城建税及教育费附加、营业利润、净利润和所有者权益等会计数据作为样本数据，运用 EXCEL 工作表加总或者平均，最后的计算结果采用平均值。

（2）样本前提

①根据财政部、国家税务总局印发的关于《营业税改征增值税试点方案》的通知，建筑业适用 11% 的税率。故本文采用 11% 的增值税税率计算样本财务数据。此外本文还假定了城市维护建设税的税率为 7%，教育费附加费税率

为 3%。

②本文仅通过能够获取的建筑企业上市公司财务报表数据进行分析，不考虑其他因素的影响。单位为人民币元。

③本文样本的研究是以 2012 年建筑业"营改增"改革为前提假设的，通过对比改革前后的数据变化，来得出研究的结论。

（3）"营改增"对资产的影响

在我国现行税收制度中，营业税属于价内税，而增值税属于价外税。营业税改征增值税后，由于建筑企业购置的原材料和机械设备等能够通过获取增值税专用发票来进行进项税额的抵扣，导致其存货成本和固定资产科目的金额减少，造成资产总额有一定幅度的下降。此外，固定资产以历史成本作为计量属性，包括企业为构建某项固定资产达到预定可使用状态前所发生的一切合理的、必要的支出。房屋建筑物的使用年限都比较长，建筑业"营改增"后，新旧房屋建筑物的计价基础发生改变，一个包含营业税一个不包含营业税，对我国现行的会计准则提出了挑战。

（4）"营改增"对税负的影响

①"营改增"对营业税税额的影响

从样本选取的 2012 年 20 家建筑企业上市公司财务报告中，不难得出样本企业 2012 年应交的营业税汇总金额为 42 381 796 766.80 元，样本平均额为 2 119 089 838.34 元。营业税改征增值税后，建筑企业不再缴纳的计入流转税的营业税额减少，取样本平均额为 2 119 089 838.34 元。

②"营改增"对增值税税额的影响

应交增值税 = 应交的增值税销项税额 − 抵扣的增值税进项税额

现在将营业额作为计算销项税额的依据，从 2012 年 20 家建筑企业上市公司财务报告利润表中提取营业额总额为 1 726 122 609 917.06 元，样本平均额为 86 306 130 495.85 元。根据样本应交的增值税销项税额 = 营业总额 × 11% 税率的计算公式，得出"营改增"后 2012 年样本建筑企业上市公司应交的增值税销项税额，并求得平均值 9 493 674 354.54 元。进项税额建筑企业购置原材料和固定资产可以获取增值税专用发票来抵扣进项税额，故增值税进项税额 = （原材料购置金额 + 固定资产增加额） × 11%。第一步，由于建筑企业本身的复杂性，材料需求大，施工所需的原材料比较多、比较杂，原始数据难以获取，在财务报表中也未能得到体现，所以本文通过粗略计算出企业购置的原材料；其次，获取样本 2012 年应付职工薪酬的数（本年增加的应付职工薪酬额 − 包含在管理费用和销售费用中的应付职工薪酬额）；

③ "营改增"后流转税变化额

"营改增"后，建筑企业不再征收营业税改征增值税，流转税结构发生变化，数额改变。流转税变化额＝增值税的增加额—营业税的减少额。样本20家建筑企业上市公司的应交流转税变化额在营业税改征增值税前后减少了接近10亿元，相当于平均每家减少税负10亿元。从总体的平均数据来看，建筑业"营改增"确实有利于改善建筑企业的财务状况，降低企业税负。但具体到个别建筑企业"营改增"后，流转税额反而增加，西部矿业股份有限公司"营改增"后流转税额增加 109 817 316.37 元；北京江河幕墙股份有限公司"营改增"后流转税额增加 130 263 837.44 元，企业税负反而加重，这就对建筑企业如何应对可能来临的"营改增"提出了挑战。

④ "营改增"对城建税及教育费附加额的影响

城建税及教育费附加额的变化额＝流转税变化额×10%。因此，本文运用应交流转税变化额计算出样本2012年建筑企业上市公司应承担的城市维护建设税和教育费附加税变化额。与样本建筑企业上市公司流转税变化额情况类似，建筑企业在营业税改征增值税后城市维护建设税和教育费附加税额都有了显著的变化，样本平均减少额达9600多万元。

整体而言，样本流转税和城市维护建设税及教育费附加平均税额在"营改增"后均减少，说明"营改增"确实有利于减轻建筑企业税负。但建筑行业税负的增减与否，与能否取得专用发票和进项税扣除额的大小有很大的关系。就实际情况而言，建筑业规模大、业务构成复杂多样，当建筑企业在取得增值税发票并进行进项抵扣中遇到困难时，反而容易加重企业实际税负。

⑤ "营改增"对利润的影响

a. 营业利润

营业利润＝营业收入－营业成本－税金

首先，获取样本建筑企业上市公司营业收入的变化情况。"营改增"后，由于增值税价外税的特性，改革前全额计入营业收入的金额在改革后是含有一部分增值税销项税额的。这就意味着，"营改增"后，将通过迫使企业降低营业价格，对企业营业利润产生负的影响。样本建筑企业上市公司营业收入的变化情况为减少金额 9 493 674 354.54 元，即是样本的增值税销项税额。

其次，考察样本建筑企业上市公司营业成本的变化情况。"营改增"后，建筑企业能够成为增值税抵扣链条中的一环，理论上可以转嫁给下游企业和最终消费者一部分增值税，减少企业营业成本，减少额为改革后增值税进项税额 8 337 639 489.35 元。接着，分析样本建筑企业营业税金及附加的变化。

"营改增"后，企业不再征收营业税。

b. 净利润

在不考虑其他因素影响的条件下，这里依据净利润变化额＝利润总额变化额×（1－25%所得税率）得出如下改革后净利润的变化额。假设建筑业"营改增"后，样本平均利润总额增加10亿多，净利润增加2亿多，营业利润和净利润的增加更有利于建筑企业行业的发展与升级换代，提高生产效率，提升竞争力。通过数据分析发现样本中个别企业"营改增"后利润反而减少，如样本西部矿业股份有限公司改革前后利润总额减少120 799 048.01元，净利润额减少30 199 762元。不考虑其他因素的影响，就样本数据而言主要涉及11%的增值税税率问题。倘若建筑企业当年获取的进项税抵扣金额较少，尤其是固定资产的更新换代比较少，11%的增值税税率相比3%的营业税税率反而可能加重企业的税负，毕竟建筑业属微利行业。

⑥ "营改增"对财务指标的影响

在研究分析"营改增"对建筑企业的财务影响时，对公司效益的研究既考虑了利润指标，又利用了相关因素进行综合评价。在这里，选取了对上市公司研究具有代表性的两个财务指标，即ROE（净资产收益率＝净利润/年度末股东权益）和EPS｛普通股每股净收益＝（公司每年税后净利润－优先股股息）/发行在外的普通股平均数｝。

a. ROE

ROE即净资产收益率，是上市公司的重要财务指标，能够概括上市公司的经营业绩和财务业绩，该指标值越高，说明企业投资带来的收益越高。从净资产收益率的整体来看，2012年"营改增"改革前后ROE的变化情况可以看出，改革前20家样本建筑企业上市公司的ROE平均值为11%，通过分析计算，改革后ROE平均值为12%，净资产收益率变化率为1%，这说明建筑业"营改增"对企业的经营收益是有一定的促进作用的。从净资产收益率的具体变动来看，通过2012年"营改增"改革前后ROE的变化情况可以看出，个别建筑企业上市公司在营业税转型改革前后ROE出现了降低，比如浙江杭萧钢构股份有限公司改革前为－0.1，改革后为－0.11；龙元建设集团股份有限公司改革前为0.13，改革后为0.12。

b. EPS

EPS即普通股每股净收益，是上市公司的重要财务指标。从普通股每股收益率的整体变化情况来看，改革前20家样本建筑企业上市公司的EPS平均值为49%，改革后EPS平均值为55%，每股收益率变化率为6%，这说明营业税转型增值税对企业的经营业绩产生了明显的有利作用。从普通股每股收益率的具体变动情况来看，个别建筑企业上市公司在营业税转型改革前后EPS出现了降低，比如浙江杭萧钢构股份有限公司改革前为 - 0.25，改革后为 - 0.27；北京江河幕墙股份有限公司改革前为0.85，改革后为0.79。就仅仅利用财务数据研究分析而言，个别建筑企业上市公司在营业税转型改革前后ROE和EPS出现了降低，这其中主要涉及11%的增值税税率问题。这同时也告诫了我们，在当前情况下，建筑业的"营改增"还面临着许多问题和未知的挑战，值得我们探索，去寻求适合我国国情的建筑业"营改增"改革方案。

2. "营改增"对建筑行业管理的影响

（1）"营改增"对建筑业税务管理的影响

首先，"营改增"后建筑企业纳税地点发生变化，由营业税的向应税劳务发生地的主管税务机关申报纳税转变为增值税的向机构所在地税务机关申报纳税。其次，"营改增"后建筑企业扣缴业务人发生变化：总承包和分包人都成为增值税一般纳税人。最后，"营改增"后建筑企业征收的税率发生变化，由3%的营业税税率转变为11%的增值税税率。相比营业税，增值税的税务筹划更灵活多变，其税务管理空间更广，选择更多。依据现行增值税的规定："购置材料和机械设备的运输费用可以在取得增值税专用发票的基础上进行一定比例的进项数额"。如果企业运输需求大、比重高，可以通过设立运输子公司进行税务筹划，达到节税的目的。施工单位在材料和机械设备等采购供应商选择时，既可以选择一般纳税人，通过获取增值税专用发票来进行进项税额的抵扣；也可以选择小规模纳税人，价格便宜。熟悉税收优惠政策，享受新增值税下的优惠等。

（2）"营改增"对建筑业运作方式的影响

① "营改增"影响建筑企业财务人员

现行建筑业采用营业税税收制度体系，这会造成企业财务人员对增值税的相关理论和政策比较陌生，更对实际业务操作提出了挑战。增值税的账务处理与现行营业税的记账方法不同，"营改增"后会影响企业财务报表的数据结构，对建筑企业的财务管理造成影响。"营改增"后，企业必须积极组织相关财务人员学习增值税的相关理论和政策，做好培训工作，培养专业的税务人才，设立相对独立的税收核算及管理部门，做好应对"营改增"的准备,工作。

② "营改增"影响建设单位预算编制

增值税属于价外税，在现有的建筑企业招投标编制制度中，怎样编制目前并未明确。在编制标书时很难准确地预测到在实际施工过程中能够获取多少增值税进项税额来用于抵扣成本费用，这使得建筑企业投标工作变得更为复杂化。"营改增"后，企业需要修改施工预算的编制，在新的定额标准下其内部定额编制也需要进行修改。

③"营改增"影响建筑企业合同选择

增值税中，购买材料和机器设备通过取得增值税专用发票可以进行进项税额的抵扣。在实际操作中，由于建筑企业承包分包现象普遍，分包商参差不齐，甚至其会计核算体系不健全，经营部门在选择签订分包合同时必须考虑其能否开具增值税专用发票；材料部门也会首选那些拥有开票资格并可以在一定的期限内开出增值税发票的材料商，合理转嫁税负，减轻企业负担。建筑企业的材料采购量大、比重高，"营改增"后由于建筑企业能够通过获取增值税专用发票来进行进项税额的抵扣，释放了一部分利润。建筑业作为主要以劳务输出为主的行业，这部分利润能够更好地用于人员管理、提高劳务待遇、改善工程质量等方面，提高企业核心竞争力。"营改增"后，不仅仅是建筑企业财务部门受到影响，缴纳方式、会计核算表发生改变；更对整个建筑企业的相关管理部门提出了挑战，对采购方的选择、是否进行主辅分离、业务是否进行外包等生产经营模式各方面重新思考，提出了更高的管理要求，因此企业必须建立一个完整的纳税管理体系。

3. 建筑业"营改增"的问题概述

（1）抵扣问题

建筑业开展"营改增"面临的最大难题是现行的经营模式不适用增值税税制。建筑业规模大，业务构成复杂多样，联营合作、层层分包现象比较普遍，工程项目多、分散比较广，材料采购多而杂，经营和管理模式的不规范给增值税专用发票的取得造成困难，进项税额无法抵扣反而容易增加建筑企业的实际税负。

①部分材料支出的抵扣问题

建筑企业的特性决定了它对材料的需求大，材料成本占总成本的比重较高，施工企业的比例一般都在60%以上。由于建筑行业的特殊性，施工承建的工程项目分布比较散，所处地域位于偏远地区，造成材料采购的"散、杂、小"；材料的来源广、方式多，许多建筑材料基本上是就地取材、个体供应。不同来源的建筑材料，"营改增"后抵扣方式不同，并且很多很难取得增值税专用发票，有的甚至没有发票，进项税额无法抵扣无疑增加了建筑业企业的实际税负。施工企业"甲供料"现象比较常见,包工但不包料,有些工程项目的主要材料及设备等由于占成本比重比较大通常甲方(建设单位)会进行统一采购,然后调拨给各参建施工企业。在这种建筑工程承包模式下,建筑施工企业主要以劳务输出为主,甲方(建设单位)能够获得增值税专用发票,而各参建施工企业只能获取相应的结算单,无法抵扣进项税额,实际承担的税负必然偏高。

②建筑劳务支出的抵扣问题

建筑企业人工费一般占工程成本的 20% ~ 30%,但近几年,随着我国城镇化进程的加快,物价水平上涨幅度大,人工成本在建筑企业总经营成本中所占的比重越来越大,有些已经超过企业的承受能力。建筑劳务公司的成本主要由劳务工的工资、社保费等人工费支出构成,这些支出不进行进项抵扣,按 6% 计征增值税销项税反而增加了 2.83% ($=1/1.03 \times 0.06 - 0.03$)的税负。建筑劳务公司的利润微薄,税负的增加要么迫使其走向破产,要么根据流转税的传导机制最终将税负转嫁到施工企业。若税制改革政策中,对人工劳务支出没有类似视同缴纳或其他的抵扣政策,势必会导致建筑业劳动力价格的大幅上涨。

③建筑动产租赁业的抵扣问题

建筑企业的机械设备主要来自企业自行采购和经营租入。在新的税改方案财税〔2013〕37 号文件中规定:有形动产租赁业的增值税率为 17%,而其原营业税率仅为 5%。这对租赁业的生存和发展是一种挑战。建筑企业周转材料、对外租赁机械设备均属于动产租赁业范畴。如果租赁企业得不到足额增值税进项抵扣,增加的税负必然转嫁到施工企业中去,使得实际纳税额增加,加大实际税负。

(2)发票的收集、认证和整理问题

按照现行税制的规定,增值税进项税额要在 180 天内认证完毕。建筑企业作为第二产业中主要以劳务输出为主的行业,与传统生产制造企业在客户类型和业务模式方面都有很大的差异:工程项目多、分散比较广、材料采购多而杂,这些都造成发票的收集、认证、整理等工作量大、难度高,保管要求高,这就对建筑企业的财务人员提出了较高的要求。

(3)合作项目问题

为了实现经营目标,大多数建筑企业会选择联营合作的方式,这在建筑企业施工内部是普遍存在的现象。联营合作,一方面有利于建筑企业整合内部资源,提高竞争力;另一方面存在着经营风险,尤其表现在合作方选择的问题上，会弱化企业对工程项目的监管。有些合作方会计核算体系不健全，没有有效的内部控制管理制度，工程成本核算形同虚设，采购、租赁的机械设备设施和采购的材料很难取得正式的增值税专用发票，有的甚至没有发票，也没有索取发票的意识，势必会影响增值税进项税额，造成可抵扣的税款数额减少，造成工程实际税负增加，涉税风险会威胁联营合作项目管理模式的生存和发展。此外实现营业税转型增值税后，由于法人主体的不相容性，集团和所属子公司在经营管理方面势必会受到冲击。

（4）现金流问题

目前，我国建筑业征收营业税基本上实行的是建设单位从验工计价和付款中直接代扣代缴的方式。但是，建设单位拖欠验工计价款的现象时有发生，滞后问题比较普遍。由前所述常常无法及时获取采购发票，甚至没有发票，无法进行增值税进项税额的抵扣。此外，"营改增"后建设单位将不能直接代扣代缴增值税而应由建筑企业在机构所在地按当期验工计价确认的收入缴纳增值税。同时，增值税扣缴义务发生时间为纳税人增值税纳税义务发生的当天，增值税必须当期缴纳，使得建筑企业日常经营活动的现金流面临较大的支付压力，造成资金紧张。

四、建筑业"营改增"的对策建议

1. 建筑业"营改增"的配套改革

（1）调整现行税制

根据"营改增"试点方案，营业税改征后的增值税仍然留归地方政府支配，形成"一税两制"的格局。尽管如此，涉及的利益调整而引发的利益矛盾较少，但一个税种两个制度，除了在税制上不规范之外，在征收管理上可能会引发出一些矛盾和问题无法有效解决。这只是过渡性政策。

①建设地方税体系

随着"营改增"改革的推进，营业税作为现时地方政府掌握的几乎唯一的主体税种，改征增值税后，地方政府缺少主体税种的问题将日益突出，肯定动摇地方的财政收支平衡的基础，完善地方税体系建设，健全中央和地方财力与事权相匹配的体制成为迫切要求。"营改增"后，必将统一税制，将增值税划归中央。地方主体税种，根据"十二五"税制改革规划的要求，肯定要由以财产税和个人所得税为代表的直接税加以填充。目前，我国房产税还在试点阶段，营业税转型改革可能使得直接税改革进入实际操作阶段。

②调整中央地方利益

建筑业营业税改征增值税后，影响地方财政收入。为了保证地方政府正常的管理服务职能，建议合理调整中央和地方对于增值税收入的分享比例，加大转移支付力度，通过转移支付或税收返还等方式保证地方政府财政收入的基本稳定。

（2）完善税务管理机构改革

随着增值税"扩围"改革的不断深入，国税部门和地税部门征收范围会发生变动。从长远发展来看，地税机构的业务量萎缩，而国税部门的业务量大幅增加。国、地税合并或者国、地税人员调整已成为"营改增"必然要考虑的一个问题。因此，建议整合国、地税系统，建立从中央到地方的垂直管理机制，同时建立具有协调性和高效性的税务体系，既节约征收成本，又便于统一管理。

（3）平稳改革

建筑企业的情况比较复杂，"营改增"涉及面广，影响比较大。统筹我国现行建筑业的发展现状、中央和地方财政的承受能力和征管基础条件等因素，建议建筑业"营改增"采取试点先行、逐步扩大的模式，统筹规划，分步实施。根据地区差异，合理把握改革进程，分批分期有序推进建筑业"营改增"工作，平稳改革，最大限度地降低负面影响。

2. 建筑企业应对"营改增"的措施

"营改增"政策性强，涉及面广，影响比较大。尽管相对于建筑企业营业税改征增值税改革还没有推行，但是这一改革势必会对建筑行业产生影响，势必会扩及建筑行业。所以，建筑企业应在改革前做好充分准备，充分考虑"营改增"改革的影响及难点，才能在改革来临时更好地适应改革，加快转型，实现企业的可持续发展。

（1）建筑企业改革前的准备工作

①积极学习增值税专业知识

在"营改增"试点之前，建筑企业有必要利用各种方式和渠道，有计划地组织企业各级管理人员、材料采购人员、财务人员和预决算人员等解读国家相关的"营改增"方面的政策及文件，学习有关增值税的相关专业知识，加强员工对相关国家政策的认识，加强员工对增值税专业知识的掌握。认真做好财务统筹工作，以便在税改后能够马上进行操作和运用。为避免不必要的麻烦和琐事，建筑企业应该积极与建筑单位协商沟通，为那些已经竣工但尚未办理决算的工程项目办理决算手续。

②提高建筑企业管理水平

为更好地适应"营改增"税制变化，建筑企业应该提高其管理水平，合理评估企业现有的成本管理、工程预结算、财务会计等系统，更新换代确以保税改后能够准确地核算会计信息；调整企业的生产组织方式、市场营销和经营模式等方面，完善企业治理机制，享受税改利益。

（2）应对建筑企业"营改增"后可能出现的问题的建议

①应对抵扣问题的建议

a. 应对部分材料支出的抵扣问题，即针对"甲供料"现象引起的抵扣问：题。建筑业"营改增"后，建议由甲方或者集团公司统一与供应商洽谈，但合同却由各参建企业签订，这样容易取得各自的增值税进项税票并分别进行抵扣。加强企业的内部控制管理，从内控的制度设计、人员思想的普及到企业内控的具体执行，积极查找无法取得增值税进项税票的原因，查漏补缺，尽可能地获取抵扣发票。

b. 应对建筑劳务支出的抵扣问题。"营改增"后，建筑劳务企业尽可能的获取增值税进项税发票进行抵扣；同时考虑到建筑劳务企业属于微利企业，主要以劳务输出为主，购买材料和机械设备等比较少进而获取的进项税额抵扣少，建议针对建筑劳务企业从国家层面给予优惠政策的支持，并且采用6%的低档增值税税率。

c. 应对施工设备支出的抵扣问题。建筑企业应随时关注国家政策动态，尽可能地在改革实施后购买企业所需的大型机器设备。"营改增"后，建筑企业需要租赁设备时，要充分考虑出租方的纳税人分类（一般纳税人或小规模纳税人），是否能够取得增值税专用发票等情况，权衡利弊来确定最佳的租赁方案。

d. 应对进项税额太大的抵扣问题。房屋建筑物的价值高且使用年限长，建筑业"营改增"后，可以参考固定资产的折旧，对过大的增值税进项税额在其使用年限内分期抵扣，一方面也是会计公允性原则的体现和要求，又一方面也减少了对我国财政收入的冲击。但同时也对建筑企业财务人员提出了较高的要求，发票的收集、整理和保管必须及时、严格，做到有凭有据，有证可查，这无疑对我国税收的征管带来了难度。

②应对发票认证、收集和整理问题的建议

要做到及时汇总企业的销项及进项税额，加强发票的管理。"营改增"后，增值税纳税要求高、税收监管严格，而建筑施工企业采购发票的数量巨大，发票的收集、审核、整理等工作量大、难度大、时间长，发票管理比较复杂。这就要求企业机构增设专门的税务岗位和人员，培养专业的发票管理人才，完善企业内控管理，加强对发票的管理控制。

③应对合作问题的建议

"营改增"后，建筑企业集团及各参建应该积极开展增值税政策的学习与宣传，树立获取增值税发票的意识和责任观；对联营合作方的选择要严格把关，尽可能地从对方那儿获取增值税发票进行进项税额的抵扣。

④应对现金流问题的建议

增值税开票和纳税义务发生日以实际收到建设单位支付工程款日为准。加强企业资金、现金流的管理，提高企业现金的使用效率，加快应收账款的周转速度，合理调配、调度企业资金，以防止"营改增"后建筑企业由于抵扣问题引起的现金流断裂。

⑤应对税率问题的建议

针对住建部和中国会计学会理论测算和实际测算的差异，建议建筑企业营业税转型改革分地区、分步进行，实行差别税率。不同的建筑业务类型采用不同的增值税税率，比如材料比重较大的施工企业采用11%的税率，建筑劳务企业适用6%的低档税率。建筑行业营业税转型改革的实施既需要政府层面的政策支持，又要求企业自身的转型发展。建筑行业"营改增"牵一发而动全身。在政策层面上，我国需要重塑中央和地方的利益协调机制，完善地方税体系建设，培育地方主体税种，完善税务管理机构改革，实现平稳改革。建筑企业在应对"营改增"时，应该积极面对，做好试点前的准备工作。针对实际中可能会遇到的部分材料支出、建筑劳务支出和建筑动产租赁的抵扣问题，发票的收集、认证和整理问题，项目合作问题以及现金流等问题，建筑企业应该积极开展增值税政策的学习与宣传，有计划地培养企业专业的税务人才；完善内部管控，提升管理水平，认真做好测算，争取配套政策；使建筑业"营改增"平稳、有序、顺利进行，尽量减少负面影响。

第六节　房地产业营改增影响分析

一、我国房地产税收制度的基本情况

1. 我国房地产业税收制度和税负情况

（1）我国房地产税收制度

我国房地产涉及的税种繁多，其中以房地产为直接征税对象的税种有：城市房地产税、房产税、城镇土地使用税、土地增值税、耕地占用税和契税，以房地产为间接征税对象的税种有：营业税、企业所得税、个人所得税、城市维护建设税和印花税，内容涉及取得开发环节、流通环节和保有环节。"重流转、轻保有"是我国房地产业税收制度的特点，目前在保有环节房地产业涉及税种较少，而在流通环节涉及税种较多。当前房地产业的税收制度并不利于我国房地产业健康稳定发展，同时对抑制房价过快上涨的调控效果也并不明显。此外，自2009年以来，我国政府出台各种政策以对我国过快上涨的房价进行调控，导致房地产业税收政策缺乏稳定性。以营业税政策为例，我国关于个人住房转让的营业税政策从2006年开始至2011年共出现了四次调整。

（2）我国房地产业税负情况

由于我国房地产业涉及的税种繁多，房地产业整体税负较重。从宏观税负来看，2007年至2012年房地产业税收占房地产业GDP比重逐年上升。由2007年的25.55%上升至2010年的30.09%，到2012年更是突破了40%，宏观税负达到了42.07%。从房地产业的税负结构来看，可见自2007年以来，营业税一直是房地产业税收制度中的第一大税种，2007年的占比达到50.77%，而2011年为41.43%。而企业所得税和土地增值税的比重分列二、三位，其中企业所得税占比在25%~32%，而土地增值税则由2007年的9.51%持续上升至2011年的20.67%。虽然营业税在房地产整体税负的占比逐年下降，但依然达到40%的比例。在房地产业"营改增"后，房地产业营业税税负的变化将对房地产业发展有重要影响。

2. 我国房地产业的营业税制度现状

在探讨房地产业"营改增"问题时，需要熟悉当前我国房地产业营业税制度的相关规定以及了解营业税制存在的问题。在进行我国房地产业营业税制度现状的阐述前，对所要研究的范围进行两点说明。第一，通常情况下房地产属于经济学上的概念，而不动产则是房地产所对应的法律上的术语。不动产是房地产相关研究的核心概念，有必要明确对不动产的概念。根据我国《增值税暂行条例实施细则》第23条，不动产的定义为："不动产是指不能移动或者移动会引起性质、形状改变的财产，包括建筑物、构筑物和其他土地附着物"，但增值税法对于不动产的定义仅仅指建筑物部分。狭义不动产的定义还包括土地，而广义不动产的定义甚至还包括矿产、港口、码头等。在探讨房地产业"营改增"的价格效应和福利效应时，房地产业"营改增"对居民福利的影响具体表现为对居民在"居住"消费支出项目上的影响。根据《中国城市生活与价格年鉴》中对于居民居住项目的分类，具体包括住房、水电煤供应以及居住服务。其中住房项目涉及土地和建筑物部分。因此研究范围为狭义不动产，且不动产与房地产的含义一致。第二，从房地产业的整体产业流程来看，由前期准备阶段到开发阶段，再到销售阶段，各环节涉及众多税目。其中，涉及营业税的环节包括：前期准备阶段，对单位和个人转让土地使用权的行为适用"转让无形资产"税目；房产开发阶段，对建筑、安装、修缮、修饰等行为，适用"建筑业"税目；在房产流转阶段，对单位和个人销售其购置不动产的行为，适用"销售不动产"税目；在房产使用阶段，单位和个人不动产租赁行为，适用"服务业"税目。综上，与房地产业直接相关的营业税规定包括不动产的转让和租赁。然而，考虑到建筑业处于房地产行业的上游环节，对房地产业有重要影响。为了能更为全面的考察"营改增"对于房地产业的价格影响以及居民福利效应的变化，本节的研究范围将包括建筑业的相关建筑行为、销售不动产行为，转让无形资产中的转让土地使用权行为以及服务业中的房屋租赁行为。

（1）我国房地产业营业税制度的相关规定

①建筑行为的营业税规定

房地产的建筑安装阶段位于房地产行业产业链条中的第一环节，我国《营业税暂行条例》第五条对我国建筑业的营业税征收情况作了明确规定。现阶段我国对其按建筑业税目来征收营业税，适用税率为3%。建筑业营业税的纳税义务人是指在中华人民共和国境内提供建筑安装工程作业劳务的单位和个人。若单位和个人所进行的建筑安装工程有进行对外分、转包的，则分、转包者负有纳税义务，而总承包者负有代扣代缴义务。一般而言，营业税的计税依据是指纳税人的营业收入。因此，建筑安装业的计税依据是纳税人收取的全部工程价款和价外费用。但针对纳税人的分包行为，其计税依据则为纳税人收取的全部工程价款和价外费用扣除其支付给其他单位的分包款后的余额作为营业额。另外，针对单位和个人自建自用的行为，当前我国营业税制度并没有将该行为纳入营业税征收范围。但若单位和个人出售其自建建筑物的，其自建行为视同营业税应税行为。

②不动产转让行为的营业税规定

不动产转让行为属于房地产产业链条中的流转环节。在我国营业税制度中，销售不动产和转让土地使用权均属于营业税应税行为。销售不动产的行为具体是指销售在土地之上的建（构）筑物或其他附着物的行为。而土地使用权则由于被视同为一种无形资产，因而其在不同所有者之间的转让行为按转让无形资产税目予以征收营业税。此外，在现实经济中，存在单位和个人将不动产以及不动产所占用的土地使用权一并转让的情形。我国营业税制度针对这一特殊情况作出了明确规定，该特殊情形下的应税行为参照不动产销售这一税目进行处理。不动产转让行为的纳税义务人是指在中华人民共和国境内进行不动产销售行为和土地使用权转让行为的单位和个人，所适用税率为5%。通常情况下，不动产转让行为的营业税计税依据为所有者销售不动产所获取的全部价款和价外费用。转让土地使用权同样是以所有者所获取的全部价款和价外费用作为计税依据。但如果所有者所销售的不动产或者转让的土地使用权是通过从其他所有者购买或者由其他所有者抵偿债务而取得的，根据《关于营业税若干政策问题的通知》中的规定："单位和个人销售或转让其购置的不动产或受让的土地使用权，以全部收入减去不动产或土地使用权的购置或受让原价后的余额为营业额；单位和个人销售或转让抵债所得的不动产、土地使用权的，以全部收入减去抵债时该项不动产或土地使用权作价后的余额为营业额。"可见，针对这些特殊情形，税法规定其计税依据为两者的差额。此外，对于将不动产或土地使用权的无偿赠送行为，我国《营业税暂行条例实施细则》第五条明确规定将该行为纳入营业税的征收范围。最后，为配合政府进行房价的调控，有关个人转让二手房的营业税政策也发生了多次改变。

③不动产租赁行为的营业税规定

房产租赁行为同样处于房地产业链条中的流转环节。根据我国现行营业税制度的规定，房地产租赁行为按服务业税目来征收营业税，且租赁主体涵盖了居住用不动产和商用不动产，均适用5%的税率。房地产租赁行为的营业税计税依据为单位不动产所获取的全部价款和价外费用。然而，针对个人出租住房的行为，我国税法给予了多税种的税收优惠，其中在营业税方面的优惠为不区分用途，均按营业税按3%减半征收。

（2）我国房地产业营业税制度存在的问题

①重复征税现象严重

现阶段我国房地产业营业税制度中最为突出的问题就是重复征税问题。一方面，在房地产业链条的最前端就已经出现了重复征税的现象。由于我国建筑安装业适用于营业税，因此这就意味着在房地产建造阶段所发生的可作为进项税抵扣的部分无法抵扣。在建筑安装阶段，建筑安装企业施工时所购买的建安材料已包含了增值税，然而这部分增值税在其后的销售或出租环节中均不能进行抵扣，使得这部分增值税只能作为建安成本的一部分存在于其后的房地产价格中，在房地产销售或出租时被再次征收营业税。在这一阶段中，如果将对建筑业征收的营业税改为增值税，并落实发票抵扣制度，那么建筑企业便可将其购买的建安材料中包含的增值税进行抵扣。此外，虽然当前我国营业税政策对于单位和个人的自建自用行为实行免税处理，但由于单位和个人购买的建安材料中已包含增值税且无法抵扣，因此实际上单位和个人的自建自用行为也承担了部分税收负担。将建筑业纳入增值税征税范围，且对自建再销售的行为征收增值税，则单位和个人购进的建安材料中包含的增值税可以进行抵扣。可见增值税制度有利于消除房地产行业中的重复征税问题。另一方面，重复征税问题也同样存在于房地产销售环节中。按使用用途将房地产分类，可分为居住用房和非居住用房两种类型。对于非居住用房的销售行为，不管是新建住房的销售行为还是再次销售行为，目前大部分国家按征税处理。而对于居住用房的销售行为，目前大部分国家仅将新建居住用房的销售行为纳入应税范围。对于居住用房的再次销售行为，许多国家采取免税处理。而我国现行有关二手居住用房的税收处理与国际上的不动产增值税处理方法有所不同。根据营业税相关规定，个人销售购买超过 2 年（含 2 年）的普通住房的行为是属于免税范围，其他各种销售二手居住用房的行为均是要征收营业税的。可见，我国在居住用房再次销售的税收处理似乎与国际上的做法相悖。但由于不动产的特殊性，居住用房在进行二次销售时，不动产价值往往有所增值，且相对应的住房消费服务会在未来的时期有所增长。但正是由于难以合理、准确地计算二手居住用房在销售时所产生的增值部分的价值，这一实践中的大难题导致国际上大部分国家不得不将该行为纳入增值税的免税范围。

②增值税抵扣链条中断

增值税制度最大优点在于环拜抵扣，避免了重复征税。我国增值税和营业税两税并存的流转税制度使得增值税抵扣链条中断。具体表现在以下三个方面：一是增值税的应税行业在购进营业税应税服务时，购进物已经缴纳的税款不允许抵扣，使抵扣中断。二是从营业税应税行业在购进增值税应税产品或劳务时，购进物已经缴纳的税款不允许抵扣，使抵扣中断。三是从产业整体流程的角度，由于处于产业链条的不同位置的企业既可能属于增值税应税企业，也可能属于营业税应税企业。一个处于行业中游环的营业税应税服务行业，由于该行业不得对从上游企业购进的增值税应税产品和服务已经缴纳的税款进行抵扣，那么当该行业为下游企业提供服务时，其作为中间投入的服务所包含的营业税也得不到抵扣，使得抵扣链条中断。增值税抵扣链条的中断对建筑服务业的负面影响较大。一般而言，建筑业企业购进大量建筑材料或配件，但作为营业税纳税人，无法取得增值税专用发票。根据建筑业的营业税计税依据的规定按其营业收入计征。建筑业一般处于中上游，增值税抵扣链条的中断导致计算建筑业营业税的税基时，除建设方提供的设备外，实际上还包括如原材料、动力价款和其他物资等。增值税抵扣链条的中断导致行业流转税税负加重。

三、价格效应分析

1. 增值税和营业税的价格效应

在微观经济学中，当一国政府向供给者或需求者征税时，税收在供给者和需求者之间分配，需求的价格和供给的价格之差为政府的税收收入。一般地，征税既会提高消费者购买商品所支付的价格，又会降低厂商销售商品所得到的价格，税收的转嫁程度取决于商品的供求弹性。在现实经济中，政府向企业征收流转税时，企业纳税人可通过提高商品价格将税收负担转给消费者，或者通过压低价格将税收负担后转给要素者所有者。因此，政府的征税行为会对商品的价格产生影响。增值税和营业税是我国流转税制度中并行的两种税收，增值税的主要特征在于其可在各生产环节环环抵扣，因此商品的税负率与生产环节长短无关。而营业税不得抵扣的性质，使得商品税负率将随着生产环节增加而增加。因此，在我国"营改增"的过程中，由于征收的税种发生变化，一系列商品价格将受到影响。在本节，将探讨增值税和营业税的价格效应，即增值税和营业税如何影响商品价格的变化。有关税收的价格效应的估计方法，平新乔等构建了一个税收价格效应的基本模型。在现实生产中，每一个生产环节所投入的产品往往是多样的，且其来源既可能是增值税应税商品也可能为营业税应税商品，也可能两者兼有。因而现实生产环节中增值税抵扣链条会发生中断现象。此外，由于生产各环节的纳税人可以享受不同的税收优惠，因此实际税率与法定税率有一定区别。投入产出表反映了经济中各个部门之间的投入与产出的相互依存关系，可以体现增值税抵扣链条中断以及营业税重复征税的程度。因此，为了更为准确地考察增值税和营业税在实际中对商品最终价格的影响，文章将参考聂海峰的做法，通过建立基于投入产出表的价格效应模型来评价营业税改征增值税所带来的价格影响。

2. 基于投入产出表的价格效应模型

（1）价格效应模型

价格效应分析是在局部均衡理论的分析框架之内，因此在进行分析时，有如下的基本假设：一是市场为完全竞争市场，且厂商可以自由进入或退出；二是各部门生产技术规模报酬不变。均衡时，厂商不存在利润。在不存在税收的情况下，各部门的总产值等于该部门来自其他部门的中间投入与本部门产生的增加值之和文章考察的重点在于税收的价格效应，因此做如下假设：一是商品的价格变化不影响投入产出系，二是对各部门所征收的税完全向前转嫁，所有的税负都会反映在最终产品上。仅考虑增值税和营业税的影响，增值税作为对增加值征收的税收，营业税作为对劳务提供额征收的税收。由于企业完全竞争不存在利润，同时价格变化不影响企业投入技术。

（2）数据来源和数据处理

总产出、增加值和消耗系数矩阵的数据来源于《中国 2007 年投入产出表》。为了反映实际税制的情况，我们利用实际税收数据进行测算。有关各行业的增值税数据和营业税数据来源于《中国税务年鉴（2008）》中 2007 年的数据。增值税实际税率的计算公式为：税率 = 部门实际税收/部门增加值。营业税实际税率的计算公式为：税率 = 部门实际税收/部门总产出。由于《中国2007 年投入产出表》的部门划分与《中国税务年鉴》中的行业划分并不完全一致。因此，在处理过程中，若《中国税务年鉴》的行业包含了投入产出表的多个部门，则按照部门税基比率将税收划分到相应的投入产出部门中。若投入产出表中的同一部门对应《中国税务年鉴》的多个行业，则将相应多个行业的税收划分到对应的投入产出部门中。最终，通过对照投入产出表以及分产业增值税数据和分产业营业税数据，本文确定了 25 个部门的增值税数据，以及 13 个部门的营业税数据。

3. 营业税改增值税的价格效应测算

通过投入产出的价格效应模型，可测算出不同税制安排下的各行业的最终商品的价格变化率。由于采用 2007 年的相关数据进行测算，因此首先根据2007 年税制的实际情况测算出当年的各行业的最终商品的价格，随后根据当前"营改增"的改革进度，将交通运输业、有形租赁动产以及部分现代服务业的营业税实际税率分别按 11%、17% 和 6% 的增值税税率进行替代，测算出截至现时"营改增"进度下的各行业最终商品价格，以此对比"营改增"前后税收的价格效应。在设计进一步的改革方案时，重点考察房地产业中相关行业的税率的变化对商品价格的影响。参照《中国税务年鉴》的产业分类方法，"销售不动产""转让土地使用权"以及"房屋租赁"三个税目统一为房地产业。则相应现行营业税制度中，房地产业（"销售不动产""转让土地使用权"以及"房屋租赁"三个税目均为5%）的营业税税率为5%，建筑业的营业税税率为3%。因此在"营改增"当前改革进度的基础上，将"房地产业"和"建筑业"纳入"扩围"试点行业，同样选择新增两档税率6%和11%作为改革后的增值税税率。根据排列组合原理，共设计4个改革方案。方案一，建筑业的税率由3%增加至6%，房地产业的税率由5%增加至6%；方案二，建筑业的税率由3%增加至6%，房地产业的税率由5%增加至11%；方案三，建筑业的税率由3%增加至11%，房地产业的税率由5%增加至6%；方案四，建筑业的税率由3%增加至11%，房地产业的税率由5%增加至11%。以及进一步改革的四个方案下38部门最终商品的单位价格，从而测算出不同方案下38部门商品的价格变化率，即税收改革造成的价格效应。以改革前的数据作为基期数据计算的38部门的商品价格变化情况。测算结果表明，在当前的"营改增"改革进度下，改革后除租赁和商务服务业外，其余的行业的最终商品价格均有所上升。商品价格变化取决于中间投入各类商品的比重以及价格变化程度。由于现时"营改增"仅涉及交通运输业、部分现代服务业和有形动产租赁。改革试点行业的名义税率增加，交通运输业和部分现代服务业的商品价格明显上升，行业税负增加。对于增值税行业而言，尤其是交通运输业占该行业的中间投入比重较大，虽然交通运输业纳入增值税体系后，可抵扣增值税的中间投入额增加，但由于当前交通运输业的增值税税率为11%，使得增值税并不能完全抵扣，因此原增值税行业的最终商品价格略微上升。对于未纳入改革范围的营业税行业来说，由于几乎所有行业的最终商品价格均略微上升，因此未纳入"营改增"的营业税行业的商品价格略微上升。其中，建筑业的单位商品价格上升0.41%，但当前"营改增"改革对于房地产业商品价格的影响非常小。将建筑业和房地产业纳入增值税体系后，原增值税行业的单位商品价格仍旧略微上升，但上升比例小于房地产相关行业"营改增"前。对于未纳入改革的营业税行业，商品价格略微下降。对房地产业而言，由于当前的房地产业营业税实际税率为12.12%，而法定营业税税率为5%。新增的6%和11%两档增值税税率均低于其实际税负率。因此房地产业商品价格明显下降，在不同方案下，分别下降7.89%，4.24%，7.86%，4.21%。对建筑业而言，其商品价格受税率变化的影响比较大。当建筑业"营改增"后增值税税率为6%，在方案一和方案二中，建筑业商品价格仅分别上升0.19%、0.22%。建筑业商品价格上升比率稍低于纳入建筑业"营改增"前。当建筑业"营改增"后增值税税率为11%，在方案三和方案四中，建筑业商品价格则上升1.97%、2%。由于建筑业纳入增值税体系前，其营业税实际税负率为2.25%，由于税率上升幅度较大，且建筑业中存在抵扣不足的现象，导致建筑业税负加重，商品价格上升。抵扣不足的现象主要表现在，如"甲材料"现象；劳务用工、水、电、气等能源消耗以及小规模纳税人提供材料的情形下，建筑企业都难以获得增值税专用发票。再加上建筑生产周期长所导致时间差等因素均有可能造成建筑企业在纳入增值税体系后的实际税负增加。在下一章福利效应的分析中，为了便于与当前"营改增"改革的现状进行比较，更真实反映房地产业"营改增"对居民福利效应的影响。有关各部门的商品价格变化率的数据均以改革后的2007年实际税制测算数据作为基期数据测算得出。

三、房地产业增值税制度的国际比较与借鉴

房地产业是公认的较难以适用增值税一般规定的行业。国际上对于房地产业征收增值税的方法可分为两类：一类是征税法，一类是免税法。选择征税法的国家有加拿大和新西兰等，选择免税法的国家主要为欧盟国家。本节选择加拿大作为征税法处理的代表及荷兰作为免税法处理的代表，比较两种增值税处理模式的优劣。随后通过借鉴国际成功经验，设想我国房地产业营业税改增值税的改革方案。

1. 国际房地产业增值税制度的比较

（1）加拿大房地产业的增值税制度

在加拿大税法中，主要的流转税制度为货物与劳务税（Goods and Services Tax，简称 CST）或统一销售税（Harmonized Sales Tax，简称 HST）。在 GST/HST 的相关规定中，有关房地产业的不动产交易的特殊处理规定非常复杂。加拿大税法有关房地产交易的税法规定的复杂程度实际上体现了对于不动产交易适用于一个中性的增值税制度的困难程度。加拿大是不动产增值税处理中选择征税法的代表国家。在征税法制度下，不动产的销售行为和租赁行为在理论而言都属于应税行为。但加拿大的 GST/HST 并没有将所有的不动产的交易行为和租赁行为纳入征税范围当中。加拿大按不动产的使用性质进行区分，具体分为居住用和商业用两类。根据 CST/HST 的具体规定，属于不动产交易应税行为的类型主要包括：新建的居住用不动产的销售；经过"重大翻新改造"的居住用不动产的销售；商业用不动产的销售及租赁。由此可见，在加拿大的税法规定当中，对于商业用不动产，不管是销售行为还是租

赁行为均属于应税行为。对于居住用不动产,"重大翻新改造"的居住用不动产由于在经过重大的翻新改造工程后,不动产的整体外观、性能都将发生改变,价值一般会有所上升。因此,销售经过"重大翻新改造"的居住用不动产的行为与销售新建不动产的行为类似,两种行为均属于应税行为。至于有关居住用不动产的再次销售行为和租赁行为,加拿大相关税法则是按照免税待遇处理。另外,有关政府机关、学校团体、医疗机构以及非营利性慈善机构等公共机构进行的所有有关不动产的交易行为都获得免税待遇。在对加拿大有关不动产交易的增值税处理有了一定了解后,我们不妨对加拿大的房地产税收体系进行简单的了解。对于不动产转让行为,除了需要征收 CST/HST 这类流转税外,仍需缴纳其他各种税负,如土地转让税、公证费、登记费等。此外,针对不动产的保有环节,加拿大地方政府将根据不动产每年的市场价值征收财产税。财产税是加拿大地方政府的重要财政收入来源。同时,财产税的税基是通过财产估值来确定的,也是加拿大征收 CST/HST 的重要依据。

(2) 荷兰房地产业的增值税制度

荷兰作为采取免税法的国家代表,其增值税法将涉及不动产处理的行为分成三类:一是不动产的供应;二是不动产的自我供应;三是不动产的租赁。根据荷兰的税法规定,不动产交易一般适用于标准税率19%,而使用低税率6%的情形包括旅馆住宿服务所涉及的不动产交易行为。

①不动产的供应行为的增值税处理

根据荷兰增值税法的规定,不动产供应行为包括:按合同转让不动产法律所有权;根据分期付款合同购买不动产;不动产经济所有权转移;融资租赁不动产;新建不动产的建筑活动;国家对不动产的征用。参照欧盟指令的指引,对于不动产的供应行为,荷兰增值税的处理均是按照免税处理。根据荷兰民法对于不动产的定义,供应房屋和供应土地的增值税处理规则是一致的。然而,不动产供应中的两种特定情形属于应税范围。一是指当不动产供应的发生时间为"新建"不动产第一次投入使用之前、当日或之后两年内,均属于法定的增值税应税行为。因此,有关明确法规中所提的"新建"的定义。荷兰采纳欧洲法院的一个判决中提到的对"新建"的解释作为其定义。"新建"指的是建造的物品是以前不存在的,且该物品与所使用的建造材料相比在功能上有了新的体现。另一种不动产供应的应税行为指的是增值税纳税人自行选择纳税,即增值税纳税人和不动产受让人在进行不动产交易前,共同向税务机关申请对不动产交易缴纳增值税的情形。当不动产的买方将不动产用于相关活动,且在不动产供应发生之时至相应会计年度末之间,有资格抵扣上述时间段内所发生的进项的90%以上，则不动产买方可以选择放弃免税待遇。若符合上述三个条件，不动产买方自行选择纳税，则增值税的缴纳义务则由受让人承担。若无法满足有资格抵扣90%以上的进项税额，则买方有义务对所产生的增值税作相应调整。若不动产受让人因破产等原因无法履行增值税的纳税义务，则由不动产供应方承担相应的纳税义务。但不动产供应方能够自证其共同申请行为是善意的除外。

②不动产自我供应的行为

荷兰将不动产的自我供应行为纳入增值税的征税范围。这种处理方法，使得企业不管是自行"新建"不动产，或从第三方购买"新建"均可进行进项税抵扣。

③不动产租赁的行为

根据荷兰的民法中对租赁行为的定义，租赁行为要符合三个要件：一是出租人向承租人供应某货物或财物的使用权或其中某部分的权利；二是该行为要发生在某一特定的期间；三是该行为有一定的对价。虽然荷兰增值税制度中缺少对租赁的定义。但荷兰对于不动产租赁的增值税一般处理是免征增值税。但荷兰增值税法对不动产的租赁还有其他规定，即法定应税情形的规定以及税收选择权的规定。机器设备和商业设施的租赁，宾馆、旅馆、露营地和商业场所的短期租赁以及停车场的租赁等均属于法定应税情形。而税收选择权则是指出租人和承租人可选择放弃免税，共同向税务机关申请就房屋租赁行为缴纳增值税。这种处理与不动产供应中不动产买方选择自行应税的情形类似，同样需要满足承租人有权进行至少90%以上的进项抵扣这一条件。

（3）其他发达国家房地产业增值税的实践

以建筑活动、不动产买卖行为以及不动产租赁行为作为分类，归纳总结其他发达国家对于这类活动的增值税处理的实践经验。

①筑活动的增值税处理

在建筑活动中，主要分为三类具体活动：建筑材料的买卖行为，维修和维护行为，新建建筑物行为。国际上大多数发达国家，如澳大利亚、新西兰、丹麦、芬兰、法国、德国、英国、瑞典、日本等，对于建筑材料的买卖行为的增值税处理基本一致，一般是按照使用各国的标准税率征收增值税。但意大利对于建筑用原材料和半成品的买卖活动适用9%的低税率；爱尔兰对水泥适用12.5%的优惠税率。在维修和维护行为的增值税处理上，大多数国家采取与建筑材料买卖行为一致的政策。但以比利时为例，针对居住20年以上的住房，该国对相关的建筑服务即建筑材料均采用较低的税率；爱尔兰对维修和维护行为与建筑材料买卖行为一致，适用12.5%的优惠税率。再以意大利为例，由于意大利国内拥有大量的古老建筑物，因此针对旧建筑物进行的维护维修建筑活动均采用4%的低税率。在对于新建建筑的增值税处理，大多数国家采用与维修和维护行为一致的增值税处理方法，但英国、西班牙、葡萄牙、德国等国家却有所不同。其中，英国对于所有建筑服务使用标准税率征收增值税，但对于新建住房买卖或新建住房的长期租赁行为则适用零税率。西班牙对于新建住房的增值税处理同样是选择适用低于标准税率的低税率。德国和葡萄牙对于新建建筑物采取免征增值税的处理，但在对新建建筑物进行买卖时对该行为征收财产转让税作为替代。

②不动产买卖活动的增值税处理

在不动产买卖活动中，按居住用不动产买卖和非居住用不动产买卖区别分析。非居住用不动产主要指的是商业用、农用、政府使用的土地及建筑物。绝大多数发达国家对于居住用的二手房买卖采取增值税的豁免政策，而对于其他用途的二手房交易大部分国家也同样采取豁免的政策。但冰岛、日本、新西兰和土耳其等国家对于非居住不动产买卖的增值税处理则按适用标准税率处理，且这些国家还规定房产出卖人享有选择缴纳增值税的权利，即与加拿大税法的相关制度类似。

③不动产租赁活动的增值税处理

在不动产租赁活动中，同样按居住用不动产和非居住用不动产进行分类。几乎所有经合组织成员国家都对居住用不动产的租赁行为免征增值税。但在奥地利，住房租金适用10%的低税率。与不动产买卖类似，对非居住用不动产的租赁行为，大部分国家采取增值税豁免政策，但冰岛、日本、新西兰和土耳其等国家对非居住不动产租赁行为征税，并适用标准税率。原则上，房产的租赁不需要缴纳增值税，因此这些选择对非居住用不动产租赁行为适用征税法的国家与加拿大的增值税税务处理类似，允许出租人自愿进行登记成为增值税的纳税人。

综上，在对不动产的买卖和租赁行为的增值税税务处理是基本一致的。然而，针对不动产有免税性质的用途改为商业用途，或由商业用途等改为免税性质用途的情况，大部分国家都对此规定了一个调整期限。其中大部分欧盟成员国的调整期限为10年，意大利规定的调整期限为5年，新西兰则没有对调整期限进行限制。具体举例说明，若不动产在使用3年后，其免税用途改为需要征税的用途，则原来豁免税额中的70%可以用于抵扣。

2. 房地产业增值税征税法处理与免税法处理的比较

（1）征税法处理的评述

从加拿大不动产的增值税处理模式可见，征税法的处理充分利用增值税的公平性原则和中性原则。一方面，尽量减少税收对市场行为造成的扭曲，另一方面，尽可能消除重复征税的现象，减轻纳税人的税收负担。在对商业用不动产的处理上，由于商业用不动产的销售和租赁行为均为应税行为，因此企业在进行商业活动时，对不动产的处理可进行相应的进项抵扣。增值税链条的完整避免了重复征税的出现。在对居住用不动产的再次销售行为和租赁行为采取免税处理，则是由于估算居住用房的租金在实践中难以操作所采取的折中做法。在居民居住期间，不会对其相应的估算租金进行征税。若对承租人租赁居住用不动产的租金做征税处理，实际上会造成对承租人的歧视，使得消费者更倾向于通过购买住房的形势来获得住房服务。可见，加拿大对居住用房的相关处理，体现增值税的中性原则以及税收公平原则和税收的效率原则。同时有利于房价的稳定，避免房价的高涨情况的出现。选择宽税基的增值税制度有利于实现增值税的公平性和中立性，在更大程度上消除重复征税。然而，考虑到我国房地产业的宏观税负重的情况，过重的税负并不利于房地产业的健康发展，也不利于房价的调控，甚至出现普通居民难以承担住房服务的可能。因此，从行业发展跟居民生活的角度，若不动产采用增值税宽税基，则应选择低税率以平衡不动产的增值税税负。加拿大的货物和劳务税的税率为5%，相当于我国现行营业税制度中对于"销售不动产"的税率，因此，在我国的房地产业营业税改增值税的改革中，应尽量选择较低的税率。

（2）免税法处理的评述

与加拿大对房地产行业征收增值税所采用的征税法相反，免税法中对于不动产的销售和出租理论上都属于免税的行为。但是对于新建的住房以及对现有住房的改建和维护的行为都属于应税行为。此外，在征税法中往往需要明确界定"居住用"的含义，但由于免税法对"非居住性使用"行为征税，因此定义的重点在于此类行为，如商业性旅店、停车场地等。在这样的增值税税收制度下，商业用不动产的使用以及销售既存不动产均属免税行为，为了避免潜在的层叠征税现象，纳税人有权选择是否进行缴纳增值税登记。通过对荷兰房地产业的增值税处理方法进行阐述后，不难发现，作为欧盟国家，荷兰对不动产的增值税处理与欧盟第六号增值税指令是一致的。一般情况下，不动产的买卖行为和租赁行为均属于免税行为。只有某些特定情形下不动产的交易行为才属于应税行为。如不动产的自我供应行为属于应税行为；而对于"新建"不动产的供应，不动产受让人可选择自行纳税。这样的处理方式实际上是避免对企业自行建造不动产行为造成歧视，减少税收制度对企业的经济性的扭曲，坚持了增值税的中性原则。但对不动产交易的增值税处理采取免税法的做法存在弊端。免征不动产交易的增值税，实际上同样造成了增值税抵扣链条的中断，以及导致重复征税现象的产生。尽管大部分不动产交易行为是免税行为，但部分不动产应税行为会对企业和居民的行为造成影响。荷兰增值税法中有关"税收选择权"制度的规定，使得纳税人可以根据自身情况选择是否进行纳税。这样的规定在一定程度上减轻上述所提到的弊端。实际上，随着增值税制度研究的不断深入，欧盟国家逐渐意识到不动产交易选择免税法所带来的弊端的严重性。2010年，欧盟委员会发布了一份增值税绿皮书，以指导欧盟各国建立一个更为简化、稳健和高效的增值税制度。该绿皮书中明确指出，为了建立一个更符合中性原则的增值税制度，应改善不动产交易的增值税免税制度，减少免税制度的适用范围。

3. 国际房地产业增值税处理实践经验的启示

根据当前国际上不动产增值税处理的趋势，征税法要比免税法的适用范围更加广泛，更能体现增值税的公平性和中立性。因此，国际实践经验中对我国房地产业"营改增"的启示主要体现在对征税范围的确定上，结合我国国情，有如下几点启示：

（1）建筑行为的增值税处理

国际上对不动产增值税的处理中均涉及对建筑活动的处理。不管是征税法还是免税法，对建筑材料的买卖活动、维护和维修活动以及新建建筑物行为都征收增值税。这样的处理方式可以保证房地产业整体产业链条上增值税抵扣的完整性，有利于产业发展，因此建筑业和房地产业均应纳入增值税征收范围，且两个行业纳入试点的时间差不宜过长。

（2）居住用房地产的增值税处理

在居住用房地产的处理上，对于新建的居住用房地产的，征税法和免税法均采取征税的处理方式。免税法中针对自建居住用不动产行为和购进居住用不动产的行为，以及纳税人自行选择纳税的情况，均属于征税范围。由于难以估计自住用房的估算租金，征税法对于居住用房的再次销售行为和租赁行为则均不予征税，相应地房屋所有权人在此期间也不得进行进项抵扣。我国当前对于自住用房的再次销售行为和租赁行为均属于营业税的纳税范围。对于居住用房产的再次销售行为，往往伴随着房产的升值，因此"营改增"后应将自住用房的再次销售行为纳入增值税征税范围。再次出售居住用房的行为可抵扣增值税进项税额，且进项税额不得高于销项税额，即按以原购买房产时所支付的增值税和再次销售房产时根据房屋价值所缴纳的销项税额的低者作为进项税的金额。对于居住用房的租赁行为，免税处理更符合增值税的中性原则。由于在居民居住期间，不会对其相应的估算租金进行征税。若对承租人租赁居住用不动产的租金作征税处理，实际上会造成对承租人的歧视，使得消费者更倾向于通过购买住房的形势来获得住房服务。且由于个人出租房屋的行为不缴纳增值税，则相应其在购进房屋或自建房产时所产生的税费也不得作为进项税抵扣。所以，免税法的处理实际上是预先征收了购买房产和自建房产在未来租赁行为所产生的税收。

（3）商业用房地产的增值税处理

通过对国际中房地产业增值税的两种处理模式进行比较，不难发现，征税法和免税法处理的最大区别在于对非自住用不动产的买卖行为和租赁行为是否征税。我国当前对非自住用不动产的营业税处理与征税法处理一致，即商业用不动产的销售行为和租赁行为均要征税，因此，参考征税法的增值税处理，在房地产业"营改增"后对商业用不动产的销售行为和租赁行为均纳入增值税的征税范围。这样的增值税处理使得企业在进行商业活动时可进行相应的进项扣除．实现增值税抵扣链条的完整性。

第七节　民航业营改增影响分析

一、民航业税收政策简介

1. 民航业的界定

民航业是民用航空的简称，是对一切非军事航空活动的总称，具体包括商业航空及通用航空。商业航空，是指利用航空交通设施，借助航空交通工具进而运输货物、旅客的服务。通用航空是指为专业工作提供飞行服务的活动，比如航空测量、航空摄影、航空降雨、航空表演等。本节的研究对象是民航业，其中又以航空公司为核心。具体包括以航空公司为核心的航空客货运企业和其他保障辅助配套企业，如航油供给业、机场业、飞机租赁业以及航空维修业等。

2. 民航业发展现状

航空运输作为长距离高速旅客运输和国际旅客运输的主要运输途径，是国民经济的重要产业之一，它具有安全、快捷、舒适的优势，在推动区域经济发展，改善民生等方面起了不可替代的作用。根据 ATAG（国际民航执行组织）的测算，航空运输对 GDP 的贡献率约为 8%，其发展的好坏与否，可以在一个侧面反映出该国的综合实力是否强大。纵观我国民航业，虽然相比于过去已经取得了长足的发展，但是由于各种原因仍然存在着不少的困难和问题。随着国际竞争的日趋激烈，民航业面临着以下严峻挑战：

（1）发展的协调性不足。各个航空公司收入过分依赖于中东部，对于西部的重视程度不高；支线航空、航空快运、国际航空、通用航空的发展比较滞后。

（2）航空公司发展的主动性不够。表现在被动的适用市场需求，收入以及竞争力更多的是靠垄断而非市场化竞争；运输方式单一，不能满足日益增长的服务需要。

（3）基础设施、人员素质和管理水平都不能适应国际发展的需要。

（4）民航业适用的税率过高，导致航空公司在和国际竞争中处于弱势。这在很大程度上限制了民航业的发展。2011年《福布斯》发布的"税负痛苦指数"榜单中，中国内地排名全球第二税负痛苦地。长期以来，我国民航业饱受高油价、税收负担过重等因素的困扰。

3. 民航业适用税收政策

航空公司是指以各种航空飞行器为运输工具为乘客和货物提供民用航空服务的企业。它在民航业中居于核心地位，主要负责航空运输及其相关产品的销售，有时还包括一些航空辅助服务如航空维修、票务代理等。除了航空公司以外，民航业还包括通用航空。在"营改增"之前，关于民航业中的航空公司涉及的所有税种，国内学者已经做了较好的总结。

"营改增"之后，民航业的税收政策发生了很大的变化，航空公司的运输收入由改革前缴纳 3% 的营业税改为缴纳 6% 的增值税。民航业适用的税收征收服务包括航空运输、航空维修、飞机租赁、航空服务等，不同的业务征收不同的税收，同时税率也有所差别，具体情况如下所述。

（1）航空运输服务

航空运输服务是指使用飞机、直升机及其他航空器具运送旅客、货物、邮件等的一种运输服务。湿租业务，是指在提供飞机的同时为承租人配备机组工作人员，在承租期内听候承租方安排，不论其是否经营，均按一定标准向其收取租赁费，整个承租过程飞机标志和飞机号均不发生改变，期间发生的固定费用均由承租方承担的一种租赁业务。湿租业务也属于航空运输服务。

在"营改增"后航空运输服务征收11%的增值税，符合规定的部分可以作为增值税进项税额进行抵扣。

（2）航空维修服务

航空维修是指对飞机上的技术设备进行维护和修理以保持或提高飞机的可行性，确保飞机的安全，是飞机使用的前提和必要条件，也是民航业的重要组成部分。该部分在"营改增"前后均缴纳增值税，税率在改革前后保持不变，维持在17%。

（3）飞机租赁服务

飞机租赁服务包括飞机经营租赁和飞机融资租赁两个部分。

①飞机经营租赁是指在境内出租飞机，租用人在一定的财务和保证金保证下，按期交付租金以换取对飞机的使用权，飞机的日常运行、维修费和保险费由租用人支付，租赁到期时退换飞机。该租赁租期比较短，通常不超过几年，主要为了满足临时性运输需要或者航空公司在经验不足时来获得飞机的使用权。在"营改增"之前，飞机经营租赁按服务业征收营业税5%的营业税，而"营改增"之后按有形动产租赁征税17%的增值税，并可以抵扣购买飞机环节缴纳的增值税。

②飞机融资租赁是指出租人根据承租人（航空公司）对飞机的特定要求，出资向飞机制造厂商购买飞机并租给航空公司使用，航空公司则分期向出租人支付租金，在租赁期内飞机等物件的所有权属于出租人所有，航空公司只拥有飞机等物件的使用权，租赁期末可以按双方约定最终把所有权转嫁给航空公司的一种具有融资、融物双重职能的新型租赁方式。在"营改增"之前，飞机融资租赁属于金融保险业，按5%缴纳营业税，改革之后，飞机融资租赁按有形动产租赁服务缴纳17%的增值税（财税〔2011〕111号），其中合理的进项税额可以在计算增值税时予以抵扣。由于"营改增"之后，融资租赁税率相比之前的5%有很大提高，为了不使纳税人的实际税负有明显增加，避免改革过程中出现大的阻碍，《财政部、国家税务总局关于营业税若干政策问题的通知》（财税〔2003〕16号）规定"一般纳税人提供的有形动产融资租赁服务，对其实际税负超过3%的部分实行增值税即征即退政策"。

（4）航空服务

航空服务，包含航空地面服务和通用航空服务。在"营改增"后该部分按6%税率征收增值税，其中合理的进项税额可以在计算增值税时予以抵扣。

①航空地面服务，是指机场企业、民航管理局等向我国境内飞机或者在我国境内停留的境外飞机或其他飞行器提供的导航、领航、归航、返航等劳

务性地面服务的总称。具体包括旅客安全检查服务、停机坪管理服务、机场候机厅管理服务、飞机清洗消毒服务、空中飞行通信服务、飞机起降服务、飞机导航服务、飞机管理服务、地面信号服务、逾重行李处理服务、飞机跑道管理服务、空中交通管理服务等。

②通用航空服务，是指为专业工作提供飞机空中飞行服务的业务活动，包括航空摄影、航空测量、航空勘探、航空护林、航空吊挂播撒、航空降雨等。

目前民航业统一征收增值税，只是不同的服务所适用的税率有所差别。主要变化表现在以下方面：航空服务由改革前征收3%的营业税改为征收6%的增值税，符合规定的部分可以作为增值税进项税额进行抵扣；航空运输服务由改革前征收3%的营业税改为征收11%的增值税，符合规定的部分可以作为增值税进项税额进行抵扣；有形动产租赁服务由改革前征收3%的营业税改为征收17%的增值税，符合规定的部分可以作为增值税进项税额进行抵扣。在此次改革中税种和税率都未变化的仅限于航空维修服务，改革前后均征收17%的增值税，符合规定的部分可以作为增值税进项税额进行抵扣。

二、"营改增"对民航业的影响

1. 东方航空公司概况

中国东方航空股份有限公司是一家总部设在上海的国有控股航空公司，公司是在原中国东方航空集团公司的基础上，兼并中国西北航空公司，联合云南航空公司重组而成，目前是中国三大国有大型骨干航空企业（剩余两个是中国国际航空股份有限公司、中国南方航空股份有限公司）之一。公司1997年在纽约、香港、上海三地作为首家中国航空企业挂牌上市，目前东航有400多架大中型飞机，每年为全球超过7 000万人次的旅客提供航空服务，旅客运输量居全球第五。作为天合联盟成员，东航股份通过与联盟的衔接，构建了以上海为核心枢纽，通达世界187个国家、1 000个目的地的航空运输网络，其主要业务包括国内和国际航空客、货、邮、行李运输、通用航空业务、航空设备制造及维修、国内外航空公司代理业务、旅游服务及与航空运输有关的延伸服务。

2. 税负分析步骤

第一步，收集整理2011~2012年东方航空适用的税收政策明细。

第二步，结合"营改增"试点政策和东方航空收入分类明细，计算东方航空2011年上半年理论增值税销项税额数值和营业税税额。

第三步，结合"营改增"试点政策和东方航空成本支出明细，计算东航2011年上半年理论增值税进项税额数值。

第四步，利用二、三步得到的理论销项税额和进项税额，计算2011年上半年应缴纳的理论增值税税额和营业税税额，并结合公司2012年上半年"营改增"实际数值进行对比，以验证此次税负分析的结论是否具有可信性。

3. "营改增"税负测算前提

根据财税〔2011〕111号文件规定，从2012年1月1日起上海开始"营改增"试点，此时全国其他省份并未开始试点，而对东方航空来说，其总公司和各分公司分别：位于试点地区和非试点地区，这就造成总分支机构无法按照相同的税收政策计算缴纳增值税。为解决东方航空营业税改征增值税试点期间总机构缴纳增值税问题，税务总局和财政部随后发布《总分机构试点纳税人增值税计算缴纳暂行办法》和《关于部分航空公司执行总分机构试点纳税人增值税计算缴纳暂行办法的通知》，同时税务总局还以公告形式下发了税收征管方面的《营业税改征增值税试点期间航空运输企业增值税征收管理暂行办法》文件。上述三个文件的发布，使得东方航空未试点地区分支机构财务数据并人合并财务报表成为现实，东方航空合并财务报表数据和对外发布的税收政策也具有了一致性。该文件的发布给我们利用合并财务报表数据研究分析"营改增"前后航空公司税负变化提供了便利。需要注意的是，"营改增"试点政策的实行会对财务报表数据产生一定的影响：

(1) 营业税和增值税分别是价内税和价外税的代表，"营改增"后试点地区分支机构的运输收入和运输成本均由含税变为不含税，若在公司运营情况不变的假设条件下，就会导致财务报表中公司的营业收入和营业成本均出现一定的下降。这可以在东方航空对外发布的2012年年报中得到验证，报告称"'营改增'税收政策的执行导致公司2012年减少营业收入人民币41.70亿元，减少营业成本人民币30.80亿元，减少营业税费人民币12.16亿元，减少销售和管理费用人民币0.52亿元，增加利润总额人民币1.78亿元"。

(2) 东方航空在核算总机构应交增值税时应按照价税分离原则计算，汇总计算增值税公式如下：汇总应缴增值税总额＝（试点地区总分支机构销售额＋换算后非试点销售额）×适用税率－（试点地区总分支机构进项税额＋非试点分支机构进项税额）。然而，在合并财务报表中，我们只能了解到汇总数，而无法获得分部数据，因而营业收入在汇总时应该包括两部分：不含税收入和含税收入。相类似的，营业税金及附加也包含试点后适用营业税政策的营业税金和非试点地区营业税金及附加；营业成本包含含税项目成本和不含税项目成本。受"营改增"试点政策影响，政策试行地点还未推广到全国，使得不同地区适用税收政策存在差异，最终造成合并财务报表不具可比性，并且合并以后的数据很难符合税负测算的要求，测算的难度极大。本节针对民航业税收政策的特点，采用 2011 年上半年和 2012 年上半年的数据来进行可行性研究，通过静态税负测算比较以及同 2012 年实际数据比较来验证税负测算的有效性。由于测算的复杂性，需在一定的假设前提之上进行相关性分析，假设前提包括：第一，假设"营改增"前后机票价格并无较大的变化，即没有发生相关的税负转嫁；第二，假定相关项目的增值税适用范围为国内；第三，假定在对相关数据进行合理转换、估计处理后，不会对税负测算的基本结论形成影响。只有在上述假设条件成立的情况下，才能利用有限的数据，完成税负测算的目的。

4. 东方航空公司涉税项目分析

（1）收入部分涉税分析

东方航空股份有限公司财务报表中所述的收入主要包括主营业务收入和其他业务收入，具体划分如下所述：

①主营业务收入

根据民航会计处理方法规定，航空公司主营业务收入科目主要核算运输旅客、货物、执行专包机等所取得的收入。具体到东方航空公司，该项目又按服务地区划分为国内业务、国际业务及港澳台地区业务。按照航空公司适用的营业税政策，主营业务中只有国内运输业务征收 3% 的营业税，而国际和地区运输服务适用免税政策。在税收政策改革之后，主营业务收入征收增值税，其中国内运输服务按 11% 征收增值税，而国际和地区运输服务收入适用零税率。

②其他业务收入

本科目核算航空公司提供地面服务和货运处理服务所取得的收入以及提供飞机经营性租赁所取得的租金收入。在"营改增"前，地面服务和货物代理服务分别适用 3% 的营业税和 5% 的营业税，而改革后均适用 6% 的增值税，其中符合规定的进项税额可以在计算增值税时进行抵扣，其余两项业务旅游服务和进出口服务的税种和税率保持不变。

（2）成本项目涉税分析

根据中国民航会计核算方法，航空公司的成本包括营业成本、营业税金及附加、财务费用、管理费用以及销售费用等。其中营业成本在航空公司所有成本中所占比重最大，具体包括航空油料成本、飞机起降成本、职工薪酬及福利、飞发及高周件折旧、飞机维修成本、餐食及供应品成本以及其他成本等。从增值税进项税来源看，"营改增"政策对其产生影响的项目包括航空油料成本、飞机起降成本、餐食及供应品成本、飞机发动机维修和航空器材消耗、飞机经营性租赁费以及运输服务费等。这些项目在"营改增"试点之后，购进含税货物或接受相关生产性服务能够取得增值税进项税额，在计算公司应该缴纳的增值税时可以抵扣，从而影响税负。由于增值税采用的是销项税减去进项税进而得出本轮应该缴纳多少增值税的方法，因此，明确报表中各个项目的涉税情况就对计算应缴增值税税额极其重要。"营改增"政策对于航空公司引进飞机等大型固定资产来说是一个利好消息。一方面，公司购进飞机所缴纳的进口环节增值税可以作为进项税额予以抵扣；另一方面，公司按融资租赁方式引进的飞机，其分期缴纳的融资租赁费所对应的进项税额也可以抵扣。与之前融资租赁按5%缴纳营业税并且税费无法抵扣的处理的情况相比，此举可为航空公司节省下了一大笔税费。

三、"营改增"对民航产业链的税负影响分析

一般来说，一个完整的民航产业链包括：飞机制造业、航空公司、机场、飞机租赁公司。由于飞机制造企业在改革前后均征收增值税，前后税率并无改变，同时此次改革主要针对的是第三产业，而飞机制造企业从属于第二产业并不在此次改革范围之内，因此下文只介绍此次改革对机场和飞机租赁公司的税负影响。

1. 机场业

作为主要从事为国内外航空公司及旅客提供地面保障服务，经营机场内商业购物场所的机场，根据"营改增"实施条例，机场将按现代服务业征收6%的增值税，这和原营业税政策下征收3%的营业税相比，名义税率有所提高。根据此次税制改革中提出的"规范税制、合理负担"的原则，通过税率设置和优惠政策过渡等安排，改革试点行业总体税负不增加或略有下降的要求来看，机场行业似乎将成为此次改革的受益者，但事实并非如此。以下就以上海机场（股票代码为600009）为例来说明此次"营改增"对机场企业的影响：

（1）上海机场简介

上海国际机场股份有限公司是1998年经上海市政府批准成立的，统一经营管理浦东和虹桥两大国际机场的国有控股公司。公司主要经营范围包括：为国内外航空运输企业及旅客提供地面保障服务，经营出租机场内航空营业场所、商业场所和办公场所，国内贸易，广告经营，经营其他与航空运输有关的业务，货运代理，代理报验，代理报关等。

（2）税负测算前提条件

①由于营业税和增值税分别是价内税和价外税，"营改增"前后财务报表中营业收入计算口径不同，致使 2011 年年报和 2012 年年报中营业收入不具有可比性。为了使公司前后两年的财务报表的数据具有一定的可比性，在相同的基础上予以披露财务数据，2012 年财务报告中有如下表述："2012 年营业税改征增值税，公司收入与 2011 年口径发生变化，航空性及相关收入、地面服务收入等实行了价税分离。按同口径还原后，2012 年总收入同比增长 5.9%。"为了解决上述问题，现假设 2012 年各单项收入按总收入增长率增长，由此还原 2012 年各单项收入。

②作为机场企业的进项税额较少，现假设上海机场所有业务中能产生增值税进项税额的只有为能源转供而购进的能源支出。同时，能源转供收入部分的利润，率在 2011 年至 2012 年期间保持不变，即该部分收入的增值率前后保持不变。

（3）"营改增"前后机场税负测算及对比

根据上海机场对外发布的 2012 年财报数据显示，2012 年营业收入比 2011 年增长 2.37%．按同口径还原后，2012 年营业收入同比增长 5.9%。为了将 2012 年营业收入还原为含营业税收入，在各单项收入按营业收入增长比根据 2011 年实际缴纳 8 920 028.78 元的教育费附加以及教育费附加的计算标准为当年实际缴纳的增值税和营业税总额的 5%，可以计算出当年缴纳的增值税和营业税总额为 1784 400 575.6（＝8 920 028.78/5%）元。同时从 2011 年年报中可知 2011 年实际缴纳的营业税为 171 315 611.75 元，因而当年实际缴纳的增值税为 7 084 963.85（＝178 400 575.6－171 315 611.75）元，对应的增值额为 41 676 257.94（＝7 084 963.85/17%）元。在上述假设条件的前提下，计算可得 2011 年能源转供收入的增值率为 21.67%（＝41 676 257.94/131 589 682.66）。根据该增值率以及 2012 年能源转供收入计算可得 2012 年能源转供收入部分的增值额为 43 791 659.82（＝138 274 896.82×31.67%）．进一步计算可得该部分应缴增值税 7 444 582.169 元。因此，计算可得 2012 年理论增值税和营业税的总额为 190 003 485.1（＝182 558 902.9＋7 444 582.19）元。根据 2012 年实际缴纳的 9 856 401.23 元教育费附加以及教育费附加的计算标准为当年实际缴纳的增值税和营业税总额的 5%，可以计算出 2012 年实际缴纳的增值税和营业税总额为 197 128 024.6（＝9 856 401.23/5%）元。实际税额比理论税额多 7 124 539.5 元，增长了 3.75%。根据上述测算，2012 年实际缴纳的增值税和营业税税额合计为 197 128 024.6 元，比理论税额的 190 003

485.1 元增长了 3.75%，税额的加重直接导致公司的税前利润的减少，结果是"营改增"在短期上对于机场行业会加重机场企业的税负，降低机场企业的利润总额。其主要原因在于目前为机场提供服务的建筑业、保洁等劳动密集型行业以及金融行业的利息支出占机场成本的 80% 以上，而该部分成本所在行业并未列入此次"营改增"范围，这就造成机场可抵扣的进项税额较少，在一定程度上降低了"营改增"对于机场的减税作用。同时，由于机场是按民航总局 159 号文件的规定进行收费，目前航空替代产品高铁又发展迅猛，使得机场很难通过提高服务收费将税负转移给其他单位。但是，由于增值税具有消除重复征税的优势，在机场业实行增值税可以进一步完善增值税抵扣链条，尤其是航空公司可以将机场为其提供服务的部分计算进项税额，从长远来看这有利于减轻航空运输企业的整体税负，进而促进民航业的快速健康发展。总的来说，机场应借着此次"营改增"的春风，积极整合机场现有资源，促进具有机场特色的专业化精细服务走向市场，从而促进机场产业化推进和结构性调整，最终享受此次"营改增"给整个行业带来的好处。

2. 飞机租赁业

飞机租赁是连接飞机制造厂商、金融机构和航空公司的重要平台。据统计，2012 年国内民航业新增进口飞机 177 架，通过租赁方式引进的飞机约占 70%，其中融资租赁方式约占 30%，经营租赁方式占 40%。以下对"营改增"对飞机租赁行业的影响做分析说明：

(1) 飞机经营租赁

目前我国大约有波音和空客系列飞机大约 1 340 架，其中 45% 左右的飞机都是采用经营租赁方式引进的，而这其中 90% 以上由外资公司主导经营，只有 40 多架是由中国飞机租赁公司经营，由此可见我国飞机经营租赁公司在该行业的地位。其主要原因在于目前我国飞机租赁公司税负比较重，比如航空公司进口特定规格的飞机，可以享受 1% 的关税和 4% 的增值税的优惠税率，而金融租赁公司在进口时需要缴纳 5% 的进口关税和 17% 的进口增值税，两者相比税负相差过大，从而人为造成了对飞机租赁公司的打压态势。按照《中华人民共和国营业税暂行条例》，飞机经营租赁按服务业中的租赁业征收 5% 的营业税，其计税依据是租金收入，此次"营改增"后飞机经营租赁行业征收 17% 的增值税，其中包含的合理增值税进项税额可予以抵扣。然而，飞机经营租赁增值税进项税额来源很少，如果只是单纯的对经营性租赁实行 17% 的增值税，这在很大程度上会造成出租方税负大幅提高。为了避免"营改增"政策加重飞机经营租赁的税负，试点政策中设置了关于新老合同的特殊规定,规定"试点纳税人中的一般纳税人,以试点实施之前购进或者自制的有形动产为标的物提供的经营租赁服务,试点期间可以选择适用简易计税方法计算缴纳增值税。"但这只是个过渡政策,并不能解决"营改增"给经营租赁带来的不利影响。

(2)飞机融资租赁

融资租赁的本质是融资和融物。由于飞机引进所需的资金庞大,给航空公司直接购进飞机带来了挑战,因此为了在引进飞机的同时改善现金流以改善公司的财务状况,优化资产负债结构,融资租赁方式引进飞机成为航空公司引进飞机的替代方式。此次"营改增"改革使得飞机融资租赁由征收5%的营业税转变为征收17%的增值税,名义税负增加了3倍多。根据试点实施的实际情况来看,融资租赁行业税负有了很大程度的提高,尤其是占融资租赁7成份额的售后回租业务面临巨大冲击。售后回租与直接租赁相对应,双方以租赁设备选择流程方向的不同加以区分。当承租人缺乏生产设备,出租人(即融资租赁公司)从厂商购买设备后再租给了承租人,为直租;而当承租人有了设备但缺乏流动资金,把设备卖给了出租人,反过来出租人又租给了承租人,即承租人和供应商为同一家企业,为回租。售后回租业务,适用一般增值税纳税方法(即销项税减进项税)的融资租赁公司,销项税额按照租赁的全部收入计算,包括本金,而承租人却不能针对本金部分给融资租赁公司开具增值税发票,使融资租赁公司没有进项税可以抵扣,导致售后回租业务受到极大影响。"营改增"后的直租业务,相当于税基不变,但税率由原来的5%增长到17%,导致最终税负增加。之前的论述中我们对航空公司税负降低情况的分析可能过于乐观,因为租赁方会转嫁因"营改增"而导致的税负增加。虽然"营改增"对租赁业影响巨大,但此次改革的出发点是好的。将增值税征收范围扩大到生产性服务进而推广到全行业,这是我国税制改革的必然选择。任何变革可能都会带来阵痛,但在全行业征收增值税大势所趋的情况下,从长远意义上来说,这对租赁行业是利大于弊的。只不过在具体的操作中,可能暂时会出现一些问题,比如实际税负有所提高,增值税管理和财务管理的难度明显提高,存量合同与"营改增"的衔接、追溯调整等操作困难。为了不因"营改增"而给飞机租赁行业造成致命打击,结合"营改增"背景,对飞机租赁税收政策及税收管理提出以下建议:第一,对于由改革引起的租赁行业税负增加,短期上财税部门可以给予一定的财政补贴或税收返还,从而提高租赁企业参与改革的热情;第二,税务部门要积极与纳税人进行沟通,及时传递相关税收政策,给予纳税人以必要的税务知识培训;

第三，从长远上来看对于飞机租赁应该设立有针对性税收优惠政策，免征或减征部分增值税，同时整合相关税收政策（增值税、关税、印花税、预提所得税等），从而为租赁行业的快速发展提供税收支持。

四、"营改增"背景下航空公司及民航产业链税收优化建议

上面介绍了"营改增"的背景，通过税负对比的方法从微观上分析了此次"营改增"对航空公司以及机场企业税负的影响，同时又从民航其他产业的税负角度进一步分析了"营改增"给民航业其他部门带来的涉税影响。现在将从航空公司角度和民航业整体角度两个部分来评价此次税制改革的影响并提出相应的税收优化建议。

1. 航空公司公司税收优化建议

根据前文对航空公司前后税负的测算比较，可以了解到航空煤油支出、飞机维修支出、飞机租赁支出以及职工薪酬四个项目在公司成本中占绝大部分比重，而其中除了职工薪酬项目无法产生增值税进项税额，其余三个成本支出均可以产生进项税额。"营改增"政策能在多大程度上降低航空公司的成本，增加税前利润主要取决于能取得可以抵扣的进项税额的多少，因而这三部分成本支出是航空公司税收优化的主要项目。下面就分项逐个进行介绍优化建议：

（1）航空煤油税收优化建议

从前述的税负测算分析可以发现，在航空公司运营成本中占比最大的是航空煤油支出。由于航空煤油购进能产生大量的增值税进项税，如果在该部分进行税收优化以降低该部分的税负，进而就能在很大程度上降低航空公司整体的税负压力。目前我国航空煤油市场的现状，可以用以下三个词来概括："内高外低""供给垄断""价格规制"。"内高外低"是指目前我国国内航空煤油产量还无法满足市场需求，其中42%的用油需要进口，而进口环节征收17%的进口增值税最终导致航空公司需支付比国外售价高得多的价格。"供给垄断"是指目前我国国内航线用油集中由中航油集团统一供应，航空公司不准从其他企业或途径购买燃油，垄断在很大程度上消除了航空公司在煤油定价上的话语权，只能接受由此带来的高油价。"价格规制"是指目前国内煤油售价是在发改委和民航管理局的统一部署和计算周期下决定的，其实际售价和完全竞争条件下的售价存在着一定的差异。由于上述原因，造成了目前我

国航油市场的低效率，进而制约了我国民航业整体的发展。为了解决上述问题，发改委、海关总署联合发布通知，分别从价格调整，关税下调角度来接轨国内外航空煤油售价，从而降低航油税负，进而减轻航空公司税负以促进我国民航业参与国际竞争针对此次"营改增"背景对航油供给价格和税收政策提出以下优化建议：

第一，根据我国国情，航油价格完全同国际售价接轨并不现实，因此，在我国现有国情下只能进一步优化航油价格计算模式、加大航油指导价更新频率以缩小国内航油出厂价和国际售价差异。

第二，在部分地区进行航油价格市场化的试点，通过试点从尝试打破中航油独家垄断，从而不断推进市场化进程。

第三，试行航油保税的政策，从而将航油优惠的政策前置以减轻航空公司资金压力和纳税复杂程度。

（2）飞机购进税收优化建议

在分析航油相关政策之后，紧接着对航空公司另一大进项税来源——飞机购进支出进行讨论。飞机是航空公司最为核心的资产，航空公司相关财务核算，经营计划都与飞机进行直接或间接的联系。因此，飞机引进部分税负直接影响着航空公司的整体税负进而影响航空公司的盈利水平。

目前，我国飞机进口环节主要缴纳进口关税和增值税。对于空载重量为25吨以上的干线飞机，两税种叠加后税率为5.04%左右；而对于空载重量在25吨以下的支线飞机两税叠加后税率在22.85%左右，后者进口环节的税负是前者的4倍还多。目前我国还没有能力制造干线飞机，而国产的支线飞机新舟60已经投入商业运行，ARJ21-700也已经进入审定试飞阶段很快就能投入商业运营，为了保护国内支线飞机的制造与销售，才会在进口环节税率上有如此大的差别。航空公司选择国产支线飞机和进口支线飞机不仅要考虑税负原因，还要考虑技术以及试航要求。在未考虑上述情况下贸然打着保护民族产业的口号对进口支线飞机课以重税只会阻碍民航业的健康发展。针对上述所述：

第一，降低支线飞机及公务机进口环节关税和增值税税率，弱化各机型飞机进口环节税负差异。

第二，完善飞机进口环节流转税适用及优惠政策，飞机进口环节增值税税款抵扣环节前置。

（3）航空维修税收政策优化建议

上文已从航油购进和飞机引进环节税负优化做出了税收优化建议的说明，

紧接着对航空公司另一大进项税来源——飞机维修业务进行讨论。根据前文对东方航空理论税负的测算，可知航空维修以及相关材料支出占公司全部营业成本的6%左右，其中包含的进项税高达1.8亿元，该部分税收优化也是航空公司降低税负的重点。通常我们所说的航空维修支出包含两个部分，即航空维修器材支出和维修劳务支出。由于目前我国在飞机制造维修领域技术水平和国外相比还很低，大部分维修用器材需从国外进口，维修劳务只能交由外方处理。针对国内航空公司上述营运问题，建议如下：

第一，简化减税比例确定流程，以提高税收优惠的效率。

第二，对于干线飞机和支线飞机维修用航空器材的适用相同的进口税率，对于目前国内无法生产的维修用器材适用定期定向优惠税率。国际、港澳航线以及支线航线的维修用航空器材进口环节可以减征或免征进口关税和进口增值税，具体减征或免征比率由上一年度航线数据上报后经批准决定，而运营国内干线航线的维修用航空器材则仍需要按规定税率征税，这就人为造成进口同种商品适用不同税率。同时由于具体减征或免征比率根据上年数据批准决定，这在一定程度上影响了优惠的效率。

2. "营改增"背景下民航产业链税收优化建议

上文已从微观角度对航空公司税收优化进行了建议，下面将从宏观角度对"营改增"背景下的民航业提出税收优化建议。由于增值税是间接税，纳税人可以通过价格工具将税负转嫁给其他纳税人，导致纳税人和负税人不同，形成税负转嫁。所以，在涉及增值税的税收优惠政策上需要通盘考虑，不应只关注其中的一环或一个纳税人，应保持政策的平衡。

第一，为了让"营改增"的成果切实惠及民航业，结合增值税易于转嫁的特性，财政部和国税总局可以尝试将间接税和直接税优惠相结合，在民航业可以试点实行投资税抵免，从而促进民航业将"营改增"而获得的优惠用于固定资产的更新改造上，进而促进民航业的健康发展。

第二，由于营业税是地方税，征收和管理都由地方税务局负责，而增值税作为共享税，其征收和管理由国税系统负责，"营改增"后会涉及国地税系统以及中央和地方税权及税额的再划分。因此在"营改增"的同时应注意对国地税系统的税权的再调整，从而发挥各个系统的优势。改革的同时需注意对地方性税收的清理及整合，并及时传递税收政策的变化。

第三，目前"营改增"的试点政策还比较粗泛，并没有对民航业出台一些针对性的税收政策，随着试点进程的推进，结合试点过程出现的问题，相关部门应出台一些实施细则以纠正试点过程发生的与政策相悖的税收行为。

第八节　现代服务业营改增影响分析

一、现代服务业"营改增"的必要性

1. 现代服务业发展概述

（1）现代服务业的背景

随着科学技术的发展和经济结构的不断调整，现代服务业因其资源能源消耗低、环境污染小，适应当前低碳经济的发展要求，已经成为衡量一个国家和地区经济发展水平的重要标志。在经济全球化的背景下，现代服务业的发展不仅能够推动当前我国产业结构优化升级，同时也是转变经济发展方式的有力措施。自改革开放以来，我国经济高速发展，随着资源能源的消耗以及工业制造业对环境污染的加深，发展低耗能低污染的第三产业，加快我国经济转型的步伐，已成为我国向发达国家的经济产业模式靠拢的迫切需求。我国"十二五"规划报告强调，我国现在正处于重要的战略转型期，无论是为应对国际产业激励的科技竞争，保证我国经济继续较快平稳发展，还是调整产业结构模式和加快转变经济发展方式，都对现代服务业的高速发展提出了明确要求。

进入21世纪以来，全球的产业结构呈现出由"工业经济"导向向"服务经济"导向转变的新态势。2008年国际金融危机爆发，世界上主要的发达国家为了重新塑造自己的国际竞争优势，通过不断加大对科技创新的投入，将加工工业制造中高能耗低附加值的产业环节向发展中国家转移，同时自己大力发展低能耗轻污染高附加值的现代服务业，以控制后金融危机时代经济发展的命脉。由此可见，基于经济全球化和网络信息时代的现代服务业已经成为国际经济增长新的制高点。经过多年的对外经济发展，我国已成为世界工厂、制造大国，然而在全球经济产业链分工中仍处于低端加工阶段，离制造强国还有很大的差距。现代服务业资源能耗低，污染排放少，发展专业化的现代服务业是我国从制造大国向制造强国转型的当务之急。全国"十二五"规划中对现代服务业的发展提出了明确的目标，即重点发展生产性服务业、科技服务业和新兴服务产业，鼓励商业模式的创新和技术集成性创新，突破现代服务业发展的关键性技术，形成一套服务业发展系统的解决性方案，在此基础上完善建立现代服务业的科技创新体系、技术支撑体系和产业模式发展体系。发展新型的现代服务业新业态，塑造一批现代服务业知名品牌。同时建设现代服务业发展的产业化基地，以促进现代服务业的集成发展，提高其发展水平和比重。我国第三产业产值从 2005 年开始一直呈现出上升趋势，与我国的国民生产总值呈现出正相关的关系。第三产值在国民生产总值中的比重也有上升，然而提高幅度并不明显。目前，我国第三产值中批发零售仍然占据着主导地位，并且有逐年递增的趋势。而包含着大量现代服务业如咨询鉴证服务、电子商务、研发技术服务、信息技术服务等高科技高知识含量的新兴产业在我国第三产业中并没有占据很重要的地位，并且呈现出下降趋势。从统计数据来看，其发展态势并不受到看好。

（2）现代服务业的发展趋势

①分工精细化

现代科学技术的发展使得现代服务业的专业分工更加细化，随着社会分工的日益精细化发展，服务业会产生更多的服务分支行业，服务业从业者通过外购服务的比重加大和经营中间环节的投入增多，增值比例随之降低。这种把传统上由企业内部进行组织的服务外包给由专门人才和专业技术服务机构的分工细化，不仅能够为客户提供各个环节更加专业的服务，也提高了服务的效率和质量，有效降低了交易成本。现代服务业这种生产分工的精细化、专业化和行业门类的多样化满足了顾客所需服务日趋多样化和专业化的要求。国际上对服务业的分类很细，世贸组织将服务业细分为十二个大类，其中包括：建筑与相关的工程服务类，如建筑物的总体建筑、民用工程、安装与组装等；旅游与旅行相关的服务，如饭店餐厅、旅行社和导游等；分销服务，如佣金代理、批发零售、特许权等；教育服务，如初中高等教育及其他；商业性服务类，如会计税务等专业服务，软件、数据库等计算机及相关服务，自然科学、社会科学等研究与开发服务等；通信服务，如邮政、电信、试听等；环境服务，如排污、卫生、污废处理等；金融服务，如保险、银行等；运输服务，如海运、空运、内水运输和管道运输等；与医疗相关的服务和社会服务，如医院服务、社会服务和其他人类医疗等；娱乐、文化和体育服务（不含视听服务），如文娱、新闻和体育等；其他服务等。

②产业融合化

随着服务业的现代化发展，产业之间相互渗透相互融合成为现代服务业发展的另一个趋势。整体来看，从事现代服务的企业有着多种经营服务，随着企业规模的扩大、股东交叉持股和股权结构的多元化，现代服务企业经营综合化的趋势日益明显；同时，现代服务企业所提供的服务不是单一的产品，而是融合了多种服务项目的综合服务。这与现代服务业的分工精细化和专业化并不矛盾，正是由于现代服务业的这种细化和综合的特点，使其成为技术含量和附加值高的新兴产业；再者，现代服务业作为新兴产业的迅速崛起带动了多种服务产业共同发展，而这种服务产业的融合化又表现为多种服务的经验融合以及项目之间的融合。随着现代服务业的不断发展，产品、企业和产业之间的相互融合相互渗透是现代服务业产业融合化的大趋势，使得服务业与其他行业之间、服务产品和其他产品之间的明显界限趋于模糊。在与各个产业之间的融合中，现代服务业与制造业之间的融合最为明显。制造行业中作为非主营业务的外包活动带动了现代新兴服务行业的发展，与此同时现代服务业的快速发展也使其不断向现代制造业的前中后期渗透，包括前期的研发设计，中期的管理融资和后期的销售物流等。现代制造业的内部也由制造为中心逐渐转向以服务为中心，随着经济的进一步转型和发展，现代服务业和制造业的关系正变得空前密切，服务投入在制造业的中间投入中比例加大。此外，制造业的某些产品及经营环节也日趋服务化，表现为售后服务、知识技术服务和以服务业引导的技术革新等。

③业态新型化

新型服务产业的出现，新型服务产品的推出和新型服务企业的兴起标志着现代服务业呈现出业态新型化的趋势，现代服务业的新型服务业态也得到了广泛推广和延展。现代服务业以信息技术等高新技术为主要支撑，数字化和信息化已成为提高现代服务业产业能力的关键因素。现代服务业的快速发展以及不断细分催生出的新型服务业态，推动了新兴服务产业、新兴服务产品和新兴服务企业的不断涌现，为我国现代服务业的发展提供了更大的空间。

金融危机在一定程度上加快了我国经济增长方式的转变，将我国东部地区某些制造业向中西部地区转移，不仅为我国现代服务业的发展提供，了难得的机遇，也是对科技含量和创新能力极高的现代服务业的挑战。现代服务业已由传统服务业的生活消费服务向生产消费服务转型，现代生产性的服务业具有三高的特征，即高附加值、高人力资源和高技术含量，发达国家以科学技术进步为导向的内增长模式的根本动力即来源于生产性服务业的快速发展。例如知识服务业的兴起即是业态新型化的一个标志，知识服务业是一种智力型的服务行业，以知识产品和提供知识服务为主营业务，它涵盖了咨询、设计、文化传媒、软件、教育医疗等多个领域，是现代经济社会发展的重要组成部分。服务创新作为现代业的一个典型特征使其与传统的服务产业有所不同，现代服务业发展的不断精细化，以及以科技信息技术为主要应用和管理水平的提高，新兴的服务业态层出不穷。一批高新服务行业，如信息服务、互联网服务、证券期货交易等迅速发展起来。为促进现代服务业的快速发展，现代服务业对科技支撑提出了明确的要求。科技的进步和创新已成为现代服务业发展的根本动力，产业和科技的不断融合日益凸显了其在现代服务业中的重要作用。模式创新已成为现代服务业发展的重要途径，现代服务科技以集成性、应用性和系统性为主要特征的科技支撑技术作为主要发展方向。

④业务国际化

国际金融危机不仅未改变全球服务业日趋国际化的趋势，还在一定程度上推进了现代服务业的全球化发展。这种业务的国际化最先表现为服务机构的国际化。改革开放以来，我国高速发展的经济和相对宽松的政策吸引了大量的外商服务企业进驻中国，国际性的服务机构已成为我国现代服务产业的重要组成部分。服务业务的国际化，服务经济在世界各地的蓬勃发展，使得国际化的服务贸易在全球经济中的地位不断上升，目前为止服务业在全球经济总量中占60%以上，现代服务业发展较早的发达国家国际转移的目标已经不在制造业上，而开始对技术服务、金融保险、咨询鉴证等高科技知识密集型领域进行国际转移。在服务业全球化发展的同时，其发展不仅受到国内政府的管制，也受到了更多国外政府的管制。在进行国际服务贸易时如何在考虑本国利益的同时兼顾相关国家利益已成为政府必须协调的一个问题。随着我国的对外开放，伴随着全球经济化的进程，国际间交流的拓展和跨国业务的增多，服务业的国际转移成为一个重要的发展趋势。服务业的这种国际转移主要表现在三个方面：第一，项目外包。即企业保留核心业务部分将非核心的辅助性业务委托给其他外国公司；第二，跨国公司的业务离岸化。即通过业务转移的方式将部分业务向低成本的国家转移，实现利润的最大化；第三，为拓展业务进行的国际转移。即某些具有跨国公司战略合作关系的服务企业，为在新兴市场国家更好的开展业务而给这些跨国公司提供的配套服务，例如很多咨询鉴证、物流和信息服务企业，为了开拓国际新兴市场而进行了服务业的国际转移。这些国际服务业务的转移也以一些外商投资的形式表现出来。

2. 现行营业税对于现代服务业发展的局限性

（1）现行营业税存在的制度性缺陷

①两税交叉，管理困难

　　我国税法规定对境内提供加工、修理修配劳务的企业或个人征收增值税，对境内提供应税劳务、转让无形资产或者销售不动产取得的营业额征收营业税。增值税和营业税由国税和地税分别征收。然而在实际情况中，企业经营活动复杂多样，一项经济行为应该征收增值税还是征收营业税并不十分明晰。例如对于企业的兼营业务，原则上应由国税税务机关和地税税务机关对产品的销售额和服务营业额进行核定，分别由国家税务局和地方税务局征收管理，然而对于兼营业务的认定准则较为复杂，又由于税源归属以及国税和地税之间部门利益，时常引发冲突和矛盾。不仅如此，对于既有商品销售又有劳务服务的混合销售行为，到底应该由国家税务局征收还是地方税务局征收，不仅在很大程度上影响了企业的税收负担、中央和地方财政的利益权衡和国地税的利益，在征收和管理上也颇有难度。在现行增值税和营业税并存的税制体系下，当生产业务和服务业务发生交叉时，增值税环环抵扣的链条就会中断。这种税收抵扣链条的中断表现在多个方面：工商业从业企业的抵扣中断表现在购进的服务缴纳营业税，在本行业缴纳增值税时无增值税进项可以抵扣；服务业从业企业的抵扣中断表现在购进产品增值税进项不能抵扣；从整个产业的流程来看，如果产业链中间环节有征收营业税的服务业，会导致整个流程的上游和下游的增值税抵扣链条中断。这种抵扣的中断，不仅不利于生产性的服务业从生产企业中有效的分离出来，也不利于生产性的服务业之间进行协同发展。

　　②重复征税，加重负担

　　现行营业税的计税基础是全部营业所得，并且在各个环节中也不能进行税额的抵扣，使得服务业在营运过程中存在着重复征税的问题。随着现代服务业产业链条的拉长，这种重复征税的问题日益凸显。重复征税问题几乎存在于征收营业税的各个行业，同一性质的服务业之间也存在重复征税问题，例如银行贷款的利息收入按照收入全额进行征税；重复征税问题也存在于不同性质的服务业之间，例如包含了运输代理等得航运物流收入；甚至产品和服务业之间重复征税的现象也比较严重，例如建筑业这种混杂着产品和建筑服务的行业的施工收入所得。由消费性服务业向生产性服务业转型是现代服务业发展的一个重要趋势。消费性服务业的重复征税问题表现为当服务业的服务对象是消费者时，无论是外购产品发生的增值税还是提供服务产生的营业税都无法进行抵扣。在服务业向生产性服务转型的今天，服务业向生产者提供服务时，服务业存在的营业税重复征税的问题就扩大到为服务业进行的外购产品和外购服务缴纳的营业税和增值税均不得抵扣，同时生产企业在服务企业购进的应税服务缴纳营业税，并不能在自己缴纳增值税时进行抵扣的多重环节的重复征税现象，这样重复征税同时存在于服务业和生产性企业之间，增加企业整体税负的同时阻碍了产业之间的融合，既不利于服务企业的发展也不利于生产企业的发展，也不符合我国现代服务业的发展要求。随着生产性企业产业链的不断拉长和业务的向外延伸，服务业与生产企业之间不断的相互渗透，使得为生产型企业提供专业性服务的机构组织得以扩张，内部服务向外延伸，这通常需要对企业的业务进行主辅分离。当生产企业发展到一定规模时，分工精细专业化是其提高生产效率的有效措施，这就使得生产企业将更多的服务性业务外包给服务企业，因为原来内部提供的服务是不需要征税的，外包后因为服务企业的销售行为而缴纳营业税，并且多出的税负不能再生产环节中予以抵扣，营业税这种重复征税不仅阻碍了生产企业的服务外包主辅分离趋势，也加重了企业的税收负担。

③区别对待，税负不公

对于商品增值税，无论是进口贸易还是出口商品贸易都采用消费地征税的基本原则，这种征税原则有效地避免了进出口商品在进出口时的重复征税问题。然而就服务行业的营业税而言，对进出口服务贸易的征税原则并不清晰。我国对进出口服务贸易统一征收营业税以避免征税地不明确而带来的税收流失问题。我国既对服务提供地征税，同时对消费地征税，并且对服务贸易在进出口环节均被征收了营业税，既存在着严重的双重征税问题。由此可见，我国对于进出口商品贸易和进出口服务贸易是区别对待的，是对服务贸易的一种税收歧视。

（2）现行营业税不利于现代服务业发展

发达国家和地区的现代服务业无论是在研究还是实践探索上都远远领先于国内，不仅因为其起步早，还有一个重要原因是国外与国内截然不同的税制机构对现代服务业的发展起到了激励和促进作用。国际上现代服务业比较发达的国家多以所得税这种直接税种作为财政税收的主要收入，我国则以流转税这种间接税作为国家的主要税收收入，我国间接税总税收在我国税收总收入中的比重已经超过了60%，数额相当庞大。营业税作为流转税的一个主要税种，其税收收入主要来自于服务业，然而营业税不能抵扣重复征收的问题使得国内服务业在落后于国外服务业的同时还承担着较高的税收负担。所以要真正的发展现代服务业，使其向国际先进发展水平靠拢，解决税负过重问题、优化我国现有税制，为现代服务业的发展提供更好的发展平台，是当前税制改革中的一个重要课题。我国处于经济发展方式转变的关键时期，现代服业的转型发展是必然趋势，然而制度性的税收障碍却成为了其快速成长和发展的阻碍。我们知道现行营业税对服务业是实行全额征税，针对工商业则是可以按产品销售额进行进项抵扣的增值额征税。正如上文所述，现行营业税相比于工商业增值税存在着"重复征税，加重税负"、"两税交叉，管理困难"、"区别对待，税负不公"等几大制度性缺陷，这些制度性的缺陷不仅阻碍了我国现代服务业的转型发展，限制了服务业和制造业的深度融合与协同发展，并且在服务业国际化的背景下不利于跨境服务贸易发展。营业税制本身存在的重复征税问题，对于现代新兴服务业的发展是极为不利的。传统服务业因其单一的服务业务，不会形成长产业链，所以在传统服务业盛行的时代营业税存在的重复征税问题并没有引起足够的重视，针对比较突出的矛盾采用部分差额的方式便得到了解决。然而现代服务业相较于传统服务业而言具有从单一化向多样化转变、产业链条不断拉长等特点，这不仅使得现代服务业重复征税的问题矛盾深化，同时不利于服务业的新型分工协作和新型业态的发展。

3. 世界服务业税制改革趋势

增值税凭借其税收中性的特点，被170多个国家广泛采用。我国自1994年引入增值税以来，目前已在销售货物和加工、修理修配劳务等领域广泛采用。然而由于我国特殊的国情和经济发展方式，增值税制度在我国普及的广度和深度都远远不够。增值税制度1954年起源于法国，后因其改变了传统流转税按全额征税而造成的重复征税弊端而在世界各国得到广泛应用。当今世界上各个国家对增值税的实施也各不相同，有的是仅对销售商品征收增值税，服务劳务等仍然排除在外；有的国家则是将增值税推广至商品贸易和服务劳务行业，完成了增值税"一步到位"的改革。在增值税的起源之初，法国对增值税的课征范围也局限在商品生产流通领域，随着增值税的发展和进一步推广，在二十年之后才将增值税的课征范围扩大至商品零售和服务领域。世界各国的增值税制度改革也是不尽相同的，有直接引入法国经验，将商品和服务统一征收增值税的；也有引进增值税后，仅对商品征收增值税而将服务等排除在外，而后根据本国国情实行分步税制改革的，例如中国；欧盟更是在1977年发布第六号指令统一规定将增值税的范围限定在销售商品、提供劳务和货物出口方面。虽然各国在增值税的税制实施改革等各方面都各有特点，但就国际大环境下最终的改革趋势是将增值税扩大至服务业，实行伺工商业商品税制一致的税收制度。由此可见，运用增值税来消除服务业重复征税的问题是世界上大多数国家商品税制和服务业税制改革的共同趋势。商品和服务在经济活动中并没有一条十分明显的界限，所以对商品和服务实行统一的规范的增值税制度将会成为世界各国税制改革的共同选择。

二、"营改增"实施现状分析

1. "营改增"政策解读

（1）"营改增"方案具体内容

国务院 2011 年 11 月 16 日正式颁布《营业税改征增值税试点方案》，之后国家税务总局相继颁布了《交通运输业和部分现代服务业营业税改征增值税试点实施办法》（财税［2011］年 111 号）、《交通运输业和部分现代服务业营业税改征增值税试点有关事项的规定》和《交通运输业和部分现代服务业营业税改征增值税试点过渡政策的规定》等系列规定，首选上海市作为我国营业税改征增值税的试点示范地区。2012 年 1 月 1 日开始，上海市营业税改征增值税试点工作正式开始，根据《财政部国家税务总局关于在北京等 8 省市开展交通运输业和部分现代服务业营业税改征增值税试点的通知》（财税［2012］71 号）规定，目前"营改增"试点地区已扩围至北京市、天津市、江苏省、浙江省（含宁波市）、安徽省、福建省（含厦门市）、湖北省、广东省（含深圳市）等省市。此次"营改增"试点行业仍然选择包括交通运输业、研发和技术服务、信息技术服务、文化创意服务、物流辅助服务、有形动产租赁服务和鉴证咨询服务的"1+6"模式进行试点工作。其中交通运输业是指陆路运输服务、水路运输服务、航空运输服务、管道运输服务；研发和技术服务是指研发服务、技术转让服务、技术咨询服务、合同能源管理服务和工程勘察勘探服务；信息技术服务是指软件服务、电路设计及测试服务、信息系统服务和业务流程管理服务；文化创意服务是指设计服务、商标著作权转让服务、知识产权服务、广告服务和会议展览服务；物流辅助服务是指航空服务、港口码头服务、货运客运场站服务、打捞救助服务、货物运输代理服务、代理报关服务、仓储服务和装卸搬运服务；有形动产租赁，包括有形动产融资租赁和有形动产经营性租赁；鉴证咨询服务，包括认证服务、鉴证服务和咨询服务。营业税改征增值税之后，在原有增值税 17% 和 13% 两档税率的基础上，新增了 6% 和 11% 两档税率，征收率为 3%。营业税改征增值税项目适用增值税税率分别是提供有形动产租赁月盼，税率为 17%；提供交通运输业服务，税率为 11%；提供现代服务业服务（有形动产租赁服务除外），税率为 6%；国际运输服务、向境外单位提供的研服务和设计服务适用税率为零。试点地区纳税人原来享受的营业税减免税政策，如技术转让等，在"营改增"试点后调整为增值税免税或即征即退；非试点地区一般纳税人向试点地区纳税人购买服务，可凭借增值税专用发票抵扣进项税额；试点地区纳税人原来使用的营业税差额征税政策，在试点以后仍然可以继续沿用，原来归属于试点地区韵营业税收入也仍然归属于试点地区。本次"营改增"改革仍沿用纳税人分类管理模式，应税服务的年应征增值税销售额超过500万元的为一般纳税人，低于此标准的为小规模纳税人。小规模纳税人提供应税服务的征税率为3%，一般纳税人提供应税服务适用一般计税方法计税，应纳税额为当期销项税额抵扣当期进项税额后的余额；小规模纳税人提供应税服务适用简易计税方法，应纳税额为按照销售额和增值税征收率计算的增值税额，不得抵扣进项税额。增值税属于价外税，纳税人向购买方销售货物或提供应税劳务应税服务收取的价款中不包含增值税税额，销售额和增值税税额应在增值税专用发票上分别注明，如果销售货物或者提供应税劳务应税服务开具普通发票将销售额和应纳增值税税额合并定价合并收取的，在计算应纳增值税税额时应当按照：销售额 ＝ 含税销售额 ÷（1 + 税率）的计算方法，将含增值税的销售额换算成不含增值税的销售额。一般纳税人提供财政部和国家税务总局规定的特定应税服务可以选择适用简易方法计税；但一经选择36 个月内不得变更。营业税改征的增值税由国家税务总局负责征收，纳税人应向国税局申报纳税此次纳入扩大范围的应税服务基本都是与工业生产密切相关的，按照负担合理税制优化的基本思路，通过一系列税率重新设计和过渡期间优惠政策的安排，保障提供应税服务的行业总体税负不增加或者略有降低，这次税改对减轻服务业税收负担和国家经济转型具有重要意义。

（2）"营改增"的政策意义

税收政策作为国家的宏观经济手段，对经济的发展走向和结构调整都起着至关重要的作用。在后工业时代制造业以高污染、高能耗、低附加值为代价的高潮落下，以专业分工化、低能耗、高产值和低污染为特色的现代服务业成为了新一轮经济高速发展的增长点。"营改增"作为我国税制优化改革的重要措施之一，就是在这种经济结构转型背景下提出来的。"营改增"试点选择了交通运输业和部分现代服务业为试点对象，纳税试点中的小规模纳税人在试点政策试行期间税负得到了大幅度的降低，一般纳税人因为进项税额能够在销项税额中得到抵扣使得税负减轻。"营改增"政策正是顺应了结构性减税的要求，通过税制优化、税负有增有减总体减少的调整为现代服务业营造了良好的税收环境，在政策上对现代服务业的良好发展予以扶持和鼓励。实施这项改革有利于消除重复征税，增强服务业竞争能力，促进社会与专业化分工，推动产业融合。同时，它有利于降低小额纳税人的税负，扶持小微企业发展，带动扩大就业，也有利于推动结构调整，促进科技创新。服务业的发展就是社会分工不断深化，如果一个税制不能让社会分工不断深入，毫无疑问就是一个障碍。经过改革开放三十多年来的发展，我国经济正处于结构转型的重要时期，现代服务业必将成为新一轮经济增长的主力。然而营业税重复征税、管理负责等税收制度性问题一直阻碍着现代服务业的发展，将增值税制度引入到快速崛起的现代服务业领域，不仅能够有效消除服务业存在的重复征税现象，解决服务业税负过重的问题，对于产业间分工精细专业化也起到了重要作用。目前"营改增"在上海市试点之后已扩大至北京等十个省市，增值税以其环环抵扣的优点减轻了服务企业在流转环节的税收负担，在促进现代服务业发展的同时也促进于现代Ⅱ赊业与先进制造业的相互渗透相互融合。"营改增"这一举措对于优化税制结构和完善税收制度也发挥了积极作用，是我国经济结构转型的重要制度保障。

2. 上海"营改增"试点情况解析

（1）上海作为"营改增"试点的背景及原因

上海市作为我国"营改增"的首个试点地区，是在充分综合考虑该地区服务业发展状况、地方财政对税改的承受能力、税务机关征管基础条件等诸多因素的基础上作出的决定。并且要求试点地区有较为明显的经济辐射效应，能够在以后"营改增"的推广工作中对其他地区起到示范作用。我国目前征收营业税的涉及面很广，为了保证税制改革的稳步实施，在应征营业税的项目中选择交通运输业和部分现代服务业作为试点行业。上海市是我国外商投资最为密集、引进外资企业最多的地区。同时上海市服务业类别广泛，辐射作用较强，是我国服务业最为发达的地区之一。根据国民经济和社会发展统计公报可知，2011 年上海市全年实现国民生产总值（GDP）14 900.93 亿元。其中，第一产业 124.94 亿元，占比 0.65%；第二产业 7 927.89 亿元，占比 41.30%；第三产业贡献值最高达到了 11 142.86 亿元，占比达 58.05%。在上海市的生产总值中，由工商业构成的征增值税的产品 10 249.6 亿元，占 53.75%；由服务业、建筑业和房地产业构成的征营业税的服务 8 821.17 亿元，占 46.25%；排除房地产业征收营业税的非产品性服务 7 801.49 亿元，占到 40.91%。可见以服务、建筑等为主的第三产业在上海的经济发展中贡献相当大，以现代服务业为主要发展方向已经成为了上海建设的重点。现代生产性服务业既是上海服务业建设聚焦的重点，也将会引领上海服务业未来的发展方向。增值税和营业税分属国税和地税两大税务机关征收，而上海的税收征管机关情况特殊，国地税实际上是合为一体的。在上海进行"营改增"的试点不会出现其他地方国家税务机关和地方税务机关抢夺税源的问题，对于"营改增"的平稳过渡意义重大。与此同时，上海是全国的交通枢纽和经济文化中心，选择上海市作为首个试点地区，有利于改革经验的积累，并在试点经验总结的基础上逐步扩大我国"营改增"的地区范围，争取为全国的税制改革起到示范作用。

（2）上海"营改增"的实施现状及问题

①上海市"营改增"实施现状

根据调查资料显示，"营改增"在上海市试点以后共有 15.2 万户企业经确认后纳入试点范围，根据应税服务销售额是否超过 500 万元分为一般纳税人和小规模纳税人两类，其中一般纳税人占 35%，纳税总额占 91.2%；小规模纳税人占 65%，纳税总额占到 8.8%。其中，交通运输业大约占到 8.3%，文化创意领域的产业约占 25%，研发和技术服务类产业约占 20%。"营改增"作为结构性减税中的重要一环，因其有效解决了营业税重复征税的问题，宏观上来看减轻了企业的税收负担。上海市在试行"营改增"之后，试点企业和原增值税一般纳税人仅上半财年整体税收负担就降低约 44.5 亿元，其中降幅最明显的是纳入试点的小规模纳税人，降幅达到了 40%；纳入试点的一般纳税人和原增值税一般纳税人也因为进项税额的抵扣也得到了一定程度上整体的税收减负，"营改增"实行后使得中央和地方两级财政收入都相应减少。截至 2012 年底，上海市纳入"营改增"试点范围的企业已增加至 15.9 万家，税收负担的减轻遍布了 90% 的企业，仅仅试点地区内已参加试点的企业和原增值税一般纳税人企业因为"营改增"而获得的税收减负就高达 166 亿元，加之增值税链条跨省市的特点，总体税负减免规模将超过 270 亿元。

②上海市"营改增"存在问题

由于新试点的各行业适用税率不同以及能够抵扣的项目有多有少，"营改增"以后具体到单个企业或者纳税人的时候，不一定表现为应纳税额的降低和税收负担的减轻。增值税现有基本税率 17% 和低税率 13% 两档税率，一般货物销售使用 17% 的基本税率，农副产品销售及与农民生活相关的用品销售适用 13% 的低税率。根据目前税务总局颁布的增值税暂行条例规定，"营改增"试点实施之后在两档税率的基础上新增 11% 和 6% 两档税率。其中交通运输业适用 11% 的较高税率，研发和技术服务、信息技术服务、文化创意、物流辅助服务和鉴证咨询服务等六个行业适用 6% 的较低税率。从上述增值税税率的档次来看，目前试点地区行业试行的增值税所税率明显偏高。在征税范围一定的前提条件下，税率是影响纳税人税负高低最核心的基本要素，在很大程度上直接决定了应纳税额的高低。另外虽然对小规模纳税人实行3%的简易征收率，部分商品实施6%的简易征税率，由于上游环节已缴纳的税负并没有得到有效扣除，税负也可能得不到减轻。"营改增"试点工作在上海进行以后，部分企业税负出现不减反增的状况，为何在结构性减税政策下的"营改增"会导致企业税负不减反增的状况？不仅因为上述所述情况，还因为当前实施的"营改增"试点工作主要对应征税项目的范围进行了调整，税率只是进行了简单的新增税率，并没有根据各行业的具体情况对税率进行适当的调整和简并。再者，"营改增"作为结构性减税的有力措施，正式通过对企业税负有增有减的双重调整体现其结构性减税的作用。增值税属于流转税，税负具有转嫁性的特点，完善的增值税制是在一个完整封闭的产业链里运行的。增值税这种性质决定了其最终的税收负担是由最终端的消费者来承担的，所以就目前试点情况来看，增值税的税率仍需进行进一步的改革完善。

3. 其他"营改增"试点情况简介

截至目前，已试行"营改增"的省市包括上海市、北京市、天津市、江苏省、浙江省（含宁波市）、安徽省、福建省（含厦门市）、湖北省、广东省（含深圳市）。这里就上海以外的其他省市"营改增"试点情况进行简单的介绍。北京市是继上海市之后第二批纳入"营改增"试点的地区之一，北京与上海试点情况不同，北京市国家税务局和地方税务局分立，北京试点首先面对的难题就是国税和地税之间应该如何协调。北京市聚集了很多跨国企业、国有大型企业、外资企业的总部机构，税收向来具有总部经济的效应，三产业在北京市的 GDP 中占比很大，服务业已成为北京市的主导产业。深圳作为全国的经济特区，第三产业较为发达。"营改增"在深圳的实施意义重大，从目前深圳已纳入试点的交通运输业和部分现代运输业来看，深圳地区"1＋6"的行业税负变化呈现以下三种情况："营改增"后的交通运输业和有形动产租赁业的税负呈现略有上升趋势；研发和技术服务、信息技术服务、物流辅助服务、文化创意和鉴证咨询等服务税收负担得到了一定程度的减轻；纳入"营改增"的小规模纳税人由于税率由5%改为3%的征收率，税率的直接下降使得税负普遍减轻。即总体情况表现为一般纳税人税负略有增加或者降低，小规模纳税人税负整体下降。满足此次"营改增"的基本要求，即在基本消除试点行业重复征税问题的情况下，试点行业总体税负不会增加或者略有下降。在这次"营改增"试点的扩围中，安徽省全年预计财政税收收入将下降27亿元，在纳入试点的4.36万户小规模纳税人因为直接的税率下降成为此次

"营改增"减税最多的受益者，降幅达到了40%。试点的部分现代服务业相较于交通运输业税负得到了更大的减轻，根据前期数据显示安徽省试点全年部分现代服务业减税已达15亿元。而交通运输业的税率在整体略有减轻的同时，部分行业税负有所增加，例如陆路运输服务和税率运输服务。税负增加是部分是由于"营改增"试行之初相关配套措施的不完善，增值税抵扣项目的不充分加之增值税并未惠及各行各业使得的抵扣链条中断，同时有增有减总体减负的税负变化也体现了"营改增"的结构性减税效应。"营改增"试点不仅是单纯对税负的降低，对于促进安徽省第三产业的发展，推动部分服务业从制造业中剥离以及产业的优化升级起到了很大的作用。随着全国各省市"营改增"试点如火如荼地进行，需要纳入"营改增"试点的行业也越来越多。从目前各个已试点的省市来看，"营改增"对于企业税负影响虽然有增有减，但是总体来看降低了企业税收成本，一定程度上减轻了企业税收负担，为企业加大加快发展营造了良好的税收环境。不仅如此，"营改增"在打通了第二、三产业抵扣链条的同时还促进了服务业和第二、三产业的互动发展，对提升服务业整体发展水平意义重大。

三、"营改增"对现代服务业的效应分析

1. "营改增"对现代服务业的税负变化效应

（1）"营改增"对试点企业税负的影响

"营改增"试点中企业的税负变化取决于五大因素：第一是适用税率的高低，提高税率直接导致企业税负增加，企业的增税幅度和税率提高幅度呈正比变化；第二是抵扣数额的多少，抵扣增加可以减轻企业税负，抵扣项目占收入比重与减税幅度呈正比，抵扣项目税率的高低与减税幅度也呈正比；第三是减免优惠，境外服务由征税改为免税或者由免税改为零税率使得企业的税负得到减轻；第四是即征即退减轻企业增值税税负，但不减轻企业附加税负；第五是税负转嫁，在与下游企业价格博弈中，试点企业如果能通过提高价格转嫁税负，可以减轻试点企业的税收负担。"营改增"对各个行业的税负影响状况各不相同，有增有减，总体减少是企业对于此次税制改革的反应。

①交通运输业的影响

."营改增"试点以后，包括陆路运输服务、水路运输服务、航空输运服务和管道运输服务在内的交通运输服务适用11%的增值税率。在"营改增"试点改革之前交通运输行业适用5%的营业税税率，试点后该行业改征增值税，适用11%的新增值税税率，税率的大幅度提高显而易见。如果没有能够进行

抵扣的对应增值税进项税额，无疑会使企业的税收负担加重。上海地区某试点交通运输企业在"营改增"后的两个月内，企业税负迅速上升，但从三月份开始企业灵活地运用了"营改增"政策，通过一次性购进八辆新车，通过增值税进项抵扣的方式，减轻了54万元的税收负担，税负降至1.7%。不仅如此，在服务业增值税进项税额不能抵扣的营业税时期，交通运输大多不愿意更换设备，旧车不仅能耗高修理费用多并且排污严重，在"营改增"之后运输企业积极进行设备更新，无论是在营运能力上还是环保方便都变得更加优化。同时，交通运输业一般纳税人税负剧增问题随着试点地区的扩大，试点时间的增加、抵扣制度的充分完善和营运方式的先进转变，税负增加额逐渐减少，税负增加趋势已趋于平缓。截至2012年年底，上海地区进行"营改增"试点后的交通运输企业一般纳税人全年税收总体减负0.8亿元。

②对咨询鉴证类行业的影响

包括认证服务、鉴证服务和咨询服务在内的鉴证咨询服务在此次"营改增"以后使用6%的税率。鉴证咨询服务业中包括税务、资产评估、会计、律师、专利代理、房地产土地估价、工程造价等服务都属于智力密集型的行业，人力成本和房租等是这类行业的主要成本，可以通过进项抵扣的项目很少并且不属于经常发生的项目，税率由原来的5%提高至6%直接导致咨询行业的税负有增无减。然而这类行业属于低能耗投入资源少，产出效益高的"绿色经济"，其发展应该得到政府的扶持和鼓励。咨询服务类行业在已落后于国际先进水平的基础上，如果在税收环境上得不到改善，财政政策上得不到扶持，发展必将严重滞后。对于这个问题中央财经大学税务学院副院长刘桓表示，从上海试点期间的情况来看，"营改增"后此类行业税率仅提高了一个百分点，并且以人力资源为主要成本的企业也会有一些不定期的设备更新和进项抵扣，这些抵扣基本能占到企业收入的1%，可以说"营改增"也不会导致其税务成本的增加。加之随着增值税制度的完善与成熟，试点地区和行业的扩围，产业链条必将持续拉长，会有更多的可抵扣项目予以平衡这部分增加的税收，甚至给企业带来税收的减负，因此相关咨询类企业没有必要对"营改增"感到恐惧和担忧。

③对有形动产租赁等行业的影响

有形动产租赁包括有形动产融资租赁和有形动产经营性租赁，"营改增"后适用17%的增值税税率。有形动产租赁业务"营改增"之前适用5%的营业税税率，从直观上分析在进行"营改增"以后的整体税负上升了12%，对于该行业影响甚大。然而"营改增"这项措施的实施执行对于有形动产租赁内部的融资租赁和经营性租赁影响大有不同。有形动产租赁业务在纳入增值税征收范围之后，租赁公司在对外提供租赁业务时可以开具可以抵扣的增值税专用发票，而作为租入设备的企业可以根据租赁公司开具的专用增值税发票进行相关进项税额的抵扣。虽然有形动产租赁实行17%的增值税税率，对于试点地区一般纳税人进行融资租赁而言其增值税实际税负超过3%的部分是实行即征即退的优惠政策，很大程度上减轻了融资租赁企业的税收负担。对于经营性租赁的业务而言，直接的税率上升对税负影响很大，然而由于增值税作为流转税具有转嫁性，这增加的12%的税负到底是由业务提供方承担还是业务接收方承担，取决于企业之间的谈判博弈。在试点的行业中由于各个行业营运模式、增值税抵扣链条、适用增值税税率和可以抵扣的项目各不相同，"营改增"给各试点行业税负带来的影响有增有减。总体上来说，试点前期交通运输业由于缺少可抵扣项目和税率的上升，呈现出税负上升趋势，但是随着后期增值税抵扣链条的拉长以及企业更新设备意愿的加强，新增的抵扣项目大大降低了企业的税负，行业总体反应良好；以人力资源为主要成本的智力密集型行业如咨询鉴证服务业，苦于可抵扣项目的缺乏也并未受到良好的减税效果；有形动产租赁中的经营性租赁和物流辅助等行业，税率的上升和抵扣项目的缺乏，希望政府尽快出来过渡期财政扶持政策；在此次试点中的多数研发和技术服务、信息技术和文化创意服务的企业则认为"营改增"对行业的发展带来了利好消息。综上所述，可见试点的各行各业对于"营改增"反应不同，对于是否需要政策出台财政政策扶持的呼声也各不相同。

（2）"营改增"对地区税负的影响

2011年中国税收总收入共计89 720.31亿元，其中增值税实现税收收入24 266.64亿元，占税收总收入的27%，营业税实现税收收入13 678.61亿元，占税收总收入的15.2%。

"营改增"试点扩围至十省市后，年减税总额达到了565亿元。根据各地财政税务系统公布测算的数据反映，江苏省纳入试点范围的纳税人10.84万户，总体税负减少100亿元；浙江省纳入试点范围的纳税人14.7万户，总体税负减少60亿元；北京市纳入试点范围的纳税人10多万户，总体税收减少165亿元；天津市纳入试点范围的纳税人5.1万户，总体税负减少11亿元；广东（含深圳）纳入试点范围的纳税人20万户，总体税负减少150亿元；福建《不含厦门》纳入试点范围的纳税人2.3万户，总体税负减少13亿元，厦门市税负减少12亿元；安徽省纳入试点范围的纳税人4.62万户，总体税负减少27亿元；湖北省纳入试点范围的纳税人6万户，总体税负减少40亿元。

作为首个试点的地区，上海市 2012 年第三产值比重首次超过了 60%，与 2011 年比较同比增长了 10.6%，其中生产性质的现代服务业增速明显大于传统服务业的增速。上海市 2012 年 1 至 10 月纳入试点的企业纳税总额为 185 亿元，其中一般纳税人纳税总额 168.7 亿元，占纳税总额的 91.19%，小规模纳税人纳税总额 16.3 亿元，占纳税总额的 8.81%。其中试点企业"营改增"后减少税收总额 30.3 亿元，一般纳税人税负减少 19.4 亿元，小规模纳税人税负减少 10.9 亿元；下游企业税收减少总额为 130.1 亿元，一般纳税人减税 128.8 亿元，小规模纳税人减税 1.2 亿元，企业合计减税 160.4 亿元。

2011 年北京共有 25.8 万户营业税税源户，累计营业税额 1 071.5 亿元。其中交通运输业和部分现代服务业纳税人约 13.8 万户，涉及营业税 331.3 亿元，占全市；营业税收入的 30.9%。根据测算，北京试点改革将总体减少税收 165 亿元，其中北京地方财政税收收入减少 72 亿元。此次北京"营改增"试点以后，增值税部分的收入并没有按照原中央和地方 75%：25% 的比例进行分配，而是全部纳入地方财政收入。"营改增"试点不仅涉及了政府与纳税人之间关系的调整，还涉及中央和地方在税收收入上的分配问题。第三产业产值占国民收入（GDP）的比重在北京市高达 75.7%，这意味着"营改增"试点在北京的影响将大大超过其在上海试点的影响。

2. "营改增"对现代服务业的结构优化效应

"营改增"是在国家税制体制改革和结构性减税的背景下提出来的，其目的不仅仅是在解决服务业重复征税的前提下减轻企业的税收负担，更是要推动现代服务业的发展和结构的优化配置。在后工业时代制造业的高潮已经落幕的时候，国家之间的竞争越来越集中在低能耗高产值科技含量高的第三产业。第三产业在发达国家的经济中都占据重要的地位，早在 2008 年美国服务业经济产值在国民经济总产值中的比重就达到 77%，日本紧随其后为 70%。上海作为我国沿海发达地区，我国最发达的地区之一，经济文化中心，服务业在国民经济中所占的比重虽然在全国处于领先地位，但同世界发达国家比起来也存在着差异，2011 年上海市服务业占经济总产值的比重为 57.9%，而发达国家的平均水平为 60%。从全国范围来看，我国服务业在国民经济中也占比不大，远远落后于世界先进水平。我国服务业发展落后的现状，不仅仅是因为我国服务业起步晚发展滞后，更因为我国很大一部分服务业还未能够从制造业等其他产业中有效地剥离出来，并且国家在宏观政策上并没有对现代服务业的发展起到鼓励推动效应。"营改增"试点以后，由于增值税作为可以根据发票进行抵扣的特点，仅就上海的试点情况来看，纳入试点的行业对于设备更新的意愿得到了极大的增强，在加速了企业更新换代的同时也提升了企业的竞争力。随着企业的转型发展和营运能力的增加，根据调查显示上海市在试点的上半年企业客户数量，包括本市、外省和境外客户都比同期有所增长，吸纳就业人数也随着客户量的增加而增加。合理的税收环境吸引了更多的投资和生产要素，使得更多跨国性的企业或者是企业总部落户上海，税收总部效应明显，同时也使得上海的服务行业聚集程度迅速提升。通过解决营业税重复征税问题，在减轻第三产业税收负担为其营造宽松税收环境的同时推进以现代服务业为主体的第三产业向着专业化和精细化的方向发展，促进第三产业这个作为当今国际竞争重要指标行业的转型升级。科学发展和加快经济发展方式转变对我国的产业结构提出了新的要求，大力发展第三产业，增加其在经济产值中的比重已然成为我国经济发展的新目标。这也是体现了我国第三次增值税改革的迫切性，通过税收减负税制优化推动第三产业发展，促进结构优化升级是当今税改的主要目的。

总体来讲，"营改增"的实施是推进制造业转型升级，解决现代服务业发展滞后问题的重要政策措施。"营改增"率先改革性地打通了第二产业和第三产业之间增值税的抵扣链条，不仅使得制造业、工业领域的专业分工更加精细化，将部分服务业外包以着重发展主营业务，将主要增长点集中在企业的技术研发和管理营销上，而且有力地推动企业的产业结构调整，促进产业层次由低端集成化经营向主业聚焦、辅业专业的高端模式迈进。服务业能够容纳最多的就业人员，随着经济的转型发展，现代服务业正朝着领域更宽覆盖更广的方向前进。按照国际通用惯例对服务业实行同工商业同样的增值税制度，极大地促进了分工细化、链条拉长的现代服务业的发展。

四、"营改增"扩围的下一步方案

1. 现行"营改增"政策尚未解决的问题

此次在全国大范围推广的"营改增"试点工作收到了来自试点地区和企业的良好反应，然而"营改增"政策目前只是进行试点，处于推广之初，很多与之配套的具体措施和实施细节并不完善。要加大"营改增"的扩围工作，将"营改增"这项重大的税改措施推向全国，必须重视并解决已试点地区出现的问题。根据试点地区"营改增"试行情况来看，存在如下几个方面的问题：

一是在目前我国各省市现行的"营改增"试点增长具有过渡性的特征，无论从"营改增"的试点地区还是试点行业来讲都不是十分广泛，一旦"营改增"政策实行了地区和行业的更大程度的扩围,这部分税收应该由国税机关统一征收还是继续由地税机关进行征收?营业税作为地方的一大主体税种,如果改革后由国税机关统一征收管理,又应该如何重新给地税机关定位?

二是部分企业税负不减反增的"反常现象"。前文已经叙述了决定企业税负变化的五大因素,即税率高低、抵扣多少、减免优惠、即征即退和税负转嫁。其中税率的提高和缺乏抵扣项目是导致这次试点中部分企业税务提高的最直接原因,例如交通运输业由原来5%的税率提高到现行增值税17%的税率,虽然税率提高之后是对增值额部分征税,然而由于能够进行抵扣的项目并不多,使得税负上升。根据凤凰财经的一份调查报告显示,在受访的企业中58.6%的交通运输企业税负上升,同时43.4%的信息技术服务、文化创意服务和鉴证咨询企业税负也略有上升。其实企业税负有增有减的情况正是"营改增"作为结构性减税政策对产业结构进行调整的体现。结构性减税区别于大规模的整体减税,是通过有选择性的减税来对经济结构进行调整的一种宏观政策,而"营改增"政策正好符合了这个标准。减税并不是"营改增"的单一目的,是通过选择性地减税和选择性地增税,用税负作为杠杆来调整经济产业结构才是"营改增"的最终目的。

三是企业对加强"营改增"相关政策的宣传和解读力度的呼声较高。"营改增"在我国首次实行,具体的细则和操作方法很多企业并不是十分了解,这就很有可能导致企业不能合理运用"营改增"政策进行规范纳税。同时企业希望简化即征即退的税负返还流程。试点企业普遍反映对于税负增加返还部分的流程过于烦琐复杂,手续便利性差,企业希望可以简化返还流程以提高征税效率。

四是目前"营改增"试点缺乏为企业提供服务的政策咨询平台。"营改增"政策的试行对企业的财务人员业务水平提出了更高要求,由于对部分政策细节的不明晰使得试点企业财务人员在处理税务问题时常常需要专业部门进行相关的解释和解答,而税务部门人员对于企业掌握"营改增"政策的情况也不甚了解。由此可见信息双向交流平台建立的问题亟待解决。

五是试点企业希望政府给予过渡期的相关财政扶持政策。上海在试点之后部分企业出现税负不减反增的情况,广东在引进"营改增"政策市即根据企业税负实际增加情况制定了相应的税收优惠政策。通过设立试点财政转向补贴资金,对试点企业在"营改增"过渡期予以适度补贴。广东省财政厅厅长曾志权在解答广东省"营改增"热点问题记者会上表示,为了应对"营改增"给企业带来的过高税收负担,广东省将制定一系列过渡性财政扶持政策,通过设立试点财政专项资金，补贴部分试点企业因为"营改增"所可能增加的税收负担，具体的细则以及实施方案还待进一步讨论与研究。深圳市在"营改增"试点工作中已借鉴上海试点经验，考虑到"营改增"给其企业带来的税负增加问题，深圳按照企业据实申报，政府进行分类财政扶持和资金及时预拨的方式，制定了新旧税制交替时期的政府财政政策扶持。

2. "营改增"扩围的行业选择

目前"营改增"试点范围已扩大至北京等十个省市，然而纳入试点的行业仍然沿用上海的"1+6"模式，改征增值税的行业仅限于交通运输业和研发和技术服务、信息技术服务、文化创意服务、物流辅助服务、有形动产租赁服务和鉴证咨询服务。随着"营改增"试点政策的不断推广，"营改增"试点行业的扩围受到了广泛的关注。国务院总理李克强在北京主持召开的扩大"营改增"试点工作会议上明确表示，无论从试点的地区还是行业来讲，"营改增"方案都有待进一步扩围，铁路运输、建筑施工和邮政电信三大行业将成为下一步扩围的重点行业，新纳入试点的铁路运输、建筑施工和邮政电信试行税率基本定为11%。同时根据国家财政支持力度，"营改增"将逐步向全国范围内推广。建筑业营业税是地方财税的重要税目，建筑行业的"营改增"体现了国家税制改革的力度。而在此次新增试点行业中与建筑施工同属建筑业的建筑安装业并未纳入新一轮的"营改增"范围。建筑业税务的征管比较复杂，建筑业产业链上游和下游都抵扣麻烦，建筑业劳务具有流动性强的特点，营业税规定建筑业营业税由建筑劳务发生地征收便于税收的征收管理，根据目前"营改增"的发展趋势来看，建筑安装业的"营改增"工作可能会放到扩围改革的最后进行。"营改增"的进一步试点将铁路运输纳入到试点范围，有效解决铁路运输业重复征税的问题，减轻铁路运输业的税收负担，促进铁路运输行业设备的更新换代。同时，"营改增"前期已将交通运输业纳入到试点范围，对其采用11%的增值税税率进行课税，铁路运输业的营业税改革实则打通了与交通运输业之间的抵扣链条，提高了运输的效率，为国家将来推行海陆空高效联运打下了基础。目前国家财政部和税务总局已经制订了关于"营改增:"扩围的新方案，新的改革方案提出，在"营改增"试点过程中总结已有经验和进一步完善税收制度的基础上，逐步扩大"营改增"的行业范围，争取在"十二五"规划期间完成向全国推广。根据有关统计资料估计，如果覆盖全国各行业的营业税全面完成增值税改革，减税数额将超过数千亿元。从目前"营改增"试行以及扩围的行业来看，还有很大一部分服务业未纳入到营业税改征增值税的范围。服务业可大致分为生产性服务业、消费性服务业和社会性的服务业，纳入"营改增"的多为生产性的服务业。生产性服务业由于流转环节较多，产业链条重复征税问题最为严重，通过增值税改革的办法可以有效解决生产性服务业重复征税的问题。金融保险、会展信息、品牌维护和专业服务等生产性服务业重复征税的问题都未能得到有效解，应该作为下一轮扩围的重点关注行业。笔者认为，未来营业税改征增值税的行业选择可以分为如下三类：生产性服务业在实施"营改增"之后按照正常税率进行抵扣纳税；消费性的服务业由于流转环节少受众群为日常消费者，可实行简易方法对其进行征税；社会性服务业采取免税政策。

　　3."营改增"扩围的配套措施

　　伴随着"营改增"的扩围改革，试点地区在新政试行过程中表现出各种各样的问题，根据已试点地区的经验相关部门应该出台与"营改增"相适应的配套措施。关于"营改增"之后的税收收入归属问题，试点期间的过渡性政策给予明确规定。即为保证试点地区在试点期间现行财政体制收入问题，原归属于地方财政的营业税收入，在进行"营改增"之后取得的增值税收入仍归属于试点地区地方财政，税款实行分别入库。由"营改增"带来的税收罚没收入和税款滞纳金也归属于地方财政，因此而产生的减税收入由中央和地方共同负担。为规范"营改增"后的征纳管理，试点地区税务部门应该根据纳税人自行申报的纳税情况生产单独的缴款书。同时根据即征即退优惠政策而产生的税负减少也由、地方财政负担。区别原有增值税和现行增值税，即纳税人兼营销售货物或提供加工修理修配劳务和应税服务的，应按照销项税额的比例正确划分各自的应纳税额，税务机关根据增值税和现行增值税（即原有营业税）进行税款别分入库。试点期间由于不同行业可抵扣情况各异以及抵扣链条的不完整，国家还出台了相关的税收优惠过渡政策。即试点期间试点行业原有的用于消除营业税重复征税的优惠政策可以继续使用，已通过改征增值税有效解决了重复征税问题的不再适用。为了保证试点企业税制平稳过渡，对于部分现行的营业税免税政策，在进行增值税改革之后仍然予以使用，对于原营业税制度下的减税免税在"营改增"之后改为增值税的即征即退；部分企业由于缺乏可以抵扣的项目和增值税税率的直线提高，政府将给予适当的优惠政策和财政扶持。由于试点地区与非试点地区税制的差异，做好不同地区之间税制的衔接工作显得尤为重要。跨地区税种协调规定，试点地区纳税人缴纳何种税和纳税地点都以其机构所在地为判断标注，即纳入试点的应税服务按照现行增值税规定在机构所在地缴纳增值税，在非试点地区缴纳的营业税允许在计算增值税税额时予以抵扣。非试点地区的纳税人在试点地区发生的应税服务，根据机构所在地的判定标准，仍然在原属于地区缴纳申报营业税。为了完善增值税的抵扣链条，试点期间增值税抵扣政策规定，凡是现有的增值税纳税人向试点地区纳税人购买应税服务并取得专用增值税发票的，可以凭票据实施抵扣。面对不同行业对于"营改增"之后税负有增有减的不同反应，除了完善抵扣制度加强"营改增"政策宣传之外，各试点地区政府也出台了相应的过渡期政策，通过设立试点过渡期财政专项扶持资金，对税负上升的企业根据自行申报情况予以扶持，争取平稳过渡，推进试点地区服务业的发展。

第九节　文化产业营改增影响分析

一、文化产业基本理论

1. 文化产业概述

（1）文化产业的界定及分类

文化产业这一概念最早由法兰克福学派于 20 世纪 30 年代提出。法兰克福学派主要是从批判的角度来诠释文化产业，他们认为从本质上而言，文化产业是资产阶级进行社会意识形态领域控制的重要途径。目前，在国际上对于文化产业比较有权威的定义，是由联合国教科文组织，在蒙特利尔会议上提出的。它将文化产业定义为："依照工业标准生产、再生产、储存以及分配文化产品和服务的一系列活动，是以文化产品和文化活动为主体对象，从事其生产与经营、发展和建设、管理与服务的第三产业。"这一定义从理论上概括了文化产业的文化特性与产业属性。在中国，文化产业的定义主要有两种：第一种定义是文化部于 2003 年《关于支持和促进文化产业发展的若干意见》中提出的："文化产业是从事文化产品生产和提供文化服务的经营性行业。文化产业是与文化事业相对应的概念，两者都是社会主义文化建设的重要组成部分。文化产业是社会生产力发展的必然产物，是随着我国社会主义市场经济的逐步完善和现代生产方式的不断进步而发展起来的新兴产业。"第二种定义是国家统计局在 2012 年制定和颁布我国《文化产业及相关产业分类》时所提出定义："文化产业是指为社会公众提供文化产品和文化相关产品的生产活动的集合"。这两种定义对于划清我国文化产业的具体范围、指导文化产业的分类，提出了比较具有操作性的标准。根据以上两种定义，我们在具体实践中可以把文化产业分为三部分。第一部分是文化产业的主体，主要包括新闻出版发行服务、文化艺术服务、广播电视电影服务等行业，它属于服务业的范畴，同时也是文化产业的核心内容；第二部分主要是文化相关服务产业，主要包括文化信息传输服务、文化休闲娱乐服务以及其他文化服务，它表现了文化服务产业和其他产业之间的相关性；第三部分是文化及相关产品的生产，主要包括了文化用品的制作、生产和销售等，它属于第二产业的内容。文化产业虽然同时跨越第二产业和第三产业，但是其大部分内容都属于服务业的范围。同时，由于文化产业所涉及的服务业范围很广，从新闻出版服务到文化创意服务，行业的差异性较大，因此认真地分析此次试点方案给文化产业所带来的影响，对于促进文化产业的快速发展，具有十分重要的实践意义。

（2）我国文化产业发展现状

我国的文化产业起步于改革开放以后，经过30多年的发展，我国的文化市场产品日渐丰富，产业化的格局初见端倪。第一，文化产业与其他产业的融合度不断提升。由于文化消费取向的不断变动，文化产业与其他产业不断融合的趋势进一步显现出来。比如在广播电视和手机互联网产业中，随着技术改造和规模化发展，出现了电视图书馆、电视互联网、电视报刊、手机电影、手机图书等新业态。再如将文化创意与制造业相结合，把文化的内涵或者文化的元素植入到产品中去（如新型陶瓷产品等建筑装修材料），既能提高产品的文化含量与附加值，又可以带动制造业的升级与发展。第二，文化创意与科技创新相互融合。十七届六中全会从加快发展文化事业、增强文化产业核心竞争力的高度上，明确指出："科技创新是文化发展的重要引擎。要发挥文化和科技相互促进的作用，深入实施科技带动战略，增强自主创新能力。"科技作为先进生产力，代表着文化发展的未来方向，既是文化的重要内容，也是文化的重要体现形式和载体。以电影产业为例，在电影方面文化创意与科技创新相互融合的趋势最为明显，目前我国的3D电影产业呈现快速发展的态势。据统计，在2012年全年票房榜前十名的电影中，有8部3D电影。但是我国的3D电影产业仍存在着核心技术薄弱等问题，因此更需要推动文化创意与科技创新的融合，以促进产业整体发展。第三，国际化发展趋势明显。目前我国在文化产业方面正通过各种形式积极推动本土与国际的融合，国际化趋势逐步显现。如在动漫方面，随着中国文化产业的发展和文化贸易的开展，国际动漫巨头大举进军中国，动漫产业的中外合作更加紧密。美国梦工厂动画公司创始人卡森伯格频频到访中国，访问文化部、广电总局等主管部门，最终促成东方梦工厂项目，这都是中国文化产业逐步走向国际化合作的重要表现。虽然目前我国文化产业有着良好的发展趋势，但是我国的文化产业发展仍存在着一些不足的地方，比如我国现有的文化产品数量多、精品少，文化产业发展不均衡，缺乏专业的文化管理人才等。近年来，我国政府也陆续出台了一系列扶持政策促进文化产业的发展，取得了一定的积极效果。但是目前我国财税政策支持文化产业发展的力度仍然不够，主要表现在：一是文化产业税收负担依然较重。从增值税来看，与发达国家相比，我国文化产业目前的增值税税收负担依旧较重。比如，德国增值税的标准税率是 16%，而文化产业实施 7% 的低税率甚至免税。调查显示，有 15 个欧盟国家增值税的标准税率要高于我国 17% 的增值税率，但这 15 个国家对文化产业的优惠税率都要低于我国 13% 的优惠税率。二是税收优惠及扶持政策不完善。我国目前还比较缺乏具有行业针对性的税收政策优惠。尤其是在动漫、网络、游戏等新兴的文化产业方面，税收优惠政策明显缺失，这影响着我国新兴文化产业的有效发展。通过以上分析我们可以看出，虽然我国文化产业总体发展形势良好，但是目前在发展中也存在着一些问题。下面，通过我国近年来第三产业增加值以及文化产业增加值的增长趋势进一步说明我国文化产业发展现状。近年来我国文化产业增加值增长较快，其占 GDP 的比重在 2012 年达到了 3.45%。据统计，目前，北京、上海、广东、云南等省市文化产业增加值占地区生产总值的比重都超过 5%，有的甚至达到 7%。在我国文化产业增加值有较快增长的同时，我们也看到现阶段我国文化产业与发达国家相比仍存在较大差距。比如，美国文化产业占 GDP 的比重高达 25%，而英国在过去的十多年里，文化创意产业增长 93% 以上，文化产业占 GDP 增长已超过 7%。在前文中我们分析到，目前我国文化产业的税收负担依然较重。因此，当前要促进我国文化产业的发展，使我国文化产业增加值占 GDP 总量的比重增加，从而进一步推动第三产业发展，就应当针对其实施特殊的减税政策。

2. 税收影响文化产业发展的作用机制

（1）税收政策影响文化产业发展的作用机制

税收政策手段可以分成两类：一是通过对征税对象、税率等税制要素进行设计，对不同的商品和行为应当怎样缴税进行规定，使各个行业之间的税负水平有所不同；二是通过对起征点、税收扣除等直接税式支出，以及加速折旧、费用扣除等间接税式支出手段进行规定，从而达到政府调节某些行业，或者某些特定的经济行为的目的。税收政策通过各种不同的手段改变行业间的比较利益，导致其资金、劳动、技术、产品市场等方面发生变化，最终引导产业结构的调整，从而实现经济发展方式的转变。具体来说，税收政策影响文化产业发展的作用途径表现在以下三个方面：第一，税收政策可以改变文化企业的税收负担，进而影响文化企业的利润水平，引导资本向文化产业合理流动。同时，由于文化产业税收负担的降低，可以有效地吸引外来资本投入本产业，还可能带来先进的管理技术与优秀的文化管理人才，从而带动文化产业发展。第二，税收政策可以引导文化企业进行技术创新。文化产业作为一个知识密集型的产业，技术与创新是其持续发展的重要推动力。税收政策可以通过对文化产业直接税和间接税两方面的管理，促进其进行技术创新。在直接税方面可以通过扩大文化产业技术创新成本的所得税列支范围，对于研发支出进行加计扣除等规定，鼓励文化产业进行技术创新；而在间接税方面，可以对于一些关于技术开发所必需的设备等进行增值税和关税的减免，比如免征或者减征进口环节的增值税等，鼓励企业加大对于创新和自主研发的投入力度。第三，税收政策能影响文化产业的国际竞争力。利用税收政策可以对国家文化产业实行特殊的保护，增强文化产业的竞争活力。税收政策对于提高国家文化产业竞争力的积极作用主要表现在：一方面可以通过实行一系列关税政策，比如实行出口退税、免征进口关税等，对于本国的文化产业进行特殊保护；另一方面可以通过制定税收扶持政策，保持本国文化产业的竞争活力，促进本国文化产业的发展壮大，降低来自外部的竞争压力，从而提高本国文化产业的国际竞争力。

（2）"营改增"影响文化产业发展的作用机制

我国在1994年实行了分税制改革，增值税和营业税这两个最为重要的税种，平行征收、互不交叉。增值税和营业税作为流转税最主要的两大税种，它们作用机制总的原则是一致的，都是对商品或劳务的流转环节征税，并且二者都具有财政收入功能、宏观调控功能。然而与增值税相比，营业税不能进行进项税抵扣，因此就导致了重复征税、增值税抵扣链条中断等问题。随着我国经济的不断发展，营业税的缺陷逐渐凸显，成为阻碍文化产业发展新的重要制约因素。

①"营改增"能够消除重复征税，减轻文化产业税收负担理论上讲，对于规范的增值税制度而言，征税范围越宽，覆盖面越广，涉及地域越完整，就越能保证增值税职能的发挥，从而保持税收中性，减少对经济的扭曲作用。就文化产业而言，其资产形式较为特殊，多为知识产权、品牌价值等无形资产，而智力、创意的投入又占据文化产品成本的大部分。比如影视制作业中

的剧本创作和制作成本、广告业中的广告创意成本等。而营业税一般以营业收入的全额为计税依据，文化企业在纳税时不能对这些成本进行抵扣，就造成了重复征税现象，不仅加重了文化产业税收负担，也加大了文化产业的投资风险，阻碍了文化产业的良好发展。根据试点政策规定，假设某公司为一般纳税人，其年度营业额为 A，"营改增"之前按照含税营业额的 5% 需缴纳 5%A 的营业税。在"营改增"之后，按照不含税营业额的 6% 缴纳增值税，销项税约为 $[A/(1+6\%)]\times6\%=5.66\%A$，改革后税负虽然有一定幅度上升，但由于文化企业可以抵扣其上一环节购进原材料、机器设备等中所含的税款，因此总体上来说，"营改增"能够在一定程度上能够避免重复征税，有利于减轻文化企业的实际税负。

②"营改增"可以完善抵扣链条，深化文化产业分工前文中提到，文化产业同时跨越第二产业和第三产业，其中有大部分内容都属于服务业的范畴；对文化服务产业征收营业税，会导致制造业与服务业之间的抵扣链条中断，使工业部门更愿意由内部提供服务而非从外部购买，从而使文化企业更加倾向于"小而全""大而全"的发展模式，不注重发挥自身优势，也不利于产业分工协作。通过对文化产业进行"营改增"，允许文化服务业进行增值税进行税额的抵扣，一方面为下一环节企业的购进提供了进项税额，打通了服务业和制造业之间的抵扣链条，有利于增加其他行业对文化服务产品的需求，为文化企业提升业务数量、拓展发展空间提供制度基础；另一方面也能避免企业在竞争中的生产和投资决策的扭曲，使企业在组织架构、营销模式以及集中采购等多方面进行调整，更注重发挥自身优势，向专业化细分和升级换代迈进。因此，对文化产业实行"营改增"不仅能够完善增值税抵扣链条，还能加强文化产业上下游企业之间的合作和交流，有效地促进我国文化产业链内部的分工与协作。

二、"营改增"对试点文化产业影响分析

1. 文化产业"营改增"的主要内容

（1）试点地区

2011 年 11 月 16 日，财政部和国家税务局发布经国务院同意的《营业税改增值税试点方案》（财税［2011］110 号），同时下发《关于在上海市开展交通运输业和部分现代服务业营业税改征增值税试点的通知》。上海市作为首个试点城市，"营改增"在文化产业拉开序幕。随后，国家又出台了一系列政策推进试点改革。2013 年 37 号文的出台意味着"营改增"试点第一阶段已

进入高潮，即在全国范围内开展文化产业"营改增"。从试点地区来看，此次改革采取了由点到面、先地区试点再全国推广、先个别行业再全面推进的改革路径。文化产业"营改增"首先选择在上海开始有以下三方面原因：一是相比而言，上海市文化产业较为发达，并且其面临的服务经济转型、营业税重复征税矛盾更为突出。通过对上海市文化产业进行增值税改革，可以对全国文化产业的发展起到重要的示范作用，为我国服务业全面推行增值税改革提供和积累经验。二是上海文化产业种类更加齐全，其占比重相对较高，文化产业的发展受营业税的制约更为严重，改革产生的效果会相对明显。三是上海市国税部门与地税部门合一，为此次改革提供了良好的征税管理基础。

（2）试点行业

根据规定，部分现代服务业，是指围绕制造业、文化产业、现代物流产业等提供技术性、知识性服务的业务活动。包括研发和技术服务、信息技术服务、文化创意服务、物流辅助服务、有形动产租赁服务、鉴证咨询服务。其中文化创意服务包括设计服务、商标著作权转让服务、知识产权服务、广告服务和会议展览服务。2013年5月，财税［2013］37号文进一步扩大了文化产业"营改增"的范围，将广播影视业纳入试点范围，同时在广告服务中新增了广告代理业务。2013年12月，财税［2013］106号文又进一步明确了"网游设计"属于文化创意服务中的设计服务等内容。此次改革首先选择了技术信息二咨询鉴证等部分生产性文化服务产业进行试点，主要是因为生产性文化服务业是文化产业发展的重点，而且重复征税矛盾也更为突出。而文化创意产业是文化产业发展的核心，所以也首先纳入试点范围。之后又将广播影视业纳入此次试点范围，是因为目前我国广播影视业营业收入总规模超3 000亿元，在文化产业中占据重要地位。据《中国广播电影电视发展报告（2013）》统计显示，2012年，我国共设立广播电视播出机构2 579个，全国生产制作广播节目718.82万小时，电视节目343.63万小时，全年全国广播影视总收入3 476.93亿元，同比增长20.11%。将广播影视业纳入文化产业"营改增"的试点范围，体现出了国家对大力扶持和发展文化产业的重视。

（3）税制安排

①税率。在现行税率基础上，新增设11%和6%两档低税率。租赁有形动产适用17%税率，交通运输业适用11%的税率，部分现代服务业适用6%的税率。纳入"营改增"试点范围的文化产业均适用6%的税率。税率的设计主要是依据"改革试点行业总体税负不增加或略有下降"的原则。根据有关部门对试点文化行业的营业税实际税负进行了测算的结果显示，研发和技

术服务、信息技术、文化创意、鉴证咨询服务等文化产业的增值税实际税率基本在 6% ~10%。为使试点行业总体税负不增加，因此对文化产业采用 6% 的低税率。

②计税方式。应纳税额计算公式：应纳税额 = 当期销项税额—当期进项税额。当期销项税额小于当期进项税额不足抵扣时，其不足部分可以结转下期继续抵扣。

③一般纳税人认定标准。应税服务年销售额超过 500 万元（含本数）纳税人为一般纳税人。应税服务年销售额未超过 500 万元以及新开业的试点纳税人，可以向主管税务机关申请一般纳税人资格认定。除国家税务总局另有规定外，一经认定为一般纳税人后，不得转为小规模纳税人。试点方案中规定一般纳税人的认定标准为年销售额 500 万元，这样的认定标准，对于小规模文化企业来说，征收率 3%，相比原营业税 5% 的税率或 3% 的税率，税负基本是降低的。但是小规模纳税人不允许自行使用增值税专用发票，如果文化服务的接受方向其索取，它们需到税务机关代开专用发票，可能会影响其规模扩张；对于一般纳税人文化企业来说，适用税率高于营业税税率，税负是否增加因企业自身经营状况的不同而具有不确定性，但是企业可以开具增值税专用发票，因此能够受到具有一般纳税人资格的下游企业的青睐和欢迎。

（4）税收优惠和财政扶持政策

如果增值税免税政策在最终消费环节实施，那么可以起到降低文化企业税负和最终产品价格的目的。但是如果增值税免税策在生产的中间环节实施，并且对后面的环节没有实行免税政策，反而会增加文化企业纳税人负担，导致终端文化产品和服务价格的提高。比较而言，营业税优惠政策可以带来两方面的好处：一是无论是降低税率还是免税，都能起到直接降低文化企业营业税纳税人税收负担的目的；二是优惠政策能够带来一定程度上的价格下降效应，使接受营业税劳务的纳税人也能享受到－营业税优惠。根据国家明确的"改革试点行业总体税负不增加或略有下降，基本消除重复征税"的税制改革原则，很多地方政府纷纷出台了财政扶持政策，扶持试点中税负上升较大的文化企业。如上海市在"营改增"试点过程中，决定对因老税制转换而产生税负有所增加的试点企业按照"企业据实申请、财政分类扶持、资金及时拨付"的方式实施过渡性财政扶持政策。北京财政扶持资金由市与区县分别负担；广东 10 亿财政资金补贴"营改增"；深圳通过合适的渠道和方法降低企业税负压力；安徽财政补贴按月拨付、按年清算；重庆市按增加税额的 100% 给予全额补助等。各地方政府财税扶持政策的出台，有利于帮助增值税改革过渡期间税负上升的文化企业，增强企业信心，保证"营改增"顺利平稳推进。

2. "营改增"对试点文化产业带来的影响

调查数据显示，2012年我国"营改增"试点减税超过400亿元，有效避免了重复征税、促进了服务业发展、推动了企业转型升级。文化产业"营改增"试点两年以来，减税效果也十分明显，在避免重复征税的同时，增强了文化企业竞争力，完善了文化产业抵扣链条，有利于文化企业规模的扩大，从整体上推动了我国文化企业的发展。具体而言，"营改增"对文化产业发展带来的影响可以从两方面进行分析。

（1）减少了重复征税，总体上减轻了文化产业税收负担

从"营改增"试点改革方案设计来看，此次改革具有明显的减税效应，只是对于不同行业和不同企业，因具体情况不同，减负程度也不尽相同。具体来看，"营改增"对于一般纳税人文化企业而言，原适用5%的营业税税率，如提供广告服务、设计服务、会议展览服务等企业，"营改增"后增值税税率为6%。虽然税率有所上升，但是文化企业可以将提供相关服务过程中所采购的材料、固定资产等的增值税进项税额进行抵扣，因此对大部分一般纳税人文化企业而言，税负可获得一定程度的降低。而对于小规模纳税人文化企业来说，"营改增"后增值税征收率仅为3%，其税负水平也能大幅降低。试点中规定以应税服务年销售额500万作为划分纳税人性质的标准，而在我国现行文化产业结构下，小规模纳税人所占比例大致为70%。在这种"高标准"的划分下，必然是大量的小规模纳税人获利。试点中小规模纳税人税负有较大程度的下降，而大部分一般纳税人税负有不同程度的降低，所以"营改增"使得文化产业税收负担整体减轻。从最先实行改革的上海市来看，通过对两万多家文化企业进行调查，结果显示，2012上半年试点的一般纳税人文化企业中，81.81%的研发技术服务、77.21%的信息技术服务、75.73%鉴证咨询服务、74.63%的文化创意服务纳税人税负均有不同程度下降。而从小规模纳税人来看，"营改增"给小规模纳税人企业带来的减税作用更加明显，其中48%的企业税负下降超过40%，因此，总体上来说试点中近9成的文化企业税负均有下降，其中尤其是鉴证咨询行业，其税收减少企业户数占比达93.6%。再从文化产业链税负变化来看，"营改增"实现全面减税的效果明显，试点文化企业与下游企业合计减税83.3亿元，通过"营改增"不但避免了文化企业与上游企业间重复征税，减轻了文化企业税收负担；而且也避免了文化企业与下游企业间重复征税，减轻了产业链税收负担。

（2）完善了抵扣链条，加强了上下游文化企业之间的合作

文化产业"营改增"后，文化企业一方面可以对企业当期发生的增值税进项税进行抵扣，另一方面试点一般纳税人文化企业提供的相关文化服务等能开具增值税发票，使文化服务产业链上的接受文化服务方也可以进行增值税抵扣，从而完善了服务业和制造业之间的抵扣链条。同时，由于增值税抵扣链条更加完整，"营改增"也有利于扩大其他行业对文化服务的需求，为文化产业提升业务数量、扩大产业规模提供制度基础。以上海市某动漫公司为例，"营改增"后，该公司将动漫产权销售给其下游企业某玩具厂商，该玩具厂商能够凭借增值税专用发票进行抵扣，使得其成本降低。虽然"营改增"为该动漫公司带来的税负减轻效果不明显，但是由于"营改增"使得其下游企业的成本降低，该动漫公司因此受到更多客户的青睐，业务规模不断扩大。"营改增"初期，该公司只能在上海、北京等省市寻找上下游合作企业，随着"营改增"在全国范围内的逐步开展，该动漫公司的下游合作企业已延伸到全国各地。由于"营改增"使得文化产业的抵扣链条更加完整，因此进一步加强了文化服务业与上下游企业之间的交流与合作，促进了文化企业的发展壮大。再从上海市试点的情况来看，通过对文化创意服务、鉴证咨询服务及研发和技术服务等 1 000 多家企业进行调查，结果显示，2012 上半年，试点企业的本市客户数量同比增长 7.2%，外省市客户数量同比增长 11.6%，境外客户数量同比增长 3.4%，境外合同金额同比增长 302%，说明"营改增"有利于扩大文化产业发展规模，有效地提升了试点文化企业的竞争力，促进了文化产业的发展。

三、"营改增"对试点文化企业影响调查研究

1. "营改增"对一般纳税人文化企业影响研究

对于一般纳税人文化企业而言，"营改增"后企业税负的高低很大程度上取决于其可取得的可抵扣增值税进项税额的大小。因此，为了进一步了解文化企业的进项税额抵扣情况，观察"营改增"对文化企业的税负影响，现在全国范围内，选取两家比较具有代表性的一般纳税人文化企业作为此次试点的分析样本，观察"营改增"对其影响。

（1）"营改增"对吉视传媒税负影响研究

吉视传媒股份有限公司（以下简称：吉视传媒），是由吉林省广播电视信息网络集团有限责任公司于 2010 年 1 月整体改制设立，注册资本 2 321 万元。该公司属于广播电视业，主要从事于有线电视业务、广播电视节目传输

服务业务等，属于典型的文化企业。2013 年以前该公司从事收视业务的收入，按 3%税率计缴营业税。根据财税［2013］37 号等文件的相关规定，该公司和分子公司从事收视业务的收入，自 2013 年 8 月 1 日起改为征收增值税，税率为 6%。以下是根据吉视传媒 2012 年和 2013 年年度审计报告整理出的相关税率和税额。吉视传媒 2013 年营业税额有所减少，而增值税额有所增加，但由于增值税额增长的幅度小于营业税减少的幅度，所以总体而言，吉视传媒 2013 年营业税与增值税的合计数要远远小于 2012 年合计数。同时我们可以看到，在 2013 年营业收入上升的情况下，其营业税与增值税合计占营业收入的比重下降。通过对吉视传媒的财务报表进行分析发现，该公司 2013 年营业成本与 2012 年相比，增加了 15 733 万元，增长比例为 17.83%。通过对吉视传媒当期的成本构成情况进行分析发现，该公司当期增加了大量的人工成本与折旧费用，这些都是不能作为增值税进行税额进行抵扣的。但是与此同时，该公司的网络运行和维护成本较上年同期增加了 21.61%，通过进一步分析发现，该公司在当期购进了大量的传输路线及设备，以及在提供相关服务过程中支付了大量的设备维修费等，这些可以用来抵扣增值税销项税额，所以该公司当期的增值税和营业税合计数有大幅下降。但是，"营改增"后，由于营业税税额的下降，企业当期可作为营业税金及附加抵减所得税的金额也会减少，由此可能会导致企业所得税税负的增加，进而减少企业当期净利润。因此，为了进一步研究"营改增"对吉视传媒的税负影响，现对其所得税进行分析。"营改增"后，由于营业税的减少，使得企业当期缴纳的城市维护建设费等也相应减少，从而使企业营业税金及附加比 2012 年减少了 1 759.1 万元。而企业 2013 年所得税年度发生数为 200.2 万元，2012 年无发生额，其所得税费用的确有所上升。如果不考虑其他因素，单从税负的角度进行分析，该公司当期增值税和营业税合计下降 173.1 万元，其给该公司带来的减税作用略小于其所得税费用的上升带来的负面效应。但是，根据公司报表披露，2013 年公司所得税上升的主要原因是：本期收购抚松县松江河林业网络传输有限公司，该公司本期不免征企业所得税。由此可见，"营改增"后，营业税金的减少并没有加重该公司企业所得税税收负担。另外，根据该公司 2014 年的经营目标与规划，还将进一步扩大机顶盒、网络维护建设等项目投资规模，"营改增"为该公司带来的利好将进一步凸显。然而由于文化产业不同于制造业，通常而言没有稳定的进项，可能在一段时间内进项较少，因此导致有些企业在短期能无法获利。文化产业目前大多是人力成本占有较大比重，能取得进项的大都是电脑和办公用品等。因此，企业在本期可抵扣进项税额不是特别大的情况下，相较而言，企业的税收负担反而会增加。

（2）"营改增"对省广股份税负影响研究

广东省广告股份有限公司（以下简称"省广股份"），成立于1979年，是中国最早创立的广告公司。该公司的主营业务包括品牌管理、媒介代理、自有媒体等。根据"营改增"相关文件的规定，该公司的各项业务于2012年开始，陆续纳入"营改增"试点。其中广州地区公司2012年11月1日起纳入文化产业"营改增"试点范围，税率为6%；上海地区公司2012年1月1日起纳入试点，税率为6%；北京地区公司2012年9月1日起实行"营改增"，税率为3%或6%。"营改增"后，省广股份的营业税额和增值税额大幅上升，因此导致该公司2012年营业税与增值税合计数大于2011年合计数，同时在2012年营业收入上升的情况下，其营业税与增值税合计占营业收入的比重也略有上升。"营改增"后，省广股份的税负增加主要有以下两方面原因：第一，省广股份作为广告公司，其中媒介代理业务占收入的比重高达80%，其本身按照差额（不论是不是增值税发票）征收，税率为5%。所以，"营改增"后，如果公司当期没有取得大量的可抵扣进项税，税负很有可能会增加。第二，通过该公司财务报表附注可知，2012年由于公司业务规模的扩大，使得收入大幅增加，从而导致营业税额增加。省广股份2012年营业税金增加了1 419万元，而营业税金增加主要在于公司当年合并范围扩大，业务规模增加，使得其营业收入增加90 970万元，同时净利润也比2011年增加9 446万元。省广股份2012年所得税年度发生额为6 406万元，比2011年上升了98.12%。相比而言，2012年"营改增"后公司增值税和营业税合计数增加2 215万元，对于公司的利润影响比较小，说明"营改增"并没有给省广股份盈利带来太大不利影响。虽然该公司当期增值税和营业税合计额有所增加，但是由于该公司业务分布范围较广，在北京、上海、成都等地都设有分公司，2012年只是部分业务纳入"营改增"试点范围，因此不能简单判定为"营改增"给该公司带来了不利影响。通过进一步分析发现，企业当期在进行业务规模的扩大，以及实现数起对外投资并购，导致当期成本费用增加。同时由于省广股份2012年人工费用占营业成本比重较大，可抵扣的进项部分较少，因此从表面上来看该公司"营改增"后税负有所增加。但是从长远来看，该公司原有业务媒介代理、自由媒体以及品牌管理稳健增长，其中品牌管理表现最为突出。2013年随着"营改增"在全国范围内的开展，该公司各地的子公司也纳入了试点，根据省广股份2013年前三季度财务报表，可以看出"营改增"大幅减少了该公司的主营业务税金，其中第一季度其占公司营业收入的比重为 0.78%，相比 2012 年同期减少了 0.81%。同时，自 2013 年 8 月开始，"营改增"试点扩大，广告行业的"营改增"推广至全国，这对于正在逐步完善全国布局的省广股份而言也将产生一定的积极影响。通过对吉视传媒和省广股份的税负变化情况进行分析，我们可以发现，对于当期拥有大量可抵扣进项税额的文化企业来说，"营改增"非常利好，既能减少企业应纳税额，也能增加企业利润。"营改增"最大的目的其实并不是减税，而是通过合理的税制改革，解决文化企业在经营过程中所面临的重复征税问题，同时调节产业结构，使第三产业和第一、二产业税收政策相同，使税负更加公平。就文化产业而言，一般纳税人可以通过购置可抵扣进项税额的资产来减轻企业的税收负担，但是如果企业当期没有大量可抵扣资产，尤其是对于一些规模不大，经营状况一般的企业而言，"营改增"就很可能导致其税负增加。同时当前改革硬性的扣除规定会造成新旧文化企业之间税负不公平，加大企业税收筹划的空间，带来一定的负向激励效果。因此，此次增值税改革在税制的设计上还有待进一步完善。

2. "营改增"对小规模纳税人文化企业影响调查研究

成都市某广告公司为小规模纳税人，于 2013 年 8 月 1 日纳入"营改增"试点范围，主要从事广告设计、制作与发布，属于典型的文化产业。目前该公司主要服务于餐饮、房地产、酒店等企业，服务对象中一般纳税人占 90%。该公司 2011 年和 2012 年主营业务收入分别为 276 973 元、227 858 元，净利润分别为 87 097 元、85 308 元，经营状况较稳定。根据此次"营改增"试点的相关规定，在文化产业领域，小规模纳税人税率由改革前的 5% 营业税税率降为 3% 的增值税征收率，并且以不含税销售额为计税依据，税负下降幅度超过 40%。下面我们以成都市某广告公司 2013 年前三个季度主要损益类指标，说明该小规模纳税人企业"营改增"前后税负变动情况。"营改增"前，该公司按照 5% 税率计征营业税，共计 193 575 × 5% = 9 678.75 元的营业税税额。"营改增"后，该公司按照小规模纳税人 3% 简易税率计征增值税。公司的主营业务收入为 193 575/1.03 = 187 936.89 元，应缴增值税为 187 936.89 × 3% = 5 638.11 元，较转型前缴纳的税额少 4 040.64 元，营业利河增加 4 040.64 元。从中我们可以看出，实行"营改增"以后，该小规模纳税人的税收负担的确有所减轻。据成都市某广告公司反应，"营改增"后该公司的税负的确有所下降，给企业发展带来了一定的好处。然而，成都市某广告公司认为此次改革仍存在不足之处，主要表现在"营改增"后，企业未涉及广告发布的业务仍然要收取 3% 的文化事业建设费。按照有关规定，广告公司应当根据其提供广告服务取得的含税销售额，适用3%的费率计算应缴纳的文化事业建设费费额。以成都市某广告公司为例，该公司2013年8月完成一项10万元的广告业务，并向广告主开具了增值税专用发票。当月支付给广告发布者A公司发布费2万元，支付给B广告公司发布费1.5万元，由于成都市某广告公司是小规模纳税人，则成都市某广告公司应缴增值税为100 000/1.03×3%＝2 912.62元，应缴文化事业费为（100 000－20000－15 000）×3%＝1 950元。对于盈利本不多的小规模文化企业而言，文化事业建设费的确较高，有时候甚至和增值税一样多，因此企业普遍认为其在这方面的负担较重。同时，通过对多家小规模文化企业调查发现，对于小型规模的文化公司而言，"营改增"后税负的确有不同程度的减轻，同时部分企业经营状况也有所好转。对于税负减轻的原因，除"营改增"带来的影响外，另一方面也有企业自身技术改造的原因。然而由于成都地区才刚开始展开试点，时间较短，因此就目前"营改增"试点效果来看，"营改增"对于小规模文化企业在最终产品定价、合作对象的选择、企业长远发展等方面的影响还并不明显。但随着"营改增"试点工作的逐步展开，相信其会对小规模文化企业带来更大的好处。对于"营改增"后企业增加的利润，企业主要考虑用于设备投资、进一步扩大生产规模、开展转型升级、提升企业整体实力等。另外，企业也普遍反映目前政府关于"营改增"政策的宣传和解读还不到位，虽然目前税务部门有12366热线以及税务专管员负责直接联系企业，但是企业在实际中遇到的一些问题，却经常得不到比较明确的、可操作的回答，对此企业希望政府可以加强网络等沟通平台的建设，提高服务效率。

四、推进文化产业"营改增"的政策建议及配套措施

1. 我国文化产业"营改增"试点存在的问题

虽然"营改增"能够有效地减轻文化产业税收负担，促进文化产业发展，但是由于当前增值税改革制度设计不完善等原因，我国文化产业"营改增"还存在着一些问题，会在一定程度上削弱此次改革的力度。

（1）部分文化企业税负加重

"营改增"后，文化产业整体税负下降，尤其是对小规模纳税人来说，减税效果明显，但仍有部分一般纳税人文化企业税负增加。鉴证咨询服务及文化创意服务的税负增加户数占比约25%，相比之下明显偏高。这些企业原本营业税税率为5%，"营改增"后，增值税税率为6%。鉴证咨询业与文化创意服务等文化产业都属于智力密集型的企业，它们的主要成本也是集中在人

工和办公费等支出上，能够抵扣的成本在企业成本中的比重相对较低。同时由于近几年这些文化企业用工成本的不断上升，"营改增"对该部分文化企业带来的好处不多。前文中也提到，"营改增"最大的目的并不是减税，而是通过合理的税制改革，解决文化企业在经营过程中所面临的重复征税问题，同时调节产业结构，使第三产业和第一、二产业税收政策相同，使税负更加公平。而在改革过程中，出现部分企业税负上升的现象也是不可避免的。

在"营改增"初期，很多文化企业对于改革后的税负进行了测算，得出税负增加的结论后，便积极地进行行业改造，从集团内部进行总体的税收筹划。比如上海市某知名广告媒体企业，将原来设备的租借改为设备采购，以此增加进项税额的抵扣，努力减低税负增加带来的不利影响。但是从税收的原则来讲，"营改增"的政策及上述措施迫使部分文化企业改变了其市场抉择，违背了税收的中性原则。因此，在改革的过程中，政府还应该对文化企业加以正确地引导与有效地监管，避免税负增加给企业带来一些负向激励作用。

（2）一般纳税人认定的销售额标准过高

我国增值税纳税人分为一般纳税人和小规模纳税人两类，其中小规模纳税人由于实行简易征收办法，不能进行进项抵扣。试点方案中规定"以500万元增值税应纳销售额为标准，将纳税人区分为一般纳税人和小规模纳税人"，而我国现行增值税中是以50万元或80万元为划分标准，两者相差悬殊。我国文化产业的结构中小企业占比较大，即使如北京、上海这样文化创意产业起支柱作用的地区，小规模文化企业所占比例都在70%左右。与"营改增"方案中500万元销售额高标准相对应的，必然是大部分文化企业的小规模性质。而在简易征收办法下，小规模纳税人既无法扣除上一环节已缴纳的增值税税款，也不能为下一环节提供税款抵扣。即使小规模文化企业申请税务机关代开增值税专用发票，作为一般纳税人的应税服务接收方，也只能按照3%的征收率抵扣增值税进项税额，这样依然无法完全在文化产业中消除重复征税问题。从减税的角度来讲，前文中分析到"营改增"总体上能够减少重复征税，减轻文化产业税收负担，促进其发展，然而"营改增"的最终目的是希望通过合理的税制改革，解决企业所面临的重复征税问题。因此，从一般纳税人认定标准上来看，过高的标准不利于完全消除重复征税，也不利于小规模文化企业业务规模的扩张，这就从一定程度上抵消了"营改增"对文化产业带来的减税与推动作用。

（3）未充分考虑到文化产业的行业特点

文化产业虽然同时跨越第二产业和第三产业，但是其大部分内容都属于服务业的范围。而现行增值税是以制造业的行业特点为基础制定的，如果将其简单地复制，不加改进，直接应用到目前征收营业税的部分文化产业上，显然很难适用于文化产业的特点。贾康（2012）认为，目前试点办法中对税目税率设计太粗，对部分行业没有兼顾到行业特点，抵扣少，但税率大幅度上升，造成了部分试点行业税负不升反降。文化产业具有用工成本高、人员流动频繁等特殊性，如果在税制的设计上没有考虑文化产业的特点，其纳入"营改增"试点后，由于其可抵扣的进项税额相对较少，企业税负会增加。所以想要降低文化企业的用工成本，留住专业文化管理人才，提高文化企业市场竞争力，在政策的制定上就应该充分考虑文化产业的发展特点，应当对于某些特殊的文化行业实行税收优惠扶持政策，以及对现行增值税税制的某些条款或规定给予相应调整，使其适应于文化产业的运行特点。

2. 推进文化产业"营改增"的政策建议

（1）降低文化产业一般纳税人认定标准

试点方案中规定"以500万元增值税应纳销售额为标准，将纳税人区分为一般纳税人和小规模纳税人"。而小规模纳税人实现增值税简易征收办法，不能抵扣进项税额。虽然"营改增"有利于降低小规模纳税人的税负，但是过高的认定标准却不利于小规模文化企业的发展。增值税一般纳税人的界定标准应该能促进小规模纳税人成长，从而不断扩大一般纳税人的队伍，保证增值税的抵扣链条的完整性，进一步消除重复征税。因此建议将文化产业一般纳税人的年应征增值税销售额标准降低。根据2011年工业和信息化部、国家统计局、国家发展和改革委员会、财政部联合印发的《关于印发中小企业划分标准规定的通知》，其中涉及的文化产业大多数以年收入100万元作为微型企业的认定标准。因此可以考虑将试点方案中的500万元的一般纳税人认定标准降低至100万元，这与改革前增值税一般纳税人50万元和80万元的差距也不是很大，从而提高一般纳税人占全部纳税人的比重，促进中小企业的发展。

（2）扩大增值税的抵扣范围

目前，虽然我国的增值税转型已经取得了一定的成效，但并没有完全体现出税收中性，也就更谈不上对文化产业的特定扶持。因此，文化产业"营改增"试点方案的进一步推广，应考虑与增值税转型改革相结合，通过完善增值税征税范围与纳税人的相关规定，提高"营改增"对文化产业的促进作用。扩大增值税的抵扣范围可以从两方面进行：一是从有形资产的进项扣除来说，目前的增值税制度还没有实现真正完全从生产型转为消费型，厂房、不动产等还没有完纳入增值税的抵扣范围。由于以上有形资产不能完全抵扣，所以转型改革对于文化产业固定资产投资的激励作用不能得到更好地发挥。因此，建议尽早完善此类固定资产的投资抵扣的相关规定。二是从无形资产的转让来看，当前纳入营业税范围的特许权、技术专利转让等行为，在实行"营改增"以后，也应当同时并入允许抵扣增值税进项税额范围。通过将营业税的应税货物也逐步纳入增值税的征税范围，不仅为营业税全面改征增值税提供了制度基础，同时也将有利于彻底消除文化产业的重复征税，降低企业的税收负担。

（3）进一步扩大试点文化行业范围

当前已经将文化产业中的研发和技术服务、信息技术服务、文化创意服务、鉴证咨询服务、广播影视服务五个行业纳入"营改增"试点范围。随着改革运行机制的逐渐成熟，应当在此基础上总结经验，完善税收政策制度，进一步拓展试点范围，激励更多文化企业纳入试点，尽早分享改革带来的好处。

3. 推进文化产业"营改增"的配套措施

（1）健全改革相关的税费征收制度

我国目前的文化事业建设费似税非税，不仅加重了企业负担，也不利于发挥税收对文化产业的调节作用。我国的文化事业建设费从 1997 年开始，在全国范围内进行征收。"营改增"后，根据相关规定，原缴纳文化事业建设费的单位也应当继续缴纳文化事业建设费。而事实证明，文化事业建设费对于文化产业发展筹集资金的功能有限，反而在一定程度上加重了文化企业税收负担。考虑到对于小型文化企业的扶持作用，财政部与国家税务总局于 2013 年 12 月下发相关通知规定，对从事娱乐业的营业税纳税人，无论单位还是个人，只要月营业额不超过 2 万元，就能享受免征文化事业建设费的优惠政策。但是其起到的调节作用有限，对于大多数文化企业尤其是小规模企业而言，税费负担依然较重。对此，有人建议可以开征"文化税"。然而，贾康（2012）认为国家没有必要在征收文化事业建设费的前提下，另外开征"文化税"，但是却可以在现行税制结构之下对我国的文化事业建设费进行费改税，比如可以考虑将文化事业建设费并入到城市维护建设税之中。另外，也可以考虑在全国全行业取消 3% 的文化事业费的征收。

（2）深入贯彻落实财政扶持政策

对于增值税改革试点中税负上升比较大的文化企业，各地方政府要尽快建立和完善补偿机制。目前，虽然各地方政府都纷纷出台了一系列财政扶持政策，但是在政策的具体贯彻执行阶段，还存在着手续烦琐，政策宣传不到位等情况。比如上海市给予税负大幅增加的文化企业财政补贴，实行先征后返。此项政策虽然好，但是从申请到落实，前后需要三个月，由此造成了企业资金周转困难。另外，对于政府出台的诸多政策，许多企业反映并不知情，也就无法享受。因此，建议政府在制定相应税收扶持政策的同时，也能简化手续，加快执行效率。此外，还应该加强"营改增"有关政策的宣传和解读，进一步有组织地展开管理、税务等人员的政策专项培训，同时加强网络、微博等其他沟通平台建设，以方便企业更好地获取政策信息，及时向政府部门咨询和反映问题。

（3）完善文化企业的所得税配套优惠政策

增值税作为间接税，在经济运行中主要体现出中性原则，而如果要对特定的产业进行扶持，还应该通过所得类税种进行调节。因此在对文化产业进行增值税改革的同时，还需要考虑发挥所得税对文化企业的调节作用。目前我国在文化领域实施的税收优惠政策，还比较缺乏系统性，对于一些新兴的文化产业支持力度还不够，这不利于我国文化产业优势的形成。因此，应该加大对于文化科技创新税收政策的支持。对此，我们可以借鉴发达国家较为通行的方式。比如，对于从事数字广播影视、电子出版物等研发类的文化创意企业，或者在特定区域（如文化产业园区）内从事特定行业所取得的收入，实行特定减免税。另外，由于文化产业属于知识密集型产业，知识和人才是产业的核心，而在前文中也分析到，目前我国缺乏专业的文化管理人才。对此，我们也可以借鉴外国的经验，一方面根据现有企业所得税政策，将人才的引进与培训费用比照外购与自行研发的无形资产的研发成本，允许企业进行摊销扣除；另一方面，对在特定文化区内生活与工作的科技技术人员（除娱乐等收入畸高行业外），取得与支持产业直接相关的收入减征或免征个人所得税，对其在产业园区内生活、接待与娱乐所发生的合理费用允许一定的扣除，从而提高文化产业对专业管理人才的吸引力。

第四章　正确认识
科学把握　确保营改增工作平稳推进

责任分明　加强管理
全力做好营改增工作的开展

河北省青龙满族自治县国家税务局　龚晓光　詹　宇

一、基本情况

（一）户籍情况

青龙县本次营改增共涉及纳税人 1405 户，经核查无法联系纳税人 54 户，实际导入国税系统纳税人 1350 户，其中纯地税户 1140 户、共管户 210 户。单位纳税人 389 户，个体纳税人 961 户。

（二）一般纳税人登记情况

已进行一般纳税人登记 27 户，其中：2 户旅游企业、7 户银行、4 户保险企业、12 户房地产企业、1 户小额贷款企业、1 户建筑企业。

（三）纯地税户发票核定发售情况

核定增值税专用发票 14 户，发售 14 户；核定增值税普通发票 53 户（含使用专票户数 14 户），发售 51 户，其中 1 户处于停业状态，未发售发票；核定通用机打发票（B）类发票 73 户，发售 73 户；核定手工（E）类发票 1005 户，发售 521 户；核定定额（K）类发票 1 户，发售 1 户。

（四）发票开具情况

1. 首日发票开具实测情况。一是开展"零点行动"，由县局局长和主管局长带队，于5月1日零点分别到青龙县的餐饮、住宿企业，现场辅导纳税人自行开具发票。0：01分，青龙县四合商务酒店开出了营改增后全县第一张增值税普通发票。二是进行发票自开代开实测。5月1日早晨，选取不同行业共8户纳税人进行发票自开，均能正常开具；办税服务厅对增值税专用发票和普通发票代开进行了测试，均能正常代开。三是到地税进行代开测试。由县地税局代开个人出租不动产发票1张。截止5月1日上午9点，青龙县局营改增首日发票实测取得圆满成功。

2. 营改增后发票运行情况。截止5月2日，共为28户营改增纳税人办理涉税业务28笔。其中发售增值税专用发票和增值税普通发票10份，发售通用机打（B）类发票15份；为纳税人代开发票7份，金额0.42万元；受理纳税人涉税咨询21人次；地税代开增值税普通发票2份，金额4.88万元。

二、采取措施

（一）加强组织领导，协调部门联动

1. 成立组织制定方案。成立以县局局长任组长的营改增工作领导小组，制定县局《营改增工作方案》，认真组织谋划，明确目标责任，形成主要领导直接抓，分管领导具体抓，相关科室各司其职的模式，并将"营改增"工作纳入绩效考核。

2. 实行行业专业化管理。对4类营改增行业的纳税人进行全面摸底调查，在充分考虑纳税人行业特点和县局人员配置的基础上，将4类"营改增"行业分别划归3个税源管理分局，将房地产业、建筑安装业由第一税务分局管理，生活服务业归第二税务分局管理，金融保险业划归第七税务分局管理。

3. 与地税部门做好信息交换。加强与地税、财政部门的协调配合，采取联席会、分析会等方式对"营改增"工作中可能出现的问题进行探讨研究。提前获取相关数据和信息，摸清"营改增"全部企业规模及行业分布情况，与县地税局做好户籍移交、税种核定、发票核定等前期基础工作，顺利实现1407户"营改增"纳税人信息的移交和接收。

（二）强化内外培训，增强能力素质

1. 做好市局统一培训组织工作。4月18日，青龙县国地税局联合召集营改增纳税人参加市局统一组织的营改增政策解读暨操作实务培训会，共有465户纳税人参加了培训。县局提前与授课单位积极沟通，结合县局营改增工作

实际，有针对性地对授课内容提出了要求，确保培训取得实效，对后续工作的开展提供有力支持。

2. 组织全体干部业务培训。积极组织开展内部"营改增"政策、业务培训，深入解读政策文件，准确把握政策要点利用周末休息时间，于4月23日组织全员进行营改增政策培训。由县局局长、主管局长和业务科长亲自授课，结合营改增相关文件，对营改增最新政策进行了详细讲解。4月24日组织全员营改增考试，对参加"练兵比武"的业务骨干22人采取闭卷形式，巩固所学知识，检验培训成果，达到以考促学的目的。

3. 分行业组织纳税人培训。4月27～29日三天，由负责营改增行业管理的3个分局，针对建筑业、房地产业、金融业和生活服务业的风险管理特点，召集所管辖行业纳税人举办了3场分行业营改增培训会。在讲解部分行业管理办法的同时，着重对营改增后发票开具、纳税申报等操作当场进行指导，确保让纳税人实现"懂政策、会开票、能申报"。

4. 加强旅游服务企业管理。一是局领导上门辅导。县局龚晓光局长、肖春图副局长4月30日亲自到祖山景区，对纳税人营改增前各项准备工作进行调研，对旅游企业发票的使用进行了政策辅导；二是召开旅游企业座谈会。将营改增后景点发票使用的相关政策和事项向纳税人进行了告知，与纳税人进行面对面交流，当场解答纳税人的疑问，并征求了营改增后纳税人的意见与需求。

（三）细化软硬服务，保障工作顺畅

1. 抽调骨干力量，增设绿色通道。在办税服务厅增设两个办税窗口，增加两名导税员、两名咨询岗。将3名业务骨干优先配置到营改增绿色通道窗口，确保为营改增纳税人提供便捷的纳税服务和准确的政策解答，保障营改增涉税业务高速运转，政策顺利落地。

2. 更新硬件设备，保障系统运行。县局信息技术部门为办税服务厅提供最新的设备与技术支持，共更换电脑3台，打印机3台，更换显卡8块。

3. 分局同城通办，缓解大厅压力。对在县局机关外的三个税源分局，县局要求对营改增相关业务采取同城通办，方便纳税人就近办理涉税业务，分散办税服务厅工作量，缓解工作压力，提高工作效率。

4. 实行"特事特办"发票派送服务。对已进行票种核定的纳税人，在与纳税人取得联系，确定所需发票数量后，提前在系统中出票，由纳税协调员携带发票和所需文书手续为纳税人送票到家，保障营改增纳税人用票需求。

5. 上门辅导纳税人操作。上门对纳税人进行开具发票、纳税申报等重点环节的操作，纳税人可现场进行咨询提问，由税务人员给予解答反馈。结合营改增"码"上学，请纳税人现场扫码学习，确保沟通交流顺畅。争取让营改增纳税人最短时间内实现"懂政策，会开票，能申报"。

6. 进行应急演练。制定《营改增工作应急预案》，利用下班时间在征收服务分局采取模拟情景和实战操作形式，对税务登记、发票管理、申报征收、防伪税控、纳税服务、事件舆情、网络故障应急处理七个方面进行演练。

（四）加大政策宣传，扩大影响力度

1. 主动通过媒体宣传。联系省电视台《看今朝》栏目组对青龙县局营改增工作开展情况进行拍摄采写，积极宣传营改增给纳税人带来的减负效果。节目已于4月中旬的《看今朝》栏目中播出。

2. 张贴宣传海报横幅。在办税服务厅内张贴营改增业务办理流程图，设置统一"营改增"电脑屏保，悬挂"欢迎营改增纳税人办理税收业务"等3个条幅，制作6张宣传海报，争取纳税人的理解与支持，号召税务干部发扬艰苦奋斗精神，出色完成营改增各项工作。

3. 发放营改增涉税业务提示提醒书。县局自制了《营改增纳税人办税指南》《营改增工作温馨提示书》《营改增办税服务告知书》，发放给营改增纳税人。对营改增的相关政策规定、业务办理流程向纳税人做好宣传辅导，有利于营改增工作顺利深入推进。

4. 创新政策宣传形式。将《致全国营改增纳税人的一封信》的内容录制成音频，在办税服务厅、县民族广场、各大商场超市循环进行播放，不断扩大营改增的宣传范围。

5. 建立税企交流微信群。将负责营改增工作的税务干部及部分重点纳税人添加进群，以便在营改增过程中及时向纳税人宣传最新政策，分享相关解读资料，实时解答纳税人提出的疑问，充分发挥微信"即时性"、"互动性"强的特点，共发布营改增政策信息160余条，解答纳税人提问90余次。

6. "以税咨政"汇报情况。以专报形式向县委、县政府汇报营改增工作的前期准备和进展情况，取得县常务副县长傅兴超的批示：县国税局在推进营改增工作中组织得力，效果较好，望在下步工作中继续发扬成绩，明确责任，加快推进。上报《关于加强外县纳税人提供建筑服务管理的建议》以税咨政一篇，对行业管理提出建议，服务地方经济发展。

7. 编发营改增每日动态。在县局内部网站开设《营改增工作每日动态》专栏，每天更新营改增工作最新动态、相关政策、工作进展等内容，总结优秀经验做法上报，被《河北国税简报》采纳刊登2次。第18期提到：青龙县局制定完善绩效考核指标，以绩效考核促进营改增工作；第 31 期提到：青龙县局将业务骨干优先配置到"营改增绿色通道"窗口，保障营改增纳税服务效率。

（五）狠抓工作落实，确保扎实推进

1. 明确责任分解任务。制定时间表、路线图，细化岗位责任，任务逐条分解到岗、责任到人，统一时间节点、统一工作流程、统一操作标准、统一质量控制。坚持"一事一请示"原则，确保各项政策准确执行到位。

2. 对照督察方案，查找工作漏洞。对照总局、省局督察方案和各级视频会上提出的要求和指出的问题，对已开展营改增工作逐一进行梳理，针对每条督察内容，确定相关责任人，确保落实到位，杜绝进度滞后、落实有欠缺的情况发生，确保达到省局督察方案要求。

3. 将营改增工作纳入"一问责八清理"范围。对营改增工作过程中出现的"懒政怠政、不作为、不在状态"的行为，及时进行清理查处。着力解决对待营改增工作敷衍塞责、效率低下、拈轻怕重，推诿扯皮、贯彻落实不到位，碰到问题不担当，对待纳税人态度冷硬等问题。

4. 实行每日例会制度。每天下班前，各部门负责人依次汇报当天营改增工作进展情况，对工作中存在的问题现场进行讨论、研究和决策。主管局长负责传达总局、省市局最新政策要求，总结当日营改增工作，对下一日的工作进行部署，不断加强部门间的沟通与协调，确保营改增工作顺畅平稳推进。

5. 树立工作典型模范。在营改增工作中，部分税务干部克服家庭和生活中的困难，涌现出众多先进事迹。主管局长肖春图年过五旬，常年患有高血压，他连续加班指挥，主动要求参加零点行动；曾凡文母亲刚刚过世后不久，就立即全身心投入营改增工作中；秦立超面临筹办婚礼、母亲住院、研究生考试等多重压力，将婚期推迟；马子著父亲住院、于俊峰参加研究生考试，但他们都能够不影响本职工作；众多中层干部也身先士卒，带头加班加点工作……这些人坚守在营改增工作的第一线，为全县国税干部树立了榜样，保障全局营改增工作有序开展。

三、存在问题

一是由于营改增工作时间紧任务重，导致部分税务干部对政策业务掌握不够全面，操作熟练程度有待进一步提高。个别干部对待营改增工作不够重视，态度不够端正，存在不同程度的等靠思想。二是由于青龙县大部分为山区，在营改增宣传培训的过程中，有些偏远地区的纳税人（例如小饭店）没能来参加培训，宣传培训覆盖面没能达到100%全方位覆盖。

四、下步工作打算

5月1日营改增正式全面推开后，青龙县局将继续加强内部人员的能力素质培训和营改增纳税人的分行业具体政策和操作培训；加强与地税部门的协调工作，规范地税代开业务的管理；做好收入分析，结合青龙实际，研究制定营改增行业的专业化管理规范。

上下联动全面推进"营改增"

河北省固安县国家税务局 王海潮 樊永安 王 冰

3月5日,李克强总理在十二届全国人大四次会议上宣布,5月1日起全国范围内全面推开营业税改征增值税改革试点;3月21日,省局召开全省国税系统全面推进"营改增"试点动员部署大会;3月23日,固安县国税局召开中层以上干部会议,迅速安排推进"营改增"各项具体工作。

一、宣传先行

为增强纳税人对营改增政策的认识,固安县召开国税局围绕"聚焦营改增试点、助力供给侧改革"主题,以全面实施"营改增"税制改革、深化国地税征管改革和税收服务经济发展为重点,集中组织系列宣传活动。在办税厅设置营改增咨询岗,将5000余份"营改增"政策资料、调查问卷等快递到纳税人手中,同时组织税务干部走上街头宣讲政策,通过集中培训宣讲税收知识,把《致全国营改增纳税人的一封信》发放到每一户营改增纳税人手中,并通过公共场所公告栏、电视、广播、流动宣传车、微信平台及户外广告显示屏等多种载体广泛宣传营改增政策,先后共发放各类宣传资料累计达30000余份,并为有需求的"营改增"大户提供政策送上门的贴心服务。实现了营改增政策宣传全覆盖,做到应知尽知,不留宣传死角,有效提升了营改增纳税人乃至全社会对营改增政策的知晓度,营造出良好的舆论氛围。

抓好营改增双向培训。今年以来,我局共开展营改增内外部培训21场,培训税务干部400余人次,培训营改增纳税人3862户次。其中,组织全县89户营改增一般纳税人参加了市局组织的分行业政策培训,对全县营改增纳税人先后组织了六次较大规模集中政策培训及多次小规模重点培训、辅导,对所有新增营改增企业个体纳税人也同步进行了全覆盖式培训。3月28日,我局聘请财税专家焉梅对房地产、建筑安装、金融保险和生活服务业四大行业的纳税人进行"营改增"业务培训,收到良好效果。这种培训计划进行三期,第二期于4月15、16日两天组织一般纳税人进行"营改增"培训,第三期组织大企业进行单独纳税辅导。同时,我局组织全体税务干部于每天早八点至八点半进行营改增政策集中学习,对营改增业务骨干和办税窗口人员进行窗口业务强化培训，派专人到扬州税院采购三个政策培训红盾用于在线系统学习掌握营改增政策及相关业务知识，每日通过电子邮箱向税务干部发送营改增政策、规定等。同时，认真组织开展"岗位大练兵、业务大比武"活动，以岗位应知应会知识和营改增业务技能为重点，组织全体干部职工充分运用省局网络教育培训平台分岗位类别进行练习、学习，开展多形式、多载体的岗位练兵。在岗位练兵基础上，我局开展了县局内部业务比武，并积极组织人员参加市局层面的一系列业务比武考试，以业务比武考试促进岗位练兵，取得良好效果，进一步提高了全局干部队伍素质，推动营改增涉税业务办理工作提质增效。

二、国地税联动

该局制定实施方案，健全组织机构，与地税机关共同制定了相关合作文件及责任分工明细表，对国地税合作事项进行了详细的责任分工，并会同地税机关就国地税合作具体事项共同制定了 17 项具体实施方案。实行严格目标管理和绩效考评。同时，加强与地税部门沟通，建立国地税联席会议工作制度，多次召开国地税联席会议，实行联合办公，协调征管业务、发票使用衔接等事宜，并与地税建立工作联系机制，实现无缝衔接，稳扎稳打做好"营改增"户籍移交工作。截止到目前，地税部门共移交 1844 户纳税人，其中单位纳税人 1235 户，个体纳税人 609 户。3 月 23 日至 30 日，固安县国税局对全县 1844 户营改增纳税人的户籍和定额信息进行了核查，并对第一次未联系到的纳税人进行了二次核查，经核查，确定了 1469 户有效纳税人。其中，纯地税单位纳税人 641 户，国地税共管单位纳税人 502 户，纯地税个体 295 户，国地税共管个体户 31 户。3 月 30 日至 4 月 5 日，该局完成市局下发的 249 户纳税人信息初步核实，其中一般纳税人 197 户，其中，国地税共管已认定一般纳税人 107 户，纯地税应认定未认定 60 户，国地税共管应认定未认定的 30 户。对 249 户企业的超过一般纳税人标准资格登记，增值税发票票种核定和增值税优惠资格确认备案事项进行了核查，核查过程中对出现的不符信息积极与地税部门沟通，及时得到解决。

三、营造良好环境

4 月 6 至 8 日，利用三天时间，固安县国税局对全局中层以上干部和所有从事"营改增"的工作人员进行了业务培训和思想教育，要求大家心系于民，一门心思地为纳税人排解遇到的困难。5 月 1 日全面推开营改增前，通过系统培训确保纳税人会开票、报税，并顺利完成税控器具的发行和安装等工作，做好纳税人税款入库准备、模拟申报及分析等，认真做好各项操作准备工作。

优化服务举措。一是在办税服务厅内明显位置张贴、摆放营改增宣传资料，设置导税台和营改增咨询辅导岗，加强导税人员配备，严格落实一次性告知制度，加强错峰引导；选派业务骨干充实办税窗口，为纳税人提供号前预审，并指导、协助纳税人办理业务。新设立两台自助办税终端机，并指派专人指导纳税人操作使用。二是征收服务厅办税窗口简化优化办税流程，提供一窗通办服务，严格落实首问责任、限时办结、预约办税、延时服务、等办税服务制度；同时，推行增值税专用发票代开网上预审，为纳税人节省业务办理时间。三是制定办税应急预案，避免征收服务厅拥堵等同时，通过解决业务运行中出现的软硬件问题，确保全面推开营改增后办税业务系统运行顺畅。

四、走访新税户

此次四行业的"营改增"，时间紧、任务重、标准高，从宣布到实施，实际准备时间不足两个月，且新纳入到国税缴税的户数占据了国税原有户数的三分之二。如何让这些新税户适应新家庭的管理，是顺利推开"营改增"的关健。为此，固安县国税局"一班人"决定迈开双脚，分别带领业务骨干，分区划片，到企业入纳税户，宣传"营改增"政策，在帮助纳税人吃好"定心丸"的同时搞好四行业的摸底调查，开启新的税企关系。

做好首期申报工作。5 月 1 日全面推开营改增试点以来，固安县国税局举全局之力，平稳度过增值税发票代开的高峰期，现正稳步推进此项工作。进入 6 月份以来，营改增纳税人将进行首期申报，这使得固安县国税局迎来了营改增的第二次攻艰任务。为了确保所有营改增纳税人按期申报，确保样本企业税负测算表填写准确无误，该局采取了一系列的管理措施。一是在办税服务厅增加 3 个申报窗口，4 个增值税申报表审核辅导岗，为重点户进行一对一的申报辅导；聘请两名税务师事务所人员作为纳税申报辅导员在 6 月征期入驻办税服务厅辅导纳税人填报报表，保证营改增首月申报顺利开展。二是多渠道加强培训。为了确保营改增纳税人掌握报表填报，先后组织了多次现场培训。对样本企业更是采取了面对面，一对一的辅导。6 月 28 日，固安县国税局、固安县地税局在固安县创业大厦联合举办营改增小规模纳税人申报培训，向 1400 余户营改增小规模纳税人认真解读营改增相关政策、国税部门相关申报注意事项及地税部门相关税费按季申报注意事项，并邀请税友公司培训讲师刘洪峰系统讲解了网上办税操作流程，进一步提升了广大小规模纳税人对营改增政策及申报流程的知晓度，有助于国税、地税部门做好全面推开营改增后按季申报小规模纳税人的首次申报工作。同时，利用微信、QQ群、公共邮箱等多种渠道，下发了各类的培训资料和填报案例，使得纳税人能多渠道、多方式的获取申报的相关辅导。三是催报催缴多提醒，保进度。为了按期完成申报，该局利用短信平台、微信群，指定专人定期下发催报通知，提醒纳税人尽早申报，并将应申报纳税人分行业进行了申报催报，从而保证申报进度。四是建立问题处理机制。面对首期申报，营改增纳税人对报表的填报存在诸多的困惑和填报难点，该局首先在微信群中，随时解答纳税人遇到的常见问题，同时对于有特殊业务、特殊行业的纳税人采取了面对面的辅导，同时协调办税厅和服务单位建立问题户专窗受理，协助纳税人进行报表的前台填报和网络报送。通过以上措施，该局营改增纳税人的申报进度已达到98%以上，样本企业税负表核实修改工作已全部完成。

目前，该局营改增各项工作正在稳步推进。

挥戈税收辟坦途
全力推进"营改增"工作顺利进行

山西省翼城县国家税务局

5月1日凌晨，君悦酒店、翼城宾馆、阳光大酒店，在县国税干部的具体指导下，财会人员开出我县第一、二、三张生活服务业增值税发票。这标志着我县全面推开"营改增"试点工作顺利落地，涉及全县540余户"营改增"试点纳税人从5月1日起，发生应税行为将按照增值税试点实施办法进行财务核算，开具由国税机关监制的增值税发票。

时钟拨回到2016年3月5日，李克强总理在2016年政府工作报告中明确，从5月1日起，将"营改增"试点范围扩大到建筑业、房地产业、金融业、生活服务业，并将所有企业新增不动产所含增值税纳入抵扣范围，确保所有行业税负只减不增。

"营改增"的旋律一奏响，肩负着消除重复征税，减轻企业税负；促进社会就业，增加居民收入；深化产业分工，优化产业结构等重任的翼城国税人，又一次奋斗在新的历史起点上……

营业税改征增值税，是中国经济改革发展的一座里程碑。作为财税体制改革的重头戏和突破口，"营改增"为稳增长、调结构、促改革、惠民生，打造中国经济升级版提供了有力的制度支持。

"此次改革任务责任大、任务重、时间紧、要求高，国税部门作为承担试点实施工作的重要部门，使命重于泰山，不容我们有任何懈怠。全局人员必须发挥'特别能吃苦、特别能战斗'的优良作风，全力以赴备战'营改增'。"3月29日，在全面推开"营改增"试点工作动员会上翼城县国税局局长徐胜云向全体人员吹响了营改增"集结号"。

为做好"营改增"工作，翼城国税局充分调动全员力量，成立全面推进"营改增"改革试点工作组，制定具体、详细、操作性强的时间表、路线图，任务逐条分解到岗、责任到人，把市局安排部署的45项工作任务落实到位，及时做好市局对口部门沟通汇报，按照要求统一推进，形成联动工作机制。同时，和我县地税局建立联席会议制度，定期交流解决工作问题，形成部门合力，确保扎实推进"营改增"工作。

在宣传培训上，国税局以 4 月份全国第 25 个税收宣传月为载体，印制"营改增"宣传单、"营改增"业务和操作指引等宣传材料，向纳税人发放。还通过"翼城国税纳税人之家"微信平台、"翼城在线"微信公众号等新媒体向纳税人宣传"营改增"最新政策，营造全面推进"营改增"改革试点的浓厚氛围；全员参加总局"营改增"视频培训，全方位学习"营改增"相关政策，联合地税局举办"营改增"纳税人专题培训，对全县"营改增"纳税人开展辅导，促进了纳税人和社会公众对"营改增"相关知识的了解和掌握，进一步深化了"营改增"改革共识。

"对于'营改增'，我最关心的就是怎么缴税、缴多少税，经过培训知道国家是在为我们减税，我的顾虑完全被打消了。"阳光大酒店负责人如是说。

除此之外，国税工作人员还经常深入企业，挨家逐户讲解政策，"'营改增'解决了营业税制下'道道征收，全额征税'的重复征税问题，总体上是一项减税政策，但结构性减税并不是单纯'只减不增'，而是'有增有减'，我们会密切关注行业税负变动，努力达到让税负整体减少的最终目的。"在一遍又一遍地耐心宣讲下，翼城县"营改增"各项工作得到了广大纳税人的理解和支持，做到了不卡壳、无死角，税制转换实现平稳过渡。

全面"营改增"这个在今年春天火起来的词语，伴随着这三个字，四月的翼城国税局总是人头攒动，楼道里纳税人焦急的问询声、国税人耐心的解答声、呼啦呼啦的查阅资料声、噼啪噼啪的键盘敲击声，此起彼伏，汇成了一曲欢庆的合鸣曲。

他们废寝忘食、殚精竭虑。用他们自己的话说，就是部署部署再部署、加班加班再加班，全员动起来，党员冲在前，全力以赴，打响"营改增"攻坚战。

在采访中记者得知，自清明节假日开始，翼城国税人的工作状态就全部变成了了"白加黑"和"五加二"持续模式，每个人都成了不停旋转的陀螺，字典里不再有休息二个字。

二股股长贾为民告诉我们，看似简单的一般纳税人登记、试点纳税人信息再确认、增值税发票新系统发行等等工作，操作起来却异常繁琐。不但需要和 500 多户纳税人及时联系，500 多组数据反复对比，还要打电话、下企业、搞宣传、做讲解，把重复地去做看表、录入，再看表、再录入，打表格、印资料、盖公章……不管是是管理单位、办税服务厅还是行政股室，每个人都在自己的工作岗位上忙的不亦乐乎。

在这一个月的税改时间里，一道道风景深深感动感动着大家。加班成了常态化的时候，国税妈妈的旁边时常有写作业和吃饭的孩子；原定于五一期间订婚的政策法规股科员张倩男顾不上打理自己的事情，把好日子也拖后了；大厅内的怀孕的曹娜同志也顾不得自己的身体，日夜坚守自己的岗位，里砦分局54岁周崇山在入户服务时，扭伤了脚也依然坚守在岗位；政策法规股的魏帅拖着高烧38.9度的病体加班5个多小时……

"让我去！，让我去！"。这是不直接参加"营改增"工作人员请战的声音。看到其他股室天天忙得热火朝天，他们也主动请缨，自愿参与"营改增"工作。4月26日晚7点，翼城县国税局六楼会议室灯火通明，翼城县国税局"营改增夜校"正式开学啦！30多名"学生"聚精会神地坐在会议室中，似乎早已忘了一天的疲惫，只顾竖起耳朵听、提起笔来写。

如今，我县"营改增"工作已全面推开，站在过去与未来的历史交汇点上，翼城国税人蓄势待发，将以"永远在路上"的精神续奏改革奋进曲，再"营改增"筑辉煌税收梦。

"老同学，5月1日全面推行营改增，你的旅游公司这回要上增值税了。""大姐，营业税改征增值税，国家税制改革的红包鼓鼓的，给你发个链接，先了解了解。""一张图让你两分钟读懂营改增。"……除了做好自己的本职工作，他们编发短信消息、QQ消息和微信朋友圈消息，个个俨然还是一位政策宣传员。"现在家人、同学、朋友都很熟悉"营改增"，家里有个'税务蓝'，见缝插针做宣传啊。"他们的家属打趣地说。

这是记者走访时记录的点点滴滴。为了做好此次'营改增'税制改革，国税局税服务大厅所有业务窗口双休日全部正常工作，并设立咨询台安排专人负责流程引导、咨询解答、秩序维护。同时开辟了绿色通道，为纳税人提供一站式'营改增'服务，避免纳税人多次往返。

谈到"营改增"，君悦大酒店的老板年迫感慨颇深，"营改增"减小了我们的压力，"营改增"后，我们可以享受免征增值税的税收优惠政策。

"减税只是'营改增'试点成效之一，它所带来的产业结构调整和转型升级的力量更加强大。随着'营改增'试点扩大，参与税改的企业，更新设备和增加研发投入等，将获得更多的税收优惠。'营改增'后链条打通了，对细化产业分工有积极意义。"国税局工作人员杨华如是说。

挥戈税收辟坦途。我们有理由相信，伴随"营改增"的全面落地开花，改革将涉及翼城县更多纳税人，为培育未来发展的"新动能"释放潜力，为当地经济社会发展打下坚实基础。

"三个三"推动营改增工作扎实开展

吉林省长春市九台区国家税务局　李吉祥

九台区国税局在推进"营改增"工作中，从细节入手，从大处着眼，以"三个三"为有力抓手，使"营改增"工作扎实稳步推进。

一、精心谋划，做到"三个必须"

在省、市局召开"营改增"工作动员会后，该局立即召开了党组会，经过认真学习讨论，大家一致认为，在工作稳步推进过程中，要做到"三个必须"。一是必须发挥班子成员的表率作用。俗话说"火车跑的快，全靠车头带"，局领导班子是全局税收工作的枢纽和核心，班子成员在各项工作中的带头表率作用就是无形的命令。该局班子成员在营改增工作中，身先士卒，靠前指挥，深入基层，深入群众，解难题、攻难关、谋良策，起到了带头表率作用。通过工作动员、全程参与、心理疏导等方式，来缓解干部的工作压力，调动干部的工作热情，在班子成员的带动下，全局干部全力以赴投入到了营改增攻坚战中，确保营改增工作稳步推进。二是必须发挥部门的联动作用。该局紧紧围绕省、市局的工作要求，紧紧围绕"营改增"推广办的核心地位，牢固树立大局意识和责任理念，实现内部科室联动和国地税部门联动。三是必须发挥绩效的考核机制。该局将"营改增"推进工作，纳入全年考核重点内容，紧紧抓住任务分解表，考核各项目组；紧紧抓住时间进度表，考核责任部门。实现质量全程监控、过程全程督导的目标管理要求。

二、制定方案，注重"三个夯实"

营改增工作推进中，通过方案的制定，在整体战略规划上，强调"三个夯实"。一是夯实实施方案。为了确保"营改增"推进工作能按部就班、保质保量完成，该局制定了"营改增"实施方案、任务分解表、应急预案。建立了"营改增"实体办公室，并将任务分解表、工作推进表等"营改增"工作相关内容张贴上墙，每天对表销号；确保了"营改增"方案落地生根，开花结果。二是夯实工作内容。为了方便纳税人更好地了解营改增内容，该局在九台电视台对此次"营改增"工作进行了宣传报导，集思广益，群策群力，在九台区政府的大力支持，在九台电视台开办一档税务专栏节目—"税收大讲堂"。节目档期为每期 15 分钟，每周播出一期，首播时间为周六晚上黄金时段 7 点 45 分，每周复播 5 次，全方位、多角度、持续性地宣传税收改革和税收政策，将"税收大讲堂"开上电视荧屏，把"营改增"政策送到纳税人家里。为了对内提升岗位业务素质和操作技能，对外提升纳税人的办税能力和税法遵从，开展了内外部政策培训。为了确保升级版发票发行工作在 24 日全部结束，针对存在因撤市设区，导致"营改增"纳税人必须先到工商局办理相关变更手续，然后才能到国税办理初始发行的不利因素。该局通过向区政府请示汇报，由区政府调度工商局，周六、周日专门加班对"营改增"纳税人办理变更手续，并告知纳税人办理完毕后，马上到国税局办理初始发行。三是夯实务实作风。通过"岗位就是责任"的精神引领，无私奉献的大力弘扬、求真务实的充分肯定，率先垂范的表率作用，让积极的工作心态、务实的工作状态、饱满的服务姿态，浸润到每一项"营改增"工作之中，浸润到每一名干部身上。

三、狠抓落实，实现"三个确保"

一是主动出击，确保政府部门的大力支持。全面推开"营改增"试点工作开展以来，该局深刻领会到这项改革工作的重要意义，切实把思想和行动统一到与税务总局、省局、市局的工作要求上来。主动向当地党委、政府做了专题汇报，就"营改增"工作内容、方法、步骤及"营改增"政策对地方经济的促进作用，进行了详细的讲解；对"营改增"试点以后的零散税源管理工作，向区政府寻求帮助，取得了区委、区政府的高度重视和大力支持。区政府以文件形式下发了"九台区开展清理零散税源工作实施方案"。初步建立了以"政府主导、税务主管、部门配合、司法保障、社会参与"的综合治税体系。二是迅速行动，确保推行工作的高效运转。为了提升服务速度、增强服务效率，该局在一楼办公室增设了三个"营改增"备用窗口，并在办税服务厅设立了"营改增"专用窗口–绿色通道，专门负责"营改增"业务受理；设立了"营改增"政策咨询台，并对纳税人咨询的问题，建立了咨询台帐；设立了"营改增"纳税人涉税事项办理流程展示板；设立了 24 小时值班电话，领导带班，人员在岗，时刻解答业务，时刻关注舆情，时刻应急处置。时刻协调调度，对联系不上的纳税人，开展实地调查，确认其经营状态，为进一步加强税收管理，夯实基础。三是扎实推进，确保推行工作的顺利开展。该局营改增总户数为 2332 户，其中：系统迁移自管户 1852 户，国地税共管户 480 户。按行业分类：建筑业 253 户，房地产业 58 户，金融业 100 户，生活服务业 1921 户；按企业类型分类：单位纳税人 783 户，个体工商户 1549 户。基础信息采集总户数为 1353 户，其中：一般纳税人 76 户，小规模纳税人 483 户。个体工商户 794 户。进行了对迁移的数据进行了核对。共核对核算类信息 5977 条，减免税类信息 416 条，票种核定类信息 459 条。进行了增值税发票税控系统发行。对升级版纳税人进行了培训通知和发行工作。由服务公司在 4 月 13 日和 17 日，进行了两期升级版纳税人的培训。共培训 210 户，169 户纳税人购买了税控盘；大厅共发行了 134 户，其中一般纳税人 33 户，小规模 46 户，个体 55 户。进行了一般纳税人的认定工作，共计认定了 32 户，进行了发票领用，已经领用发票 40 户，共领用发票 5529 分，库存发票为 16 万份，预计可使用到 6 月末。

凝神聚力助税改　争当最优县级局

吉林省临江市国家税务局　刘竞伟　刘秀文　吕妍妍

自 3 月初"营改增"试点工作开始以来，临江市国税局克服时间紧、任务重、压力大的困难，上下齐心协力，讲政治、讲责任、讲担当，梳理细化工作流程，强化部署动员，全力以赴，加班加点地奋战在营改增工作的第一线。5 月 1 日零时，临江市喜来登大酒店有限公司顺利开出首张生活服务业增值税普通发票和专用发票，全面"营改增"试点工作正式在临江这座"深呼吸"小城落地生根。6 月 1 日早 8 时，临江市长兴建筑有限责任公司顺利完成首月首笔"营改增"纳税申报，首月首张"营改增"税收缴款书成功开具，全面"营改增"纳税申报顺利在临江运行。临江市国税局的税务干部们用汗水和热血，打赢了一场又一场"营改增"攻坚战，在这片神奇而秀美的土地上书写下一篇篇精彩的华章。

一、早谋划、早行动，全面统筹周密部署

临江市国税局率先成立了领导小组及推广办公室，连续召开各类各层级工作会议 30 余次，制定实施方案和应急预案，明确时间表、路线图。临江市国税局 3 月 9 日率先主动与地税局接洽，摸清户籍底数等营改增相关信息，先后 10 余次召开国地税"营改增"联席会议、工作协调会，明确"营改增"的合作事宜。先后多次向临江市市委、市政府汇报"营改增"工作进展，局领导班子 3 次向市委政府领导进行"营改增"专题汇报。4 月 16 日，临江市市委书记张习庆夜"查"国税局，了解临江市国税局"营改增"情况，4 月 25 日上午，临江市市长刘宝芳专程到临江市国税局调研全面推开营改增试点工作，检验冲刺阶段工作人员的操作能力，慰问一线国税工作人员。4 月 29 日，临江市国税局向临江市市委书记张习庆对临江市国税局"营改增"工作作出表扬性批示。6 月 1 日，临江市委书记钟铁鹏、临江市副市长韩玉春等一行人到临江市国税局进行调研，指导完成首日首张营改增纳税申报并开具临江首张营改增发票。7 月 14 日下午，临江市市委书记钟铁鹏、市长刘宝芳、常务副市长韩玉春到临江市国税地税联合办税服务厅，对国地税合作情况进行调研。

二、多渠道、多举措、全方位一体化推进

（一）多措并举，精心组织

为保证此次"营改增"顺利进行，临江市国税局统筹安排资源，精心组织，明确工作职责，提前做好各项准备工作。征收管理科和税源管理科相互配合，通过电话、微信群、临江国税微信公众号等多种形式提前通知纳税人前往相关科室提供相关资料，进行信息确认。3月14日，地税局向临江市国税局移交营改增户籍共1056户，白山市局转入1104户，省局转入1139户，经临江局逐户实地核查，现有户籍1153户。对销售额500万元以上的企业，全部按省局名单进行了一般纳税人资格认定。根据总局《关于全面推开营业税改征增值税试点有关税收征收管理事项的公告》，第三条第二款规定，取消一般纳税人资格1户，增值税优惠政策资格备案38户，无提供跨境应税服务企业。

（二）纳税服务升级，便民办税始终在路上

临江市国税局第一时间设立国地税联合办税大厅，实现了"进一家门，办两家事"。开辟"营改增"纳税人"绿色通道"，设立精英团队咨询服务窗口，由业务骨干为纳税人现场答疑解惑，预约纳税人提前办理了税种核定、一般纳税人登记等各项业务，打造了"事前谋划、事中控制、事后回访"闭环节服务模式。为确保"营改增"顺利实施，临江市国税局领导班子不讲理由，不讲条件，服务好"营改增"试点纳税人，努力争取试点纳税人的支持。临江市国税局先后举办10期纳税人专项培训，向纳税人传达"营改增"政策，培训纳税人1100余人次。创新"互联网＋众包互助"特色纳税服务新模式，新媒体服务纳税人。4月29日，临江市国税局全体干部参加了"营改增"业务验收考试，为迎接5月1日"营改增"大考进行最后的练兵。6月17日，赴吉林远通矿业有限公司进行"营改增"政策上门宣传辅导。吉林省税务系统首开纳税人流量监控服务，可通过扫描二维码观看办税服务大厅等候区实时视频，错峰便民办税，大大节省了纳税人的等待时间。

（三）强势出击，全员宣传收实效

为保证此次"营改增"政策无死角，临江市国税局多渠道、多举措、全方位做好宣传，精雕细琢，提升站位，不仅做到了报刊有文、电视有影、广播有声，而且利用微信等新媒体，建立了"互联网＋众包互助"特色服务模式，开展了"税收政策随时查，"涉税业务'码'上知"的全方位一条龙的二维码扫描服务，结合第25个全国税收宣传月，精心准备，开展"税收宣传

六进"活动。满足纳税人对海量税收知识的个性化需求，《中国税务报》头版、二版、三版头条、四版头条先后 4 次报道了临江市国税局的"营改增"工作的先进做法。临江市电视台 4 次报道该局营改增工作情况，定期滚动播出《致全国营改增纳税人的一封信》。充分发挥新媒体力量，精心打造微信公众号"临江国税纳税服务"作为宣传营改增的阵地，结合"临江国税党旗正红"公众号形成宣传新势力。

三、守纪律，抢时间，全面提升工作效率

为提升全面推开营改增试点工作的效率，临江市国税局集思广益地提出了"巧借点子屏增强执行力"、"日事日毕工作任务上墙"、"监控全程，随时调阅"等提升"营改增"质效的方法。特别是在推广增值税发票升级版推行工作中，因上级局计划数多，临江上规模纳税人存量少，任务完成难度非常大。临江局干部不等不靠，主动延长工作时间，通过多种方式联系纳税人，细致地做好宣传解释，取得了纳税人的信任与配合，于 4 月 20 日 100% 圆满地完成了升级版的推行任务，交出了满意的答卷。为加快工作进度，4 月 23 日、24 日双休日，临江市国税局全体干部主动放弃公休，由局领导班子带队，全局干部组建 5 个"营改增"宣传小组，走街串巷、挨家挨户进行"营改增"宣传，从白天营业的宾馆饭店，到夜间经营的烧烤店，无一户遗漏。联合公安局共向纳税人发放精心制作的《致全国营改增纳税人的一封信》和《关于营改增实务 158 问》宣传册共 1153 份，实现了"营改增"宣传讲解的全覆盖。"营改增"运行以来，临江市国税局领导班子深入前线督导，召开营改增工作分析总结会，并向纳税人就"营改增"工作情况进行回访，发放问卷调查，"营改增"工作支持率高达 100%。

四、"5＋2""白加黑"，倾情奉献"营改增"

在这次"营改增"工作过程中，临江局涌现了许多"雷锋"人物，一把手主抓，冲锋陷阵，用实际行动喊出"跟我上"；副局长戴佩贤眼睛意外受伤严重，但为了不影响"营改增"工作，他毅然拒绝了医生的劝告，坚持带伤上班；办税服务大厅科长周德春，"营改增"开始以来就没有了休息日的概念，加班、出差、培训成了工作生活的常态。干部们如此，公益性岗位的同志也是如此。纳税服务科的朱日超父母长年在外打工，自己身患慢性胆囊炎，还要照顾八十多岁瘫痪在床的奶奶，但"营改增"工作期间他从未请过一天

假，从没有耽误一点工作。在这次"营改增"工作中，这样的人物还有许多许多，他们用自己辛勤的汗水、换来了"营改增"工作的顺利开展。

在"营改增"这场税务系统的"盛宴"中，临江国税这支载满荣誉的队伍，以"敢打仗，打硬仗，打胜仗"的精神，迎难而上，团结奋进，在税制改革的历史上勾勒出浓墨重彩的一笔。鸭绿江畔，留下了临江国税人不懈奋斗的足迹；云山雾锁，记载了临江国税人披荆斩棘的历程。"扬帆起航风雨兼程，乘风破浪再接再厉，在未来的憧憬里，临江市国税局将依然前进不止，凯歌不断。

加强监督　助推营改增稳步推进

安徽省歙县国家税务局　程海风　江　宁

（一）营改增办税服务

1. 开展信息核对。地税部门共移交营改增纳税人 2493 户，其中非正常户 126 户，正常户 2367 户（一般纳税人 71 户，小规模纳税人 2296 户），在金税三期系统中已逐条核对修正。核对取消认证纳税人档案信息，并对在增值税发票查询平台中出现纳税人档案信息不存在的，及时核实补录。核对三方协议签订信息，做好后续应对工作。

2. 推行包保服务。制定了包保服务方案，抽调业务骨干组建了包保服务队，对营改增四大行业的一般纳税人企业、税负分析样本企业和酒店业、建筑业等易发舆情的 123 户企业全部实施包保服务，由专人对所包企业实施"人盯人，一对一"的服务，做到"四个教会"。将总局和省局抽取的 64 户（其中总局 5 户）样本企业作为包保服务的重中之重，协助样本企业在网上办税平台预生产环境模拟申报和模拟信息采集操作，对样本企业的申报数据和《营改增税负分析测算明细表》的填写进行事前审核，确保总局 5 户样本企业在 6 月 8 日前准确无误地完成首期申报缴税，省局 59 户样本企业在 6 月 18 日前完成申报。

3. 加强培训辅导。从 5 月上旬起对办税服务厅工作人员（包括导税岗和咨询台辅导人员）和所有税源管理人员进行新一轮不留死角的增值税一般纳税人申报表填写、网上办税平台及总局电子申报工具操作等培训，提高其系统操作和政策解答能力，更好地为纳税人服务。利用周末组织办税服务厅人员开展一些户外活动，为前台人员减压。

根据市局统一制定的 2016 年 5～7 月份培训计划，分行业、分类别，对企业法人代表、财务人员、办税人员和业务人员分别开展营改增政策、纳税申报、增值税发票使用管理和一般纳税人取消认证等业务培训并做好相关培训资料留存归档。对营改增试点纳税人减免税申报、备案等工作进行重点辅导，确保纳税人全面、准确申报，确保减免税政策不折不扣得以落实。对一般纳税人开展纳税申报政策培训，编制纳税申报指引，制作申报表样表，并让纳税人"码"上知道。开展增值税发票开具政策培训，并在微信群广泛宣传，保证纳税人，尤其是酒店业等涉及最终消费者的纳税人，准确掌握开票要求，没有发生对开票方随意增设开票门槛、随意要求消费者提供不必要的资料和信息等情况。制作酒店业开票温馨提示模板，对不方便自取纸质模板的纳税人，提供送上门服务。

4. 突出重点宣传。及时更新办税服务厅张贴的办税流程指引，提供分行业增值税纳税申报表填写样本，将纳税申报期限、申报表填开、网上办税等多元化办税方式、取消 A、B 级纳税人认证等便利措施印发成宣传资料发放给纳税人，并同步发布在县局办税服务厅公告栏。把免填单服务覆盖到所有营改增纳税人，减少纳税人手工填写资料。

5. 分流办税压力。加强办税服务厅软硬件建设，增配自助办税终端 2 台，新配新建应急办税场所 1 个，增加申报窗口 9 个，设置营改增包保服务专区，选派包保服务人员进行申报辅导和预审。密切国地税协作配合，通过共建联合办税中心、互设窗口等分流纳税人。继续推行局领导带班、中层干部值班、业务骨干咨询、首问负责、流动导税、绿色通道等服务制度。推行延时服务，上午早半小时开门、下午所有业务办完再下班，午间和双休日、节假日安排值班。

6. 加强应急管理。在办税服务厅派驻包括业务、技术、维稳等方面人员在内的应急小分队，及时妥善处理各种突发情况。开展专项督查和暗访，确保办税服务厅政策咨询、技术保障、引导分流、问题处理、秩序维护、突发事件等应急预案健全，相关人员熟练掌握。全面检修办税大厅电子显示屏、自助办税终端等服务设施、设备，确保运转正常。开展申报验证，将可能出现的问题梳理归类。由局领导坐镇办税服务场所统筹指挥协调，现场处理办税服务场突发问题。

（二）营改增税负分析

1. 成立组织。按照《黄山市全面推开营改增试点税负分析和整体运行情况分析工作方案》要求，成立了歙县国家税务局营改增行业税负分析工作小组，由法规科牵头，征收管理科、纳税服务科、收入核算科、信息中心等部门配合，开展营改增税负分析工作。

2. 纠正营改增小规模纳税人错开发票问题。根据省局通知，我市有 3 户营改增试点小规模纳税人在开具普通发票时，征收率使用错误，错票 16 份。经核查，其中 1 户 4 份发票开票正确，其余 2 户为错开票企业。对于错开票企业，我局第一时间联系企业开票人员，厘清产生错误的原因，责成企业整改，1 户收回作废发票 1 份，但有 1 户住宿服务纳税人因 11 份发票开往外省无法追回，我局干部逐户走访相关纳税人，要求其就错开发票做好情况说明留存备查，并再一次宣传相关税收政策，杜绝此类行为的再次发生。

3. 营改增纳税人税负分析基础信息人工复核。已经按省局要求在5月23日前完成所有营改增一般纳税人（含5月1日前纳入试点的）身份界定信息的人工复核。其中对税务分析样本企业，以及兼营不同应税行为或兼有货物及劳务的一般纳税人进行入户核实。全县共计人工复核966户试点纳税人（含64户总局、省局样本企业在内），占我局营改增纳税人（含原营改增纳税人在内）总数的32.86%。

4. 营改增纳税人身份界定。已在5月25日前完成省局下发的工作任务清单中所列的纳税人营改增主行业、营改增主征收品目、四大行业主行业的界定，同时完成在征管信息系统中的信息录入。

5. 营改增税负分析培训。在5月底前对需填报《营改增税负分析测算表》的营改增一般纳税人采取集中培训和上门包保服务相结合的方式，5月27日、30日分别对建筑安装和房地产行业纳税人进行集中辅导，其他纳税人逐户上门辅导，共计辅导纳税人123户次，确保纳税人自6月申报期起能够准确填报税负测算明细表。截止6月8日，总局5户样本企业顺利完成申报，申报入库税款6.27万元。截止6月13日，我局面123户一般纳税人（含3+7行业兼四大行业户），已申报70户，申报入库税款39.94万元，其中省局59户样本企业已申报29户，入库税款10.32万元。此外，我局还按时完成市局分配3户企业的税负分析工作。

6. 营改增小规模纳税人审核和减免税备案。根据省局提取名单，及时做好铁路、邮政、银行、房地产开发等18个行业45户小规模纳税人审核工作，进一步审核营改增主行业界定是否准确，对达到一般纳税人标准的及时通知纳税人办理一般纳税人登记。按要求完成4户减免税优惠企业的审核录入工作。

（三）营改增后续管理

1. 努力解决人力资源不足。营改增后，我局纳税户增加三分之一，征管力量相对不足，我局抓住省财政厅主要领导到我局调研营改增工作之机，重点汇报了人力之源不足的问题，要求地方政府采取向社会购买服务方式补充人员到前台非执法服务岗工作，将前台正式税干调整到税源管理岗，充实和加强征管力量。得到省财政厅罗厅长的肯定，要求地方政府给予解决。我局已专题向县政府请示，政府已要求相关部门抓好落实，人力资源不足问题将得到缓解。

2. 研究制定相关管理制度。营改增后房地产和建筑业是我局税源管理的热点和难点，针对建筑业政策变化情况，对外，我局第一时间编写了《营改增对我县建筑业税收影响及管理建议》的送阅材料呈报给县长、分管副县长和财政局长，建议政府牵头加强综合治税，强化源头控管，防止税源流失。对内，我局制定了《关于加强纳税人跨县（市、区）提供建筑服务增值税征收管理的意见》，对报验登记、涉税信息采集、日常管理、发票代开、税款预缴、台账登记和前后台业务衔接等提出明确要求。

3. 组建专业化管理团队。整合人力资源，形成征管合力，加强国地税合作，主动与地税局协商联合组建建筑业和房地产业专业化管理团队，对建筑业和房地产业税源实行专业化管理，重点加强对城区房地产和建筑业固定纳税户和全县外来跨区域建筑安装企业的管理，并加强对全县房地产和建筑业税源管理的业务支撑和管理指导。

立标笃行　税徽在"营改增"试点中闪光

安徽省黟县国家税务局　丁　明　余健峰

黄山南麓有一座秀美的古城黟县，被誉为"世外桃源、画里乡村"。年初，随着全国"营改增"试点工作全面推开，黟县国税局办税服务厅作为四十万国税人的一羽，在这片古老的土地上涂抹出别样的画卷。这是一支热情、文明、勤奋、奉献的青春团队，他们在"营改增"绩效管理的引领下，挥洒汗水，锐意奋战，以满腔的热情、一流的服务让税徽在胸前闪耀。

一、用好指挥棒，发挥导向力

春暖花开的三月，"营改增"准备工作悄然展开，从总局到省局战鼓紧擂，时间紧、任务重，各类政策、流程和工作要求从微信直接传到基层的每位税干手中。从"营改增"备战号角吹响的那一刻开始，该局办税服务厅充分发挥绩效管理"指挥棒"作用，将"营改增"试点工作列入绩效考评重要内容，并进行专项考评。为了提高专项考评的针对性，该局主要领导多次组织召开营改增绩效管理工作推进会，抓住税户交接、税情核查、纳税人培训、开票、申报、宣传舆论、涉税风险防控等重点工作，制定专项考评方案和分项应急预案。科学设置考评指标，按100分总分值共设立组织领导、税户交接、发票管理、业务培训等10大项92余小项考评指标，按工作单和任务书分解到各责任部门，明确责任单位和责任人。该局政策法规股、征管股等部门夜以继日分析营改增工作事项、目标任务，制定出更加详细、更具考评性的工作任务进度安排表，确保事事有人做、人人有事做、事事有考核、人人有压力。即成立了营改增工作领导小组，按照既定的绩效目标不折不扣地开展工作，信息核查、税户确认、核对补录、税控发行等等工作便如火如荼开展了。每一件工作、每一项任务都在绩效考评中明确了责任部门和完成时限，为了在规定的时间内完成相关工作，从此便没有了八小时内外、工作日与休息日之分。他们午不休夜迟归，加班加点赶进度，在规定的时限里完成了1000多户移交纳税人信息确认及补录等任务。与此同时，新政策、新流程、纳税人各类咨询，如洪水般涌来，每一位税干都感受到了前所未有的压力。在紧张的工作中，他们还必须抓紧时间学习新政策新业务，总局省局的视频培训在八小时内无法参加，就放弃中午休息时间，到大厅集中学习讨论；周末，借助市局分类开展的纳税人培训，一边给参加培训的纳税人服务，一边随堂学习新业务。正是绩效指挥棒让大家心往一处想、劲往一处使，每个人的业务素质迅速攀升，每一项工作都能保证质效地完成。

二、全面优服务，保证稳过度

"金杯银杯不如纳税人的口碑，金奖银奖不如纳税人的夸奖！"在绩效考评中，纳税人满意度、投诉率等是重要的考评指标，黟县国税局把优化服务、提升纳税人满意度实实在在落实到每一位税干的行动中。为确保"营改增"试点工作顺利实施，县局领导班子高度重视纳税服务质效，在营改增领导组会议上，一把手强调要不讲理由、不讲条件服务好试点纳税人，努力争取试点纳税人的支持，顺利完成这项重大任务。为更好地做好试点纳税服务工作，办税服务厅在坚持执行首问责任、延时服务、预约服务等原有制度的同时，完善了领导值班制，由领导班子成员轮流在办税服务大厅值班。同时设置营改增咨询专岗、"营改增"绿色通道、应急办税室，及时解答试点纳税人的政策咨询，有效处理各种应急事件。成立"营改增"志愿服务队，只要纳税人遇到难题，通过 QQ 远程协助或上门为纳税人解决问题，税企 QQ 群更是 24 小时在线答复。

为了确保各类信息准确性无误，在营改增工作领导组的安排下，该局的年青税干们主动承担，对所确认的税户再次比对登记信息，每天要打出无数个电话与纳税人确认，直到手机发烫。地税迁移的信息不全，一户企业会计核算方式缺失，正巧纳税人在参加培训，于是税干小姑娘陈玲便在课间休息来找纳税人补全信息，没想到这位会计姐可能心情不好，语出不逊："这问题你不知道，你还坐在这当税官……"小姑娘懵了，这不是应该企业会计提供吗，心里好委屈，旁边的同事来安慰，陈玲噙着泪水笑着说："嗨，没时间生气，接着干……"黟县国税局尽心尽力的服务精神，不仅得到了试点纳税人的点赞，也得到了上级督查组的肯定。

年青的他们说："我们是幸运的一代，金三上线、全面营改增，轰轰烈烈的征管和税制改革年代，我们赶上了，让我们用无悔的青春，抒写青春的'税月'！"

"营改增"工作成效分析报告

安徽省明光市国家税务局 柳新武 李德学

一、试点全面推开，成效显著明显

2016 年 5 月 1 日，"营改增"试点全面推开以来，我局成效显著。

5 月 1 日零点钟声刚敲响，明光市国税局四个行业普票和专票在会计人员清脆的键盘声中迅速从打印机中滑出，办税服务厅代开岗人员四个行业的代开票也同时开出，至此，标志着该局全面迎来营改增。

2016 年 6 月 1 日，"营改增"首期申报期，按照总局首期申报"顺"的目标，我局高度重视，精心组织，各项准备工作做到未雨绸缪，并力求做实、做细。

二、统筹安排工作，布置精细到位

（一）选点测试申报成功

经过前期强化培训和上门辅导，截止 6 月上午 10 时许，明光市白云建安公司、天河水利建设工程公司、明光市建坤房地产开发公司、明光市中颐建设投资有限公司、湖南仁仁洁国际清洁科技集团有限公司明光分公司等 5 户企业申报成功，入库税款 36.99 万元，其中 3 户网上申报、2 户上门申报。2 户标本企业全部申报成功。

（二）组织多场专题培训

工欲善其事，必先利其器。按照省市的统一要求，5 月份，我局先后对营改增的四大行业所有纳税户以及外来报验户，逐行业开展专题培训。培训内容涵盖最新营改增行业政策、增值税发票系统应用、网上办税、纳税申报、取消发票认证、日常管理要求等，重点是教会企业会填写申报表、营改增行业税负测算表、会网上申报、会取消发票认真后的网上勾选认证。对个体用票户和达点户在逐户上门宣传辅导的基础上，又组织集中培训。通过密集培训，让广大营改增纳税人尽快了解营改增、熟悉营改增、投入营改增。

内部培训也场次连连，先后开展全员培训一次，对税源管理培训 6 次。对办税服务厅进行代开票、外来报验户、纳税申报等内容分别开展 4 次专题培训。强化了税务人员对营改增从政策、到业务、到操作系统性了解和熟悉。

（三）明确事项明确责任

5 月 30 日，我局召开营改增试点首期申报和纳税服务专题会议，传达了吴局长在滁州市局第二次营改增领导小组会议上的的 12 点要求。对首期申报各项工作进行了梳理、细化、分解，明确了工作事项、具体要求、完成时限、责任单位和责任人。制定了相关业务处理预案，明确落实单位，全面应对首期申报中可能出现的问题。

（四）包保服务分配到户

为及时解决首期申报中存在的问题，对 6 月份涉及需要申报的营改增企业，均明确责任人，实行包保服务，尤其是对样本企业，建立上门辅导联系制度，通过"一对一""面对面"的方式帮助纳税人正确填写增值税申报表或者辅导其进行网上申报，帮助纳税人处理在办税中遇到的困难和问题，确保在 6 月 8 日前所有样本企业完成好申报。

（五）统筹安排预约申报

各税源管理单位根据市局统一安排，部门之间相互配合，调整新增营改增纳税人申报时间段，合理分流纳税人申报，统一完成试点纳税人预约申报的安排工作，并将预约安排通知到试点纳税人。各税源管理单位根据预约情况，适时统计"营改增"试点纳税人申报情况，通过短信、电话、微信群等方式及时提醒纳税人错开申报高峰期。

（六）多措并举优化服务

一是领导值班。制定办税服务厅《各级领导值班（含带班）日程表》、《咨询人员值班日程表》、《巡回服务人员值班日程表》已在明光局域网上公布；二是增设场所。为确保 6 月申报顺利，增设 2 个营改增申报窗口，在市局 7 楼会议室设和服务中心 3 楼办公室设应急办税场所，2 楼导税台还设置预审核场所，并配备了人员；三是设置专窗。在自助服务区设置营改增纳税人首次申报专窗，进行处理异常业务处理；四是调度统一。为合理配置人力资源，避免忙闲不均现象，税源管理人员全部纳入前台导税、咨询和业务辅导值班范围，；五是做好应急。将原先在大厅工作的人员作为顶岗人员，随时替班，增加人力，做到人员有保障，由移动公司架设 1 条连接市局与办税服务厅的备用网线，随时应对网络故障，做到设备有保障；六是申报提醒。通过短信平台、QQ 群、微信群等多种方式，对纳税人进行申报提醒，确保纳税人征期内按期申报；七是责任落实。积极落实首问负责制、明确问题解决流程，确保问题得到及时解决。八是保障到位。自助服务区为纳税人上门办理申报时需用的资料（各种增值税申报表）、物件（笔、稿纸、印泥等）准备到位。做好办税等待区的各项物资供应，保证纳税人在等待时，能够坐下休息、有热水喝，随时准备开启中央空调以帮助纳税人舒缓烦躁情绪。

（七）按时完成界定任务

截止到 5 月 31 日，我局已按时完成省局和滁州市局下发的纳税人行业人工复核和数据维护任务，在省局要求复核面 20% 的基础上，为保证后期营改增数据的准确性，我局对所有营改增企业和个体达户进行了全面复核，企业和个体达点户复核面达 100%。夯实了我局金三系统营改增信息数据的精准性。

（八）做好宣传关注舆论

结合营改增开展纳税人大走访活动。此次安排的走访户重点为营改增纳税户，各税源管理部门每个税收管理员人均 7 户，党组成员每人 5 户，列好走访提纲，按走访内容深入到每户企业开展实地调查了解情况，征询纳税人意见，及时解决纳税人提出的问题和办税困难。同时通过各种宣传途径，及时将总局和省局最新政策和问题解答传递给纳税人，让纳税人第一时间了解掌握。通过走访了解，大多数营改增纳税人对我局前期各项营改增工作比较满意和认可。我局还及时联系市委宣传部，请求协助营改增舆情监控，并得到支持和响应。目前没有得到负面舆论或舆情反映。

三、行业税负只减不增，促进企业更好发展

自 2016 年 5 月 1 日起，全面推开营改增试点。我局共从地税接收 1507 户试点纳税人登记信息，其中企业 542 户（房地产企业 99 户，建筑安装 111 户，金融企业 30 户，生活服务 302 户），个体 965 户，达点户 73 户。涉及原营业税税款 2.69 亿元。根据营改增制度的设计，所有营改增户的税负将只减不增。同时将不动产纳入抵扣范围，将影响到所有纳税人的税负下降，对减轻企业负担、激发企业活力有重大促进作用，对企业来说是大大的利好。但此次重大税收政策的调整，将直接影响我市 2016 年乃至今后很长一段时间的税收收入总量，减少财政收入，对整体财政预算造成直接影响。据初步测算，地税此次移交的四个行业 2016 年的税收收入，较 2015 年相比，将减少 1 亿元左右。其他原先增值税纳税人因不动产纳入抵扣范围，预计税收也将减少 2000 万元左右。

明光市天河水利工程建设有限公司，该企业属于其他有限责任公司，该企业主要经济收入：水利水电施工工程服务。该企业 2015 年销售收入 2768.8

万元缴纳营业税83.1万元，在本地区属于中等建筑企业。该企业2016年5月份异地销售收入272841.73元（含税），项目属于老项目适用简易征收异地预缴增值税272841.73/（1+3%）＊3%＝7946.85元，若适用营业税政策缴纳营业税272841.73＊3%＝8185.25元。两税差额8185.25－7946.85＝238.4元税负下降。产生差额主要原因是营业税是价内税，增值税是价外税。从国家税务总局抽取的样本企业税负分析情况报告中可以看出，"营改增"税负只减不增得到了很好的体现。

税收政策的调整，是国家宏观调控的重要手段，此次营改增，将进一步激发市场活力、增强发展动力。李克强总理在考察税务总局、财政部时指出：营改增改革，将有利于拉动经济增长、有利于促进经济转型，有利于完善税制，意义重大，要精心组织实施，把改革的"红包"实实在在的发到企业手中，以政府收入做"减法"换取企业效益做"减法"、市场活力做"乘法"。明光市国税局将继续按时按质完成"营改增"后期的申报等相关工作。

健全机制统筹安排
推进营改增工作顺利进行

安徽省灵璧县国家税务局 李友锋 尹明栋

按照国家税务总局关于自 5 月 1 日起，建筑业、房地产业、金融业、生活服务业全面推开营业税改征增值税改革试点的通知要求，依据省、市国税局部署，县国税局迅速反应，主动作为，积极应对，把营改增工作列入"一把手"工程，健全机制，统筹推进各项工作。

一、总体情况

目前共接收地税部门交接总户数 1961 户，确认 1056 户，其中一般纳税人 93 户，小规模纳税人 963 户，起征点以下纳税人 527 户，开展纳税人培训和座谈会 20 余场，发放各种宣传资料 18000 余份，发行税控设备 138 户，试点纳税人均已成功领购和开具发票，各项涉税工作正常开展。

二、具体做法

（一）构建周密工作格局

省国税局、市国税局营改增相关文件下发后，县国税局在第一时间启动营改增试点准备工作，成立了由县局一把手任组长的营改增试点工作领导小组，建立了县局党组统一部署、领导小组协调组织、分管领导具体负责、各单位积极配合的工作格局。同时，抽调 22 名业务骨干组成营改增推行工作办公室和 9 个项目工作组。在此基础上，召开动员大会，号召全县国税系统务必从大局出发，坚定信心，主动担当，加强领导，同心协力，攻坚克难，积极稳妥地做好各项前期准备工作。

（二）加大宣传辅导力度

一是突出宣传辅导重点。将纳税人发票领购开具、账务处理、取消 A、B 级增值税一般纳税人专用发票认证、纳税申报、税负测算表填制等作为宣传辅导重点，重点宣传和辅导。二是突出宣传辅导形式。组织一线税务人员学习营改增申报工作相关政策，熟练掌握操作的同时，面向纳税人举办营改增业务培训会，对认证报税操作、网上办税流程、会计业务核算、增值税申报表填写、营改增税负分析表填报等内容进行系统讲解和详细辅导，深度剖析纳税申报及后续申报中可能遇到的问题。开展纳税服务大走访活动，对所有营改增纳税人发一封信，告知网上办税平台使用、简并征期、小微企业优惠、取消认证等事项，逐户走访营改增一般纳税人，确保所有营改增一般纳税人在 6 月份会核算、能申报，同时认真记录走访情况及纳税人需求，及时研究解决纳税人个性问题。三是突出宣传辅导效果。全县样本企业 65 户，其中有 5 户属于金融保险业应按季申报。本月实际应申报 60 户，截至 6 月 13 日已申报 59 户，未申报 1 户，未申报户属于汇总纳税企业，申报将在全省统一进行。已申报户全部填写了《税负分析测算表》。

（三）严格落实培训计划

根据市局部署，县局制定了详细的培训计划，并狠抓落实，保证培训效果。一是全面培训。根据省市局对全部试点纳税人开展培训的要求，县局早部署早安排，制定并落实培训计划，对全县 1056 户试点纳税人，全面开展营改增试点政策培训，仅 5 月份，就安排纳税人培训 14 期，培训纳税人 800 户次。二是重点培训。县局持续开展对一般纳税人申报表、税负分析测算表填写、取消认证、网上办税等培训，并在互联网下载了《武汉国税轻松填》申报软件，提供并辅导纳税人进行演练，确保六月份征期能够准确填写申报表、及时办理纳税申报、熟练操作取消认证、顺利缴纳税款。三是专项培训。针对总局样本企业 4 户、省局样本企业 61 户，组织业务骨干采取"请进来"和"走出去"相结合的方式，"一对一"、"面对面"进行模拟申报演练与《营改增税负分析测算明细表》填写练习等，并在样本企业培训完成后组织其根据实际发生的经营业务提前试填申报表。

（四）认真落实包保服务

制发了《灵璧县国税系统纳税服务需求大走访暨包保责任活动活动实施方案》，进一步明确了走访各项内容：一是明确走访对象。县局领导班子成员负责联系走访范围为市局列名大企业成员单位、部分营改增重点企业；税源管理部门负责辖区内所有企业纳税人及达点个体工商户。二是进行现场辅导。向企业发放《大企业个性化服务产品说明书》、发放《安徽国税"二维码"一次性告知事项指南》、网上办税平台宣传册等材料，详细解读"二维码"一次性告知事项规范内容、规范流程及最新税收政策，现场辅导纳税人使用网上办税平台办税。三是附赠联系卡。向企业送上《纳税服务联系卡》，卡上印有办税服务 AB 岗、日常管理岗联系人和联系方式、微信账号、官方微博等内容，方便纳税人向税务机关咨询业务、查询政策、办理涉税事宜。四是健全走访台账。建立《灵璧县国家税务局服务需求大走访台账》，根据走访记录，梳理归集纳税人需求、意见和建议。

（五）开展信息复核确认

为做好全面推开营改增试点税负分析和整体运行情况分析，确保试点纳税人分析质量，县局开展纳税人信息复核确认工作。一是全面核实。对试点纳税人中的一般纳税人企业，兼营不同应税行为或兼有货物及劳务的试点一般纳税人 102 户全部以人工逐户核实的方式进行身份界定。在认真核实的基础上，按照从主的原则，根据试点纳税人兼营归属四大行业的主营业务，依照《营改增试点行业明细表》中带有末节点标识的 113 个明细行业（序号从 18～130），界定其唯一的四大行业主行业。二是重点复核。6 月 5 日根据省局提供的需要填报税负分析测算表的 61 户纳税人信息进行再次复核确认，6 月 13 日完成营改增小规模纳税人身份信息的再次复核工作，涉及全县的共计 21 户纳税人，并上报核实情况报告。

（六）大力规范发票开具

一是抓好培训。多次组织酒店、餐饮业纳税人座谈会，主动倾听纳税人的意见和建议；召开发票开具培训会议，让纳税人详细了解开具发票的业务流程和系统操作方法。二是加强管理。根据纳税人的行业、使用发票种类和票种核定等情况，逐户进行梳理，核实纳税人名单和用票数量，实地核查发票保管内控机制和开具条件。三是定期检查。在日常征管中采取明查暗访、内外结合等方式开展发票定期检查，及时了解掌握纳税人发票开具、保管、领购、缴销等情况，引导纳税人规范用票行为，防治"大头小尾"和无业虚开等行为的发生。目前全县共有 328 户酒店、餐饮业纳税人和领购开具了发票。

（七）强化现场办税服务

制发了《灵璧县国家税务局关于切实做好营改增试点申报和纳税服务工作的通知》，统一安排部署了 6 月、7 月份办税服务厅领导值班、导税咨询以及申报预审等制度的落实。一是落实领导值班制度。严格落实局领导、业务骨干办税服务厅全日制值班制度，对纳税人现场反映的问题，及时辅导沟通、妥善处理，切实维护纳税人的合法权益。对现场不能解决的难点问题，开展上门服务，现场办公，确保纳税人顺利申报纳税。二是强化现场咨询辅导。在办税服务厅安排咨询辅导人员 4 人，现场巡回导税人员 3 人，按日排班，切实保障办税服务厅的办税秩序。三是实施申报预审前置。县局成立预审咨询辅导小组，根据轮值表轮流进驻办税服务厅，负责政策咨询、预审、辅导填表、指导网上申报等事项。

（八）实施预约办税服务

一是实施预约申报服务。通过数据分析，科学估算上门申报业务量，按日排出预约办税表，提前做好6月和7月分批量错峰预约服务安排，同时为业务办理量大或有特殊需求的纳税人提供预约服务。二是实施延时办税服务。6月和7月申报期内，办税服务厅采取安排人员值班的方式提前30分钟开门、利用午休和下班后提供延时服务，确保纳税人当天办理完涉税业务。自5月份以来，办税服务厅受理并延时服务义务事项在200余件。三是实施网上申报服务。开展网上申报提醒，按照已形成的催报工作机制，通过电话、短信等方式开展网上申报提醒服务，提高网上申报的及时性和准确性；加强网上申报辅导，对不熟悉网上申报的纳税人，用电话方式和网上交流解答疑问，必要时上门进行"手把手"辅导。四是实施网上平台服务。对新办纳税人，在其办理税务登记时发放宣传单，侧重宣传网上办税平台使用便捷的特点；对办税一体化平台老用户，通过发布平台公告、发送短信提醒等方式，重点宣传网上办税平台的新功能。并对他们进行现场辅导，提升纳税人体验。五是实施发票配送服务。大力宣传统筹安排A级和B级纳税人通过网上预约办理领购发票，目前，A级纳税人发票网上申请，物流配送推行率达到60%以上，B级纳税人达到40%以上，大大减轻了办税服务厅前台工作压力。

（九）实行免填单服务

一是做好宣传工作。通过办税服务大厅、网络媒体等途径强化宣传，让纳税人了解"免填单"服务的内容、范围、流程。二是抓好业务学习。办税服务厅窗口工作人员通过参加金税三期视频培训、下载操作手册，迅速动员推行服务，主动向纳税人宣传提醒；三是落实岗位职责。大厅人员严格按照金税三期系统操作手册岗位要求为纳税人办理相应涉税事项，凡是在系统内可以打出的文书不得要求纳税人手工填写。四是重视反馈意见。认真收集操作人员、纳税人遇到的问题和意见建议，坚持边推边改、边改边推，进一步提高办税效率。5月份，前台受理税务登记、变更登记515件，票种核定291件、一般纳税人登记77件、税收优惠备案12件，开具外经证及外经证登记报验38件、汇总申报25件，简易办法征收备案36件，除简易办法征收备案因企业公章管理的原因，由前台人员打印文书，企业需要填写后才能加盖印章外，其他业务全部按照免填单制度落实。

（十）积极预防紧急情况

一是制发应急预案。制定《灵璧县国家税务局办税服务厅营业税改征增值税试点工作应急预案》、《灵璧县国家税务局全面推开营改增试点纳税人培训工作应急预案》、《灵璧县国家税务局全面推开营改增试点涉税风险防控预案》等应急预案，对可能出现的紧急情况做到统一指挥、积极预防、快速反应。二是加强舆情管控。根据"谁主管谁负责"的原则，针对各项风险隐患，确定包保领导、责任单位和责任人。包保领导要靠前指挥，组织责任单位对风险隐患进行分析研判，制定防控措施，交办到具体责任人。自5月份以来，全县办税服务厅除税控收款pos机发生引号连接不畅，对工作稍有影响（启用备用工行pos机予以解决）外，机器设备、网络、供电等都正常，未发生突发事件。

三、几点体会

营改增工作开展以来，灵璧县国税局全方位分析影响纳税人开票、申报的不利因素，积极采取应对措施，使每一户纳税人充分享受营改增带来的减税效应，把改革红利落实到实处，主要做到以下几点：

（一）重视宣传，让营改增相关政策深入人心

创新形势，利用办税服务厅公告栏、税企QQ群、微信等平台，全方位宣传营改增相关政策，解答纳税人的涉税问题，宣传营改增政策，争取纳税人的理解和支持。同时对纳税人开展"营改增"业务知识培训，帮助纳税人吃透政策，指导企业了解新的业务模式、流程，优化组织架构，使企业能够以"营改增"为契机，顺应市场化方向，提高经营质量，持续健康发展。

（二）重视沟通，让纳税人合理需求得到满足

为进一步优化"营改增"纳税人涉税事项办理流程，邀请营改增纳税人和服务单位人员，认真听取纳税人和服务单位在营改增涉税事项办理过程的意见和建议，尽可能满足纳税人个性化服务需求，避免纳税人重复跑、多头跑，提高办事效率。

（三）重视服务，让纳税人充分享受高效快捷服务

开辟营改增服务专窗，让纳税人更好地感受办税便利，加强对业务的统一指导，制定了"灵璧县国家税务局全面推开营改增试点工作流程图"，将工作流程透明化，使税务登记、税种认定、一般纳税人登记、税库银扣款协议签署、发票核定、税控系统发行等工作整合成为一条工作流水线，为纳税人提供"一站式"高效服务。

全面做好委托"双代"工作为营改增保驾护航

山东省章丘市国家税务局　韩绍杰　董建华

章丘市国、地税局为做好委托代征税款、代开发票工作，切实履行职责，加强协调配合，制定应急预案，形成工作合力。做好纳税人政策宣传和纳税辅导工作，利用新媒体等多种渠道广而告之，让纳税人知晓"营改增"新政策、新规定；组织国地税人员集中培训，快速掌握操作步骤和方法，搞好协调配合，实现国地税无缝对接。在为纳税人提供优质服务和便利措施的同时，确保了纳税人实现的税款按时足额缴纳入库。截至6月底，全市共实施代征1300余户次，代征税款300万余元，其中个人所得税236万余元。

一、国地税协调配合，实现多方共赢

顺应营改增契机，进一步深化合作。为切实方便纳税人申报缴纳税款，国地税两局进一步深化协作，携手打造便民办税"综合体"。依据《中华人民共和国税收征收管理法》、《中华人民共和国税收征收管理法实施细则》、《中华人民共和国发票管理办法》以及其他相关法律法规的规定，自5月1日全面营改增之日起，章丘市国税局、地税局协商决定，找准协作切入点，简化代开普通发票缴税程序，采取互相委托代征的方式合作征收税款，由国税局对临时纳税人和部分个体工商户代开普通发票时，代征地方税费，包括个人所得税及印花税、城市维护建设税、地方教育附加、地方水利建设基金，相关纳税人将在国税局缴纳增值税时一并缴纳地方税费，避免纳税人"两头跑"，也进一步提升涉税业务区域协作能力。

国地税多方联动，合理安排统筹。抓部署。及时召开工作协调会，明确征管、税政、纳服和信息部门的职责分工，并加强与地税部门的沟通衔接，确保工作的无缝衔接。抓协调。制定委托代征、代开工作联系制度，搭建工作微信群，及时发送各类工作任务，第一时间解决系统测试和运行中出现的问题，先后发布各类信息300余条，有效指导工作推进。抓布局。结合地域实际及委托代征、代开工作业务量，在全市8个基层局及纳税服务大厅设置9个代征、代开点和十余个代征、代开窗口，其中在每个基层局办税服务厅设置窗口1个，在业务量比较集中的市办税服务大厅设置代开窗口4个，方便群众办理涉税业务。

多形式宣传发动，纳税人通力合作。联合在电视、广播等媒体播放委托代征、代开消息，通过网站、微信公众平台、办税厅电子屏等滚动播放营改增委托代征、代开相关政策。印制并发放相关宣传资料 2000 余份，并在全市设置宣传咨询台 20 个，累计接待咨询 1000 余人次，提高纳税人对委托代征、代开工作的知晓率，让纳税人充分享受更快捷、更经济、更规范的服务，取得促进征纳和谐、优化税务形象的良好成效。

二、三部曲全面准备，全方位落实到位

设备、管理提前到位，数据测试精准。为确保营改增委托代征、代开工作的有序开展，四月份国、地税全面启动"白加黑"及"5 + 2"模式，并主动放弃"五一"小长假，全体干部职工随时待命、时刻准备。确定好办税服务厅联合办窗口数量及功能设置，使每个办税服务厅应至少开通 1 个窗口实行"一人一机双系统"办理国地税联办业务。各单位在确定好联办项目、窗口数量后，分别提报市国税局、市地税局进行金三系统岗位、权限调整设置；按照业务需要，在征收和发票代开窗口配备地税 POS 机；领发、结报、填用、作废、保管相关要求的说明等，并多次进行设备安装及实务操作数据测试，确保票款的安全、准确。

认真培训、指导，弄通弄懂操作方法。组织国地税人员仔细聆听总局营改增视频讲课，做好笔记，互提问题相互解答，让税务人弄懂代开发票流程、代开发票部门登记、税控专用设备发行、发票提供、发票开具、开票数据传输、发票再次领取、专用发票安全管理、日常信息比对、事后信息比对，以及税控专用设备配备和维护业务知识、操作方法及步骤，有效防范不征税代开增值税专用发票和少征税多开票等风险发生。同时，组织代开发票具体经办人员进行实务培训，熟练掌握各税种税率、征税依据、计税方法。先后共计举办了 5 期专题培训，培训人员达 150 余人次，确保了操作人员熟练掌握委托代征、代开税收政策及操作流程。

联络员上门辅导，解决切实问题。为保证前期业务的顺利开展，办税服务厅设立国（地）税联络员，常驻办税服务厅，负责国（地）税资料的传递以及国（地）税业务咨询等工作。联络员手把手教会代开人员代开发票步骤及票证使用事项，提供技术保障，确保系统稳定运行，还特别制作了税率计算表，使人员能够准确、快速地代征、代开税款。在实际操作过程中，由于代开方面业务较多，在考虑效率及纳税人满意度的情况下，与地税联络员协

商，在其帮助下，将地税代征、代开工作与代开发票分离，大厅人员在联络员的指导下迅速投入角色，大大提高了代开效率。并认真做好应急预案，切实关注纳税人反映和动态舆情，确保税制转换平稳顺利。

三、国地税业务相互磨合，进一步提高合作水平

实施国地税业务全方位合作。与地税部门业务科室、税源管理单位，分别进行"一对一"对口合作，共享管理经验和信息数据，实现国地税深度融合。联合开展税收调研分析，尽快掌握企业生产经营情况，解决管理弱化的难点。交换、共享营改增相关行业数据信息，解决第三方信息缺失的难点。国地税信息"科学化"传递，以风险管理需求为导向，分类建立信息包，按月或按季传递涉税信息，优化国地税信息共享，充实风险管理手段，积极应对营改增带来的风险管理挑战。

加强国地税后续管理合作。在日常管理中，发现需要调整征收方式、应纳税额和应税所得率的，国地税及时沟通，统一调整。督促核定征收企业建账建制，对符合查账征收条件的纳税人，及时调整征收方式，实行查账征收，避免查帐征收企业与核定征收企业税负差距过大，实现税负公平公正。

加强信息源头采集、资源共享，确保税款不流失。代开发票业务属于税源相对分散，但计征简便、执法风险小且便于管理的一类涉税业务，所征增值税与地税负责征收的城建税、教育费附加等附征税费紧密相连。委托代征之前，由于国、地税征收系统未实现全面对接，一方面部分纳税人存在侥幸心理，在国税机关代开完发票，并未去地税机关进行相应的增值税附征税款的缴纳，造成税款的流失。另一方面，由于全面推行营改增后，房地产、建筑安装业全部归属国税管理，许多外地报验户其分包工程队多采取代开发票的形式缴纳税款，这一部分的增值税附征税款就可能会流失。而事实国地税委托代征后，就堵住了这一漏洞，以工程量较大的绣惠高铁工程为例，中铁十局项目部、中铁隧道集团的分包工程队代开发票，预计地税方面缴纳税款将达数百万。

资产重组对沂源县经济税收
的影响分析及征管建议

山东省沂源县国家税务局 刘 咏 郑春祥 李家田 尹 鹏

资产重组是市场经济条件下企业进行资本扩张、协调与选择的主要途径与手段。近年来,沂源县的部分骨干企业(以上市公司为主)采取"请进来、走出去"的方式,与数家国际、国内知名的大型企业实施资产重组,优化资本结构,改善经营业绩,借力实现了企业的转型升级。我局组织课题组就资产重组对当地经济与税收的影响开展了调研分析,并对其中存在的问题提出了对策建议。

一、资产重组的效应分析

(一)资产重组的动因

1、追求经济规模。近几年,沂源县骨干企业发展虽然迅速,但是与发达地区相比还有不小的差距。以沂源县 5 家上市公司为例,2014 年累计实现营业收入 50.67 亿元,户均 10.13 亿元,低于全市百强企业的平均水平 12.33 亿元。户均税收 0.56 亿元,低于全市纳税百强企业平均水平 1.04 亿元。因此,通过资产重组方式,利用优势互补,实现经济规模扩张就成为沂源企业实现跨越式发展的一个重要选择。

2、优化产业结构。传统的"两高一资"型行业仍是沂源经济的主体。该类型产业作为经济的初级产业,在外需减少、出口不振的大环境下,受到下游产业经济萎缩传导,经营乏力。并且在目前国家产业结构整体提升的形势下,发展尤其力不从心。而传统的经济增量方式不仅需要大量的资金,而且投资周期长,见效慢。因此,资产重组也就成为沂源企业"旧瓶装新酒",实现转型升级的一个重要途径。

3、增强核心竞争力。与同行业著名企业相比,沂源企业因缺少领先技术和拳头产品,竞争力不强,市场自主性差,影响力也仅限于山东省内或者国内,国际化水平不高。而资产重组无疑成为当地企业获得先进技术与管理经验,提高核心竞争力的有效方式。

（二）资产重组的类型

1、股权转让型。①山东鲁阳股份有限公司原控股股东沂源县南麻镇集体资产经营管理中心，与全球知名的高温隔热材料产品制造商 UnifraI 控股的奇耐联合纤维亚太控股有限公司签署《股份购买协议》，由此促成鲁阳公司与奇耐亚太公司的战略合作。②山东华狮啤酒有限公司与青岛啤酒股份有限公司签订协议，向后者转让其控股公司山东绿兰莎啤酒有限公司 55% 的股权。

2、复合重组型。主要通过资产置换、股权转让与资产剥离等方式完成资产重组。①山东华联矿业股份有限公司与山东大成农药股份有限公司通过此类重组，实现借壳上市。②山东联合化工股份有限公司与江西合力泰科技股份有限公司也通过该方式完成资产重组。

（三）资产重组的成效

1、对企业的影响

（1）技术水平提升。先进生产技术的引进和运用，是提高核心竞争力最便捷的渠道。山东鲁阳股份有限公司使用奇耐联合纤维亚太控股有限公司授权的"高温隔热纤维的埋极耐热电阻加热炉"生产专有技术后，生产成本平均下降 80 元/吨；山东绿兰莎啤酒股份有限公司通过技术改造，啤酒日产量由去年的 240 吨，提升到现在的 390 吨。

（2）融资渠道拓宽。相对于传统的依靠自身资金积累与银行贷款等方式，利用资产重组进入一级资本市场融资，经营风险要小得多。山东华联矿业股份有限公司正是通过资产重组这种方式，获得了紧缺的上市公司"壳"资源，从而取得了名正言顺进入资本市场融资的资格。截止 2014 年底，该企业通过证券市场募集资金累计达 3.2 亿元，主要用于生产设备更新与高新技术研发。据统计，2012～2014 年，该企业用于设备更新的资金高达 2 亿元，用于高新技术研发的资金高达 0.5 亿元。

（3）企业实现转型升级。一是主营业务更加突出。山东鲁阳股份有限公司与奇耐联合纤维亚太控股有限公司实现强强联合后，无论国内还是国际市场，都会有长足的发展。预计到 2016 年底，产品市场占有率将提升 15 个百分点。二是跨行业转型成功。合力泰科技股份有限公司资产重组后，将在维持原有化工业务的基础上，新增触摸屏等电子产品的生产，成功实现了企业的转型升级，预计到 2018 年，企业销售收入将提高 70 个百分点。截止 2015 年 10 月底，"合力泰"股票已较 2014 年同期上涨 400 个百分点，表明市场对资产重组持积极乐观的态度。

2、对税收的影响

（1）对当期税收的影响。转让企业股权，实现企业所得税 2.1 亿元。其中：沂源县南麻镇集体资产经营管理中心转让山东鲁阳股份有限公司股权，实现企业所得税 1.5 亿元。山东华狮啤酒有限公司转让山东绿兰莎啤酒有限公司股权，实现企业所得税 0.6 亿元。据不完全统计，2015 年因资产重组所衍生的税款将占当期全部国税收入的 14.13%。

（2）对后期税源的影响。一是市场扩大，税收增长。山东鲁阳股份有限公司在站稳国内市场的同时，海外市场也将会迅速扩大。到 2017 年预计税收将比资产重组前增长 20 个百分点。二是规模扩张，税源增加。山东绿兰莎啤酒股份有限公司借助青岛啤酒股份有限公司的产品技术与名牌效应，到 2016 年底，预计产能突破 20 万吨，税收比资产重组前增长 300 个百分点。合力泰科技股份有限公司到 2018 年，预计税收比资产重组前将提升 40 个百分点。

3、对当地经济的影响

（1）更新经济发展理念。资产重组为企业融资提供了市场供给与保障，也迅速改变了人们对经济传统发展模式的固守。由于沂源经济起点低，规模小，实现跨越式发展的难度非常大。在当前国民经济整体升级的大环境下，资产重组为沂源经济实现"拐角"赶超创造了可能，也加速了资源配置向市场方向转变的力度，预计到"十三五"期间，沂源经济将因此出现一个大的飞跃。

（2）推动经济结构调整。通过资产重组，引进了装备制造业，打破了沂源"两高一资"型企业一统天下的局面。为提高企业的核心竞争力，培育节能减排、绿色高效的新兴产业开创了先河。

（3）示范作用带动显著。近几年资产重组的成功案例无疑为沂源经济调结构、促转型做出了有益的尝试，它的示范作用甚至超越了其自身的价值范畴。目前，沂源县有相当数量的企业开始探索同行业或不同行业间的资产重组，拟在经济结构调整和产业升级上做好文章。

二、资产重组在当前税收征管中的难点与矛盾

（一）难点与矛盾

1、资产重组行为监控难度大。按照《公司法》的规定，企业股东发生变化，要到工商部门作股权变更登记。一些企业虽然实质上发生了资产重组行为，却不履行变更登记义务。或者按规定作了工商变更登记，却没有及时到税务机关进行变更登记。而工商行政机关与税务机关尚未实现"全天候"的信息共享，因此税务机关无法及时获取相关交易信息，难以及时有效介入管理，造成税收流失。

2、不能正确处理会计与税法差异。由于企业所属行业的差异，其会计处理方法具备多样性和复杂性，部分企业在资产重组过程中不能按照财务会计制度规定进行账务处理。而税收与会计本身也存在政策差异，企业不按照税法相关规定进行纳税调整的事情也时有发生。

3、税收政策适用不规范。一是混淆企业重组过程中的一般性和特殊性税务处理方法。往往在不符合特殊性税务处理规定的情况下，按特殊性税务处理规定进行账务处理；二是错用企业清算税收规定。在计算资产重组所得时，扣除了被投资企业未分配利润等股东留存收益中该项股权可能分配的金额，从而少申报企业所得税税款。

4、申报的资产重组价格不真实。一些企业在资产重组过程中签订虚假协议，降低资产重组价格，造成税款流失。

（二）形成原因分析

1、资产重组具有偶发性和隐蔽性。资产重组的主体、客体、发生时间等相关因素，均存在不确定性。部分企业（特别是规模较小的企业）税法观念淡漠，税法遵从度低，资产重组必然呈现隐蔽性。资产重组交易完成时间往往发生在工商、税务主管部门的变更登记之前，客观上弱化了税收征管。

2、资产重组具有形式多样性和收购主体多元化特性。除常见的以资金为主的重组形式外，以房屋、土地、或有事项权等为代价的转让也逐渐增多，重组的形式已呈现多样性。股权收购方也不再是单纯的法人身份，自然人、企业管理层、民营企业以及外资企业的参与，也极大地促进了收购主体的多元化。税务机关受获取信息深度和渠道不畅的制约，必然会弱化税收征管。

3、资产重组缺乏有效的价格核定手段。对于资产重组行为，目前我国尚未形成一套行之有效的转让价格评估机制，虽然《征管法》原则性地明确了对于计税价格明显偏低的情况可以核定计税价格，但在实际操作时，对于资产重组价格明显偏低的，税务机关仍缺乏有效的核定手段。

4、部分税务人员业务素质有待提高。关于资产重组所涉及的税收征管是一项系统工作，需要税务机关各个岗位人员协作完成。而目前部分基层税务人员对新知识、新政策的接受能力不强，对资产重组相关政策一知半解，不能及时发现疑点信息。

三、下一步加强税收征管的建议

（一）进一步明确股权交易法律程序，完善申报制度

应完善相应的税收政策，要求股东在进行股权交易时，必须同步申报或备案交易基本情况，将其纳入日常管理。进一步明确股权变更的财务处理办法，界定财务管理人员责任，督促其依法核算。

（二）强化税收宣传辅导，提高税法遵从

目前，绝大多数纳税人和扣缴义务人对股权转让的税收政策不熟悉。因此，税务部门应通过新闻媒体、互联网等渠道，向纳税人广泛宣传股权转让税收政策，增强纳税人诚信纳税意识。通过媒体不定期地发布税务公告，阐明相关的法律责任和税收风险，切实提升纳税人的税法遵从度。

（三）加强部门协作，多方获取信息

加强与工商、地税、公安、国资委、交易机构等部门的信息沟通，取得有关部门的支持与帮助。积极打造与相关部门信息网络互通平台，及时掌握转股、合并等情况，第一时间介入管理，掌握工作主动性。利用税务变更登记信息、网络媒体公布的股权收购公告，获取纳税人的股权转让信息，有针对性地约谈企业法人代表和相关投资人，核实纳税人股权变动的原因、过程、价格等信息。同时，认真核查企业的税务登记变更情况、实收资本变化情况等，找准征管突破口，切实提高管理水平。

（四）建立股权转让专项评估机制，完善评估体系

组建专家团队，负责对股权转让等案件的评估检查，完善纳税评估指标体系，加大评估力度。建立健全社会中介评估定价机制，完善价格核定体系，引入社会中介机构参与对股权转让价格的评估定价，既可以减少税务机关的执法风险，也较容易获得纳税人的认可。

全面推开营改增存在的主要问题及建议

山东省郓城县国家税务局　袁洪波

5月1日，全面推开营改增试点在全国正式实施，开启了我国税制和征管大步深化改革的新时代。全面推开营改增，在当前经济形势放缓、增长潜力低迷的情况下，很有可能会暴露出制度缺陷和征管中的新问题。本文笔者针对营改增全面推开存在的主要问题，就如何加快推进增值税制度完善、加强营改增纳税人税收监管，提出粗浅看法和建议。

一、全面推开营改增工作中存在的主要问题

营改增在全国全面推开，但毕竟是改革，改革就会有改革的阵痛。随着营改增的全面推开，税率和税收优惠政策的设置还需进一步优化，国税部门营改增的管理制度尚不健全，纳税人不适应新的税收政策等问题逐渐显现出来。

（一）政策方面的问题

1. 政策注释复杂，执行难度增加。与营业税相比，营改增后应税范围注释中的概念和项目更多更细，增加了操作难度。如建筑服务业，营改增后涉及工程服务、安装服务、修缮服务、装饰服务、其他建筑服务等5个征收品目，每一个征收品目都会有不同的政策注释，而其他建筑服务还必须要有更细的政策注释，在执行过程中难度肯定增加。

2. 适用税率过多，核算难度增加。不考虑零税率的情况，目前增值税适用税率有17%、13%、11%、6%四档，另外还有征收率、预缴率。不同行业、项目的税率差给征纳双方都带来不便。税率差的存在，企业需要花费大量精力进行税收筹划；进销项税率差的存在，会出现高扣低征或者低扣高征现象，容易为虚开发票提供市场，为税收征管留下隐患。

3. 混业经营难分，计税难度增加。若营改增纳税人的一个销售行为涉及到多个税率的服务，纳税人需要将其服务拆分为几部分收入以对应不同税率计税，同时，纳税人按照"混业经营"政策的要求进行划分，划分的原则、划分的依据难以界定。

4. 差额政策存续，抵扣难度增加。营改增后，某些行业保留差额扣除政

策，使得增值税层层抵扣的链条并不完整，而且用于差额扣除的发票不需要经过稽核比对，有可能出现多扣除、虚假扣除的现象。另外，对于扣除部分如何开具专用发票又有不同规定，增加了税务机关的监管难度。

（二）国税部门方面的问题

1. 新增户数多，管理压力加大。随着营改增全面推开，国税部门在征管力量没有增加的情况下，工作压力突然增大。一方面，由于营改增纳税人对增值税税制不了解，占用国税干部相当大的精力进行税法宣传和政策辅导。另一方面，基层一线征管力量严重不足，办税服务厅工作人员压力凸显。

2. 新增行业多，管理经验缺乏。在前期营改增工作中，国税部门虽然积累了一定的工作经验，但目前，四大新增行业可谓是营改增的"硬骨头"，行业特点，经营模式、收入和成本构成如何，税收征管的重点和薄弱环节在哪，如何运用税收政策对它们加强管理等等，都需要逐步去探索去研究。

3. 新增问题多，操作系统滞后。营改增全面推开后，由于计算机操作系统设计预见性不强，产生了一些问题，以至于频繁出现问题，频繁进行修订。另外，营改增纳税人原来仅使用地税申报系统进行申报纳税，目前，将面临使用国、地税的两个申报系统同时申报纳税。

（三）纳税人方面的问题

1. 面对国税新政困惑。对于营改增纳税人来讲，增值税进项税额抵扣制度，对于原营业税纳税人来讲比较陌生，营改增前后的税收政策和纳税规定的巨大差异无疑是一种挑战。不仅是企业的财务部门，包括管理部门和销售、采购等业务部门，都必须对营改增政策进行了解和掌握。

2. 面对财务处理迷茫。新旧税制的转换、税收政策的变化、具体业务的处理和税收核算的调整等等，都成为营改增纳税人面临的难题。比如，在原营业税税制下，只设置1个会计科目就可以了，目前核算模式变得比较复杂，需要设置与进项税额、销项税额和应纳税额有关的10个会计科目。同时，还带来了开票、报税、认证抵扣和税款缴纳等业务操作方面的一系列新的问题。

3. 面对涉税风险心惊。一方面，是企业发票抵扣方面的风险。假设在上游客户的选择上没有注意到一般纳税人和小规模纳税人的区别，就有可能无法足额抵扣；假设向对方索取的是不合规定的专用发票，不但不允许抵扣进项税款，还有可能以非法购买增值税专用发票、偷逃税款等罪名进行严肃处理；即使取得了合法的增值税专用发票，假设没有按照规定进行认证或者申报抵扣，也将会给企业造成不必要的损失。另一方面，是企业开具发票方面的风险。如果营改增纳税人对增值税专用发票的伪造、虚开和非法出售与违规使用行为没有足够的畏惧感，受利益驱使，出现让他人为自己虚开，或是自己非法为其他企业虚开用于抵扣税款等违法行为的，将会受到相关税收法律法规的严肃处理，构成犯罪的，还将移交司法机关依法进行惩处。

二、全面推开营改增的几点建议

虽然根据营改增的全面推开，国家税务总局及地方政府出台了税收优惠政策和政府扶持计划，但还在不断的探索之中，本文结合日常的基层营改增实践，对政策优化，税收管理制度完善，营改增纳税人如何应对改革的形势提出浅显的完善建议。

（一）政策方面的建议

1. 加快立法进程，完善法律制度。近年来，增值税立法已经多次列入人大立法计划中，但受制于增值税和营业税并行的状况，增值税立法问题迟迟没有进展。目前，营改增全面推行，应强化税收法定原则，加快立法进程，推开增值税立法程序，以立法深化改革，提高立法级次，增强税法的权威性和严肃性。

2. 减并税率设置，统一设定税率。目前，按照新出台的政策，增值税存在多个税率和征收率，这种情况不适合长期存在。建议在营改增纳税人过渡磨合到一定时期，调整相关过渡政策，减并税率设置，统一设定税率。

3. 调整免税政策，拓展抵扣链条。如果增值税抵扣链条在中间环节形成断裂，这种传递就无法顺利进行，从而影响下一道环节的增值税税负和销售价格。建议对现行的免税政策进行调整，对部分项目给予免税截止期，部分项目调整为增值税的即征即退；针对部分零售和消费环节的免税政策尽可能予以保留。

（二）税务机关方面的建议

1. 强化政策宣传辅导。通过座谈会、纳税人学堂、互联网等多种形式，及时宣传税收政策，让纳税人弄通弄懂弄会。同时，还应积极主动地向地方党委政府宣传，取得地方政府和相关部门的理解、支持和配合。

2. 强化行业风险防控。对营改增纳税人实行税源专业化管理，深化纳税信用信息利用，根据纳税人信用等级实施分级分类管理。探索营改增行业经营模式和特点，找准行业管理风险点，进一步开展风险核查、纳税评估或税务稽查。

3. 强化社会协作办税。借鉴地税长期积累的管理经验，加强合作，开展信息交换。实行税收网格化管理，进一步推开社会化协同治税。增强第三方信息分析利用，形成各方面广泛参与的税源共治格局。

4. 强化信息体系建设。大力推开"互联网＋税务"行动计划，建立架在云端的电子税务局，积极拓展网上审批和网上办税。加快金税三期工程的升级速度，尽量将补丁升级赶在问题的发生之前。建议国、地税纳税申报系统合并，同时，将缴纳地税的税费计算公式嵌入增值税申报主表，使关联数据自动生成。

5. 强化经济数据分析。建立税收分析团队和工作制度，协同地税、财政部门，对新纳入营改增试点的行业，定期测算其税负变化并进行效应分析，做好典型案例的深度挖掘，及时发现问题，及时采取应对措施。

（三）纳税人方面的建议

1. 加强税收政策学习。为了有效应对营改增带来的难题，营改增纳税人管理层和采购、销售等环节都应该深入、系统、全面地学习营改增政策。企业财务部门尤其要加强政策的跟踪研究，明确改革的主要内容及具体操作流程，在经营模式、市场营销、生产组织方式、合同管理等诸方面做出相应的转变。

2. 规范财务会计核算。会计核算不是单纯的财务问题，也是税务管理的一个组成部分。增值税全面覆盖以后，企业不再需要对增值税和营业税分别核算，但应根据具体经营内容正确选择税目和适用税率，尤其在混合销售、混业经营等情况下，按照新的政策积极应对，避免税收风险的发生。

3. 完善财税控制制度。一是合法选择纳税人身份。如果企业进项抵扣不充分，依法按小规模纳税人计税；反之，申请成为增值税一般纳税人。二是放弃免税、减税选择权。可以放弃免税、减税，依法缴纳增值税，对外开具增值税专用发票。三是选择最佳经营伙伴。一般纳税人尽可能选择与一般纳税人合作，以取得正规、合法的增值税票，充分抵扣进项税，减轻税负。四是还可以通过服务外包或另外组建下游企业等方式改进企业的组织架构，拉长抵扣链条，倒逼专业化分工，增强企业发展后劲。

关于当前国地税合作工作的实践与思考

山东省东明县国家税务局　孙明安

做好国、地税部门间的协调配合工作，对于进一步促进国地税部门资源整合、提高征管工作效率，降低征纳成本，减轻纳税人负担，优化纳税服务，切实提高税务机关的监管能力和水平，更好地实现税收服务经济社会持续健康发展具有十分重要的现实意义和作用。近几年，随着税收征管改革不断推进，国家税务总局多次强调要加强国税地税合作，提升国地税合作深度和广度。《全国县级税务机关纳税服务规范》等指导性文件得出台，更为国地税合作提出了明确要求。因此，如何进一步加强国地税合作已成为新形势下税务部门面临的一个现实课题。

一、目前我市国地税合作现状

近年来，东明县国家税务局根据上级有关文件精神和纳税人的呼声，积极联合地税局，结合税收征管实际，不断探索国地税合作的新办法、新途径，在联合办证、联合办厅、信用等级评定、"营改增"业务等税收征管业务中建立了较为广泛的联系和合作。

（一）联合开展税务登记管理

从 2010 年 7 月 1 日起，东明县首先在城区内实行了国地税联合办理税务登记，属于国、地税共管户的纳税人无论在国税或地税办一个税务登记证，另一方加盖规章即可，避免重复办证，实行"五统一"，即统一受理税务登记、统一税务代码、统一表证单书、统一税务登记收费、统一登记流程。免费发放一个税务登记证（同时盖国税地税公章），极大地方便了纳税人，提高了税收管理工作效率，降低了纳税成本。

（二）税款代征及数据共享

一是地税委托国税在临时代开发票时代征城建税、教育费附加及个人所得税。二是地税部门定期从国税取得纳税人开票和查补数据，与纳税人实际申报数比对核实，及时补征相关税款，确保国家税款及时足额入库。

（三）设立联合办税厅

2014 年 6 月，市政府下发《东明县人民政府办公厅关于推行国税地税联合办税工作的通知》，要求全市从 2014 年 9 月 1 日起全面推行国地税联合办税工作，这也是我市在全省率先推行国地税联合办税工作。全市通过设立联合办税厅，国税、地税互设办税窗口，国地税相互委托代征等模式，在税务登记、税款核定、发票代开等多个方面，为全市 3000 多户国地税共管户提供联合办税服务，真正实现了"进一家门办两家事"，减少了两头跑，大大方便了纳税人。

（四）联合开展纳税信用等级评定

根据省国地税《纳税信用等级评定管理实施办法》，东明县国、地税部门联合协调，在纳税人纳税信用等级评定标准的制订、评估、审定、公告等方面进行协商，达成共识，制定下发管理实施办法，根据评定标准双方共同参与共同评定出纳税人纳税信用等级，"同标准"、"同步式"、"同公开"的联合信用评定方式使纳税信用评定工作透明化、公正化，极大提高了企业纳税信誉的权威性和公开性，同时减少了重复工作，提高了工作效率，降低了纳税成本。

（五）联合开展"营改增"有关业务合作

从"营改增"以来，国地税联合开展"营改增"政策宣传，将"营改增"相关文件汇集并编印成册，同时在国、地办税厅免费发放，方便纳税人及时了解"营改增"相关政策；建立完善"营改增"涉税信息共享机制，通过电子化渠道和人工审核进行交换共享相关涉税信息，联合开展"营改增"户源清查清理，摸清户源，了解纳税人生产经营情况、纳税情况以及纳税人"营改增"后急需解决问题等，确保了"营改增"工作顺利平稳推进。两年多来，国地税"营改增"信息传递交换已进行多次。

二、新形势下纳税人对国地税合作的需求

在新的形势下，纳税人对税收工作和纳税服务提出了更高的期盼和要求，一致希望从方便纳税的角度出发，统一涉税资料报送，统一办税场合，统一申报软件，统一税源管理标准，优化为纳税人服务流程，切实减轻纳税人的负担。

（一）减少纳税成本

目前，国地税部门没有统一的税收征管系统，纳税人在缴纳多个不同税种时，需要在国地税之间重复申报，重复填制税收会计报表，需要购买不同的国税、地税申报征管软件，需下载安装不同的网上申报软件和数字认证证书，而且，经常往返于国税和地税部门，浪费了大量时间，同时，在国地税

共管户的管理中，两家单位有重复评估检查等执法现象，影响了纳税人的正常经营，加重了纳税人的负担，增加了纳税成本。

（二）有效开展税收宣传

根据调研，很多纳税人对税收政策不了解，甚至不知道国地税部门有何差异，征收税种有何区别。在日常税收征管中，经常出现有纳税人需缴纳地税税种却到国税部门咨询现象。在税收宣传方面，要建立高效的宣传机构，通过行之有效的税收大讲堂、政策发布会、专题辅导会，有针对性地宣传纳税人关注的国、地税政策，进一步提高政策宣传效果。

（三）高效办理涉税事宜

建立联合办税服务厅，在一个服务厅就可以办理完毕一切税收事宜；纳税人足不出户就可以办理完毕纳税申报、税款缴纳、发票领购等事宜，纳税人接受一家税务稽查等。

（四）简便制定税收政策

改变现有政策的复杂性，尤其是企业所得税归属管理政策，令纳税人不知所从，应尽快理顺国地税体制，进行规范，按税种进行归属，化繁为简，给纳税人创造一个快捷、便利的办税环境。

三、当前国地税合作中存在的主要问题

国税局与地税局虽为两个独立的行政执法主体，有着各自的工作职责和工作范围，但共同执行统一的税收法律和法规，面对共同的纳税人，税收征管的流程也基本一致。国税局、地税局之间的协作与配合较之与其他单位的协调配合更直接、更密切、更方便、更有效，但是，也不可避免地存在一些问题。

（一）信息交流和共享尚存在多方面的制约

尽管税收征管法以及实施细则对税收征管信息的共享内容作了较为全面的规定，但是由于责任主体欠明晰，以致难以具体实施。这不仅导致了税收征管效率进一步提升的困难，也使得国地税联动合作、沟通的状况难以进一步改善。一是税收征管信息软件不匹配。由于国税、地税征收管理软件的差异，国地税双方数据库信息不能自动地形成比对结果，对于共管户主管税务机关不能及时、准确掌握，势必影响征管质量和效率，造成信息资源的极大浪费。目前，国、地税大多的合作停留在纸质的、手工的阶段，信息化效率尚需提高。二是行业信息共享内容不匹配。在房地产耗材增值税征管中，一般出现房地产建筑商工程完工后，到地税部门代开发票缴纳营业税，一个工

程一张票，没有材料、机械等项目明细，期间消耗的门窗、水泥等建筑耗材、使用的机械设备等涉及增值税的项目，国税部门难以掌握期间，无法予以核实，造成行业耗材增值税流失，且由于纳税人非国税管理税源，在主税种缴纳完毕，后续追缴、调查工作难以有力开展。

（二）税收基础管理尚未形成统一后续管理协作机制

一是基础管理需加强。在税务登记合作中，按照要求凡以缴纳增值税为主的纳税人，由主管国税机关发放税务登记证件，凡以缴纳营业税为主的纳税人，由主管地税机关发放税务登记证件。但在实际工作中，对纳税人的税务登记变更、停复业、注销等事项，仍由纳税人向国、地税主管税务机关分别办理，对非正常户、登记失效户认定与管理，没有形成统一的后续管理协作新机制。二是税基核定不同。对于达不到起征点的纳税人，有时存在地税部门确认的纳税人实际销售额与国税部门的核定额差异较大，税基核定不一致的现象。对于同一纳税人，国税部门认定达不到起征点，地税部门还让缴纳城建税、教育费附加，缴纳地税税款比国税多的情况。

（三）纳税服务合作机制范围尚需进一步扩大

一是国地税纳税服务协调与合作缺少高层次的长效机制。由于国、地税纳税服务协调与合作时，不仅涉及国税和地税的纳税服务、征管、信息、稽查等各个部门，还涉及上一级税务机关的各个相关部门的业务指导，涉及不同的征管软件，从而导致在某些环节不易达成共识。目前，国税地税的行业网络仍然是独立的。而从 2006 年开始国税部门对全国垂直管理体系运用了统一的税收综合征管软件，地税方面却只是在各省建立了自身征管软件，无论从平台设置格式还是运行模块上讲都不相同，这些不一致无法通过单纯升级改造联办软件实现，需要建立更高层次的国、地税协调与合作的长效机制。二是办税程序繁杂。有的地方尚未设立国地税联合办税服务厅，有的地方虽然实现了联合办证或办税，但当纳税人办完税务登记后，仍然需要分别到两家税务部门税种鉴定、纳税申报、领购（代开）发票等，还要分别接受国、地税经营情况的实地核查，程序依然繁杂。

（四）国地税联合检查尚需进一步加强

总局税务稽查规程规定，稽查局在所属税务局领导下开展税务稽查工作，各级国地税稽查局应当加强联系和协作，及时进行信息交流与共享，对同一被查对象尽量实施联合检查，并分别作出处理决定。以上规定对加强国地税合作只作了原则性的规定，对如何进行国、地税联合稽查没有明确规定，不便于两部门实际操作，存在市县国地税稽查部门各自为政的现象。目前，两部门基本上没有开展信息交流和联合税务稽查。而且，由于国、地税部门都得不到对方的稽查情况，尤其是一方发现了属于另一方管辖的问题，由于没有联合稽查和信息共享，另一方还要重新重复进行稽查，并且稽查时由于种种原因也不一定能够查出来，既不利于稽查结果的利用，也不利于提高稽查效率，更不利于稽查震慑性的发挥。

（五）国地税执法风险进一步加大

国地税共同治税，对于共管户，在管理中经常会出现税收政策执行不一致的情况。譬如，在税务稽查中，由于国、地税稽查的目的着力点不同，在对达不到起征点户的稽查中，国税部门可以认定为达不到起征点，而地税部门在稽查时会认为达到了起征点，需要缴纳城建税、教育费附加等税款，导致稽查结论不一样。而一户企业出现两种不同的税务检查结果，无形中增加了执法风险。再如，对于国地税共管的企业，由于受稽查人员和稽查目的等因素的制约，对于企业成本、费用项目的定性会产生不一致的结果，无论企业向国税或是向地税进行行政复议，最后的结果肯定有一家是错的，管理风险较大。

（六）联合共同宣传不够

目前国地税在日常税收政策宣传、辅导和咨询方面，缺乏必要的协作配合，没有形成统一的对外宣传载体和长效的联合互动机制。

四、加强国地税合作的建议

整合国税局、地税局的行政资源，加强顶层设计，建立和完善国、地税纳税服务协调与合作的长效机制，有效降低纳税人的办税成本，提升税务行政工作效率。

（一）深化征管改革，整合信息资源，优化顶层设计

一是征管改革进程尽量保持同步。科学实施顶层设计能够促国地税合作有效深入。国、地税机构设置不同，为联合办税增加了难度。国税机关根据进一步深化征管改革的要求，按照国税职能来进行机构设置，而地税仍按所管辖的地域来设置机构。这样就因国、地税管辖范围不同，主管国税和主管地税管辖范围往往不一致，为纳税人的划分、联合调查的实施、资料的传递等联合项目增加了难度。因此，在哪些方面进行合作，如何合作，需要哪些措施来保证合作的顺利进行等诸多方面均需省局以上层面进行规划、设计，并建议联合设立一个国地税合作领导小组统一进行领导和管理。

二是整合国地税税收征管系统。总局应依托征管软件、金税三期等现代

信息技术，在坚持成本、效率优先的前提下，应整合现有的信息、人力、财力资源，建立统一的税收征管系统管理平台，使纳税人能够统一申报统一管理。通过管理平台和国家相关部门合作，还可以进一步整合国税、地税乃至工商、质监、统计、建设、房管、社保等部门的信息资源，掌握的企业基本经营情况、税源信息和纳税、减免退税、欠税等征管综合信息，加强对纳税户及其税源的控管，并切实解决登记企业中的零申报企业、非正常企业、未依法登记的纳税人等应当纳入征管范畴的纳税人依法行使纳税义务的问题。同时，在各类数据健全的基础上逐步完善统计、分析、比对、预警等强大功能，提供迅速全面的稽核结果信息，为纳税评估和税务稽查提供准确依据。

三是建立联合纳税评估与税务检查。省局层面需加强完善联合纳税评估与税务检查。首先，联合日常纳税评估与税务检查。对于纳税评估计划，国地税事先联合确定评估名单、评估时间等事项，以便国地税联合实施纳税评估，使纳税人避免重复的资料报送。对于日常税务检查计划，国地税也可事先联合确定检查名单、检查时间等事项，以便国地税联合实施税务检查，最大限度地解决"重复检查"问题，保护纳税人合法权益。其次是互相通报及介入。国地税办理重大案件时，发现涉及对方业务的重大税收违法线索的情况，要及时通报对方或商请对方介入，实行联合检查；对各自接到的举报案件，有对方管辖范围的，及时向对方传递信息或商请对方介入，确保税收违法案件的及时、全面查处，共同打击违法犯罪行为。

（二）降低征纳成本，提高办税效率，扩大合作范围

一是深化联合办税厅服务。联合办税厅要对税务登记、纳税申报、税款缴纳、普通发票代开、涉税审批等业务"一厅通办"。国税、地税、工商、机构代码证统一为一证办理，延伸办证，尽快做到"四证合一"。积极设立网上办税厅，加快税收信息化建设步伐，整合国地税现有网上办税厅，升级为方便快捷、便于操作的网上联合办税平台，逐步拓展网上咨询、网上登记、网上申报、网上涉税审批、网上下载表证单书等功能，为纳税人提供更加方便快捷的服务。

二是强化所得税管理。一方面，统一所得税汇算清缴标准和要求。在所得税汇算清缴期间国地税可以共同组织召开共同对新办企业或重点服务企业进行政策宣传和纳税辅导，统一发布所得税汇算清缴政策，有效解决部分重点纳税人"两头跑"的问题，既有效提高税种管理效能，又有效提升税务部门新形象。另一方面，统一所得税核定征收标准。对财务制度不健全需要核定征收企业所得税的企业，国地税应密切配合，制定统一的核定征收办法。

对建筑业等经营规模、方式、范围基本相似的企业，国地税应执行统一的核定征收企业所得税应税所得率标准，避免因主管税务机关不同而形成税收负担不公。

三是提高征管合作深度。对涉及国地税共管的个体工商户实行统一的定税依据；共同搭建电子申报缴税平台，实现同一纳税人用一个银行账户缴纳国地税税款；对边远地区和专业市场的涉税事项实行统一征管等。

（三）建立长效机制，推动管理科学化，强化合作保障

一是建立沟通联络机制。一方面，建立专题研讨机制。针对税收征管中出现的新情况、新问题，定期组织税收征管专题研讨活动，研究制定相关措施，内容包括纳税人注册、变更及注销情况，区域税收征管措施，国家新出台的税收政策执行情况，经济指标、宏观税负、行业税负及相关税收分析等，减少国地税在执行政策口径上的差异，促进税负公平。另一方面，建立"营改增"沟通机制。明确国地税双方加强"营改增"政策的宣传与解答，避免纳税人在国、地税大厅两头跑的问题，对纳税人反映的问题，双方应及时进行反馈；国地税应加强"营改增"纳税户的发票管理，地税部门对原发票予以收缴。

二是建立风险应对机制。风险管理已成为税务部门在加强税源管理的重点。应加强国地税在风险识别、应对方面的合作，通过对疑点数据的分析筛选排查，加强疑点数据交换，建立和形成国地税税收风险识别、应对协作机制，进一步提高双方的风险管理应对能力，有效规避执法风险。

三是健全督查考核和权益维护制度。在落实各项规定执行的基础上，应结合实际情况，共同制定督查考核办法，明确责任追究的具体形式，保证国税、地税人员切实执行联合办税各项规定。对所得税税源管理情况加强监督，对不该本部门管理的而纳入管理的问题，建立追究机制严格进行追究。同时，建立权益维护机制，联合统一标准，规范纳税人涉税信息运用，落实税务系统保密工作要求，保障纳税人合法权益。

四是加强宣传合作，联合建设纳税服务平台。国地税应共同建立统一的税收宣传载体，如网站、电话、微信等，定期编制税收法规宣传册和基础性的税法普及教材，共同开展税法普及宣传教育。要联合建设统一的纳税服务平台，共同办好纳税服务网站和12366服务热线，加强业务信息交换和沟通，逐步建立咨询业务相互转接的功能。要进一步加大对纳税人涉税法律、法规的联合宣传教育力度，增强纳税人遵从税法和依法保护自身合法权益的意识，为税收征管工作的开展营造良好的社会环境。

优化服务 提升效率
做好营改增二阶段专项整改工作

湖北省浠水县国家税务局

接到市局下发《黄冈市国家税务局关于对浠水县国税局营改增试点第二阶段工作以及重点工作落实情况的督查反馈》，发现我县存在五个方面的问题。针对问题，税政科、征管科、税源管理科、人事教育科迅速行动，积极查找根源，各司其责，加强整改，结合督查反馈内容，现将有关情况报告如下：

（一）税政科

1、加大培训力度，提升业务素质。营改增试点工作是当前工作的重中之重，办税服务厅要进一步提高重视程度，积极组织开展及时性、针对性的营改增业务培训，制定每天、每周的学习培训计划，强化对前、后台人员的培训。采取岗位练兵、学习培训、互相交流等方式，通过集中学习与自觉学习相结合，提升学习质效，为营改增试点纳税人政策咨询和事项办理工作的开展打下良好基础。同时，实行每周一考，以考促学，积极在办税服务员中营造一种"比服务技能、比服务效率、比服务业绩"的工作氛围，不断提升整体业务素质。

2、实行内外监督，实现从严管理。进一步拓宽监督渠道，完善和扩大社会监督网络，及时了解纳税需求，改进作风，优化服务，提高服务质量和效率。继续严格执行《办税服务厅人员工作绩效考核办法》，对东宝区局办税服务厅人员的学习情况、工作数量、服务质量进行考核，一月一通报，一季一奖惩，一事一追究。定期开展服务能手、服务标兵、服务明星评选，充分调动办税服务厅人员的工作积极性和主动性，增强学习意识、责任意识、服务意识、效率意识，使办税服务厅真正成为展示国税良好形象的"第一窗口"。

3、立足根本问题，建立长效机制。结合实际工作要求，在抓巩固、抓提升、抓规范上下功夫，在进一步建立健全纳税服务长效机制上出成效。深入开展"便民办税春风行动"，深化国、地税全方位、多领域、深层次的战略合作。积极开展国地税"一窗式"联合办税改革试点工作，按照办税服务厅标准化建设要求，统筹开展国地税共建办税服务厅的硬件建设与软环境建设。

在学习营改增政策的同时，开展国地税业务互学，相互学习对方的税收基础知识、办税流程，实现"前台一家受理、后台分别处理、限时办结反馈"的服务模式，不断提高办税效率，优化纳税服务，提升纳税人获得感、满意度、遵从度。

（二）征管科

1、关于"金税三期"上线的本级培训没有开展，基本依托上级培训的问题。

我们进行了积极的整改，迅速制定了本级培训计划，采取"集中"加"分散"的办法，进行全员全岗培训。至日前，举办集中培训两次。一是对办税厅人员进行了一次集中培训，然后又采取"一对一"上机操作实战培训，取得了办税厅人员人人会操作的效果。二是对其他人员进行了一次集中培训，然后采取轮流派人到办税厅参与"金三"双轨执行操作，由专门人员指导，"一对一"上机实战培训。

计划7月再举办多次全员全岗培训，达到8月份"金三"单轨上线运行，人人能熟练操作系统的目的。

2、关于前期动态数据清理积压较大的问题。

加大了清理的力度和速度。采取自行清理或运维上报省局后台清理的方式方法，至6月20日止，已全部完成前期数据清理任务。针对后期新增问题数据，采取专人负责，当天发现当天清理完毕，坚决按照市局工作布置，按期完成数据清理任务。

（三）税源管理科

1、对2016年第一期发布风险完成情况进行通报，指出在风险处置中存在的不足，确定以后在每次风险发布周期，召开税源风险预警防控管理工作例会，确保搞好风险分析和应对安排。

2、对2016年第一期发布的风险户资料重新进行整理，查漏补缺，共整理户数22户。

3、准备在七月底进行一次案例讲评（已落实讲评人员和讲评案例）。

（四）人事教育科

针对数字人事数据分析深度不够问题，人教科进一步加强数据分析应用，根据《税务系统数字人事数据应用办法（试行）》，结合2015、2016年数字人事试点工作以来的实际应用情况，结合现有的各项数据，对数据进行更有深度有张力的分析。针对不同的干部管理事项、数据模型，对各项数据进行合理量化分析比较，并将分析结果应用到税务机关党组管理使用干部中去。

凝心聚力促发展　攻坚克难再扬帆

四川省南充市高坪区国家税务局　余　游　贾　忠　李　君

站在这头，回望营改增的那头，中间隔着激情燃烧的 42 个日夜，充满了喜悦和艰辛，一切依然那么熟悉。从税务总局吹响营改增攻坚战集结号之后的每一个日夜，高坪区国税局始终做到步步为"营"，加班加点，挑灯夜战、真抓实干、稳扎稳打，终于在 2016 年 5 月 1 日凌晨顺利完成了新旧税制的历史转换，赢得了营改增首场战役的全面胜利。

一、打响营改增收官战，吹响战斗冲锋号

3 月 21 日，四川省国税局召开全省国税系统全面推开营改增试点工作动员会，正式启动全面营改增试点推进工作。这次营改增试点扩围，高坪区国税局共需完成 4850 户的营改增扩围落实工作，而且生活服务类占多数，业务庞杂，任务繁重。然而高坪国税没有退缩，充分发扬川军和工匠精神，在区局党组书记、局长余游的精心安排部署下，迅速行动起来，召开工作部署会议，成立了营改增工作领导小组，亲任组长，下设办公室，打破科室局限，抽调全局业务骨干组成"综合业务组"、"征收管理组"、"纳税服务组"、"宣传报道组"及"后勤保障组等 5 个小组，"制定详细的时间表和工作计划，全员迅速进入战斗状态。

召开营改增工作分析会，深入分析高坪区全面推开营改增所面临的困难和压力，积极主动向地方党政机关汇报，争取工作支持。对营改增工作做了具体安排，要求一是全员高度重视，充分认识此次全面推开营改增试点工作的重要性和紧迫性；二是挂图作战，根据区局实际，按照时间节点有序完成各项工作任务；三是强化保障，提前预判重难点，配齐人力物力财力，制定好应急工作预案，确保改革攻坚顺利完成。

二、宣传培训扎实生动，赢纳税人纷纷点赞

对内外加强培训，扩大宣传。营改增作为一项重大税制改革，涉及面非常广泛。对内，"打铁还需自身硬"，为提升国税干部队伍的综合素质和专业能力，高坪国税组织税务干部参加了为期 15 天的纳税服务技能培训班，培训

课程涵盖金三系统操作、政策学习、纳税服务礼仪等，参训人员达 150 人次，为更好的服务纳税人提供了智力支持。对外，高坪区国税局联合区地税局举办了为期 2 天的营改增纳税人培训，按照纳税人具体需求，分批次培训，重点围绕增值税基本知识及营改增政策、增值税发票管理新系统业务及操作、增值税涉税会计核算、网上申报操作等内容展开，参与培训纳税人达 220 户次，发放税宣资料 240 余套。不仅如此，区局办公室采取"微博说税"的新颖方式，在门户网站积极宣传营改增相关知识，获得广大网友的点赞。相关业务科室人员采取一对一的宣传模式，在电话里、在微信中、在 QQ 群上向纳税人不断地推送新知识和注意事项，与纳税人进行在线交流，及时解答纳税人疑问，确保试点纳税人懂政策、能开票、会申报。

在纳税服务大厅，高坪国税做到"三个聚焦"即聚焦氛围、聚焦宣传、聚焦提质，来助力供给侧改革，多举措开展税收宣传。在公示栏张贴宣传标语及营改增政策宣传海报；在大厅电子显示屏滚动播放营改增政策、海报；在办公桌面放置制作精美的营改增宣传手册便于纳税人取用；积极开展"致纳税人的一封信"宣传活动，在办税服务大厅大屏幕、触摸屏、行业网及门户网、税企 QQ 群上同步公告，并放大打印张贴于大厅显著位置，为全面推行营改增营造了良好的舆论氛围。

三、领取任务按质完成，斗智斗勇再攀新高

从地税接过营改增纳税人 4850 户，要重新核实基础信息，多达 10000 余户次的电话通知，调查核实任务 1000 余户，793 张"营改增"纳税人信息确认表，修改纳税信息 2623 条，这些数字背后，是拼搏在税制改革攻坚战最前线的高坪国税人，他们背负使命，负重实干、爱岗敬业、顽强战斗。高坪区国税局党组书记、局长余游说：本次任务特点是时间紧、任务重、压力大，但是我们要坚决打赢这场攻坚战，向广大纳税人交上一份满意的答卷。这简短的话语，凝聚着区局国税人 100% 的决心。

及时与地税部门做好对接，建立联席工作制度，及时办理纳税人档案交接手续。加强双方合作，如在开展纳税人信息调查核实工作中，对于一些联系电话及经营地址登记有误的纳税人，就在联席会议上将名单提交给地税局，地税局又在其代开系统中进行再次查找和核对，最后将纳税人的可靠信息再次传递到国税局，有效提高了调查核实工作的工作效率。

在营改增试点工作准备阶段，各个营改增小组紧锣密鼓、各司其职地开展着工作。数据接收、数据调查、数据审核、数据录入……诠释了 100% 的

匠心。

四、挺立潮头谱华章，换得企业笑开颜

5 月 1 日凌晨零点 1 分。这是一个历史性的时刻。

整个国税系统进入前所未有的兴奋和紧张之中，所有税务干部的精力都关注到能否顺利开出增值税发票上。11 点 58 分，59 分，12：00，高坪区南充天来酒店有限公司为消费者成功开具了餐饮增值税普通发票。零点过后，东方花园酒店成功开具、江东大酒店成功开具、天胜酒店成功开具……捷报不断传来，截止零点 30 分，共计 8 家企业为消费者开出增值税发票。这标志着高坪国税成功实现了新旧税制转换，取得了营改增战略攻坚战的首场胜利。

中国财税工作实务
ZHONG GUO CAI SHUI GONG ZUO SHI WU

齐心协力编织营改增大网

四川省西充县国家税务局　杨晓宁

　　自省局、市局部署营改增工作以来，西充县国税局始终把营改增工作放在首位来抓，多举措，全方位、无死角编织营改增大网。

一、会议部署

　　把营改增为重点中心工作，通过会议方式作了如下部署：

　　2016年3月10日与县地税召开了营改增工作联席会议，确定进一步深化国地税在营改增、办税服务、自助办税方面的合作。议定：双方业务部门建立营改增沟通协作机制，共同开展管户基础信息清理，完善税收业务信息交流，联合开展营改增宣传，共同推进营改增各阶段工作；为应对营改增国税业务量进一步增大的压力，双方确定进一步发挥自助办税功能，直接将服务触角延伸到最前沿，面向广大纳税人，切实方便纳税人、服务好纳税人。

　　3月15日召开专题会议研究部署营改增工作，专题会上党组书记、局长杨晓宁提出4点要求，一是要充分认识全面推开营改增试点工作的重要性和紧迫性，细化分工、明确职责、团结协作、高质量高效率的完成营改增试点工作。二要结合市局征管改革会议精神，全面开展户籍核查，完善征管基础数据。三要积极向地方政府作好汇报，争取全力支持；与地税局召开联席会议，完成管户移交以及分阶段的对征管基础数据核对；做好部门间的统筹协调，确保日常工作与核查工作两不误；四要严明工作纪律，核查过程中严格遵守廉洁自律、公平公正、不得徇私舞弊。

　　积极推动于4月11日召开西充县全面推开营业税改征增值税试点动员大会，县长陈泽斌、副县长陈伟、副县长张晓波、副县长何俐出席会议；县政府办、国税局、地税局、发改委、经商信局、住建局、房管局、人民银行等22个相关职能部门主要负责人及81户"营改增"企业法人代表和财务负责人参加了会议。

　　县委副书记、县长陈泽斌强调全面推开"营改增"工作，一是要把贯彻党中央经济结构调整、产业转型升级和供给侧结构性改革各项措施与西充地方经济产业转型升级相结合，利用"营改增"契机，进一步优化地方经济结构，做大做优企业，促进地方经济发展；二是要围绕"营改增"税制平稳转换的工作目标，把握时间节点，落实好前期准备、政策宣传、矛盾化解、研究分析、跟踪服务等措施，保证企业正常运转，保证工作不脱节，保证改革顺利到位；三是成立由县政府主要领导任组长，县政府其他班子成员任副组长，各相关部门负责人为成员的工作领导小组，建立沟通协调机制和信息通报机制，及时解决问题和困难，对执行不力的单位和个人，将由县政府直接问责处理。

会议印发了《西充县全面推开营业税改征增值税试点工作的实施方案》，对"营改增"工作的指导思想、工作目标、方法与步骤、工作要求等进行了进一步明确和细化。西充县国税局党组书记、局长杨晓宁就西充国税加强税企交流、完善办税服务、搞好部门协作等工作措施进行了说明。

二、实际行动

我局始终把营改增工作放在重要为位置，根据省局、市局要求及县局会议工作部署从以下几方面的实际行动做好营改增工作：

1. 积极核查管户数量，清理基础数据

根据《四川省国家税务局关于做好"营改增"试点纳税人调查核实工作的通知》，结合西充实际情况，制定核查方案后县局以"营改增"为重点，对纳税人进行了拉网式清理，共组织了5个调查核实组及数据录入组和工作督查组，先城区后农村，分片区分街道，逐户对"营改增"纳税人生产经营地址、生产经营范围、应税项目、法人代表、财务人员姓名及联系电话等基本信息及相关涉税信息进行了核查。对查实正常经营但信息有误的，当场记录，统一修改；对无法联系或实际未经营及系统显示非正常却仍在经营的，标注说明，造册反馈给县地税局，由县地税局进一步核实。

截止4月13日，全局共走访城区纳税人2312户，乡镇纳税人1479户，共计3791户；其中，省地税局下发2124户及西充县地税局移交的2721户"营改增"业户，经查实正常经营的593户，已录机503户。

同时根据走访纳税人结果积极做好涉税事项细化工作，截止4月23日，我局完成了管户录入、管户分配1119户、票种核定917户、税种核定917户、一般纳税人认定41户、增值税发票升级版的发行47户等工作。

2. 加强营改增的宣传

县局多措施多渠道加强了"营改增"宣传，力争宣传全覆盖、零死角。一是将"营改增"重点内容印制成宣传单和宣传海报，在国税办公大楼、主

要路口、街道、政府、学校、企业等进行张贴，并在西充电视台滚动播出《关于营业税改征增值税试点的公告》《致纳税人的一封信》等，面向社会广泛周知"营改增"相关事宜。二是结合"营改增"业户清理核查，组织税收管理人员专门送政策到企业到纳税人，直接向纳税人"一对一"宣传，做到家喻户晓，同时邀请纳税人扫描二维码关注西充县国税局微信公众号，以便查看推送的税收政策、纳税服务、国税动态等三是以"办税服务厅"为主阵地，组织"营改增"宣传专栏，以图片、文字等形式，重点介绍营改增相关内容和工作时间节点及政策解读。在电子显示屏滚动展示"营改增"工作内容和工作动态，纳税人注意事项及相关文件，在大厅门口张贴四川省西充县国家税务局关于全面推开营业税改征增值税试点公告。四是以第 25 个税收宣传月及纳税人培训为平台，现场解读"营改增"政策，发放纳税申报、发票票种核定、微信公众号二维码、日常涉税事宜使用手册、网上办税操作手册、授权划缴税款协议书、致全县纳税人的一封信等宣传资料、制作"办税指引"。五是利用各种新媒体，以互联网为载体，以微信、QQ 群、手机短信等为平台，推送和发布"营改增"政策和工作动态。

3. 积极主动进行营改增培训

县局采取理论与实例相结合的方式，就营改增试点政策、发票领用开具、涉税会计核算、申报纳税方式等涉税内容，于 4 月 11 日以全县营改增试点动员大会为平台为纳税人进行了初步培训，81 户"营改增"企业法人代表和财务负责人参加了培训；于 4 月 22 日上午，以"懂政策、能开票、会核算、能申报"为主题开展营改增业务培训，百余名纳税人参加培训。经培训的纳税人表示将服从安排，积极配合推进和完成"营改增"工作，努力为西充经济和税收发展贡献力量。同时，组织内部全体人员、办税服务厅及分局办税人员实际操作、营改增企业人员"三大"培训。对税务人员进行业务达标测试，要求人人学习，人人过关，奖优罚劣，进一步提升干部职工的营改增政策水平和前台人员营改增涉税业务办理水平。

4 月 25 日晚，西充县国税局组织了第一期营改增全员培训，开启了西充国税局夜间培训系列活动。培训以理论与实例相结合的方式，围绕营改增目的进程、具体政策及增值税发票系统升级版，讲解了增值税一般纳税人认定、征税范围划分、应纳税额计算、不动产的分期抵扣及增值税发票种类、使用范围、申请使用流程、开具的一般和特殊规定、专票认证规定等涉税政策及发票知识。为了保证学习效果，该局制订了专门的培训方案，除本次全员培训外，该局还将在 4 月 26 日至 30 日夜间，针对大厅前台人员、临时办税延伸点人员、分局一线业务人员开展重点的实际操作培训和重点业务培训，组织进行全员达标测试，加强考勤管理，加强绩效考核，成绩优秀的给予奖励，不及格的将责令自学或分局、科室内部组织集中学习直至达标。

4. 完善办税服务厅硬件建设

一是对办税服务厅布局进行调整，重新划分咨询辅导区、等候休息区和办税服务区，新增办税服务窗口4个，添置打印机、计算机、自助办税设备及其它相关办公设备多台。二是升级改造办税服务厅拍录设备，将原模拟信号设备更换为高清数字设备，安装摄像头10个，球机1个，硬盘录像机1台，排队叫号机1台，拾音器、液晶显示窗、叫号器、评价器各11个。三是增设"营改增"办税绿色通道，开通"营改增"办税延伸点3个，专门强化"营改增"业务指引，切实保证"营改增"纳税人能够顺利办税。

全局干部职工戮力同心、加班加点共同推进营改增工作。为确保营改增5月1日如期落地，县局组织人员加班备战，所有人员到岗到位，全身心的投入到营改增工作中。我所有干部职工取消了与营改增有冲突的一切节假日，带病带事坚守岗位。我局向辉丈夫在成都工作，小孩在南充，即使西充至南充只有三十公里的距离因营改增也少有与孩子见面的机会，更不用说与丈夫见面了。我局陈昱羲很早就订好的婚期也不得不一再推迟了，更不用说拍婚纱、度蜜月了。我局谢玉涛岳父在成都住院一直都未来得及去探望；外婆前段时间不小心摔伤无人照看，每天在繁忙的工作之余要按时要送饭。我局谯德荣、何云华接近退休年龄，患有高血压、糖尿病依然坚守在工作一线，每天工作近十个小时。我局何丽琼以理论与实例相结合的方式，纳税人进行营改增培训。在白天忙完营改增工作情况下，晚上加班加紧备课，每一次培训下来，何丽琼都是精疲力竭，至今她说话都还带着沙哑的声音。

三、领导重视

在营改增工作推进过程中市局领导对我们的工作给予了认可和鼓励。

4月13日下午，市局党组书记、局长廖沂到西充看望慰问基层干部职工，调研指导国税工作。

在实地查看办税服务厅建设情况，听取工作汇报后，廖沂充分肯定了西充国税各项工作，强调了国地税合作、征管服务现代化改革、营改增的推进等方面的工作注意事项。他认为，该局领导班子凝聚力、执行力强，在带队伍、抓主业方面思路明晰，形式新颖，成效明显，开创了西充国税工作新局面。就下一步工作，他要求，一是带好队伍。要进一步加强班子建设，发挥表率作用，引导帮助干部职工树立正确价值观、核心价值理念，持之以恒做好本职工作，树立良好对外形象，积蓄力量和经验，推动西充国税更好更快发展。二是主动作为。继续围绕市局工作部署和要求，提前谋划，周密安排，有条不紊开展各项工作，既善于抓重点，又统筹兼顾，学会"弹钢琴"，同时积极主动协调各方关系，化解矛盾纠纷，顺利完成各项工作任务。三是团结协作。领导班子成员间、领导与职工间要在生活上互相关心、工作上互相支持、思想上互相交流，全局上下心往一处想，劲往一处使，齐心协力再创佳绩。

4月23日下午，市局周晓阳副局长调研了西充县国税局"营改增"试点推进工作。周晓阳一行首先察看了西充县国税局办税服务厅和设在分局的"营改增"临时办税服务延伸点，了解了窗口设置、办公服务设备设施及人员配备等情况，亲切看望了正在加班的税务干部。西充县国税局汇报了"营改增"工作整体推进情况，就"营改增"纳税人户籍清理、信息录入、业务培训、税种票种核定、一般纳税人审批、发票升级版推行、宣传工作等进行了介绍。

周晓阳同志认为，西充县国税局"营改增"工作统筹有力，重点突出，方法灵活，措施到位，效果较好，令人放心。"营改增"应急预案考虑周全，有前瞻性。培训落实，国地税合作良好，宣传方式多样，措施明确，各项工作进度较好；职工思想认识到位，精神面貌好，工作积极性高。周晓阳同志要求，要进一步加强"营改增"宣传解释工作，细化服务措施，热心、耐心、细心对待纳税人，注意化解矛盾，注重防范风险，减少问题，把握节点，抓住重心，保证圆满完成各项工作任务。

提升纳税服务 助力"营改增"全面推行

贵州省岑巩县国家税务局

按照财政部、国家税务总局的统一部署，2016 年 5 月 1 日全面完成对建筑业、房地产业、金融保险业和生活性服务业的营业税改征增值税工作。为确保"营改增"工作落实，根据州局相关要求，我局积极做好充分准备，提前与县地税局进行沟通和对接，主动摸清和了解"营改增"纳税人基本情况。我局近期营改增工作中好的做法及取得的实效如下：

一、科学部署，攻坚克难

成立了"营改增"工作领导小组，统一部署、协调"营改增"各项工作，制定下发营改增改革工作实施方案及配套方案，召开营改增改革试点工作动员部署会议，合理分工，确保"营改增"各项工作顺利开展。

一是向地税局提出数据接收业务需求，接收并清理地税局移交的数据，开展调研，深入了解、熟悉"营改增"行业经营特点、运营规律、财务核算方式与特点、收入确认、成本构成，了解"营改增"行业的征管现状和税源结构，清楚纳税人基本情况。

二是为应对纳入"营改增"纳税人安装发票升级版要求，联合服务单位开展了发票升级版业务培训，培训涉及的内容包括发票的购盘、发行、抄报税等，为纳入"营改增"纳税人发票升级版业务做好充分准备。

三是为应对"营改增"纳税人办税压力，办税服务厅积极进行业务压力测试，为防止业务量过大办税服务厅无法承受，我局计划在现办税服务厅新增一个代开发票窗口，同时开放原县局办税服务厅作为应急预案，提前将所需人员及设备配置到位，为 5 月 1 日"营改增"正式运行保驾护航。

四是做好"营改增"各项应急预案，模拟"营改增"期间会遇到的突发情况，商议解决方法，提前做好各项应急准备。

二、合理取数，认真核查

针对省局数据共享平台上下发的数据，我局积极开展了核查工作。

一是合理分工，对省局数据第一时间进行清分，分行业进行统计。

二是召开实地核查动员大会，及时安排税务干部实地进行核查，核查队伍企业4组，个体4组，每组2人。

三是各核查小组积极行动，通过电话、上门等方式联系纳税人，对纳税人信息进行确认和核实，将"营改增"政策给纳税人送上门。

四是采取白天入户核实晚上录入核实数据的方式，加班加点，保质保量完成核实任务。

五是对核实的数据进行复查，主要复查我局属于营改增正常户504户、不属于营改增户数47户、报验户数104户、查无下落户数342户信息收集是否完整和正确，截止目前全部复查工作已经圆满结束。

核查过程中，我局"营改增"企业主要存在以下几种情况：一是核查过程中，查无下落企业主要是电话打不通、电话是空号、电话接通了但是错误号码、电话联系不上实地走访也找不到纳税人，针对这一问题，我局积极跟地税局、工商局、住建部、房产办等部门联系，争取能够采集到纳税人的信息，实在无法采集的，通过实地走访，挨家询问的方式尽全力查找纳税人的下落。二是报验户主要集中在建筑安装行业和房地产行业，我局达到一般纳税人标准报验户就有13户，针对报验户，尤其是建筑安装企业报验户最多，采取实地对纳税人进行核实、与地税局等部门沟通核实等方式确认纳税人的报验资格，属实的不纳入"营改增"范围。三是对截止目前已在地税机关登记注销的纳税人、临时代开发票登记纳税人进行确认，这部分纳税人不纳入"营改增"范围。

三、提升纳税服务，助力"营改增"全面推行

"金杯银杯不如纳税人的口碑，金奖银奖不如纳税人的夸奖"岑巩县国税局一直把纳税服务作为税收工作的重点工作之一，不断着力于提高纳税人的满意度。这次"营改增"试点工作时间紧、任务重，为确保"营改增"顺利实施，我局领导班子极度重视提高纳税服务水平，为服务好"营改增"试点纳税人，努力争取试点纳税人的支持，顺利完成这项重大任务，更好地做好"营改增"试点纳税服务工作，我局在坚持执行首问责任制、延时服务制等原有制度的同时，增加了领导值班制，由领导班子成员轮流在办税服务大厅值班，及时解答试点纳税人的"营改增"政策咨询和有效地处理各种应急事件。在办税服务大厅设置了"营改增"绿色服务通道，还成立了"营改增"纳税服务小组，只要纳税人遇到难题，便上门为纳税人服务，更方便更快捷地为"营改增"试点纳税人服务。

四、扎实推进发票供应及发票升级版安装培训工作

一是为应对 5 月 1 日起"营改增"纳税人用票需求，我局积极部署，提前对"营改增"纳税人用票量进行预测，提前申请领购足额的发票数量。

二是与服务单位进行沟通协调，在办税厅设置发票升级版安装点，由服务单位人员长驻，每天定时签到，及时对"营改增"一般纳税人、小规模纳税人及达点户进行发票升级版安装。

三是统一对纳税人进行培训，分批集中纳税人在县局五楼会议室进行培训，培训的主要内容是发票升级版安装、发票软件使用、抄报税等，争取让"营改增"纳税人平稳过渡。

五、大力宣传"营改增"各项税收优惠政策

根据省局、州局要求统一制定宣传方案，统一对外发布信息，正确引导社会舆论。

一是在"营改增"工作期间收集各项工作图片，制作了岑巩国税"营改增"工作纪实视屏，展现了我局税务干部的风采。

二是将"营改增"税收优惠政策送到纳税人手里，将"营改增"相关税收优惠政策制作成宣传册，入户调查的同时发放给纳税人，现场耐心解答纳税人需求。

三是在国税局门口、政府办公大楼等地挂上横幅；政务中心 LED 显示屏、广场大屏幕等地滚动播放"营改增"宣传片；办税服务厅门口放置"营改增"倒计时牌等方式全力营造"营改增"氛围，让纳税人切切实实感受到"营改增"气氛，同时也让纳税人第一时间了解"营改增"事项及各项税收政策。

四是在办税厅显眼位置张贴"营改增"业务办理及各项政策"二维码"，让纳税人能够轻松方便的通过扫描"二维码"的方式了解政策，申请岑巩县国税局微信公众号，定期在公众号上发布最新的"营改增"资讯。利用微信公众号建立与纳税人沟通的桥梁。

"营改增"平塘国税准备好了

贵州省平塘县国家税务局　吕志雄　郎双文

"营改增"是我国税制改革的一项重大事件,自全面推开营改增试点工作正式启动后,我局紧密结合省、州局各项工作部署,发扬团结协作、迎难而上的精神,围绕时间任务安排表,抓住关键环节,精心组织,狠抓落实,认真开展"营改增"各项工作。现将截止目前工作开展情况报告如下:

一、主要做法

(一)积极行动,高度重视

3月9日召开全面推开"营改增"试点改革工作动员大会;3月14日及时了调整营业税改征增值税税制改革推进工作领导小组(以下简称"营改增"领导小组);3月22日,参加省、州视频动员会议后,召开"再动员"大会,"一把手"亲自作动员讲话,传达了省、州局会议精神;3月25日同时拟定下发了县局的《全面推开营业税改征增值税改革试点工作实施方案》;成立了全面推开营业税改征增值税试点工作项目组,共综合协调、征收管理、技术保障、纳税服务、效应分析、宣传舆情、后勤保障7个工作组,实行综合协调组、征收管理组、纳税服务组紧密配合,宣传舆情组及时跟进,技术保障组、后勤保障组大力支撑,效应分析组安排介入,确保各项工作在规定时间节点、保质保量圆满完成,并要求各部门、各项目组务必做到"立言立行,马上就办"。

(二)主动向县委、县政府汇报,争取当地政府支持

及时将"营改增"的相关政策、税源情况、工作部署等情况向地方政府汇报,赢得当地政府对"营改增"工作的支持和肯定,争取了最大限度的工作支持。

(三)加强沟通协作,形成内外合力

成立了政府主导的营改增领导小组,加强与财政、工商、交通、住建等部门的协调配合,扩大第三方信息数据来源渠道;积极与地税及相关部门沟通,召开国地税营改增联席会议,建立了营改增机制。形成内外合力,大力推动营改增相关工作的开展。

（四）加强政策宣传

加大联合宣传力度，依托国、地税办税服务大厅、门户网站、微信平台、QQ 群，开展政策宣传和解读；调查核实人员入户核实的同时，主动当好"宣传员"，做好政策宣传辅导工作，赢得纳税人支持，积极营造良好税收舆论环境，争取社会认同。

（五）严格考核，强化落实

将各项工作逐条逐项分解到岗、责任到人、落实到位，实现各个环节的有序衔接，避免工作疏漏。对在工作中，对不认真、执行不力的部门和个人一依规问责、严肃处理。

二、重点工作推行情况

（一）调查核实工作

三批需要调查核实的数据共 1040 条，已全部调查核实录入完毕。确认营改增纳税人 876 户，其中查无下落纳税人 234 户，非营改增纳税人 164 户。

具体工作开展：成立 6 个调查核实小组，并明确相关工作职责，实行调查核实每天一报制度。截止 2016 年 3 月 28 日晚 8：30 分，调查核实和录入营改增纳税人 950 户，其中企业和行政事业单位 316 户，个体 634，提前三天完成第一批"营改增"纳税人调查核实工作。3 月 29 日召开"营改增"调查核实工作小结及下阶段工作安排会议，会议认真总结了开展"营改增"纳税人信息调查核实工作的做法、取得的成效以及存在的问题。3 月 31 日，接到第二批调查核实数据后，马上安排调查核实小组进行调查核实，晚上加班加点进行调查核实数据录入，提前完成第二批营改增纳税人调查核实工作。

（二）办税服务厅压力评估工作

局领导高度重视此次营业税改征增值税改革试点办税服务厅压力评估工作，召开专门会议研究压力评估工作方案，组织协调骨干人员参与评估工作，给予业务和技术上支持。办税厅已经及时反馈总结压力测试情况。

（三）业务测试和税（费）种认定核查工作

按要求对迁入的营改增纳税人信息进行核查，并从中选取各个行业代表纳税人在预生产环境进行部分业务测试；对省局后台统一进行税（费）种认定的纳税人进行核查，核查中发现部分纳税人纳税申报期限、税率错误、征收品目与行业不对应等问题，已按规定进行反馈。

（四）营改增纳税人增值税发票新系统工作

一是召开营改增纳税人增值税发票新系统安装工作布置会。2016 年 4 月

11 日，平塘县国家税务局集中征管科、税源管理部门、办税厅等部门人员召开营改增纳税人增值税发票新系统安装工作布置会。会上对新系统安装场地准备、纳税人培训、推行中情况反馈等事项等做了具体要求，进一步明确了工作职责。同时要求不仅要做好各部门之间的协调配合，也要做好与服务单位的协调配合，履行好对服务单位的监督管理责任。确保实现稳妥有序地推行新系统，确保为新增试点纳税人提供更全面、更高效、更及时的服务，为全面推开营改增打好基础。

二是认真开展"营改增"试点纳税人网上申报暨税控开票系统操作培训。2016 年 4 月 12～14 日，根据省、州局相关工作安排，我局组织营改增试点纳税人进行"营改增"试点纳税人网上申报暨税控开票系统操作的专题培训。培训采取分批分类的原则，先一般纳税人后小规模纳税人，4 月 12 日～14 日期间每天早上均安排培训。12 日培训主要争对"营改增"一般纳税人，贵州航天金穗科技有限公司和贵州百旺金赋科技有限公司技术人员进行了现场授课。培训会上，贵州航天金穗科技有限公司技术人员对网上申报、认证事项、常见问题等进行了详细讲解；贵州百旺金赋科技有限公司技术人员从系统设置、发票管理、报税处理、系统维护等四个方面对升级版发票开票软件做了全面介绍，并对常见问题的解决办法进行了讲解。培训受到了纳税人好评，他们纷纷表示培训对今后涉税业务办理起到了很好的指导作用，培训也为"营改增"试点工作的顺利推进提供了有力保障。

截止 4 月 28 日，共培训纳税人近 643 户，推行 212 户，发售发票 202 户，4350 份。

（五）培训方面

1. 4 月 20 日平塘县国、地税局联合召开营改增试点行业纳税人座谈会暨政策培训会，试点行业主管部门、四大行业年应税销售额 500 万元以上的纳税人代表参加座谈会，县工商联、县人行、县市场监督管理局、县金融办等主要负责人列席会议。

2. 平塘县国地、税局联合开展营改增委托代征政策和代开发票业务操作培训，并进行一对一的实际操作培训和演练。

3. 4 月 23～24 日，联系税校师资对全体干部进行培训。

4. 4 月 24 日，通过县电视台、县政务中心、县国税局微信公众号、QQ 群和走访纳税人等方式向 3 万以下未达起征点的纳税人进行宣传讲解，发布《致全国营改增纳税人的一封信》及相关营改增政策。4 月 24 日，未达起征点营改增试点纳税人培训面达 100%。

5. 4 月 25~26 日，分类对四个行业纳税人进行全覆盖培训，对建筑行业、房地产业纳税人进行再培训。

（六）4 月 27 日晚，完成 2016 年度营改增纳税人信息交接，纳税人总户数 619 户，接交户数 600 户，其中地税单管户 571 户，共管户 29 户；不接交户数 19 户

（七）拟定首日开票方案，做好首日开票相关准备

宣传方面：

1. 通过办税服务厅的宣传栏、电子显示屏、触摸屏等大力宣传"营改增"相关政策和办税程序。

2. 在办税服务厅内设置"营改增"导税指引牌，对办税服务厅新增的办税服务窗口及"营改增绿色通道"等服务设施进行说明、指引。

3. 制定营改增办税厅领导和业务骨干值班制度和值班表。

4. 应用 12366 知识库为纳税人提供规范、统一、明确、及时的咨询服务。采取纳税人学堂对营改增试点纳税人开展了相关申报和开票的培训辅导工作。

5. 利用非征收期周五下午对办税厅窗口人员开展营改增政策培训情况。

6. 在办税厅窗口和公告栏、QQ 群上进行"二维码"一次性告知图标的宣传。

7. 在办税厅和县局摆放省局微信公众号展架进行推广宣传。

办税准备方面：

1. 对办税厅窗口和设备进行重新调配和安装，保证营改增试点工作全面推开后能够平稳运行。

2. 通过增加营改增咨询窗口，营改增绿色通道，制作营改增纳税人咨询台账，收集纳税人需求。

3. 增配导税服务岗工作人员，实行资料预审与办税窗口分离。税收管理员已电话通知纳税人开展办理设立登记、税种核定、一般纳税人登记、增值税发票系统升级版发行、税库银协议维护等一次性业务，并开通绿色通道专门为该部分纳税人办理业务。

4. 通过跟地税局沟通了解，根据业务需求进行税收票证及发票预测、领用工作，目前各类税票和发票已领用完备确保"营改增"纳税人正常使用发票。

服务保障方面：

1. 贯彻落实预约服务、延时服务、首问责任、一次性告知、全程服务等服务制度。确保纳税人问题有人答、事项有人办、疑难有人解。

2. 在办税厅进行营改增试点工作办税关键时点（5 月 1 日开票、6 月 1 日首次申报、7 月减并征期首次申报）的提醒。

3. 通过 12366、纳税人学堂、办税厅咨询等渠道，收集、处理纳税人意见建议及热点问题，密切关注舆情、正确引导舆论方向；强化纳税服务监督管理。

4. 纳税服务投诉渠道畅通，建立纳服投诉快速响应机制，当场投诉做到即时处理，事后投诉 3 个工作日内办结，特殊情况做好解释报告工作。

5. 对第三方服务进行和驻厅的服务公司服务态度进行监管，确保不存在乱收费、搭车收费情况。

6. 已制定办税厅营改增试点工作应急预案并成立应急工作领导小组，明确领导小组工作职责。

纳税服务提升年工作落实情况：

1. 3 月 29 日，已组织全局业务部门开展问题大剖析和大讨论，针对 2014 年和 2015 年的满意度调查，深挖影响纳税服务工作质效的问题并围绕"如何提高纳税服务质量、提升纳税人满意度"进行讨论的提出相应的整改措施。

2. 在 3 月 31 日的的党组中心组学习中，已把"如何提高纳税服务质量、提升纳税人满意度"列为党组中心组学习内容。

3. 4 月 6 日，召开局长办公会和纳税服务工作分析会，部署、跟踪督办纳税服务提升年相关工作。

4. 已通过主要领导与各部门负责人签订纳税服务提升年工作责任书的形式，将工作责任分解落实。

三、工作亮点

（一）调查核实工作中，对信息不明，暂未确认成功的纳税人信息，不等不靠

一方面积极与地税部门沟通，掌握纳税人其他联系方式，积极与纳税人联系；另一方面积极与乡镇联系，充分利用乡镇资源，摸清纳税人经营情况，积极开展调查核实工作。通过工作部署"快"、衔接工作"稳"、数据采集"准"、督办落实"狠"的工作方法，发扬五加二、白加黑的精神，提前完成第一批、第二批"营改增"试点纳税人的调查核实和系统录入工作。

（二）编印"营改增宣传手册"，进一步加大"营改增"宣传

同时以"聚焦营改增试点　助力供给侧改革"为宣传主题，启动第 25 个税收宣传月。在全国第 25 个税收宣传月活动开展中，平塘县国地税局积极与出租车公司合作，用20天的时间联合开展"税收宣传行"活动。通过平塘县50辆出租车LED灯箱广告，滚动播放税收"便民办税春风行动""国地税征管体制改革""营改增"等宣传语，把出租车打造成流动的税法宣传窗口和移动税收宣传站。

（三）平塘县国税局推出微信公众号助跑"营改增"

经过一个多月的工作准备，平塘县于4月8日正式推出微信公众号，该公众号包含"平塘国税"、"税务直通"、"税企互动"三大菜单，不仅能服务好纳税人，而且也能在微信平台上展示平塘县国税局税务工作者的风采。2016年4月8日上午十点，平塘县国税局推出了第一篇微信图文，紧结合现下的"营改增"工作，宣传了"营改增"的政策内容。纳税人根据微信推出相关内容，积极了解相关政策，为营改增的宣传助力，为5月1日全面铺开"营改增"工作打下了良好的基础。

（四）工作做到"三早"。早安排、早部署、早落实，扎实开展"营改增"工作

（五）4月26日，县局积极向县委、政府汇报营改增工作开展情况，争取县委、政府最大限度的支持

县委、县政府在人力和财力上给予了大力支持，批复了县局通过政府采购设备和购买人力的请示。并在县政府多功能报告厅组织了全县各部门和乡镇领导由我局一把手进行营改增的政策宣传的宣讲会，扩大了营改增政策的宣传面，争取到更多对营改增工作的支持。

四、存在困难

一是时间紧、任务重、人手少。

二是经初步测算，营改增后，预计我县税收减收5000万元，组织收入压力仍然较大。

三是营改增数据清分平台提取营业税纳税人基础信息不准确，比如纳税人联系电话、经营地址等，加大了管理部门前期管理的难度。

四是本次营改增涉及行业范围广、纳税户数多，上级下发政策文件量大，税务干部在短时间内难以全部理解掌握，在政策执行过程可能会出现较多问题，从而加大了税务干部对后续纳税人的培训辅导压力。

五是前台人员为临聘人员，稳定性不强，税收知识和业务能力有限，本身的基础就还不牢靠，再加上新业务和新政策的不断更新，在适应上有一定困难。

多措并举全力做好"营改增"试点宣传工作

贵州省长顺县国家税务局　刘银波　周　江

自营改增试点工作开展以来，我局全面贯彻落实上级文件精神，在省、州国税局统一部署，县委、政府领导关心和各职能部门大力支持下，我县营改增前期准备工作已取得较好成果。

一、采取的工作措施

（一）强化政策宣传，确保营造良好氛围

1. 开展以营改增为主题的第 25 个全国税收宣传月活动。结合今年税收宣传工作重点，紧紧围绕"营改增"试点为宣传重点，与地税局联合下发税收宣传工作方案。由国地税两家组成宣传工作组，开展第 25 个全国税收宣传月活动，在整个宣传月期间共计发放营改增宣传资料 2000 多份，营造良好税收宣传氛围。2. 拓展税收宣传平台。我局紧扣"聚焦营改增试点　助力供给侧改革"宣传主题，全力借助"互联网＋"平台，充分利用县电视台、县城广场 LED 显示屏，办税服务厅 LED 显示屏滚动播放税收宣传片，及时更新宣传内容，扩大税收宣传的宽度和深度，做到横向到边，纵向到底。3. 创新宣传方式，向纳税人赠送发放营改增等税收政策"大礼包"。由县国税、地税联合制作营改增纳税人政策宣传资料"大礼包"，免费发放给纳税人，实现税收优惠政策宣传工作无死角、全覆盖，保证全县纳税人能够及时充分地享受国家税收政策红利，做到应免尽免。截至今年 4 月 25 日，已向纳税人发放税收优惠政策"大礼包"共计 600 余份。

（二）强化对税务人员和试点纳税人培训力度，确保应知应会

结合长顺实情，自 3 月 8 日以来，我局抽出业务骨干，分步骤分行业分内容对全县建筑业、房地产业、金融保险业、生活服务业试点纳税人进行营改增税收政策及纳税申报等涉税政策业务和操作技能培训共计 8 期，参与培训企业法人和会计人员共计 600 多人次。同时利用晚上时间，对全局干部职工进行内部强化培训，对办税厅及一线管理人员更是严格要求，做到人人都能熟练地上机操作。

（三）强化开展试点纳税人大走访、大排查，确保底数清、情况明

为全面掌握全县营改增试点纳税人生产经营情况，从 3 月 15 日开始，我局组建 6 个工作组对全县营改增试点纳税人逐户进行走访排查，认真听取纳税人的意见和建议，解读最新税收政策和税制改革措施，宣传科技创新、小微企业、保障民生等方面的税收优惠政策。截至 4 月 25 日，共实地走访核查试点纳税人企业 218 户，个体纳税人 758 户，并与地税部门移交实际管户进行比对，确定首次交接的营改增纳税人清册，于 4 月 28 日国地税两家进行手续移交，最终确认长顺县属于营改增试点范围交接的纳税人有 653 户（其中：地税单管户 626 户，国地税共管户 27 户），不属于营改增试点范围交接的纳税人有 115 户。

（四）强化办税厅硬件设施建设，确保解决营改增后办税厅拥堵的问题

我局于 3 月初就与县行政服务中心对接，在国地税联合办税厅增设营改增前台办税窗口 3 个、委托地税代征窗口 2 个，"营改增绿色通道" 1 条、"营改增咨询岗" 1 个、大读卡器 3 个，成功发行地税局代征代开窗口金税盘 2 个、增值税专用发票及增值税普通发票各 100 份，组织地税局发票代开窗口工作人员开展业务培训 2 次，系统操作培训 6 次。新增服务窗口设备全部安装到位，以应对 5 月 1 日后出现国税窗口业务量增加的情况。同时安排县局班子领导每天轮流到大厅当导税员，解决前台导税能力不足现象。

二、多措并举，确保零点开票成功和税制转换后工作正常运行

1. 通过与三大网络运行商长顺分公司进行联系，确保 4 月 27 日至 5 月 5 日期间，税务部门及营改增试点纳税人网络正常。2. 通过与县供电局沟通协商，确保税务部门和全县营改增试点纳税人供电正常。3. 在营改增工作期间，遇到网络及供电故障等问题，协调三大网络运行商和供电局会全力以赴派专人进行及时抢修，确保营改增工作期间通讯网络及供电正常运行。4. 为确保营改增税制转换成功，全力实现接得住，管得好，服务质量不下降的要求，5 月 1 日首日凌晨开票当天，我局按照上级部门工作要求，在全县范围内在四大行业各抽取一户开票试点纳税人，积极配合，办税厅全力做好零点开票准备工作。特别在试点纳税人零点开票方面，四位纳税人都有一名分管领导带队，业务骨干参与，指导纳税人能正常在规定时限内开出第一张营改增发票，全县营改增工作首战告捷。5 月 1 日零点至凌晨零点 4 分，4 户试点纳税人和办税厅代开发票全部开具成功。5. 五一法定假日期间，全局干部仍坚守岗位，

没有放假，并组成 6 个工作组，到各乡镇辅导试点纳税人开具增值税发票，中层以上干部全天 24 小时保持通讯畅通，随时待命。5 月 1 日至今，共计接到纳税人咨询电话 350 余次，我局工作人员都在第一时间内解决纳税人提出的各类疑难问题，并现场辅导纳税人独立完成发票开具系统操作。截至 5 月 13 日，没有接到纳税人在营改增工作方面的任何投诉。6. 严格落实领导班子成员值班制度和业务骨干坐班制度，向地税局派驻业务骨干指导委托地税局代征业务，随时解决试点纳税人疑难和应对各种突发事件。

通过以上工作措施，确保营改增税制转换的成功运行。

三、取得的工作成效

通过以上工作开展，营改增工作全部按照上级部门工作要求进行落实，全县营改增试点准备工作已全部完成，对营改增试点纳税人已安装增值税发票新系统纳税人的培训覆盖率达 100%。在 4 月 22 日全省国税系统营改增专项暗访督察中，我局是被抽查的 10 几个县市区国税局中唯一不存在问题的单位，营改增专项暗访督察组对我局评价是"长顺县局局领导在大厅值班，咨询岗人员对政策较为熟悉；大厅各类营改增资料摆放整齐、干净整洁，查询机政策更新及时，设有营改增专栏；随机电话询问的纳税人表示，参加了县局组织的营改增培训且培训效果较好"，为 5 月 1 日起推行营改增试点工作打下坚实基础。

截至 5 月 13 日，从县地税局移交的 653 户试点纳税人全部纳入正常管理，营改增试点纳税人实现入库税收 120.65 万元。

四、试点纳税人税制转换后工作打算

一是在营改增税制转换成功后，对营改增试点纳税人开展一次税源情况摸底调查，重新评估税制转换后试点纳税人实际税负情况，认真听取纳税人意见和建议，全面提升纳税服务质量。二是强化税务干部和纳税人业务培训，确保试点纳税人在 6 月份征收期内顺利实现纳税申报。三是积极争取地税部门配合，全面实现试点纳税人管理无死角。四是对上级部门下达的各种营改增政策文件，及时通过各种媒介向纳税人进行宣传，进行辅导，确保政策落地。

作者简介：
周江，现任贵州省长顺县国家税务局办公室秘书。

营改增试点全面推开 税制改革迈出关键一步

云南省景洪市国家税务局 王伟东 罗 希

自 2016 年 5 月 1 日起将建筑业、房地产业、金融业、生活服务业纳入试点范围，全面推开营改增试点。面对这项重大政治任务，景洪市国家税务局蹈厉奋发，困知勉行，倒排工期，倒逼责任，圆满完成"营改增"试点改革的收官之战。现将全面推开营改增改革试点工作相关情况报告如下：

一、景洪市营改增改革试点概况

（一）景洪市营改增改革试点概况

根据财政部、国家税务总局《财政部 国家税务总局关于全面推开营业税改征增值税试点的通知》（财税 ［2016］ 36 号），营改增试点行业包括建筑业、房地产业、金融业、生活服务业。根据移交情况，景洪市共有 7762 户营改增试点扩围纳税人，其中：建筑业 345 户，房地产业 414 户，金融业 168 户，生活服务业 6835 户。初步测算有 60% 的试点企业税赋将不同程度的下降，获得税制改革的红利。而参照 2013 年营改增试点净减收的情况测算，全市营改增试点按全年口径计算净减收 4000 万元左右，若考虑试点一般纳税人新开营改增增值税专用发票增加下游企业进项抵扣的情况，营改增试点减收影响还将有所增大，这对景洪市产业发展是一种良性刺激。

（二）景洪市试点阶段性工作情况

"营改增"试点是今年景洪市经济工作中的一件大事，时间紧、任务重、影响大，景洪市国家税务局始终坚持，从思想抓起，从基础做起，切实与其他部门密切配合做好事前、事中、事后的相关工作：

一是抓牢思想认识。景洪市国家税务局立足改革，于 3 月专题召开了营改增改革试点动员会，向全局干部职工传达了营改增改革试点工作文件精神；召开 2 次专题局务会议，组织中层以上领导干部学习营改增相关文件精神，力求准确理解国家政策精神，站在全局的角度，站在企业的角度，去看问题、想问题，要从一切有利于改革、支持企业发展的角度出发，提高大局认识，排除思想障碍，摒弃消极情绪，自觉把思想行动统一到中央和省局、州局的部署上来，积极行动，主动作为，确保营改增试点平稳推进。

二是加强组织领导。市局迅速下发了《景洪市国家税务局关于调整营业税改征增值税试点工作领导小组成员的通知》（景洪国税发〔2016〕32号），成立了试点改革工作领导小组和工作专班，印发了《景洪市国家税务局关于印发＜全面推开营业税改征增值税改革试点工作宣传方案＞的通知》（景洪国税发〔2016〕33号），制定营改增试点工作任务分解表，明确了职责分工、总体要求、实施步骤和操作规程。要求"一把手"要作为第一责任人"主挂帅"，明确了每一位一位分管局领导"主负责"，加强领导，亲自调度，精心部署，统筹安排，确保按时圆满完成各项任务。

三是做好数据清理。从地税部门摸底统计数据看，需移交1万3千多户试点纳税人信息（含非正常户），工作十分复杂繁琐。根据上级文件时间节点要求，4月20日景洪市局与景洪市地税局完成了信息移交工作，签署了户籍数据交接确认书。同时，市局积极与工商局、地税局、公安局等部门加强沟通配合，组织了5名业务骨干对全市7762户试点纳税人信息进行了逐户核实，截至26日完成了全部试点纳税人税种信息清理整改，确保了信息资料及时、准确交接。制定下发了《景洪市国家税务局　景洪市地方税务局关于下发＜景洪市国税、地税推进合作联席会议制度＞的通知》（景洪国税发〔2016〕30号）完善了国地税对接制度，及时处理争议事项，确保无一户纳税人因存在争议而陷入"两家都不管"或"两家争着管"的尴尬境地。

四是推进征管准备工作。切实做好试点税收征管准备工作。按照营改增试点实施方案的要求，组织编印有关宣传资料和纳税指南，及时发放到纳税人手中；严格遵守省局关于一般纳税人认定标准和操作流程，4月5日完成全市176户250万元以上纳税人告知，26日完成了138户/次规模达标企业一般纳税人认定，达省局要求进度的100%；制定下发了《景洪市国家税务局关于印发＜景洪市国家税务局全面推开营业税改征增值税试点工作应急预案＞的通知》（景洪国税发〔2016〕44号），明确了发票管理、纳税申报征管、纳税服务等可能出现问题的应对措施，及时处理试点中存在的问题；按照省局的统一部署，及时开展纳税信用A级、B级纳税人的取消认证信息维护相关工作，截至27日，完成了A级纳税人12户，B级410户的信息维护。

五是畅通绿色通道。4月20日，为做好"营改增"试点工作，景洪市国家税务局通过采取切实可行的措施对原有的服务项目进行优化。首先是优化业务流程，在市局二楼增设一个服务区，每个业务部门进驻一个窗口，实行"一站式"限时办结。其次是要求税控服务公司增派12名服务人员扩充原有的便民服务点，加速税控系统安装速度，按安装税控设备的同时进行培训。

第三是领导干部走在前，到服务窗口为纳税人提供业务咨询、导税服务，同时及时化解征纳矛盾的苗头。截至 28 日，共共完成了 138 户/次规模达标企业一般纳税人认定，一般纳税人发行防伪税控设备 159 户/次，发售发票 163 户/次；小规模纳税人发行防伪税控设备 320 户/次，发售发票 108 户/次；培训用票需求企业 3030 人/次。

六是强化培训宣传。为确保营改增试点准确实施，景洪市国家税务局创新工作方式，制定下发了《景洪市国家税务局关于印发＜全面推开营业税改征增值税改革试点工作宣传方案＞的通知》（景洪国税发［2016］33 号），以四项举措加大培训力度，做好试点纳税人的培训工作，首先是精心组织。专门召开会议对培训学习活动进行研究，针对西双版纳州泼水节放假的情况专门制定了培训实施方案。抽调了全局各业务部门 16 名干部无休值班，并在景洪市设立了 2 个会场分流纳税人，全力做好全市 7762 家"营改增"扩围纳税人培训工作。其次是丰富内容。培训围绕"营改增"主体，精心准备了培训资料，重点围绕"营改增"相关法律法规政策性文件，以及国税业务基础知识、国税申报表填报等"营改增"中较为核心的内容，在参加培训的同时发放电子版给纳税人。第三是多样形式。除参加省局业务培训外，市局还组织税政科业务骨干现场解答纳税人提问、登台授课，授课内容与"营改增"工作开展紧密结合，系统全面，通俗易懂。第四是借力媒体。通过与地方报纸进行协调，在西双版纳报上连续登载营改增政策内容；借力企业短信平台、微信公共账号、政务外网、税企 QQ 群等新兴媒体向纳税人进行了营改增改革试点培训工作的公告。据统计，每日电话通知纳税人 356 户，发送短信 500 条，微信公共账号每日推送培训提醒 1 次。同时，对参训企业进行了签字确认，收集后形成了台账资料。

七是扎实推动委托代开工作。4 月 24 日晚上，景洪市国税局按照省、州局的要求顺利进行了委托地税部门代征的设置。进行特定征收部门登记，并对其进行归类管理，设置了代征增值税普通发票、专用发票的权限范围，同时在增值税防伪税控系统中正式顺利发行委托地税代征金税盘五个，顺利完成委托地税代征设置这一重要工作任务。25 日下午，市局成功完成委托地税代征发票（含增值税普通发票、增值税专用发票）的发售工作，景洪市地税局发票领用成功。26 日 10 点 11 分，景洪市国家税务局与地税局继完成委托地税部门代征的设置、发票发售后顺利办理首笔委托代征业务测试。

二、全面推行营改增对税收及地方财政的影响

（一）测算基础

一是以 2015 年市地税局实际完成 32385.22 万元营业税收入为测算基础，即：建筑业 11853.68 万元，金融业 6943.04 万元，房地产业 9718.87 万元，生活性服务业 3869.63 万元。

二是借鉴州国税局对 2016 年全州营改增对税收影响的测算方式，再以景洪市局占全州税收的比重测算增值税减收规模。

三是以 5 月份即将推行的共享收入新分配比例为基础，结合 2016 年 1～4 月国地税实际组织的增值税和营业税税收情况，测算该政策对地方一般预算收入的影响。

（二）5～12 月营改增预计减征增值税 13636.95 万元

一是营改增新增四个行业预计减税 5357.33 万元。收入核算科根据掌握的信息进行了粗略测算：全市 2015 年营业税收入 32385.22 万元，占全州营业税 80600 万元的权重为 40.18%。财政部、税务总局公布的全国 2016 年营改增减税 5000 亿元，全州测算的减税规模预计约 2 亿元，按我市占全州权重测算，预计减税 8036 万元，按 8 个月测算，我市减税规模预计 5357.33 万元。

二是受营改增扩围影响，按 8 个月测算，下游行业可降低税收负担 9248.57 万元。具体测算如下：

(1)建筑业 2015 年营业税收入 11853.68 万元，营业税税率 3%，按此换算销售收入为 395122.67 万元；估算建筑业中一般纳税人占比 90%，则建筑业一般纳税人销售收入为 355610.40 万元；营改增后建筑业一般纳税人增值税税率为 11%，因此其销项税为 355610.40/1.11 * 11% = 35240.67 万元。估算下游有 30% 的一般纳税人承接建筑业开具的增值税专用发票新增抵扣，则 35187.16 万元中有 30% 可抵扣进项税 10572.20 万元。

(2)房地产业 2015 年营业税收入 9718.87 万元，销售不动产营业税税率 5%，按此换算计税营业收入为 194377.4 万元。按全部房地产企业均为一般纳税人，按 194377.4 万元的规模进行测算。根据房地产业营改增政策，2016 年房地产开发企业销售房地产老项目可以选择简易计税方法，按 5% 的征收率计税，因此按两种类型估算：一是 194377.4 万元收入中 90% 为老项目收入，按 5% 的征收率计税为 194377.4 * 90%/1.05 * 5% = 8330.46 万元。二是 194377.4 万元收入中 10% 为销售新建房地产项目，则房地产业一般纳税人销售收入为 194377.4 * 10% = 19437.74 万元，营改增后房地产业增值税税率为

11%，因此其销项税为 19473.74/1.11 * 11% = 1926.26 万元。估算下游有 10% 的一般纳税人取得增值税专用发票新增抵扣，则 8330.46 万元加 1926.26 万元合计 10256.72 万元中有 10% 可抵扣进项税 1025.67 万元，但根据《营业税改征增值税试点有关事项的规定》，适用一般计税方法的试点纳税人，2016 年 5 月 1 日后取得的不动产其进项税应分 2 年抵扣，第一年抵扣比例为 60%，因此 1025.67 万元进项税中 2016 年可抵扣 60%，即 615.40 万元。

(3)金融业 2015 年营业税收入 6943.04 万元，营业税税率 5%，按此换算计税销售收入为 138860.80 万元。估算金融业中一般纳税人占比 100%，则金融业一般纳税人销售收入为 138860.80 万元；营改增后金融业一般纳税人增值税税率为 6%，因此其销项税为 138860.80/1.06 * 6% = 7860.05 万元。营改增试点实施办法规定，贷款服务不得抵扣进项税，根据省银监局《2015 年云南银行业运行情况》数据测算的比例估算，下游有 86% 的一般纳税人因购进的是贷款服务不得抵扣进项税，仅有 14% 的一般纳税人承接金融业开具的增值税专用发票新增抵扣，则 7860.05 万元中有 14% 可抵扣进项税 1100.41 万元。

(4)其他（生活性服务业）2015 年营业税收入 3869.63 亿元，营业税税率 5%，按此换算计税销售收入为 77392.60 亿元；估算其他行业中一般纳税人占比 10%，则其他行业一般纳税人销售收入为 7739.26 万元。营改增后其他行业一般纳税人增值税税率为 6%，因此其销项税为 7739.26/1.06 * 6% = 438.07 万元。估算下游有 30% 的一般纳税人取得其他行业开具的增值税专用发票新增抵扣，则 438.07 万元中有 30% 可抵扣进项税 131.42 万元。

受营改增扩围影响，四个行业的下游行业可降低税收负担合计为 12419.43 万元（建筑业影响 10572.20 万元，房地产业影响 615.40 万元，金融业影响 1100.41 万元，其他行业影响 131.42 万元），按 12 个月平均，月均 1034.95 万元。2016 年 5 月至 12 月影响 8 个月合计 8279.62 万元。

综合以上，增值税方面，2016 年 5 月至 12 月由于营改增新增四个行业预计减负 5357.33 亿元，受营改增扩围影响下游行业可降低税收负担 8279.62 万元，全年合计为 13636.95 万元。即：全面实施营改增后增值税预计减税 13636.95 万元。

（三）全面营改增对景洪市一般公共预算收入的影响

2016 年 5 月 1 日起，中央和地方对增值税的共享比例变为 50%。此政策将导致景洪市一般公共预算收入减收 9861.54 万元。具体测算如下：

一是该政策对市国税系统存量纳税人的影响。以我局年初 27909 万元的增值税预测数为基础，扣除两园区和四大运营商增值税后，划归市政府的增值税约为 22289 万元（含原营改增 3120 万元），按原中央 75% 县区 25% 的预算比例计算，划分到市级公共预算收入的税收为 7132.25 万元，扣除 1～4 月入库的 2759.3 万元，后期将入库 4372.95 万元；按中央和地方五五分成计算，后期将入库 6655.7 万元，即实行新预算分配比例后，2016 年后 8 个月，国税系统存量纳税人产生的公共预算收入将增长 2282.75 万元，2016 年市国税系统存量纳税人产生的一般公共预算收入为 9415.00 万元；

二是该政策对市国税系统增量纳税人的影响。2015 年全年市地税系统四行业营业税收入为 32385.22 万元（其中建筑业 11853.68 万元，金融业 6943.04 万元，房地产业 9718.87 万元，生活性服务业 3869.63 万元），换算为营业收入为 805753.47 万元，四行业原营业税平均税负为 4.02%（32385.22/805153.47＝0.0402），因国家承诺营改增后所有行业税负只降不增，但下降幅度从总局到州局都未公布，故目前暂按 3% 的增值税税负测算出增值税为 805753.47＊3%＝24172.60 万元，月均增值税 2014.38 万元，2016 年 5～12 月，8 个月增量纳税人预计产生增值税 16115.07 万元，划归地方公共预算收入 16115.07＊50%＝8057.54 万元 2016 年增量纳税人全年营业税和增值税收入之和预计为 13492.24（地税局提供的 2016 年 1～4 月四行业营业税收入）＋16115.07＝29607.31 万元。全年公共预算收入为 13492.24＋8057.54＝21549.78 万元，与 2015 年相比减收 32385.22－21549.78＝10835.44 万元。

三是营改增扩围完成后，可能对地方税收造成的影响。以上述测算为依据，2016 年全年国地税系统全部营业税和增值税税收收入为 22289＋29607.31＋1091（景洪电站）＝52987.31 万元，同比减收（国税 27275.20＋地税 32385.22）－52987.31＝6673.11 万元；2016 年预计地方一般公共预算收入为 9415＋21549.78＝30964.78 万元，同比减（国税 8441.1＋地税 32385.22）－30964.78＝9861.54 万元

三、关于营改增扩围后的一些建议

全面推行营改增后，中央和地方财政收入均会大幅下降，且就测算的情况看，地方一般预算收入的降幅将超过中央收入的降幅。就景洪市的情况来看，实行中央地方五五分成后，地方一般预算收入的降幅将超过税收收入降幅，对此情况我们有以下建议：

一是顺应改革潮流，加速产业转型，形成以服务经济为主的经济结构。

营改增全面推开将二、三产业的抵扣链条将彻底打通，这对于解决经济供给结构扭曲脱节问题，将起到重要作用。对此我们应该抓住契机，加快区域内的产业结构调整，遵循市场规律逐步淘汰高耗能、高污染、高损耗的工业产业，在扶持第二产业恢复的同时积极发展第三产业，激发市场活力，进而搞活市场，培植出政府和企业双赢的"绿色税源"。

二是建议出台一些优惠政策吸引高端产业向我市集聚，加大招商引资力度，推进重点产业发展，培育优势产业，促进我市转型跨越发展，做大做强地方经济，发展地方经济才是解决地方财政困难的根本出路。

三是健全地方税收体系，不断壮大地方政府财力。一方面加快"费改税"步伐，开征新的地方税种。如开征环境税、推进房产税和资源税改革，这是保证增值税扩围改革到位的重要支撑点；另一方面按照事权与财权相结合的原则，理顺国地税的征管范围，实行各征各税，合理分权。

四是合理投资，促进区域消费，大力发展外贸。积极评估区域内的有发展潜力的重点行业、重点企业和新兴产业，加大对其的扶持和投资力度，帮助企业度过改革的"阵痛期"；全面营改增后，消费对经济的拉动作用会越来越突出，消费的增长会促进企业降低成本、扩大生产，激发企业的创新能力，所以要完善区域消费环境，不断刺激消费，建立消费社会；全面推开营改增后，所有货物和服务均被纳入增值税体系，整个增值税链条得以打通，对外贸行业而言堪称重大利好。外贸企业将就其采购的服务获得更多的进项税（可抵扣）。此外，跨境应税行为适用增值税零税率和免税政策的条目有所增加，特别是跨境应税服务类别条目增加较多，例如工程项目在境外的建筑服务、专业技术服务、商务辅助服务等都是首次被纳入增值税零税率范围。我们要抓住这一契机，鼓励、扶持市内的更多企业带着好的产品和服务走出去，树立地区品牌。

五是大力发展互联网＋，搭建、完善多部门多领域的综合治税管理平台和信息交流平台，提高各管理部门直接信息共享和信息交换速度，强化"以地控税"措施，建立常态化工作机制，形成齐抓共管，综合治税的良好局面，有效减少地方税收流失。

六是加强国税、地税、财政、人民银行等财税系统的合作，形成高效的税收征、纳、退、补体系，维护纳税人合法权益，为促进依法诚信纳税、提高纳税遵从度营造良好氛围，有效激发市场主体的活力和动力。

众志成城劈坦途 一路鏖战一路歌

西藏自治区尼木县国家税务局　李　纲　敬俊杰

5月1日当人们享受假期愉悦的时候，有一群人可爱的税务人还奋战在工作一线，为确保"营改增"全面推行，整个"五一"假期，都默默的坚守在岗位上，在平凡的工作中，艰苦奋斗、无私奉献，用无悔的付出与辛勤的汗水诠释着"五一"劳动节的真谛。当全县第一张"营改增"增值税发票开出之际，标志着尼木县全面推开"营改增"试点首战告捷，也标志着税收政策红利在尼木开始释放，这薄薄的一纸发票，来之不易，它凝聚着尼木县国税局全体干部的心血和努力。

一、众志成城，攻坚克难

当全国"营改增"试点扩围工作任务下达后，该局立即动员，士气高昂，誓将做好此项工作。说易行难，面对严峻的税收形势，一线的同志既要抓好税收征管，努力完成上级交办的税收任务，还要打好这场时间紧、任务重的硬仗，谈何容易？但大家深知"营改增"试点扩围工作的重要性，既然做出承诺，就要挑好担子。该局第一时间成立了以局长为组长的"营改增"工作领导小组，合理分配力量，按日建立工作计划表，大家众志成城，心往一处想，劲往一处使，有计划、有步骤的推进"营改增"工作顺利进行。要加班，没人抱怨；临时安排任务，没人推卸，"5＋2"、"白＋黑"成为工作常态。

二、科学谋划，积极推进

每天要面对大量的纳税人，既要做好政策解释工作，还要"摸着石头过河"，为确保工作高效推进，县局对工作方案及具体措施进行了科学部署和精心设计，对辖区管户进行了摸底排查，详细了解管户生产经营情况，收集有效、全面的"营改增"试点纳税人信息，确定纳入营改增纳税人名单，最终提前完成了数据核实工作。在政策宣传方面，积极拓宽营改增政策宣传渠道，丰富纳税服务手段，大量印制致纳税人的一封信以及"码"上知道营改增宣传单，将营改增相关政策文件梳理拆分成便于纳税人理解和使用的知识点，以二维码为载体向纳税人推广，发扬不怕苦不怕累的精神，组织干部职工分为不同工作小组奔赴各乡镇，头顶骄阳走村入户进行逐户营改政策，耐心地做好政策解释工作，细心回复纳税人的各种咨询，打消纳税人的疑虑与担心，争取纳税人的理解和支持。同时制作了"营改增"知识问答在办税大厅 LED 显示屏上循环播放，设置了"营改增"咨询辅导台和纳税人绿色通道，向纳税人发放宣传资料的同时又进一步做好了政策的解释工作。

三、咬定青山，勤学苦练

要确保"营改增"工作的顺利推行，就必须吃透"营改增"相关政策，熟练掌握代开操作系统，从无到有，从陌生到熟悉，该局干部职工抱着咬定青山不放松的精神，以昂扬的斗志和饱满的热情迎接挑战，不怕艰难，迎难而上，多次组织学习"营改增"相关文件，做到对征收对象和范围、适用税率、征收管理等政策了然于胸，使每个人都能成为"营改增"工作的宣传员、操作员和辅导员。晚上加班学习政策知识，实战演练增值税发票代开，白天没有纳税人来访时又一头扎进知识的海洋，掀起了一场又一场学习的热潮。通过相互交流学习心得和问题，进一步强化干部职工对营改增业务的掌握和熟练运用，为营改增工作的全面铺开提供了有力保障、营造了良好环境氛围。

四、主动作为，倾情奉献

在营改增这场披星戴月的战役里，尼木县国税局干部肩挑重担，用实际行动推动着这场历史的变革，默默奉献，不求回报。

"谢谢，太感谢你们了，你们做的实在太好了"，这样感激的话语不时从纳税人口中说出。在推行增值税防伪税控升级版的过程中，由于管局大部分合作社纳税人受文化水平的限制，甚至连汉语都不会，对设备安装、发票开具等都不会进行操作，税务干部在了解这一情况后，主动为纳税人排忧解难，从设备的发行、软件的安装、参数的设置、发票的填开等全流程为纳税人服务，还细心的为纳税人制作了详细的操作步骤说明以及需要重点注意的事项，并用浅显易懂的话语一遍又一遍的向纳税人讲解，直到纳税人明白会操作为止。甚至有时候，有纳税人打来电话反映还是有些不会操作，税务干部不顾疲惫，主动上门服务，耐心教会纳税人如何操作软件。税务干部用自己热情无私周到的服务赢得纳税人的称赞，在面对纳税人的称赞，税务干部总是淡淡一笑，一句这是我们应该为你们做的，无形中拉近了双方的距离，为营改增全面推开顺利推进提供了坚实的基础。

五、扎实稳妥，备战后续

6月1日起，全面推开营改增试点后首个纳税申报期到来，打响了以"报好税"为目标的营改增第二场战役。为迎接"营改增"首个申报期的到来，县国税局积极做好各项准备工作。税务干部一是深入"营改增"试点企业开展培训，向企业详细介绍新版增值税纳税申报表各栏目的填写要点和申报流程；二是邀请纳税人现场进行模拟申报，收集并解决纳税人在模拟申报过程中遇到的疑难问题，全力确保试点纳税人首期纳税申报工作顺利进行；三是跟进税控报税处理操作变化，及时提醒未做报税处理的企业及时操作，避免税控盘锁死导致无法开票；四是加强税负跟踪分析，及时进行税负增减分析和政策效应分析，做好各行业的税负分析和有代表性纳税人的税负分析，积极采取针对性措施，通过申报比对分析，尼木县试点企业实现了税负只减不增，确保政策平稳过渡。

六、戮力同心，再创佳绩

"对于我们来说，'营改增'已经不单纯是完成一项任务或工作，而是将每位税务人从骨子里团结起来，戮力同心，在税务铁军的旗帜下，向大家展示税务人严谨、专注、坚持、敬业的'匠人'气质。"县局局长这样说道。

回想那一个个日夜加班加点的时光，县局干部不畏工作的繁忙劳累，因参加"营改增"政策学习、系统操作培训而不能辅导孩子的功课，无暇顾及家中的父母。一次次代开发票测试，一条条政策咨询回复，打通政策落地的"最后一公里"，做好服务解释的"最后一公分"，为"营改增"改革工作的顺利实施打下了最坚实的基础。

无论是推行营改增全面试点，还是进一步打造优质办税窗口，这个团队始终坚持从细节入手，践行微笑服务、延时服务、"一窗式"服务和"零距离"服务，用实实在在的工作铸就纳税人的"金口碑"。成绩来之不易，同志仍需努力，此刻，"营改增"这场攻坚战已取得了阶段性胜利，但尼木县国税局这支追梦队伍依然鏖战在征程，在峥嵘税月中必将再创辉煌。

细致缜密 同心协力
有条不紊地推进"营改增"工作顺利实施

青海省海东市平安区国家税务局

全面推开营改增改革试点，是党中央、国务院全面深化改革的重要决策部署，是打造中国经济升级版的重要战略举措。在我区全面推开营改增改革试点，对优化产业结构调整、加快转变经济发展方式、促进全市经济健康协调发展，具有十分重要的意义。我局按照省、市局要求，认真落实改革要求，稳扎稳打，主动作为，不缺位、不懈怠、不畏难，努力同心，攻坚克难，按时完成各项工作任务，确保全区营改增改革试点工作圆满完成，为平安区经济社会平稳较快发展作出贡献。现将我局"营改增"前期工作汇报如下：

一、"营改增"领导小组及其办公室工作情况

（一）高度重视，加强领导

要求全局干部要高度重视，领导对本局营改增试点工作负全责，"一把手"负总责。加强领导，精心组织，扎实推进。把具体工作任务分解到各个科室，具体落实到责任人。

（二）明确责任，迅速行动

区局的营改增工作按照统一部署，部门协调，具体负责的原则进行。第一时间召开区局营改增领导小组相关成员单位营改增部署会议，对营改增重点工作进行部署。与区地税局联合召开国、地税合作推进营改增改革试点工作会议，加强双方的沟通和协作。积极向区政府汇报前期工作开展，争取政府支持。

二、纳税人信息梳理移交确认和信息的真实情况

4月份下旬，针对省地税局转发的1458户（企业538户、个体920户）营改增纳税人名单，我局召开紧急会议，抽调全局40余名工作人员进行拉网式核查，保证营改增纳税人迁移数据的准确性。工作方式分为电话核查和实地核查，逐一排查，筛选信息不符、失踪的纳税人。最终共核实724户（剩

余的管户分别为国地税共管户和失踪户），其中核实企业 370 户、个体 354 户。

在对营改增纳税人管户信息核实准确之后，我局组织人员加班加点集中在金税三期预生产环境进行管户信息修改、主管税务科所分配、管户分配，并对至金税三期生产环境的营改增企业纳税人进行了税费种认定，共计认定 724 户，包括企业纳税人 370 户、个体工商户 354 户。

三、国税税务部门"营改增"政策的宣传培训情况

（一）拓宽宣传渠道，多途径宣传营改增政策

统一制定宣传方案，统一对外发布信息。正确引导社会舆论。充分利用微信、税企 QQ 群、二维码平台等媒介，做好包括政策解读、操作实务、服务措施和热点难点等在内的宣讲工作，及时回应社会关切和纳税人诉求，为改革顺利推进营造良好的舆论环境。并及时反馈报道将营改增工作进展信息。目前我局已发放 2000 份营改增知识宣传册，以加强营改增税制改革的宣传力度。

（二）实地走访纳税人，为纳税人答疑解惑

组织人员走访海东天润物业有限公司、青海鑫融房地产开发有限公司、青海晨云酒店服务有限公司、青海兴安房地产开发有限公司等 10 余家房地产和酒店业纳税人，宣传国家营改增政策，同时征求企业对国税机关的需求，了解企业对营改增的财务准备情况，初步获得纳税人好评。

四、印制《致纳税人的一封信》，做好"营改增"工作各项告知事项

我局以税收宣传月为契机，紧紧围绕"聚焦营改增试点　助力供给侧改革"的宣传主题，于近期印制《致纳税人的一封信》1000 余份，已陆续进行了发放，受到纳税人的一致好评。

五、税控器具的发放、安装到位情况

我局集中搭建防伪税控发行平台，设立接待区、等候区、发售区、票种核定区、发行区、软件安装区，为营改增领票企业提供便利。采取现场发售税控设备、现场进行票种核定、集中发行方式进行了防伪税控设备的发行，共发行企业 35 户，其中有主分机企业 3 户，发行税控设备 43 个。

六、试点企业财会人员报税业务培训情况和系统的操作情况

财政部、国家税务总局的两个《通知》以及省、市局的《实施方案》等下发后，区局第一时间组织相关科室对以上文件精神进行学习和讨论。并在3月21日制定下发了《平安区国家税务局2016年营业税改征增值税工作培训方案》。4月6日至8日，组织我局业务人员参加总局营改增业务培训，深入学习36号文件的内涵和精神。4月7日我局联系服务公司对营改增纳税人积极开展了2期防伪税控报税、开票培训班，累计共培训纳税人80余户（次）。

七、布局办税大厅、增设服务窗口、开设绿色通道等纳税服务情况

自4月1日起，我局办税服务厅启动"营改增"咨询窗口，增派业务骨干进行"营改增"相关问题的解答，并开通了"营改增"绿色通道，增设"营改增"申报、代开窗口。5月我局将增设临时办税服务厅，做好预约分流工作，让"营改增"纳税人能在第一时间及时办理相关涉税业务。

凝国税人匠心 琢"营改增"之器

青海省互助土族自治县国家税务局 董 浩 李臻业

自今年三月营业税改征增值税试点扩围工作开展以来，互助县国家税务局秉承"忠于担当、团结奉献、坚守奋进、勇闯一流"的新青海国税精神，把握"集、恒、精、准、保、便、快、成"八道工序，以严谨的态度，扎实的作风，创新的理念，精雕细琢"营改增"，谱写了一段段勇担重责、敬业奉献、忘我付出的感人篇章。

一、内外联动用"集"工

"营改增"试点扩围工作正式启动后，互助县国税局多次向县委、县政府汇报营改增工作，争取县委县政府对"营改增"工作的支持。在多方协调和努力下，成立了以县政府常务副县长任组长，财政、国税、地税、政府办等相关部门主要负责人任副组长的"营改增"试点工作领导小组。各部门之间积极架起沟通桥梁，着力打破部门壁垒，全力协调相关工作，形成了强大的"营改增"工作合力。与此同时互助县国税局也相应成立了工作领导小组，并与地税部门充分研究商议后制定下发了"营改增"工作实施方案，成立综合业务、征收管理、技术保障、纳税服务、测算分析、宣传报道六个工作组，并明确了工作组在发票票种核定、税务登记、管户信息核查、系统维护、新闻宣传报道等方面的工作职责，确保了"营改增"工作分工到位、责任到人。

二、苦练内功重"恒"工

打铁还得自身硬，"营改增"试点工作能否成功推行，提升干部业务素质和操作技能是关键。为了迅速掌握"营改增"业务知识从"知天命"的"老将"到刚入伍的"新兵"，白天忙工作，晚上抓学习，反复钻研"营改增"相关政策，积极探索推行"营改增"的有效的工作方法。整个学习培训过程中，县局干部职工以高度的责任感和使命感，克服了工作压力和家庭困难，为打赢"营改增"这场无硝烟之战做足了准备。副局长兰玉珍、办税服务厅莫明学、郭邦花，收入核算科牛红卫、孔繁兰，税源科范生彪，这些年过半百、爷爷奶奶辈的老同志，从来没有在学习上有过松懈，学习的劲头一点都不逊于年轻人，有的甚至是一边带孙子一边抓学习，通过认真刻苦的学习，这些同志不仅在考试中取得了好成绩，更将政策学以致用，充分运用到解决工作实际问题当中，成为了"营改增"工作中的表率和楷模。

三、培训辅导用"精"工

为了让纳税人尽快掌握"营改增"相关政策和业务办理流程，县局先后举办"分行业培训"、"一对一个性化培训"、"专题培训"50余场次。面对培训师资力量短缺的问题，县局在大力聘请省、市局专家的基础上，大胆锻炼年轻干部，让他们担任讲师。这里面就有刚刚参加工作不到半年的政策法规科干部苏兰花、工作不到两年的税源科干部刘永录。虽然这些干部工作时间不长，但在组织需要的时候，就能勇挑重担、冲在前面，他们先是自己将政策学深学透，然后在晚上牺牲休息时间，加班加点准备课件和讲义，反复斟酌易于纳税人接受和理解的讲课形式。培训中他们耐心细致地向纳税人讲解每一个政策要点，反复解释纳税人疑惑的问题，通过精细化的培训辅导，确保了每位纳税人懂政策、明税率、知算法、会报税，为接下来"营改增"工作的顺利运行打牢了基础、垫好了基石。在这个过程中这些年轻干部不仅得到了锻炼，更是成为了工作中的"大拿"，业务上的能手。

四、管户移交求"准"工

管户移交是"营改增"试点工作能否顺利进行的基础，为此，互助县局抽调44名干部，组成21个采集工作小组，负责试点纳税人户数确认、经营业务核实、征管基础信息填报和档案资料移交工作。从3月26日起，工作组对省局预生产库中迁移的1875户纳税人数据，按街道、乡镇开展逐户实地"拉网式"信息核查。为了完成工作任务，既是指挥员更是战斗员的高寨分局局长熊秀英走在了最前线，由于长期加班加点，再加上三月的天气乍暖还寒，她患上严重的感冒，不得不去医院挂吊瓶，然而病痛并没有阻碍她工作的脚步，感冒稍有好转她就立刻回到了战斗岗位。白天排查商户，晚上审核信息、双休日也没有休息。对调查中发现的部分移交税户地址、电话有差异、基础信息不对称等"疑难杂症"她都亲自调查过问、重点审核，想尽办法提高首次录入信息的准确性。在她的带领和大家的辛勤努力下，短短3天时间，共核查确认全县个体移交户632户，为"营改增"工作的深入开展，掌握了较为周详的第一手数据信息。

这里还有政策法规科副科长李生梅，税源管理科、高寨分局全体干部，在"营改增"管户交接期间，加班加点成了他们的常态、工作日和休息日已没有了区别，白天夜晚都是工作时间，早晨是东边朝阳伴他们上班，夜晚是鼓楼的风铃送他们回家，1875户纳税人的准确移交凝结着他们的汗水与心血。

五、技术服务注"保"工

如果说"营改增"试点工作是一辆汽车，那么技术保障应该就是车轮，它关系着"营改增"试点工作的正常推进。这个重担落在了仅有两名同志的信息中心肩上。信息中心主任刘方可以算得上是一名"光杆司令"。他的孩子今年读高三，六月份就要参加高考，这是让他最放心不下的一件事，作为父亲他何尝不想在这个关键时候多回西宁陪陪孩子，多关心一下孩子的学业。然而，防伪税控开票系统环境搭建、增设营改增窗口设备调试、机房整修、网络设备维护等一系列的工作都不能没有他，面对这样的抉择，他坚定的选择坚守在"营改增"一线，做好技术服务保障。在工作中，他不分工作日、休息日，不分白天、黑夜在各科室、各部门之间来回穿梭，在机房和服务终端反复检测，尽心尽力保障每台设备都能正常工作。他辛勤的付出和忘我的工作，换来了零点开票行动、地税局委托代开首张发票、网上申报等重点工作中设备、网络、系统平稳、安全运行，得到了组织和干部们的充分肯定和赞誉。

六、纳税服务显"便"工

"营改增"试点工作需要纳税人的认可和支持，为此互助县国税局把优化纳税服务理念贯穿于"营改增"工作始终。为了方便纳税人，县局进一步整合办税服务厅前后台业务，开辟"营改增"绿色通道，设置4个"营改增"专门服务窗口、3个"营改增"咨询服务台和两处"营改增"网报一对一服务点"，安排业务骨干担当导税人员，并印制摆放二维码一次性告知宣传册、"营改增"表单填写说明书，为纳税人提供从政策答疑到填表辅导再到业务办理全流程的导税服务。大厅积极开展延时服务、提醒服务、预约服务，分时间、分类别预约纳税人办理纳税业务，局领导带队坚持到办税厅值班，为纳税人解决各种涉税问题，应对各种突发状况，尽最大限度地方便纳税人，服务纳税人。面对庞大的业务办理量，办税服务厅工作人员从来没有喊过累，耐心细致地为纳税人提供贴心周到的服务，有些同志为了不延误纳税人申报，晚上七八点仍在岗位上等待纳税人；有些同志为了给纳税人办理业务，中午时间都甚至来不及吃饭。他们的辛勤付出、热情服务、无私奉献换来的是纳税人的高度肯定，换来的是井然有序的办税秩序和便捷高效的办税体验

七、新闻宣传展"快"工

为了让社会各界第一时间了解"营改增"工作，对"营改增"有一个全面的认识，县局办公室充当起了对外发声的"大喇叭"县局新闻宣传工作者们用文字和照片记录着"营改增"的每一个关键节点，并将他们及时推送到各大媒体，快速及时的向社会展现互助国税"营改增"工作开展情况。"零点开票"行动时他们同业务一线工作者一起坚守到零点时分，当完成开票任务，其他工作人员回家休息后，他们仍然在办公室忙着编辑信息、挑选图片，直到将信息投送出去，才珊珊回家。为了让信息报道更加准确及时，每个关键工作开展过程中，他们紧紧守候在开票、代征、申报现场一线，等待数据的产生，拍摄成功的画面。到目前为止办公室共采编"营改增"信息 35 篇，被海东市局采纳 6 篇，在省级报纸刊物上登载 8 篇，被各大网站转载 7 篇，被县广播电视台专题报道一期，同时在虹桥广告、电视台、公交车滚动屏等媒介上投放《致全国纳税人的一封信》及"营改增"相关公告 200 余期次，达到了预期的宣传效果，在社会上营造了良好的"营改增"舆论氛围。

八、实践检验施"成"工

5 月 1 日零点零二分，县局办税大厅内，青海天洁置业有限公司、青海博杰建筑有限公司、青海嘉佳建筑劳务有限公司，青海彩虹部落文化旅游发展有限公司通过各自的防伪税控开票设备分别开出了房地产行业、建筑安装行业、金融业和生活服务业的首张增值税专用发票；5 月 1 日上午 8 时 37 分，互助县地税局办税服务厅委托代征窗口，成功运用增值税发票代开系统，为一纳税人开出互助县首张国税委托地税代开的"房屋租赁"增值税专用发票；6 月 1 日上午，互助安详劳务服务有限公司、互助县土族纳顿文化旅游开发有限公司、互助森鑫房地产开发有限公司、互助广源建筑有限公司，四户企业分别在互助县国税局办税服务大厅通过电子介质成功进行纳税申报，共申报增值税税款 123502.64 元。

从 5 月 1 日"零点开票"行动、委托地税成功代开增值税发票，到 6 月 1日首日申报成功，这三个关键时间节点的有效把握和顺畅运行，标志着互助

国税"营改增"工作各项业务流程实现了顺利衔接与平稳过渡,"营改增"试点扩围工作取得阶段性成功,更标志着互助税收事业翻开了新的历史篇章。

塘川河畔,留下了互助国税人不懈奋斗的足迹;龙王山下,记载了互助国税人艰苦创业的历程。互助国税干部职工用汗水和智慧推动了"营改增"工作的快速发展,用恒心和热心赢得了广大纳税人的支持和称赞。互助国税在未来的憧憬里,将依然奋勇前进,凯歌不断!

作者简介:

董浩,男,汉族,1972年8月生,大学学历。现任青海省互助国家税务局党组书记、局长。

李臻业,男,汉族,1992年8月生,本科学历。现任青海省互助国家税务局办公室秘书。

泾河源头营改潮　尽心尽力显英豪

宁夏回族自治区泾源县国家税务局　马洪军

4月30日夜，这是一个普通的夜晚。在泾源国税局的纳税服务厅中人头攒动，有的人不停的来回走动，有的人焦急的坐立不安，坐在办税服务岗上的年轻人们仔细检查自己的发票、税票，在这样紧张而有序的气氛中，时间来到了5月1日零点，局长马红军趴在办税服务台上注视着他的同事马晓开出了第一份发票，回过头时看到的是一张张因为兴奋而泛红的脸，耳中响起了激动的欢呼，几十双手紧紧地握在一起，他们为这一个多月来日夜挑战，艰苦劳作取得的成绩而高兴、自豪！这不是一个普通的夜晚，这是完美的开始，是圆满的结束；这是属于"零点行动"的时刻，是属于"营改增"的时刻。

一、部署动员振精神

2016年3月18日，国务院总理李克强主持召开国务院常务会议，部署全面推开营改增试点工作，并在《政府工作报告》提出全面实施"营改增"，全国税务系统吹响了"营改增"的号角。地处泾河源头的泾源县国税局就在春寒料峭中开始了这个庞大的"工程"，泾源县国税局及时召开"营改增"动员会，标志着宁夏最偏远的基层国税局"营改增"工作正式启动，也标志着又一次征管体质改革的序幕正式拉开。

泾源县是国、地税为分设地区，地税业务一直由国税局管理，纳税人的基本信息掌握的相对全面，减少了国地税对接信息的大量工作环节，即便这样，"营改增"还是一项艰巨的任务。县局领导运筹帷幄，精心布局，立即成立"营改增"工作领导小组，及时制定"营改增"各阶段的紧急预案，下设综合业务组、征收管理组、技术保障组、纳税服务组、核算分析组、宣传报道组、政策培训组七个工作组，将有限的力量做好分配。建立紧凑的工作日程计划表和任务分解表，按照一天一个时段的标准对准备工作进行全程部署，做到每天一小结、今日事今日毕，防止出现遗漏和延误。每天的工作不仅只是备战"营改增"，还要完成每天的"规定动作"。班子成员亲临一线，既是指挥员又是战斗员，全程参与，使大家精神更加振奋；马文婷作为高龄孕妇，强烈的妊娠反应使得她随时拿着一盒纸巾，但工作的劲头丝毫未减，每天到各办公室检查电脑，及时发现和解决问题；征收管理科科长李艳燕、税政科科长马玲，她俩家中都有待哺的孩子，作为此次"营改增"业务量最大、最忙的部门负责人，她们相互帮助，成了营改增"姐妹花"。在她们的努力下，"营改增"工作被细化分解为91项任务，干什么、怎么干、啥标准、何时完成一目了然，办公楼最后亮着的那盏灯，一定是"姐妹花"在加班或学习。加班没人推脱，下户没人喊累，为了一个目标，众志成城。

二、精耕细作提干劲

为加快试点纳税人的数据接收和核实工作进度，征收管理科和税源管理部门每天将需要信息确认的试点纳税人分配给信息确认小组，谁也不想在关键时候掉链子，每个信息确认小组都是一家一户的挨个排查，将涉及到的729户试点纳税人信息确认工作全部准时完成。白天忙于各项准备工作，晚上教育培训组组织大家集体学习，除了对全体干部分不同工作岗位类别进行"营改增"实际操作培训，还对"营改增"政策文件进行系统学习，每个人都不想成为"盲人"，关起门来学习可能会一叶障目，当区市局安排培训时，大家争先恐后，唯恐失去了掌握第一手资料和政策的机会，成为学习和工作上的落后者。纳税人是这场"战役"的直接承受者，政策的改变不仅是我们税务工作者的任务，更是纳税人的迫切需求，培训组挑选业务骨干结合日常管理实际编写教程，制作ppt幻灯片，开展专题培训，分别对建筑业、房地产业、金融业、生活服务业四类纳税人进行了分类培训，举办培训班6期，培训人次700余人，对于因故不能参加培训的纳税人采取上门培训、电话培训的方式，确保纳税人培训达到全覆盖；为提高培训效果，倾听纳税人的意见和建议，县局分行业召开4次纳税人座谈会，认真听取纳税人对"营改增"工作的意见和建议，保证每个试点纳税人可以上好营改增这门课。

三、勤督细查促质量

面对纷繁复杂的工作任务，还要"摸着石头过河"，为确保工作高效推进，县局领导不仅亲自带队上街进行信息确认，更是"常驻"单位，放弃休息日，局长马红军不定期的到各科室了解进展情况和存在的问题，亲自协调解决实际问题，无论上班、下班、用餐，局领导交流最多的是"营改增"每天的进度、问题、解决的办法，根据工作状况的变化，组织相关科室召开了7次专题会，将每个时间段内出现的问题集中讨论，遇到不能解决的问题及时与上级沟通、请示，保证不让问题"过夜"；在 4 月 26 日召开"营改增"试点工作督导会，听取 7 个工作组的汇报，局领导和各部门负责人将 91 项准备工作逐项进行检查，保证每项工作都要落到实处，不出差错。税政科和征收管理科是县局"营改增"中的主力，每天都下发工作任务派单，督导税源管理部门落实最新的政策要求，每天工作结束后将当天的工作进行汇总，找出其中的错误，分析原因，与税源管理部门的干部进行沟通、解释，保证各项工作有序开展。

四、齐心协力出成果

为了打赢"营改增"这场攻坚战。县局全体干部都在各自的岗位上默默的付出，不知疲惫。县局领导积极向地方党委、政府汇报"营改增"工作，争取地方支持，与县财政局召开联席会议，汇报"营改增"热点问题，积极寻求配合；面对各科室和办税厅计算机出现的故障和技术问题，技术保障组成员陈彦科，父亲患癌症住院，他顾不得照顾，每天奔波与科室、分局、大厅之间，进行系统维护，排除故障，确保计算机正常工作和信息畅通，直到 26 日动手术时才回家。宣传报道组每天登陆各大网站监控社会舆情，将每天的舆情汇集成册；组织干部走上街头、走进纳税户厂房、门店和人流密集处分发"营改增"宣传资料、在全县公告栏上张贴"营改增"宣传资料、在宾馆、大型超市门口的电子屏上滚动播放有关"营改增"优惠政策的视屏、漫画等资料，加大宣传力度和信息交流，有效防止负面舆情的产生和扩散，为"营改增"创造了风清气正的良好环境。纳税服务组采取一对一、面对面的辅导方式，既提高了辅导的互动性和有效性，又缩短了纳税辅导的时间；将纳税人关心的问题制作成小故事，通过情景方式提高辅导的针对性和获得感。年轻的税务干部胡翼斐，他刚做完手术，因为人力不足提前回到单位，既要上报各种报表，还要和分局的同志一道辅导纳税人学习营改增知识、辅导纳税人开票，他没有退缩，常常用"男人嘛，忙一点挺好"来鼓励自己。办税厅服务岗位李昊，确定 5 月 1 日结婚，因为"营改增"，他没有时间去做婚前的准备工作，而是在单位发挥了系统操作能力强的特长，承担了大量的信息录入、核查等工作，每一条信息在他的手中都要反复核对无数次他才放心。相关工作人员每天十一、二点回到宿舍，没有抱怨，只有相互支持，相互鼓励。通过艰辛的付出和刻苦的努力，泾源县国税局在全区首先开出第一张二手房交易发票，在市局专项督导中获得高度好评，征管基础进一步得到加强，将一些"僵尸户"清查出来，税源底子更加清楚，更保证了"零点行动"的顺利实施，使"营改增"第一阶段工作圆满完成。

集中精力　齐心协力
推进"营改增"工作顺得开展

宁夏回族自治区海原县国家税务局　王　霞　仲恩勇

一、加强领导、及早部署

成立了"一把手"负总责、其他班子成员各负其责、相关科室负责人为成员的"营改增"工作领导小组，密切配合，通力协作，集中时间、集中精力、集中财力、集中人力全力以赴抓好"营改增"各项工作的推进落实，建立"营改增"舆情防控机制，及时召开"营改增"工作领导小组会议，责任到人，工作到岗，任务到户，做到细部署、勤督促、严把关，切实将推进营改增试点改革作为当前一项重大政治任务，摆到重要议事议程，抓紧、抓早、抓实。

二、通力配合、主动作为

（一）由于我局办公楼进行装修，考虑到县局这一实际，我们将基层分局（所）和相关业务科室人员，集中到办税服务厅统一进行办公，分工不分家，办理业务"一条龙"，按照工作计划和传递范围迅速开展纳税人基础信息确认工作，充分利用金税三期系统，组织梳理各项基础信息，完善相关资料，充分发挥"传帮带"积极作用，老中青积极配合，各环节业务做到及时传送，有效提高工作效率，加快营改增纳税人信息确认和升级版新系统的推行，一般纳税人登记、发行、发票核定与领购工作顺利进行。

（二）为了提高办公质效，我们对大厅人员岗位进行了调整，增设"营改增"窗口，提供延时服务，信息中心确定专人做好技术支撑工作，保证网络畅通、系统运行正常，增加增值税专用发票和增值税普通发票发售岗，对发票库存进行盘点，按照印制计划到市局领购增值税发票和增值税专用发票，保证发票库房增值税发票票量充足，确保发票供应充足。

（三）对人力资源进行合理调配，将业务熟练、综合素质较高的 8 名税务干部暂时调整到征管一线，确保基层一线人力资源满足"营改增"工作需要，并在办税大厅增加营改增窗口人员，对办理增值税发票升级版的纳税人开辟"绿色通道"，派专人进行辅导，加快增值税发票升级版新系统的推行。

（四）办税服务厅严格实行领导带班制度、业务科室及分局（所）值班制，并安排业务骨干常驻办税服务厅，提供人力保障，确保在营改增过程中遇到问题能够及时解决、及时反馈，有序推进工作有序开展。

三、广泛宣传，营造氛围

（一）积极选派业务骨干参加区、市局组织的营改增业务培训，利用上下班空档时间，要求干部职工加强自我学习，准确把握"营改增"范围和界定标准，做好政策、业务储备，确保业务科室、分局（所）干部懂业务、能辅导、会征管，并组织干部积极参加中卫市局举办的营改增业务培训视频会。积极主动向海原县委、政府汇报"营改增"试点工作的最新动态和工作进展情况，加强与县财政、发改、住建等部门的工作衔接，争取县委、政府和相关部门对我局"营改增"工作的大力支持。

（二）结合第 25 个税法宣传月活动的开展，利用微信、短信、税企 QQ 群、宣传展板、印制宣传小册等方式，宣传最新的营改增政策，多种渠道，向纳税人和社会各界宣传"营改增"时间节点和重要意义，做好普及型宣传，增进纳税人对"营改增"的认同，引导纳税人主动适应改革试点。宣传日当天，共计发放营改增宣传资料 2800 余份，现场解答纳税人问题共 70 余人次。并利用海原电视台对我局税宣启动日进行宣传报道，全面推开营改增试点的积极效应。

（三）在县城主干道悬挂内容不同的"营改增"宣传标语，并在大型商场、超市、电信、邮政、移动、银行、海喇都广场、西门市场等人口流动量大的公众集散地，向过往的群众发放"营改增"宣传资料，同时通过 LED 流动广告车，走街串巷同步播放"营改增"宣传电子标语和最新政策，进一步加大对"营改增"政策的宣传力度，广泛普及"营改增"政策，形成税收宣传的热效应，从而提高税收宣传的实际效果。

（四）选派业务骨干深入辖区房地产企业、金融保险企业、各大餐馆、宾馆、建筑工地、海盛国际、四季花城售楼部等做好试点纳税人政策上门服务，向企业的负责人、财务人员等发放营改增宣传手册，宣传全面营改增、税收支持供给侧改革等政策，同时，对应纳税额计算、纳税申报、税收减免优惠、征收管理、发票管理等方面进行了讲解，帮助企业、个体解答税收政策方面的问题，听取企业、个体对税务部门的税收管理与服务的意见和建议，收到了纳税人的一致好评。

（五）利用海原县一季度经济运行分析会，将我局装订成册的"营改增"宣传手册向县委、政府及各大部门参加会议的主要领导每人送达一份，并现场讲解"营改增"有关税收政策，解惑答疑，努力营造良好宣传氛围，同时主动向发改、住建、国土等部门宣传"营改增"，营造有利于营改增顺利推进的良好声势。

（六）根据县城穆斯林群众居住相对集中的特点，组织宣传人员，在县城较大的3个清真寺，利用每周五"主麻日"，向前来清真寺礼拜的穆斯林人士，讲解税收知识，并邀请德高望重的阿訇在清真寺宣传有关"营改增"最新政策，帮助前来礼拜的广大穆斯林群众进一步了解"营改增"，扩大宣传面。

（七）按照区市局安排，组织63位纳税人于4月18日参加了全面推开营改增试点工作纳税人视频培训班，并与部分营改增纳税人举行了座谈交流，收到良好效果。

（八）针对我局李旺税务分局所管辖的"营改增"纳税人比较分散、路途偏远等实际情况，县局积极组织人员，成立宣传小组，前往李俊乡、李旺镇、七营镇等乡镇，主动送政策上门，积极向当地乡（镇）政府汇报我局"营改增"工作的开展情况和最新政策，并召集纳税户开展座谈交流，同时将宣传手册发放到每位纳税户手中。

四、后勤保障暖人心

考虑到"营改增"期间，奋战在一线的干部加班加点非常辛苦这一实际情况，局领导亲临一线指挥，随时过问、听取工作进展情况。办公室主动做好后勤保障工作，坚持每天为加班加点的干部送去咖啡、水果、牛奶等"温馨小餐"，提高早、中、晚餐的伙食标准，让大家吃到可口美味的饭菜，并将区、市局领导的关怀和慰问信息传达给每位干部，受到了全体干部的一致点赞，形成了全局参战、上下一心、个个争先，攻坚克难的良好局面。

"两学一做"争先锋 凝心聚力营改增

新疆维吾尔自治区沙湾县国家税务局 张 洁

2016 年春天，对沙湾县国税局全体干部来说，是一个十分难忘的季节，在打赢营改增攻坚战的日日夜夜，每天，他们踏着朝露出征，夜晚，披着星星回家。自全面推开营改增试点工作以来，沙湾县国税局以开展"两学一做"学习教育为契机，局党组自觉坚持以更严的标准、更高的要求，在服务营改增全面落实的"火线"上深学实做，将营改增作为第一要务，全力以赴，扎实、细致地推进各项工作，以学习教育凝聚工作动力，以服务成效检验学习教育成果，用国税干部的真情付出，奋战在营改增攻坚战的一线，圆满地完成营改增推行工作的前期各项工作任务。

一、把"两学一做"内化于心外化于形

深入学习，增强党性观念。局党组高度重视"两学一做"学习教育的开展，采取集体学习、专题培训、座谈讨论等多种形式，组织全体党员干部认真学习党章党规，做尊崇党章、学习党章、遵守党章、维护党章的表率。深入学习领会习近平总书记系列讲话的丰富内涵和核心要义，在"真学真懂真信真用"上下工夫，真正入心入脑，用以指导实践、推动工作。深入学习领会营改增的重要意义，要求全体党员干部以合格党员的标准和姿态服务全面推行营改增试点，把服务营改增作为开展"两学一做"、检验党性的试金石，在推动税收改革发展中，勇于担当，攻坚克难，争做"四讲四有"的合格党员，争当信念坚定、为民服务、勤政务实、敢于担当、清正廉洁的模范。

千抓万抓，营改增工作第一抓。局党组高度重视营改增工作，根据上级局的工作安排，迅速调整营改增工作领导小组，结合本局实际，研究制定试点工作实施方案，确定推进路线图、时间表、任务书，明确具体科室职责和负责人，踏准各阶段的"锣鼓点"。召开各类专题会议落实各阶段工作任务，对照工作分解表考核到人，做好与上级局、当地政府、地税部门的"三个对接"，确保营改增顺利落实到位。

多措并举，营造营改增宣传氛围。紧紧围绕"聚焦营改增试点 助力供给侧改革"的宣传主题，全方位、多渠道开展宣传，通过在文化广场设立宣

传咨询台，展出税法宣传板报，开展"营改增"政策上门辅导，局领导分户调研等多种方式，对接好辅导纳税人的"最后一公分"。利用 12366 服务热线、税企 QQ 群、微信平台等多种途径，与纳税人互动交流，解答纳税人疑问。县局领导接受县广播电视台"沙湾新视点"栏目访谈，国地税联合举办全面推开营改增试点纳税人座谈会，并组织工作人员将营改增相关政策编写为"七字诀"，通俗易懂，朗朗上口，编印《营改增宣传手册》，在全社会广为宣传，为营改增推行工作营造了浓厚的氛围。

二、党员先锋队、青年尖兵队奋战在营改增一线

党员先锋队冲锋在前。局党组充分发挥表率作用，党员领导干部率先垂范，带头履职尽责，发挥带学促学作用。开展"攻坚营改增，党员争先锋"活动，组织党员干部成立营改增党员先锋队，发挥先锋模范作用。开展局领导走访调研营改增纳税人活动，将本次四个行业营改增一般纳税人分户到各位局领导，局领导深入基层，下企业，进村队，了解纳税人诉求，回应纳税人期盼，提供贴心服务，与纳税人面对面沟通，将各项营改增政策、优惠、会计核算等内容进行再宣传、再培训。开通"营改增"办税绿色通道，实现国、地税业务一厅办理，使纳税人在办理涉税事宜中"进一家门，办两家事"。坚持局领导办税服务厅值班制度，采取有效措施化解办税人流高峰压力，减少纳税人等候时间。

青年尖兵队奉献在前。将全局青年党员干部组成营改增尖兵队，克服时间紧、任务重、管户多的困难，将辖区营改增纳税人按街道、乡镇、团场的分布情况分为 17 个片区，利用双休日，抽调党员干部组成 17 个"营改增宣传小分队"，顶风冒雨，走街串巷，进企业、下村队，将营改增政策及时送到纳税人手中。以青年干部为主的 12366 纳服平台，充分利用网络在线咨询、微信实时推送、二维码一次性告知等方式开展营改增宣传，把信念体现为行动的力量。

三、一个党员一面旗帜，"亲情组合"助力营改增

自营改增攻坚战打响以来，沙湾县国税局全体干部凝心聚力，以"5+2""白+黑"的工作姿态奋战在营改增推行工作岗位上，党员干部充分发挥先锋模范作用，用榜样的力量感召身边的同事，全体国税干部无怨无悔、昼夜工作，奋战在营改增推行工作岗位上。局党组及时总结营改增工作中的典型事

例，大力宣传先进人物事迹，让先进典型成为一面旗帜、一个标杆、一种风向，使全局干部牢固树立了看齐意识、奉献意识，在全局营造了比学赶帮超的工作氛围。

营改增推行的"急先锋"。吴晓红，一个在纳税服务科工作了三十年的优秀党员，始终奋战在营改增工作一线。作为科室领导，她身先士卒，加班加点，任劳任怨，她格外注重营改增政策学习，白天，处理日常工作，晚上，挤出时间来学习营改增政策、业务知识，每晚都坚持学习到凌晨。她常对同事们说，"我们办税服务大厅不仅是服务纳税人的窗口，更是直接展现我们国税人风采的平台，我们不能拖国税的后腿，更不能丢国税的人！"她还制作了《营改增纳税人十问》，给营改增纳税人常遇到的问题一个更简明扼要、通俗易懂的答案，便于纳税人记忆掌握。在她的带领下，纳税服务科出色的完成"营改增"各项工作任务，她无私地奉献赢得了同事们的由衷赞誉，大家称她为"营改增"工作的"急先锋"。

"夫妻档"同心干。国税干部王超是花园分局副局长，他的妻子王亦芳是税政科副科长，两人都是党员，是这次营改增工作的排头兵，王超每天白天在分局工作，晚上又在县局加班，王亦芳更是从早忙到晚，夫妻俩每天早出晚归，把不满三岁的女儿交给爷爷奶奶照顾，一心投入在营改增工作上。

"母女档"人称赞。国税干部郭海燕是纳税服务科副科长，主要负责纳税申报、发票认证、金税盘发行、代开运输发票等工作，自营改增以来，她每天全身心投入工作，常常中午顾不上回家做饭，晚上加班加点到深夜，一直无法照顾正在上小学四年级的女儿，丈夫因工作繁忙也常常忙到很晚。但女儿却十分理解妈妈工作的艰辛，每天在学校刻苦学习，晚上把作业带到办公室写，陪着妈妈一起加班，还笑着对别人说"我和妈妈是营改增的母女组合"。

"情侣档"合力干。国税干部任俊洁是去年新录入的年轻干部，和男友姜经纬同在办税服务厅工作，两人一起加班加点工作，一起讨论工作中遇到的难题，互相学习，互相帮助，共同促进，在加班加点中俩人的感情不断加深，原本计划到双方家中拜访老人，也一再推迟，被同事们称为营改增的"最佳拍档"。

韭菜盒子——纳税人特殊的"点赞"。周末，正是与家人一起休闲的时光，但对沙湾国税干部来说，却是又一个忙碌的周末。一个星期天，税源管理二科党员干部邓君兰正和同事们忙着通知各纳税人下午进行"营改增"培训，在签到过程中，一名企业财务人员走到她面前，递上了几个热气腾腾的韭菜盒子，说："小邓，昨天中午我来办税，看到你们都没怎么休息，今天又忙着通知我们培训，我怕你中午又没好好吃饭，做了些韭菜盒子，有空你就赶紧吃点"。

自从推行推行营改增以来，邓君兰和同事们一直忙着入户走访，上门辅导，每天不停地打电话核实数据，不停地为纳税人进行政策宣传、流程讲解，领着纳税人穿梭在办税服务厅的各个窗口，忘记了吃饭，忘记了回家照顾亲人。

看着纳税人送来的香喷喷的韭菜盒子，顿时一股暖流涌上邓君兰的心头，令她感慨不已：这场营改增攻坚战，令人感动的不仅有税务干部，还有许许多多的纳税人。正是全体国税干部在"两学一做"学习教育中，坚定信念，争做模范，用自己忘我工作的真诚付出，才赢得了纳税人的理解、信任、支持和点赞，国税干部用实际行动诠释了对党的国税事业的无限忠诚和执著追求。

关于增强税收文化软实力的研究

内蒙古自治区和林格尔县国家税务局　梅　丽

一、如何提高我国的文化软实力

一是一定的文化由一定的经济、政治所决定。要加强我国的经济建设、政治建设，提高"硬实力"，为增强文化"软实力"夯实基础；二是把文化建设作为社会主义现代化建设的重要战略任务，激发全民族文化创造活力；三是继承我国优秀传统文化，在继承的基础上"取其精华、去其糟粕"、"推陈出新、革故鼎新"。为传统文化注入时代精神，进行文化创新；四是吸收借鉴其他民族优秀文化成果，"面向世界、博采众长"、"以我为主、为我所用"。在文化交流、借鉴的基础上，推出融会多种文化特质的新文化；五是立足于中国特色社会主义实践，着眼于人民群众不断增长的精神文化需求，坚持先进文化的前进方向，发展中国特色社会主义文化；六是大力建设社会主义核心价值体系，增强社会主义意识形态的吸引力、凝聚力，推动社会主义文化大发展、大繁荣。作为文化软实力中的一种税收文化软实力的提高也应该立足经济社会发展的新形势、新任务，结合税收工作的特点，积极地从以上几个方面去思考、去提升。

二、增强税收文化建设的重要意义

（一）税收文化建设的重要性

税收文化是社会主义先进文化的组成部分。在构建社会主义和谐社会的伟大实践中，税务部门肩负着历史使命和重要责任，需要充分运用税务文化的力量，以正确的价值观念、先进的管理理论、共同的发展愿景凝聚精神力量，打牢共同思想基础，培育良好道德风尚，促进科学发展，激发税务人员的积极性、主动性、创造性，使广大税务人员精神风貌更加昂扬向上，税务部门的共同价值取向充分展现，税务文化软实力进一步提升，进而形成推动税收事业发展的巨大内在动力。

（二）税收文化建设的必然性

在全国税务系统着力推进税务文化建设，为繁荣社会主义文化做贡献，已成为时代的必然要求。同时，加强税务文化建设也是税收事业发展到一定阶段的客观要求。改革开放以来，依法治税深入推进，税制改革稳步进行，税收征管不断加强，税收收入大幅增长，税务人员素质进一步提高，税收事业呈现良好的发展势头。各级税务机关已经具备了全面加强税务文化建设的现实条件。面对良好的发展机遇，大力加强税务文化建设，已经成为全方位提升税收管理和加强税务机关内部建设的必然选择。

（三）税收文化建设的紧迫性

税收文化建设来源于税收事业的实践，支撑和推动着税收事业的科学发展。多年来，各级税务机关积极探索推进税务文化建设，取得很大成效。但是，与新形势新任务新要求相比，还存在一些不适应的地方，突出表现在：一些税务部门对税务文化建设重视不够；税务文化建设缺少统一的规划、内容和标准，发展程度参差不齐；缺少新形势下税务文化建设的研究和创新，人才短缺，等等。在当前税收事业不断发展、各级税务部门越来越重视税务文化建设的形势下，迫切需要以改革的精神、创新的思路、发展的办法，在全系统深入推进税务文化建设，满足广大税务人员对进一步加强税务文化建设的强烈要求，创建具有鲜明时代特征和丰富实践内涵的税务文化体系。

三、如何加强税务文化建设

（一）高度重视，加强领导

税务机关要高度重视税务文化建设，从推进税收事业发展、促进税务人员自身建设的政治高度，深刻认识加强税务文化建设的重要性。要加强领导，认真研究思考税务文化建设中的各种实际问题，以人为本出思路、因地制宜出对策，制定本单位本系统的建设目标，动员和组织广大税务人员积极投身税务文化建设的实践中。要遵循税务文化建设的特点和规律，加强重大问题及理论体系的研究，始终把握正确方向。不断总结推广新鲜经验，引导和促进税务文化建设有序健康发展。要将税务文化建设经费纳入年度预算，为推动税务文化建设提供必要的物质保障。

（二）营造氛围，全员参与

推进税务文化建设，需要全系统的共同努力。要把领导者的主导作用与广大税务人员的主体作用紧密结合，尊重群众的首创精神，在统一领导下，有步骤地发动广大税务人员广泛参与，从税务基层抓起，集思广益，群策群力，全员共建，充分调动税务人员参与税务文化建设的积极性、主动性和创造性，注意培养税务文化建设的各类人才，发挥税务文化建设骨干的带头作用，发挥人才潜能，激发团队精神，形成浓郁的税务文化建设氛围。充分发挥党委、工会、共青团等组织的作用，构建税务文化建设多层次运行体系，努力营造出齐抓共管、整体并进的良好态势。

（三）健全机制，协调发展

税务机关要把税务文化建设作为一项重要工作纳入议事日程，建立健全领导体制，形成协调一致的工作局面。要探索建立税务文化建设的长效管理机制，逐步实行科学有效的考核评价和激励办法，推动税务文化建设顺畅运行和持续发展。要坚持稳步推进，以初任培训为起点，以宣传贯彻为基础，潜移默化，长期培育，把税务文化贯穿于税收工作的全过程，落实到税务队伍建设各环节，达到促进人的全面发展的根本目的。同时注重税务文化建设的实效，防止形式主义，确保税务文化建设各项工作目标顺利实现。

税务文化建设是一个长期过程，是一项随着税收事业不断发展而逐步成熟的事业。我们要加强实践探索，逐步完善、提高税务文化建设水平，增强税收文化软实力，努力持续推动税务文化建设的深入开展。

多措并举　强化措施
保障营改增试点工作的顺利进行

云南省普洱市思茅区国家税务局

（一）户籍情况

此次营改增扩围，区局共涉及纳税人 7183 户，其中：地税迁移 5780 户（企业纳税人 770 户，个体工商户 5010 户），国地税共管户 1403 户（企业纳税人 871 户，个体工商户 532 户）；各行业纳税人户籍情况：房地产业 223 户、建筑业 257 户、金融业 54 户、生活服务业 6649 户。

（二）工作开展情况

1. 加强领导，周密部署。成立"营改增"工作领导小组及其办公室，下设业务、技术、综合保障 3 个工作组，建立"一把手"总负责、分管领导分工负责、各部门协同合作的工作机制，确定了定期召开专题会议和小组会议工作机制。研究制定《思茅区全面推开营改增试点工作落实方案》及任务分解表，确定 4 个阶段工作步骤、7 类主要工作任务，6 个工作要求，明确时间表、任务书和路线图。召开动员大会，从组织保障、宣传培训、纳税服务、协作配合、技术支持、应急准备等方面进行全面部署。同时，将全面推开"营改增"试点纳入绩效考核，实行全程跟踪问效，对工作进度缓慢、成效不明显、影响改革进程的部门和个人，将及时提醒、督促，对落实不到位的严格问责。

2. 及时汇报，争取支持。主动向区委、政府汇报"营改增"意义、工作进展情况，争取工作支持。思茅区委常委、常务副区长雷勇出席区局全面推开"营改增"试点工作部署会，并就试点工作提出 3 点要求。

3. 多方合作，协调推进。积极主动与地税、财政部门沟通交流，联合下发全面推开"营改增"试点工作《财税部门联席会议制度》、《文件会签制度》以及国地税《共驻政务服务中心实施方案》等文件。加强与地税部门沟通，取得相关数据，做好税务登记、税种票种核定、一般纳税人登记等征管衔接和业务对接准备工作。加强与工商部门协调联系，解决存量纳税人"三证合一"后社会信用代码变更问题。

4. 强化宣传，营造氛围。对外，联合地税局开展第 25 个全国税收宣传月

"全面推开营改增试点宣传周"活动，设立营改增咨询台 3 个，悬挂宣传标语 7 条，印发宣传资料 1.6 万份，通过区电视台、普洱日报、门户网站、办税服务厅 LED 显示屏全方位解读营改增新政，结合辖区纳税人行业特点开展业务培训。其中：联合召开试点重点税源企业座谈会 1 期，参会纳税人 120 户；联合开展试点纳税人增值税发票管理新系统操作培训 7 期，培训纳税人 613 户；开展砖瓦、沙石行业政策宣传辅导会 1 期，辅导纳税人 33 户；组织参加全省、市面向纳税人的"营改增"政策、操作培训 5 期，培训纳税人 700 户。对内，组织参加总局、省市局举办的"营改增"专项业务培训，组织全局干部学好相关文件、政策，熟悉有关规定，认真掌握"营改增"政策和行业知识，打好思想上的"前战"，做好政策和业务知识的储备工作。

5. 多措并举，应对压力。增设"营改增"专用办税窗口 8 个，设置绿色通道 1 条，增设"营改增"咨询台 2 个，全面落实"全程服务"、"延时服务"等个性化服务；做好硬件设备检查、维护、整合；积极协调税控器具服务单位，测算储备税控器具，做好增值税专用发票和普通发票用量评估，上报印制计划，保证发票供应；提前考量新增纳税人税款征收业务，做好税票印制计划的上报准备。

6. 压实责任，有序推进。在数据清分基础上，举全局之力，以"业务 + 行政"搭配方式，组建信息核查小组，明确核查任务，按时间节点完成试点纳税人信息核实工作，确保信息核实质量。截至 4 月 27 日，共电话核实纳税人信息 5780 户，查找并提请省局删除 332 户重复信息；核实机内迁移税种 5780 条，修改税种错误信息 233 条。积极开展税控设备使用培训，制作"营改增"纳税人办理增值税发票管理新系统升级版简要流程，增设税务发行窗口，对税控发行纳税人进行集中发行。截至 4 月 27 日，增值税防伪税控系统发行 585 户（其中：一般纳税人 241 户，小规模纳税人 344 户），发票采集 585 户，发票发售 346 户（其中：增值税专用发票 9083 份，增值税普通发票 102551 份）。为了减轻征收窗口压力，安装财税库银 POS 机，4 月 25 日成功为纳税人办理第一笔代开通用机打发票业务；完成省局批量验证的三方协议银行信息核对工作；完成 25 户纳税人的减免税备案工作。目前正在按要求完成非增值税新系统用票户的票种核定工作。

（三）存在的问题

按照《云南省国家税务局关于开展全面推开营改增改革试点工作情况对照检查整改的通知》（云国税函 ［2016］ 180 号）要求，立足自身工作实际，逐条比对 29 个问题，自查自纠，形成《思茅区国税局全面推开营改增改革试点工作情况对照检查整改台帐》，及时整改。

一是二手房交易增值税委托代征准备工作不充分，区地税局代征窗口工作人员对代征软件操作不熟练；二是办税服务厅窗口不足，纳税人集中领用发票，会发生纳税人排队拥挤、等待时间过长的情况；三是大部份工作人员对营改增政策掌握不够熟练，不能准确、及时解答纳税人咨询问题；四是纳税人培训不到位，针对性和可操作性不强；五是存在少数纳税人由于联系电话为空号或错误，未及时收到信息确认通知；六是办税辅导不到位。

（四）整改措施

一是加强对地税部门代征岗位人员的培训辅导，4 月 26 日已对地税代征人员进行软件操作辅导。

二是在办公楼一楼增设营改增办税服务区，设置 8 个营改增专用窗口，增设发票窗口，增加导税人员 3 名，增设发票窗口 2 个，落实预约服务和延时服务。

三是积极开展干部业务知识更新、礼仪规范和能力拓展的相关培训，提高"营改增"业务和系统操作的熟练度，提高工作效率。

四是进一步加强"营改增"政策宣传辅导和纳税人端的操作培训，计划在 4 月底组织一期增值税一般纳税人政策培训，5 月聘请师资组织分行业政策、纳税申报培训，努力提高纳税人的政策应用水平和操作技能。

五是持续关注社会舆情，化解征纳矛盾，严防群体事件的发生。

六是统筹协调，突出重点，确保"营改增"工作、组织收入工作、征管改革工作及其他重点工作的有效推进和全面完成。

"互联网 + 税务" 促进纳税服务变革的思考

广西壮族自治区百色市右江区国家税务局　黄　耿　黎　慧

　　"互联网 +" 是互联网思维的升华和实践成果，它不再是单纯依托网络在某个传统行业里的应用，更是利用信息通讯技术以及互联网平台，让互联网和传统行业进行深度融合、跨界融合。本文结合"互联网 +"的时代背景就右江区国家税务局纳税服务工作实效，开展深刻的调研，就调研发现的问题展开思考，提出相应的建议。

　　以移动互联网、云计算、大数据、物联网为代表的新一代信息通信技术与经济社会各领域、行业的深度融合和跨界融合，是全球新一轮科技革命和产业革命的核心内容。信息技术高速发展的今天，我国的互联网技术也日益坚实，创新力、综合实力和国际竞争力不断增强，为此打造经济发展新常态，便成为了大势所趋。《关于经济推进"互联网 +"行动的指导意见》（以下简称《指导意见》）是党中央、国务院在深刻认识和准确把握互联网发展规律的基础上，立足国情、统筹全局、高屋建瓴，对互联网和经济社会融合发展做出的重大战略部署和顶层设计，具有划时代的重点意义和深远影响。而"互联网 + 税务"便是引领纳税服务工作提档升级的机会。

一、"互联网 +" 时代背景

　　随着计算机和信息技术的迅猛发展和普及应用，行业应用系统的规模迅速扩大，行业应用所产生的数据呈爆炸性增长。现如今大规模大的数据处理，将"大数据"这样一个概念植入了人们的脑海，寻求有效的大数据处理技术、方法和手段也就成为现实世界的迫切需求。在互联网不断的改变着人们的生活方式下，在信息科技快速更替过程中，"互联网 +"应运而生。

　　2015 年 3 月 5 日十二届全国人大三次会议上，李克强总理在政府工作报告中提出"互联网 +"行动计划，提出推动移动互联网、云计算、大数据、物联网等与现代制造业结合，促进电子商务，工业互联网和互联网金融健康发展，引导互联网企业拓展国际市场。紧接着，国家税务总局紧跟时代的步伐，制定了与时俱进的《"互联网 + 税务"行动计划》，旨在充分运用互联网思维，引入云计算技术，发挥大数据优势，推进物联网应用，重视纳税服务，不断激发管理活力，拓展税收服务新领域，打造便捷办税新品牌，建设电子税务新生态，引领税收管理的新变革。

二、纳税服务跨界融合实效及瓶颈

近年来，根据税务工作目标，结合实际工作，右江区国税局不断改进和完善纳税服务工作，建立健全纳税服务体系，降低纳税成本，提高办税效率，维护纳税人合法权益，解决纳税人办理涉税事项"多头跑""多次找"和"排长队"等问题，有效提升了纳税服务的层次和水平。不断的努力过程，取得了纳税人的肯定和支持，2015 年纳税人满意度调查排名中同比上年提升了5 位，取得了良好的社会效益。

（一）右江区国税局"互联网＋税务"推进措施取得实效

1. 提供多元办税。实行"全市通办"，可在百色市任意办税服务厅都可以办理税务登记、纳税申报等 4 大类 28 项业务，让纳税人可以就近、就便选择本市所辖任何一个办税服务厅办理涉税事项。网上办税方便纳税人足不出户办理网上申报、网上认证、网上报税等业务；积极推广网上缴纳税费，通过财税库银横向联网实现网上缴纳税费。

2. 严格执行纳服规范，实效提高近三成。严格执行《全国税务机关纳税服务规范 2.2 版》。纳税人报送的资料、办税环节、办税次数、办税时间等，平均减少三成以上，可当场办结的即办事项数量增加到 89 项。所有办理事项均实行"前台受理、内部流转、限时办结、前台出件"的模式，不让纳税人多头跑。

3. 提供提醒服务。通过税企邮箱、QQ 群、短信服务平台和制作温馨提示牌放置在办税厅等方式，将最新的税收政策和变动或新增加的纳税事及时告知纳税人，避免纳税人多次跑，据不完全统计月均发送税收短信近 2 千余条。

4. 推行"预填单"服务。纳税人通过网上办税、"E 税通"预先填写表格，到办税厅通过免填单系统、二维码扫描就可把预先填写的表格内容导入，前台工作人员只需核对就可直接办结，大大缩短了办税等候时间，纳税人办理代开发票由原来的 20 分钟缩短为 3 分钟内完成。

5. 做好"三证合一、一照一码"强化国、地税信息比对共享。严格按照"三证合一、一照一码"业务操作流程办理涉税事项，印制一次性告知性材料 3000 份放置在办税厅资料架供纳税人查阅。强化与地税信息的比对，及时更新纳税人最新信息，保证信息准确性，真实性。

6. 突出宣传重点，拓展宣传渠道。及时宣传工作中的新举措、新成效、新亮点，在全社会营造良好的纳税环境，以政策宣传为切入点，依托互联网、税企QQ群、微信平台等宣传平台，重点开展"营改增"、小微企业税收优惠、纳税服务规范等方面的宣传，让纳税人谅解税制改革和税收政策调整的目的、意义与成效，满足纳税人需求，扩大宣传覆盖面。

（二）纳税服务跨界融合现实瓶颈

虽然办税便捷性已经提高，工作质效大幅提升了档次，纳税人满意度亦在上升，但是通过前期对纳税服务工作的调研，结合纳税服务共性问题，让我们更加清醒地认识到提升与优化纳税服务质效工作在"互联网＋"的背景下，还存在的一些不容忽视的问题，这些问题或多或少阻碍纳税服务继续提升的空间，变成难以突破的瓶颈，这些都是我们有待进一步改进和研究的。当前我局纳税服务存在主要问题和瓶颈主要包括以下几方面：

1. 思想认识不足、服务意识不强。毋庸置疑，经过这些年的不懈努力，税务干部的整体服务意识有大幅提升，但距离构建税务现代化和新常态纳税服务体系的目标尚有较大差距，主要表现在：部分税务干部甚至是少数领导干部对纳税服务存在模糊认识，存在重口头、轻行动的现象。有些税务人员认为提升与优化纳税服务质效任务重、责任大、实效小，缺乏主动服务、平等服务的意识，对服务和执法之间的关系还存在认识上的误区。

2. 部门协作不够、分工合作有待加强。提升纳税服务质效是我们税务机关的职责所在，同时也离不开当地党委、政府的组织领导，离不开政府和社会各界的协作配合，也离不开税务机关和局内各部门相互之间的沟通交流。当前，就右江区国税而言，在利用社会组织力量协同推进纳税服务方面还做得很不够，协税护税组织的作用发挥还不到位。

3. 资源优化不高、服务后劲不足。随着经济的发展，国地税合作不断深化、"营改增"扩围工作不断推进，各项审批手续的不断前移，日益增加的纳税业务量与办税服务厅的基础设施和人力不禁匹配，人力资源的优化不高，使得纳税服务厅承压力越发薄弱，严重阻碍了纳税服务高质量的升华。

4. 没有真正了解"互联网＋税务"的意义，深刻分析研究用以解决纳税服务再造的方式方法和关乎"互联网＋税务"行动计划的具体实施。要做好互联网和税务的跨界融合，需要区分清楚下一步的工作是"税务＋互联网"还是"互联网＋税务"，是实现传统工作迁移，还是适应新常态的业务创新，这个问题还存在模糊。

5. 在创新方式方法上，还存在等上级统一部署和安排，缺乏自主的思考能力。虽然此方面对于县区局的而言，存在一定的客观因素，毕竟县区局亦希望拥有创新的"互联网＋"的创新项目，进而提高纳税服务质量、减轻纳税人负担，同时减轻前台的业务压力，但是一系列的信息技术更新和创新均要建立在金钱与技术的基础之上。当然这仅仅只是一个方面的原因，在资金与技术不足的前提下，作为县区局局亦可以为拓展思维，为我市的"互联网＋税务"工作建言献策。

6. 在统一数据规范方面，从数据口径、数据采集、数据质量、数据共享、数据应用等，未能有效加强与第三方涉税部门进行信息的互联共通，提升跨平台数据使用的兼容性。例如"三证合一、一照一码"在与工商、地方税务局的信息共享上，存在不一致性与时间性差异。

三、"互联网＋税务"的现实意义

作为"互联网＋"的具体延伸，《"互联网＋税务"行动计划》不仅为让我了解到未来国家发展的思路与方向，更让我们形象的感受到了"互联网＋税务"对减轻前台负担、加强各环节流转和提升纳服工作质效的现实意义：

一是"互联网＋税务"是牵引融合变革的发展指南。"互联网＋"强力支撑经济转型，有力提升公共服务水平，《指导意见》体现了全局统筹与重点突破相统一，互联网与经济领域融合。全面推进"互联网＋税务"可显著提高工作运行效率、降低涉税成本，进一步为纳税人提供便利。

二是打破空间和时间的限制，促使办税方式发生根本性变革。"互联网＋税务"在便利纳税人的同时，给税务机关提升征管质效带来了极大的空间。由传统的服务地点单一、时间固定和手段有限，向全方位、全天候和全时段模式转变。依托信息化手段，办税方式发生根本性变革。

三是可强化涉税大数据的分析和挖掘，以此为突破口，解决前台受理申报资料数据的利用率低的问题。就征纳双发存在信息不对称问题，做到严征管堵漏洞。可以通过电子网络发票的试行，完善电子发票信息与申报云数据比对，强化涉税疑点信息后续监管，有效提高征管手段。

四是全流程实现无纸化办公，进一步减轻涉税成本。"互联网＋税务"可以真正实现纳税人网上申请、网上受理、网上办结，全流程等的无纸化办公，将纳税服务规范的春风吹入"互联网＋税务"的新时代。

五是"互联网＋税务"可以让涉税宣传全面铺开。在传统的宣传手段中，涉税信息的宣传发布渠道较窄，仅为单向政策宣传与辅导培训，这些难以取得好效果。目前，我国手机网民规模已达到很大的规模，以网络虚拟平台的"键对键"以及双向互动交流将有效提升涉税宣传以及政策辅导的宽度及广度。

六是助力完善涉税信息风险管控。借助"互联网＋税务"的力量，适时全面共享涉税数据，实现对涉税数据的有效存储、处理及分析和实时运用，可以将目前税收管理员从管户中解放出来，专心从事风险管理应对工作。

七是可以解决多方信息共享渠道少的问题。税务部门与工商、财政、银行等行业管理部门存在涉税信息的数据难以全面共享，第三方信息匮乏，数据质量兼容性不高等问题，"互联网＋"拓宽了信息共享渠道，促使进一步实现多方信息共享。

四、针对工作瓶颈与短板提出工作建议

结合总局、区局和市局工作部署，右江区国税局深入研究、积极探索新时期"互联网＋纳税服务"路子，针对上诉瓶颈与短板提出几点工作建议：

一是加强服务意识，强化"互联网＋税务"思维的深刻植入。目前税务干部年龄段偏向老龄，要实现"互联网＋税收"做到智慧办税，就必须强化现代化办税意识。可以通过互联网组织干部参加一些网络知识讲座、培训班，了解更多"互联网＋"项目，分门别类收集一些税务干部常用的网站、手机APP，了解各自的特点，亲身体验这些"互联网＋"项目，了解享受互联网带来的便捷，进而让我们的税务干部敏锐的认识到互联网将是中国经济社会发展的一个重要方面，全面激发干部工作活力。

二是沟通协调要坚持既有分工、又有合作，既各司其职，又统筹兼顾的原则，牢固税全局意识和大局观念，及时组织召开业务协调工作会议，定期分析研究各阶段工作推进措施，做好分项合作。

三是提升人员素质，进一步优化人力资源。实现互联网和税收业务的深度融合，需要一大批具有互联网思维和现代化视野，既掌握税收信息化发展规律又充满活力能打硬仗的骨干力量。完善人才培养机制，加强高素质人才的引进、培养和储备，形成有利于吸引人才的激励和保障机制，建立起能够适应"互联网＋"时代要求的人才队伍，防止多度依赖外援。继续优化人力资源配置，确保纳税服务工作顺利开展。

四是加强风险理念和管人管事力度。首先，可通过互联网技术加强内部管理，加快网上办公平台和移动办公平台开发建设，规范内部行政办公流程，提升日常管理工作效率。其次，可通过互联网技术加强征纳交流。拓宽与纳税人和社会公众交流互动渠道，构建实用高效的在线沟通交流体系，更好发挥"互联网＋税务"服务社会民生的作用。另一当面通过互联网技术提高风

险管理水平，通过各行业大数据的查询和分析，从而形成监控税收的分析能力，提升税收经济发展的预测能力和打击税法不遵从的执法能力，提高税收风险分析监控水平。

五是合理谋划"互联网＋"工作开展方式，勇于探索创新路径。创新是"互联网＋税务"的根本动力，"互联网＋税务"的起点和归宿。推行"互联网＋税务"要有新思维、新思路、新办法，不能局限于利用互联网高手的操作和搬家，而是要着力于用互联网思维促进税务再造，建设跨界税务数据平台，加强与电子平台互联，构建范围更广、功能更全的税务数据云计算平台，更好地服务税收工作。集思广益、积极参与、贡献智慧，为行动计划的落实贡献力量，丰富"互联网＋税务"的内容。

六是依托各种平台拓宽信息渠道，实现数据共享。树立涉税数据资源化理念，真正发挥数据资源的价值作用。强化数据应用，建立纵向集中、横向联合、综合处理的分析应用模式。强化与地税、工商、银行等部门进行外部数据交互，打破数据壁垒。综合处理多方数据，开展细致的筛选、分析、归类做到数据"深加工"，挖掘数据潜在价值。

七是努力实现网上办税"一条龙"。以"互联网＋"为驱动，鼓励创新税收服务，拓展网上办税功能，使得税务机关和纳税人都从"互联网＋"中获益。努力实现"互联网＋多元咨询辅导"、"互联网＋自助办税查询"等辅助纳税人办税，提高办税效率。

需要进一步注意的问题：

一是避免单纯将"互联网＋"与"＋互联网"等同。在内容上，"互联网＋税务"是互联网、云计算、大数据等一整套信息技术在税务领域的应用过程。它不同于传统的税务信息化或电子政务，后者主要强调信息通信技术在税务领域的普及和运用，"互联网＋税务"更强调信息和数据的收集、整理和使用，以及运用互联网思维对税务工作的重新审视和改造。在方式上，"互联网＋税务"更加强调纳税人参与和社会协税。"互联网＋"具有开放共享、融合创新的特征，要求加强公众沟通，增加行政透明度，推动公共数据共享利用。

二是确保共享数据的安全性问题。在大数据时代，用户数信息的安全性和隐私性是制约"互联网＋税务"发展的重要因素，只有提高税务部门对网络攻击防范能力，完善风险评估，才能更好的保护税务系统的各类数据。完善实名验证方法，提倡新兴的助税、办税的微信平台。

三是解决基层开展"互联网＋"的发展平台问题。应用互联网技术，为纳税人（含自然人）和社会公众提供多元化税收服务渠道，对纳税人档案信息进行数字化、科学化管理，为全面办税无纸化奠定基础。可以利用目前较为成熟的微信平台搭建税务端的"互联网＋税务"平台，优化整合现有的涉税软件。

基于"十二五"期间煤炭产业发展趋势看拜城县经济税收形式变化

新疆维吾尔自治区拜城县国税局　华宏新　杨伟杰

煤炭在我国能源结构中居于主体地位，由于产能过剩和进口煤大量冲击，煤炭价格下降幅度较大。而随着煤炭产业链的变动及煤炭价格因市场的波动，对以煤炭资源为主要经济指标的地方造成了较大影响。因此研究煤炭行业发展趋势对经济税收的影响具有重要的意义。

一、拜城县煤炭资源情况

拜城县煤炭资源丰富，预测远景储量达 55 亿多吨，目前已探明的储量在 11 亿多吨，素有"南疆煤都"之称，是新疆极其重要的煤炭生产基地，煤炭、焦炭产品供应阿克苏、喀什、克州及其他地区、省（市）区钢铁、焦化企业。"库拜"煤田是新疆四大煤炭、煤电、煤化工基地之一，也是全国十四大煤炭能源基地之一，而拜城县是"库拜"煤田的重心和支点。

拜城县煤种较为齐全，有气煤、肥焦煤、焦煤、瘦煤，其中焦煤最为丰富，占全县煤炭地质储量的 94% 以上。新疆焦煤资源约占全国 3.3%（见图中国焦煤分布示意图），拜城矿区是新疆主要炼焦煤产区之一，占全疆主焦煤产量的 60%，是新疆煤炭工业规划的煤焦化基地。

二、拜城县"十二五"工业增加值趋势变动

拜城县作为资源大县，坚持把新型工业化作为第一推动力，因为从对经济和税收拉动效应看，能源行业对拜城县经济和税收都具明显拉动效应。

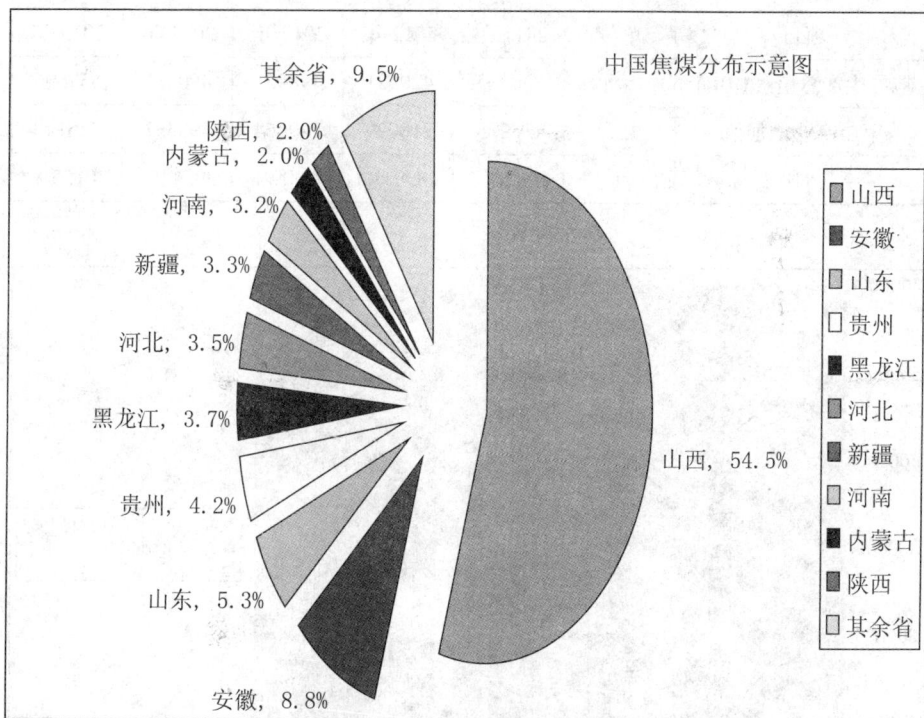

中国焦煤分布示意图

其中，煤炭拉动效应要远远大于油气等其他能源行业，因为油气行业只有中石油、中石化等国有大型企业参与经营，经营范围也仅限于油气领域，没有延伸到其他经济领域，加上油气行业垄断性强，民间资本参与和用工很少，属于技术密集型行业，所以对当地仅限于税收方面贡献，对经济拉动效应远远不如煤炭行业。而煤炭行业属于富民产业和劳动密集型产业，民间资本参与和用工较多，民间资本在煤炭行业赚到利润后，又将资金投入到基础建设、房地产、餐饮住宿和其他领域，从而带动其他产业发展，同时民间资金充足后，又极大地促进了买房、买车、旅游、餐饮和教育等方面消费增长，从而带动了整个经济发展和税收增长。

但是从 2012 年下半年开始，随着宏观经济整体放缓、能源市场需求不足、煤炭等主要能化产品价格大幅下跌，煤炭拉动效应开始逐渐减弱，反而对经济和税收收入带来较大冲击。拜城县主要经济指标变化情况见图 1。

项目	单位	2011 年	2012 年	2013 年	2014 年	2015 年
地方生产总值（GDP）	万元	350865	429421	498462	490381	557696
第二产业增加值	万元	178233	210029	249664	193337	226148
占比		50.80%	48.91%	50.09%	39.43%	40.55%

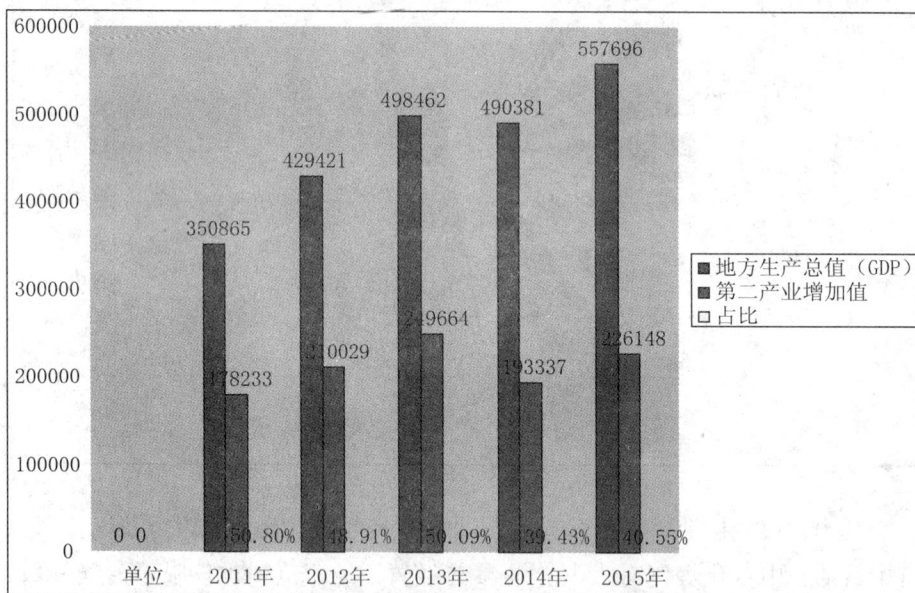

图 1　拜城县主要经济指标变化情况

项目	单位	2011 年	2012 年	2013 年	2014 年	2015 年
工业增加值	万元	154742	180000	245431	155681	181200
煤炭行业增加值	万元	109032	114771	167107	119407	119422
占比		70.46%	63.76%	68.09%	76.70%	65.91%

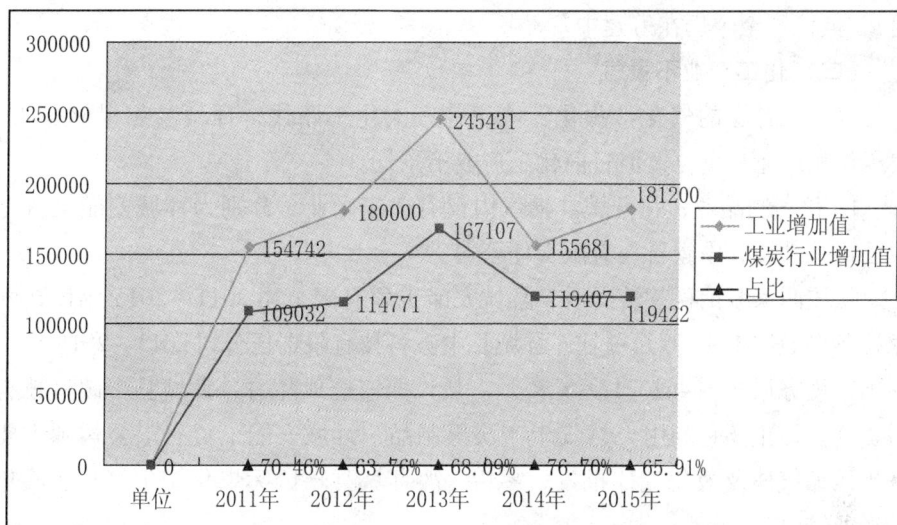

图2　拜城县全口径工业增加值指标变化情况

从行业增加值情况看，煤炭开采和洗选业是带动全口径工业经济增长的主力军，平均占比达70%。

三、拜城县煤炭产业链的发展现状

拜城县作为煤炭资源大县，"南疆煤都"，煤炭及其产业链条（简称煤炭经济产业，下同）在国民经济中占有重要的地位。从国内外经验来看，煤炭经济链条主要有煤—焦（气）—化、煤—电—化、煤—电—建、煤—电—铝等产业模式。然而目前拜城县煤炭经济产业因市场变化未能形成上下游链接发展，现处于断层状况。

（一）电力行业缺失

作为煤炭经济链条中电力生产行业，其火力发电对煤炭的需求是煤炭经济发展的重要支撑点。然而随着火力发电的政策变更，对火力发电行业的环保要求等不断提高，多数企业排放标准不达标，被市场淘汰。

拜城县辖区内现有电力生产企业26户，其中仅有2户为火力发电企业，2户为太阳能发电企业，其余为水力发电企业。

新疆拜城发电厂，作为拜城县龙头火力发电企业，自成立以来，仅在国家税务局就已缴纳12279万元税款，因该厂产能落后，排放标准不达标，于2012年注销。该厂的注销造成了拜城县煤炭资源在电力行业的销路断层。

拜城县辖区2012年另成立了一家火力发电公司（新疆天能发电有限公

司），但该厂至今仍在筹建中。

（二）化工产业不景气

煤化工有煤的气化、焦化、液化等三大化工路线，拜城县焦煤储量大，发展焦化产业是重点，但目前化工产业不景气。

1. 化学制品业，在拜城县辖区内仅有2家企业，分别为拜城安能工贸有限公司、拜城县中碳科技有限责任公司。

从该两家缴纳税款情况看，拜城安能工贸有限公司2011～2015年仅在国家税务局缴纳4.93万元税款，拜城县中碳科技有限责任公司2011～2015年仅在国家税务局缴纳461.21万元税款。从该两家产成品看，拜城县中碳科技有限责任公司主要是利用天然气生产炭黑制品，拜城安能工贸有限公司则主要从事压缩气体及液化气体批发、零售。故拜城县辖区无煤化工中气化、液化的产业链。

2. 焦化企业，在拜城县辖区内仅有5家炼焦企业，分别为拜城县众泰煤焦化有限公司、新疆安基能源有限公司、新疆金晖兆丰焦化有限公司、拜城恒昌煤焦化工有限公司、拜城县峰峰煤焦化有限公司。

根据这5家企业目前经营状况及"十二五"在国税局税款缴纳情况，不难看出，炼焦产业的税款基本仅靠拜城县众泰煤焦化有限公司（2011年～2015年国税缴纳税款30101.3万元）和拜城县峰峰煤焦化有限公司（2011年～2015年国税缴纳税款13000.86万元）缴纳，该两家所缴纳税款占该产业税款的98%左右，其余焦化企业基本无税款。

（三）钢铁行业持续低迷

新疆八钢南疆钢铁拜城有限公司，2010年落户在拜城县，注册资金32亿元，该企业的到来，为拜城县煤炭经济链条起到了显著作用，在一定时期内带动了拜城县整体经济环境的良好发展，使煤炭拉动效应提升。

然而，由于产能过剩、建筑钢材价格全面下降，作为拜城县煤炭经济链条最为重要的一环，新疆八钢南疆钢铁拜城有限公司亦因市场变化等原因进入停产状态，它的停产直接造成当地煤炭资源销货市场的停滞。

四、拜城县煤炭价格的变化

近期中国经济网—《证券日报》等各媒体均发布"煤炭价格四年下降60%，2015年行业利润仅为2011年一成"的报道，报道中引用中煤协的报告，2015年全国规模以上煤炭企业主营业务收入为2.5万亿元，同比下滑14.8%；负债总额3.68万亿元，同比增长10.4%；煤炭行业利润总额441亿元，仅为2011年的十分之一，煤炭价格也比2011年高点位价格下降了60%。

中煤协表示，自2012年下半年煤炭经济运行持续下行以来，煤炭市场需求回落，价格大幅下降，库存居高不下，行业盈利水平大幅回落，企业亏损面扩大，减发、欠发职工工资的现象增多，总体来看，当前煤炭市场供大于求的态势短期难以改变，煤价恢复到2011年的高位或短期大幅上涨，都是不现实的。

那么作为享有"南疆煤都"之称的拜城县，其辖内煤炭价格走向同样是由高到低，并持续低迷。

拜城县"十二五"煤炭价格变化表（单位：元）

煤种	2011年	2012年	2013年	2014年	2015年
原煤	320	354	242	181	166
精煤	867	949	695	600	621
1/3焦煤	420	405	337	192	94
动力煤	338	400	236	218	221
25#焦煤			410	330	274
二级焦炭	1077	895	749	620	497
一级焦炭			1197	897	769

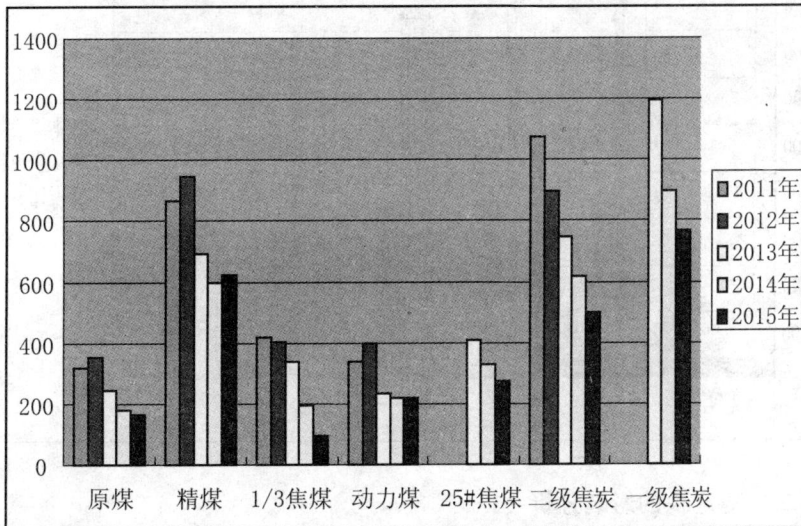

五、拜城县煤炭产业发展对经济税收的影响

（一）对国税的影响分析

2011 年～2015 年，拜城县国家税务局共组织本级税收收入 179556 万元，其中煤炭行业就提供了 74342 万元税款，占比 40%以上。

从图表可发现，煤炭行业税收逐年下降，2015 年较 2011 年减收税款 12077 万元，下滑幅度达到了 65.17%，而当地国家税务局的本级收入亦呈逐年下降趋势，2015 年较 2011 年减收税款 31256 万元，减幅 67.68%，不可否认，随着煤炭行业发展的低迷，其对当地经济发展拉动效应大幅下滑。

煤炭行业在国税局 2011 年－2015 年的税收变化

项目	单位	2011 年	2012 年	2013 年	2014 年	2015 年
本级税收	万元	46178	45648	37871	34937	14922
煤炭税收	万元	18531	17537	17334	14486	6454
占比		40.13%	38.42%	45.77%	41.46%	43.25%

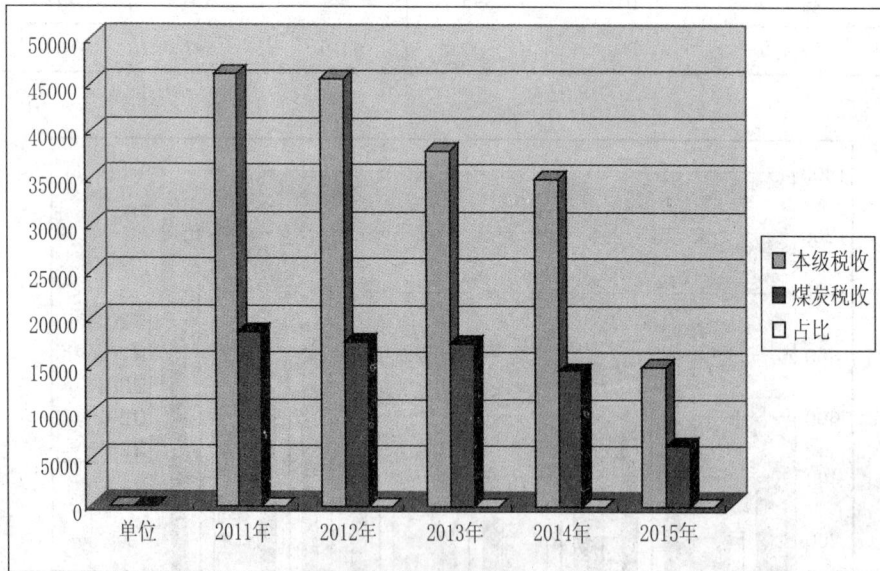

（二）对地税的影响分析

2011 年～2015 年，拜城县地方税务局共组织资源税税收收入 280109 万元，其中石油、天然气缴纳 264192 万元，占比 94.31%；煤炭行业提供了 14661 万元资源税税款，占比仅为 0.05%。

煤炭行业在地税局 2011 年 –2015 年的税收变化

项目	单位	2011 年	2012 年	2013 年	2014 年	2015 年
资源税税收	万元	33898	39819	48977	68320	89095
油气资源税	万元	31027	36084	45219	65187	86675
煤炭资源税	万元	2777	3400	3571	2811	2102
煤炭占比		8.19%	8.54%	7.29%	4.11%	2.36%

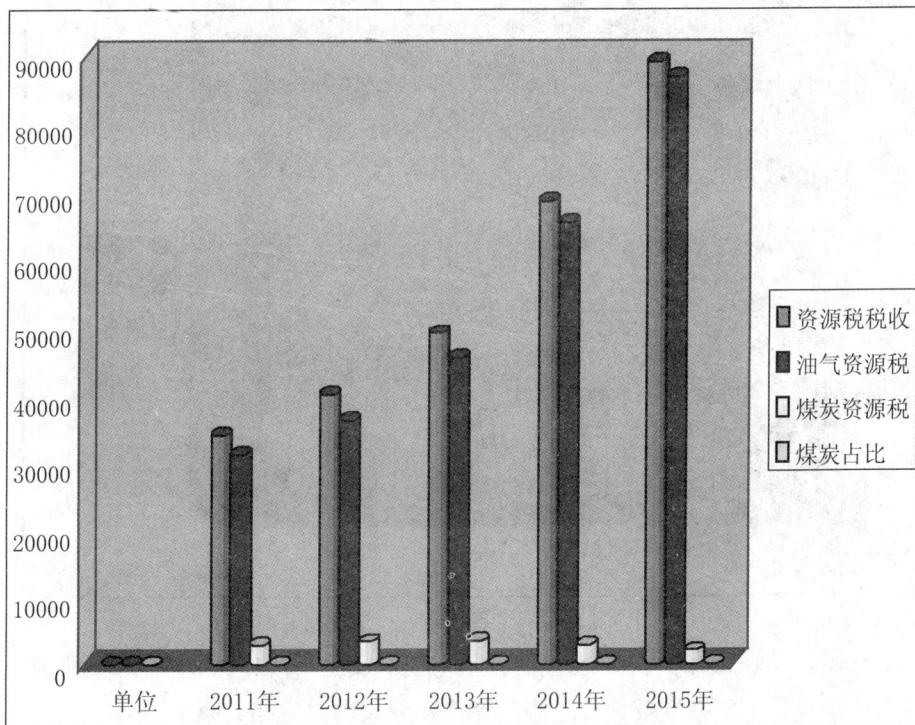

　　剔除石油、天然气所缴纳资源税，可发现，2011 年～2015 年，拜城县地方税务局资源税税收收入为 15917 万元，这样煤炭行业所缴纳 14661 万元的资源税在整个资源税税种中的重要地位一目了然。

煤炭行业在地税局 2011 年－2015 年的税收变化（剔除石油）单位：万元

项目	2011 年	2012 年	2013 年	2014 年	2015 年	合计
资源税税收	2871	3735	3758	3133	2420	15917
煤炭资源税	2777	3400	3571	2811	2102	14661
煤炭占比	96.73%	91.03%	95.02%	89.72%	86.86%	92.11%

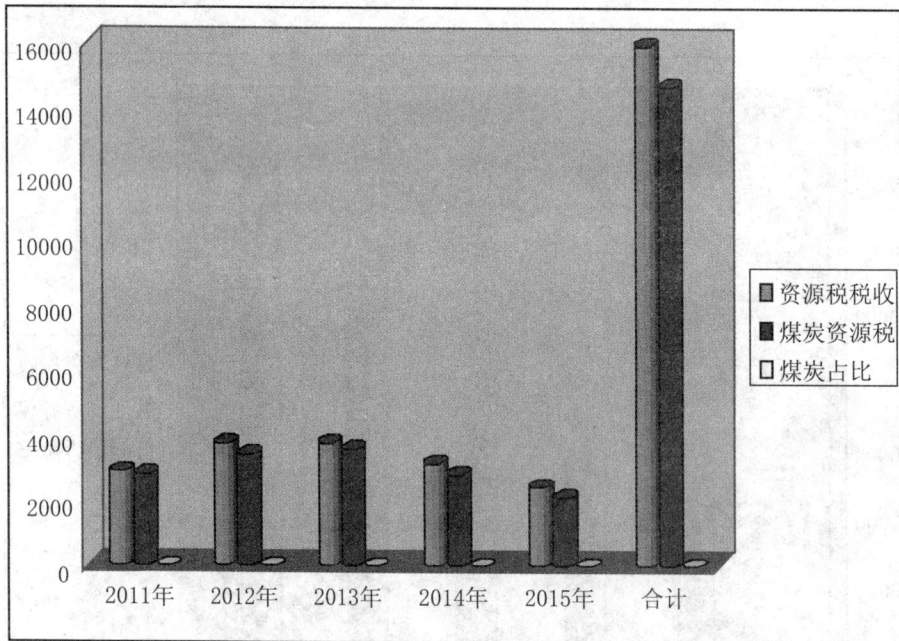

从图表反映，煤炭行业近年的发展趋势，是由高到底，由辉煌到低迷，其所缴纳税款下滑幅度较大，对当地经济发展拉动效应亦大幅下滑。

六、促进煤炭产业发展的建议

（一）着力于完善循环经济产业链条

目前拜城县煤炭经济产业结构较单一，整体经济效益仍然不高，在低煤价的背景下，顺应煤炭经济产业发展趋势，建议一是发展煤—焦（气）—化产业链，积极发展焦炭、化工等下游产品，提高企业附加值。二是充分发挥拜城县丰富的石灰石、岩盐资源优势，建议建设盐化工基地。三是积极推进钢铁生产基地建设，发展煤—电—钢产业链，提高产业集中度，延伸钢铁资源综合利用产业链，实现钢铁产业优化升级。

（二）　加强技术改造

通过加大技术投入，提高煤炭开采企业产能，降低能耗、减少污染，同时增加采煤区生态环境的保护投入、人民生活的保障投入，实现生产发展、生态稳定、人民生活改善的和谐局面。

（三）　引导提高煤炭企业经营效率

一是加快国有企业改革，推进混合所有制进程，引导电力、钢铁、建材、化工等煤炭下游企业和煤炭企业交叉持股，依法推进企业兼并重组，淘汰落后产能，进一步做大做强龙头骨干企业。二是引导企业改变传统生产模式，降低煤炭消费的同时，加大科技创新力度，减少产能过剩的基础产品产量，加大高端产品研发生产，提高产品附加值，如对煤炭产业链条进行整体提升和优化，围绕发展重点领域和关键环节，推行清洁生产，探索建立减量化、再利用、资源化的循环经济体系，让产品的价值成倍释放。

（四）　提升税收政策服务经济发展的水平

一是用好进出口税收政策。进一步提高进口煤炭税率，限制高污染、高耗能初级产品出口，加大对技术革新，高附加值产品的出口退税力度。二是优化资源综合退税政策，引导企业紧紧围绕节能、降耗、减污、增效目标，由传统、落后、粗放的生产方式逐步向高科技、高品位、高效益的方向提升和发展。三是加强煤炭经济产业税收征管，大力防止新欠、清理陈欠，从严控制缓税，努力做到应收尽收，使征管与政策形成合力，促进煤炭经济产业健康发展。

松山区国税局聚焦纳税人需求谋服务新篇

内蒙古自治区赤峰市松山区国家税务局　松　宣

近年来，内蒙古赤峰市松山区国税局积极按照自治区国税局、市国税局关于基层国税部门建设的工作方针，对如何在新形势下，切实加强服务力度，更好地发挥税收职能作用这一问题，立足区情和局情，开阔视野，大胆探索，以"抓基层、打基础、强基本功"为目标，并通过一系列扎实创新的服务举措，在推进基层国税部门优化服务职能工作上进行了有益的探索。

一、"免填单"服务有效加快纳税人办税效率

国税系统推行纳税服务"免填单"便民举措以来，松山区国税局深入落实上级局关于优化纳税服务流程、切实为纳税人减负的工作精神，在纳税服务工作上不断自我加压，苦练内功。通过纳税人的视角，不断丰富"免填单"服务内容的深度与广度，在程序合法、表单健全的原则下，简化办事手续，不断减少纳税人的办税压力与负担。截止目前，全局"免填单"服务内容已超过万条，作为税收征管涉及市区及农村的全职能局，纳税服务"免填单"数量居全市首位，涉税资料免填单文书使用数量占全市四分之一，覆盖面广、便民惠民的服务也受到了辖区内纳税人真心实意的欢迎与好评。

二、"双向预约"服务更加突出纳税服务工作人性化

在深化延时服务、限时服务、首问责任制、一站式等服务的基础上，2012年，松山区国税局向社会公开推出"双向预约"服务。即办税服务厅与纳税人可就要办理的涉税事宜进行先期联系沟通，当纳税人需要在非工作时间办理业务、需要办理耗时较长的大批量业务时，可以向该局申请预约服务，约定办理时间，同时，该局根据日常工作掌握的情况，主动邀约一些纳税人，如开票大户、领票大户或其他办理复杂业务的纳税人在指定时间办理业务。同时，可以针对办税服务厅征期内纳税人流量大小确定预约对象，实施分类预约管理，对于税务师事务所这一类代理户数较多的纳税人，办税厅建立预约档案，制作预约卡，明确预约内容、联系方式，在办税服务厅业务量不大的情况下前来办理各项涉税事宜，可以缓解办税服务厅正常工作时间出现排

队等候的现象。除此以外，纳税人可根据自身需求，随时可向办税服务厅进行日常预约服务，服务厅则会根据实际情况主动对可能出现的发票发售、月季度申报、发票认证高峰情况与纳税人联系，纳税人参照提供的信息进行"错峰"办理涉税事宜。纳税人也可预约办税服务厅，在适当的时间办理涉税事项。此项业务的开展，在拓宽深化为纳税人服务方式的同时，提高了办税服务厅为纳税人服务的主动性，变以往被动预约为主动预约，主动对办税服务厅工作量合理分流，不至于造成在征期内拥挤不堪现象的发生，减少了税企矛盾，促进了征纳和谐。

三、利用无线通信技术为纳税服务插上腾飞的翅膀

该局负责新城区税收征管工作以来，对于新城区纳税户逐年增多、纳税人办税经常要在旧城区及新城区来回奔波、而负责新城区税收征管任务的工作人员相对较少的工作实际，为了方便纳税人提前知晓一些最新的税收政策法规，避免因不知晓相关规定而造成的申报延误的问题发生，设置了涉税温馨提醒短信平台，主要面向新城区纳税人，一些最新的税收政策法规以及纳税申报提醒等业务通过短信提醒平台及时发送到企业法人或者财务负责人的手中，让纳税人及时了解税收政策、法律法规，减少企业的纳税风险。为进一步利用好通信技术，同时也是响应纳税人的要求，又建立了新城区国税纳税服务QQ群，一些政策法规、纳税提醒全天候的及时发送到QQ群中，包括纳税申报应用软件等一些应用软件也能上传到群共享中供纳税人下载使用，纳税人在群里可以及时交流互动，探讨一些纳税相关的业务知识，税收管理员在QQ群中及时解答一些纳税咨询热点，跟群友们共同交流互动。短信提醒平台和纳税服务QQ群的开通方便了纳税人对一些热点政策的了解和咨询，减少了纳税人跑"冤枉路"的次数，有效节省了办税时间，受到了纳税人的好评。

四、"两个依法"切实保护纳税人合法权利与利益

松山区国税局管辖区域涉及城乡，纳税人经营性质、纳税人的文化程度、纳税人所在区域各不相同，差异性较大，给我们的征管规范化、法制化带来一定影响，该局下大力气进行遏制执法过错率工作，紧紧以依法行政、依法治税为总原则、核心宗旨，采取了一些治本措施。一是注重形成执法监督良好机制，提升整体工作合力。高度重视税收执法责任制的落实，形成了"一

把手"亲自抓、分管领导具体抓、各职能部门配合抓的工作机制,按月召开业务协调会,确保税收业务环节衔接畅通。二是注重开展学习培训,提高税收执法能力。全面分析执法人员结构,建立全员参与的学习计划,以网络学习、题库引导、分层考试、绩效挂钩、提升素质为特点的精细化开放式培训模式,力促执法人员及时了解新政策并熟练操作系统。三是注重拓展监督渠道,强化税收执法监督。认真开展好执法案卷评查、税收执法督察和疑点数据核查工作,坚持执行重大涉税事项集体审议制度,多角度拓展监督渠道,提高查错纠弊能力。四是注重发挥主观能动,防范税收执法风险。充分发挥各执法岗位的主观能动性,关注执法关键点和风险点。执法监督岗以系统监控为基础,对潜在风险及时提醒执法人员,力争尽早排险解难。五是注重考核结果应用,落实税收执法责任。对执法过错从严追究,做到"三个必须",即有执法过错必须登记上报、必须追究责任、必须限期整改,促进执法责任制的落实,维护责任制的严肃性和权威性。

五、为松山区重点项目提供保姆式纳税服务培育税源

松山区委、区政府确立8个重点建设项目。松山区国税局积极配合所在地党委政府的这一决定,突出抓好服务,为将来的税收管理工作打下一个坚实基础,促进税收管理的良性健康发展。一是主动热情、树立主责意识。及时派工作人员与8个重点项目所管辖单位取得联系,询问项目进展情况,就服务的方向及具体措施与其进行充分沟通,询问服务要求及目标,在服务全区重点项目上始终表现出主动、积极、务实的工作姿态,不空喊口号,增强自身的职能意识与责任意识,跟上松山区服务重点项目的节奏与步伐,服务于区委、区政府整体工作。二是及时汇报工作进展。为服务好这8个区级重点建设项目,切实发挥国税部门职能,我局每逢单月向松山区委组织部书面汇报服务重点项目进展情况,每逢双月同松山区委有关领导举行汇报会,共同研究服务举措,听取区委有关领导与同志对于国税部门工作建议与意见。

国地合作常态化　联合办税融服务

贵州省六盘水市钟山区国家税务局　陈　静

伴随中央深化国税、地税征管体制改革不断向纵深推进，纳税人对国地税合作提出了更高的需求，加强国地税合作已成为新形势下税务部门面临的一个现实课题，是新形势下税务部门转变政府职能、推进依法治税的内在要求，是服务科学发展、共建和谐税收的具体体现。作为政策的具体执行者和工作成效的最终体现者，基层税务部门在推进国地税合作方面发挥着重要作用。

一、增进共识、提前谋划、联合办税先行

钟山区作为六盘水市的中心城区，其地域位置、商业地位、形势复杂不言而喻，尤其是纳税人多、类型多、特殊业务多的"三多"性，必然使钟山区国税、地税双方面临的工作环境、工作压力更加复杂多变，这就促使国、地税双方必须在合作上提前谋划、提前准备，以便更好地为纳税人提供优质服务。

早在 2015 年 3 月钟山区国、地税就以区政务服务中心国、地税窗口为试点，借助共建联合办税大厅模式，采取"一人双机双系统"办公模式，即一个业务窗口一名税务工作人员使用两台计算机，两台计算机分别安装国税 CATIS 系统和地税 MISS 系统，窗口工作人员同时办理国地税业务。

（一）精心组织，秣兵历马

一是统筹协调，规划方案，成立"一把手"任组长的国地税合作推行工作领导小组及联合办公工作规划实施方案，对各项工作进行具体部署，明确实施步骤与时间；二是强化素质，积极培训。联合办税前期，共组织了 10 余次国地税前台工作人员培训，严格考核测试，人人达到考核标准，使大厅全员熟练掌握国地税税收系统各模块的操作流程，以精良的业务水平保障工作开展；三是制定规范，完善流程。对办理事项作出明确规定，统一工作要求，细致划分到工作负责人和办结时间。四是统一管理，整合人力。联合大厅的国、地税人员统一进行管理，结合两家管理优势，安排业务骨干参与工作，制定同一管理考核制度，严格考核，进一步提升服务形象。同时定期考核，

严格奖惩，调动窗口人员积极性。

（二）广泛动员，积极宣传

国地税联合办税工作的开展，得到各方面的广泛支持，双方在工作筹备中作出了巨大努力。一是统一思想，保持行动一致。联合办税试行前期召开国地税联合办公运行动员会，强调联合办税工作的重要性，举国地税两局之力推进工作运行；二是工作扎实，获取政府支持。将一人双机双系统工作，报告政府政务大厅，从办公区域设置、服务人员配置、工作时间统筹多方面得到政府支持；三是加强宣传。在电视台、报纸、qq 群、微信等平台上提前告知国地税联合办公运行时间和注意事项，确保纳税人了解联合办公的工作开展情况，方便纳税人办理业务。

（三）精诚合作，齐心奋战

保证"一人双机双系统"联合办公工作的有序开展，在筹备期间各项工作都进行了优化。一对业务大演练，顺利完成"一人双机双系统"业务调试。2015 年 3 月份，区国税局、地税局邀请纳税人到联合办税大厅办理业务，对联合办税大厅进行多次业务演练，从业务办理实效、系统运行、税款入库多个环节进行调试，为 4 月份正式运行联合办公打下了坚实的基础；二采取延时服务，保证纳税次序。联合办税大厅办税时间由上午 8 点 30 至 12 点、下午14 点至 17 点 30，调整为上午 8 点 30 至晚上 20 点 30，各时段均有工作人员处理前台业务，满足纳税人需求；三对服务优化，整合优势资源。制定服务一次性告知书，缩短各个工作流程时间，办理流程的各个环节由双方业务骨干负责，保证工作无差；四是召开每周工作例会，总结经验。每周召集联合办税大厅全体人员召开总结会，及时分析、梳理并本周内业务办理情况，总结经验，最大限度提高办事效率。

（四）工作圆满，成果丰硕

"一人双机双系统"联合办税取得了巨大成功，进一步探索了国地税合作模式，为深化国地税合作提供了宝贵经验。一是工作效率高，业务完成多。国地税窗口工作人员经过整合，在不增加人手的情况下，双方的人力资源都得到了提高，业务受理量和办结时效相比以往得到很大提升。国税办理地税业务 526 件，地税办理国税业务 664 件。二是服务零投诉，纳税人满意。进一个窗口办两家事，有效解决纳税人两头跑的难题，无论从工作办结到服务礼仪均以高标准完成，未接到任何有关联合办税工作的投诉，获得纳税人的广泛支持和赞扬。三是工作有特色，获政府肯定。良好的服务除了让纳税人点赞，同时还得到的政府的嘉奖。2015 年区政务服务中心考核中，联合大厅以优质、高效的服务，共三次获得季度"流动红旗窗口"荣誉，前台2名工作人员获评"业务能手"称号。四是合作方式新，开拓新领域。"一人双机双系统"的工作方式，为加强国地税合作走出了关键一步，在工作期间的合作方式、理念，也将为日后的深化合作提供重要支持。

二、借助"营改增"东风，再推合作向前，打造联合办税精品

自3月21日贵州省国税系统召开全面推开营改增试点工作动员视频会开始，标志着全省营改增工作序幕的拉开，面对纳税人急速增多、工作情况复杂等问题，这对区国税局无疑会带来更多的困难、问题和挑战，如何对营改增纳税人做到管得好、服务质量不下降，就成为了首当其冲的工作重点和难点。

（一）国、地税服务贵在"实"

今年总局提出在国、地税合作上要做到服务深度融合、执法适度整合、信息高度聚合。区国、地税两家多次召开联席会议，就联合办税、联合宣传、联合服务、联合培训等方面进行协调沟通，紧密合作、合作办税，制定了"钟山区国、地税联合培训方案"、"钟山区国、地税联合办税有关事项的通知"、"联合办税公告"，开展了税务登记、领用发票、代开发票、办税服务等合作事项，对联合办税过程中产生的问题及时收集、记录、解决，形成"国、地税常用操作手册"下发至国、地税双方前台人员，统一标准、统一操作、统一口径，切实做到"进一家门办两家事"。

（二）强化实战培训，提高业务技能

坚持务实创新、因地制宜、循序渐进、优化服务、提高效能的合作原则，打造国、地税办税窗口"大一窗"功能。利用"5＋2"、"白加黑"，采用国、地税互派师资方式对国、地税办税厅人员共同开展了4期52人的业务操作培训和政策知识培训；实行人员互派制，国、地税办税厅人员分别到国、地税进行跟班学习、实战操作，国税已互派地税10人，地税互派国税12人。

（三）拓展共建办税厅，打造"十分钟办税圈"

在前期实现区政务中心共建办税厅的基础上，对位于城中心区的区国税局办税厅、区地税局办税厅、区地税局广场大厅、市政务服务中心、区地税四分局等5个办税厅已作为共建办税厅，于2016年5月1日正式开展国、地税两家业务，对于离城中心较远的汪家寨、双戛、大湾等地逐步开展业务，

可新增 7 个办税场所、27 个办税窗口、20 个窗口人员，以"一人一机双系统"办税模式，实现"进一个厅、到一个窗、找一个人、办两家事"的"一条龙"国地税业务通办便民服务模式，打通政策落地"最后一公里"，真正实现"前台一家受理、后台分别处理、限时办结反馈"的服务模式。

（四）委托地税代征业务稳步推进

根据总、省、市三级部门的要求，区局提前准备、提前发行、提前测试，对区地税局共发行 10 套税控设备，在 4 月 25 日前安装调试到位。作为全市委托地税代开发票的测试单位，克服种种困难，成功代开出全市第一份地税代开的二手房发票，并在全市进行操作推广。

（五）全面推行稳步有序，便民服务再升级

在实现功能区域全集中、业务办理全互通、系统操作全互联、硬件配置全自动的"四全"办税模式下，真正实现了"进一家门、到一扇窗、找一个人、办两家事"的一站式服务。

功能区域全集中。联合办税厅合理设置咨询员、流动导税员、营改增通道、营改增绿色窗口，纳税人可通过联合办税厅咨询、办理国、地税税务登记事项、发票事项、申报征收等一系列业务，实现服务功能的优化升级。

业务办理全互通。联合办税厅实行国地税双方人员共同进驻，一窗联办，业务通办。纳税人只要至办税厅的任何一个综合服务窗口，即可以不分地域、不分税种、不分业务类型办理钟山区范围内的所有国地税业务，彻底解决以往纳税人"多头跑"、"重复跑"的问题。

系统操作全互联。联合办税厅依托省国地税授权开通的访问权限的方式，采用"一窗一人一屏，一机双系统"的操作模式，一个窗口人员可同时操作国、地税端系统，同时办理国税和地税业务，实现同地税网络的互联。

硬件配备全自动。联合办税厅专门配备自助办税设备供纳税人使用的，纳税人可完成涵盖增值税、企业所得税、个人所得税等国地税业务的自助办理，提高办税效率。

自 5 月 1 日"营改增"以来，截至 9 月 30 日，国、地税共代开发票 19358 份，增值税专用发票 5016 份，增值税普通发票 14317 份，共计征收税款 17436248.94。

税务系统行政领导者的素质与影响力的关系研究

河南省原阳县国家税务局　周英茂

一、对税务系统行政领导者、素质以及影响力的理解

（一）税务系统行政领导者

首先说，"行政"一词，据《纲鉴易知录》记载，西周时期的周厉王因"国人发难"而出逃，当时太子靖年幼，由"召公、周公行政"。从狭义上讲述出了，税务系统行政是指国家税务系统行政机关的管理活动。但是，从广义上来说，领导者是领导活动的主体，领导者担负着决策、用人、组织、协调、监督、激励等重要职责。

将税务系统行政和领导者这两个概念综合起来，我个人认为税务系统行政领导者是指依据国家法律所授予的税务系统行政权力，在机关中处于领导、决策地位的人，是一个税务系统行政部门的负责人，必须承担一定的政治责任、工作责任、法律责任；是一级税务系统行政部门的当权者。

（二）税务系统行政领导者的素质

税务系统行政领导者的素质是指税务系统行政领导者担任一定的税务系统行政职务所必须具备的基本条件。这些基本条件是从个人角度出发来理解的，就是担当领导者角色的主体为履行领导职能、发挥自身影响和作用所需具备的主观条件，是基于人的一般素质，又符合领导者角色的特点而形成和具备的胜任领导工作的各种条件和特质。换一个角度来说，税务系统行政领导者素质就是税务系统行政领导者的一切内在构成，是税务系统行政领导者借以完成所担负的工作任务的内在条件和特殊本领。

（三）税务系统行政领导者的影响力

税务系统行政领导者的影响力是指税务系统行政领导者在日常工作以及与他人的日常交往中，影响和改变组织成员及他人的思想、心理和行为的能力。

税务系统行政领导者的影响力又包括权利型影响力和非权利型影响力。

权力型影响力是指税务系统行政领导者所在的职位根据法律法规以及相关的规章制度所赋予税务系统行政领导者影响和改变组织及他人的能力。每个税务系统行政领导者在一定范围内，都掌握着组织法规、群体规范和文化习俗所赋予的权力，具有法定性、法制性和不可抗拒性，同时具有一定的强制性。非权力型影响力是指税务系统行政领导者自身所具有的品质、内涵、文化修养等对组织成员及他人产生的感召力，简单来说，就是指税务系统行政领导者的个人魅力所产生出来的影响力。非权力型影响力与税务系统行政领导者自身所具有的素质紧密相关。

二、研究税务系统行政领导者的素质与影响力的相互关系的原因与意义

（一）研究税务系统行政领导者的素质与影响力的相互关系的原因

税务系统行政管理者是依据国家法律所授予的税务系统行政权力，在机关中处于领导、决策地位的税务系统行政领导者，是一级税务系统行政部门的负责人，必须承担一定的政治责任、工作责任、法律责任；是一级税务系统行政部门的当权者。必须具有担任一定的税务系统行政职务所必须具备的基本条件以及在日常工作以及与他人的日常交往中，影响和改变组织成员及他人的思想、心理和行为的能力。

税务系统行政领导者是领导活动的主体，税务系统行政领导者的素质与影响力是进行有效领导的主观和客观条件。税务系统行政领导者的素质和影响力是决定着领导行为和领导结果的特别能动的因素，是开展领导活动的前提、基础，是税务系统行政领导者取得成功的最重要的内在条件。税务系统行政领导者的素质与影响力如何，对于发挥领导功能，完成领导所面临的各项任务，具有十分重要的意义。税务系统行政领导者作为领导活动的主体，其素质与影响力状况关乎组织的生命与活力。税务系统行政领导者的素质与影响力是领导者的基础，是一种重要竞争力，不仅关系到税务系统行政领导者自身的成败，而且直接决定着一个组织的生存发展，甚至影响着一个地区乃至一个民族和国家的前途命运。

税务系统行政领导者的素质与影响力作为领导在日常管理活动中的重要组成部分，两者之间具有很多的共同点与不同点，我们要研究的是从税务系统行政领导者的素质与影响力之间找到他们之间的相互关系。使税务系统行政领导者在税务系统行政管理活动中更好的开展领导工作，实现组织效益最

大化。

税务系统行政领导者的影响力与素质之间处处相互体现着，并在管理活动中起着至关重要的地位，拥有良好的素质就具有良好的影响力，有利于税务系统行政领导者在管理活动中管理能力的顺利发挥，有利于保证组织目标的顺利实现，有利于团结下属，搞好人际关系，拓展交流学习的范围以及调动组织积极性，顺利开展各项活动，使税务系统行政领导者在管理的过程中更加得心应手，以激励促进税务系统行政领导者积极努力学习来提高自身素质。

（二）研究税务系统行政领导者的素质与影响力的相互关系的意义

具有税务系统行政领导者的素质是成为一名税务系统行政领导者所必须具备的基础条件，税务系统行政领导者具有良好的基本素质，这样在日常工作中，面对任何的问题，都能够有足够的知识储备来解决问题，从而提升领导者在职工中的威信，提升其影响力。在人际交往中，能够扩大接触面，建立广泛的工作关系，沟通思想，联络感情，平易近人，善于人和。在面对繁忙的工作时，能够随时保持精力充沛、强健的身体，也要有面对突发时间是能够从容应对的心理素质。足够负荷繁忙的工作，能精心的处理各种事物，这样能够保证组织工作的顺利实施。不仅有利于提高领导的绩效，塑造良好的领导形象，增强领导的威信，而且有利于净化组织风气，促进组织各种精神风貌的建设。

领导影响力是整个领导活动得以顺利进行的前提条件。领导影响力可以改变和影响组织成员的行为。影响力对组织的团结非常重要，它起着一种凝聚作用，影响着组织群体的凝聚力与团结。领导者的影响力已经成为组织的力量，在某种程度上强化着政策的作用，影响到组织目标的完成，领导者为了强化自己的政策，就要强化自己的形象和影响力。从领导者自身的追求看，领导者满足于自己在群众中的影响力。领导者一旦受到群众的拥护和爱戴，就增强了他的信心，增强了他对自己作为的肯定，从而使他能够更好的投入自己的精力去工作，就起到了激励的作用。

税务系统行政领导者的素质是影响力的基础，通过提高税务系统行政领导者的素质可以提高税务系统行政管理者的影响力，税务系统行政领导者的影响力体现着税务系统行政领导者的素质，可以促进税务系统行政领导者积极学习提高自身素质，在税务系统行政管理者的素质与影响力的相互体现与相互促进下，可以提高税务系统行政管理者的素质与影响力，使税务系统行政领导者在税务系统行政管理活动中更好的开展领导工作，实现组织效益最大化。

三、税务系统行政领导者的素质是影响力的基础

(一) 税务系统行政领导者的素质对影响力的作用原理

税务系统行政领导者的素质是指税务系统行政领导者担任一定的税务系统行政职务所必须具备的基本条件。我认为这些基本条件如果是从个人角度出发来理解的话，就是担当领导者角色的主体为履行领导职能、发挥自身影响和作用所需要具备的主观条件，是基于人的一般素质，并且符合领导者角色的特点而形成和具备的胜任领导工作的各种条件和特质。如果换一个角度来说，税务系统行政领导者素质就是税务系统行政领导者的一切的内在构成，是税务系统行政领导者借以完成其所担负的工作任务的内在条件和特殊本领。

税务系统行政领导者的影响力是指税务系统行政领导者在日常工作以及与他人的日常交往中，影响和改变组织成员及他人的思想、心理和行为的能力。

税务系统行政领导者的影响力包括权力型影响力和非权力型影响力两个方面。权力型影响力是指税务系统行政领导者所在的职位根据法律法规以及相关的规章制度所赋予税务系统行政领导者影响和改变组织及他人的能力。非权力型影响力是指税务系统行政领导者自身所具有的品质、内涵、文化修养等对组织成员及他人产生的感召力。

素质和影响力密切相关，世界上很多事物都是如此，如植物之所以能够进行光合作用，发挥制造营养的功能，是因为植物有叶绿素这种素质的关系，老鹰之所以能够翱翔蔚蓝的天空，是翅膀具有飞行的素质等。

税务系统行政领导者的素质对于税务系统行政领导者的影响力而言，就好像是植物的叶绿素和老鹰的翅膀一样，是税务系统行政领导者影响力的基础，是开展税务系统行政领导活动的基础，是税务系统行政领导者的根基，提高税务系统行政领导者的素质，能够提高税务系统行政领导者各个方面的能力，领导者具有较高的素质能够提高领导者在日常工作中的决策的准确性、协调性以及高效性，促进领导功能的发挥，从而对于税务系统行政领导者的影响力有着巨大的促进作用。

如今非权力型影响力在领导活动中占有越来越重要的地位，在许多情况下甚至占主导地位，非权力型影响力是由领导者本身的品德、知识、才能这些素质及其行为所造就的，这些基本素质的非权力型影响力的基本构成。所以，税务系统行政领导者的素质是发挥领导影响力的基础。

（二）税务系统行政领导者的基本素质是领导者影响力的基础具体体现

领导者发挥作用的过程，就是领导者对被领导者施加影响力的过程，领导者影响力的大小不是用具体的数量来计量的，而是通过被领导者的各种组织活动的绩效来衡量的，在很大程度上，它取决于领导者的决策、组织，检查等作用完成和被接受的程度，拥护程度和自觉落实的程度。而被领导者的这些"程度"是由领导者的素质程度决定和影响的。

首先，从领导素质与领导影响力的关系来讲，领导素质是发挥领导影响力的基础。可以说，领导素质好，领导影响力就可以充分发挥，显示出强大的影响力；领导素质差或者不具备基本素质，其领导影响力就不能发挥，就无法显示领导的影响力。

其次，从领导者与被领导者的关系来讲，领导者影响力作用的对象是被领导者。在领导活动中，领导者与被领导者，首先是指挥与服从的关系，同时是平等合作关系，智能互补关系，也是矛盾冲突关系，领导者对被领导者影响力的大小取决于二者关系的融洽，构成相互依存，不可分割的整体，而正确处理二者之间关系的关键是领导者素质。

最后，从领导者素质的作用来讲，领导者良好的素质作用表现在：有利于坚持领导活动的正确方向，有利于搞好人际关系，调动群众积极性，有利于领导群众结构优化，有利于实行科学领导。领导者素质四大作用表明，只有领导者具备良好的素质，才能保证税务系统行政领导活动的科学性，正确性，协调性，高效性。从而使领导者产生巨大的影响力。

四、税务系统行政领导者的影响力体现着税务系统行政领导者的素质

（一）税务系统行政领导者的影响力在不同素质方面的体现

税务系统行政领导者的素质与影响力在税务系统行政管理活动中是紧密地联系在一起的，对于税务系统行政领导者应有的基本素质，这些基本素质在税务系统行政管理活动中的有着重要作用并且是税务系统行政领导者的影响力的基础。

税务系统行政领导者提高领导的绩效，塑造良好的领导形象，增强领导的威信，净化组织风气，促进组织的精神文明建设，税务系统行政领导者这一影响力表现着税务系统行政领导者的思想政治素质这是每个税务系统行政领导者所具备的基本素质的首要素质，既是税务系统行政领导者所必须具备

的基本素质，同时又是税务系统行政领导者的影响力的重要决定因素，在我国税务系统行政领导者从事税务系统行政领导活动应该而且必须牢固树立无产阶级世界观，具有坚定地共产主义信念，不但要有马克思主义理论厚实的功底，高度的事业心和责任感，还要有顽强的进取心和坚韧性，要民主性强，服务性好。

税务系统行政领导者的影响力显示着领导者的知识素质。作为一名税务系统行政领导者应当知识广博、经验丰富、成为各个方面的通才。应当熟悉掌握马克思主义理论，知识面广，精通管理科学各方面的知识，熟悉社会生活各个方面的实际知识。这样在日常工作中，面对任何的问题，都能够有足够的知识储备来解决问题，从而提升领导者在员工中的威信，提升其影响力。

税务系统行政领导者的影响力显示着领导者的能力素质，能力是知识和智慧的综合体现，是领导实践活动中重要的素质。作为一名税务系统行政领导者应具有筹划和决策、组织指挥协调、人际交往、灵活应变、改革创新的能力。例如科学决策能力，是税务系统行政领导者组织、预定目标、行动方案的各项工作进行的时候，对于各项工作或突发情况做出决断的本领。税务系统行政领导者的决策的正确与否，对于一个组织的兴衰成败起着决定性作用。是税务系统行政领导者所必须具备的基本素质，同时又是税务系统行政领导者的影响力的重要因素。以及人际交往的能力，税务系统行政领导者的人际交往能力要求税务系统行政领导者具有关心别人、理解别人、说服别人的本领，善于察言观色，与人促膝谈心，了解其内心活动，把握其思想脉搏，并会做思想工作，循循善诱，因势利导。在人际交往中，能够扩大接触面，建立广泛的工作关系，沟通思想，联络感情，平易近人，善于人和。如果领导者能够成为下属的知音，那必然会获得下属的鼎力相助，提升税务系统行政领导者的影响力。

税务系统行政领导者的影响力显示着领导者的身心素质，税务系统行政领导者的身心素质是十分重要的，在税务系统行政管理活动中要体魄强健、精力充沛，在面对繁忙的工作时，能够随时保持精力充沛的强健的身体，也要有面对突发时间是能够从容应对的心理素质。足够负荷繁忙的工作，能精心的处理各种事物，这样能够保证组织工作的顺利实施，又能在下属中树立榜样作用，提升威信，从而提升影响力。

所以，一名税务系统行政领导者所具有的素质都能够通过税务系统行政领导者的影响力体现出来。

(二) 税务系统行政领导者影响力的提高要求领导者素质的提高

首先，税务系统行政领导者的影响力处处体现着税务系统行政领导者的素质，领导者要想提升影响力和正确发挥科学决策的功能，就要有作为一个决策者的素质，领导者的经验、学识、韬略，甚至心理特征都会对税务系统行政领导者的影响力产生影响，如果一个税务系统行政领导者对于事物拥有独到的见解、敏锐的观察力、果断的判断能力，能够在复杂多变的情况下及时认清楚各种事物的事态发展以及形势，那么作为一名税务系统行政领导者必然会有强大的影响力。

然后，作为一名税务系统行政领导者，影响力在日常管理活动中起着非常重要的作用，领导者的非权力型影响力主要是由税务系统行政领导者的素质决定的，税务系统行政领导者在管理活动中运用其影响力所开展的各项工作顺利与否，完成的效率的高低以及下属的服从与配合程度都体现着税务系统行政领导者的素质的高低。作为一名税务系统行政领导者，其自身所具有的各个方面的素质，以及素质的高低，都能通过税务系统行政领导者的影响力体现出来。

最后，一名税务系统行政领导者拥有良好的素质就会具有良好的影响力，有利于税务系统行政领导者在管理活动中管理能力的顺利发挥，有利于保证组织目标的顺利实现，有利于团结下属，搞好人际关系，拓展交流学习的范围以及调动组织积极性，顺利开展各项活动，使税务系统行政领导者在管理的过程中更加得心应手，以激励促进税务系统行政领导者积极努力学习来提高自身素质。

五、税务系统行政领导者的素质和影响力是相互统一，紧密联系的

税务系统行政领导者的素质是影响力的基础，税务系统行政领导者的影响力是税务系统行政领导者的素质的外在体现，税务系统行政领导者在管理活动中运用其影响力所开展的各项工作顺利与否，完成的效率的高低以及下属的服从与配合程度都体现着税务系统行政领导者的素质的高低。税务系统行政领导者的素质的高低直接外在表现为税务系统行政领导者的影响力的大小，税务系统行政领导者对于应具备的各项素质是否齐全以及具备程度如何，都能通过税务系统行政领导者的影响力体现出来。

税务系统行政领导者的影响力中的非权力型影响力在领导活动中占有越来越重要的地位，在许多情况下甚至占主导地位，非权力型影响力是由领导者本身的品德、知识、才能这些素质及其行为所造就的，这些基本素质的非

权力型影响力的基本构成。影响力在一名税务系统行政领导者在进行日常管理活动中也起着非常重要的作用，领导者的非权力型影响力主要是由税务系统行政领导者的素质决定的，税务系统行政领导者在管理活动中运用其影响力所开展的各项工作顺利与否，完成的效率的高低以及下属的服从与配合程度都体现着税务系统行政领导者的素质的高低。所以，税务系统行政领导者的影响力是税务系统行政领导者的素质的体现。所以，税务系统行政领导者的素质是发挥领导影响力的基础。

良好的素质有利于提升影响力，良好的影响力有利于提高努力提升自身素质的积极性，两者在管理活动中相互体现与相互促进，来促进税务系统行政管理者的素质与影响力共同提高共同进步，使税务系统行政领导者在税务系统行政管理活动中更好的开展领导工作，实现组织效益最大化。

绩效督查双促进 工作落实长效化

河南省信阳市平桥区国家税务局 王保学 熊 露

2016年以来，平桥局坚持以绩效工作为重点，充分发挥绩效管理指挥棒、听诊仪、助推器三大作用，确保上级各项决策部署落到实处，助推各项税收工作圆满完成，以绩效管理的常态化实现了工作落实的长效化。

一、巧用绩效管理指挥棒，搭建工作部署新平台

一是加强人员配备，吹响绩效管理冲锋号。按照市局要求，成立绩效管理领导小组。同时，增加绩效办人员，明确了两名专职人员，一名兼职人员，并以正式文件下发，从而充实了绩效办力量、完善了工作机制、规范了绩效运行，要求绩效办主任列局长办公会，及时了解全局工作动态。

二是创建落实体系，搭建绩效管理点将台。在全局搭建"纵横联通"的重点工作决策部署指标体系。"横"是指在局机关各科室之间，按照各项重点工作要求，横向建立指标体系，涵盖组织收入、征收管理、"营改增"、纳税服务等重点工作。"纵"是指承接市局指标—落实区局指标—优化分局指标—分解个人绩效指标，建立上下贯通、层层联动的重点工作决策部署责任落实通道，将工作部署通过各项考评指标，层层对接，有效落地。

三是分解具体任务，立下绩效管理军令状。按照科学分解，无缝对接的原则，对市局绩效管理4.0版指标体系按照"责任全分解、指标全落地"的工作要求，明确各项指标的责任领导、责任部门和具体责任人，环环相扣、层层负责。通过层层签订《绩效管理目标责任书》，明确主管领导、科室和分局负责人应承担的具体责任目标，实现指标科学分解、责任共同绑定，牢牢将机关与基层、领导与同志都凝聚在绩效管理指挥棒下。

四是动态修订指标，优化进军路线图。绩效指标是动态开放、不断改进的体系，只有及时修订、持续改进，才能切合实际，真正把重点工作落到实处。我局根据工作实际，按照上级要求，着力精简一般工作指标、充实重点工作指标、优化指标结构、改进指标考评标准。市局4.0版正式指标体系下发后，我局召开两次指标体系梳理分析会议，研究指标分解工作。在全面承接落实市局96条考评指标、明确工作职责的基础上，结合我局实际，对部分

指标进行了细化、优化和再造，做好指标的"留、分、细、增"。参考市局的分解承接建议，将 60 条指标"留"在区局，不对分局考核；将 40 条指标"分"到分局；"细"化信息报送、调研文章等指标，新"增" 4 项财务管理指标，把全年重点工作一项不落地分解到对机关科室、分局的考评中，确保指标设置与重点工作无缝对接。其中年度考评指标 11 个，年度考评率 27.5%；机考指标 24 个，机考率 60%，均达到了市局考评要求。

二、活用绩效分析听诊仪，纠正工作实施偏差点

绩效工作分析讲评相当于医生看病诊断。我局建立绩效管理工作分析讲评制度，在每月底召开的绩效工作分析会上，由各单位汇报本月的绩效管理工作进展情况，局领导进行逐一讲评，面对面的指出问题，各单位之间相互比较、相互促进，共同提高，从而促进各项工作的持续提升。如上半年市局绩效考评中被评为"较好"档次的"督察内审"和"税务行政处罚变动率"两个指标，我局召开专项绩效分析会，主管局领导与两个责任科室共同进行深入分析，查找问题的原因，研究制定出改进的计划和方案，进一步提升工作质量，确保在全年的绩效管理考评中取得好成绩。

三、实用绩效督查助推器，建立工作落实新机制

为确保各项绩效指标落到实处，我局加大日常督查督办力度，及时掌握情况，分析工作动态，查找问题，监督整改，确保如期完成各项工作任务。由绩效办牵头，组成工作组深入到各单位进行督导。每周一提醒工作进度、每月一例会分析情况、每季一通报计分排名。绩效办根据日常督查掌握的情况，对各科室已列入绩效计划无正当理由没有完成的工作和完成工作质量不高的科室进行酌情扣分，结果记入绩效成绩；对各分局的督查，根据简便实用的原则，采取一月一督查的方式，根据督查组事先确定的督查内容，主要从组织收入、征管质量、纳税服务、信访舆情、新闻宣传等方面进行督查，督查结果记入分局绩效总成绩，确保绩效管理与日常工作深度融合，避免出现管理和绩效"两张皮"现象，使绩效管理"助推器"的作用得到了充分发挥，实现了工作质量和绩效管理相互促进、相得益彰的完美融合。

四、存在的问题及分析

(一) 加分项目难度增大

随着大家对绩效管理重视程度的加强，各单位都在采取多种措施争取更

多加分，然而对于基层国税部门来说，想要争取省级领导的肯定批示，在《人民日报》、《经济日报》这样的中央级新闻媒体刊发稿件难度太大了。

（二）个人绩效探索还不够深

实施个人绩效是绩效 4.0 版的一项重要内容，也是市局考评县区局绩效运转的一项重要内容。虽然经过一系列宣传培训，大多数人员对绩效管理的认识、理解和掌握有了很大的提高，但如何考评，还仅仅停留在表面上，没有进行深入地研究、探索。我局上半年采用全员民主测评的方式对机关工作人员个人绩效实施了考评，考评方式及成果运用有待进一步强化。

五、下一步工作打算

市局徐局长多次强调要抓好今年的绩效管理工作，市局绩效办又分解了2016 年的加分项目，对抓好绩效工作提出了明确要求，结合当前的实际，我局将从以下几个方面进一步加强绩效工作：

（一）落实责任，盯紧指标

按照关联加分的原则，市局鼓励各县区局创新做法，积极上报信息，广泛做好宣传，努力挖掘更多的加分项目，争取更多的加分。

同时，积极做好基础工作，防患于未然，争取不扣分。对分档考评指标重点做好日常工作，发掘工作亮点，及时汇报沟通，争取优秀档次。

（二）动态监控，持续推进

认真落实绩效分析讲评制度，按月召开绩效管理分析推进会，及时掌握情况，查找问题，动态分析，整体推进。

（三）强化督查，务求实效

整体工作坚持按月督查；及时整改，确保实效。一是抓好上次系统督查中发现问题的整改，并将整改情况与绩效考评对照检查，确保督查实效。二是加强对个人绩效考评办法的探讨，促进组织绩效与个人绩效的有机融合。三是继续做好绩效标准化建设工作，紧盯工作进度，确保过程留痕，及时总结经验，促进绩效管理长效化。

关于"互联网 + 纳税服务"的几点思考

山西省岚县国家税务局　刘艳锋

2015 年 10 月，国家税务总局结合税收工作实际，制定了《"互联网 + 税务"行动计划》，该计划站在纳税人的角度，转变理念，整合网上办税事项，重点解决纳税人感受到的不便，对未来十五年如何推进"互联网 + 纳税服务"提出明确要求。在机遇与挑战并存的"互联网 +"时代，如何充分运用互联网思维，整合纳税服务资源，优化纳税服务流程，构建"互联网 + 纳税服务"的新模式，为纳税人提供更优质的服务，获得更高的遵从度和满意度，成为摆在当前国税部门面前的一个大课题。

一、当前国税部门"互联网 + 纳税服务"发展现状

近年来，国家税务总局正在实施的金税三期工程，已基本实现税收业务的信息化处理，免填单等无纸化办税措施也在逐步推进，网上办税系统逐步完善，税务系统已初步建立了以网上办税为主体，自助办税为辅，窗口办税为补的多元办税体系；同时构建了以税务网站和 12366 热线为主，短信、纳税服务 QQ 群、税收宣传微信公众号、官方微博等为辅的网上咨询服务体系。但与税收现代化的需要和纳税人不断增长的互联网应用需求相比，还存在着很大的差距，主要表现在以下几个方面。

一是"互联网 + 纳税服务"思维尚未深入人心。当前，各行各业积极探索互联网应用新需求、新形式，互联网金融、电子商务等新型业态日新月异，"互联网 +"的思维给社会经济的发展带来翻天覆地的变化。王军局长也指出："不热情拥抱、主动融入'互联网 +'，税收工作就没有希望，也没有未来，税收现代化更是无从谈起"。但大部分税务干部仍对"互联网 +"知之甚少，就基层国税部门实际情况而言，大多数干部职工对"互联网 +"缺乏最基本的了解，对其重要性、现实性及迫切性等没有足够的认识，仅有一部分对信息技术比较敏感的年轻干部和部分领导干部对"互联网 +"有所了解，"互联网 + 纳税服务"思维尚未深入人心。

二是"互联网 + 纳税服务"信息共享程度较低。尽管税务部门在利用互联网技术提高办税效率上已进行了大量的创新，研发了种类繁多的办税软件。

单就一个软件而言，无疑是成功的。但是种类繁多的软件需要我们频繁下载安装各种证书、控件以及补丁，而且软件兼容度低，彼此之间缺乏统一规划，信息不能交互整合，有时办理一项业务要登录好几个系统，登录不同系统时数据资料都得重新录入，造成办事效率不高。同时向纳税人发布税收政策或通知时也面临同样的问题，同一个信息要通过短信平台、QQ群、微信、微博、网页等发布，操作重复，工作量大。诸如此类的原因造成的纳税服务效率不高的问题普遍存在，服务效率有待进一步提高。

三是"互联网＋纳税服务"办税渠道有待改进。目前，网上申报、网上认证等网上办税项目的实现，使得纳税人的办税时间和空间得以延伸，打破了纳税人只能在办税服务厅窗口上班时间或预约时间内完成报税、认证等事项的旧况。但与此同时，其他涉税事项的网上办税应用开发的还很少。对于一些相对复杂、税务机关认为存在涉税风险或执法风险的办税事项，例如开业、变更、注销税务登记、退税、税收优惠备案等涉税事项，尚未实现网上办理，网络办税范围过窄，亟待进一步扩大。尤其是发票领购及缴销尚未实现网络化，是实现网络化纳税服务的最大瓶颈，纳税人只要使用发票，每月至少要去办税服务厅两次，电子发票的推广势在必行。与此同时，现阶段网上缴税还仅限于财税库银横向联网（三方协议）缴税，尚无第三方支付平台可以为纳税人提供缴税服务。

四是"互联网＋纳税服务"技术支持相对薄弱。当前税务部门信息中心仅对本单位提供技术管理、技术支持和技术保障，缺乏信息专业技术维护人员对纳税人提供技术支持，从而影响了纳税人的网上办税体验。由于各类涉税软件本身的复杂性，加之纳税人文化层次、电脑熟练程度客观上存在差异，存在涉税软件操作不熟练甚至不会用的情况。据不完全统计，约有40%的纳税人咨询均集中在软件操作上，信息技术支持亟待进一步加强。

五是"互联网＋纳税服务"高新技术运用率低。随着互联网技术和数据分析处理技术的迅猛发展，大数据时代已经到来。从商业应用上来看，大数据技术带来了新一轮的商业革命，在刚过去的"双11"电商大战中，天猫共实现了912.17亿元人民币的创吉尼斯纪录销售额，大数据处理技术立下了汗马功劳。比较而言，税务部门高新技术运用率较低，尚未通过大数据和云计算的新型渠道对纳税人需求和实际经营状况进行分析，为纳税人提供更多的量身定制的服务。

二、发展"互联网＋纳税服务"的几点建议

"互联网＋"是互联网思维的进一步实践成果，不是互联网与其他行业简单的物理相加，而是火花四溅的化学反应，是对传统行业的颠覆。税务系统要想在"互联网＋"的大背景下立于不败之地，唯有积极实施"互联网＋税务"创新，优化纳税服务，才能推进税收现代化的实现。笔者认为，主要应从以下几方面做起。

（一）拓宽理念思维，培养专业人才

大力推进"互联网＋纳税服务"离不开大批人才的支撑，基于当前广大基层税务干部对"互联网＋"认识不够以及专业人才相对短缺的现状，税务部门应该加大宣传教育力度，拓展宣传教育形式，着重培养税务干部"互联网＋"的理念思维，培养专业技术人才。首先，基层各单位应安排本单位精通"互联网＋"的干部对本局干部职工进行培训，组织干部职工参加以"互联网＋"为主要内容的学习，有条件的话还应邀请相关领域的专家学者开展以"互联网＋"为主题的知识讲座等，在全系统营造浓厚的"互联网＋"学习氛围，推动干部职工提高思想认识，培养"互联网＋"思维理念。其次，税务部门应该注重"互联网＋"教育培训、发掘本系统"互联网＋"人才、培养"互联网＋"骨干，培养既拥有丰富税收专业知识又有互联网专业技术的人才，组建强有力的技术支撑队伍，为实现纳税服务网络化化提供人力资源保障。更要给现有的"互联网＋"人才提供展示才能的平台和渠道等，充分发挥他们的工作积极性和主观能动性，使之将全部聪明才智运用到"互联网＋纳税服务"中来，积极投身创新实践中，激发国税"互联网＋"创新新活力。

（二）强化技术支撑，共享信息资源

近年来税务部门在系统整合和信息资源共享上取得了很大的成绩，但是办税效率仍然不是很高，涉税信息的数据孤岛和共享壁垒已成为税收现代化的最大现实障碍。税务系统需要积极推进众创众包，从而解决这个难题。一是整合现有系统。应将现行的几大系统进行详细分析，按照信息采集、审核、使用的内在要求简并、优化、整合现有的软件和系统，使系统之间的关联达到整体最优，增强各系统之间的关联性，使前台与后台之间以及后台各个不同支持机构之间的信息交换变得简单清晰和快捷通畅。使税务部门能够依托其纳税服务系统，积极打造服务流程标准化、业务办理无纸化的电子税务局，构建优质便捷的服务体系，让纳税人足不出户就能轻松办税，大大减轻纳税

人办税负担。二是加强资源共享。现阶段不同政府部门拥有自己的信息系统，但很多数据互不往来，相互隔离，形成了一个个信息孤岛，"互联网＋"最基本的要求就是要实现数据信息共享，最大限度地发挥数据的功效，为经济社会发展服务。而实现信息共享，现实情况下绝非税务机关一厢情愿的孤军奋战，而需要在国家战略主导下进行协同推进，从而建立大型的数据信息共享应用平台，对外部数据，如工商、地税、质监、海关、银行等第三方数据信息进行收集、分析、整合、应用，为税收情报分析提供数据支持，深化涉税信息分析挖掘，破解税收征管难题，提高税收管理能力和纳税服务效率。

（三）拓展办税途径，建立电子税务局

"互联网＋"时代，税务部门应强化工作创新，通过管理创新、技术支撑、业务配套和制度保障，全面突破传统习惯思维和工作模式的制约，建设多元化办税渠道，着力打造全功能电子税务局。所有涉税事项都可以通过电子税务局办理，其功能可涵盖网上申报缴纳各种税费、网上办理涉税事项、网上采集财务数据、涉税查询和纳税咨询等。而建立电子税务局，首先应该做好以下几项工作。一是拓宽信息采集渠道。当前涉税信息的采集基本靠纳税人提交或报送纸质资料，数据收集手段的落后，直接导致了数据采集的不全面。税务部门大多依靠纳税人的自行申报来实施管理行为，信息来源很窄，基础数据不准确，数据的可用价值不高，垃圾数据仍然存在。税务部门亟需加速税务电子信息采集平台，纳税人通过网络提交涉税资料，一次采集，终生有效，在拓宽信息采集渠道，提高信息数据质量的同时，避免纳税人重复报送纸质资料。二是加速拓宽缴税渠道。与网上申报多样性相对应的是缴税方式的单一性，因此推进纳税人缴税方法多样化，实现任一银行账号、任一支付平台都能网上自助缴税，非常具有现实意义。借鉴网银、支付宝支付等第三方支付平台，结合移动性、便捷性，探索缴税新途径。一方面在支付宝或者微信支付中添加"税款缴纳"模块，在现有的征管软件、网上办税服务厅、自助办税终端、e 税客等系统或软件中开通第三方支付渠道；另一方面借鉴支付宝的经验，开发税务系统自己的缴税软件"e 税付"。在纳税人缴纳税款后，支付系统也应第一时间给予通知。同时开发电子网络税票，纳税人可通过网络自行打印，无需为取得完税凭证往返于税务局、银行，实现网上申报、网上扣款、网上打印税票三位一体的真正意义上的网上办税功能。三是积极推行电子发票。2013 年以来，苏宁易购电子商务有限公司等参与了国家电子发票试点项目工作，效果良好，在节约时间成本的同时也有助于使企业账务处理更为便捷高效。但是电子网络发票推行力度仍然缓慢，税务机关加

大力度推进电子网络发票的运用，解决纳税人网上办税的最大瓶颈问题。由办税服务厅领购、缴销发票转为网上办理、网上开具，可以提高征纳双方效率；税务机关也可通过网络将发票开具方和发票接受方的发票信息进行实时比对，遏制甚至杜绝偷逃税；同时减少纸质发票印制、使用，可大幅降低税务机关行政成本。四是拓宽纳税人权益维护渠道。纳税人权益维护也是纳税服务的重要组成部分。当前纳税人投诉渠道较为单一，通常采用 12366 热线电话、局长信箱等传统手段。在"互联网＋"的大背景下，税务机关应在原有的 12366 热线基础之上，在各大税务网站开通专门的纳税服务投诉投诉举报功能，实现了热线与网上维权渠道的畅通无阻。更应该研发专业的纳税服务投诉举报手机 APP，方便纳税人从投诉——受理——推送——解决——反馈五个环节全程跟踪，最大限度拓宽纳税人维权渠道，维护纳税人权益。

（四）挖掘数据潜力，打造智能税务

微博、微信、淘宝、嘀嘀打车、携程旅游等越来越多随时随地抓取数据的软件出现在人们的生活中，仅凭直观感受，任何人都能感觉到大数据时代的到来。税务部门也应顺势而为，充分运用大数据的理念和思维，强化大数据分析和云计算理论对纳税服务的作用；努力构建功能强大的智能化数据分析平台，深入挖掘数据潜在价值。通过对获取的海量纳税人信息开展分析，从而详细了解每位纳税人的经营规模、生产状况、销售能力、申报缴税情况等，对纳税人进行纳税信用等级评定，开展分级分类管理，继而为纳税人提供有针对性的、精准的税收政策宣传、推送及个性化服务，保证纳税人足不出户享受到涉税政策按需获取、涉税风险即时提醒、涉税辅导按需开展，切实满足纳税人差别化的涉税需求，打造智能税务。

（五）推进众创众包，创新推动发展

"互联网＋纳税服务"的发展，应积极推进众创、众包等新模式，促进产品研发与纳税人需求对接、传统纳税服务与互联网融合，有效汇聚资源推进纳税服务，从而促进税收现代化。一是以众智促创新。大力发展税务系统众创空间和网络创客平台，集聚各路智慧，吸引更多税务干部乃至社会各界参与税收创新创造，集思广益，激发干部活力，拓展就业新空间。二是以众包促变革。把加强"互联网＋纳税服务"和推动税收现代化相结合，鼓励用众包等模式促进"互联网＋纳税服务"发展，聚合税务干部的智慧和社会各界创意，开展设计研发、软件制造和运营维护，形成"互联网＋纳税服务"逐步发展的不竭动力。

（六）提高防范意识，加强信息安全

习近平同志提出，没有网络安全就没有国家安全，没有信息化就没有现

代化。对于税务系统来说，没有网络安全就没有税务安全，不能让信息安全成为制约纳税服务乃至税收现代化的一块短板。互联网的高速发展，一方面极大程度的推进了现代纳税服务的进程，对优化纳税服务，提高纳税人满意度起着巨大作用；但是另一方面，网上办税通常会涉及销售规模、盈利水平等商业机密，涉税信息安全风险随之加大。税务机关在提供优质便捷的纳税服务的同时，更要对广大纳税人的信息安全负责。税务机关应加强建设信息安全意识教育平台，组织专题安全意识教育培训，从根本上提高纳税人信息安全意识；在涉税软件领域加快建设税务系统信息安全保障体系和网上办税系统安全监控平台，实施保障纳税人信息安全，为"互联网＋纳税服务"的推进保驾护航。

国地税深度融合　酥梨之乡奏华章

安徽省砀山县国家税务局　李　晋　吕　斌

安徽省砀山县国税局、地税局按照宿州市国税局国地税合作工作部署，先行先试，整合资源、优化配置，创新合作、拓宽领域，创造性地贯彻落实《国家税务局地方税务局合作工作规范（2.0版）》，收到了"进一家门、办两家事、三方都满意"的合作效果。国地税合作的蓬勃发展，提高了征管质效，促进了组织收入。2015年砀山国地税两局累计入库各税8.4亿（不包括非税收入），同比增长10%和11%，通过合作办税增收1258万元。今年前9个月，两局累计入库各税7.4亿元，同比增长26.15%，通过合作办税增收891万元。2015年，两局蝉联第十届省级文明单位。在2015年度全县纳税人满意度调查中，两家分获96.4%和95.2%的满意率，合作办税纳税人满意度调查满意率均为97%。

一、抓早：先行先试，循序推开

2015年8月份，通过市国税、地税两家自上而下近四个月的调研论证后，在先期"国地税合作办税服务室"、"一对一"对桌联合办税等合作的基础上，选择砀山县国税葛集分局和地税周寨分局先行试点合署办公、联合办税，集中服务，在联合办理税务登记、联合税款核定（调整）、联合税源调查和检查、联合信用等级评定、联合开展发票发售、代开、联合税法宣传、联合开展纳税辅导及咨询、联合委托代征等方面先行先试，拉开了国地税合作的序幕，成为全省第一家国地税合作办税试点单位。随着2016年初《国家税务局地方税务局合作工作规范（2.0版）》的出台，砀山国地税建立并完善了联合办税领导机制、联合办税实施机制、信息共享机制和国地税一体化办税考评制度。加强对联合办税的组织领导、问题协调、综合管理和日常管理，将联合办税工作推入常态化轨道。在此基础上，连续推出"税融通""银税互动"等合作品牌，推进了国地税合作的深入持续发展。

二、强基：不断创新，走在前列

以方便纳税人办税为主旨，不断创新管理模式，夯实征管基础，推动国地税加快合作步伐，走在试点前列。按照"一窗受理、内部流转、一站办结"的原则，统一受理纳税人涉税事宜，内部流转办理。合作范围创新，打破业务界限，整合双方资源，密切协作，征管互助，金三上线后实现流程和业务的高度融合，推进了国地税合作向深层次发展。合作方式创新，国地税合署办公，国地分局办税大厅集中办公，联合办税，一窗两税（受理国地业务）、一人双机双屏等举措，实行国地税工作人员同吃、同住、同工作，办税效率大幅提升。合作办税以后，国税、地税一个窗口对外、一套标准服务、一个口径执法，树立了服务发展的税务新形象。硬件建设创新，一方面加强与地方政府的沟通协调，积极向县政府汇报赢得资金支持，目前已建成一个大型国地税联合办税服务厅，设有办税、休息、等待、绿色通道、自助、减压室、纳税辅导等区域，即将投入使用。另一方面，充分利用国地税现有资源，做到资源共享最大化，即对所有国地合署办公分局，提倡"五个一"的设施标准：一个食堂，一个餐厅、一个会议室、一个娱乐室，一个健身房。绩效考核方面，制定"国地税一体化办税"考评制度，结合绩效考评管理系统，对国地税综合服务窗口进行统一考评管理。

三、提质：深度融合，全面推进

在户籍清理比对、进户核查、委托代征、"以票控税"、信用等级评定、税款核定、税法宣传、税务检查和巡查、税务稽查和纳税评估、税收分析等事项开展合作。截至9（或者8月底）月底，全县四个农村分局已全部实行国、地税合署办公，建立联合办税服务厅。城区国、地税共同进驻了政务服务中心大厅联合办公。两家联合制发文件、制度23个，办理各类登记608户，开展信息比对1.4万余条，税款核定1400余户，纳税信用等级评定582户（A级20户、B级285户、C级139户、D级138户），税法宣传5次，开展培训咨询、纳税人培训500余人次，受理并处理纳税服务投诉事项一件，发布欠税、非正常公告各2期，源泉控管代开发票业务1760余笔，传递登记信息、核定信息、欠税信息、非正常信息和风险核查信息23期，涉及纳税人2400户次，开展税收分析、重点行业分析和税收减免税调查各一期，涉及企业960户，进户稽查4户次，入库各税、滞纳金及罚款312万元，进行纳税评估22户，采集第三方涉税信息1125条，推进"税银互动"为纳税人办理7010万元贷款。

四、增效：效率提升，三方受益

实施联合办税大大减少了纳税人往返于两部门之间重复提交材料、重复申报等情况，解决了纳税人"多次跑，多头找"的问题，实现了国地税信息共享、征管资源整合，降低了征纳成本，形成征管合力，推进税收工作科学化、精细化，使国地联合办税迎来破冰之旅、走向深度融合，纳税人充分享受到便民办税的春风之利。

"国地税部门深化合作，实行国地税联合办税服务，给我们纳税户带来了很大的便利，进一家门，就能办两家事，缩短了办税时间，大大降低了我们的办税成本。"这是砀山县旭腾木业有限公司公司法人代表陈龙对国地税合作优化的感受和评价。陈龙的切身感受表达了全县 8000 户纳税人的共同心声。

一年多来的先行先试、探索实践，提高了行政效能，节约了行政成本，减轻了办税负担，形成了工作合力，赢得三方的共同认可。2015 年以来，砀山县国地税累计节约征管成本 245 万余元。国地税联合开展办税服务与税源管理后，办税不用多头跑。纳税人实现了网上抄报税、认证、划缴税款，纳税户除每月办理发票验旧、停复业申请、半年报送资料以外，一般无需再跑办税服务厅。据测算，共管户中 1 家企业办税员和 1 户个体户，平均每月要分别少跑国地税 6 次以上，节约纳税人办税成本和征管成本分别为 240 元和 45 万元。与此同时，有效堵塞了管理漏洞，提高了征管质量，国税、地税之间交换征管信息，开展管查合作，提高了税源管理水平，通过户籍信息清理比对，注销长期未经营户 123 户，清理出漏管户 112 户，统一了纳税人登记信息，避免了错误数据进入金三系统，征管数据质量实现了零差错。

内黄县陶瓷行业现状及税收征管对策

河南省内黄县国家税务局 张保昌 杨晨学

内黄县作为"中原瓷都",陶瓷是我县经济的主要支柱产业,在经济发展中起着举足轻重的作用,为地方经济发展做出了重要贡献。但是,近年来,受产业结构调整和经济下行等因素的影响,内黄陶瓷产业发展缓慢,税收管理面临着新的问题和考验。

一、内黄县陶瓷行业现状

内黄县陶瓷工业园区始建于 2008 年,陶瓷行业是我县支柱产业,目前主要生产中低档次陶瓷地板和墙砖为主。2009 年 4 月第一家陶瓷企业投产以来,目前投产的共有 13 户企业,26 条生产线,受市场行情的影响,3 户企业已完全停产,其他 10 企业 24 条生产线运行。

1、陶瓷行业现行整体运行态势

我县陶瓷行业从 2013 年的兴旺火热到 2014 年的萧瑟沉寂,2015 年行业发展呈现"不温不火"的运行态势,延续了 2014 年的"低迷"局面。目前消费市场虽有所回升,但整体上市场需求基本维持在 2014 年的水平,产量也基本稳定。随着全国产业结构调整,经济进入新常态,陶瓷行业"不温不火"将长期存在。

2、目前税收管理现状

2009 年,陶瓷行业刚生产,我局组织人员到山东省淄博市、辽宁省法库县等地进行调查后,借鉴外地陶瓷产业的做法,实行宽松管理。2010 年 6 月份,县政府主要领导召集所有陶瓷企业和国税局负责人,在会上就税收管理达成了共识,确定采用核定征收、自行申报的税收管理方法。根据企业生产量确定每条线年纳税 80 万元左右,生产期每月缴纳 8 万元税款,并逐年递增。但是每月 8 万元一直延续至今。

3、近几年的纳税情况

2013 年全县陶瓷行业缴纳增值税和所得税 1045 万;2014 年由于市场原因,下半年部分企业处于停产半停产状态,全县陶瓷行业缴纳增值税和所得税 1091 万元;2015 年全县陶瓷行业缴纳增值税和所得税 1529 万元;2016 年

1～7月份全县陶瓷行业缴纳增值税和所得税791万元。

4、税收测算

在税收测算方面，我们坚持的原则，一是坚持促进地方经济发展，同时兼顾地方财政收入的原则，在扶植企业的同时适当增加税收。二是渐进缓冲原则。渐进倒逼行业升级，适应新常态，政策上实行缓冲，随着国家营改增政策实施，房地产、建筑和安装等行业执行营业税改征增值税，必然会导致该行业向陶瓷企业索要发票，陶瓷企业必然向买方开具增值税发票，销售收入会趋于真实，也会促使陶瓷企业要求其上游开具发票，会计核算逐渐规范，行业税负将大幅提高，税收会形成绝对增长的趋势，实行渐进增长，为企业适应新政策提供缓冲。三是减少风险的原则，减少企业和税务人员的涉税风险原则。

陶瓷企业一年点火后连续生产7个月、8个月、9个月、10个月不等，由于财务不健全，在税收测算上只有电费可控。2011年以后新建生产线长440米，产量是按2009年建280米线长的3倍，能耗降低二分之一。2008年建的老设备，正常生产的企业都已改造，按2008年建老设备，280米短生产线测算，利润在1%时，成本从高测算。一条线一个月应纳税：

（1）按企业实际取得进项税，应增值税和所得税为119.48万元（测算见附件2）。

（2）按企业全部能取得进项税（实际企业原材料不能取得进项税），固定资产也能取得进项税，并能全部抵扣，测算一条线生产一个月应纳增值税和所得税最低为25.68万元。

（3）近几年企业核定税收与税收任务同增长情况下测算。国税局2010年以来，国税任务年增长10%，2010年陶瓷行业一条线一个月纳税8万元，按年10%增长5年为：8＊（1＋10%）5＝12.88万元。

5、陶瓷行业面临的形势

在全国产业结构调整，经济进入新常态的情况下，倒逼行业改造升级，新建企业如安阳朗格陶瓷有限公司日用陶瓷出口，提高其产品附加值。安阳贝利泰陶瓷有限公司的机械化生产，降低生产成本，提高生产效率。老企业也加大技术改造力度，在节能降耗，提高产品产量、产品质量、生产效率、产品附加值上已有所作为。新形势下，陶瓷行业面临产能过剩，供大于求，库存增加，行业遭遇市场需求不足，资金回笼慢，环保、技改等挑战。但机遇同在，随着房地产市场的回暖，经营资金、经验积累，销售市场的扩充，为行业带来了利好。

二、当前我县陶瓷行业存在的问题？

2013 年以来，原材料价格持续上涨、劳动力成本优势逐步弱化，以及国内经济走势的宏观影响，对我县陶瓷产业的经营发展以及相应的税收管理带来了新的问题。

（一）陶瓷行业方面

1、需求下降

受房地产市场萎缩，行业萧条因素影响，2014 年全国陶瓷产量过剩 40%（2014 年《陶业长征》统计数据），建筑陶瓷市场需求下降。

2、原材料价格上涨，陶瓷企业生产成本增加，销售收入难以核算

陶瓷行业的终端用户多为家庭用户或建筑商，不需要抵扣进项税额，不索取增值税销项发票，因此陶瓷企业一般难以准确核算销售收入。

3、劳动力资源供应不足

随着国内物价指数的上升，以及新劳动合同法的出台，间接调动工作人员提高工资的需求，民工工资成本高、招工难已成为我县以劳动密集型为主的陶瓷企业面临的又一大新难题，陶瓷生产企业的正常生产经营受到较大的影响。陶瓷生产企业已由过去的老板一纸招工告示便有大批民工排队等着应聘，逐步转变成为民工挑选企业和老板的现象。

4、企业进项税额抵扣难

陶瓷行业的主要原材料是高岭土、瓷粉，由于上游供应商主要是个体开采者，大部分不是增值税一般纳税人，不能提供增值税专用发票，造成陶瓷行业生产商难以取得增值税专用发票，进项税额难以抵扣，造成企业增值税税负偏高，纳税额大，企业难以承受。

5、企业纳税意识淡薄

陶瓷生产企业多为民营企业，纳税意识较差，财务核算制度不健全，不能正确反映其真实的生产经营成果，也为税务机关加强税收征管，实行查帐征收带来一定的困难。

由于受上述因素影响，我县陶瓷行业呈现出如下态势：陶瓷行业生产和销售成本增加，利润水平大幅压缩，企业经营举步维艰。陶瓷生产持续下降，个别企业停产倒闭。

（二）国税征管工作方面？

尽管近年来，陶瓷税收的征管取得了显著成效，但陶瓷行业特殊性导致其征管难度较大，陶瓷企业税收管理还存在一些亟待解决的难题。

1、陶瓷企业收入难以控管

由于陶瓷产品属于终端消费品，许多个人购买者不需要销售发票，使得以票控税难度加大，企业收入难以控管。受多种不利因素影响，陶瓷企业原有既得利益受到较大的冲击，利润大幅度减少甚至出现亏损。陶瓷企业为躲避国税部门的监管，采取不规范建帐，甚至不建帐、建假帐、真假两套帐的方式，使税务机关难以了解其真实的生产经营情况，增大了评估监控难度。一方面，在销售环节上，名为查帐征收，但帐务没有按实反映其销售活动，销售货物不开具发票，刻意隐瞒销售收入；另一方面，在生产环节上不如实按生产成本进行核算，把非生产耗用的增值税专用发票申报抵扣税额，虚大生产耗用项目的进项扣除税额，造成了成本结构不合理现象，给征管工作带来了一定的难度。？

2、陶瓷税收管理专业化不强

近年来，我们也出台了一些陶瓷税收管理办法和措施，初步建立起了陶瓷企业纳税评估模型，但离专业化和精细化的要求还有很大差距。

3、固定资产进项抵扣难

企业由于在筹建期没有办理一般纳税人资格，导致取得的固定资产不能抵扣进项税。

三、陶瓷行业税收管理的建议

经济决定税源，陶瓷企业的生产经营状况的好坏，直接关系到税收收入的增减。陶瓷行业面临的诸多不利因素，既给企业生产经营提出新的挑战，也给国税征收管理带来新的课题。

1、政府牵头出台《内黄县陶瓷行业管理办法》

作为地方经济发展的主导者，地方政府面对当前的陶瓷行业发展状况，应积极牵头，多出措施，各职能部门密切配合，为地方经济创造良好的条件。政府牵头组织召开全县陶瓷行业税收管理专业会议，征求陶瓷行业、税务执法部门及各相关部门意见，集思广义，达成共识。在达成共识的基础上，政府出台《内黄县陶瓷行业管理办法》。引导陶瓷行业多元化发展，尽快建立相关的产业链，努力推进区域经济跨行业发展，克服目前我先陶瓷行业过于集中和单一的不利局面。？

2、实行陶瓷生产企业增值税以电控税最低预警线管理办法

借鉴《江西高安市陶瓷生产企业增值税以电控税最低预警线管理暂行办法》，制定《内黄县陶瓷生产企业增值税以电控税最低预警线管理暂行办法》，

按增值税以电控税最低预警线，实行陶瓷企业按月申报预缴税款，税务机关按季进行评估核定。

江西高安市陶瓷生产企业，开始于80年代，2000年开始招商，生产线从165至70米不等，增值税以电控税最低预警线，企业总用电量减去非生产用电，按生产用电：抛光砖0.14元/度；内墙砖0.16元/度；西瓦0.19元/度；仿古砖（含水晶地砖、小地砖）0.18元/度；外墙砖0.18元/度；地脚砖0.19元/度；其他（腰线等）0.23元/度。

建议采用按企业生产用电量减半进行税款测算征收，抛光砖0.7元/度；内墙砖0.8元/度；西瓦0.9元/度；仿古砖（含水晶地砖、小地砖）0.9元/度；外墙砖0.9元/度；地脚砖0.9元/度；其他（腰线等）0.11元/度。其主要理由是：符合测算原则；指标可控，符合实际，体现公平；国家税务总局推行，其他地区已实行，是一种成熟适用的方法。

3、税务部门加大日常纳税稽核评估力度，营造公平竞争的税收环境

在实行《内黄县陶瓷生产企业增值税以电控税最低预警线管理暂行办法》的基础上，突出以电控税重点，提高纳税评估质效，增加税收收入。

强加管理 完善措施
开展好营改增工作的各项工作

宁夏回族自治区隆德县国家税务局

2016 年 5 月 1 日起，将全面推开营改增，将营改增试点范围扩大到建筑业、房地产业、金融业和生活服务业。

一、营改增工作开展情况

目前，已按照上级局的要求圆满完成了我辖区四大行 600 户营改增试点纳税人的开票、申报、政策辅导等前期工作，其中企业户数 157 户，个体 443 户。已经顺利完成了第一阶段"开好票"、第二阶段"报好税"和第三阶段"分析好"工作，又进入了第四阶段"改进好"的关键阶段。全面实施营改增，税制改革严格落实到位，确保四大行业实际税负只减不增。

二、营改增工作存在的问题及原因

（一）营改增后增值税入库预算级次影响县级税收收入

原因：原来营业税入库预算级次为县区 100%，2016 年 6 月份至 9 月份，为中央级 50%，县级 50%，2016 年 10 月份又改为为中央级 50%，省级 20%，县级 30%。对县级税收收入冲击较大。

（二）建筑房地产行业税款入库不平稳

建筑业和房地产业是我县地方税收收入的重要来源，营改增后，企业的进项税额可以抵扣，行业内部税负不均衡，税款入库不平稳。原因：建筑项目工期长，投资大，企业可能在工程前期投入多而收入少，长期只有进项，没有销项，无税可缴，而到工程集中结算时，产生大量的销项税款，而进项抵扣很少，出现集中缴纳增值税情况。县级税收收入进度不均衡。

（三）住宿业小规模纳税人未纳入自开专用发票试点

我辖区住宿业纳税人 28 户，全部为小规模纳税人，由主管税务机关代开增值税专用发票但不能自开专用发票。原因是根据税务总局 2016 年 44 号公告，在全国 91 个城市月销售额超过 3 万元（或季销售额超过 9 万元）的住宿业增值税小规模纳税人自行开具增值税专用发票试点工作。宁夏纳入此范围的只有银川市。

（四）外来建筑业纳税人税收征管难度增大

建筑作业流动性大、施工复杂，营改增后税政管理难度大。营改增政策规定下，劳务发生地税务机关不为外埠一般纳税人代开发票，纳税人需回机构所在地自行开具发票。传统的"以票控税"管理模式已经不能适应营改增后对建筑企业的税收管理要求。

三、下一步打算

（一）加大税收宣传力度，保证企业应享尽享

要在继续开展对税务干部再培训的基础上，针对纳税人反映的热点问题有重点地再组织一次专题培训。特别是对出现税负上升的纳税人，更要引导用好增值税免税项目和抵扣机制，从供应管理、财务管理、经营管理等方面，打造既有利于减轻税负，又有利于长远发展的管理模式，使纳税人充分享受营改增制度红利。

（二）加强信息共享，实现综合治税

建立健全协税护税的控管网络，严密监控建筑行业税收的税源动态。首先，加强与相关部门的联系，建立信息共享传递制度。实现信息的互通共享。从制度上堵塞税收流失的漏洞，提高税收的管理质量和效率。

（三）加强税收征管，堵塞税收漏洞

对于政府投资的建筑项目，及时向县委政府汇报，由县委政府协调财政部门和其他政府部门，付款单位见到建筑企业在我税务机关预缴税款开具的完税凭证而非发票后再支付工程款，从而保证外地来我县施工企业能及时足额预缴税款。密切关注"营改增"后建筑行业中出现的税收风险点，强化税源监控。通过电子抵账、金三等税收征管系统，利用互联网＋税务等方式，及时监控纳税人发票信息，防范虚开套开发票、虚增虚抵进项税额和隐瞒销售收入等偷骗税行为，严厉打击涉税违法犯罪活动。

（四）强化技术保障，完善网上办税

进一步强化办税技术保障，大力推行网上办税。我局将及时督促服务单位及时解决纳税人申报中出现的系统问题。加大手机 APP 报税推广力度，缩短纳税人办税时间。信息技术部门加强技术保障，保持各项信息系统运行稳定。减少纳税人往返办税厅的次数，有效缓解拥堵现象。

真抓实干拼在基层　从严从细提质增效

内蒙古自治区根河市国家税务局　辛玉娟

围绕王军局长、任荣发总经济师对内蒙古国税工作的重要指示要求及谭珩局长在全区国税系统务虚工作会议上的讲话精神，根河市国税局深入领会讲话精神，全面落实指示要求，以呼伦贝尔市国税局"515"工作思路为引领，认真贯彻市局党组各项工作部署，上下联动形成税收工作合力，全面推进从严治党，主动作为创新工作方法，积极查摆梳理工作短板，真抓实干推进基层建设，持续强化各项重点工作推进，不断稳固团队意识与大局意识，促进全局工作提质增效，更上一层。

一、集思广益，明确税收工作思路

坚持以呼伦贝尔市国税局"515"工作思路为引领，紧跟上级局工作安排部署，科学开展税收预测，依法组织税收收入；牢固树立信息化思维理念，全力挖掘"互联网＋"潜力；深入推进依法治税，不断加大稽查力度；发挥绩效管理抓手作用，带动全局工作勇创佳绩；以落实"两个责任"为核心，全面推进党风廉政建设；以开展"两学一做"为契机，把党建工作挺在前头；以落实税制改革为重点，更好服务地区经济社会发展；以加强国、地税合作为平台，深入推进"便民办税春风行动"；以做好舆情信访工作为基础，营造稳固税收环境；以深化干部职工培训为推手，不断提高思想意识，持续加强政治修养，打造基层一流团队，推进根河局工作整体迈向新的台阶。

二、从严治党，扬清风树正气

根河市国税局在全面落实从严治党与"两个责任"要求的过程中，始终坚持强化责任担当，严明纪律准绳，以落实"两个责任"为核心，以绩效管理为抓手，全面贯彻落实中央八项规定精神，实现党建工作与全局工作同部署、同落实，坚定不移推进党风廉政建设和反腐败工作。

（一）强化组织领导，切实加强"两个责任"落实

将领导班子建设列为党建工作的首要任务，年初召开党风廉政建设工作会议对落实两个责任提出明确要求，并按照工作职责层层签订责任状，党组

成员制定本人落实党风廉政建设责任制的具体实施方案，建立健全各项规章制度，定期开展廉政谈话、执法监察与考核，确保两个责任落实到位。

（二）开展专题教育，共谋打造廉政机关

认真开展"两学一做"学习教育，组织党组理论中心组廉政学习，开展专题讨论，认真践行党组书记讲廉政党课制，以观看廉政教育专题片为抓手，以进行廉政谈话为契机，充分利用支部学习、警示教育、手机微信廉政基地、网上学校等形式对广大党员干部进行廉政教育；同时积极开展廉政文化进机关活动，建立网上廉政教育基地，提升全体干部职工的廉洁自律意识。

（三）坚持民主决策，发扬民主精神

始终按照"集体领导、民主集中、个别酝酿、会议决定"的原则落实两个责任工作要求，严格执行党组会议和局长办公会议的议事规则、程序、要求，认真执行"三重一大"事项集体决策制度，党组内部分工明确、决策程序严格规范，民主决策、民主管理和依法办事的能力和水平不断提高。

（四）严肃工作纪律，开展监督检查

按季对组织收入、税收政策执行、发票管理、出口退税、营改增、廉政教育、巡视整改等重点环节开展税收执法督察和税收执法监察，对发现的问题及时进行通报批评。继续实行"月报告"、"零申报"、"双签字背书等责任制度，确保本局不出现违反八项规定和""四风"问题。继续推进"三严三实"教育活动，通过对 222 户纳税人开展满意度调查走访、营改增业务宣传、纳税服务平台辅导、纳税人学堂培训等方式，及时发现执法工作的薄弱环节，切实提高纳税服务水平。

（五）强化科学防控，加强内控机制建设

进一步加强内控机制信息化升级版建设工作，2016 年上半年共排查高风险点 57 个、中风险点 104 个，对部分高风险岗位工作进行了执法监察和执法督察，确保高风险岗位人员的执法和服务按流程、按规范、按制度执行。与此同时，加大内控机制预警提示工作，2016 年上半年对执法行为的潜在风险点共进行预警提示 31 次。

三、创新理念，打造工作亮点

（一）入驻地税大厅，一站式服务"营改增"

以新的网络连接方式入驻地税办税厅为"营改增"纳税人办理相关涉税事宜，顺利完成国、地税联合办税网络接入工作，成功利用地税局网络办理国税业务，测试通过了 14 个主要业务系统的访问，形成了标准的运维申请模板，成为全区国税系统首家实现该业务的基层单位。

（二）联合开展多项培训，深入推进国地税合作

与根河市地税局联合派出纳税辅导小组，深入企业开展面对面讨论式纳税辅导。从基础知识抓起，结合纳税人提出问题、税务人员解答的方式，覆盖纳税申报、发票领用、建议征收备案、减免税备案及税务处理等大多涉税环节与涉税问题，为企业提供了切实帮助。

（三）多措并举护航"便民办税春风行动"

聚焦"营改增"新申报表、强化内外培训。对办税厅人员及税收管理员开展"过关式"培训，采取集中培训、组织税收管理员和业务骨干深入重点企业上门辅导、"一对一"辅导、包保责任制等多种形式，引导纳税人通过软件进行申报模拟。调集骨干力量组建辅导队、增设预审岗，强化现场辅导和现场审核，分批预约纳税人，制定"营改增"领导值班表，增加办税引导员，公开领导班子、业务部门负责人的联系方式，同时多次进行应急演练，针对因系统故障、停电等因素导致不能正常工作的情况，由窗口人员先行收取纳税人资料，并进行登记，办结后通知纳税人。同时畅通问题反馈通道，由各部门负责人组成问题解答小组，第一时间解决办税厅出现的各类问题。

（四）发挥媒体优势，推进党风廉政

利用微信订阅号创建"根河市国税局廉政基地"，通过掌上廉政教育的新形式宣传党风廉政正能量、教育干部职工树立廉政意识、警示大家不碰底线、不违纪律，真正实现看得见的党风廉政。

四、大力推进基层建设，打造基层一流队伍

以加强领导班子的思想建设、组织建设、作风建设和党风廉政建设为推手，高度重视干部职工的思想政治工作；以"1155"创先争优活动为抓手，营造拼比超的学习氛围；把握"两学一做"学习教育契机，切实加强基层党建工作；以各传统节日为平台，倡导科学健康、文明向上的生活方式；以精神文明创建活动为依托，将纳税服务和精神文明创建工作结合起来，引导干部职工立足本职、诚信服务、文明执法；以"道德讲堂"、演讲比赛为载体，创建健康文明的机关；积极为职工提供运动娱乐的环境，注重职工身心健康；充分发挥网校及微课媒体优势，激发干部职工学习进取的潜力；认真听取职工诉求，凝聚团队合力；积极开展"传帮带，提素质，促能力"活动，以老带新，进一步提升干部干事创业的能力；鼓励干部职工提升学历，考取职称，全面提高干部队伍的整体素质。

在呼伦贝尔市国税局党组的正确领导下，根河市国税局将继续以高度的政治责任感、拼搏务实的工作态度与锐意进取的工作精神，全面落实好上级的各项工作部署，主动创新理念，积极查摆短板，接受新挑战，实现新发展，致力开创根河市国税局的新征程。

关于完善车辆购置税相关政策的探讨

湖南省安仁县国家税务局　谭桂华

　　自 2005 年元月车辆购置费改征车辆购置税并划归国税部门征管以来，车辆购置税政策推行已有近 11 年的时间了。在这近 11 年的时间里，由于国家经济形势的不断变化，国家对车辆购置税的征管先后出台过多项新政策。在国税部门车辆购置税的征管过程中，也出现过这样那样的问题。为此，笔者对安仁县近 5 年来的车辆购置税的入库和征管情况进行了调研，并对车辆购置税政策的完善提出自己初浅的建议。

一、安仁县近 5 年来车辆销售及征管现状

（一）近 5 年来车辆销售情况

　　1、汽车：2012 年~2016 年 6 月共销售 1847 辆，其中乘用车 1788 辆，商用车 59 辆，乘用车 1.6 升及以下 1624 辆。乘用车近两年来销售增长较快，2014 年销售 462 辆，是 2013 年 4.48 倍；2016 年 1~6 月份已销售 401 辆，接近 2015 年全年数。销售增长快，这得益于国务院出台的"从 2015 年 10 月 1 日到 2016 年 12 月 31 日，对购买 1.6 升及以下排量乘用车实施减半征收车辆购置税的优惠政策"。

　　2、摩托车：2012 年~2016 年 6 月共销售 13796 辆，其中二轮摩托车 13451 辆。从销售情况看，摩托车一直保持比较稳定销售状态，每年在 4000 辆左右。

　　3、农用运输车：2012 年~2016 年 6 月共销售 158 辆，全部是四轮农用运输车。

（二）安仁县局当前车辆购置税征管现状

　　1、近 5 年来的车辆购置税入库情况。安仁县局 2012 年~2016 年 6 月共入库车辆购置税 7000 万元，其中 2012 年 1060 万元，2013 年 1519 万元，2014 年 1760 万元，2015 年 1899 万元，2016 年上半年 762 万元。从车辆购置税的入库情况来看，呈现出逐年增长的趋势，这也是人们生活水平提高的重要标志。

　　2、当前车辆购置税的征管方式。安仁县局的车辆购置税的征管由该局的

永乐江税务分局管理，由于车辆购置税的纳税主体的不确定性，在实际征管过程中，永乐江税务分局并没有真正管理过，只是由办税服务厅的车辆购置税窗口负责征收，征收的车辆也仅限送税上门的部分，而对于没有送上门的车辆则是鞭长莫及。

二、当前车辆购置税政策实施过程中存在的主要问题

（一）税制要素设计方面

1、税率设置单一。车辆购置税只设置一档10%的税率，虽然征收方式简便，但高低档车辆使用统一的税率不能体现税收的调节作用，存在着税负不公的问题。

2、核定最低计税价格的做法破坏了税收制度的法律地位。目前车辆购置税的计税价格，基本上都是以总局制定的最低计税价格作为参照的。纳税人、经销商很多都以此价格作为车辆销售发票的开具价格，不仅误导了纳税人，也不利于全社会税法遵从理念的确立。由于存在最低计税价格，不仅破坏了税基的严肃性和固定性，扰乱了车购税本身的征管，给车辆经销企业也造成了影响，社会效果是非常负面的。

3、优惠政策不明确。《车辆购置税暂行条例》有四点减免税优惠政策，第九条第四款（四）"有国务院规定予以免税或者减税的其他情形的，按照规定免税或者减税。"之规定过于笼统。再如减半征收政策通常是在某个时间段开始，有的纳税人或经销商钻这一政策空子，故意推迟开票时间，造成国家税收的流失，也使税负明显不公。

（二）税收征管方面

一是征管手段不够多。新修订的《车辆购置税征管办法》取消了验车和过户、转籍等二次业务，实际上是放弃了仅有的车辆购置税征管手段。现行模式下，车辆购置税的征管手段几乎为零，纳税评估和税务稽查更是无从谈起。

二是部门配合不协调。《条例》规定：公安机关车辆管理机构应当定期向税务机关通报车辆登记注册的情况。税务机关发现纳税人未按照规定缴纳车辆购置税的，有权责令其补缴；纳税人拒绝缴纳的，税务机关可以通知公安机关车辆管理机构暂扣纳税人的车辆牌照。但是，公安机关依然可以数据保密为由，拒绝向税务机关提供相关信息。

三执法责任不明确。车辆购置税与其他税种一样，存在着申报前的税源管理，也存在着申报后的纳税评估，同样存在着对偷逃车购税的惩罚。但是，

目前绝大多数人对车辆购置税的认识仅仅停留在税款征收上，许多征收管理的方面都没有给以必要的明确。在"车辆注册地纳税，一次性申报"等规定下，税收管辖权问题没有明确。

四是税款征收不主动。车辆购置税属于中央税，地方不存在分成，因此当地政府不会给予车辆购置税的征收压力，加上上级部门也没有分配国税部门车辆购置税的征收任务，所以车辆购税的征收基本上是靠送税上门，没有其他的征管手段可言。

（三）纳税意识方面

部分车主纳税意识淡薄，一些车主在购车后不及时到国税部门办税车辆购置税缴纳手续，从而造成延迟缴纳而被罚滞纳金，有些车主根本就没有缴纳车辆购置税，如一些摩托车、三轮车主等，既没有缴纳车辆购置税，也不到公安机关上牌，使国家的税款大量流失。

三、对车辆购置税政策制定的相关建议

（一）税收中央地方共享

目前车辆购置税由中央独享，入库中央之后再通过车购税补助这一转移支付方式用于地方发展交通事业。这样不利于调动地方积极性，近年来，随着人们生活水平的提高，购车的能力和愿望大幅提升，车辆购置税水涨船高，一年多于一年。但车购税补助比较固定，几年没变，跟不上地方交通事业的发展。建议车辆购置税分配比例由中央独享改为中央和地方分享，设定一个分享比例，地方分享部分专项用于公路等交通事业，让地方感受到实实在在的实惠。

（二）明确部门责任

建立有效的多部门车购税征纳协作机制。把车辆生产厂家、车辆经销商家、银行和车管所等部门的协作纳入立法，明确各自的法律责任。赋予车购税管理部门一定的检查和评估权，对在征收过程中发现的疑点问题，可以直接进行检查评估。对评估出涉嫌偷逃税行为而需要立案的及时转稽查部门实施专项稽查，对需移送司法机关的及时依法移送司法机关追究刑事责任。同时加大对典型案例曝光力度，对涉税违法案件及时通过新闻媒体进行曝光，震慑机动车经销商，使其不敢乱开，只能按规定据实开据销售发票，真正实现车辆购置税一条龙中以票控税的作用，也减少购车人的侥幸心理，避免偷逃税款行为的发生。

（三）设置幅度税率

建议将汽车购置税可将统一的 10% 购置税税率降到 5% ~ 10% 之间。为了促进产业发展的话，鼓励国内消费者购买汽车，可将汽车购置税税率下调，设置一个幅度税率，从而充分发挥税收的调节作用。

（四）明确优惠政策

建议把"对购买 1.6 升及以下排量乘用车实施减半征收车辆购置税的优惠政策。"以法律的形式予以明确，当然为了绿色环保，还可以把购买混合动力、纯电动车适应优惠政策在立法中明确。此外，建议进一步加大车购税税收优惠力度，为广大消费者减负。消费者是税收的最终负担者，消费者在购置车辆过程中不但负担了消费税、增值税甚至关税等税收，最终还要交纳车购税，增加了广大消费者的税收负担。建议加大税收优惠力度，出台更惠民的车购税优惠政策，如个人或家庭首次购置车辆免征车购税，改善型购车多征税等。